I0822025

150 Jahre
Kohlhammer

Rolf Steininger

# Ein neues Land an Rhein und Ruhr

## Die Entstehungsgeschichte Nordrhein-Westfalens 1945/46

Verlag W. Kohlhammer

Mit freundlicher Genehmigung der
Kommission für Geschichte des Parlamentarismus
und der politischen Parteien e. V., Bonn,
sind in diesem Buch die Seiten 12–216 sowie leicht verändert die Seiten 217 bis 245
aus dem Grundlagenband abgedruckt:

**Die Ruhrfrage 1945/46 und die Entstehung des Landes Nordrhein-Westfalen.**
Britische, französische und amerikanische Akten.
Eingeleitet und bearbeitet von
**Rolf Steininger.**
Quellen zur Geschichte des Parlamentarismus und der politischen Parteien
Vierte Reihe: Deutschland seit 1945.
Im Auftrag der Kommission für Geschichte des Parlamentarismus und der
politischen Parteien
herausgegeben von
Karl Dietrich Bracher, Rudolf Morsey und Hans-Peter Schwarz;
Band 4 herausgegeben in Verbindung mit Walter Först.

unveränderter Nachdruck 2016


W. Kohlhammer GmbH, Stuttgart
Gesamtherstellung W. Kohlhammer GmbH, Stuttgart

Print
ISBN 978-3-17-030732-2

# Vorwort

Nordrhein-Westfalen ist ein junges Land, erst 44 Jahre alt. Es wurde 1946 von der britischen Besatzungsmacht gegründet, ein Jahr nach Deutschlands Niederlage im Zweiten Weltkrieg und der Übernahme aller staatlichen Gewalt durch die vier Siegermächte. Zwar haben viele Bürger Nordrhein-Westfalens dies noch als Zeitgenossen miterlebt, aber wissen sie und die später Geborenen, wie es eigentlich zur Gründung des Landes kam, welche Kräfte, Erwägungen und Interessen dabei wirksam waren, und daß es vor allem um die Ruhrfrage ging, um die Rolle, die dieses bedeutende Industriegebiet künftig spielen sollte? Wenn heute selbstbewußt für die Rhein-Ruhr-Region mit dem Slogan „Das Ruhrgebiet – ein starkes Stück Deutschland" geworben wird, dann war 1945/46 dieses Gebiet das entscheidende Stück Deutschland. Ohne seine Kohle und den Stahl wären der wirtschaftliche Aufschwung nach dem Krieg und das Wirtschaftswunder nicht möglich gewesen. Und auch für die politische und wirtschaftliche Entwicklung Europas war das Ruhrgebiet von größter Bedeutung: die Europäische Gemeinschaft nahm hier mit dem Schuman-Plan und der Gemeinschaft für Kohle und Stahl 1950/52 ihren Anfang.

Seitdem die britischen und teilweise die französischen Archive geöffnet und deren Quellen zugänglich sind, konnte die Geschichte der Gründung des Landes an Rhein und Ruhr gründlich erforscht und begründet dargestellt worden. Dr. Rolf Steininger, Professor für Zeitgeschichte an der Universität Innsbruck, hat die Quellen gesichtet und ihre wichtigsten im Jahre 1988 in einer umfangreichen Dokumentation veröffentlicht.* Dieser Edition, die wegen ihres großen Umfangs und ihrer fremdsprachigen Dokumente vornehmlich für die wissenschaftliche Öffentlichkeit bestimmt war, stellte er eine umfangreiche Einleitung voran, von der er sich wünschte, sie zusammen mit einer kleinen, aber markanten Quellenauswahl später auch einer breiteren Öffentlichkeit vorlegen zu können.

Die Landeszentrale für politische Bildung beim Ministerpräsidenten des Landes Nordrhein-Westfalen hat Professor Steiningers Wunsch gerne aufgegriffen. Sie veröffentlicht in ihrer Reihe „Schriften zur politischen Landeskunde Nordrhein-Westfalens" die unveränderte Einleitung der Gesamtedition, ergänzt um einige Faksimiles, Bilder und Dokumente.

Die „Kommission für Geschichte des Parlamentarismus und der politischen Parteien", bei der die Nachdruckrechte liegen, hat dem separaten Druck der Einleitung zugestimmt. Ihr, besonders Herrn Professor Rudolf Morsey, ihrem Präsi-

---

* Rolf Steininger, Die Ruhrfrage 1945/46 und die Entstehung des Landes Nordrhein-Westfalen. Britische, französische und amerikanische Akten. Quellen zur Geschichte des Parlamentarismus und der politischen Parteien, Vierte Reihe, Deutschland seit 1945, Band 4; im Auftrage der Kommission für Geschichte des Parlamentarismus und der politischen Parteien hrsg. von Karl Dietrich Bracher, Rudolf Morsey und Hans-Peter Schwarz in Verbindung mit Walter Först, Düsseldorf 1988 (im folgenden Edition „Ruhrfrage").

denten, sowie Herrn Professor Walter Först, der die Edition „Ruhrfrage" mitherausgegeben hat, danken die Landeszentrale für politische Bildung Nordrhein-Westfalen und der Kohlhammer-Verlag für ihr großzügiges Entgegenkommen.

Landeszentrale für politische Bildung
Nordrhein-Westfalen

**Anmerkungen zur unveränderten Neuauflage 2016**

Am 23. August 2016 feiert das Land Nordrhein-Westfalen seinen 70. Geburtstag. An jenem Tag im August 1946 erließ die britische Kontrollkommission die Verordnung Nr. 46 „ betreffend die Auflösung der Provinzen des ehemaligen Landes Preußen in der britischen Zone und ihre Neubildung als selbständige Länder". Das war der offizielle Gründungsakt für das neue Land Nordrhein-Westfalen. Wenige Wochen zuvor hatte das britische Kabinett die entsprechende Entscheidung getroffen – mit weitreichenden Auswirkungen auf Deutschland und Europa. 1988 konnte ich die entsprechenden Akten mit einer ausführlichen Einleitung im Rahmen der „ Quellen zur Geschichte des Parlamentarismus und der politischen Parteien" im Auftrage der Kommission für Geschichte des Parlamentarismus und der politischen Parteien im Droste Verlag veröffentlichen. 1990 wurde die Einleitung separat vom Verlag Kohlhammer veröffentlicht, ergänzt um 14 Faksimiles, 22 Photos und 24 von mir übersetzte Dokumente. Inzwischen sind 26 Jahre vergangen. Der erwähnte Band aus dem Jahre 1990 war schon seit einiger Zeit nicht mehr verfügbar. Umso dankbarer bin ich der Landeszentrale für politische Bildung Nordrhein-Westfalen, den Band neu aufzulegen; hier gilt mein ganz besonderer Dank Prof. Dr. Andreas Kost, Leiter Referat Publikationen und stellvertretender Leiter Landeszentrale für politische Bildung, sowie Dr. Daniel Kuhn vom Verlag Kohlhammer. Der Vizerektorin für Forschung der Leopold-Franzens-Universität Innsbruck, Frau Univ.-Prof. Dr. Sabine Schindler, danke ich für die finanzielle Unterstützung, die den Abdruck der Karten im Original (Farbe) ermöglichte.

An der Gründungsgeschichte des Landes hat sich in den vergangenen 26 Jahren nichts geändert. Von daher bot sich eine unveränderte Neuauflage – allerdings in größerem Format – an.

Innsbruck, im Februar 2016

Rolf Steininger

## INHALT


Vorwort ........................................ 5

Verzeichnis der Karten ........................................ 9
Karten ........................................ 10

Vorbemerkung ........................................ 23

I. Planungen der Alliierten im Krieg
1. Die Lösung des deutschen Problems: Zerstückelung Deutschlands in Einzelstaaten? ........................................ 28
2. Deutschland und das Ruhrgebiet ein Ackerland? Der Morgenthau-Plan ........................................ 33
3. „Rhenania“: ein neuer Staat im Westen? ........................................ 44
4. Die Konferenz von Jalta: Stalin, Churchill und das Thema „Zerstükkelung“ ........................................ 49
5. Das Ruhrgebiet als internationales „Ruhrterritorium“? Überlegungen im Quai d'Orsay im Frühjahr 1945 ........................................ 55
6. Eine Besatzungszone für Frankreich: die Teilung der Rheinprovinz . 62
7. Deutschland als wirtschaftliche Einheit: die Ruhrfrage auf der Potsdamer Konferenz ........................................ 65

II. Frankreichs Forderung nach Abtrennung von Rheinland und Ruhrgebiet
1. Noch einmal „Rhenania“ – Außenminister Bidault in London: „Es geht um Leben und Überleben Frankreichs!“ ........................................ 70
2. Frankreich informiert die Partner: Gespräche in London, Washington und Moskau
a) London ........................................ 79
b) Washington ........................................ 86
c) Moskau ........................................ 90
d) Zwischenbilanz in London ........................................ 92
3. Außenminister Bevin will ein Zeichen setzen: die Bergwerke an der Ruhr werden beschlagnahmt ........................................ 94
*Exkurs:* Der Fowler-Plan – das Ruhrgebiet als Treuhandgebiet der UNO ........................................ 101
4. „Die Russen am Rhein?“ Die britische Militärregierung lehnt Frankreichs Pläne ab ........................................ 102

III. Abtrennung des Ruhrgebietes? Internationalisierung oder Sozialisierung der Ruhrindustrie?
1. Die Internationalisierung der Ruhrindustrie als Kompromiß: das Ruhrgebiet soll deutsch bleiben, die Industrie in den Besitz der Sieger übergehen ........................................ 123

2. Frankreich drängt auf eine Entscheidung: das Ruhrgebiet soll vor den Sowjets gerettet werden ... 141
3. Die Briten im Alliierten Kontrollrat isoliert, das Foreign Office gespalten: doch Abtrennung des Ruhrgebietes? ... 146
4. Teilung Deutschlands an der Elbe oder Status quo? Eine Vorentscheidung in London: Internationalisierung der Ruhrindustrie ... 159
5. Die Position der USA: Internationalisierung der Ruhrindustrie ... 176
6. Von der Internationalisierung zur Sozialisierung: die Ruhrindustrie als öffentliches Eigentum eines neuen Landes ... 180
7. Die „russische Gefahr": Westdeutschland ein „Bollwerk gegen den Kommunismus?" Entscheidungen auf der Außenministerkonferenz in Paris ... 190

IV. Das neue Land an Rhein und Ruhr
1. Ein Land oder zwei Länder? Die Rolle der Deutschen ... 201
2. Die britische Entscheidung für Nordrhein-Westfalen ... 223
3. Operation „Marriage": aus Nordrhein und Westfalen wird Nordrhein-Westfalen ... 242

V. Schlußbetrachtung
Die Entstehung des Landes Nordrhein-Westfalen – und was aus Sozialisierung und Kontrolle der Ruhrindustrie wurde 261

Verzeichnis der übersetzten Dokumente ... 269
Dokumente ... 271

Verzeichnis der Faksimileabbildungen ... 319
Verzeichnis der Photos ... 320

*Annex:* Einrichtung der Edition „Ruhrfrage"
A. Zur Edition ... 321
1. Auswahlkriterien ... 321
2. Quellen ... 322
3. Verfahrensgrundsätze ... 325
B. Verzeichnis der Archivalien ... 328
C. Verzeichnis der Literatur ... 329
D. Verzeichnis der Abkürzungen ... 334
E. Verzeichnis der in der Edition „Ruhrfrage" veröffentlichten Dokumente 336

Personen- und Sachregister ... 350

# Verzeichnis der Karten (mit Quellenangabe)*


1 6. 9. 1944: Der Morgenthau-Plan. Skizze von H. Morgenthau. *Morgenthau Diary*, Einschub zwischen S. 554 und S. 555. ...... 10

2 5. 1. 1945: „Rhenania". Karte des britischen Chiefs of Staff Committee, Joint Planning Staff. *Public Record Office* ...... 11

3 19. 3. 1945: „Germany divided into 3 to 5 States". Karte des Foreign Office. *Public Record Office* ...... 12

4 12. 2. 1945: „Le Problème Rhéno-Westphalien". Karte des Quai d'Orsay. *Ministère des Affaires Etrangères* ...... 13

5 Mai 1945: „Le Problème Rhéno-Westphalien". Karte des Foreign Office. *Public Record Office* ...... 14

6 7. 9. 1945: „Rhenania". Im Foreign Office ergänzte Karte des britischen Chiefs of Staff Committee, Joint Planning Staff. *Public Record Office* ...... 15

7 11. 3. 1946: „Germany and Austria. Zones of Occupation". Karte des Foreign Office. *Public Record Office* ...... 16

8 11. 3. 1946: „Map to illustrate French proposals for the Ruhr and Rhineland". Karte des Foreign Office. *Public Record Office* ...... 17

9 4. 4. 1946: „Proposals for the Ruhr and Rhineland". Karte des britischen Chiefs of Staff Committee, Joint Planning Staff. *Public Record Office* ...... 18

10 a/b 27. 5. 1946: „The Future of the Ruhr". Siedlungsverband-Ruhrkohlenbezirk und Frankreichs Ruhrpläne. Zwei Karten der Control Commission for Germany, British Element (Berlin). *Public Record Office* ...... 19

11 19. 6. 1946: Zwei Länder an Rhein und Ruhr. Vorstellungen von John Hynd. Skizze von Patrick Dean. *Public Record Office* ...... 20

12 1. 9. 1946: „Land Nordrhein-Westfalen". Landesplanungsgemeinschaft Rheinland, Düsseldorf, Landesregierung. ...... 21


* (Größe der Karten Nr. 2, 3, 5, 6, 7, 8, 10 im Original ca. 35 cm×30 cm, der Karte Nr. 4 ca. 20 cm×50 cm, der Karte Nr. 9 ca. 40 cm×50 cm, der Karte Nr. 11 ca. 20 cm×30 cm).

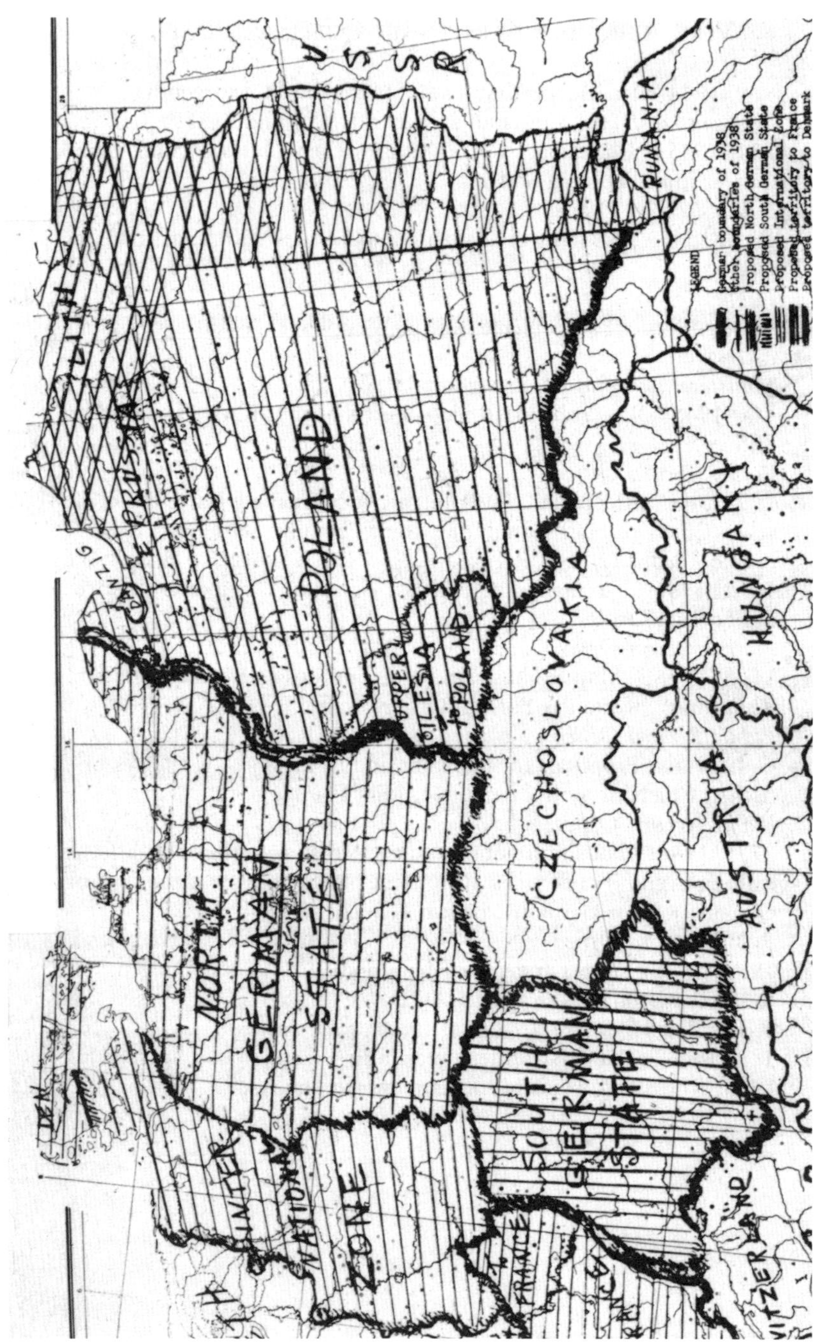


*Karte Nr. 1 (Legende auf S. 11)*

*Karte Nr. 2:* 5. 1. 1945: „Rhenania“. Karte des Britischen Chiefs of Staff Committee, Joint Planning Staff (noch ohne französische Besatzungszone). Ab Herbst 1944 fordern die Franzosen eine Sonderregelung für das Gebiet Rheinland-Westfalen. Die britischen Militärs sprechen als erste von „Rhenania“ (Provinz Westfalen, ohne Minden; Rheinprovinz, Saarland); wie der Planungsstab für Wirtschaft und Industrie (EIPS) schließen sie die Abtrennung dieses Gebietes von Deutschland nicht aus (siehe auch unten, S. 47 f.).

*Karte Nr. 1:* 6. 9. 1944: Skizze des amerikanischen Finanzminsters Henry Morgenthau: Deutschland ein Ackerland, die Industrie an Rhein und Ruhr zerstört, das Gebiet bis zum Nord-Ostseekanal eine internationale Zone, das Land in zwei separate Staaten geteilt, das Saargebiet bei Frankreich. Der „Morgenthau-Plan“ wird zwar anfangs von Roosevelt favorisiert, aber schon bald wieder fallengelassen; er ist zu keinem Zeitpunkt offizielle amerikanische Politik geworden (siehe auch unten, S. 33 f.).

*Karte Nr. 3:* 19. 3. 1945 „Germany divided into 3 to 5 States". Karte des Foreign Office. In Jalta (4.–11. 2. 1945) hat Stalin das Thema „Zerstückelung Deutschlands" angesprochen; ein „Zerstückelungsausschuß" soll in der Folgezeit das Problem klären; die Planungen gehen weiter. Am 19. März schlägt der britische Außenminister Anthony Eden dem Kriegskabinett eine mögliche Zerstückelung Deutschlands in fünf, vier oder drei unabhängige Staaten vor. Wenige Tage später beenden die Sowjets von sich aus die Diskussion über dieses Thema (siehe auch unten, S. 53).

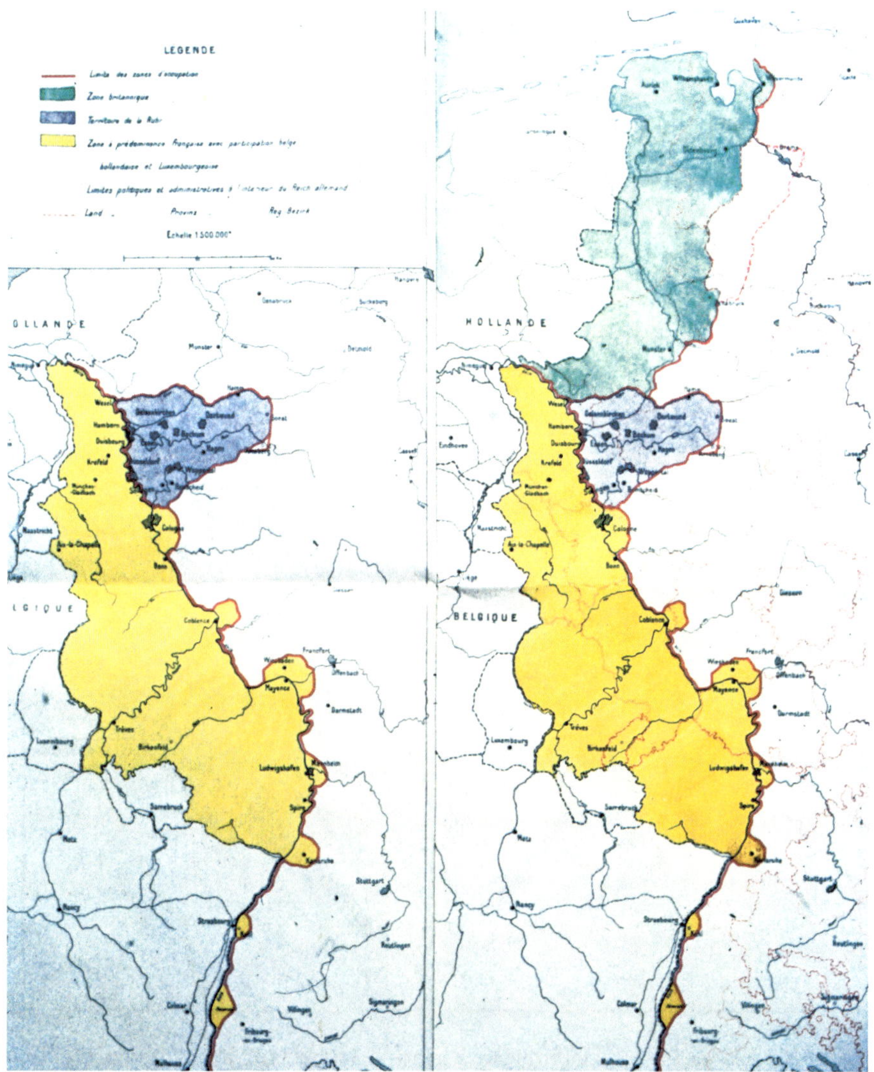


*Karte Nr. 4:* 12. 2. 1945: „Le Problème Rhéno-Westphalien“. Karte des Quai d'Orsay als Anhang zum geheimen Memorandum, in dem Frankreich für sich „das gesamte linke Rheinufer und so viel Gebiet wie möglich auf dem rechten Rheinufer“ verlangt (gelbe Fläche); das grün gezeichnete Gebiet sollen Briten und Holländer übernehmen, das Ruhrgebiet (lila) soll als „internationale Zone“ zu einem neuartigen Gebilde internationalen Rechts, genannt „Ruhrterritorium“, gemacht werden (siehe auch unten, S. 56 f.).

*Karte Nr. 5:* Mai 1945: „Le Problème Rhéno-Westphalien“. Karte des Foreign Office. Ende April 1945 gelangen die ersten Seiten des geheimen französischen Memorandums vom 12. Februar (s. S. 40/41) in die Hände der Briten – allerdings ohne die Karte (hier Karte Nr. 4). Man fertigt eine eigene Karte an, die jedoch mehrere Fehler enthält (siehe auch unten, S. 59).

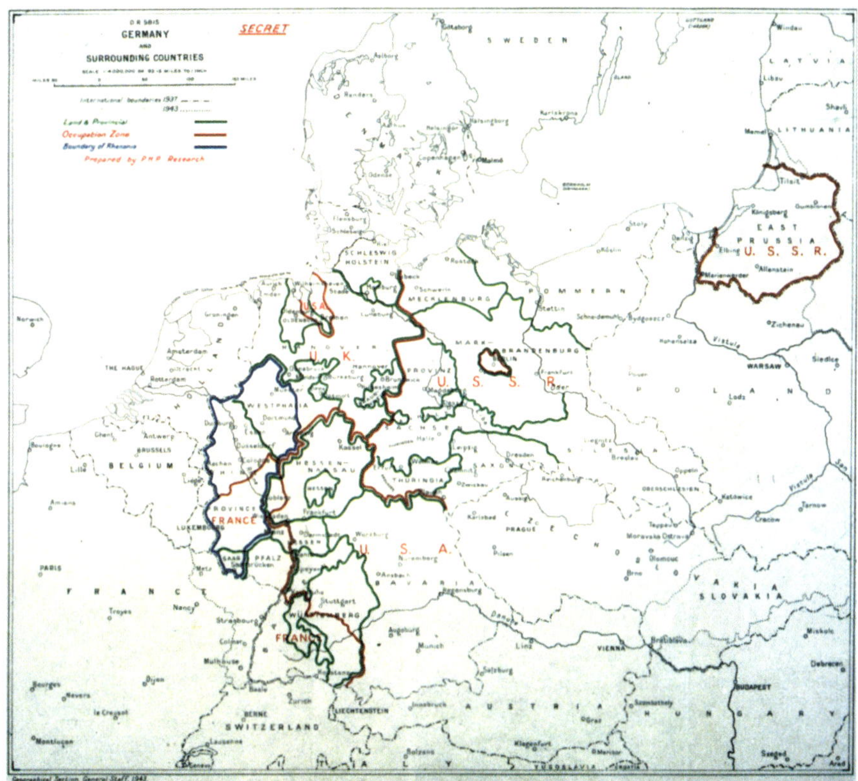


*Karte Nr. 6:* 7. 9. 1945: „Rhenania". Im Foreign Office ergänzte Karte des britischen Chiefs of Staff Committee, Joint Planning Staff (v. 5. 1. 1945). Jetzt sind u. a. die französischen Zonengrenzen eingezeichnet. Im Vorfeld der Außenministerkonferenz in London wird im Foreign Office erneut über das Thema Rhein-Ruhr beraten; am 14. September fordert der französische Außenminister Georges Bidault offiziell die Abtrennung des Rheinlandes und Westfalens – einschließlich des Ruhrgebietes – von Deutschland. Zwei Tage später befürwortet sein britischer Kollege Ernest Bevin die Errichtung eines unabhängigen Weststaates „Rhenania" (siehe auch unten, S. 78).

*Karte Nr. 7:* 11. 3. 1946: „Germany and Austria. Zones of Occupation". Karte des Foreign Office, die als „Map 1" dem Memorandum von Ernest Bevin für das „Committee on German Industry" beilag (s. auch unten, S. 171 u. S. 277).

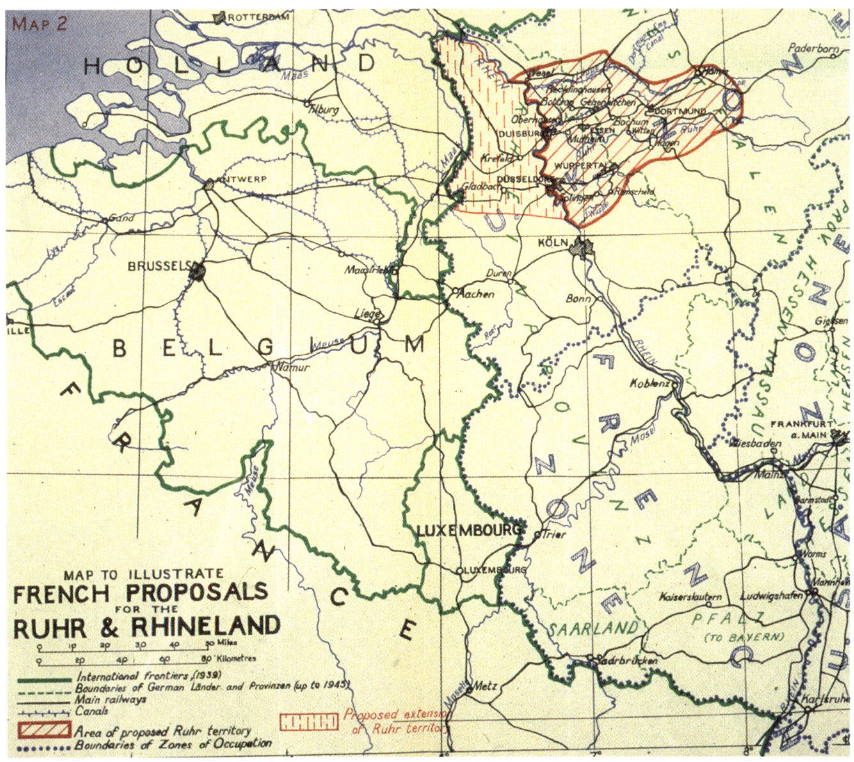


*Karte Nr. 8:* 11. 3. 1946: „Map to illustrate French proposals for the Ruhr and Rhineland". Karte des Foreign Office, die als „Map 2" dem Memorandum von Ernest Bevin für das „Committee on German Industry" beilag (vgl. auch unten S. 278). Das stark umrandete „Ruhrterritorium" hatten die Franzosen in einer Karte eingezeichnet, die Teil eines Memorandums war, das sie den Briten am 22. 10. 1945 übergeben hatten (vgl. S. 339 in der Edition „Ruhrfrage"). Die Erweiterung bis zur holländischen Grenze hatte erstmals Unterstaatssekretär Sir Oliver Harvey im Februar 1946 vorgeschlagen – mit der Überlegung, das gesamte Gebiet von Deutschland abzutrennen (siehe auch unten, S. 173 u. 278).

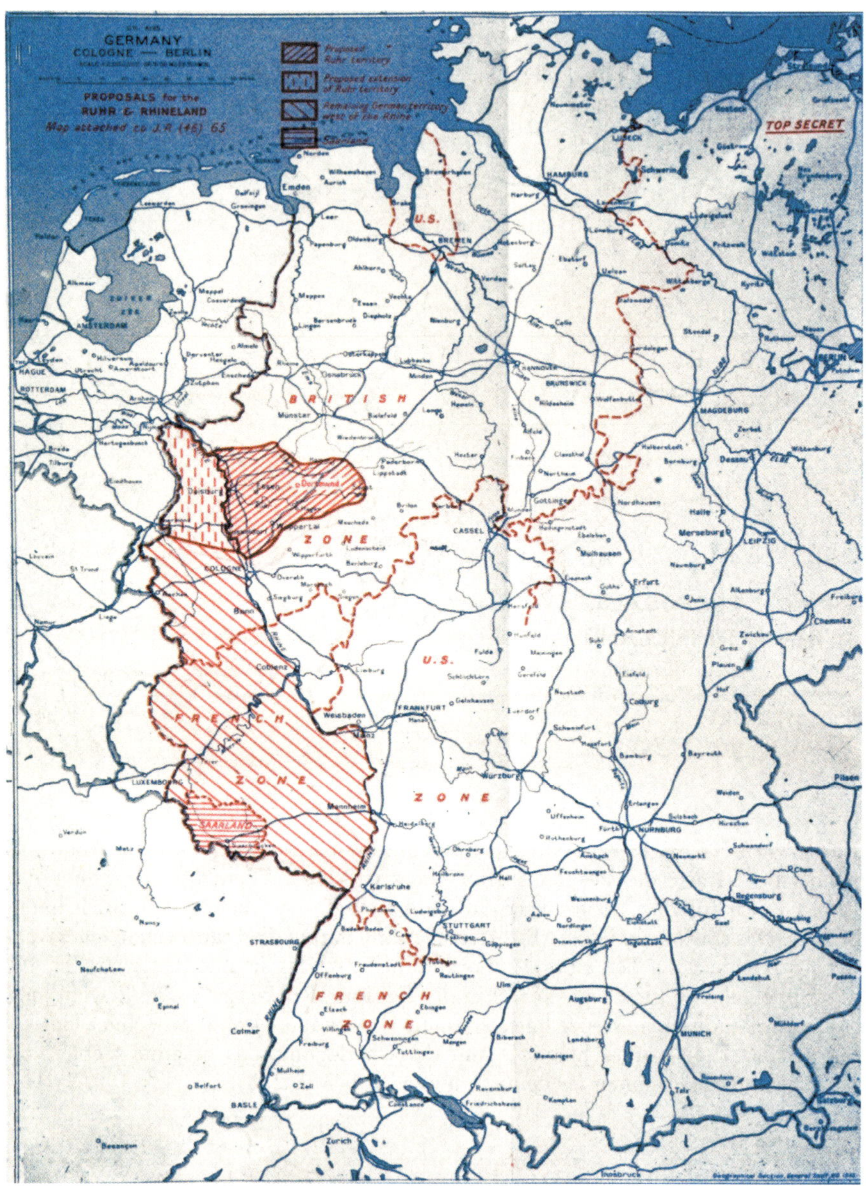


*Karte Nr. 9:* 4. 4. 1946: „Proposals for the Ruhr and Rhineland". Karte des britischen Chiefs of Staff Committee, Joint Planning Staff, für das Memorandum der Stabschefs v. 5. 4. 1946, in dem diese die Abtrennung des Ruhrgebietes als „nicht akzeptabel" ablehnen. Sie befürchten, daß damit Deutschland in die Arme Rußlands getrieben wird; für sie aber ist Rußland der nächste Gegner und eine sehr viel größere Gefahr als ein wiedererstarktes Deutschland (siehe auch unten, S. 185).

*Karten Nr. 10a/b:* 27. 5. 1946: „The Future of the Ruhr". Siedlungsverband – Ruhrkohlenbezirk und Frankreichs Ruhrpläne. Zwei Karten der Control Commission for Germany, British Element (Berlin). Im Original waren beide Karten im gleichen Maßstab angefertigt, Karte 10b war auf durchsichtiger Folie gezeichnet und über Karte 10a gelegt. Karte 10a zeigt, daß in dem „großen" Land die katholische Bevölkerung eindeutig in der Mehrheit ist (ein Argument, das von der Kontrollkommission in London nicht erwähnt wird) – und damit auch die „Katholisch-christliche Partei", d. h. die CDU, wie Deutschlandminister John Hynd befürchtet (s. S. 233).

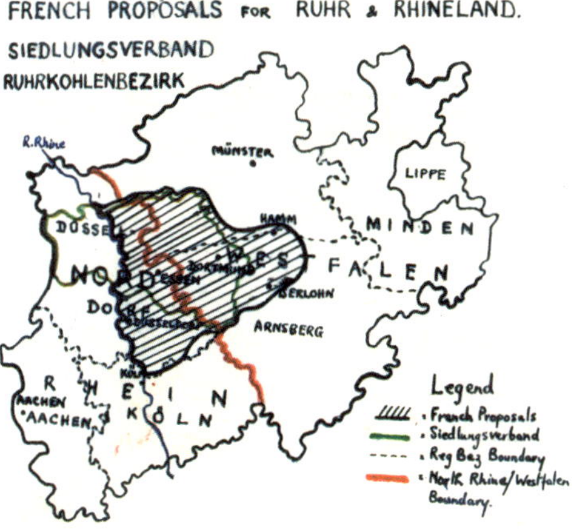


Karte 10b zeigt, daß es mit dem Siedlungsverband schon einmal eine Sonderregelung innerhalb einer bestehenden Verwaltungseinheit gegeben hat; sie zeigt aber auch, daß das „Kontrollgebiet" über Provinzgrenzen hinweggehen kann, d. h. der Zusammenschluß der Provinzen Nordrhein und Westfalen aus diesem Grund nicht zwingend notwendig ist. Kurt Schumacher plädiert auch in diesem Sinne für zwei Länder (siehe auch unten, S. 219).

*Karte Nr. 11 (Legende auf S. 21)*

*Karte Nr. 12:* Das neue „Land Nordrhein-Westfalen“, das es offiziell seit dem 23. August 1946 gibt. An diesem Tag erläßt die Kontrollkommission die Verordnung Nr. 46 „betreffend die Auflösung der Provinzen des ehemaligen Landes Preußen in der britischen Zone und ihre Neubildung als selbständige Länder“. Eine erste Karte entsteht am 1. 9. 1946, hergestellt von der „Landesplanungsgemeinschaft Rheinland, Düsseldorf, Landesregierung“ (siehe auch unten, S. 256).

*Karte Nr. 11:* 19. 6. 1946: Zwei Länder an Rhein und Ruhr. Vorstellungen von Deutschlandminister John Hynd; Skizze von Patrick Dean. Hynd ist von den Argumenten von General Robertson für den Zusammenschluß der Provinzen Nordrhein und Westfalen nicht überzeugt; er befürchtet – ganz im Sinne Kurt Schumachers – eine Mehrheit der CDU in diesem Land und in der Folge eine reaktionäre Politik und das frühzeitige Ende der Sozialisierung. Er schlägt daher die Bildung von zwei Ländern vor: eines aus der Nordrheinprovinz, ergänzt um Gebiete bis einschließlich Bochum und Dortmund, das andere aus der Provinz Westfalen. Am 21. 6. 1946 fällt die knappe Entscheidung gegen ihn: es wird nur *ein* Land geben – Nordrhein-Westfalen (siehe auch unten, S. 233).

# Vorbemerkung

„NORDRHEIN-WESTFALEN! Ein neuer Begriff, ein neues Land! Mit seiner Gründung hat sich der Westen des Reiches in einer staatsrechtlich neuen Form konsolidiert. Auf dem Ruinenfeld, das die zwölfjährige Nazidiktatur als trostloses Erbe der deutschen Gegenwart hinterließ, erhebt sich nunmehr in den westlichen Bezirken Deutschlands ein Land, das ebensosehr in den positiven Werten der Vergangenheit wurzelt als gegenüber den Einflüssen und Zivilisationstendenzen des westlichen Europas geöffnet ist. Wenn irgendwo in deutschen Landen die Demokratie ein Heimatrecht besitzt, dann in diesem Gebiet an Rhein und Ruhr, weil hier schon immer der Pulsschlag demokratischen Lebens spürbar war und der Geist der Menschlichkeit die Herzen von Millionen erfüllte. Mit diesem geschichtlichen Gründungsakt wird ein Schlußstrich unter ein Kapitel deutscher Geschichte gezogen, in dessen Verlauf Preußen vorherrschend den Gang der Dinge bestimmte.

Getragen von dem Bewußtsein der großen historischen Sendung, erfüllt von der hohen Verpflichtung gegenüber der deutschen Gegenwart und Zukunft, durchglüht vom Willen zur lebendigen Neugestaltung deutschen Lebens und in klarer Erkenntnis der unsäglich schweren Aufgaben, die ihrer Lösung harren, fanden sich die Vertreter des Landes am 2. Oktober 1946 im Opernhaus zu Düsseldorf zusammen, um mit der Konstituierung des Landtages zugleich ihre Entschlossenheit zu bekunden, die Fülle der Probleme zu meistern, die sich aus der Not des Tages und den Forderungen der Zukunft ergeben.“[1]

Mit diesen Worten wird eine Broschüre mit dem bezeichnenden Titel „Baustein zum Neuen Reich“ eingeleitet, die die „staatsbürgerliche Bildungsstelle der Landesregierung Nordrhein-Westfalen“ im Herbst 1946 anläßlich der Landtagseröffnung am 2. Oktober 1946 herausgab. Aus der Rückschau von 40 Jahren mögen solche Worte eher etwas pathetisch klingen, der Aufgabe, die da formuliert wurde, ist dieses Land allerdings gerecht geworden. Nordrhein-Westfalen wurde zu einem „Baustein“, zwar nicht des „Neuen Reiches“, denn das wurde frühzeitig an der Elbe geteilt, aber eines neuen, demokratischen Westdeutschland. Dabei hätte alles auch ganz anders kommen können, hätten nicht weitsichtige britische Beamte in London und Besatzungsoffiziere in Deutschland im Sommer 1946 die Gründung dieses Landes durchgesetzt, in der erklärten Absicht – und mit Blick auf die betroffenen Deutschen –, etwas zu schaffen, das auch langfristig Bestand haben sollte. Die spätere Entwicklung hat ihnen recht gegeben.

Das Land Nordrhein-Westfalen ist eine Schöpfung der britischen Besatzungsmacht; ohne sie wäre dieses Land nicht vorstellbar. Dabei war dies nicht eine der nach dem Zweiten Weltkrieg üblichen Landesgründungen, wie die Vorgeschichte dieses Landes deutlich macht. In dieser Vorgeschichte spiegelt sich die alliierte Deutschlandpolitik mit all ihren Verästelungen wider; in ihr werden die Anfänge des Kalten Krieges sichtbar, sie ist schlechthin ein Stück europäischer Geschichte, was angesichts der Bedeutung des Industriegebietes an Rhein und Ruhr, der ehemaligen

1 Baustein zum Neuen Reich, Landtagseröffnung Nordrhein-Westfalen, 2. Oktober 1946, hrsg. von der staatsbürgerlichen Bildungsstelle der Landesregierung Nordrhein-Westfalen, Düsseldorf 1946, S. 5.

„Waffenschmiede des Reiches", nicht verwundert. Mit den Worten des amerikanischen State Department vom März 1946:

„Bei der Lösung des Rhein- Ruhrproblems geht es um mehr als nur darum, Frankreich und den Westen vor einem erneuten Angriff Deutschlands zu sichern und dafür zu sorgen, daß Deutschland das Potential jenes Gebietes nicht wieder zur Erringung einer wirtschaftlichen Vormachtstellung nutzt. Die Lösung dieses Problems wird ganz entscheidend die Zukunft Europas bestimmen, denn es geht dabei um die langfristige Zusammenarbeit zwischen den westlichen Demokratien und der Sowjetunion, um die mögliche Spaltung Europas in einen Ost- und Westblock und um die wirtschaftliche Konsolidierung und den Wiederaufbau Europas."[2]

Im Mittelpunkt aller deutschlandpolitischen Überlegungen stand damals denn auch von Anfang an die Frage nach dem Schicksal dieses Gebietes. Den Briten ging es darum, eine zukünftige deutsche Aggression unmöglich zu machen und gleichzeitig das Potential an der Ruhr für den Wiederaufbau Europas (und Deutschlands) zu nutzen. Sicherheitsdenken und Eigentumsfrage, strukturelle Veränderungen und „industrielle Abrüstung", Kontrolle und zukünftige Organisation der Industrie unter – notwendigerweise – Beteiligung der betroffenen Deutschen, bei gleichzeitiger Berücksichtigung der französischen Sicherheitsinteressen und Abwendung der im Frühjahr 1946 in London diagnostizierten „russischen Gefahr", waren aufs engste miteinander verknüpft – und stellten die Briten vor eine schier unlösbare Aufgabe. Sie aber mußten entscheiden, denn das Ruhrgebiet lag nun einmal in der britischen Zone. Wie auch immer diese Entscheidung ausfallen würde, über die Konsequenzen waren sich alle Beteiligten im klaren: es ging um Deutschland und Europa. Geradezu beängstigend die Vorstellung, wie Deutschland und Europa heute wohl aussehen würden, hätte sich Frankreich mit seiner Forderung durchgesetzt, das Ruhrgebiet von Deutschland abzutrennen; genauso beängstigend der Gedanke, daß in London eine Zeitlang genau daran ernsthaft gedacht wurde. Aus all dem ist, zum Wohle der Menschen an Rhein und Ruhr, Europas und der Demokratie, nichts geworden. Am Ende stand kein internationales „Ruhrterritorium", auch kein „Ruhrstaat", standen auch nicht zwei Länder, sondern der Zusammenschluß der beiden Provinzen Nordrhein und Westfalen, und damit das neue Land Nordrhein-Westfalen.

Die Entstehungsgeschichte dieses Landes, seine im Geflecht internationaler Politik verwickelte Vorgeschichte, ist bis heute nur in Umrissen bekannt. In den drei älteren Darstellungen zur Geschichte Nordrhein-Westfalens von Wolfram Köhler, Walter Först und Peter Hüttenberger[3] konnte sie aufgrund der damals noch nicht zugänglichen Quellen nur angedeutet werden. Erst mit der Öffnung der britischen und – teilweise – französischen Archive wurde es möglich, diese Geschichte zu schreiben und zu dokumentieren.

Vor zwei Jahren habe ich die Edition „Die Ruhrfrage 1945/46 und die Entstehung des Landes Nordrhein-Westfalen" mit einer umfangreichen Einleitung veröffentlicht. Der hier vorliegende Band ist der *unveränderte* Nachdruck dieser Einleitung, einschließlich der Hinweise zur Einrichtung der Edition „Ruhrfrage" mit dem Ver-

---

2 Vgl. Dok. Nr. 101.
3 Köhler, 1961; Först, 1970; Hüttenberger, 1973.

zeichnis der Dokumente. Wenn also in den Fußnoten der vorliegenden Darstellung auf bestimmte Dokumente verwiesen wird, dann sind damit die Dokumente der Edition gemeint. Neu hinzugekommen sind Faksimiles, Bilder sowie 24 Dokumente in Übersetzung. Das Literaturverzeichnis wurde um einige neue Titel ergänzt.

Bei den Faksimiles ging es darum, einen Eindruck von einigen wichtigen Dokumenten im Original zu vermitteln, bei der Auswahl der Dokumente darum, die wichtigsten Überlegungen, die bei der Gründung des Landes eine Rolle gespielt haben, nachvollziehbar zu machen. Dabei sollte so weit wie möglich vermieden werden, bereits in der Darstellung ausführlich zitierte Übersetzungen noch einmal abzudrucken. So wird z. B. das Protokoll jener für die Gründung des Landes vorentscheidenden Sitzung am 6. Juni 1946 im Foreign Office vollständig übersetzt, dagegen das berühmte Memorandum des britischen Außenministers vom 11. Juni 1946, das man auch als die „Gründungsurkunde" des Landes Nordrhein-Westfalen bezeichnen kann, nur mit jenem Teil, der noch nicht wörtlich vorlag, und ansonsten auf die Darstellung verwiesen.

Gegenüber dem Original verlieren Übersetzungen immer an Aussagekraft und „Atmosphäre", zumal man sich am Ende für eine Variante entscheiden muß. Insofern war es reizvoll, bei den Übersetzungen an der einen oder anderen Stelle auch einmal eine andere Variante zu wählen als zuvor in der Darstellung – ein Vergleich mit dem Original sei deshalb empfohlen.

Gleichzeitig mit der Edition „Ruhrfrage" legte Wolfgang Hölscher einen Band mit deutschen Dokumenten vor.[4] Mit seiner Edition schloß er eine Lücke, wobei er allerdings betont, daß die deutschen Handlungsträger unter den spezifischen Bedingungen des besiegten und besetzten Nachkriegsdeutschland nicht in der Lage waren, den von internationalen und besatzungspolitischen Geschehnissen diktierten Rahmen zu sprengen. Innerhalb dieses Rahmens entwickelten sie eigene Vorstellungen und Pläne. Die von Hölscher ausgewählten Akten, zeitgenössischen Kommentare und Berichte dokumentieren aus deutscher Sicht die Errichtung von Provinzialregierungen und Provinzialräten und insbesondere die Diskussion um die territoriale und verwaltungsmäßige Neuordnung der britischen Zone. Bei dem neuen Land an Rhein und Ruhr setzte sich die Kontrollkommission, d. h. die britische Militärregierung, von Anfang an für die „große Lösung" ein, den Zusammenschluß der beiden Provinzen Nordrhein und Westfalen. Dafür gab es genauso gute wirtschaftliche, politische und parteipolitische Gründe wie für die Errichtung von zwei Ländern. Dennoch trugen die Vertreter der Kontrollkommission in London nur jene Gründe vor, die für *ein* Land sprachen. Spielten dabei auch parteipolitische Überlegungen eine Rolle? Ich neige dieser Auffassung zu. Die Entscheidung für Nordrhein-Westfalen war nämlich auch eine Entscheidung im Sinne der CDU – und gegen die SPD.

---

4 Wolfgang Hölscher, Nordrhein-Westfalen. Deutsche Quellen zur Entstehungsgeschichte des Landes 1945/46. Quellen zur Geschichte des Parlamentarismus und der politischen Parteien, Vierte Reihe, Deutschland seit 1945, Band 5, im Auftrag der Kommission für Geschichte des Parlamentarismus und der politischen Parteien, hrsg. v. Karl Dietrich Bracher, Rudolf Morsey und Hans-Peter Schwarz, in Verbindung mit Walter Först, Düsseldorf 1988.

Die Kontrollkommission hatte Adenauer nach seiner Meinung gefragt, und dieser hatte sich für den Zusammenschluß der beiden Provinzen ausgesprochen, denn hier würde die CDU eine Mehrheit haben.

Der SPD-Vorsitzende Schumacher war bezeichnenderweise nicht gefragt worden. Seine Meinung war bekannt: Er hielt einen Zusammenschluß der beiden Provinzen für „verhängnisvoll" für die SPD. Am 20. Mai 1946 schrieb er an einen Vertreter der Militärregierung – ein Schlüsseldokument in der Edition Hölscher: „... die CDU, die vom bürokratischen und reaktionären Flügel geführt wird, käme dort an die Spitze der politischen Kräfte ... Ein Weststaat von solcher Größe würde ein neues und weit schwierigeres Bayern innerhalb Deutschlands darstellen ... und würde auch keine Sozialisierung möglich machen. Die Entwicklung der Schlüsselindustrie würde mehr als zweifelhaft sein ... Es würde besser sein, wenn in dem Rahmenbereich Deutschland die Provinzen Rheinland und Westfalen für sich als ein neuer Staat geschaffen würden. Es könnte mit Sicherheit vorausgesagt werden, daß die absolute Mehrheit der CDU sich nicht auf den westfälischen Teil erstrecken würde."[5]

Der britische „Deutschlandminister" John Hynd versuchte denn auch in der entscheidenden Sitzung des für außenpolitische Fragen zuständigen Kabinettsausschusses, dem Overseas Reconstruction Committee (O. R. C.), am 21. Juni 1946 mit genau diesen Argumenten die Entwicklung in eine andere Richtung zu lenken und plädierte – vergebens – für die Bildung von zwei Ländern. Was Hynd vortrug, waren Schumachers Argumente, wie ich richtig vermutet hatte.[6] (Bei der Abfassung meiner Arbeit, die im Herbst 1985 fertiggestellt war, war mir das o. g. Schreiben Schumachers nicht bekannt; zu einer Kontaktaufnahme mit dem Kollegen Hölscher kam es damals nicht.) Es war eine knappe Entscheidung des O. R. C., knapp auch in dem Sinne, als nur wenige Stunden später Telegramme in London eintrafen, die über die Haltung der SPD informierten. Aber da war es zu spät, die Entscheidung schon gefallen – und zwar eindeutig gegen die SPD. Fritz Henßler, der einflußreiche Vorsitzende des SPD-Bezirks Westliches Westfalen, sprach von einer „Zwangsvereinigung"[7]; etwas Schlimmeres konnte einem SPD-Politiker nur wenige Wochen nach der Zwangsvereinigung von KPD und SPD in der sowjetischen Besatzungszone kaum einfallen. An Kurt Schumacher schrieb Henßler: „Ich sehe in dem neuen Staat ein uns aufgezwungenes Gebilde, das ich nicht als endgültig hinzunehmen gewillt bin. Es paßt nicht zu dem staatlichen Neubau Deutschland, wie wir ihn wünschen."[8] Er sollte sich irren, während Schumacher in zwei anderen Punkten recht behielt: Zu einer Sozialisierung kam es nicht mehr, und für die SPD begann eine lange Durststrecke; erst bei den Landtagswahlen 1966 konnte sie die CDU überholen.

5 Hölscher, Dok. Nr. 127.
6 S. unten S. 233.
7 Hölscher, Dok. Nr. 93.
8 Hölscher, S. 9.

Zum Schluß möchte ich der Landeszentrale für politische Bildung Nordrhein-Westfalen danken, daß sie diesen Band in die „Schriften zur politischen Landeskunde Nordrhein-Westfalens“ aufnimmt, und dem Kohlhammer-Verlag, daß er den Band verlegt.

Danken möchte ich auch meiner Sekretärin Eva Plankensteiner, die alles, was gegenüber der Edition „Ruhrfrage“ neu an diesem Band ist, mit bewährter Sorgfalt in eine lesbare Reinschrift gebracht hat und auch bei den verschiedenen Übersetzungsversionen nicht verzweifelte.

Innsbruck, im März 1990 ROLF STEININGER

# I. PLANUNGEN DER ALLIIERTEN IM KRIEG

## *1. Die Lösung des deutschen Problems: Zerstückelung Deutschlands in Einzelstaaten?*

„Unser unabänderliches Ziel ist die Vernichtung des deutschen Militarismus und Nazismus und die Schaffung der Garantie dafür, daß Deutschland nie mehr imstande sein wird, den Frieden der ganzen Welt zu stören. Wir sind von der Entschlossenheit erfüllt, sämtliche deutschen Streitkräfte zu entwaffnen und aufzulösen, den deutschen Generalstab, der wiederholt zur Wiederauferstehung des deutschen Militarismus beitrug, ein für allemal zu vernichten, alles deutsche Kriegsgerät einzuziehen oder zu vernichten und die gesamte deutsche Industrie, die für Rüstungszwecke ausgenützt werden könnte, zu liquidieren oder unter Kontrolle zu stellen, alle Kriegsverbrecher einer gerechten und schnellen Bestrafung zu unterziehen und für die von den Deutschen angerichteten Zerstörungen Schadenersatz in Gestalt von Sachleistungen einzutreiben; die Nazipartei, die Nazigesetze, -organisationen und -institutionen vom Erdboden zu tilgen; jeden nazistischen und militaristischen Einfluß aus den öffentlichen Institutionen, aus dem Kultur- und Wirtschaftsleben des deutschen Volkes zu beseitigen und gemeinsam solche weiteren Maßnahmen Deutschland gegenüber zu ergreifen, die sich für den künftigen Frieden und für die Sicherheit der ganzen Welt als notwendig erweisen sollten."[1]

Mit diesen Worten wurden die Deutschen in Flugblättern im Februar 1945 über die Kriegsziele der Alliierten informiert, die die „Großen Drei" – F. D. Roosevelt, Winston Churchill und J. Stalin – am Ende ihrer Konferenz in Jalta (4.–11. 2. 1945) formuliert hatten. Was sich so entschlossen las, täuschte über die Tatsache hinweg, daß auch nach dieser Konferenz entscheidende Fragen im Hinblick auf die Zukunft des besiegten Deutschland nicht entschieden waren. Einig waren sich Amerikaner, Briten und Sowjets lediglich im Prinzip darüber, daß Deutschland nie wieder zu einer Bedrohung des Weltfriedens werden durfte, daß die Kriegsindustrie zerstört, der Nationalsozialismus und der deutsche Militarismus ausgerottet, die Kriegsverbrecher bestraft, das deutsche Volk umerzogen und für die Kriegsschäden Reparationen geleistet werden sollten. Wie dies im einzelnen geschehen sollte, darüber herrschte allerdings genauso Unklarheit wie über jene in dem Flugblatt erwähnten „weiteren Maßnahmen".

Es gab keine verbindlichen besatzungspolitischen Richtlinien für die Zeit nach der Kapitulation; in der Europäischen Beratenden Kommission in London – dem einzigen interalliierten Planungsgremium – zirkulierten noch 16 amerikanische Entwürfe für entsprechende Direktiven, weitere 17 waren angekündigt. Nicht einig war man sich über die zukünftige Grenze im Osten, Form und Höhe der Reparationen, und vor allen Dingen – und damit hingen alle Fragen mehr oder weniger zusammen – über die zukünftige Struktur Deutschlands: Sollte Deutschland in einzelne Staaten zerstückelt werden oder aber als – wie auch immer strukturierte – Einheit erhalten bleiben? War die Zerstückelung Deutschlands in separate Staaten die Garantie dafür, Deutschland auf Dauer entmachten und die Welt vor einer erneuten deutschen Aggression sichern zu können? War die damit verbundene Isolierung, Zerstückelung oder Amputation Preußens die Gewähr für das Ende des preußischen Militarismus, der als Wurzel allen deutschen Übels galt? Das Für und Wider einer solchen Lösung hat über Jahre die alliierten Nachkriegsplaner beschäftigt, wobei ein weite-

1 Faksimileabdruck bei: Steininger, Deutsche Geschichte, S. 31.

res Problem mehr und mehr an Bedeutung gewann, bis es dann nach Kriegsende zu einem überragenden Thema alliierter Deutschlandpolitik werden sollte: die Ruhrfrage. Was sollte mit dem Industriegebiet an Rhein und Ruhr, der ehemaligen „Waffenschmiede des Reiches" und dem industriellen Nervenzentrum Deutschlands und Europas werden? Die Bedeutung dieses Gebietes stand außer Frage, sie wird nirgends so präzise beschrieben wie in den „Richtlinien für die amerikanische Delegation" auf der Potsdamer Konferenz im Juli 1945:

„Es besitzt ein ungeheures und engmaschiges Netz von Bahnlinien, Wasserwegen und Straßen. Seine Eisenbahnen befördern 35 % der gesamten deutschen Bahnfracht, seine Binnenschiffahrt 56 % des Schiffsverkehrs."

Seine Bedeutung beruhe, so heißt es dort weiter,

„auf seinen Kohlevorkommen, die nahe der Oberfläche liegen und aus hochwertiger, ausgezeichnet zu verkokender Kohle bestehen. Seine Kohleförderung sowie Eisen- und Rohstahlerzeugung belaufen sich auf ungefähr 70 Prozent der Produktion Gesamtdeutschlands. Weitere hauptsächliche Industrieerzeugnisse sind Stahlfertigwaren, Maschinen, elektrochemische Erzeugnisse, Chemikalien, Erdölerzeugnisse, aus Gas gewonnene elektrische Energie, synthetischer Gummi und Textilien. Die dort erzeugten Güter sind für ganz Europa lebenswichtig. Das Ruhrgebiet stellt einen Großmarkt für industrielle Rohstoffe aus vielen Ländern dar. Seine Stahlerzeugung im Jahre 1937 übertraf die jedes anderen Landes, ausgenommen die der Vereinigten Staaten und der Sowjetunion. Es stellt normalerweise etwa ein Drittel des deutschen Exports an Industriegütern. Das Eigentum an den Ruhrunternehmen ist mit den großen deutschen Konzernen, Trusts und Kartellen verknüpft. Die Ruhrindustrie bildet außerdem einen Teil eines großen Industriekomplexes, zu dem auch Lothringen, das Saargebiet, das nordöstliche Frankreich, Luxemburg und Belgien gehören."[2]

Angesichts dieser Zahlen wird deutlich, daß die Entscheidung über das Schicksal dieses Gebietes nicht nur unlösbar mit der Entscheidung über den inneren und äußeren Aufbau Nachkriegsdeutschlands verbunden war, sondern auch mit dem Aufbau der europäischen Wirtschaft und der Nachkriegsordnung Europas insgesamt. Es war ein Thema, das die Beziehungen der Alliierten untereinander direkt berührte und entscheidend zum späteren Auseinanderfallen der „Anti-Hitler-Koalition" und zur Teilung Deutschlands beitrug.

Politiker und Bürokraten in den Planungsstäben entwickelten im Laufe des Krieges zahlreiche Konzeptionen, die – so sehr sie sich auch voneinander unterschieden – doch ein Ziel gemeinsam hatten: das Ruhrgebiet sollte nie wieder zur Waffenschmiede Deutschlands werden, sein Potential nie wieder für eine erneute deutsche Aggression genutzt werden. Wenn von zukünftiger Sicherheit *vor* Deutschland die Rede war, war damit auch und vor allem das Ruhrgebiet gemeint; wenn vom Wiederaufbau Europas und Deutschlands – letzteres allerdings erst in zweiter Linie und durchaus in bescheidenem Rahmen – die Rede war, war das Ruhrgebiet gemeint. Damit deutete sich aber auch gleichzeitig ein Dilemma an, aus dem es keinen einfachen Ausweg gab; wenn man das Ruhrgebiet für den Aufbau Europas nutzen wollte, stellte sich die entscheidende Frage nach der Kontrolle: wie sollte sie aussehen, wer sollte beteiligt werden? Wer sollte überhaupt über das Potential an der Ruhr verfügen? Wie sollte die zukünftige Produktion an der Ruhr aussehen? Sollte wie bisher produziert oder sollten nur noch Halbfertigwaren, d. h. in erster Linie Rohstahl, hergestellt werden? Oder waren die Probleme am besten durch eine Abtrennung des Ruhrgebietes vom übrigen Deutschland zu lösen?

---

2 FRUS, Berlin, vol. I, S. 590; dt. Übersetzung bei: Deuerlein, Potsdam, S. 168 f.

Es war der sowjetische Diktator Josef Stalin, der als erster der späteren „Großen Drei“ bereits am 16. Dezember 1941 beim Besuch des britischen Außenministers Anthony Eden in Moskau zu dessen Überraschung detaillierte Vorstellungen über eine europäische Nachkriegsordnung entwickelte und dabei auch als erster eine Zerstückelung Deutschlands zur Diskussion stellte. Seiner Meinung nach sollte das Rheinland von Preußen losgelöst und ein unabhängiger Staat oder Protektorat werden (wobei Stalin möglicherweise schon zu diesem Zeitpunkt davon ausging, daß zu diesem „Rheinland“ auch die Industriegebiete an der Ruhr gehörten; so äußerte er sich jedenfalls gegenüber Churchill im Oktober 1944 in Moskau); Bayern sollte ein selbständiger Staat werden, Polen als Entschädigung für den Verlust seiner Ostgebiete Ostpreußen sowie weitere Teile Deutschlands, möglicherweise bis zur Oder, erhalten, Österreich wieder unabhängig und das Sudentengebiet an die Tschechoslowakei zurückgegeben werden. Eden gibt in seinen Memoiren zu: „Ich antwortete Stalin, daß ich ihm weitgehend zustimmte, was er im Hinblick auf Nachkriegseuropa gesagt hatte.“[3] Im Foreign Office waren die Nachkriegsplanungen zu diesem Zeitpunkt noch nicht sehr weit gediehen, im Prinzip hatte man allerdings nichts gegen die von Stalin vorgeschlagene Lösung einzuwenden, wie die inzwischen freigegebenen Akten zeigen.[4]

Auf der Konferenz von Teheran vom 30. November bis 3. Dezember 1943 entwikkelten dann Roosevelt und Churchill ihre Lieblingsvorstellungen; Roosevelt sprach von fünf Staaten: 1. Preußen; 2. Hannover und Nordwestdeutschland; 3. Sachsen mit dem Raum um Leipzig; 4. Hessen-Darmstadt, Hessen-Kassel und das Gebiet südlich des Rheins; 5. Bayern, Baden, Württemberg. Außerdem sollten Kiel, der Nord-Ostsee-Kanal und Hamburg sowie das Ruhrgebiet und das Saarland unter internationale Kontrolle gestellt werden. Churchill plädierte dafür, Sachsen, Bayern, die Pfalz und Württemberg vom Reich zu lösen und einem zu schaffenden Donaubund (Österreich, Ungarn) anzugliedern. Stalin legte keinen eigenen Plan vor, gab aber – wie schon im Dezember 1941 in Moskau gegenüber Eden – zu erkennen, daß auch er eine Zerstückelung favorisierte.[5] Über einen unverbindlichen Meinungsaustausch kam man nicht hinaus, was insbesondere im Hinblick auf Roosevelt und Churchill nicht verwundert, entsprachen doch deren Zerstückelungspläne in keiner Weise den Vorstellungen von State Department und Foreign Office. Das Foreign Office lehnte eine gewaltsame Zerstückelung Deutschlands ab, da man sich davon keine dauerhafte Lösung des deutschen Problems versprach. Man setzte dagegen auf eine bewußte Dezentralisierung, d. h. ein föderalistisch strukturiertes Deutschland. Eine Zerstückelung setzte ein hohes Maß an Übereinstimmung zwischen den USA, Großbritannien und der Sowjetunion und die Bereitschaft der britischen Öffentlichkeit voraus, auf unbestimmte Dauer – auch in Friedenszeiten – die Anwendung von Gewalt in Deutschland zu billigen. Selbst dann, so Frank Roberts,

3 Anthony Eden (Earl of Avon), Memoirs. The Reckoning, Boston 1965, vol. II, S. 335.

4 Mr. Eden's Visit to Moscow, WP (42)8, 5 January 1942. CAB 66/20. Vgl. auch Kettenacker, Anglo-Soviet Alliance, S. 441, sowie Mastny, S. 54 ff.

5 FRUS, Cairo and Tehran, S. 600ff. Die britischen Protokolle in: PREM 3/186/8. Vgl. auch Mastny, S. 156 ff., sowie Graml, Alliierten, S. 29.

Leiter des Central Department, müsse man sich darüber im klaren sein, daß die Zerstückelung eines großen Landes, das „rassisch, wirtschaftlich, geographisch und, mit einer gewissen Einschränkung, historisch eine Einheit ist, ein Schritt ist, der vollkommen konträr zur historischen Entwicklung verläuft".

Hinzu kam die Gefahr, daß eine Zerstückelung möglicherweise zur Spaltung Deutschlands in eine östliche und eine westliche Einflußzone führen werde, und das würde dann alle Hoffnungen auf eine „gemeinsame Lösung der europäischen Probleme" zerstören.[6]

Die britischen Stabschefs sahen dies im Herbst 1944 ganz anders. In Voraussicht zukünftiger Entwicklungen betrachteten sie schon sehr früh die Sowjetunion als möglichen neuen Gegner in Europa – und ein Zusammengehen ganz Deutschlands mit der Sowjetunion nach Kriegsende für Großbritannien als – so der Stabschef der Luftwaffe, Portal, – „die größte Gefahr in unserer Geschichte".[7]

Die Stabschefs empfahlen die Zerstückelung Deutschlands in drei Staaten auf der Grundlage der drei vorgesehenen Besatzungszonen, zum einen, um eine „Wiederaufrüstung und eine erneute Aggression" Deutschlands zu verhindern und zum anderen „als Rückversicherung gegen eine mögliche sowjetische Gefahr". Diese Zerstückelung sollte notfalls durch „rücksichtslose Gewaltanwendung" aufrechterhalten werden.[8] Im Foreign Office war man über diese Vorstellungen geradezu entsetzt, man sprach von „jenem berüchtigten" Memorandum der Stabschefs und hielt es für absurd, quer durch Deutschland internationale Grenzen zu ziehen („rigid international frontiers wondering up German hills and down German valleys"). Sir Orme Sargent, nach Kriegsende ranghöchster Beamter im Foreign Office, bezeichnete die Pläne der Militärs als einen „furchtbaren Irrglauben, der schon im Ansatz sofort bekämpft werden muß".[9] Eden, der im Januar 1944 noch gar nicht davon überzeugt gewesen war, daß Zerstückelung die schlechteste Lösung war („Personally I am far from convinced against dismemberment")[10], war jetzt im September 1944 der Meinung, das Konzept der Stabschefs sei ein „Spiel mit dem Feuer" und müsse „wie die Pest" gemieden werden[11], und er verlangte, das „unbedachte Gerede über Rußland" einzustellen. Im Foreign Office war man davon überzeugt, daß die Beziehungen zur Sowjetunion für die nächsten zwanzig Jahre nur freundschaftlich sein konnten.

Die Devise müsse lauten: Zusammenarbeit mit der Sowjetunion; das hatte Eden dem Kriegskabinett bereits Anfang August in einem geheimen Memorandum mitgeteilt. Aufgrund der Erfahrungen mit den Deutschen, den von ihnen in Rußland begangenen Grausamkeiten und den dort angerichteten Zerstörungen, so hatte es da geheißen,

---

6 Aufzeichnung v. 28. 7. 1944. FO 371/39079/C 11955/14/18.

7 Memorandum vom 27. 9. 1944. WO 106/4395.

8 „Military Aspects of the Proposal that Germany should be dismembered". Memorandum (Endfassung) v. 9. 9. 1944. FO 371/39080/C 11521/146/18. Dok. Nr. 3.

9 Aufzeichnung v. 30. 7. 1944. FO 371/39079/C 11955/14/18.

10 Handschriftliche Notiz v. 29. 1. 1944. FO 371/39079/C 1866/14/ 18.

11 „The Dismemberment of Germany". Memorandum v. 20. 9. 1944. FO 371/39080/C 12806/141/18. Vgl. Dok. Nr. 6.

„wird die sowjetische Regierung daher wahrscheinlich größten Wert auf die Zusammenarbeit mit ihren Alliierten legen, um gemeinsam mit ihnen durch äußerst harte und wirksame Maßnahmen zu verhindern, daß Deutschland wieder erstarkt und erneut zu einer Gefahr für Rußland wird. Sie wird in gleichem Maße höchst mißtrauisch sein, sollten wir und die Regierung der USA den Anschein erwecken, Deutschland milde behandeln zu wollen, oder wenn wir argumentieren, daß von einem prosperierenden Deutschland der Wohlstand ganz Europas und insbesondere Großbritanniens abhängt."

Die Frage, die nur wenige Monate später im Mittelpunkt der britischen Deutschlandpolitik stand und vor allen Dingen die Entscheidung in der Ruhrfrage bestimmen sollte, nämlich ob die Sowjetunion auf ein kommunistisches Gesamtdeutschland abziele, wurde von Eden entschieden verneint. Rußland werde nur dann versuchen, mit Deutschland zusammenzugehen, wenn es glaube, daß die Westmächte beabsichtigten, Deutschland als Bollwerk gegen Rußland wieder aufzubauen.[12] Nicht einmal zwei Jahre später stellte Premierminister Attlee im Kabinett genau diese Frage, nämlich ob dies das Ziel westlicher Politik sein solle; allerdings ging es dann nicht mehr um ganz Deutschland, sondern nur noch um die Westzonen.

Am 2. September 1944 äußerte sich der Planungsstab für Wirtschaft und Industrie (Economic and Industrial Planning Staff, EIPS) zu diesem Problem. In diesem Planungsstab arbeiteten Experten verschiedener Ministerien zusammen; die von ihm erarbeiteten Memoranden beeindrucken auch noch im nachhinein durch hervorragende Sachkenntnis und vorurteilsfreie Analysen; nicht selten wurden sie zur Grundlage für weitreichende politische Entscheidungen.

EIPS machte auf die wirtschaftlichen Nachteile einer Zerstückelungspolitik aufmerksam:

„1. Eine politische Zerstückelung Deutschlands würde seine Wirtschaftskraft im Landesinnern schwächen. Sie würde anfangs große Störungen verursachen und sehr schwere Probleme heraufbeschwören, insbesondere auf den Gebieten Verwaltung, Finanzwirtschaft und Eigentum.

2. Eine solche Aufteilung würde die wirtschaftliche Sicherheit insofern erhöhen, als sie die neuen Staaten mehr von nichtdeutschen Ländern abhängig machen würde. Andererseits könnte es sich schwierig gestalten, die Produktion gewisser strategisch wichtiger Industriezweige direkt zu beschränken, da so der Lebensstandard der neuen Staaten bis zu einem Punkt absinken dürfte, an dem ihre weitere Unabhängigkeit in Gefahr geriete.

3. Eine Zerstückelung würde Deutschlands Leistungsfähigkeit in bezug auf Reparationen reduzieren.

4. Sie würde bewirken, daß der Handel zwischen den drei neuen Staaten untereinander sinkt und ihr Handel mit nicht-deutschen Ländern wächst.

5. Eine Zerstückelung würde eine Verarmung Deutschlands zur Folge haben, die Erholung der ganzen Welt von den Kriegsschäden verlangsamen, und somit auf lange Sicht auch den britischen Wirtschaftsinteressen schaden.

6. Wir möchten hinsichtlich des Zeitpunktes des politischen Akts der Aufteilung keine Empfehlungen geben, aber auf die Notwendigkeit hinweisen, einige Organe der zentralen Wirtschaftsverwaltung in Deutschland für eine bestimmte Zeit nach der Beendigung der Feindseligkeiten bestehen zu lassen.

7. Eine Zerstückelung würde die Belastung der alliierten Regierungen mit der Kontrolle und Überwachung der Wirtschaft erheblich anwachsen lassen."[13]

Der Konflikt zwischen Militärs und Foreign Office in London wurde zunächst nicht gelöst; man einigte sich lediglich darauf, daß beide Seiten neue Memoranden ausar-

---

12 „Soviet Policy in Europe". Memorandum v. 9. 8. 1944. CAB 66/53.

13 Vgl. Jacobsen, S. 395 f.

beiten sollten. Die Stabschefs warteten in der Folgezeit ab, während das Foreign Office von nun an verstärkt sein Föderalismuskonzept verfolgte. Am 27. November 1944 legte es ein entsprechendes Memorandum vor, in dem mit Nachdruck darauf verwiesen wurde, daß a) in Deutschland nur eine Regelung auf Dauer Bestand haben werde, die mit der Zustimmung der Bevölkerung rechnen könne und b) der Föderalismus die Staatsform sei, die der historischen Entwicklung in Deutschland am meisten entspreche und gleichzeitig am besten zur Umerziehung des deutschen Volkes beitragen könne. Die größte politische Schwäche der Deutschen sei ihre stete Bereitschaft, sich einer starken Führung zu unterwerfen. Mit dem Ende einer starken Zentralregierung werde auch diese Abhängigkeit beendet. Die zu diesem Zweck neu zu schaffenden Staaten müßten untereinander ausgewogen sein im Hinblick auf Größe, Bevölkerung etc., d. h. Preußen und auch die kleineren Staaten könnten nicht länger bestehen bleiben. Gedacht war an die Umwandlung der preußischen Provinzen in Teilstaaten, wobei auch die Verbindung zweier oder mehrerer Provinzen denkbar war: „Rheinland-Westfalen könnte ein solcher Fall sein."[14]

Wenn an dieser Stelle auf britischer Seite zum erstenmal von der Möglichkeit eines Landes „Rheinland-Westfalen" in einem föderalistisch strukturierten Deutschland die Rede ist – wie es dann mit Nordrhein-Westfalen, wenn auch in etwas anderer Form und unter völlig anderen Umständen 1946 verwirklicht wurde –, so muß allerdings angemerkt werden, daß dieser Vorschlag bereits im Februar 1944 von der belgischen Exilregierung in genau dieser Form gegenüber dem Foreign Office gemacht worden war, dort dann allerdings schlicht übersehen worden war.[15]

## *2. Deutschland und das Ruhrgebiet ein Ackerland? Der Morgenthau-Plan*

Blickt man auf die Deutschland- (und Ruhr-)planung, die im Herbst 1944 in London und Washington durchgeführt wurde, dann muß an dieser Stelle auch jener Plan des amerikanischen Finanzministers Henry Morgenthau erwähnt werden, der als „Morgenthau-Plan" in die Geschichte eingegangen ist und der in Geschichtsschreibung und öffentlicher Meinung immer noch einen herausragenden Platz einnimmt, der ihm von seiner tatsächlichen Bedeutung her allerdings nicht zukommt. Während wir über die Entwicklung auf amerikanischer Seite inzwischen relativ gut informiert sind, wissen wir nichts über die Entscheidungen in London. Auch darauf soll im folgenden kurz eingegangen werden.

In Washington liefen sämtliche Überlegungen von State Department und Kriegsministerium im Kern darauf hinaus, ein geläutertes und geschwächtes Deutschland wieder in die Gemeinschaft der Nationen einzugliedern, was eine harte Bestrafung der Deutschen nicht ausschloß. Das Teheraner Zerstückelungskonzept Roosevelts

---

14 A.P.W. (44) 118. „Confederation, Federation and Decentralisation of the German State, and the Dismemberment of Prussia". CAB 87/68; Kettenacker, Preußen, S. 332 f.

15 „Confidentiel. Suggestions Relatives au Régime des Territoires du Bassin Rhéno-Westphalien". Memorandum v. 22. 2. 1944. FO 371/39122/C 5815/1041/18.

war dort nicht weiterverfolgt worden, die Opposition des State Department gegen eine Zerstückelung hielt auch 1944 an. Der Ausschuß für Nachkriegsplanung (Committee on Post-War Programs, PWC) lehnte in einem im August fertiggestellten Memorandum die Zerstückelung expressis verbis ab und befürwortete statt dessen eine Politik der politischen Dezentralisierung zur Wiedererrichtung eines föderalistischen Regierungssystems bei gleichzeitiger Aufteilung Preußens in mehrere mittelgroße Länder. Jegliche Rüstungsindustrie sollte verboten werden, ebenso Großunternehmen; mit der Aufteilung des Großgrundbesitzes sollte das Junkertum entmachtet werden. Darüber hinaus war aber keine längerfristige Kontrolle der Wirtschaft vorgesehen; dem deutschen Volk sollte erlaubt sein, sein Wirtschaftssystem selbst zu bestimmen[16]; was die zukünftige Kontrolle Deutschlands betraf, so hatte Außenminister Stettinius im Herbst 1944 in London die Überlegung vorgetragen, dies durch eine unbegrenzte Besetzung des Ruhrgebietes zu erreichen.

Für Finanzminister Henry Morgenthau, dem engen Vertrauten Roosevelts, war dies alles der falsche Weg zur Lösung des deutschen Problems. Er legte Anfang September 1944 einen Plan vor, in dem er die bis zu diesem Zeitpunkt angestellten Überlegungen für einen harten Frieden zusammenfaßte, sie teilweise verschärfte (das betraf insbesondere Umerziehung, Kriegsverbrechen, Naziorganisationen) und dann neue, radikale Elemente einführte, die darauf hinausliefen, Deutschland in einen Agrarstaat zu verwandeln. Das Ruhrgebiet, „das Herz der deutschen industriellen Macht, die Brutstätte für Kriege", wie es Morgenthau formulierte, sollte dabei im Kern getroffen werden. Das Ruhrgebiet mit seiner gesamten Industrie einschließlich des Rheinlandes, des Kieler Kanals und alle deutschen Gebieten nördlich davon sollten

„nicht nur von allen dort augenblicklich bestehenden Industrien entblößt, sondern so geschwächt und kontrolliert werden, daß es in absehbarer Zeit kein Industriegebiet mehr werden kann. Folgende Schritte würden das vollenden:

a) Innerhalb kürzester Frist, wenn möglich nicht länger als 6 Monate nach Einstellung der Feindseligkeiten, sollen alle Industrieanlagen und Ausrüstungen nicht durch eine militärische Aktion zerstört, sondern vollständig demontiert und als Wiedergutmachung für die Alliierten abtransportiert werden. Alle Kohlengrubenausrüstungen sollen entfernt und die Kohlengruben geschlossen werden.

b) Das Gebiet soll internationalisiert und durch eine internationale Sicherheitsbehörde, die durch die Vereinten Nationen zu errichten wäre, verwaltet werden. Die Internationale Behörde soll sich bei Verwaltung des Gebietes durch Richtsätze leiten lassen, die geeignet sind, die obengenannten Ziele zu erreichen."

Den Bewohnern an der Ruhr sollte darüber hinaus klargemacht werden, daß es für ihr Land als Industriegebiet keine Zukunft geben werde und es für sie am besten sei, auszuwandern.

Morgenthaus Vorstoß ist nur vor dem Hintergrund der im Dritten Reich betriebenen „Endlösung der Judenfrage" zu verstehen, über die er genauestens informiert war. Morgenthau war einer der führenden amerikanischen Juden, er hatte Anfang 1944 in einem Memorandum an Roosevelt die „gleichgültige, gefühllose und vielleicht sogar feindselige" Haltung des State Department zur jüdischen Frage gebrandmarkt, auf seine Initiative war in Washington ein „Kriegsflüchtlingskomitee"

16 FRUS, Quebec, S. 60.

zur Rettung der europäischen Juden gebildet worden[17], das Morden in den Konzentrationslagern – etwa durch deren Bombardierung – konnte dennoch nicht verhindert werden. Daß die völlige Zerstörung der Industrie, die Schaffung einer „Geisterlandschaft" an der Ruhr zu Hungertod und furchtbarem Elend führen würde, kümmerte ihn unter diesen Umständen nicht. Seine Antwort: „Mich interessiert das Schicksal der Bevölkerung nicht. [...] Wir haben diesen Krieg nicht gewollt, wir haben nicht Millionen Menschen in die Gaskammern geschickt. Wir haben keines von diesen Dingen getan. Sie [die Deutschen] wollten es nicht anders haben."[18]

In dem von Roosevelt eingesetzten Dreierausschuß zur Koordinierung der amerikanischen Deutschlandpolitik (Finanz-, Kriegs- und Außenministerium) kam es in den nächsten Wochen zu erbitterten Auseinandersetzungen über diesen Plan. Kriegsminister Stimson legte ein Memorandum vor, in dem er mit Nachdruck darauf verwies, daß Roosevelt bei Annahme des Morgenthau-Plans alle Völker Europas, und nicht nur die Deutschen, bestrafen würde. Falls die deutsche Industrie zerstört würde, geriete die gesamte Wirtschaft Europas aus den Fugen wegen der überragenden Bedeutung Deutschlands sowohl als Lieferant als auch Verbraucher von Rohstoffen und Fertigwaren. Stimson bestand zwar darauf, daß die Grundlage alliierter Politik die Bestrafung Deutschlands nach dem Krieg sein müsse, allerdings nicht auf Kosten jener Europäer, die unter den Nazis und deutscher Herrschaft gelitten hätten. Er bat Roosevelt, sich nicht von der Einfachheit des Planes verleiten zu lassen, die „Entindustrialisierung" Deutschlands könne auch, da der deutsche Markt verlorengehe, zur „Entindustrialisierung" ganz Europas führen. Auch ohne den Morgenthau-Plan würden die Alliierten die wirtschaftliche Entwicklung Deutschlands im Griff haben; durch Gebietsabtretungen, möglicherweise auch Zerstückelung, und Kontrolle bestimmter Industrien werde man eine zukünftige deutsche Aggression verhindern können. Jede Überlegung, die Deutschen am Rande des Verhungerns zu halten, lehnte Stimson entschieden ab; ein solches Denken sei kurzsichtig und werde den Deutschen lediglich – wie nach dem ersten Weltkrieg – Grund zu berechtigten Klagen geben.[19]

Morgenthau reagierte am 9. September mit einem Memorandum, in dem er Stimsons Hauptargument, ein gesundes Deutschland sei lebenswichtig für ein gesundes Europa, entschieden ablehnte:

„Die manchmal geäußerte Vermutung, daß Deutschland als Lieferant von Industriegütern für das übrige Europa unverzichtbar ist, ist falsch." Nach Meinung des Finanzministeriums konnten die von Deutschland vor dem Krieg geleisteten Lieferungen in Zukunft von den USA, Großbritannien, Frankreich und Belgien übernommen werden; auf die industriellen Ressourcen Deutschlands könne man beim Wiederaufbau Europas verzichten, da die übrigen Nationen, insbesondere die USA, dies relativ leicht bewerkstelligen könnten. Die ungeheure Expansion der amerikanischen Wirtschaft mache die deutsche Wirtschaft überflüssig. Aus seiner Sicht kam

17 Vgl. Martin Gilbert, Auschwitz und die Alliierten, München 1982, S. 203.

18 Morgenthau Diary, vol. I, S. 488 ff.

19 Memorandum in: FRUS, Quebec, S. 98 ff.

ein weiteres, wichtiges Argument hinzu: die Zerstörung der deutschen Industrie und der Bergwerke an der Ruhr würde nämlich gerade für die kränkelnde britische Industrie ein großer Glücksfall sein; die Absatzprobleme würden gelöst werden, falls Großbritannien die französische und belgische Stahlindustrie mit Kohle versorge, jene Industrie, die traditionell große Mengen Steinkohle aus Deutschland importiert habe. Auch die Frage nach dem Verlust für Europa, falls Deutschland in ein Agrarland verwandelt würde, beantwortete Morgenthau auf seine Weise. Als Industriestaat hatte Deutschland Rohstoffe und Nahrungsmittel aus dem übrigen Europa eingeführt, für viele Länder war es der beste Markt und der beste Kunde gewesen. Südosteuropa war besonders abhängig von Deutschland: 38 Prozent der griechischen und jugoslawischen Exporte waren nach Deutschland gegangen. Als Agrarland aber müßte Deutschland nicht mehr so viele Rohstoffe und nicht mehr so viele Lebensmittel einführen. Gemessen an den Einfuhren des Jahres 1938 würde die europäische Wirtschaft etwa $ 800 Mio. verlieren ($ 450 Mio. Nahrungsmittel; $ 350 Mio. Rohstoffe). Die tatsächlichen Verluste allerdings, so argumentierte Morgenthau, würden weitaus geringer ausfallen, denn 1. würden die neuen Industrien in Europa einen großen Teil der Rohstoffe aufnehmen, die zuvor nach Deutschland geflossen seien; 2. werde der industrielle Aufbau Europas auch zu einem Anwachsen des Lebensstandards in diesen Ländern führen, die einen Teil der Lebensmittelüberschüsse aufnehmen könnten; 3. würden die von Deutschland abgetrennten Gebiete (Rheinland, Schlesien, Ostpreußen) auch weiter große Mengen an Lebensmittel einführen[20], und 4. werde das restliche Deutschland auch in Zukunft Nahrungsmittel importieren (25 bis 50 Prozent der früheren Importe). Morgenthau gestand zwar zu, daß für einige Länder, insbesondere Dänemark, Holland und verschiedene Balkanstaaten Probleme entstehen würden; das war seiner Meinung nach zwar bedauerlich, entscheidend aber waren die Vorteile für die wichtigsten Verbündeten der USA: Großbritannien und Frankreich. Da Deutschland beim Export für beide Länder der direkte Konkurrent gewesen war, würden beide von der Zerstörung der deutschen Schwerindustrie profitieren. Nach Auffassung Morgenthaus konnte das Dauerproblem Deutschland nur durch wirtschaftliche *und* politische Maßnahmen gelöst werden:

„Eine Zerstückelung Deutschlands reicht allein nicht aus, da die politische Entwicklung in einigen Jahrzehnten wieder zu einem politischen Zusammenschluß führen kann. In dem Fall würde dem wiedervereinten Deutschland sofort wieder ein ungeheures Industriepotential zur Verfügung stehen, falls die Ruhrindustrie nicht zerstört wird.“[21]

In der Sitzung des Dreierausschusses am 9. September interessierte sich Roosevelt zunächst nur dafür, ob Morgenthau auch den von ihm gewünschten Passus über das Verbot von Uniformen und Paraden eingefügt hatte, stellte dann aber die weit wichtigere Frage nach den Auswirkungen dieses Planes auf Reparationsforderungen der Sowjetunion. Falls Deutschland in ein Agrarland verwandelt werde, stünden große Mengen Industriegüter zur Verfügung, allerdings nur einmal, und ohne sie sei Deutschland nicht in der Lage, weitere Forderungen zu erfüllen. Die Antwort Mor-

20 Für Ostpreußen traf diese Prämisse mit Sicherheit nicht zu.

21 FRUS, Quebec, S. 135.

genthaus schien beruhigend: das Problem sei nicht unüberwindlich, die Russen, so betonte er, seien seiner Meinung nach

„sehr intelligent und vernünftig, und ich denke, wenn wir ihnen die Sache mit den Reparationen klarmachen, besteht eine gute Chance, daß sie mitmachen, vorausgesetzt, wir bieten ihnen etwas Gutes an".

Es wurde keine Entscheidung getroffen, aber es schien so, als habe sich Roosevelt auf die Seite Morgenthaus geschlagen. Jedenfalls teilte er der Runde mit, er werde den Finanzminister bitten, ihn zur wenige Tage später beginnenden Konferenz mit Churchill in Quebec zu begleiten, da „Churchill dauernd davon redet, daß er pleite ist. [...] Wenn sie [die Briten] die Finanzlage ansprechen, will ich, daß Henry nach Quebec kommt."[22]

Der britischen Botschaft in Washington blieb nicht verborgen, daß die Roosevelt-Administration bei der Formulierung ihrer Deutschlandpolitik Probleme hatte. Am 1. September berichtete Botschafter Lord Halifax nach London, John McCloy, der Stellvertreter Stimsons, habe ihn über den Morgenthau-Plan informiert[23]; sechs Tage später berichtete er von einem Gespräch, das er und Alexander Cadogan, der ranghöchste Beamte im Foreign Office, mit Harry Hopkins, dem engsten und einflußreichsten Vertrauten Roosevelts, geführt hatten. Nach Aussage von Hopkins verfolgten die USA keine Zerstückelung mehr und seien auch gegen eine lange Besetzung; wenn aber aufgrund bestimmter Schwierigkeiten beides nicht möglich sei, dann, so Hopkins, gäbe es wirtschaftliche Sicherheit nur durch die Zerstörung der Industrie an der Ruhr.[24] Am 11. September bekräftigte er diese Auffassung gegenüber Sir Ronald Campbell. Er sprach sich gegen eine „Internationalisierung" der Ruhr und für die Eliminierung der gesamten Produktionsanlagen für die Stahlindustrie aus; auf diese Weise könnten die USA, Großbritannien, Belgien und Rußland in den nächsten hundert Jahren den Bedarf der Welt an Stahl decken. Darüber hinaus deutete er für den Fall der Realisierung dieses Planes eine finanzielle Unterstützung für die britische Stahlindustrie an.[25]

Warum hat Roosevelt dem Plan überhaupt zugestimmt? Wir wissen, daß der amerikanische Präsident überzeugt davon war, daß alle Deutschen Nazis waren und somit die ganze deutsche Nation an einer verbrecherischen Verschwörung gegen die Zivilisation teilgenommen hatte und dafür bestraft werden mußte. Insofern entsprach der Strafcharakter des Planes seinen Vorstellungen; man kann jedoch bezweifeln, ob er sich über die Konsequenzen des Planes insgesamt völlig im klaren war. So schnell, wie er ihn akzeptierte, ließ er ihn jedenfalls auch wieder fallen, als in der amerikanischen Öffentlichkeit – nachdem gezielt Informationen gestreut worden waren – massive Kritik laut wurde: dies war kein Wahlkampfthema (am 5. November fanden in den USA Präsidentschaftswahlen statt).

Worin liegt die eigentliche Bedeutung dieses Planes? Auf amerikanischer Seite wohl eher darin, daß der Einfluß Morgenthaus eine konstruktive Nachkriegsplanung für

---

22 Vgl. Blum, S. 593.

23 FO 371/39080/C 11631/146/18.

24 Ebd., C 11900/146/18.

25 Ebd., C 12073/146/18.

Deutschland über Monate lähmte. Von nun an weigerte sich Roosevelt nämlich, entsprechende Entscheidungen zu treffen, bevor das Land nicht besiegt war. Noch auf der Konferenz in Jalta bezeichnete Harry Hopkins gegenüber den Briten die Haltung Roosevelts in dieser Frage als „äußerst zurückhaltend" („extremely cagey").[26]

Was hat Churchill dazu veranlaßt, dem Morgenthau-Plan zumindest prinzipiell zuzustimmen? Auf der Konferenz in Quebec lehnte er Morgenthaus Vorschläge zunächst noch schroff ab, mit dem Argument, Großbritannien werde damit an einen Leichnam, nämlich Deutschland gekettet. Schließlich zeichnete er aber mit Roosevelt am 15. September ein entsprechendes Protokoll ab. Morgenthau berichtet, den Ausschlag für seinen Kurswechsel habe das Argument gegeben, die Verwirklichung des Planes werde die für Großbritannien gefährliche deutsche Konkurrenz auf dem Eisen- und Stahlmarkt ausschalten. Roosevelt und Morgenthau sprachen von zusätzlichen britischen Exporten in Höhe von 300–400 Mio. Pfund. Möglicherweise ist Churchills Zustimmung auch noch in einem anderen Zusammenhang zu sehen: Erst in Quebec war Roosevelt nämlich bereit, Großbritannien Nordwestdeutschland als Besatzungszone zuzugestehen. Denkt man an die Überlegungen der britischen Stabschefs, so wird deutlich, warum die Briten mit so viel Nachdruck auf ihrer Forderung nach Überlassung dieser Zone bestanden hatten.

Der Morgenthau-Plan stand im übrigen im Widerspruch zu sämtlichen bisherigen britischen Planungen, obwohl es natürlich auch hier extreme Vorstellungen gab. So hatte der für „Waffenstillstand- und Nachkriegsfragen" zuständige Ministerausschuß[27] am 31. August 1944 zwar beschlossen, eine Liste jener Industrieanlagen aufzustellen, die vollkommen zerstört werden sollten („drakonische Maßnahmen"), das hatte allerdings mit Morgenthau nichts zu tun. Worum es ging, hatte in dieser Sitzung der im Kriegskabinett einflußreiche Sir John Anderson, Chancellor of the Exchequer, deutlich gemacht. Gerade seine Äußerungen wurden später intern immer wieder zitiert. Anderson wies auf die Bedeutung der öffentlichen Meinung in Großbritannien im Hinblick auf die auf mehrere Jahre angelegte Besatzungspolitik in Deutschland hin und erteilte einer „Morgenthaupolitik" eine klare Absage:

„Bestimmte Vorstellungen, die es z. Zt. gibt, z. B. daß Deutschland in ein Agrarland verwandelt werden soll, kommen überhaupt nicht in Frage. Unsere Politik sollte sein, Deutschland seine Reißzähne zu ziehen und ihm einige der anderen Zähne zu lassen." („draw the fangs while leaving some of the teeth")

Mit einer solchen Politik werde man sicherlich eher die Unterstützung der öffentlichen Meinung gewinnen, wenn es darum gehe, wichtige Industrien ganz zu zerstören und andere sehr strikten Kontrollen zu unterwerfen, und zwar so lange, bis man sicher sein könne, daß sich die Deutschen wirklich von Grund auf geändert hätten.[28]

Churchill und Eden waren gerade drei Tage in Quebec, als am 14. September ein Ministerausschuß als Ergebnis einer Sitzung des Kriegskabinetts unter Vorsitz Att-

---

26 Vgl. Dok. Nr. 11, Anm. 1.

27 Armistice and Post-War Committee, unter Vorsitz des stv. Premierministers Clement Attlee.

28 A.P.W. (44) 15th Meeting. CAB 87/66.

lees ein Telegramm an Eden schickte – zur Weiterleitung an Churchill –, das an Deutlichkeit nichts zu wünschen übrig ließ. Es gebe Hinweise, so hieß es da, daß Präsident Roosevelt für eine Politik gewonnen worden sei, Deutschland nach seiner Niederlage „im eigenen Saft schmoren [...] und dem Chaos freien Lauf zu lassen". Jene, die für einen solchen Weg plädierten, hielten dies für die einzig richtige „harte" Politik und den Versuch, wieder Ordnung herzustellen, für falsch. Dies alles sei eine Sache von größter Bedeutung, „denn alles, was wir in den ersten Wochen [nach der Kapitulation] tun oder nicht tun, wird sich auswirken auf das, was dann kommt". Ein Scheitern werde nur einigen Profiteuren Gewinn bringen, während Arbeiter und Mittelklasse wirklich leiden würden; man werde den britischen Namen mit vermeidbarem und sinnlosem Leiden und nicht mit gerechter Strafe in Verbindung bringen; alle Hoffnungen, mit deutscher Hilfe Europa wiederaufzubauen, würden zerstört. Und weiter:

„Eine Politik, die Chaos hinnimmt oder fördert, ist nicht schwer; sie ist schlicht und einfach unzureichend. Wir sind nicht für einen ‚weichen' Frieden gegenüber Deutschland, aber das Leid, das es erdulden muß, sollte der Preis sein für die von uns angeordneten und kontrollierten Maßnahmen, die von Nutzen sind für die Vereinten Nationen."

Das Kabinett drängte Churchill, jede vorschnelle Entscheidung zu vermeiden und Roosevelt gleichzeitig davon zu überzeugen, daß der Morgenthaukurs eine unkluge Politik sei. Die einzige abweichende Stimme kam von Arbeitsminister Ernest Bevin. Er weigerte sich, dieses Telegramm zu unterschreiben, bevor er nicht mehr über Roosevelts Vorschläge wußte und deren Vor- und Nachteile weiter untersucht worden waren.[29]

Am 15. September informierte Churchill das Kriegskabinett, es sei vorgesehen, die Stahlindustrie im Ruhrgebiet und an der Saar völlig zu demontieren; als Ausgleich für den Verlust an britischen Investitionen hätten die Amerikaner eine Ausweitung des britischen Exports vorgeschlagen. Churchill erwartete, daß Rußland die Masse der Fabrikanlagen an Ruhr und Saar für sich reklamieren werde, Großbritannien aber an die Stelle Deutschlands treten und die britische Wirtschaft insgesamt in einer Größenordnung von 300 bis 400 Mio. Pfund im Jahr profitieren werde.[30]

Im Foreign Office waren die Meinungen geteilt. John Troutbeck, der Leiter der Deutschlandabteilung, sah Probleme für jede zukünftige internationale Kontrolle; vor allem befürchtete er, daß Deutschland dann nicht mehr in der Lage sein könnte, die Vertriebenen („immigrants") aus der Tschechoslowakei und Ostdeutschland aufzunehmen.[31] Frank Roberts lehnte den Plan nicht sofort ab. Seine Abteilung, so notierte er, habe immer Zweifel an der Klugheit drastischer Maßnahmen, wie z. B. Zerstückelung, gehabt, gegen die sich die britische Öffentlichkeit nach relativ kurzer Zeit wenden werde. Es werde jetzt aber immer wahrscheinlicher, daß die Nazis am Ende des Krieges alle vernünftigen Elemente, die eine Regierung bilden könnten, ausgelöscht haben würden und

---

29 Cabinet Meeting; Minutes in: CAB 65/47. Telegramm CORDITE 251 in: FO 371/39116/C 12560/547/18. Dok. Nr. 4.

30 Telegramme GUNFIRE 166 und 169, 15. 9. 1944. FO 371/39116/C 12405/547/18. Vgl. Dok. Nr. 5.

31 Aufzeichnung v. 19. 9. 1944. FO 371/39116/C 12405/547/18.

„daß am Ende des Krieges in Deutschland Chaos herrschen wird. Es scheint auch sicher, daß notwendige Maßnahmen einer tatsächlichen Zerstückelung so nahe kommen, daß jede Überlegung, ein versöhnlich gestimmtes Deutschland wieder in die Familie der europäischen Nationen aufzunehmen, für lange Zeit illusorisch bleibt. Daher müssen wir unser Hauptaugenmerk eher auf zukünftige Sicherheit richten als auf wirtschaftliche oder politische Integration Deutschlands in Europa."

Die einzige absolut sichere Methode, das Wiederaufleben eines starken Deutschland zu verhindern, bestehe darin, die Kontrolle bestimmter Industriegebiete und insbesondere der Kohleindustrie zu übernehmen. Da die Polen die Industriegebiete in Schlesien bekommen würden, bleibe nur noch „das entscheidende Problem der Ruhr" übrig. Die klarste und endgültige („most clear-cut and final") Lösung sei mit Sicherheit die, auf die man sich in Quebec geeinigt und auf die auch die Russen bisher gedrängt hätten. Sie könne sich allerdings als zu drastisch erweisen; für den Fall gäbe es aber immer noch die französischen Vorstellungen.[32]

J. G. Ward, der Leiter der für Wirtschaft und Wiederaufbau zuständigen Abteilung (Economic and Reconstruction Department), sah das etwas anders. Er hatte Zweifel im Hinblick auf die prophezeiten Vorteile für die britische Stahlindustrie, zumal Großbritannien am Ende des Krieges nicht einmal genügend Kapazität für den Eigenbedarf haben werde, ganz zu schweigen von Exportüberschüssen.

Auf der anderen Seite schloß dieser Plan die politische Zerstückelung und vor allen Dingen den von den Militärs favorisierten Nordwest-Staat nicht aus. Ein Argument gegen die Bildung dieses Nordwest-Staates war nämlich die Furcht gewesen, daß dieser Staat, um lebensfähig zu sein, industrialisiert bleiben und exportieren mußte – zum Nachteil Großbritanniens – und gleichzeitig seine wirtschaftlichen Bindungen mit Restdeutschland aufrechterhalten werde. In jedem Fall sei die Sache so gravierend, daß sie vor das Kabinett gebracht werden müsse.[33]

Eindeutig ablehnend, ja geradezu feindlich war die Haltung des Schatzamtes. In einem Memorandum für J. M. Keynes und Richard Hopkins bezeichnete Sir David Waley, Principal Assistant Secretary und einer der engsten Mitarbeiter Andersons, die immer wieder vorgebrachten Vorteile dieses Planes für die britische Wirtschaft als „völlig irreführend". Wenn Deutschland für 300 Mio. Pfund – „oder was auch immer die richtige Zahl ist" – weniger Waren exportiere, dann werde es gezwungenermaßen auch für 300 Mio. Pfund weniger Waren importieren, d. h. langfristig bringe dies für den britischen Export absolut keine Vorteile. Im Gegenteil, wenn in Deutschland viel Produktionskapazität zerstört werde, werde die Welt damit insgesamt einen Verlust erleiden, „und unser Export wird es entsprechend zu spüren bekommen". Es sei immer wieder betont worden, daß die Prosperität der USA für die Prosperität Großbritanniens lebenswichtig sei, aber, „ob uns das nun gefällt oder nicht, es stimmt eben auch, daß die Prosperität Deutschlands lebenswichtig ist für die Prosperität der übrigen Welt. Im internationalen Handel sind wir alle Mitglieder einer Familie."

---

32 Aufzeichnung v. 20. 9. 1944. Ebd. Zu den französischen Vorstellungen siehe Kap. I, 3.

33 Aufzeichnung v. 21. 9. 1944. FO 371/39116/C 12405/547/18.

„Unendlich wichtiger" als materielles Wohlergehen und Vollbeschäftigung war für Waley aber noch ein anderes Argument. Wie sehr auch die Welt unter der Zerstörung der deutschen Industrie zu leiden habe und wie sehr auch der Lebensstandard in Großbritannien und in den übrigen Ländern entsprechend sinken werde, eine solche Maßnahme wäre dennoch eindeutig zu bejahen, wenn damit die Wahrscheinlichkeit eines neuen Weltkrieges verringert oder sein Beginn hinausgezögert werde. Genau daran aber zweifelte Waley. In Großbritannien und den USA würde die heranwachsende Generation sicher bereit sein, Deutschland den Krieg zu erklären, wenn es darum gehe, Deutschland an der erneuten Produktion von Flugzeugen, Panzern und möglicherweise synthetischem Öl zu hindern, aber nicht, wenn es darum gehe, Deutschland überhaupt Schwerindustrie oder Schwerindustrie im Ruhrgebiet und an der Saar zu verweigern:

„Das heißt: es besteht die Gefahr, daß Deutschland innerhalb der nächsten 20 oder 30 Jahre gestattet sein wird, wieder eine Schwerindustrie aufzubauen und es dann den Vorteil hat, die modernsten Maschinen und technischen Einrichtungen zu besitzen."[34]

Am 21. September beschäftigte sich das Armistice and Post-War Committee (APW) mit dem Morgenthau-Plan. Dabei wurden „erhebliche Zweifel" an dessen Wirksamkeit geäußert. Man befürwortete eine internationale Kontrolle der Industriegebiete und bestimmter Industrien und beauftragte den Planungsstab für Wirtschaft und Industrie (EIPS), das Problem zu untersuchen.[35] Leider sind die EIPS-Akten nicht vollständig erhalten geblieben, das Memorandum über die „Entindustrialisierung von Rheinland, Ruhr- und Saargebiet" liegt nur in der Endfassung vom 5. Dezember 1944 vor. Die Schlußfolgerungen, die EIPS darin zog, waren allerdings eindeutig:

1. Von den 6,5 Millionen Erwerbstätigen der Vorkriegszeit würden zwei Millionen arbeitslos; die Aussichten, sie kurzfristig in anderen Industrien unterzubringen, wurden als schlecht bezeichnet; selbst langfristig war nicht damit zu rechnen, entsprechend neue Industrien für sie zu schaffen.

2. Diese zwei Millionen konnten auch kaum vom übrigen Deutschland aufgenommen werden, wenn hier weitere drei bis fünf Millionen Menschen aus den abzutretenden Ostgebieten hinzukamen. Etwa 600 000 könnten sofort in der Landwirtschaft Arbeit finden, in 10 bis 15 Jahren weitere 720 000 bei entsprechender Aufteilung des Großgrundbesitzes, falls nur Ostpreußen und Schlesien abgetreten würden; würde das gesamte Gebiet östlich der Oder abgetreten, würde sich die Zahl auf 570 000 reduzieren. Für diese Maßnahmen und für die Entwicklung neuer Industrien werde sehr viel Kapital benötigt, das kaum zu beschaffen sei.

3. Die deutschen Exporte würden wohl kaum ausreichen, um die Importe zu finanzieren; abgesehen von einer ersten Lieferung werde es keine Reparationen geben.

4. Auch was die wirtschaftliche Sicherheit anging – und dies war ja der Ausgangspunkt der Überlegungen Morgenthaus – äußerte EIPS erhebliche Zweifel. Man hielt es für wenig wahrscheinlich, daß die Eliminierung der Schwerindustrie an Rhein und Ruhr auf Dauer aufrechterhalten werden konnte und bezweifelte, ob die Vereinten Nationen bei kleineren Vergehen einschreiten würden, wenn es darum gehe,

34 Top Secret. Memorandum v. 20. 9. 1944. Ebd.

35 Protokoll der Sitzung in: CAB 87/66.

Arbeitslosen Arbeit zu beschaffen. EIPS sah auch wenig Sinn darin, die Schwerindustrie an der Ruhr zu zerstören und im übrigen Deutschland intakt zu lassen.

5. Was den wirtschaftlichen Gewinn für Großbritannien betraf, so kritisierte EIPS die genannten Zahlen von 300–400 Mio. Pfund als viel zu optimistisch – es blieben gerade 30 Mio. Pfund übrig, und davon mußten noch die britischen Investitionen im Rhein-Ruhrgebiet abgezogen werden. Nicht nur Großbritannien, auch Länder wie Belgien, Holland, Frankreich, die Tschechoslowakei und die USA würden versuchen, die entstandene Marktlücke zu füllen, wobei insbesondere die USA als einziges Land mit Überschußkapazitäten profitieren werde. Auf anderen Gebieten würden die britischen Exporte zurückgehen, da Deutschland neue Exportmärkte gewinnen müsse, um Rohstoff- und Lebensmittelimporte finanzieren zu können; im Textil- und Verbrauchsgüterbereich sowie im Leichtmaschinenbau werde Deutschland der neue große Konkurrent. Und was die Kohle betraf, so würde Deutschland dann einen Überschuß von 30–40 Mio. Tonnen haben, die exportiert und damit zu einer großen Gefahr für den eigenen Kohlenexport würden.

Außenminister Eden legte dem Armistice and Post-War Committee den EIPS-Bericht am 27. Dezember vor[36], am 4. Januar 1945 wurde das Problem im Ausschuß behandelt. An einzelnen Punkten des EIPS-Berichtes wurde zwar Kritik geäußert, grundsätzlich war man sich aber darüber einig, daß der Vorschlag, das Rhein-Ruhr-Gebiet zu „pastoralisieren, nicht die Lösung ist, um eine zukünftige deutsche Aggression zu verhindern“.[37]

Damit wurde das Thema „Morgenthau-Plan“ endgültig zu den Akten gelegt. Blickt man zurück, so erstaunt eigentlich nur, was damals alles möglich war, was für Vorstellungen entwickelt werden konnten, die Gegenstand ernsthafter Untersuchungen wurden und Staatsmänner und Planer gleichermaßen beschäftigten.

Bereits drei Monate vor dem Beschluß des britischen Ministerausschusses hatte Roosevelt den Morgenthau-Plan fallengelassen. Am 15. September hatte Stimson den Präsidenten in einem weiteren Memorandum gebeten, seine Unterstützung für diesen „Karthago-Frieden“ zu überdenken; am 3. Oktober traf er einen „müden und kranken“ Roosevelt, der zuvor den Dreierausschuß aufgelöst hatte, die außenpolitische Planungskompetenz voll an das State Department zurückverwiesen und die Aufgaben des Finanzministers auf die Ausarbeitung einer Finanzpolitik für Deutschland reduziert hatte. Als Stimson dem Präsidenten aus den Protokollen der Konferenz von Quebec vorlas, gab dieser zu, er könne sich gar nicht erklären, wie er überhaupt seine Zustimmung zu einer solchen Vereinbarung hatte geben können.[38]

---

36 Secret. A. P. W. (44) 127. 27. 12. 1944. Memorandum Edens: „De-Industrialisation of the Rhineland-Westphalia-Saar Area“, mit dem EIPS-Bericht als Anhang. CAB 87/68. Vgl. auch Dok. Nr. 10, Appendix, und Dok. Nr. 12.

37 Secret. A. P. W. (45) 1st Meeting, 4. 1. 1945. CAB 87/69. Am 3. 1. 1945 hatte sich Marineminister A. V. Alexander kritisch zur Methode des EIPS-Memorandums geäußert (A. P. W. (45) 3, Secret), was wiederum bei John Troutbeck auf Widerspruch gestoßen war: „I suggest with great respect that this paper rather misses the point.“ FO 371/46720/C 50/22/18.

38 Henry L. Stimson/McGeorge Bundy, On Active Service in Peace and War, New York 1947, S. 581.

Vier Wochen später war Churchill in Moskau, wo er mit Stalin jenes berühmt-berüchtigte Prozent-Abkommen über die Aufteilung des Balkans in Einflußzonen abschloß.[39] Aber nicht nur der Balkan und Polen waren ein Thema in Moskau, es ging auch um Deutschland, und hier auch um das Ruhrgebiet und – noch – um den Morgenthau-Plan. Bei den Vorgesprächen in Malta mit dem britischen Botschafter in Moskau, Clark Kerr, hatte Churchill noch wenig Interesse an diesem Thema gezeigt; er hatte lediglich jeden Vorschlag, die Ruhr und die Saar Frankreich zu überlassen, zurückgewiesen und erneut auf die wirtschaftlichen Vorteile für Großbritannien verwiesen für den Fall, daß die Ruhr in ein Agrargebiet verwandelt würde („grassed over").[40] In Moskau wollte Churchill nun von Stalin etwas über die sowjetischen Vorstellungen im Hinblick auf Preußen, die Ruhr und die Saar wissen, während Stalin etwas über Churchills Vorstellungen im Hinblick auf den Morgenthau-Plan wissen wollte. Nach Aussage der britischen Gesprächsprotokolle sprach sich Churchill dafür aus, das Industriegebiet am Rhein unter internationale Kontrolle zu stellen. Noch ganz im Sinne Morgenthaus schlug er dann vor, Ruhrgebiet und Saargebiet auf Dauer zu entindustrialisieren; sämtliche Maschinen und Werkzeuge, die Rußland, Belgien, Holland und Frankreich für den eigenen Wiederaufbau benötigten, sollten aus jenen Gebieten entnommen werden. Rußlands Absicht, deutsche Maschinen zu requirieren, stimme mit den Interessen Großbritanniens überein, die so entstandene Lücke zu füllen. Stalins Antwort war ermutigend: er werde jeden Schritt unterstützen, den Großbritannien unternehme, um Wiedergutmachung für erlittenen Schaden zu erhalten. Als man Stalin von französischen Überlegungen informierte, das Rhein-Ruhrgebiet auf Dauer unter internationale Kontrolle zu stellen, fragte Stalin, wer die Kontrolle ausüben solle. Churchill antwortete: „Die Alliierten", worauf Stalin wissen wollte, ob nur an eine wirtschaftliche Kontrolle gedacht sei, worauf wiederum Churchill antwortete, es handele sich um eine allgemeine Kontrolle. Wie bereits in Teheran sprach Churchill dann wieder von den besonders schlimmen Eigenschaften der Preußen, die härter als die übrigen Deutschen behandelt werden sollten und entwickelte dann seine Lieblingsidee, Österreich und Bayern zu einem Staat zusammenzulegen; Preußen werde der zweite Staat sein und die Industriegebiete an Rhein und Ruhr und im Saarland, unter internationaler Kontrolle, der dritte. Churchill unterrichtete in einem eingehenden Briefwechsel Roosevelt über seine Moskauer Beratungen. Er schrieb am 22. Oktober 1944, Stalin und er hätten ohne förmlichen Charakter auch die künftige Teilung Deutschlands erörtert. „Onkel Joe" – wie Stalin in der Korrespondenz zwischen Roosevelt und Churchill genannt wurde – habe den Wunsch, daß Polen, die Tschechoslowakei und Ungarn ein Gebiet unabhängiger, antinazistischer und prosowjetischer Staaten bilden sollten, wobei die beiden ersteren auch vereinigt werden könnten. Churchill teilte weiter mit, daß Stalin im Gegensatz zu seiner früheren Auffassung geneigt sei, Wien als mögliche Hauptstadt einer süddeutschen Staatenföderation zu akzeptieren, die Österreich, Bayern, Württemberg und Baden einschließe. Churchill erinnerte daran, daß er schon immer die Vorstellung vertreten habe,

39 Faksimileabdruck bei: Steininger, Deutsche Geschichte, S. 57.

40 Lord Moran, Churchill, London 1966, S. 205; dt. Ausgabe München/Zürich 1967, S. 217.

Wien zur Hauptstadt einer großen Donauföderation zu machen. Er betonte gleichzeitig, er ziehe es vor, Ungarn dazuzunehmen. Diese Auffassung stoße jedoch bei Stalin auf entschiedenen Widerstand. Churchill hielt fest, daß Stalin in bezug auf Preußen die Forderung vertrete, Ruhr und Saar abzutrennen, lahmzulegen und – mutmaßlich – unter internationale Kontrolle zu stellen. Er denke an die Bildung eines separaten Staates im Rheinland. Auch begrüße er die Internationalisierung des Kieler Kanals. Churchill versicherte, mit diesen Gedankengängen einverstanden zu sein. Er beruhigte Roosevelt mit der Erklärung, daß im Hinblick auf eine in Aussicht genommene Dreierkonferenz keine festen Beschlüsse gefaßt worden seien.[41]

### 3. *„Rhenania": ein neuer Staat im Westen?*

Bei allen Überlegungen im Hinblick auf die Zukunft Deutschlands, des Rhein-Ruhr-Gebietes, eine mögliche Zerstückelung, Einteilung in Zonen etc. waren Anglo-Amerikaner und Sowjets weitgehend unter sich gewesen. Das änderte sich, als im August 1944 der zukünftige neue Partner, Frankreich, seine Ansprüche anmeldete. Auf den folgenden Konferenzen in Jalta und Potsdam war Paris zwar noch nicht vertreten, aber es war dennoch gerade Frankreich, das mit seinen Vorstellungen die zukünftige Entwicklung im Rhein-Ruhrgebiet und in Deutschland entscheidend beeinflußte. Trotz der Schwierigkeiten, die man in London mit General de Gaulle gehabt hatte, war für die Briten von Anfang an aber auch eines klar: auf dem Kontinent würde Frankreich nach Kriegsende der potentielle Partner Großbritanniens sein; es galt daher von Anfang an, Rücksicht auf französische Vorstellungen zu nehmen. In Jalta kämpften die Briten dann auch, mit den Worten Edens, „wie die Tiger" für die Aufnahme Frankreichs in den Kreis der Besatzungsmächte; Roosevelt gab dem britischen Drängen nur widerwillig nach, auch Stalin stimmte schließlich nur unter der Bedingung zu, daß eine französische Zone lediglich auf Kosten der britischen und amerikanischen Zonen gebildet werden konnte.

Vom 23. Juli 1943 liegt eine Studie des Außenkommissariats des in Algier residierenden „Comité Français de la Libération Nationale" (C.F.L.N.) zum „Deutschen Problem und zum Frieden in Europa" vor, die einerseits deutlich macht, welch geradezu bizarren Vorstellungen auf französischer Seite vorherrschten, die andererseits aber gewisse Prinzipien erkennen läßt, an denen man in der Folgezeit festhielt. Für Mitteleuropa war eine Föderation vorgesehen, in der die Westslawen vom baltischen Raum bis zum Mittelmeer zusammengefaßt werden sollten. Genaue Angaben, welche Staaten dieser Föderation angehören sollten, wurden nicht gemacht; dieses künstliche Gebilde sollte freien Zugang zum Meer haben; die einzelnen Länder dieser Föderation sollten ihre kulturelle und innenpolitische Autonomie bewahren; eine Zentralgewalt sollte die Außenpolitik und Wirtschaft dieser Föderation leiten, wobei keiner bestimmten Nation die Zentralgewalt anvertraut werden sollte, sondern einem fremden Staat, der von vornherein nicht in den Verdacht kam, den einen

41 Winston Churchill, Triumph and Tragedy, London 1953, S. 241. Die britischen Protokolle der Moskauer Gespräche in: CAB 120/158–166.

zum Nachteil des anderen zu begünstigen. Völlig utopisch erscheint dieser Plan, wenn dann die USA für diese Aufgabe vorgeschlagen werden, deren finanzielles und ökonomisches Potential der Föderation zugutekommen sollte. Die USA sollten auch Streitkräfte als unparteiisches Exekutivorgan dieser Föderation zur Verfügung stellen.

Für Deutschland wurden drei Alternativen genannt:

1. Massendeportation der Deutschen in außereuropäische Länder (dieser Gedanke taucht dann in abgewandelter Form in den britisch-französischen Informationsgesprächen im Oktober 1945 wieder auf; vgl. S. 67 u. S. 353).

2. Okkupation Deutschlands durch die Alliierten „sine die".

3. Zerschlagung des Deutschen Reiches, an dessen Stelle ein System „ungefährlicher" Kleinstaaten treten sollte.

Die dritte Alternative wurde konkretisiert. Die Studie postulierte die Lebensfähigkeit der Kleinstaaten, weil sonst erneut die Gefahr eines Zusammenschlusses dieser Staaten drohe. Insgesamt waren vier unabhängige Staatengebilde vorgesehen.

1. Ostdeutschland mit Preußen jenseits der Weichsel: Dieser Komplex sollte Ungarn, Rumänien und das alte Preußen als unabhängigen, aber föderierten Staat einschließen. Litauen konnte gleichfalls dieser Föderation beitreten. Unklar blieb, ob es sich hierbei um ein zusammenhängendes Gebiet gehandelt hätte.

2. Westfalen mit dem Ruhrgebiet.

3. Westdeutschland mit vorwiegend katholischen Ländern, (Steiermark, Tirol und Kärnten von den österreichischen Ländern; ferner Triest, Bayern, Württemberg, Baden, die Pfalz, das restliche Westpreußen, das Rheinland, Hessen und Franken). Der Zugang zum Mittelmeer sollte durch Triest, der zur Nordsee und zum Atlantik durch Rotterdam oder Antwerpen gewährleistet werden.

4. Zentraleuropa mit Sachsen, Thüringen, Schlesien, Brandenburg, Hannover, Pommern, Mecklenburg, das nicht-dänische Schleswig und Holstein.

Zwischen diesen vier „Kleinstaaten" sollten die Zollgrenzen aufrechterhalten bleiben. Ein Zollverein, ergänzt durch eine gemeinsame Währung, sollte jedoch Westfalen an Holland, Westdeutschland an Frankreich und Belgien anschließen. Zentraldeutschland sollte eine völlige Autonomie bewahren, es sei denn, eine Interessengemeinschaft mit Schweden würde sich als günstig erweisen.[42]

Am 12. August 1944, knapp zwei Wochen, bevor Paris befreit wurde, faßte das Nationale Verteidigungskomitee (Comité de la Défense Nationale) unter Führung von General Juin noch in Algier die ersten Beschlüsse im Hinblick auf die zukünftige militärische Sicherheit vor Deutschland. Eine erste Verteidigungslinie sollte von Bremen bis ins Neckartal laufen; eine permanente militärische Besatzung war vorgesehen für 1. das gesamte linksrheinische Gebiet (mit Brückenköpfen auf dem gegenüberliegenden Ufer) und 2. das Ruhrgebiet. Für das Rhein-Ruhrgebiet – im Norden und Süden um bestimmte Territorien ergänzt, entsprechend den Empfehlungen der

42 Note sur le problème allemand et la paix de l'Europe, 23. 7. 1947. MAE, Série: Guerre 1939–1945, Alger, C. F. L. N. Relations avec les pays ennemis, Nr. 1385: Allemagne: Questions relatives à la paix (1943–1944).

Militärs – war ein besonderes Regime mit dauernder Besetzung und internationaler Kontrolle vorgesehen. Entsprechende Maßnahmen sollten unmittelbar nach der Kapitulation durchgeführt werden. Eine Abtrennung war – noch – nicht vorgesehen, das Gebiet sollte deutsch bleiben und weiter deutscher Verwaltung unterstehen, sein ökonomisches und militärisches Potential sollte Deutschland aber nie mehr zur Verfügung stehen. Die westlichen Staaten sollten im übrigen ihre Reparationsansprüche aus diesem Gebiet befriedigen, dessen Wirtschaft in der Folgezeit dann auf den Westen ausgerichtet und in die westliche Wirtschaft eingebunden werden sollte.[43] Noch im August 1944 besuchte René Massigli im Auftrag der provisorischen Regierung London. Im Verlauf zweier Gespräche mit Außenminister Eden – am 22. und 25. August –, in denen es um die zukünftige Rolle Frankreichs, Probleme westlicher Sicherheit und um die deutsche Frage ging, wurden die Briten dann zum erstenmal mit französischen Sicherheitsvorstellungen im Hinblick auf Deutschland konfrontiert.[44]

Zweifelsohne waren die Dinge auf französischer Seite noch keineswegs zu Ende gedacht, wie verschiedene Äußerungen in der Folgezeit deutlich machten. Massigli, der dann zum Botschafter in London ernannt wurde, deutete im Dezember in einem informellen Gespräch mit Gladwyn Jebb an, daß man der *sofortigen* Errichtung eines besonderen Regimes für das Rhein-Ruhr-Gebiet weniger Bedeutung beimaß, daß aber die französischen Pläne letztlich doch auf die endgültige Lostrennung des Gebietes von Deutschland hinausliefen.[45] Entsprechend äußerte sich dann auch Außenminister Georges Bidault am 21. Dezember vor der Provisorischen Nationalversammlung; allerdings war er so vorsichtig, zu betonen, dies sei eine Sache, die die Alliierten gemeinsam regeln müßten. In einem informellen Gespräch ließ auch ein hoher Beamter des Quai d'Orsay am 3. Januar durchblicken, daß die französische Regierung mehr und mehr der Meinung zuneige, zwei Gebiete von Deutschland abzutrennen: zum einen Westfalen und die Ruhr, das unter internationale Kontrolle unter Beteiligung der Sowjets gestellt werden sollte, und zum anderen das Rheinland, das zwar ebenfalls unter internationale Kontrolle gestellt werden sollte, an der Kontrolle sollten aber nur westeuropäische Staaten beteiligt werden. In diesem Sinne äußerte sich zwei Tage später auch de Gaulle gegenüber dem britischen Botschafter in Paris, Duff Cooper; allerdings machte er klar, daß das Gebiet auf dem westlichen Rheinufer bis hinauf nach Köln ausschließlich von Frankreich besetzt und kontrolliert werden sollte. Zuvor hatte der französische Verbindungsmann zu den Regierungen der kleineren Alliierten in London, Dejean, dem Foreign Office ein umfangreiches Memorandum überreicht, in dem er seine Vorstellungen eines „besonderen Regimes" für das Rhein-Ruhrgebiet entwickelt hatte.[46] Den französischen

43 Vgl. Dok. Nr. 14 und Nr. 120.

44 Top Secret. Extract from record of conversation between Mr. Eden and M. Massigli on August 22nd, 1944. FO 942/513 (Dok. Nr. 1), sowie: Top Secret. Extract from record of conversation between Mr. Eden and M. Massigli on August 25th, 1944. FO 942/513. Dok. Nr. 2.

45 Secret. „Record of a conversation between M. Massigli and Mr. Gladwyn Jebb", 1. 12. 1944. FO 942/514. Dok. Nr. 9.

46 Das Memorandum in: FO 942/513; dort auch eine im Foreign Office angefertigte Gegenüberstellung der Vorstellungen Massiglis und Dejeans.

Vorstellungen, so unpräzise und inoffiziell sie auch noch waren, wurde in London durchaus Sympathie entgegengebracht, vor allem vor dem Hintergrund der leidvollen Erfahrungen Frankreichs mit Deutschland nach dem ersten Weltkrieg. Wie Frankreich wollten auch die Briten Sicherheit vor Deutschland, und von daher stellte sich – zu diesem Zeitpunkt – für sie die Frage, ob nicht die französischen Pläne die beste Garantie gegen eine zukünftige deutsche Aggression waren und ob mit ihnen nicht gleichzeitig auch das noch ungeklärte Problem der Zerstückelung gelöst werden konnte.

In diesem Sinne hatte das Foreign Office schon am 5. September, wenige Tage nach den Gesprächen zwischen Eden und Massigli, die Stabschefs um Prüfung der strategischen und militärischen Implikationen der französischen Vorschläge gebeten[47]; gleichzeitig war EIPS beauftragt worden, die wirtschaftlichen Konsequenzen zu untersuchen.

Der Bericht von EIPS wurde Anfang Januar fertiggestellt[48], während von den Militärs zu diesem Zeitpunkt lediglich ein Bericht des mit Nachkriegsfragen beschäftigten Planungsstabes („Post Hostilities Planning Staff," PHPS) vorlag. Beide Berichte fanden Eingang in ein zusammenfassendes Memorandum des Foreign Office mit dem Titel „Rhenania", das am 23. Januar 1945 in seine endgültige Fassung gebracht wurde und der britischen Delegation für die am 4. Februar in Jalta beginnende Konferenz dienen sollte. Die Bezeichnung „Rhenania" wurde darin so übernommen, wie von EIPS und PHPS definiert: Rheinland, Westfalen (ohne den Regierungsbezirk Minden) und die Saar, wobei im Foreign Office auch daran gedacht wurde, eventuell noch die Pfalz hinzuzufügen, um Deutschland so das gesamte linksrheinische Gebiet zu entziehen. Sowohl EIPS wie auch PHPS waren sich einig darin, daß schon eine dauernde Besetzung Rhenanias ohne besondere Wirtschaftskontrollen ein erhebliches Maß an Sicherheit bringen würde, *mit* solchen Kontrollen aber größere wirtschaftliche Sicherheit erreicht werden würde als mit jedem anderen bislang diskutierten Vorschlag. Strategisch hatte der Plan auch insofern Vorteile, als damit im restlichen Deutschland die Besatzung eher beendet werden konnte. Allerdings stellte EIPS ganz unmißverständlich fest, daß das Ganze nur bei einer völligen und auf Dauer angelegten Abtrennung Rhenanias von Deutschland funktionieren werde; die Militärs sahen mit einer solchen Regelung ein Höchstmaß an Sicherheit erfüllt.

Das Foreign Office wies auf die weitreichenden Konsequenzen und möglichen Schwierigkeiten einer solchen Lösung hin. Wie konnte ein „special régime" für „Rhenania" aussehen? Zwei Alternativen wurden genannt: A. eine internationale

47 Immediate, Top Secret. O. Harvey an Generalmajor L. C. Hollis, 5. 9. 1944. Kopie in: FO 942/513.

48 Secret. E. I. P. S./P (45) 1, 8. 1. 1945: „Report on the Economic Aspects of the French Proposal for a Special Régime for Rhenania". FO 1005/960. Vgl. Dok. Nr. 10, Appendix, und Dok. Nr. 12. Interessant ist, daß die Forschungsabteilung des Foreign Office bereits am 20. 9. 1944 zu dem Schluß gekommen war, „falls das Ziel die dauernde Kontrolle der Industrie in Rheinland-Westfalen ist – einschließlich der Ausrichtung des Wirtschaftslebens nach Westen –, dann muß das Gebiet vollständig von Deutschland abgetrennt werden". Das elf Seiten umfassende, geheime Memorandum „The Rheno-Westphalian Zone" in: FO 942/513.

Kommission würde als Regierung fungieren; B. Rhenania würde seine eigene Regierung erhalten, kontrolliert von einer internationalen Kommission. Alternative A war nach dem Ersten Weltkrieg im Saarland angewandt worden, allerdings unter völlig anderen Umständen: das Saar-Experiment war zeitlich begrenzt gewesen, am Ende hatte ein Plebiszit gestanden, und im Hinblick auf Bevölkerung und Umfang war das Saarland absolut nicht mit Rhenania zu vergleichen. Das Foreign Office verwies darauf, daß die Verwaltung zwar nicht erfolglos gewesen sei, die Bewohner seien aber nicht von ihrer Loyalität zu Deutschland abzubringen gewesen und hätten 1935 mit überwältigender Mehrheit für die Rückkehr nach Deutschland gestimmt. Eine internationale Kommission war demnach kein angemessenes Gremium, um auf Dauer 13 Mio. Menschen zu regieren; es war zudem zutiefst undemokratisch, da es niemals von der Bevölkerung gewählt werden konnte und von ihr somit auch nicht zur Verantwortung gezogen werden konnte. In jedem Fall war die Alternative B vorzuziehen: eine Rhenania-Regierung unter alliierter Kontrolle, obwohl auch hier mit enormen Problemen gerechnet wurde: 1. würde es nicht leicht sein, eine passende Regierung zu finden; möglicherweise würden sich Personen zur Verfügung stellen, wenn der Bevölkerung unmißverständlich klargemacht worden sei, daß die Abtrennung von Deutschland ihr Schicksal und das Thema damit erledigt sei und daß sie besser behandelt würden als die Bewohner Rest-Deutschlands. Die eigentliche Macht würde aber bei den Alliierten liegen; insofern war die Situation in Berlin mit Rhenania vergleichbar. Einen gravierenden Unterschied gab es allerdings: die Maßnahmen in Rhenania waren auf Dauer angelegt und das hieß: aus Deutschland konnte man sich nach etwa einem Jahr Besatzung zurückziehen, ohne sein Gesicht zu verlieren, aus Rhenania aber erst – wie unangenehm sich die Kontrolle auch entwickeln würde –, wenn sich die Bevölkerung nicht mehr als Deutsche fühlen würde und einen echten Willen zur Unabhängigkeit entwickelt hätte – und das konnte Jahrzehnte dauern. 2. müßte man wohl mit einer andauernden Agitation zur Wiedervereinigung rechnen; 3. mußte sich die Kommission von Anfang an mit dem Wiederaufbau beschäftigen, damit der Plan ein Erfolg werde, und 4. waren Probleme zwischen den Kontrollfunktion ausübenden Mächten nicht auszuschließen, die im schlimmsten Fall zu einer frühzeitigen Beendigung der Besatzung führen konnten; Deutschland würde dann aber ein gefährliches Kriegspotential zur Verfügung stehen. Und noch eine Frage mußte geklärt werden, nämlich wer an der Kontrolle beteiligt werden sollte. Neben Frankreich wurden Großbritannien, die Sowjetunion, die Niederlande und Belgien genannt. Von den USA hieß es, sie würden sicherlich aufgefordert, sich zu beteiligen, aber es sei unmöglich zu sagen, ob sie annehmen würden.

Interessant sind die Überlegungen im Hinblick auf die mögliche Beteiligung der Sowjetunion, vor allen Dingen auch im Hinblick auf jene Überlegungen, die ein Jahr später bei diesem Punkt angestellt wurden. In der Beteiligung der Sowjetunion an Besatzung und Kontrolle sah man gewisse Vorteile, weil die Sowjets dann mit einer Maßnahme in Verbindung gebracht würden, die im übrigen Deutschland entschieden abgelehnt würde; damit würde sich dann aber auch das Thema einer deutsch-russischen Allianz erledigen. Auf der anderen Seite sah man aber Schwierigkeiten voraus, vor allen Dingen im wirtschaftlichen Bereich, aufgrund der fundamentalen Systemunterschiede zwischen der Sowjetunion und dem Westen.

Nach Abwägung aller Vor- und Nachteile kam man im Foreign Office zu dem Schluß, daß es verfrüht sei, sich auf irgendeinen Plan dauernder wirtschaftlicher Kontrolle festzulegen, bevor nicht die ganze Frage weiter untersucht worden sei und bevor nicht die genauen Vorstellungen Frankreichs bekannt waren.[49]

## *4. Die Konferenz von Jalta: Stalin, Churchill und das Thema „Zerstückelung"*

Zu diesem Zeitpunkt war allerdings nicht Frankreich und damit de Gaulle das Problem, sondern Stalin. Er hatte es auf der bevorstehenden Konferenz in Jalta in der Hand, das Thema „Zerstückelung" weiter voranzutreiben. Auch wenn wir über die sowjetische Deutschlandplanung nur sehr wenig wissen, kann man wohl davon ausgehen, daß bei diesem Thema in Moskau die Meinungen genauso auseinandergingen wie in Washington und London. Bemerkenswert ist, daß es den Westmächten in keinem Gremium und auf keiner Konferenz gelungen war, die Sowjets aus der Reserve zu locken und sie dazu zu bringen, ihre Karten auf den Tisch zu legen. Es gibt immer nur sporadische Hinweise, aber keinen sowjetischen Plan, den etwa Stalin zur Diskussion gestellt hätte: in der Regel kam die Initiative vom Westen. Anfang 1945 gab es jedenfalls für Briten und Amerikaner keinen Hinweis darauf, daß die Sowjets das Interesse an einer Zerstückelung Deutschlands verloren hätten. Im Januar betonte der stellvertretende sowjetische Außenminister Maisky gegenüber dem amerikanischen Botschafter in Moskau, Averell Harriman, seine Regierung habe noch keine endgültigen Entscheidungen getroffen, sei aber doch der Auffassung, daß Deutschland zerstückelt werden solle. Nach Meinung Maiskys konnten aus dem Rheinland und dem Ruhrgebiet ein unabhängiger Staat gebildet werden, auch ein katholischer Staat Bayern/Württemberg schien möglich. Maisky war insbesondere am Thema „zukünftige Sicherheit" interessiert. „Ich schloß daraus", so notierte Harriman, „daß er dabei insbesondere an solche Dinge dachte wie die Zerstückelung Deutschlands in kleine Staaten."[50] Ob die Sowjets tatsächlich eine Zerstückelung wünschten, muß offenbleiben; die Pläne, die die deutschen Exilkommunisten um Walter Ulbricht in Moskau ausgearbeitet hatten, sahen sie jedenfalls nicht vor.[51]

Auf der Konferenz von Jalta mußte sich zeigen, inwieweit Harrimans Schlußfolgerungen zutrafen, und ob man zu gemeinsamen Regelungen fähig war. Alexander Cadogan hatte wenig Hoffnung auf konkrete Ergebnisse, falls nicht vorher, wie im Oktober 1943, eine Außenministerkonferenz stattfinden würde:

> „[...] es wird nichts Greifbares dabei herauskommen. Sie [die großen Drei] werden dinieren und Wein trinken, was ja völlig in Ordnung ist, aber niemand weiß nachher (am wenigsten sie selbst), was beschlossen worden ist, wenn überhaupt etwas beschlossen worden ist."

---

49 Top Secret. „Rhenania". Memorandum des Foreign Office v. 23. 1. 1945. FO 371/46720/C 322/22/18. Dok. Nr. 12.

50 FRUS, Malta and Yalta, S. 177.

51 Vgl. Fischer, Sowjetische Deutschlandpolitik, insb. S. 103–119.

Selbst der überaus kritische Cadogan hat später allerdings die Konferenz als Erfolg gewertet, dank der konstruktiven Haltung Stalins, von dem Cadogan außerordentlich beeindruckt war. Er notierte damals in sein Tagebuch:

„Ich muß gestehen, von den drei Männern macht Onkel Joe bei weitem den stärksten Eindruck auf mich. Er ist sehr ruhig und zurückhaltend. Am ersten Tag saß er rd. eineinhalb Stunden da, ohne ein Wort zu sagen – er war nicht aufgefordert worden. Der Präsident überschlug sich fast, und der P. M. [Premierminister Churchill] redete ununterbrochen, aber Joe saß nur da, hörte sich alles an und schien eher amüsiert. Als er sich dann äußerte, sagte er nicht ein einziges überflüssiges Wort und blieb immer genau bei der Sache."[52]

Bei der Sache blieb Stalin auch in der ersten Plenarsitzung am Nachmittag des 5. Februar, als er Roosevelt und Churchill fragte, ob sie nach wie vor für eine Zerstückelung Deutschlands seien. Er erinnerte Churchill an die Moskauer Gespräche vom Oktober 1944; in Abwesenheit Roosevelts habe man keine Beschlüsse gefaßt, er frage sich aber, ob nicht jetzt, wo alle drei zusammen seien, „die Zeit gekommen ist, in der Frage der Zerstückelung Deutschlands eine Entscheidung zu treffen".[53]

Wir wissen nicht, was Stalin mit diesem Vorstoß tatsächlich bezweckt hat. Er konnte davon ausgehen, daß vom Westen keine klare Antwort kommen würde; Eden hatte nämlich auf der Sitzung der Außenminister am Vormittag deutlich gemacht, daß die Sache sehr kompliziert sei und vor dem Abschluß umfangreicher Studien keine endgültige Entscheidung getroffen werden solle. Wahrscheinlich wollte Stalin etwas ganz anderes – was er dann auch erreichte –, nämlich eine Ergänzung der Kapitulationsurkunde in dem Sinne, daß die Sieger auch eine Zerstückelung Deutschlands durchführen konnten. Damit sprachen sich die Alliierten im Prinzip für die Zerstückelung aus! Stalin wollte sich alle Wege offenhalten, etwa für den Fall eines von ihm möglicherweise befürchteten separaten Waffenstillstandes des Westens mit einer deutschen Regierung – ähnlich der Badoglio-Regierung in Italien im Jahre 1943. In diesem Zusammenhang ist wohl auch die endgültige Zustimmung Stalins zum Zonenprotokoll, d. h. der Einteilung Deutschlands in Zonen zu sehen: die Sowjetunion würde ein überproportional großes Stück von Deutschland als Besatzungszone erhalten, zu einem Zeitpunkt, als sich die Voraussetzungen, unter denen die Briten den Zonenplan entwickelt hatten, grundlegend geändert hatten; angesichts der erfolgreichen sowjetischen Offensiven und der Ungewißheit im Hinblick auf die Errichtung der zweiten Front hatten die Briten im Herbst 1943 befürchtet, daß die Rote Armee den größten Teil Deutschlands überrannt haben würde, bevor überhaupt alliierte Truppen den Rhein überquert hätten. Für diesen Fall hatte man die Sowjets vertraglich binden und sich einen Rechtsanspruch auf die eigene Zone sichern wollen. In diesem Sinne hatten sie im Januar 1944 den Plan zur Einteilung Deutschlands in Zonen vorgelegt, den die Sowjets sofort akzeptiert hatten.[54] Im Februar 1945 war abzusehen, daß nicht die Rote Armee, sondern die Westalliierten am Rhein stehen würden. Die Ardennenoffensive war zurückgeschlagen worden, und der notorisch mißtrauische Stalin hat wohl auch nicht ausgeschlos-

---

52 David Dilks (Hrsg.), The Diaries of Sir Alexander Cadogan, New York 1972, S. 692 u. S. 706.

53 FRUS, Malta and Yalta, S. 612.

54 Vgl. hierzu Steininger, Deutsche Geschichte, S. 20 ff.

sen, daß deutsche Militärs den Westen „öffnen“ könnten. Für all diese Eventualitäten galt es jetzt, Sicherheiten einzubauen.

Churchills Antwort auf die Frage Stalins war eher zurückhaltend. Im Prinzip sei er zwar für eine Zerstückelung[55], aber er drängte Stalin, keine übereilte Entscheidung zu treffen in einer Frage, bei der die historischen, ethnographischen und ökonomischen Fakten sehr gründlich geprüft werden müßten; sie sei bei weitem zu kompliziert, um über sie schon in Jalta zu entscheiden; sie bedürfe eines längeren Studiums. Noch einmal betonte er seine Abneigung gegenüber dem „Erzübel“ Preußen, das vom übrigen Deutschland isoliert werden müsse, um im Süden einen neuen Staat mit der Hauptstadt Wien zu schaffen. Er ging dann auf die Frage des Rheinlandes und der Industriegebiete an Ruhr und Saar als potentielle Rüstungsproduktionsstätten ein. Ganz im Sinne der Schlußfolgerungen des „Rhenania“-Memorandums legte er sich auch hier nicht fest: die Frage sei bisher nicht entschieden worden – ob diese Gebiete alle zu einem Staat gehören würden, ob sie selbständig würden, ob sie ein Teil Deutschlands blieben oder ob sie unter die Treuhänderschaft der Weltorganisation kommen sollten, die dann bestimmte Großmächte beauftragen würde, darüber zu wachen, daß das Potential dieses Gebietes nicht wieder zur Bedrohung des Weltfriedens benutzt würde. Schließlich schlug er vor, das ganze Problem einem neuzuschaffenden Gremium zur Prüfung zu übertragen und dessen Bericht abzuwarten, bevor man die Frage endgültig entscheide. Stalin und Roosevelt stimmten zu[56], und die Außenminister einigten sich schließlich darauf, das Thema in London von einem besonderen Ausschuß weiter untersuchen zu lassen. Eden, bzw. sein Vertreter, und die Botschafter der USA, Winant, sowie der Sowjetunion, Gusew, sollten in diesem „Zerstückelungsausschuß“ (Dismemberment Committee) vertreten sein. Keine Einigung wurde über die Beteiligung eines französischen Vertreters erzielt, obwohl Eden gerade dies angesichts der Nähe Frankreichs zu Deutschland und dessen Vorstellungen über die Zukunft des Rhein-Ruhr-Gebietes als absolut notwendig bezeichnet hatte.[57]

Das Thema Zerstückelung wurde in Jalta dann nur noch einmal kurz angesprochen, und zwar im Zusammenhang mit den Reparationen. Stalin hatte 20 Mrd. Dollar gefordert, davon die Hälfte für die Sowjetunion innerhalb von 10 Jahren, und zwar „in natura“, nicht in Geld: in erster Linie Demontagen (innerhalb von zwei Jahren) und Entnahmen aus der laufenden Produktion. Roosevelt war bereit, die Summe von 20 Mrd. Dollar zumindest als Diskussionsgrundlage anzuerkennen, während die Briten mit Nachdruck jede Festlegung vermieden. Churchill bezweifelte, ob Deutschland nach Kriegsende überhaupt in der Lage sein würde, hohe Reparationsleistungen zu erbringen; und er sprach von dem „Gespenst eines hungernden Deutschland mit seinen 80 Mio. Menschen“, die zu versorgen zum großen Problem werden könnte; selbst Großbritannien müsse Waren exportieren, um Nahrungsmit-

---

55 Dies war offensichtlich der Fall. Im Juli 1945 hieß es dazu einmal in einer Anmerkung Edens, Churchill sei in der Vergangenheit immer für eine Zerstückelung gewesen („Prime Minister who has in the past always favoured dismemberment“). FO 371/46871/C 4618/292/18.

56 PREM 3/51/4. Dok. Nr. 13.

57 FRUS, Malta and Yalta, S. 700 f. und PREM 3/51/6.

tel einzuführen. Am Ende der Konferenz wollte Eden von Maisky wissen, wie die Sowjets den Zusammenhang zwischen Zerstückelung und Reparationen beurteilten, die britische Regierung sei der Auffassung, daß sich beide Forderungen gegenseitig nahezu ausschlössen. Nach Auskunft Maiskys sah seine Regierung hier kein Problem: eine Zerstückelung werde nur geringe Auswirkungen auf die Reparationszahlungen haben.[58]

Im Schatzamt in London wurde das ganz anders gesehen. Anderson bezeichnete die sowjetischen Forderungen in der Sitzung des Kriegskabinetts als „fantastic".[59] Anfang März griff er dann mit einem bemerkenswerten Memorandum zum Thema „Reparationen und Zerstückelung" in die Diskussion ein. Zerstückelung in mehrere Staaten war seiner Meinung nach in jedem Fall schädlich für die britische Wirtschaft:

„Wir (können) entweder eine Reparationspolitik oder eine Zerstückelungspolitik verfolgen, ganz sicher aber nicht beides auf einmal. Eine brauchbare Reparationspolitik muß Deutschland einige Aussicht auf ein Existenzminimum lassen und, solange Reparationsleistungen verlangt werden, auch Aussichten auf ein gewisses Maß an Exporten zum Ausgleich für die erforderlichen Importe. Nur wenn die deutsche Wirtschaft insgesamt zu Reparationsleistungen herangezogen wird, ist eine Politik möglich, die Reparationen größeren Umfangs vorsieht. All dies wird von der Entscheidung Amerikas beeinflußt, seine Besatzungstruppen nach Ablauf von zwei Jahren abzuziehen. Zwei Jahre sind nach Auffassung der Militärbehörden notwendig, um eine Abrüstung zu erzielen. Wir können aber nicht hoffen, nach Ablauf dieser Zeit mehr als nur die ersten Schritte in Richtung auf eine Beseitigung des wirtschaftlichen und politischen Chaos in Deutschland getan und eventuell einen geringen Fortschritt bei den einmaligen Reparationslieferungen erzielt zu haben. Wenn die amerikanische Zone in einen neuen südwestdeutschen Staat übergehen soll, dürfte sich das Interesse der Vereinigten Staaten während der Besatzungszeit und auch danach auf den Reichtum dieses Gebietes beschränken. Vermutlich würden die Amerikaner dem gleichen Gebiet am Schluß finanzielle Hilfe zur Verfügung stellen als Rechtfertigung für den Abzug ihrer Truppen. Für uns ist es jedoch wesentlich, daß die amerikanische Hilfe gleichmäßig zur Beseitigung der Wirtschaftsprobleme ganz Deutschlands, oder zumindest Westdeutschlands, gewährt wird.

Solange es uns unmöglich ist, das Prinzip eines einheitlichen deutschen Staates sowohl hinsichtlich der Reparationsleistungen als auch der notwendigen Hilfsimporte zu garantieren, werden wir uns finanziellen und ökonomischen Verpflichtungen gegenübersehen, für deren Erfüllung wir keinerlei Mittel zur Verfügung haben, es sei denn auf Kosten unseres eigenen Volkes, das dann nicht nur für die Niederlage Deutschlands, sondern auch für sein Wiederaufleben zu zahlen hätte."

Um mit all den anstehenden Belastungen fertig zu werden, müsse man Anleihen aus ärmeren Ländern aufnehmen; z. Zt. sei man noch in der Lage, diese Schulden auf sich zu nehmen und sie über eine Reihe von Jahren durch eigene Kraft zurückzuzahlen, vielleicht könne man auch auf geringe Hilfe der Vereinigten Staaten hoffen, wobei man allerdings nicht riskieren dürfe, „finanziell abhängig von ihnen zu werden". Und dann machte Anderson einen bemerkenswerten Vorschlag:

„Wenn wir voraussetzen müssen, daß die russische Besatzungszone allmählich das Berliner Gebiet umfassen und sich zu einem Regierungs- oder Verwaltungssystem herausentwickeln wird, das der russischen Politik entgegenkommt, so sollten wir wenigstens überlegen, ob es nicht ein vereinigtes Westdeutschland geben sollte, das in die allgemeine Wirtschaft der westeuropäischen Länder eingegliedert werden kann."[60]

---

58 FRUS, Malta and Yalta, S. 809.

59 WM (45) 16th Conclusions. CAB 65/51.

60 Top Secret. WP (45) 146. „Reparations and Dismemberment", 7. 3. 1945. CAB 66/63, teilweise übersetzt bei: Jacobsen, S. 407; auch abgedruckt bei: Steininger, Deutsche Geschichte, S. 42 f.

Das waren Überlegungen, deren Realisierung nicht allzulange auf sich warten lassen sollte – gerade auch im Zusammenhang mit der Ruhrfrage –, auch wenn sie im Foreign Office zunächst noch auf Widerstand stießen. Eden schien eine solche Politik höchst gefährlich. „Ich denke“, so schrieb er an Anderson, „wir müssen vielmehr gewaltige Anstrengungen unternehmen, um Einigkeit unter den Alliierten bei der Behandlung Deutschlands zu erreichen, ehe wir uns auf eine Politik der getrennten Einflußsphären zurückziehen.“ Und in einer weiteren Stellungnahme des Foreign Office hieß es, eine solche Politik laufe unweigerlich darauf hinaus, „daß unsere Europapolitik direkt gegen Rußland gerichtet würde“.[61] Dazu aber waren Foreign Office und War Cabinet im März 1945 noch nicht bereit, auch wenn die Stimmen im Hinblick auf die Sowjetunion kritischer wurden. So plädierte Frank Roberts, nunmehr an der Botschaft in Moskau tätig, für ein Umdenken. Nachkriegsrußland, so seine Analyse im März, müsse als eine Macht gesehen werden, „die potentiell für uns genauso gefährlich ist wie Deutschland vor 1939“; die Annahme, Rußland werde sich mit dem zufriedengeben, was es erreicht habe, sei „Wunschdenken, solange die Politik des Kreml von jenen rücksichtslosen und hinterlistigen Personen bestimmt wird, die im Politbüro sitzen und denen nicht zu trauen ist“.[62]

Am 19. März legte Eden dem Kriegskabinett ein Memorandum vor, das als Diskussionsgrundlage für das weitere Vorgehen dienen sollte. Er sprach von der Möglichkeit, fünf neue Staaten zu bilden, nämlich:

1. Südstaat (Bayern, Württemberg, Baden und der größte Teil Hessens); 14 Millionen Einwohner.

2. Weststaat (Westfalen, ohne Minden; Rheinprovinz, Teil Wiesbadens, Saar, Pfalz, Hessen-Darmstadt westlich des Rheines); 16 Millionen Einwohner.

3. Nordstaat (Schleswig-Holstein, Hamburg, Bremen, Oldenburg, Hannover, Braunschweig, Lippe, Minden, Kassel); 11 Millionen Einwohner.

4. Zentralstaat (Provinz Sachsen, ohne Magdeburg; Anhalt, Thüringen, Sachsen); 11 Millionen Einwohner, einschließlich zwei Fünftel der Vertriebenen.

5. Oststaat (Mecklenburg, Magdeburg, Rest von Pommern, Brandenburg und Schlesien); 16 Millionen Einwohner, einschließlich drei Fünftel der Vertriebenen.

Als mögliche Kombinationen nannte er vier Staaten (1; 2; 3; 4 plus 5) und drei Staaten (1; 2 plus 3; 4 plus 5).[63]

Nicht überraschend tauchte das im Januar diskutierte „Rhenania“ hier als „Weststaat“ auf; zu Westfalen war jetzt, wie bereits im Januar angedeutet, das gesamte linksrheinische Gebiet geschlagen worden. Eden gab keine Empfehlung für oder gegen eine Zerstückelung. Auch nach Jalta war man im Foreign Office nämlich weiter davon überzeugt, daß dies der falsche Weg zur Lösung des deutschen Problems war und hatte sich von daher dem Thema auch nur halbherzig gewidmet. Das Kriegskabinett sah die Dinge ähnlich; es traf am 22. März noch keine Entscheidung.

---

61 Zitiert bei: Foschepoth, Britische Deutschlandpolitik, S. 697.

62 FO 371/47882/N 4919.

63 Top Secret. A.P.W. (45) 40. „Dismemberment of Germany“, 19. 3. 1945. CAB 87/69.

Churchill verwies auf die Diskussion in Jalta und daß „die Russen es waren, die mit Nachdruck darauf bestanden haben [...] Für sie war die Sache äußerst wichtig."[64]

Wenn den Sowjets die Sache immer noch so wichtig war, dann zogen John Troutbeck und Sir Orme Sargent zum erstenmal die richtige Konsequenz: Troutbeck empfahl am 23. März, die sowjetischen Zerstückelungspläne abzuwarten. Unter Hinweis darauf, daß ein Erfolg nicht sicher sei, könne man dann die eigenen Pläne vorlegen, nämlich: 1. Dezentralisierung Deutschlands und Zerstückelung Preußens; 2. Ein „special régime" für den Westen Deutschlands, einschließlich des Ruhrgebietes und 3. Kontrolle ganz bestimmter deutscher Industrien. Damit lasse sich das gemeinsame Ziel aller Alliierten erreichen, nämlich Sicherheit. Troutbecks Strategie wurde von Sargent unterstützt,

„denn damit liegt die Beweislast dafür, daß Zerstückelung möglich und wünschenswert ist und daß Reparationen im gewünschten Maß aus einem zerstückelten Deutschland entnommen werden können, ohne den Interessen der Alliierten zu schaden, eindeutig bei den Sowjets".

Eden war weniger begeistert von dieser Strategie. Er befürchtete, daß die Planungen sozusagen von den Ereignissen überholt würden, die Sowjets die Dinge laufen lassen würden, und man selber die Möglichkeit verliere, Einfluß zu nehmen.[65]

Eine Entscheidung war dann aber nicht mehr notwendig. Die Sowjets beendeten von sich aus die Diskussion über das Thema Zerstückelung. In der dritten Sitzung des „Zerstückelungsausschusses" am 26. März gab Botschafter Gusew zu verstehen, daß die sowjetische Regierung den Beschluß von Jalta nicht mehr als bindend für die Alliierten betrachte. Zerstückelung sei nur eine Möglichkeit, Druck auf Deutschland auszuüben, wenn andere Maßnahmen zur Lösung der deutschen Frage nicht ausreichten. Diese Erklärung wurde im Foreign Office zugleich mit Erleichterung und ungläubigem Staunen aufgenommen. Eden wörtlich: „Der russische Gesinnungswandel ist außergewöhnlich. Die Russen sind merkwürdige Menschen." Und Sargent notierte: „Dies ist genauso zufriedenstellend wie unerwartet."[66]

Über die Gründe des sowjetischen Gesinnungswandels – wenn es denn einer war – läßt sich auch hier wieder nur spekulieren. Möglicherweise bestand aus der Sicht der Sowjets nicht mehr die Gefahr eines separaten Waffenstillstandes – tatsächlich hatte sie nie bestanden. Möglicherweise wurde jetzt auch der Zusammenhang zwischen Zerstückelung und Reparationen anders als noch in Jalta gesehen. Ein dritter Grund kommt wohl noch hinzu: die von Roosevelt in Jalta eher beiläufig gemachte Bemerkung, die amerikanischen Truppen würden nicht sehr viel länger als zwei Jahre in Deutschland und Europa bleiben; dies hat wahrscheinlich für Stalin verlockende Perspektiven im Hinblick auf ganz Deutschland eröffnet. Mit der Erklärung Gusews und der Feststellung Stalins am 9. Mai 1945 in seiner „Ansprache an das Volk", die Sowjetunion feiere den Sieg, wenn sie sich auch nicht anschicke, Deutschland zu zerstückeln oder zu vernichten[67], schien das Thema „Zerstückelung

---

64 WM (45) 35th Conclusions, Minute 3. CAB 65/51.

65 FO 371/45775.

66 FO 371/46871/C 1354/292/18.

67 Zum sowjetischen Kurswechsel vgl. auch Fischer, Sowjetische Deutschlandpolitik, S. 131–136.

Deutschlands" zunächst erledigt, zumal auch die Amerikaner inzwischen wieder auf diese Linie eingeschwenkt waren, nachdem Morgenthau in der Deutschlandplanung seinen Einfluß völlig verloren und das State Department wieder die Federführung übernommen hatte.

### *5. Das Ruhrgebiet als internationales „Ruhrterritorium"? Überlegungen im Quai d'Orsay im Frühjahr 1945*

Bei all den Überlegungen der Amerikaner, Briten und Sowjets war auch noch im Frühjahr und Sommer 1945 ein Land weiter souverän ignoriert worden: Frankreich. Bis Mitte April wurde die französische Regierung nicht einmal über die Beschlüsse von Jalta informiert, die Existenz des Zerstückelungsausschusses wurde vor ihr geheimgehalten. Dies alles ist um so unverständlicher, als Frankreich gleichzeitig in Jalta als vierte Besatzungsmacht anerkannt worden war und Mitglied im Alliierten Kontrollrat werden würde, jenem Gremium, das für Deutschland als Ganzes zuständig sein sollte. Beschlüsse mußten dort einstimmig gefaßt werden, mit anderen Worten: ohne die Zustimmung Frankreichs würde es eine gemeinsame Deutschlandpolitik der Alliierten nicht geben. Frankreich aber hatte dezidiert andere Vorstellungen als seine drei zukünftigen Partner. Daß es dabei in erster Linie um die zukünftige Struktur Deutschlands und dessen Grenzen und damit, in unmittelbarem Zusammenhang stehend, um das Ruhrgebiet gehen würde, stand außer Frage. Sämtliche Äußerungen französischer Politiker deuteten in diese Richtung, ob das Massigli, Bidault oder de Gaulle war. In Moskau hatte de Gaulle im Dezember 1944 gegenüber Stalin den Rhein als französische Sicherheitsgrenze bezeichnet; einen Tag nach Eröffnung der Konferenz von Jalta nannte er in einer Rundfunkansprache die Bedingungen für eine Friedensregelung, deren Erfüllung Frankreich für unbedingt erforderlich hielt, u. a. „die definitive Anwesenheit französischer Streitkräfte von einem Ende des Rheins bis zum anderen und die Abtrennung der unterrheinischen Gebiete sowie des Ruhrgebietes vom künftigen deutschen Staat bzw. den künftigen deutschen Staaten".[68]

Dies war mehr als nur die erneute Demonstration des Anspruches auf Mitspracherecht: im Kern war es bereits die Forderung, die Frankreich dann im September 1945 offiziell vorlegte, an der es bis zum Sommer 1946 festhielt und die die Entwicklung in Deutschland in entscheidendem Maße beeinflußte. Und wenn in London bedauert wurde, daß auf französischer Seite wie üblich alles unpräzise sei und man auch nichts Schriftliches in Händen habe, so traf dies lediglich aus britischer Sicht zu. Es gab präzise Vorstellungen in Paris, sie waren allerdings so weitreichend und paßten so gar nicht zu der eher bescheidenen Rolle, die Frankreich im Kampf gegen Deutschland spielte, daß man sich – noch – hütete, in der Öffentlichkeit oder gegenüber den zukünftigen Partnern präzise zu werden.

---

68 *The Times*, 6. 2. 1945. Auf einer Pressekonferenz hatte de Gaulle am 25. 1. 1945 die Stationierung französischer Truppen am Rhein gefordert, „von der Schweizer Grenze bis zur Mündung". Vgl. Telegr. Nr. 150. D. Cooper an Foreign Office, 28. 1. 1945. FO 371/46871/C 1351/14/17.

Nur einen Tag nach Beendigung der Konferenz von Jalta wurde nämlich im Quai d'Orsay ein umfangreiches Memorandum über das „Problem Rheinland-Westfalen" fertiggestellt, das bereits sämtliche Elemente der späteren französischen Rhein-Ruhr-Politik enthält. Das geht so weit, daß in allen späteren Memoranden zu diesem Thema sogar bestimmte Formulierungen wörtlich übernommen werden. Bereits der erste Satz dieses Memorandums zeigt, wie im Quai d'Orsay die Lösung des deutschen Problems gesehen wurde: als Funktion der Sicherheit Frankreichs und ganz Europas. Die bis zu diesem Zeitpunkt angestellten Überlegungen wurden in einem bezeichnenden Satz zusammengefaßt: Frankreich verlangte „das gesamte linke Rheinufer und so viel Gebiet wie möglich auf dem rechten Rheinufer".

Ausgangspunkt war der bereits erwähnte Beschluß des Nationalen Verteidigungskomitees vom 12. August 1944. Im einzelnen war folgendes vorgesehen: Eine Linie, die von Bremen über Bielefeld, Paderborn, östlich von Kassel, Marburg, Fulda und Würzburg bis ins Neckartal lief, markierte die östliche Grenze einer militärischen Sicherheitszone A („zone de contrôle direct"), die entmilitarisiert, aber politisch und wirtschaftlich bei Deutschland bleiben sollte, wobei die Alliierten aber jederzeit das Recht hatten, bei Vertragsverletzungen militärisch zu intervenieren. Westlich davon gab es die Zone B, die militärisch, politisch und wirtschaftlich von Deutschland abgetrennt und auf Dauer besetzt werden sollte („zone d'occupation permanente"). Dieses Gebiet war noch einmal in drei Zonen unterteilt:

1. Die von den Briten mit niederländischer Beteiligung beherrschte Zone („zone à prédominance britannique") erstreckte sich vom Ruhrgebiet bis zur Nordsee, wurde im Süden begrenzt von Rhein und Lippe, im Westen von der holländischen Grenze und lief im Osten ungefähr entlang einer Linie Münster-Osnabrück-Wesermünde.

2. Die „zone à prédominance française" umfaßte das gesamte linksrheinische Gebiet (mit Ausnahme der Saar) und – nicht näher begrenzte – Brückenköpfe auf dem rechten Rheinufer ( Düsseldorf, Köln, Mainz, Wiesbaden, Mannheim, Karlsruhe) und zur Sicherung Straßburgs und Elsaß-Lothringens das Gebiet im Schwarzwald bis zum Kaiserstuhl und, falls möglich, bis zur Schweizer Grenze. Diese Zone war für Frankreich reserviert, wobei man in Paris aber bereit war, Belgien, Holland und Luxemburg an der Besatzung zu beteiligen, wenn auch nur symbolisch: der vorherrschende französische Einfluß sollte in jedem Fall gesichert bleiben. Würden z. B. eine interalliierte Regierungskommission und eine Besatzungstruppe gebildet, so sollte jeweils ein Franzose an der Spitze stehen. Als Alternative war an separate Besatzungszonen für die vier Länder gedacht.

3. Die internationale Zone („zone internationale") umfaßte das Ruhrgebiet, dessen genaue Begrenzung noch festgelegt werden sollte (das Nationale Verteidigungskomitee hatte als Minimum genannt: im Norden die Lippe, im Osten Hamm und Soest, im Süden das Tal der Wupper und das Bergische Land). Über dessen Zukunft hatten die Planer im Quai d'Orsay bereits genaue Vorstellungen, die dann im Herbst 1945 in den Gesprächen in London, Washington und Moskau nur noch präzisiert wurden: Das Gebiet sollte von einer interalliierten Regierungskommission aus je einem Vertreter der USA, Großbritanniens, Frankreichs, der Sowjetunion, der Niederlande, Belgiens und Luxemburgs verwaltet werden. Mit Ausnahme der Sowjetunion sollten die Sieger nach Abschluß der Entmilitarisierungsmaßnahmen auch-Besatzungstruppen zur Verfügung stellen. Die Industrieunternehmen sollten eben-

falls unter internationale Kontrolle gestellt werden, das Ganze zu einem neuartigen Gebilde internationalen Rechts, genannt „Ruhrterritorium" (in Analogie zum „Saarterritorium"), werden. Die Einwohner würden die deutsche Staatsangehörigkeit verlieren und Bürger dieses Territoriums werden; innerhalb von sechs Monaten sollten sie die Möglichkeit zur Option haben: wer sich für Deutschland entschied, mußte das Ruhrterritorium verlassen.

Am Schluß des Dokuments hieß es, es sei wichtig, den Alliierten klarzumachen, was es bedeute, wenn Frankreich die Wacht am Rhein übernehme: es sichere damit nicht nur das eigene Land, „sondern in gleicher Weise den Frieden in Europa und in der Welt".[69]

Dieses Memorandum atmet den Geist, der die französische Deutschlandpolitik nach dem ersten Weltkrieg beherrscht und für die junge Republik von Weimar eine so schwere Hypothek gewesen war. Es könnte auch das Datum 1919 tragen. Womit man damals gescheitert war, sollte jetzt in verschärfter Form eine Neuauflage erleben. Es zeigt aber auch – genauso wie das dann im September den Alliierten übergebene offizielle Dokument –, daß Frankreich von der Idee vollständiger und endgültiger Sicherheit gegenüber Deutschland geradezu besessen war und deshalb entschlossen war, seine Wünsche in dieser Frage mit äußerster Entschiedenheit zu verfolgen. Garant für diese Politik war jener Mann an der Spitze der französischen Regierung, der seine eigenen Vorstellungen von der Zukunft Deutschlands und Frankreichs hatte: General Charles de Gaulle. In de Gaulle personifizierte sich geradezu der französische Nationalismus, er war überzeugt von der Größe Frankreichs, die es wiederherzustellen galt.

Mehr als vier Jahre war Frankreich ohne „Grandeur", ohne Größe, gewesen. Die Niederlage im Frühjahr 1940 nach nur 36 Tagen war als eine in der Geschichte Frankreichs noch nie erlebte Erniedrigung empfunden worden, die – was noch schlimmer war – nicht gerade vorbildlich ertragen worden war: Es hatte zwar die Resistance, die Widerstandsbewegung, gegeben, aber auch in großem Maße Kollaboration, Zusammenarbeit mit der deutschen Besatzungsmacht. Für das französische Volk galt es nach der Befreiung zunächst einmal, die eigene Vergangenheit zu bewältigen. De Gaulle fühlte sich berufen, Frankreich zurück zur Größe zu führen. Er hatte aus dem Londoner Exil zum Widerstand aufgerufen und war schließlich im August 1944 in Paris eingezogen und hatte Besitz von „seinem" Land genommen. Dieses Land war zwar befreit, aber der Krieg hatte seine Spuren hinterlassen: Die Hälfte seines Nationalvermögens hatte es verloren; von rd. 10 Mio. Häusern des Jahres 1939 waren 440 000 vollkommen und rd. 1,4 Mio. teilweise zerstört; auch Frankreich würde in den nächsten Monaten hungern und frieren; der Ertrag der Landwirtschaft war bei Getreide um 45 %, bei Fleisch um 55 % und bei Milch um 60 % zurückgegangen; im September 1944 wurden nur noch 7 000 t Eisen und Stahl produziert gegenüber 500 000 t monatlich vor dem Krieg; von 500 000 Lastwagen waren 300 000 verschwunden, der Rest unbrauchbar, von 17 000 Lokomotiven waren nur noch 2 900 in betriebsfähigem Zustand; die Brücken der Rhône, der Loire und der Seine waren fast vollständig zerstört. Die Verbitterung war groß,

---

69 Secret. „Le Problème Rhéno-Westphalien". Memorandum v. 12. 2. 1945. MAE,Y-62-3. Dok. Nr. 14.

die Genugtuung verständlich, mit der de Gaulle dann im Mai 1945 vor der französischen Beratenden Versammlung erklärte:

„Die Größe des Sieges entspricht den Ausmaßen des Krieges. Das Deutschland, das bis zum Fanatismus vom Traum nach Herrschaft fortgerissen worden war, hatte den Kampf materiell, politisch und seelisch als einen totalen Kampf gewollt. Der Sieg mußte daher ein totaler Sieg sein. Das ist geschehen. Als Staat, als Macht und als Doktrin ist das Deutsche Reich vollständig zerstört."[70]

Ginge es nach Frankreich, würde dieser Zustand verewigt werden, denn das Sicherheitsbedürfnis Frankreichs war grenzenlos. Deutschland, mit dem Frankreich innerhalb von 80 Jahren dreimal Krieg geführt hatte, sollte politisch, wirtschaftlich und militärisch so geschwächt werden, daß es nie wieder zu einer Gefahr für die Sicherheit des Landes werden konnte. Deutschland sollte für das französische Elend zahlen; damit wurde die Regelung der deutschen Frage – und das hieß in erster Linie die Rhein-Ruhr-Frage, denn davon hing alles ab – zum Dreh- und Angelpunkt der französischen Außenpolitik. In dieser Frage ist denn auch eine erstaunliche Kontinuität festzustellen: was im August 1944 von den Militärs beschlossen wird, findet Eingang in dieses Memorandum, wird präzisiert und verschärft und um wirtschaftliche Überlegungen ergänzt. Ab Februar 1945 gibt es dann nur noch Änderungen im Detail, die Grundforderung bleibt unverändert, auch wenn in den ersten Wochen und Monaten des Jahres 1945 die französischen Vertreter gegenüber den Alliierten und in der Öffentlichkeit im Hinblick auf die weitreichenden Forderungen für das Ruhrgebiet und das Rheinland über Andeutungen nicht hinausgingen. Es gab noch keinen vom Kabinett abgesegneten Beschluß. Von daher wurden keine konkreten Vorschläge vorgelegt, blieben entsprechende Äußerungen unpräzise.

In einer Unterredung mit Eden am 25. Februar wies Massigli erneut jeden Wunsch nach Annexion von sich, betonte allerdings, daß Frankreich das Rheinland bis einschließlich Köln für sich verlange, das übrige Gebiet, einschließlich der Ruhr, solle unter internationale Kontrolle gestellt werden, worauf Eden antwortete, Frankreich sei besser beraten, wenn es sich auf eine internationale Kontrolle verlasse.[71]

Am 12. März empfing de Gaulle den kanadischen Botschafter, der ihn um eine Präzisierung seiner Äußerungen vom 5. Februar bat, was dieser auch tat. Das Rheinland südlich von Köln (unter Einschluß dieser Stadt) sei, so der General, in erster Linie eine französische und keine internationale Angelegenheit, wie das Scheitern der Besatzung nach dem Ersten Weltkrieg gezeigt habe. Natürlich könne er nicht öffentlich sagen, daß dieses Gebiet unter ausschließlich französischer Kontrolle stehen müsse, aber dies sei seiner Meinung nach die einzig sichere Lösung. Was er nicht sagte, aber Bidault zu verstehen gegeben hatte, war, was er unter französischer Kontrolle verstand: die Rheinländer sollten die Möglichkeit erhalten, sich in einer Volksabstimmung für eine Union mit Frankreich zu entscheiden. Das Ruhrgebiet sollte unter internationale Kontrolle gestellt werden, mit Vertretern aus Frankreich, Großbritannien, Belgien und Holland – und möglicherweise Beobachtern aus den USA und der Sowjetunion.[72]

---

70 Zit. bei: Deuerlein, Potsdam, S. 90.

71 So Eden im Anhang zum Memorandum APW (45) 40 v. 19. 3. 1945 über die „Zerstückelung Deutschlands". CAB 87/69.

72 Top Secret. Telegr. Nr. 319 v. 16. 3. 1945, kanadische Botschaft in Paris an den kanadischen Außenminister, weitergeleitet an das Foreign Office. FO 371/46720/C 1644/22/18.

Bidault erklärte am 19. Mai gegenüber dem amtierenden amerikanischen Außenminister Grew, das Rheinland sowie das Ruhrgebiet und Westfalen sollten von Deutschland abgetrennt, aber nicht zu einem Staat unter internationaler Kontrolle zusammengefaßt werden. Ein solcher Staat wäre zu stark und könnte letzten Endes zum Sammelpunkt für ein neues, geeintes Deutschland werden. Außerdem würde die Teilnahme Rußlands an der Kontrolle eines solchen Staates zu Unstimmigkeiten und Komplikationen führen. Dieses Gebiet sollte daher aufgeteilt werden in:

a) Ruhrgebiet und Westfalen: als Quelle deutscher Macht und deutschen Reichtums sollte dieses Gebiet unbedingt der Kontrolle eines internationalen Regimes unterstellt werden;

b) das Rheinland bis einschließlich Köln mit Brückenköpfen auf dem rechten Rheinufer: für dieses Gebiet fordere Frankreich keine Internationalisierung, da man in einem internationalen Gremium möglicherweise überstimmt werden würde, sondern eine alleinige Sicherheitskontrolle; es werde daher auf der Kontrolle ohne irgendwelche einschränkende internationale Überwachung bestehen.[73]

Das o. g. Memorandum vom 12. Februar war als geheim eingestuft, dennoch gelangten Ende April die ersten Seiten dieses Memorandums in die Hände der Briten.[74] Sie waren dem kanadischen Botschafter in Paris zugespielt worden, bemerkenswerterweise ohne die Annexe, und von der kanadischen Hochkommission in London an das Foreign Office weitergeleitet worden. Diese Papiere wurden dort als „erste präzise Formulierungen" bezeichnet, die „sehr sorgfältig" geprüft werden müßten, was dann auch geschah und zu interessanten Überlegungen führte. Con O'Neill aus der Deutschlandabteilung wies darauf hin, daß bei diesem Plan offensichtlich strategische Überlegungen eine große Rolle gespielt hätten, im übrigen zeige er, wie sehr sich die Franzosen ihrer relativen Schwäche, sowohl kurz- wie langfristig, bewußt seien; offensichtlich fürchteten sie, von den „Angelsachsen" im Stich gelassen zu werden.[75] Für John Troutbeck war es ein „deprimierendes" Dokument; seiner Meinung nach muteten sich die Franzosen zuviel zu („bite off more than they can chew"), und „im Grunde ihres Herzens wissen sie es auch". Im übrigen sehe dieser Plan, soweit er als solcher bezeichnet werden könne, ganz und gar nicht danach aus, als ob er auf Dauer funktionieren werde: „Er wird den Alliierten mehr Streit als Sicherheit oder gar Reparationen bringen."[76]

Oliver Harvey kommentierte am 4. Mai. Er hielt eine Abtrennung des Rheinlandes und Westfalens und die Errichtung eines unabhängigen Staates unter militärischer Kontrolle nicht unbedingt für undurchführbar. Ein solcher Staat habe westliche Merkmale, die im übrigen Deutschland nicht zu finden seien, und solange man ihn fest im Griff habe, dürfte auch das Problem einer deutschen Aggression gelöst sein, denn, so fragte er, „wie kann Deutschland ohne das Ruhrgebiet Krieg führen?"

---

73 FRUS, Berlin, vol. I, S. 593.

74 Zum besseren Verständnis wurde vom Foreign Office Research Department eine Karte angefertigt, die allerdings mehrere Fehler enthielt. Das als „B III" auf dem linken Rheinufer eingetragene Gebiet war Teil des Gebietes „B I", der „Zone à prédominance française". Siehe Karte Nr. 5 und, zum Vergleich, Karte Nr. 4.

75 Aufzeichnung v. 27. 4. 1945. FO 371/46720/C 1644/22/18.

76 Aufzeichnung v. 2. 5. 1945. Ebd.

Allerdings hielt er die Ausdehnung bis zur Nordsee für absolut überflüssig und den klar umgrenzten „Weststaat", wie im eigenen „Zerstückelungsmemorandum" vom März vorgeschlagen, für geeigneter. Das von den Franzosen vorgesehene Gebiet sei zu groß und werde nicht nur die französischen Kräfte zu sehr verzetteln, sondern auch den Deutschen zu große Möglichkeiten bieten, einen Keil zwischen Briten und Amerikaner auf der einen und Frankreich auf der anderen Seite zu treiben. Andererseits konnte man es seiner Meinung nach den Franzosen nach ihren schmerzlichen Erfahrungen in der Vergangenheit, Locarno usw., kaum verübeln, daß sie sich jetzt auf niemanden außer sich selbst verlassen wollten. Orme Sargents Kommentar beschränkte sich auf zwei bezeichnende Sätze:

„Das Ruhrgebiet soll der größte Schutthaufen sein, den die Welt je gesehen hat. Ist es möglich, aus einem Schutthaufen, wie groß er auch immer sein mag, einen unabhängigen Staat zu machen?"[77]

Beide, Harvey und Sargent (der Anfang 1946 höchster Beamter im Foreign Office wurde), sollten nur wenige Monate später entschieden die Abtrennung des Ruhrgebietes und die Errichtung eines separaten Staates fordern[78] – trotz des angeblich „größten Schutthaufens der Welt" dort. Bis dahin war es allerdings noch ein weiter Weg, der dann – zum Glück für die Bewohner an Rhein und Ruhr – nicht zu Ende gegangen wurde. Mark Turner, Leiter der Wirtschaftsabteilung im Foreign Office und Vorsitzender von EIPS, sah nach Kenntnis des französischen Memorandums Mitte Mai 1945 einen anderen Weg, der Jahre später verwirklicht werden sollte. Auch für ihn waren die französischen Pläne, aus den von Troutbeck genannten Gründen, geradezu deprimierend, aber auch, wie er am 14. Mai notierte, weil die Franzosen die Dinge jetzt so kompliziert machten, daß ihr ursprünglicher Plan undurchführbar werde. Wenn es zur Bildung von „Rhenania" komme, dann solle dies „ein einziger Staat" sein, „und nicht drei voneinander getrennte Stücke, die von einer Zollunion zusammengehalten werden".[79] Allerdings, so gab er am nächsten Tag in einem Schreiben an Troutbeck zu bedenken, „wir könnten gezwungen sein, die französischen Pläne zu akzeptieren". Wenn es dazu kommen sollte, werde das Ganze nur funktionieren im Rahmen einer Zollunion unter Einschluß Belgiens, Hollands und Nordfrankreichs, möglicherweise ganz Frankreichs und Großbritanniens. „Wie praktikabel würde das sein?" fragte er Troutbeck,

„ich habe mir noch keine Gedanken über die wirtschaftlichen Konsequenzen gemacht, aber politisch scheint mir dies für die Schaffung eines festen und dauerhaften Blocks der westeuropäischen Staaten am erfolgversprechendsten zu sein."

Seiner Meinung nach sollte die Sache ernsthaft geprüft werden, falls nicht ganz eindeutige Beweise für das Desinteresse der in Frage kommenden Länder auf dem Kontinent vorlägen.[80]

Wenn man sich klarmacht, in welcher Situation diese Überlegungen angestellt wurden, so ist schon bemerkenswert, was nur eine Woche nach Kriegsende zumindest

---

77 Aufzeichnung Harvey und Sargent v. 4. 5. 1945; von Sir W. Strang am 15. 5. 1945 abgezeichnet. Ebd.

78 Siehe Kap. III, 4.

79 Aufzeichnung v. 14. 5. 1945. FO 371/46720/C 1644/22/18.

80 EIPS/103. Secret. Schreiben v. 15. 5. 1945. FO 371/46721/C 2432/22/18.

auf britischer Seite für möglich gehalten wurde. Für Con O'Neill war dies zwar ein „sehr weitreichender" Plan, der „tausend Schwierigkeiten" hatte („bristles with a thousand difficulties"), auf der anderen Seite konnte seiner Meinung nach aber nur ein so radikaler Plan („root-and-branch-policy") Lebensstandard und politischen Einfluß Westeuropas in Zukunft sichern. Allerdings war die Zeit dafür noch nicht gekommen: „Das Chaos in Westeuropa muß erst noch sehr viel größer werden, als es jetzt schon ist, bevor solche Pläne mit Aussicht auf Erfolg vorgelegt werden können."

J. C. Coulson wies darauf hin, daß Frankreich in der Vergangenheit mit dem Gedanken gespielt habe, der Zollunion zwischen Belgien und Holland beizutreten, es aber nicht realisiert worden sei. Frankreich müsse den Import von Agrarprodukten seiner Nachbarn mit hohen Zöllen belegen, während diese Länder das genaue Gegenteil wollten. Und was die Teilnahme Großbritanniens betraf, so erfordere dies eine vollständige Änderung der Präferenzzölle im Empire. Dies schien alles noch verfrüht, denn, „z. Zt. ist Frankreich kein so stabiler Partner, als daß dies eine erfolgversprechende Perspektive ist", worauf Lord Hood zu bedenken gab, ob man nicht die gesamten Kolonialgebiete Frankreichs und Großbritanniens in eine westeuropäische Zollunion miteinbeziehen könne.[81]

In der Tat schienen solche Überlegungen drei Wochen nach Kriegsende verfrüht; es sollten noch einige Jahre vergehen, bis sie realisiert wurden, und dann in dem Sinne, wie es am 4. Juni 1945 J. G. Ward formulierte. Für ihn war eine solche Zollunion nur vorstellbar im Rahmen eines westlichen politischen „Blocks", der sich auf eine *militärische Allianz* gründete. Zwischen dem Westen und Rußland würde es dann wohl um Deutschland gehen; jeder werde versuchen, dieses Land für sich zu gewinnen; bis es dazu komme, werde aber wohl noch eine ganze Weile vergehen.[82]

Daß diese Situation schneller eintreten sollte, als es den Briten lieb war, nämlich bereits Anfang 1946, und zu weitreichenden Entscheidungen im Hinblick auf die Sowjetunion und Deutschland – und damit auch für das Ruhrgebiet – führte, konnte im Juni 1945 in der Tat wohl noch niemand ahnen, auch wenn es bereits zu diesem Zeitpunkt vereinzelte Stimmen gab, die für ein Umdenken in der Deutschlandpolitik plädierten. Für Feldmarschall Montgomery waren die Sowjets, nachdem er sie im Sommer 1945 in mehreren Siegesfeiern persönlich kennengelernt hatte, „barbarische Asiaten, die niemals, so wie das übrige Europa, eine Zivilisation genossen haben". Ihre Anwesenheit in Mitteleuropa bedrohte seiner Meinung nach die Zukunft der europäischen Zivilisation, wie er in seinen „Erinnerungen" schreibt[83] – ein Ausdruck, den im übrigen der britische Außenminister Ernest Bevin genauso im März 1948 in einer geheimen Kabinettsvorlage benutzte.[84] Bereits im

---

81 Aufzeichnungen C. O'Neill v. 30.5., J. Coulson und Lord Hood v. 3.6. 1945. Ebd. In diesem Sinne beantwortete Troutbeck am 12. 6. 1945 das Schreiben M. Turners. Ebd.

82 Aufzeichnung v. 4. 6. 1945. Ebd.

83 Viscount Montgomery of Alamein, The Memoirs of Field-Marshal Montgomery, London 1958, S. 319.

84 Top Secret. „The Threat to Western Civilisation", 3.3. 1948. CAB 129/25. Vgl. Steininger, Deutsche Geschichte, S. 286.

Juni 1945 schlug Montgomery vor, für den Fall, daß es bei der Zusammenarbeit mit den Sowjets in Deutschland Schwierigkeiten geben werde – und er sah bereits solche Schwierigkeiten – für Westdeutschland zentrale Verwaltungsstellen unter der Kontrolle der Westmächte einzurichten. Was das bedeutete, war klar: „Deutschland wäre damit auf Dauer in eine östliche und eine westliche Hälfte geteilt." Die Berufsdiplomaten im Foreign Office konnten sich dies „nur als letzten Ausweg" für den Fall vorstellen, daß „die Russen definitiv nicht zu einer Zusammenarbeit auf Vier-Mächte-Ebene bereit sind". Zunächst aber hoffte man weiter auf eben diese Zusammenarbeit mit den Sowjets.[85]

### 6. *Eine Besatzungszone für Frankreich: die Teilung der Rheinprovinz*

In Jalta war Frankreich bekanntlich eine Besatzungszone zugestanden worden. Ein Blick in das oben genannte Memorandum des Quai d'Orsay vom 12. Februar erklärt auch die Operationen der französischen Truppen – soviel deutsches Gebiet wie möglich zu besetzen – und vor allen Dingen die französische Haltung in den Verhandlungen mit Briten und Amerikanern über die Abgrenzung dieser Besatzungszone. Auch hier ist eine erstaunliche Kontinuität festzustellen.

Zwei Tage nach der Grundsatzentscheidung des Nationalen Verteidigungskomitees vom 12. August hatte de Gaulle, ganz im Sinne dieser Entscheidung, eine Besatzungszone für Frankreich gefordert und die südliche Rheinprovinz unter Einschluß Kölns verlangt (darüber hinaus Hessen-Nassau, den größten Teil Hessens, die Saar, Baden und die Pfalz).[86] Am 14. September 1944 richtete die Provisorische Französische Regierung eine Note an die Europäische Beratende Kommission, in der es hieß, „im Hinblick auf das deutsche Problem ist für Frankreich alles wichtig".[87] Am gleichen Tag betonte Georges Bidault gegenüber dem britischen Botschafter in Paris, Duff Cooper, eine der wichtigsten Fragen, die frühzeitig gelöst werden müsse, sei die Beteiligung Frankreichs an der Besetzung Deutschlands „auf der Basis der Gleichberechtigung". Er wisse darüber bisher nur das, was er in den Zeitungen gelesen habe, und habe den Eindruck gewonnen, daß irgendwann zu einem späteren Zeitpunkt einer der Großen Drei von seinem Besatzungsgebiet Frankreich einen Teil abgeben könnte, von dem er allerdings befürchte, „es wird das französische Volk überhaupt nicht zufriedenstellen". Duff Cooper konnte lediglich antworten, daß er über das Thema keine Informationen habe.[88]

Am 7. Februar 1945 informierte Massigli William Strang offiziell – wenn auch nur mündlich – über die Forderungen seiner Regierung im Hinblick auf eine eigene Besatzungszone: sie entsprachen exakt dem, was de Gaulle am 14. August gefordert

---

85 Zu den Überlegungen Montgomerys vgl. Steininger, England, S. 51.

86 FO 371/40652/U 6520/104/70. Siehe auch Willis, S. 14.

87 Vgl. Sharp, S. 101.

88 FO 371/40674/U 8189/104/70.

hatte: u. a. das Gebiet der Rheinprovinz auf dem linken Rheinufer, einschließlich ganz Kölns. Köln wurde von Anfang an gefordert, was auf dem Hintergrund der weitergehenden französischen Pläne verständlich wird: es sollte die Hauptstadt des zu errichtenden Rheinstaates werden; auch wenn dies niemals öffentlich geäußert wurde, wird dies noch im Frühjahr 1946 diskutiert. Massigli, der über die Vorstellungen de Gaulles und Bidaults nicht immer vollständig im Bilde war und in London die Dinge realistischer einschätzen konnte, gab gegenüber Strang zu verstehen, er halte die französischen Forderungen für etwas übertrieben, er sei eher für eine Linie im Norden, die bis Koblenz reiche.[89]

Der gleichen Meinung war auch der Post-Hostilities Planning Staff der britischen Stabschefs (PHPS). Er kam am 16. Februar zu dem Schluß, es sei politisch nicht akzeptabel, Frankreich die gesamte linksrheinische Rheinprovinz zu überlassen. Man war lediglich bereit – auch unter dem Aspekt, Verwaltungseinheiten nicht auseinanderzureißen –, Frankreich das Gebiet auf dem linken Rheinufer bis zur nördlichen Grenze der Regierungsbezirke Trier und Koblenz zuzugestehen.[90] Das Foreign Office stimmte dem am nächsten Tag zu; dieser Kompromiß, „politisch und wirtschaftlich akzeptabel, scheint die richtige Antwort zu sein".[91]

Ganz im Stil einer großen Siegermacht informierte die französische Regierung am 26. Februar die britische Botschaft in Paris, die französische Zone werde wahrscheinlich nicht über Köln hinausgreifen und man habe auch nichts dagegen, wenn die Briten in dieser Zone Stützpunkte für ihre Luftwaffe errichten wollten. Eden war entschieden gegen diese Forderung und wollte die Angelegenheit sogar vor das Kriegskabinett bringen. Am 7. März legte das Foreign Office ein Memorandum vor, in dem erneut eine Besetzung Kölns durch französische Truppen abgelehnt wurde: Köln sei das Zentrum des wichtigen Rhein-Ruhr-Gebietes, würde es an Frankreich fallen, könnte Frankreich im Rheinland wie nach dem ersten Weltkrieg eine selbständige Politik betreiben.[92] Auch der PHPS beschäftigte sich noch einmal mit diesem Thema: er blieb bei seiner zuvor eingenommenen Haltung; er sah nach wie vor bei einer Zerstückelung der Regierungsbezirke Trier und Koblenz und des Rhein-Ruhr-Gebietes große wirtschaftliche und administrative Probleme, die die Arbeit der Militärregierung und die Gefahr von Unruhen nur vergrößern würden. Die Stabschefs stimmten dieser Analyse am 12. März zu.[93]

Inzwischen war aus Moskau bekannt geworden, daß Maisky die französischen Forderungen als „absurd" bezeichnet hatte. Die französische Regierung ließ sich auch davon nicht beeindrucken. Massigli klärte Strang am 22. April über Köln und Düsseldorf auf: Düsseldorf sei das Verwaltungszentrum der Ruhr; seine Regierung werde darauf bestehen, daß Köln zur französischen Zone komme. Als Strang bei seiner ablehnenden Haltung blieb, fragte Massigli, ob nicht eine gemeinsame Besatzung Kölns möglich sei. Strang ging darauf nicht ein. In Paris beschwerte sich de Gaulle

---

89 Sharp, S. 165.

90 FO 371/50758/U 1208/20/70. Siehe auch FRUS, 1945, vol. III, S. 184.

91 FO 371/50758/U 1329/1412/20/70.

92 Ebd., U 1602/20/70.

93 PHP (45) 8; COS (45) 65th Meeting. CAB 79/30.

bei Duff Cooper, daß die Briten die französischen Ansprüche ignorierten und versuchten, Frankreich „bis zur Mosel zurückzudrängen"; er könne nicht verstehen, warum man Frankreich nicht erlaube, Köln zu besetzen, das nicht Teil des Ruhrgebietes sei.[94]

Am 1. Mai trafen Strang und Massigli erneut zusammen; Strang bekräftigte die ablehnende Haltung seiner Regierung. Massigli, der offensichtlich erkannt hatte, daß sich in dieser Frage nichts mehr bewegen würde, bat Strang jetzt um Hilfe, um dies auch seiner Regierung in Paris klarzumachen. Die Briten könnten doch auf notwendige Verbindungslinien zwischen Antwerpen und Köln verweisen, auf „sentimental reasons" (unter Hinweis auf die Besetzung nach dem ersten Weltkrieg), und auf ihren größeren Beitrag zum Sieg; möglicherweise komme ja auch eine spätere Revision der Zonengrenzen in Betracht. Im Foreign Office hielt man zwar nichts von den „sentimental reasons", man hatte aber auch nichts dagegen, es als Argument zu benutzen, wenn es helfen würde, die Franzosen zu überzeugen. Man war auch gegen eine spätere Revision der Zonengrenzen, wenn dies eine Ausweitung der französischen Zone nach Norden implizierte. Ein anderer Punkt war viel wichtiger: Frankreich sollte seine Truppen bereithalten, um die Lücke zu füllen, die entstehen werde, wenn sich die Amerikaner, wie erwartet, zurückziehen würden; allerdings sollte dies den Franzosen nicht mitgeteilt werden. Die Chiefs of Staff hielten zwar auch nichts von den sentimentalen Erinnerungen, auch der Hinweis auf die Verbindungslinie Antwerpen– Köln war aus militärischer Sicht nicht stichhaltig; „die gewichtigen militärischen Gründe", so lautete ihre Schlußfolgerung am 8. Mai, „die gegen eine Ausweitung der französischen Zone nach Norden sprechen, sind unglücklicherweise nicht dazu geeignet, sie den Franzosen zum gegenwärtigen Zeitpunkt mitzuteilen". Das Foreign Office fand diese Antwort nicht besonders hilfreich, und man einigte sich schließlich darauf, daß Strang bei seinem nächsten Treffen mit Massigli drei Gründe für die britische Haltung vortragen sollte, nämlich daß 1. Köln das natürliche Zentrum des Rhein-Ruhr-Gebietes sei; 2. aufgrund der größeren Kriegsanstrengung die britische Haltung akzeptiert werden müsse und daß 3. die Zonengrenzen gezogen würden, „ohne den zukünftigen Status des Rhein-Ruhr-Gebietes und die Festlegung der Grenze auch nur im geringsten zu präjudizieren."[95] In diesem Sinne informierte Strang zwar am 12. Mai Massigli[96], in Paris gab man das Spiel aber noch nicht auf. Der Kabinettschef de Gaulles, Gaston Palewski, wiederholte am 15. Mai gegenüber dem politischen Berater von General Eisenhower, Robert Murphy, den französischen Anspruch auf Köln, und am 26. Mai stieß der Stellvertreter Massiglis, de Leusse, bei Strang nach: unter Verweis auf persönliche Instruktionen de Gaulles forderte er für Frankreich Köln und Aachen; er schlug vor, daß die Frage persönlich mit de Gaulle geregelt werden solle.[97]

Dieser Vorschlag wurde vom Foreign Office nicht aufgegriffen; über die britische Entscheidung gab es nichts mehr zu diskutieren, zumal es nicht nur um Köln und

94 COS (45) 307. CAB 80/94; FO 371/50763/U 3313/3702/20/70.

95 COS (45) 121st Meeting. CAB 79/30.

96 FO 371/50763/U 3702/3/20/70.

97 FO 371/50764/U 4066/20/70.

Aachen erhebliche Probleme mit den Franzosen gab, die im Hinblick auf die Größe ihrer Zone andere Vorstellungen hatten als Briten und Amerikaner. Die Auseinandersetzung darüber[98] waren ein Vorgeschmack auf das, was wenig später im Alliierten Kontrollrat kommen sollte, als Frankreich mit allen ihm dort zur Verfügung stehenden Mitteln versuchte, seine Interessen in Deutschland durchzusetzen. Festzuhalten bleibt, daß im Frühjahr 1945 die Entscheidung zur Teilung der Rheinprovinz definitiv gefallen war. Ein Jahr später, als es um die Größe des neuen Landes an Rhein und Ruhr ging, wurde zwar noch einmal die Möglichkeit erwähnt, Teile der Rheinprovinz wieder zu vereinen, dies ist aber nicht weiter verfolgt worden. Was als Provisorium gedacht war – wie alle Zonengrenzen –, sollte auch hier Bestand haben.

### *7. Deutschland als wirtschaftliche Einheit: die Ruhrfrage auf der Potsdamer Konferenz*

Am 17. Juli 1945 begann in Potsdam die letzte der großen „Kriegskonferenzen". Als sie am 2. August zu Ende ging, gab der britische Premierminister Clement Attlee, der nach dem Wahlsieg der Arbeiterpartei Winston Churchill abgelöst hatte, intern zu verstehen, die Haltung der Briten sei in allen wichtigen Fragen von dem Gedanken bestimmt gewesen, daß die Einheit der drei Alliierten und die Fortsetzung ihrer Zusammenarbeit die erste und wichtigste Bedingung für den Erhalt des Weltfriedens seien. Man habe in Potsdam bedeutende Fortschritte auf dem Weg zu einem besseren Verständnis zwischen den drei Regierungen erzielt und die getroffenen Entscheidungen seien eine gute Grundlage für weitere Fortschritte.

Der Ministerpräsident der Republik Südafrika, Feldmarschall Smuts, war über soviel politische Kurzsichtigkeit geradezu erschüttert. Er warnte vor der sowjetischen Gefahr, die sich als neue Bedrohung für Europa und die Welt erhebe und auf die Potsdam ein blindes Auge zu werfen scheine. Auf der Konferenz sei größter Schaden angerichtete worden: „Deutschland wird zum Notstandsgebiet in Europa mit einem niedrigen Lebensstandard werden. Dies wird auch auf die umliegenden Länder katastrophale Auswirkungen haben. So entsteht eine Infektionsquelle im Herzen des Kontinents [...]. Potsdam", so sein Resümee, „eröffnet eine erdrückende Aussicht."[99]

Dazu gehörte nicht nur der Beschluß, die übermäßige Konzentration der deutschen Wirtschaft zu vernichten und „das Hauptgewicht auf die Entwicklung der Landwirtschaft und der Friedensindustrie für den inneren Bedarf" zu legen, dazu gehörte auch der Beschluß über die Abtrennung der Gebiete östlich von Oder und Neiße (und zwar der westlichen Neiße) und die Vertreibung – in euphemistischer Um-

---

98 Vgl. Sharp, S. 165–203.

99 Schreiben C. Attlee v. 1. 8. und Antwort J. Smuts v. 10. 8. 1945. Die Antwort Attlees vom 31. August läßt noch einmal die Grundprinzipien der britischen Politik erkennen: von „äußerster Wichtigkeit", so hieß es da, sei „die Erhaltung der alliierten Einheit ". Briefwechsel Attlee-Smuts in: DO 35/1508.

schreibung „Transfer“ genannt – der deutschen Bevölkerung, dazu gehörte auch der Beschluß über die Reparationen, wonach jede Besatzungsmacht ihre Ansprüche aus der jeweils eigenen Zone befriedigen sollte. Die Sowjetunion sollte darüber hinaus 25 % zusätzlich aus den westlichen Besatzungszonen – in erster Linie aus dem Ruhrgebiet – erhalten, davon 10 % gratis und 15 % im Austausch gegen Sachlieferungen, in erster Linie Lebensmittel. Mit dieser Regelung wurde Deutschland in ein westliches und ein östliches Reparationsgebiet geteilt, und die gleichzeitig bekundete Absicht, Deutschland während der Besatzungszeit als „wirtschaftliche Einheit“ zu behandeln, ad absurdum geführt. Über die möglichen Konsequenzen war man sich damals auf britischer Seite durchaus im klaren: John Troutbeck konnte sich nur schwer vorstellen, „daß eine solche Regelung Deutschland nicht vollständig in zwei Teile teilen wird, so sehr wir auch versuchen mögen, ein solches Ergebnis zu verhindern“. Und an anderer Stelle hieß es, es sei „unvorstellbar, daß ein Deutschland, das nicht als wirtschaftliche Einheit behandelt wird, sehr viel länger als politische Einheit behandelt werden kann“. Auch David Waley sah für eine Politik der Einheit Deutschlands nur noch geringe Chancen; im Grunde sei es nur noch möglich, „mitten durch Deutschland eine Grenze zu ziehen und östlich von ihr alles von Rußland verwalten und unter das sowjetische System des Staatssozialismus stellen zu lassen, und westlich von ihr alles unter britische, amerikanische und französische Verwaltung zu stellen, in der Absicht, so bald wie möglich ein normales wirtschaftliches Leben wiederherzustellen“.[100]

Dies mußte nicht unbedingt so kommen und mußte nicht unbedingt zur späteren Teilung Deutschlands führen, aber ohne Zweifel wurde der Keim für die spätere Entwicklung und die Auseinandersetzung mit der Sowjetunion in Potsdam gelegt. Auf den ersten Blick scheint dies völlig absurd, waren doch alle Zerstückelungspläne bereits im Vorfeld der Konferenz endgültig zu den Akten gelegt worden, und sprachen sich doch die Sieger in Potsdam eindeutig für die Einheit Deutschlands aus: wirtschaftliche Einheit implizierte politische Einheit; und wenn es auch bis auf weiteres keine zentrale deutsche Regierung geben sollte, so beschloß man doch, zentrale deutsche Verwaltungsstellen für Finanzen, Transport, Verkehr, Außenhandel und Industrie zu errichten, die unter der Leitung deutscher Staatssekretäre unterhalb des Kontrollrates arbeiten und dessen Beschlüsse in den vier Zonen in die Tat umsetzen sollten.

Wie sollte in diesem Zusammenhang die Zukunft des Rhein-Ruhrgebietes aussehen? Nicht nur die Westmächte, allen voran Frankreich, hatten ein vitales Interesse an diesem Gebiet, sondern auch von Anfang an die Sowjetunion, was angesichts der Bedeutung, die Reparationen und zukünftige Sicherheit für die Sowjetunion hatten, nicht verwundert. „Einigermaßen überraschend“, so der britische Vertreter im „Wirtschaftsausschuß“ in Potsdam, Sir Walter Monckton, brachte Maisky dieses Thema in einer Routinesitzung des Ausschusses am Abend des 20. Juli auf die Tagesordnung. Er führte die altbekannten Argumente an: die Ruhr sei das „Herz“ der deutschen Industrie, und selbst wenn man alle als Reparationen vorgesehenen

---

100 Stellungnahme J. Troutbeck in: FO 371/45784/UE 3221; Foreign Office in: 45786/UE 3549; D. Waley in: L. Woodward, British Foreign Policy in the Second World War, vol. V, London 1976, S. 453 f.

Anlagen abgebaut habe, bleibe die Ruhr mit ihren Kohlevorkommen, der Eisen-, Stahl- und chemischen Industrie, mit den Eisenbahnen etc. eine „höchst gefährliche Bedrohung". Und er schlug dann vor, ein bestimmtes Gebiet mit – in Friedenszeiten – vier bis fünf Mio. Einwohnern zu internationalisieren, um das deutsche Kriegspotential dort zu kontrollieren, d. h. zukünftige Produktion und Aufteilung entsprechend den eigenen Vorstellungen zu bestimmen. Die Kontrolle sollten die am meisten interessierten Mächte, etwa Großbritannien, die USA, die Sowjetunion und Frankreich übernehmen; eine deutsche Verwaltung könne zwar eingerichtet werden, aber nur unter strengster Überwachung und Kontrolle der Alliierten arbeiten. Auf diese Weise sollte die deutsche Gefahr erheblich verringert und die Sicherheit Europas in gleichem Maße erhöht werden. Wenn seine Idee auf Zustimmung stoße, dann solle man sie weiter untersuchen und den Außenministern entsprechende Vorschläge machen. Monckton und sein amerikanischer Kollege Pauley waren über den Vorstoß Maiskys einigermaßen überrascht; im Wirtschaftsausschuß hatte zuvor nichts auf eine solche Initiative hingedeutet. Daß dieser Vorstoß dennoch gezielt und überlegt gekommen war, macht die umgehende Antwort Maiskys auf entsprechende Fragen Moncktons und Pauleys deutlich, ohne daß er sich dabei allerdings auf Einzelheiten festlegen ließ: das Kontrollgebiet könne auch das gesamte Rheinland und Westfalen umfassen, die Kontrolle langfristig, möglicherweise für immer eingerichtet werden.

Monckton hatte den Eindruck, daß Maisky noch keine detaillierten Vorstellungen über das hatte, was mit der Ruhr geschehen solle; in diesem Sinn fiel jedenfalls seine Antwort aus: Maisky habe einen außerordentlich interessanten Vorschlag gemacht, der allerdings weit über den Aufgabenbereich des Wirtschaftsausschusses hinausgehe; er sei zwar zugegebenermaßen von großer wirtschaftlicher Bedeutung, seine politische Bedeutung sei aber sehr viel größer; worauf Maisky vorschlug, in diesem Fall solle er seinen Außenminister informieren. Monckton konterte, in einer Angelegenheit von so großer Bedeutung müsse die Sache in jedem Fall schriftlich formuliert werden; möglicherweise könne Molotow etwas Entsprechendes vorlegen.[101]

Der Bericht Moncktons wurde im Foreign Office gleich von mehreren Mitarbeitern kommentiert. Für Con O'Neill war das Gefährliche an diesem Vorschlag die mögliche Teilnahme der Sowjets an einer internationalen Ruhrkontrolle, wobei Maisky natürlich nicht klargemacht habe, ob das auch die Anwesenheit sowjetischer Truppen bedeute. Was auch immer man selbst noch ein halbes Jahr zuvor über eine internationale Kontrolle des Ruhrgebietes gedacht hatte, „die Dinge haben sich in der Zwischenzeit so geändert, daß wir die ganze Sache überprüfen sollten. Und der Ausgangspunkt dafür sollte die Tatsache sein, daß dieses Gebiet jetzt zur britischen Zone gehört."

Die russischen Reparationsansprüche könnten ohne russische Beteiligung befriedigt werden. O'Neill sah auch keinerlei Vorteile darin, das Ruhrgebiet durch eine Sonderregelung der Verwaltung des Kontrollrates zu entziehen. Wenn man das mache, werde man jede Möglichkeit verlieren, bei Maßnahmen der Russen in jenen Gebieten zu intervenieren, die sie in Ostdeutschland der Verwaltung des Kontrollrates

---

101 Aufzeichnung W. Monckton für A. Eden, 21. 7. 1945. FO 371/46721/C 4112/22/18.

entziehen wollten – womit die Gebiete östlich der Oder/Neiße-Linie gemeint waren –[102], worauf Troutbeck am 31. Juli nur antworten konnte, Churchill habe im Oktober 1944 gegenüber Stalin „definitiv" eine internationale Kontrolle vorgeschlagen. Die ganze Sache werde mit Sicherheit wieder auf die Tagesordnung kommen; am besten sei es, anderen die Initiative zu überlassen, zumal offensichtlich die Entscheidungen über Schlesien und die übrigen Ostprovinzen nicht ohne Auswirkungen auf diese Frage bleiben würden.[103] Einen Tag zuvor hatte Molotow in Potsdam ein Memorandum seiner Regierung in Umlauf gebracht, in dem u. a. gefordert wurde: Viermächteverwaltung des Ruhrgebietes, Zuweisung der Produktion an der Ruhr für Reparationszwecke und sofortige Errichtung eines provisorischen Alliierten Rates, um die prompte Durchführung dieser Entscheidung sicherzustellen. Innerhalb eines Monats sollte dieser Rat die entsprechenden Vorarbeiten abgeschlossen haben und die provisorische Verwaltung des Ruhrgebietes übernehmen.[104]

Damit war klar, daß dieses Thema auf einer Plenarsitzung behandelt würde – für den neuen britischen Außenminister Ernest Bevin allerdings kein Problem. Schon nach Eingang des Berichtes von Monckton hatte Orme Sargent Vorschläge gemacht, wie taktisch am besten zu verfahren sei, falls die Sowjets die Sache offiziell vorbringen würden. Bisher habe die Initiative in dieser Frage bei den Franzosen gelegen („have hitherto done most of the running"), und jede Diskussion darüber in ihrer Abwesenheit werde sie mit Sicherheit tief treffen („would inevitably cause much heart-burning"). Es sei am besten, diese Sache vor den neugeschaffenen Außenministerrat zu bringen, wo die Franzosen vertreten seien und wo man auch die Belgier und Holländer beteiligen könne. Im übrigen hätten weder das Kabinett noch die Stabschefs eine Entscheidung in dieser Sache getroffen. In diesem Sinne verfuhr Bevin. Bereits am 30. Juli betonte er auf einer Sitzung der Außenminister, das Thema sei von großer Bedeutung für Frankreich; eine Diskussion in Abwesenheit eines französischen Vertreters sei für ihn völlig unmöglich. Als Molotow am nächsten Tag in der Plenarsitzung das Thema dennoch anschnitt und das sowjetische Memorandum erwähnte, verwies Bevin ziemlich unwirsch auf seine Stellungnahme vom Vortag und wollte dann wissen, weshalb die Frage überhaupt aufgeworfen worden sei. Molotows und Stalins Antworten auf diese wohl eher rhetorisch gemeinte Frage machten deutlich, worum es den Sowjets ging: einen Beschluß der Konferenz herbeizuführen, daß 1. das Ruhrgebiet nicht von Deutschland abgetrennt und 2. unter Viermächtekontrolle gestellt werden sollte. Auch wenn Stalin geschickt und zutreffend auf die Diskussionen seit Teheran verwies, Bevin ließ sich auf nichts ein und drehte den Spieß um. Auf die Frage Stalins, ob Übereinstimmung dahingehend bestehe, das Ruhrgebiet nicht abzutrennen, antwortete er, er wolle sich nicht festlegen, bevor er nicht die Protokolle der früheren Besprechungen gelesen habe, die entscheidenden Fakten kenne und sich mit seinen Kollegen im Kabinett beraten habe. In der Zwischenzeit sei er damit einverstanden, daß das Thema an den Außenministerrat verwiesen werde. Bevins Äußerungen haben offensichtlich keinen Zwei-

102 Aufzeichnung C. O'Neill v. 30. 7. 1945. FO 371/46721/C 4112/22/18.

103 Aufzeichnung v. 31. 7. 1945. Ebd.

104 „The Ruhr Industrial District". P (Terminal) 59, 30. 7. 1945. Dok. Nr. 15.

fel mehr gelassen, daß damit für ihn das Thema zunächst erledigt und eine weitere Diskussion überflüssig war, denn weder das britische noch das amerikanische Protokoll verzeichnen noch eine Wortmeldung. Es wird lediglich noch der Beschluß vermerkt, das Thema an den Außenministerrat zu verweisen.[105]

Als Stalin und Molotow am nächsten Tag dann doch noch einmal auf dieses Thema zurückkamen und Präsident Truman fragten, ob das Ruhrgebiet als ein Teil Deutschlands anzusehen sei, antwortete Truman zwar, daß für ihn kein Zweifel daran bestehe[106], von einer Behandlung des sowjetischen Antrages war dennoch keine Rede mehr. Zumindest in diesem Punkt muß Potsdam eine herbe Enttäuschung für Stalin gewesen sein. Das hieß allerdings nicht, daß damit das Thema bereits erledigt war, im Gegenteil: bis zur ergebnislos abgebrochenen Außenministerkonferenz im Dezember 1947 in London blieb die Viermächtekontrolle des Ruhrgebietes eine – erfolglose – Standardforderung der Sowjets auf jeder Außenministerkonferenz. Es war genauso, wie Hall-Patch das sowjetische Memorandum am 2. August 1945 – noch ohne Kenntnis der Diskussion vom 31. Juli – kommentierte: es zeige eindeutig den Wunsch der Russen, an der Verwaltung des Ruhrgebietes beteiligt zu werden. Auch die Schlußfolgerung war eindeutig: ein solches Verlangen müsse zurückgewiesen werden. Wenn man den Russen in Ostdeutschland freie Hand lasse, wie offensichtlich vorgeschlagen,

> „dann heißt die Gegenleistung für uns: freie Hand im Westen. Wenn wir die Russen im Ruhrgebiet haben, dann können wir jede Hoffnung auf einen Zusammenschluß der westlichen Nationen, der uns noch etwas nützt, aufgeben!"[107]

Die „Russen im Ruhrgebiet": damit hatte Hall-Patch das Stichwort gegeben, das schon bald zum Dreh- und Angelpunkt britischer Deutschland- und Rußlandpolitik werden sollte – mit weitreichenden Konsequenzen für die Bewohner an Rhein und Ruhr.

---

105 FRUS, Berlin, vol. II, S. 511 ff.

106 Ebd. S. 521 f. u. S. 535 f. Zu dieser Überzeugung – die ganz auf der Linie des State Department lag – war H. Truman offensichtlich auf der Überfahrt an Bord des Kreuzers „Augusta" zur Potsdamer Konferenz gekommen. Auf einem „Separation of the Ruhr and Rhineland from Germany" überschriebenen Dokument notierte er: „Decided that they should remain in Germany." FRUS, Berlin, vol. I, S. 989 u. ebd., Anm. 1.

107 Aufzeichnung E. L. Hall-Patch v. 2. 8. 1945. FO 371/46721/C 4112/22/18.

## II. FRANKREICHS FORDERUNG NACH ABTRENNUNG VON RHEINLAND UND RUHRGEBIET

### *1. Noch einmal „Rhenania" – Außenminister Bidault in London: „Es geht um Leben und Überleben Frankreichs!"*[1]

Der Beginn der ersten Konferenz des in Potsdam neugeschaffenen Rates der Außenminister war für den 11. September festgelegt, Konferenzort war London. Frankreich, das bisher von den entscheidenden Konferenzen über Nachkriegsdeutschland ausgeschlossen worden war, würde hier zum erstenmal als gleichberechtigter Partner im Kreise der übrigen Besatzungsmächte vertreten sein. Es war zu erwarten, daß es die Gelegenheit nutzen würde, nunmehr seine Vorstellungen im Hinblick auf die Zukunft Deutschlands, und das hieß in erster Linie des Rhein-Ruhr-Gebietes, offiziell vorzulegen.

Bereits im Vorfeld der Konferenz wurde die französische Regierung aktiv. Am 28. August suchte Botschafter Massigli Unterstaatssekretär Harvey auf. Massigli, so der Eindruck Harveys, schien gut präpariert für diese Unterredung. Er hatte ein ausgearbeitetes Schriftstück bei sich, anhand dessen er dann offiziell die Vorstellungen seiner Regierung entwickelte. Es verwundert nicht, daß er zunächst auf zwei Entscheidungen von Potsdam verwies, nämlich 1. die deutschen Gebiete östlich der Oder/Neiße-Linie an Polen zu geben und 2. zentrale deutsche Verwaltungsstellen in Berlin zu errichten. Falls nichts geschehe, werde die erste Entscheidung dazu führen, daß sich das gesamte Gewicht Deutschlands nach Westen verlagern und die Konzentration der Bevölkerung und der Industrie dort den Druck auf Frankreich verstärken werde. Und was die zweite Entscheidung betraf, so mußte nach französischer Auffassung vor einer Realisierung zunächst einmal die weitere Entwicklung abgewartet werden. Auf der Grundlage dieser Überlegungen hielt es die französische Regierung für notwendig, im Westen Deutschlands eine Sicherheitslinie zu ziehen und das gesamte Gebiet westlich davon zwar im Kompetenzbereich des Alliierten Kontrollrates zu belassen, es aber den in Berlin geplanten deutschen Verwaltungsstellen zu entziehen. Die Aufteilung dieses Gebietes sah jetzt genauso aus wie auf der im Mai im Foreign Office nach Kenntnis des französischen Memorandums angefertigten Karte. Die Linie des ausschließlich französischen Besatzungsgebietes sollte jetzt nördlich von Köln verlaufen, und an der internationalen Kontrolle der Ruhr sollte, falls möglich, die Sowjetunion *nicht* beteiligt werden. Auf Massiglis Frage nach den britischen Vorstellungen antwortete Harvey zurückhaltend. Man habe noch keine Entscheidung getroffen, Außenminister Bevin werde die Angelegenheit mit Bidault besprechen, im übrigen sei man bisher eher davon ausgegangen, daß das Ruhrgebiet von Deutschland abgetrennt und ein separater Staat errichtet werden solle. Massigli widersprach dem nicht. „Offensichtlich", so notierte Harvey in einer Aufzeichnung für Bevin, „gehen die französischen Vorstellungen noch nicht so

---

1 So der französische Außenminister Georges Bidault in der Sitzung des Außenministerrates am 26. 9. 1945. Vgl. Dok. Nr. 26.

weit." Da Massigli keine Anstalten machte, irgendein Dokument zu überreichen, bat Harvey ihn um das Aide-mémoire, aus dem er vorgelesen hatte.[2]

Was die Abtrennung des Ruhrgebietes betraf, so irrte sich Harvey. Möglicherweise hat auch seine Reaktion die Entscheidung der französischen Regierung in dieser Frage noch mitbeeinflußt, in jedem Fall legte Bidault dann am 14. September der Außenministerkonferenz jenes berühmte Memorandum vor, in dem jetzt unmißverständlich die politische Abtrennung des Rheinlandes und Westfalens, einschließlich des Ruhrgebietes, von Deutschland gefordert wurde; dies, so hieß es, sei „unerläßlich für den Schutz der französischen Grenze und eine wesentliche Voraussetzung für die Sicherheit Europas und der Welt".[3]

Was Massigli Harvey am 28. August mitgeteilt hatte, fand Bevin zwar „sehr interessant"[4], er traf aber keine Entscheidung, dieses Thema auf die Tagesordnung der Außenministerkonferenz zu setzen.[5] Troutbeck hatte die Entwicklungen vorausgesehen. Für ihn war klar, daß, falls nicht die Sowjets, dann mit Sicherheit die Franzosen die Ruhrfrage auf der bevorstehenden Konferenz ansprechen würden. Bereits am 15. August wies er mit Nachdruck darauf hin, daß der EIPS-Bericht vom Januar 1945[6] das Problem, wie es sich jetzt darstellte, nicht vollständig abdeckte und eine der wichtigsten Fragen darin überhaupt nicht untersucht worden war, nämlich wie die zukünftigen Beziehungen zwischen den Kontrollfunktion ausübenden Staaten und Rheinland-Westfalen aussehen sollten. Wenn in Zukunft eine Wiedervereinigung dieses Landes mit Rumpfdeutschland verhindert werden sollte, dann mußten die Bewohner davon überzeugt werden, daß sie bei einem solchen Schritt nur verlieren würden, d. h. das Land mußte prosperieren. Die Frage lautete: War dies auf Dauer möglich, indem man es in die Wirtschaft der an der Kontrolle teilnehmenden Staaten integrierte, ohne sich oder anderen Staaten damit selbst zu schaden und ohne daß es zu einer internationalen Zusammenarbeit kommen würde, die mit den amerikanischen Kartellvorstellungen unvereinbar war? Und wenn das machbar war, wie sollte dies im einzelnen aussehen, welche Staaten außer den vier Siegern sollten beteiligt werden? Wenn eine solche Zusammenarbeit vorgeschlagen würde, dann nur als einzig mögliche Alternative zu der ganz unerträglichen Last, die mit einer Kontrolle verbunden war. Dabei war allerdings auch klar, daß ein solcher Vorschlag in direktem Gegensatz zu der in Potsdam vereinbarten Reparationsregelung stehen würde.[7]

Troutbeck war ein erklärter Gegner jeglicher Zerstückelung bzw. Abtrennung des Rhein-Ruhr-Gebietes. Im EIPS-Bericht vom Januar 1945 war aber gerade dies als

---

2 Aufzeichnung O. Harvey v. 28. 8. 1945; von O. Sargent am 29. 8. 1945 abgezeichnet. FO 371/46722/C 5309/12/18 Dok. Nr. 16 u. 17.

3 „Mesures relatives au contrôle et a l'administration de l'Allemagne"; C. M. A. E. (45) 17, 14. 9. 1945. Französisches Original in: FO 371/46725/C 8129/22/18. Dok. Nr. 21.

4 Vgl. Dok. Nr. 16, Anm. 1.

5 Aufzeichnung B. A. B. Burrows v. 31. 8. 1945, mit Anmerkung E. Bevin. FO 371/46722/C 5858/22/18.

6 Siehe oben, S. 47, und Dok. Nr. 10, Annex, und Dok. Nr. 12.

7 Schreiben v. 15. 8. 1945 an die Abteilungsleiter im Foreign Office und Cabinet Office. FO 371/46721/C 4745/22/18.

einzig funktionierende Lösung vorgeschlagen worden. Indem Troutbeck jetzt auf die Schwächen dieses Berichts verwies und den Schwerpunkt auf die wirtschaftlichen Probleme legte, versuchte er zum einen, eine andere Lösung zu präjudizieren, zum anderen entsprach er damit den Vorstellungen der Labour-Regierung und Bevins. Bevin war zwar in erster Linie Außenminister, aber er war auch Gewerkschafter und Sozialist. Bei der Entscheidung über die Schlüsselindustrien an Rhein und Ruhr ging es zunächst einmal um zukünftige Sicherheit; das Wirtschaftspotential der Ruhr durfte einerseits nie wieder zum Rückgrat einer deutschen Aggression werden, andererseits sollte es für den Wiederaufbau Westeuropas genutzt werden. Von Anfang an legten sich Labour-Party und Labour-Regierung darauf fest, daß die deutsche Industrie nicht in deutschem Privatbesitz bleiben durfte. Das war die Konsequenz aus ihrer Interpretation der jüngsten deutschen Geschichte, nach der die Wirtschaftsmagnaten Hitler finanziert hatten und an beiden Weltkriegen maßgeblich beteiligt gewesen waren. Sicherheitsdenken und Eigentumsfrage, zukünftige Organisation und Kontrolle der Industrie an Rhein und Ruhr waren Fragen, die aufs engste miteinander verknüpft waren und deren Beantwortung offensichtlich immer drängender wurde.

Noch im August beauftragte Bevin denn auch den Planungsstab für Wirtschaft und Industrie, zwei Probleme zu untersuchen, nämlich wie 1. die Internationalisierung der Ruhrindustrie und 2. die zukünftigen Besitzverhältnisse und die zukünftige Organisation der deutschen Industrie aussehen könnten. Der erste Auftrag ging unmittelbar auf die Initiative Troutbecks zurück, der äußere Anlaß für den zweiten Auftrag war ein Schreiben des amerikanischen Verbindungsoffiziers R. A. Scammon an den Führer der Labour-Party, Harold Laski, vom 11. August, in dem sich Scammon Gedanken über die Lösung des Ruhrproblems gemacht hatte. Da eine Rückgabe des Eigentums an die deutschen Besitzer ausschied, hatte er dafür plädiert, die Großbetriebe zu nationalisieren.[8] Dies war nun keine besonders originelle Idee, aber immerhin hatte Laski dieses Schreiben direkt an Bevin weitergeleitet, der es EIPS mit dem Kommentar vorlegen ließ, er wünsche eine genaue Prüfung des Problems, die Frage „Eigentum und Leitung" der deutschen Industrie werde akut und wahrscheinlich auf der Außenministerkonferenz angeschnitten werden.[9]

Während der Bericht über dieses Problem auf sich warten ließ, legte EIPS am 7. September das Ergebnis seiner Untersuchungen über die Internationalisierung der Industrie an Rhein und Ruhr vor, das auch nicht unbedingt hilfreich war. EIPS war zu dem Schluß gekommen, daß es nicht möglich sein werde, ohne eine Abtrennung dieses Gebietes dessen Wirtschaft durch Überführung der Industrie in öffentliches Eigentum unter internationaler Kontrolle auf Dauer nach Westen auszurichten. Dies werde auch nicht bei Übertragung der Industrie in den Besitz der Vereinten Nationen möglich sein, ein Weg, den im übrigen das Armistice and Post-War Committee bereits im Mai 1945 verworfen hatte, da man Probleme zwischen den beteiligten Staaten befürchtet hatte. Bei einer Abtrennung müßten neben Zollschranken auch ein neues Steuersystem und eine neue Staatsbürgerschaft eingeführt und entsprechende Maßnahmen ergriffen werden, damit die Industrien nicht von Rumpf-

8 Schreiben v. 11. 8. 1945. FO 942/236.

9 Schreiben Lincoln, FO, an M. Turner, EIPS, v. 11. 8. 1945. Ebd.

deutschland aus kontrolliert werden könnten. Keine dieser Maßnahmen sei einfach, im übrigen sei es auch nicht leicht, die unterschiedlichen Interessen der Kontrollmächte miteinander in Einklang zu bringen. Für den Fall, daß eine Beteiligung der Sowjetunion nicht verhindert werden konnte, sah EIPS noch größere Schwierigkeiten voraus. Ganz unabhängig von der Tatsache, daß ein solcher „russischer Außenposten", wie es hieß, unerwünscht sei, ging man von der Annahme aus, daß die Sowjetunion kein Interesse am Erfolg eines solchen Unternehmens haben werde. Werde man sie andererseits nicht beteiligen, werde sie den Westen verdächtigen, dieses Gebiet als ein „Bollwerk" gegen sie aufzubauen; damit aber werde man sie in ihrer Absicht bestärken, Europa in zwei Teile zu spalten. Die Auswirkungen einer Abtrennung dieses Gebietes auf Restdeutschland wurden als sehr gravierend bezeichnet, vor allen Dingen, weil Restdeutschland dann allein die gesamte Last des „Transfers" der Deutschen aus der Tschechoslowakei und den an Polen abgetretenen Gebieten tragen müsse. Erfolg oder Mißerfolg des neuen Staates hänge weitgehend davon ab, wie viele Industrieanlagen – für Reparationszwecke und aus Sicherheitsgründen – abgebaut würden. Wenn man klug sei, werde man daher wenig abbauen. Dies werde aber einerseits zu Schwierigkeiten mit jenen Ländern führen, die Reparationen aus jenem Gebiet erwarteten, andererseits zu einem Sicherheitsproblem werden, falls das Gebiet doch eines Tages wieder zu Deutschland zurückkehre; gleichzeitig werde man sich selbst noch einen mächtigen Konkurrenten schaffen; möglicherweise erfordere das dann staatliche Regulierungsmaßnahmen, die wiederum den Amerikanern kaum gefallen würden. Angesichts dieser Fülle von Problemen schlug EIPS zwei mögliche Alternativen vor: 1. Eine permanente militärische Besetzung des Rhein-Ruhr-Gebietes ohne alliierte Wirtschaftskontrolle oder 2. eine Besetzung Deutschlands für eine sehr viel längere Zeit als bisher vorgesehen, wobei er unter dem Aspekt zukünftiger Sicherheit der zweiten Alternative den Vorzug gab, denn:

„Falls Deutschland für eine Generation besetzt bleibt, dann sollte es möglich sein, nicht nur die industrielle Struktur so zu verändern, daß das Übergewicht im Stahlbereich und im Schwermaschinenbau vermindert wird, sondern auch der heutigen Jugend, die die Führer von morgen stellen wird, den Geist der Aggression zu nehmen, in dem sie in der Nazizeit aufgewachsen ist."[10]

Wenige Tage, bevor EIPS seinen Bericht fertigstellte, erreichte ein von John Alexander, Controller der Planungskommission in der Wirtschaftsabteilung der britischen Militärregierung in Deutschland, ausgearbeiteter Plan das Foreign Office, in dem es um genau das Thema ging, für das man in London eine Lösung suchte: den wirtschaftlichen Aufbau Europas und Deutschlands bei gleichzeitiger Sicherheit vor Deutschland. Alexander hatte seinen Plan schon einmal im Mai in der Kontrollkommission vorgelegt, hielt nun aber angesichts der Potsdamer Entscheidungen die Zeit für gekommen, ihn an das Foreign Office weiterzuleiten – mit der Bitte, ihn Bevin vorzulegen –, zumal auch der Leiter der Wirtschaftsabteilung, Sir Percy Mills, und andere Mitarbeiter ihn positiv beurteilt hatten. Ausgangspunkt seiner Überlegungen war die in den dreißiger Jahren von Präsident Roosevelt im Rahmen seiner New-Deal-Politik geschaffenen Tennessee-Valley-Authority, die innerhalb weniger Jahre Industrie und Landwirtschaft in einem der ärmsten Gebiete Amerikas erfolgreich

10 Secret. E.I.P.S./P(45)47. „Report on the Proposal to Internationalise the Industries of the Rheno-Westphalian Basin". FO 371/ 46723/C 5657/22/18. Dok. Nr. 19.

entwickelt hatte. Für ein Territorium, das das Rhein-Ruhr-Gebiet einschließen und bis an die Grenzen Hannovers, Bayerns und Württembergs reichen sollte, schlug Alexander nun die Schaffung einer ähnlichen Einrichtung vor, die „Rhine Valley Authority". Diese „Rheintalbehörde" sollte den gesamten Wiederaufbau der Wirtschaft in diesem Gebiet übernehmen, später sollte die Industrie dann in ein europäisches Wirtschaftssystem integriert werden. An der Spitze dieser Behörde war ein Generaldirektor mit weitreichenden Vollmachten vorgesehen – zunächst ein Franzose, wegen des besonderen Interesses Frankreichs an diesem Gebiet –, dem drei Stellvertreter – ein Amerikaner, ein Russe, ein Engländer – zur Seite stehen sollten, zusammen mit einem internationalen Beirat, der allerdings nur sehr eingeschränkte Kompetenzen haben sollte.[11] Auch wenn solche Überlegungen aus der Rückschau ungemein fortschrittlich und teilweise geradezu „europäisch" anmuten, damals hatten sie keine Chance, weil zum einen die Zeit dafür noch nicht reif war und zum anderen die Probleme nicht konsequent bis zu Ende gedacht waren. So wurde zwar eine politische Abtrennung dieses Gebietes abgelehnt, aber alle Details (etwa die Probleme von Import und Export) deuteten auf eine solche Abtrennung hin. Der Plan wurde dann auch im Foreign Office als wenig hilfreich angesehen, vor allen Dingen deswegen, weil in ihm der wirtschaftliche Wiederaufbau in einer Weise propagiert wurde, die in direktem Gegensatz zu allen bisherigen Planungen im Hinblick auf zukünftige Sicherheit stand und gleichzeitig keine Überlegungen angestellt wurden, wie die Einwohner dieses Gebietes dafür zu gewinnen waren, das Ganze als Dauerlösung zu akzeptieren. J. Coulson bezeichnete Alexanders Überlegungen denn auch als „sehr amateurhaft", wobei Troutbeck das „sehr" nachdrücklich unterstützte und es ablehnte, den Plan an Bevin weiterzuleiten, der Außenminister könne nicht jeden Plan eines jeden Hanswurst („Tom, Dick and Harry") der Militärregierung lesen.[12] A. Franklin wies darauf hin, daß dieser Plan eine Änderung des Potsdamer Abkommens voraussetze, und da würden die Sowjets mit Sicherheit nicht mitspielen. Auch im Hinblick auf die Effizienz der vorgeschlagenen internationalen Verwaltung hatte er seine Zweifel: sie werde möglicherweise zu noch größerem Durcheinander und Streit unter den beteiligten Mächten führen. Für O'Neill war der Plan nicht neu: Alexander hatte mit ihm schon mehrfach darüber gesprochen; er bezeichnete ihn jetzt schlicht als eine fixe Idee Alexanders, die an den Realitäten vorbeigehe („a bee in Mr. Alexander's bonnet, but one I fear which could only buzz satisfactorily in a better world, or at least a better Europe, than this").[13]

Der Plan Alexanders wurde damit zu den Akten gelegt[14], gleichzeitig war Troutbeck aber genausowenig über den EIPS-Bericht begeistert. Er unternahm es dennoch, in einem ersten provisorischen Durchgang die zum Thema Ruhr angestellten Überlegungen in einem „briefing paper" für Bevin zusammenzufassen. Für ihn war klar,

11 „Rhine Valley Authority". Memorandum von J. Alexander, 30. 8. 1945. FO 371/45761/UE 4020/86/77.

12 Aufzeichnung J. Coulson v. 8. 9. u. J. Troutbeck v. 9. 9. 1945. Ebd.

13 Aufzeichnung A. A. E. Franklin v. 8. 10., C. O'Neill v. 14. 10. 1945; von B. A. B. Burrows am 15. 10. abgezeichnet. FO 371/46723/C 6534/22/18.

14 Es ist anzunehmen, daß Bevin den Plan nicht gesehen hat. Bemerkenswert ist allerdings, daß Harvey Mitte November Bevin eine Aufzeichnung über die Tennessee-Valley-Behörde vorlegte. Möglicherweise gibt es hier Zusammenhänge.

daß Frankreich mit seinen Plänen auf der bevorstehenden Konferenz auf Schwierigkeiten stoßen würde. Die USA würden sie offensichtlich ablehnen, und die Sowjets wohl nur zustimmen, wenn sie auf diese Weise im Ruhrgebiet Fuß fassen konnten. Seiner Meinung nach mußten vor einer endgültigen Wertung zunächst einmal die strategischen, finanziellen, wirtschaftlichen und politischen Auswirkungen dieser Pläne genau geprüft werden. Schon ohne eine solche Prüfung war klar, daß bei einer Annahme eine Reihe von Abkommen, denen auch Frankreich zugestimmt hatte, zerrissen werden müßte, etwa das Zonenprotokoll und das Kontrollabkommen. Die Pläne waren im übrigen unvereinbar mit jenen Beschlüssen von Potsdam, wonach Deutschland als wirtschaftliche Einheit behandelt und zentrale Verwaltungsstellen errichtet werden sollten. Natürlich war an diesen Vereinbarungen, so Troutbeck, „nichts Heiliges", aber es habe immerhin eine Menge Arbeit gekostet, sie auszuhandeln, und man könne jetzt nicht von vorn beginnen, nur um den Alliierten die Kontrolle in Deutschland zu sichern und abzuwarten, was geschehe; das könne man mit den bestehenden Vereinbarungen nämlich genausogut. Troutbeck vermutete richtig, als er notierte, daß die ganze Sache nur Sinn mache, wenn beabsichtigt sei, das gesamte Gebiet von Deutschland abzutrennen. Die Franzosen hätten das zwar noch nicht offen ausgesprochen, aber nur, weil sie nichts präjudizieren wollten; aber während sie abwarteten, werde die Unsicherheit andauern und die ganze Sache möglicherweise zu solch einem Durcheinander und Chaos führen, daß die gesamte Besatzungspolitik zusammenbrechen könne. Troutbeck erwähnte dann Montgomery, der davon gesprochen habe, daß er in Deutschland den Kampf gegen den Winter gewinnen müsse; wenn die französischen Pläne sofort realisiert würden, so warnte Troutbeck, „wird er diesen Kampf mit Sicherheit verlieren".

Troutbeck ging dann ausführlich auf das EIPS-Memorandum ein, dessen Ergebnisse, so wie der Auftrag an EIPS gelautet hatte, er nicht in Abrede stellte. Kontrolle der Wirtschaft schien demnach ohne politische Abtrennung nicht möglich, mit Nachdruck betonte Troutbeck dann aber die politischen Probleme einer solchen Abtrennung: niemals zuvor sei eine zivilisierte Bevölkerung von 13 bis 14 Mio. Menschen unter dauernde internationale Verwaltung oder Kontrolle gestellt worden. Auch an den von EIPS genannten Alternativen, insbesondere an der zweiten, konnte er keinen Gefallen finden. Die Amerikaner würden wohl kaum eine Generation lang in Deutschland bleiben, als Besatzungsmächte blieben damit Großbritannien, Frankreich und die Sowjetunion – unterstützt von den kleineren Alliierten – übrig, wobei er sich allerdings nur schwer vorstellen konnte, daß eine französische und russische Besatzung den gewünschten heilsamen Effekt haben werde. Wenn der deutsche „Geist" nicht völlig gebrochen und die Bevölkerung nicht in totale Hilflosigkeit und Verzweiflung getrieben werde, dann bleibe mit Sicherheit eine unstillbare Wut zurück, die in einer Orgie von Blut und Eisen enden werde. Und was die erste Alternative betraf, so verwies Troutbeck auf den letzten Satz des von Massigli am 28. August übergebenen französischen Memorandums, nämlich „abwarten und sehen, wie sich die Dinge entwickeln", und in der Zwischenzeit die Kontrolle in der eigenen Zone aufrechterhalten.[15]

15 „Rheno-Westphalian Basin. Brief for Foreign Ministers' Conference". Circular No. 14, 7. 9. 1945. FO 371/46722/C 5657/22/18. Dok. Nr. 18.

Bevin vermißte in diesem Memorandum den aus seiner Sicht entscheidenden Punkt, nämlich eine Erörterung der Frage, wie die zukünftige Struktur der deutschen Wirtschaft aussehen sollte, mit anderen Worten: „Was wollen wir an die Stelle der Syndikate setzen?" Mit diesem Kommentar versehen, gab er das Memorandum an die Deutschlandabteilung zurück, ohne es abzuzeichnen.[16]

Der amtierende Vorsitzende von EIPS wies am 11. September darauf hin, daß genau dies ein sehr kompliziertes Problem sei, EIPS daran arbeite und noch einige Zeit bis zur Fertigstellung des Berichts benötige. In jedem Fall sollte diese Verzögerung aber nicht dazu führen, eine Entscheidung in der Rhein-Ruhr-Frage hinauszuschieben, denn

„egal, ob wir ein besonderes Regime in Rheinland-Westfalen errichten oder nicht, wir müssen das Kartellsystem in Deutschland ändern. So wie es jetzt existiert, ist es eines der wirkungsvollsten Teile der deutschen Kriegsmaschinerie gewesen."[17]

Dem stimmte Bevin am 12. September zu. Am nächsten Tag befaßte sich das Kabinett mit dem Thema „industrielle Abrüstung Deutschlands". Dabei ging es wie immer darum, eine erneute deutsche Aggression zu verhindern. In dem vom Overseas Reconstruction Committee, dem für außenpolitische Fragen zuständigen „inneren" Kabinett, unter Vorsitz Bevins ausgearbeiteten Memorandum wurde eine „drastische Politik in bestimmten Bereichen der deutschen Industrie" vorgeschlagen, mit dem Ziel, damit „die industrielle Basis für Deutschlands Kriegspotential auszuschalten". Die Diskussion im Kabinett zeigt, daß die Meinungen über den zukünftigen Kurs keineswegs einhellig waren; das relativ ausführliche Protokoll – in der Regel sind die Protokolle kürzer und zurückhaltender formuliert – läßt auf eine kontroverse Diskussion schließen. Eine Entscheidung war allerdings angesichts der im Alliierten Kontrollrat beginnenden Beratungen über Reparationen und das zukünftige Industrieniveau Deutschlands dringend notwendig. Man einigte sich schließlich darauf, die vorgeschlagenen Maßnahmen als kurzfristige Lösung zu akzeptieren und das Memorandum in diesem Sinne an die Kontrollkommission weiterzuleiten.[18]

Zwei Dinge sind in diesem Zusammenhang bemerkenswert. Das Kabinett ging bei seiner Entscheidung davon aus, daß das Ruhrgebiet nicht abgetrennt würde; so stand es auch in dem von Bevin vorgelegten Memorandum; unter dieser Voraussetzung wurde der britischen Militärregierung grünes Licht für die Verhandlungen im Alliierten Kontrollrat gegeben: nur vier Monate später führten genau diese Verhandlungen im Alliierten Kontrollrat im Foreign Office zu der Überlegung, nunmehr das Ruhrgebiet doch vom übrigen Deutschland abzutrennen.

Und nur drei Tage nach dieser Kabinettssitzung war es Bevin selbst, der die Errichtung eines unabhängigen Weststaates „Rhenania" befürwortete.

---

16 Siehe Dok. Nr. 18, Anm. 1.

17 EIPS, Note by the Acting Chairman: „The Rheno-Westphalian Basin and the German Syndicates", 11. 9. 1945. FO 371/46722/C 5878/22/18. Dok. Nr. 20.

18 Secret. C. P. (45) 160. „Industrial Disarmament of Germany". Memorandum v. 10. 9. 1945. CAB 129/2, sowie: Secret. C. M.(45) 31st Conclusions, 13. 9. 1945. CAB 129/1.

*Foto Nr. 1:* Der französische Außenminister Georges Bidault. Er präsentiert auf der Außenministerkonferenz in London im September 1945 die französischen Forderungen: Abtrennung des Rheinlandes und Westfalens (einschließlich des Ruhrgebietes) von Deutschland. Aus dem Rheinland sollen ein, zwei oder drei „unabhängige" Staaten werden, aus dem Ruhrgebiet ein völkerrechtlich neuartiges Gebilde, das Ruhrterritorium. Bis zur Lösung dieser Frage blockiert Frankreich im Alliierten Kontrollrat jede gesamtdeutsche Initiative. (Keystone)

Am 14. September legte Bidault der Außenministerkonferenz das erwähnte Memorandum vor. Neu daran war, wie B. A. B. Burrows notierte, daß Frankreich jetzt zum erstenmal ganz offen die endgültige Abtrennung der Gebiete forderte und von einer Lösung dieser Frage die Zusammenarbeit im Alliierten Kontrollrat abhängig machte. Die Konsequenz des französischen Planes schien klar:

„Entweder die Russen sind in Westdeutschland oder sie werden ihrerseits ermutigt, ihre Zone als exklusiven Herrschaftsbereich aufzubauen und nach Westen eine undurchdringliche Grenze zu errichten. Die einzige Hoffnung, dies zu verhindern, besteht darin, Deutschland als Einheit zu behandeln."[19]

Am 16. September traf Bevin mit Bidault auf dem Landsitz Chequers zusammen, wo er seine Vorstellungen von der Zukunft des Rhein-Ruhr-Gebietes entwickelte. Die Organisation der Industrie sollte demnach erhalten bleiben, die von den Syndikaten ausgehende Gefahr allerdings beseitigt und Organisationen errichtet werden, in denen Holländer merkwürdigerweise als Einzelpersonen, nicht als Vertreter ihrer Regierung, teilnehmen könnten. Industrielle wie Krupp sollten ausgeschaltet werden. Und dann erwähnte Bevin seine Lieblingsidee, an der er noch sehr lange festhalten sollte und deren Ursprung offensichtlich bei ihm selbst zu suchen ist, denn in sämtlichen Überlegungen zur Ruhrfrage bis zu diesem Zeitpunkt taucht sie nicht auf: ein Teil der Ruhrindustrie sollte auf die Produktion von Halbfertigwaren beschränkt und die Endproduktion nach England und Frankreich verlagert werden, mit dem Ziel, die Handelsbilanz zu verbessern und sicherzustellen, daß an der Ruhr nicht noch einmal Rüstungsgüter produziert würden. Dann fiel ein bemerkenswerter Satz: Bevin verwies zunächst auf seine Haltung in Potsdam, daß er unter Hinweis auf die Abwesenheit eines französischen Vertreters Stalins Vorschlag abgelehnt habe, das Ruhrgebiet als einen Teil Deutschlands zu betrachten, und erklärte dann, *auf britischer Seite befürworte man die Bildung einer Republik Rhenania;* er nehme an, dies sei auch die Position Frankreichs. Die Ruhr sollte nicht unter internationale Kontrolle gestellt werden, weil sonst die Russen ins Spiel gebracht würden. Bidault stimmte insbesondere dieser letzten Bemerkung zu und verwies dann auf de Gaulle, dessen ursprüngliche Vorstellung gewesen sei, das gesamte Rheinland für immer unter französische Kontrolle zu stellen. Die Äußerungen Bidaults verstand man auf britischer Seite dann so, als ob de Gaulle seine Haltung in dieser Frage etwas modifiziert hatte; beim Ruhrgebiet sei de Gaulle immer für eine internationale Kontrolle unter Beteiligung Englands, Hollands und Belgiens gewesen. Bidault akzeptierte Bevins Vorschlag, das ganze Problem zwischen Briten und Franzosen auf Expertenebene zu beraten, um dann eine endgültige Entscheidung zu treffen.[20]

Ob sich Bevin bei seiner Aussage im Hinblick auf „Rhenania" über die Konsequenzen im klaren gewesen ist, darf bezweifelt werden. Am 20. September wies David Waley mit Nachdruck darauf hin: die gesamte Reparationspolitik müsse dann neu überdacht werden. Die Industriekapazität der Ruhr müsse für ein Deutschland, das entsprechend der Potsdamer Vereinbarung als wirtschaftliche Einheit behandelt werde, anders aussehen als für eine Republik Rhenania. Aus politischen Gründen, um das Überleben dieses Staates zu sichern, könne es im übrigen erforderlich wer-

19 Aufzeichnung v. 15. 9. 1945. FO 371/46735/C 5754/22/18.

20 Aufzeichnung v. 16. 9. 1945. FO 371/46723/C 6134/22/18. Dok. Nr. 22.

den, dort weniger Kapazität abzubauen. Wenn die Ruhrindustrie aber nicht mehr als Teil der deutschen Industrie gelte, sei schwer abzusehen, was noch entfernt werden könne; möglicherweise werde alles für die deutsche Friedenswirtschaft benötigt. In jedem Fall sei es ganz unmöglich, den in Potsdam festgelegten Termin, Februar 1946, einzuhalten, um den Umfang der aus den westlichen Zonen zu entnehmenden Reparationen festzulegen; der Außenministerrat müsse von daher den Termin verlängern.[21]

Im Foreign Office argumentierten die Gegner einer Abtrennung, allen voran Troutbeck, genauso.[22] Harvey, der als einer der wenigen im Foreign Office in einer Abtrennung mehr Vor- als Nachteile sah, wies am 24. September auf die genannten Probleme hin, als er Bevin Vorschläge zum weiteren Verfahren machte. Er wies auch darauf hin, was zu geschehen habe, um Rhenania zu einem Erfolg zu machen und in den Westen zu integrieren: der Lebensstandard müsse über dem des übrigen Deutschland liegen, und die Abtrennung müsse permanent sein, denn: „Eine Rückkehr zu Deutschland bedeutet einen höchst gefährlichen Machtzuwachs für Deutschland."[23]

Bevin sind dann auch offensichtlich sehr schnell Zweifel an seiner eigenen Entscheidung gekommen: „Diese Sache bleibt besser noch ein paar Tage liegen; ich will das genau prüfen", notierte er.[24]

Schon zuvor hatte er Waley durch Alexander Cadogan mitteilen lassen, daß die von ihm vorgeschlagenen Gespräche mit den Franzosen rein informativen Charakter haben sollten und daß er nicht beabsichtige, von der in Potsdam getroffenen Reparationsregelung abzuweichen. In der Zwischenzeit sollte das entsprechende Protokoll, in dem seine Zustimmung zur Errichtung einer Republik Rhenania festgehalten war, „so geheim wie möglich" behandelt und der Verteilerkreis so klein wie möglich gehalten werden.[25]

## *2. Frankreich informiert die Partner: Gespräche in London, Washington und Moskau*

### a) London

Am 28. September beschloß der Rat der Außenminister in London, die mit dem französischen Memorandum zusammenhängenden Fragen bis zur nächsten Konferenz „auf diplomatischem Wege" zu klären[26], nachdem Molotow den französischen

---

21 Schreiben D. Waley, 20. 9. 1945, an J. Coulson, Foreign Office. FO 371/45737/UE 4462/4462/53. Dok. Nr. 23.

22 Aufzeichnung v. 29. 9. 1945. FO 371/45737/UE 4462/4462/ 53.

23 Aufzeichnung O. Harvey v. 24. 9. 1945. Ebd. Dok. Nr. 25.

24 Vgl. Dok. Nr. 25, Anm. 1.

25 Schreiben A. Cadogan an D. Waley, 22. 9. 1945. FO 371/45737/UE 4462/4462/53 (Dok. Nr. 24) und Antwortschreiben D. Waley an A. Cadogan, 25. 9. 1945, in dem Waley diese Aussage noch einmal bestätigt. FO 371/45737/UE 4463/4463/53.

26 Vgl. Dok. Nr. 27.

Vorschlag abgelehnt hatte, diese Frage von den Stellvertretern der Außenminister untersuchen zu lassen.[27]

Die Ablehnung Molotows war zweifelsohne ein geschickter Schachzug. Zu diesem Zeitpunkt war die französische Position bekannt: ohne Fortschritte in der Rhein-Ruhr-Frage würde es keine Fortschritte in Berlin geben. Wäre das Thema den Stellvertretern der Außenminister zur Untersuchung übergeben worden, hätten alle Beteiligten, auch die Sowjetunion, frühzeitig – und nicht erst im Juni/Juli 1946 – Stellung beziehen müssen, mit der Konsequenz, daß Frankreich seine Obstruktionspolitik wohl hätte aufgeben müssen. Dann wäre es wahrscheinlich zu gesamtdeutschen Verwaltungsstellen gekommen, und wie die Entwicklung in Deutschland dann verlaufen wäre, kann man nur ahnen. So aber verlief die Entwicklung in eine ganz andere Richtung. Die Sowjetunion konnte sich in ihrer Zone regelrecht „eingraben", denn die Hoffnung, die B. A. B. Burrows am 15. September geäußert hatte, daß die Franzosen, wenn es zu solchen Gesprächen „auf diplomatischer Ebene" kommen werde – die jetzt unverbindlich blieben – und wenn man ihnen versichere, man habe in dieser Sache noch nichts entschieden, sie es dann zulassen würden, daß der Alliierte Kontrollrat in Berlin seine tägliche Arbeit leisten könne und Deutschland als Einheit behandelt werde[28], erfüllte sich in der Folgezeit allerdings nicht. Frankreich sah im Kontrollrat den Hebel zur Durchsetzung seiner Deutschlandpolitik. Es war an der Konferenz von Potsdam nicht beteiligt gewesen und lehnte nun jene Beschlüsse, die der französischen Politik zuwiderliefen, ab: und dazu gehörte jeder Schritt, der in Deutschland zu einer gemeinsamen Politik hätte führen können, auch und vor allem die geplanten gesamtdeutschen Verwaltungsstellen für Finanzen, Transport, Verkehr, Außenhandel und Industrie, die die Beschlüsse des Kontrollrates einheitlich in den vier Zonen in die Tat umsetzen sollten. In französischen Augen sah gerade dieser Beschluß – mit den Worten Couve de Murvilles – wie „die erste Manifestation einer Wiedergeburt des Reiches" aus.[29] Der Kontrollrat hatte sich kaum konstituiert, da kam das erste französische Veto: Ohne Fortschritte in der Rhein-Ruhr-Frage würde es keine zentralen Verwaltungsstellen geben, mit der Konsequenz, daß sich die einzelnen Zonen immer weiter auseinanderentwickelten und zu hermetisch abgeschlossenen Einheiten wurden.

Am 8. Oktober übermittelte Duff Cooper Außenminister Bidault Vorschläge Bevins zum weiteren Verfahren.[30] Vom selben Tag liegt das Protokoll eines als „streng geheim" eingestuften Gespräches de Gaulles vor; daraus ist zwar nicht zu erkennen, mit wem de Gaulle gesprochen hat, offensichtlich besteht aber ein Zusammenhang mit den in London vorgesehenen Gesprächen, und da der Gesprächspartner kein Ausländer gewesen ist, ist anzunehmen, daß es sich um Bidault (und/oder evtl. Couve de Murville) gehandelt hat. Wie dem auch sei, dieses Protokoll vermittelt einen interessanten Eindruck von den Vorstellungen de Gaulles über die zukünftige politische Entwicklung in Westdeutschland und die Ziele und Erwartungen der

27 Vgl. Dok. Nr. 26.

28 Siehe Anm. 19.

29 Vgl. Dok. Nr. 29.

30 FO 371/46723/ C 6759/22/18.

französischen Deutschlandpolitik. Nachdem Preußen am Ende war, erwartete de Gaulle eine Neuauflage des Partikularismus in Deutschland („Was die Einheit Deutschlands ausmachte, war Preußen"). In der französischen Zone sah er neue Länder entstehen, die sich notwendigerweise Frankreich zuwenden, aber nicht annektiert würden; bei der Verwirklichung dieses Programmes auf dem linken Rheinufer brauche man es in Paris nicht eilig zu haben, denn „die Zeit arbeitet für Frankreich, wenn man vermeidet, Preußen wiederherzustellen". Mit dem Saargebiet werde anders verfahren, da es nach dem Ende Preußens keine natürliche Bindung mehr mit Deutschland habe und in Frankreich seinen Markt und seine Nahrungsmittelversorgung finde. Die Stadt Kehl, z. Zt. ohne Einwohner, müsse an Frankreich gehen: sie sei nichts anderes als ein Vorort von Straßburg, und der Hafen nur ein Anhang des Straßburger Hafens. Und dann kam die Ruhr, für de Gaulle „keine politische Einheit", denn

„sie ist mit Menschen bevölkert, die aus allen Ecken Deutschlands und selbst aus dem Ausland (Polen) kommen. Die Ruhr, das ist Kohle, und das sind die Bergwerke. Sie muß für ganz West- und Mitteleuropa arbeiten. In diesem Sinne muß sie organisiert werden."

Die Idee, einen Staat „Rheinland-Westfalen" zu errichten – das alte britische „Rhenania" – wies de Gaulle zurück. Ein solcher Staat wäre eine Art neues Belgien, damit werde man aber die Rückkehr zu alten politischen Einheiten negieren, am Rhein französischen Einfluß durch britischen ersetzen, und schließlich werde dies für das übrige Deutschland die Rückkehr zur Einheit und früher oder später die Wiedervereinigung Restdeutschlands mit „Rheinland-Westfalen" bedeuten.

De Gaulle war sich durchaus der Schwierigkeiten bewußt, die bei der Verwirklichung dieses Programmes in London zu überwinden waren; ein französisch-britisches Einvernehmen schien ihm denn auch nur möglich, wenn es gleichzeitig zu einer Übereinkunft im Hinblick auf eine gemeinsame Politik in Deutschland, im Nahen und im Fernen Osten kommen werde.[31]

Daran war so viel richtig, daß auf britischer Seite in der Tat Frankreich als potentieller Partner und Verbündeter auf dem Kontinent von Anfang an in allen Überlegungen eine wichtige Rolle spielte. Auch die Entscheidungen in der Ruhrfrage blieben davon nicht unberührt.

31 „Trés Secret. Entretiens du 8 Octobre 1945 avec le Général de Gaulle". MAE, Y-62-3. Dok. Nr. 28.
Anläßlich seines Besuches in Belgien wurde de Gaulle am 15. Oktober auf einer Pressekonferenz in der französischen Botschaft in Brüssel noch deutlicher. Auf die Frage eines Journalisten, ob Frankreich die Schaffung eines Rheinstaates oder die Einteilung des Rheinlandes in Einflußzonen bevorzuge, antwortete er, man müsse die Fakten so sehen, wie sie nun einmal seien: es habe im Laufe der Geschichte niemals einen separaten Rheinstaat gegeben, immer nur Einzelstaaten: die Pfalz, Hessen, die Gebiete um Köln, Westfalen, das Herzogtum Baden. Mit anderen Worten: so sollte es auch wieder werden. Der Kommentar im Western Department des Foreign Office war eindeutig: „Es sieht so aus, als ob die Franzosen die Uhr um 100 Jahre oder noch mehr zurückdrehen und Westdeutschland in kleine Einheiten zerstückeln wollen. Diese Politik ist Unsinn." Telegramm Nr. 352, britische Botschaft Brüssel an Foreign Office, dort eingegangen am 17.10.1945, Cabinet Distribution, Kopie auch an britische Botschaft Paris; abgezeichnet u. a. von O'Neill, Burrows u. Troutbeck. FO 371/ 46724/C 7122/22/18.

Am 12. Oktober trafen Couve de Murville und ein Vertreter der französischen Botschaft in London mit O. Harvey und B. A. B. Burrows zu einem ersten informellen Gespräch im Foreign Office zusammen, in dem das weitere Vorgehen festgelegt wurde. Vor allen Dingen unternahm es Couve de Murville, in Ergänzung zu dem von Massigli am 28. August übergebenen Aide-mémoire[32], die französische Position in der Rhein-Ruhr-Frage mit aller Deutlichkeit klarzumachen.[33] Seine Darlegungen sollten dann die Grundlage für die späteren offiziellen Gespräche sein. Die politischen, wirtschaftlichen und militärischen Aspekte des Problems wurden vom 19. bis 26. Oktober in London in entsprechenden Unterausschüssen diskutiert.[34] Am Ende stand ein Bericht, in dem die Ergebnisse der Beratungen zusammengefaßt waren. Der größte Teil dieses Berichts bestand bemerkenswerterweise aus einem französischen Memorandum, in dem die politischen Fragen erörtert wurden. Ausdrücklich hieß es, die britischen Vertreter hätten sich nicht dazu geäußert, inwieweit die französischen Vorschläge durchführbar oder wünschenswert seien. Dem Bericht war ein weiteres französisches Memorandum zur Frage der zukünftigen Wirtschaft und Finanzen an der Ruhr und entsprechende Stellungnahmen der jeweiligen Vertreter im Unterausschuß für Wirtschaft ( Sir David Waley bzw. Hervé Alphand) beigefügt.[35] Betrachtet man diesen Bericht, die Überlegungen de Gaulles, die Stellungnahme Couve de Murvilles vom 12. Oktober, und die Beratungen in den Unterausschüssen, so ergibt sich ein eindrucksvolles Bild davon, was wohl aus Ruhr und Rheinland geworden wäre, hätte Frankreich damals auch die Macht gehabt, seine Vorstellungen zu realisieren. Im linksrheinischen Gebiet wären wohl ein, zwei oder drei neue Staaten entstanden, zwar unabhängig, aber unter alliierter Besatzung. Von da wäre es nicht mehr weit bis zum Rheinbund à la Napoleon gewesen. Das Rheinland sollte nie wieder zum Sprungbrett für die deutsche Armee, die französische Sicherheitszone bis an den Rhein vorgeschoben werden. Das Gebiet bis einschließlich Köln-Aachen würde von französischen und evtl. belgischen Truppen, das Gebiet nördlich dieser Linie von belgischen und holländischen Truppen besetzt werden; notfalls würde Frankreich die Kontrolle auch dieses Gebietes übernehmen; gedacht war an etwa 50 000 Soldaten, die Zahl würde aber abhängig sein von der allgemeinen politischen Lage in Europa. Neben dem Rheinland wäre das Ruhrgebiet – „der Kern des ganzen Problems", wie es Couve de Murville formulierte – vom übrigen Deutschland abgetrennt worden. All jene Gedanken, die bereits im französischen Memorandum vom 12. Februar 1945 auftauchen, wurden jetzt in die Gespräche in London eingebracht und auf Nachfragen der Briten präzisiert. Das neuzuschaffende „Ruhrterritorium" sollte so schnell wie möglich errichtet werden, da angesichts des Zustandes, in dem sich Deutschland befand, Frankreich mit einer weniger feindlichen Reaktion der Deutschen rechnete als zu einem späteren Zeitpunkt, wenn sich

32 Vgl. Dok. Nr. 17.

33 „Report on First Informal Anglo-French Conversation Concerning the Rhineland and the Ruhr" v. 14. 10. 1945. FO 371/46724/C 7407/22/18. Dok. Nr. 29.

34 Vgl. Dok. Nr. 31, 32, 33, 35, 37, 38, 39, 40, 45.

35 Vgl. Top Secret. „Report drawn up as a result of the Franco-British Conversations which took place in London from 12th–26th October concerning the Future Administration of the Rhineland and of the Ruhr". FO 371/46725/C 8129/22/18. Dok. Nr. 45.

Deutschland wieder einigermaßen erholt hatte. Die vier Besatzungsmächte sollten diese Entscheidung treffen, Belgien, Luxemburg und Holland zu einem späteren Zeitpunkt zur Teilnahme aufgefordert werden. Diese sieben Regierungen würden auch die Integrität des neuen Ruhrterritoriums garantieren. Eine neunköpfige „Regierungskommission“ (jeweils ein Mitglied zuständig für Politisches, Inneres, Finanzen, Justiz, Erziehung, Transport, Post, Wirtschaft sowie Arbeit und Gesundheit), mit Mehrheitsbeschluß der beteiligten Regierungen für jeweils fünf Jahre ernannt, war die mit allen Vollmachten ausgestattete Regierung dieses Territoriums, die auch die Aufgabe hatte, die Sicherheit dort aufrechtzuerhalten. Der Vorsitzende dieser Kommission, ebenfalls von den beteiligten Staaten ernannt, war für die Durchführung der Kommissionsbeschlüsse zuständig. Die Bewohner der Ruhr, die nicht mehr deutsche Staatsbürger waren, sollten lediglich die lokale Selbstverwaltung übernehmen, später – aber das war abhängig von der Gesamtentwicklung – auch an der Verwaltung des Territoriums beteiligt werden; die Regierungskommission würde aber in gar keinem Fall der Bevölkerung gegenüber verantwortlich sein. Zur Durchführung der Beschlüsse der Kommission und zur Aufrechterhaltung von Ruhe und Ordnung sowie zur Sicherung gegen einen möglichen „Putsch“ zwecks Wiedervereinigung mit Restdeutschland würden die sieben beteiligten Regierungen der Kommission 50 000 Soldaten und etwa zehn Kampfbomberstaffeln zur Verfügung stellen. Die Besatzungstruppen würden im Ruhrterritorium stationiert und einem Oberkommandierenden unterstellt werden; die Besatzungskosten sollten vom Territorium aufgebracht werden. Was die auswärtigen Beziehungen betraf, so beschränkten sich diese auf die Zulassung von Konsuln im Territorium bzw. Ernennung im Ausland durch die Kommission, die auch Wirtschaftsverträge abschließen würde.

Hatten sich die britischen Vertreter im Foreign Office beim Thema „Internationales Regime“ weitgehend aufs Fragen beschränkt und die Antworten mehr oder weniger lediglich zur Kenntnis genommen, so gestalteten sich die Gespräche im Schatzamt über die wirtschaftlichen Aspekte der französischen Vorschläge ungleich schwieriger; mehrfach blieben die Franzosen hier konkrete Antworten auf entsprechende Fragen schuldig. David Waley hatte bereits zu Beginn der Gespräche am 19. Oktober klargemacht, daß die französischen Vorschläge sowohl für Deutschland als auch für Europa so enorme wirtschaftliche und finanzielle Nachteile mit sich bringen würden, daß niemand sich aus wirtschaftlichen oder finanziellen Gründen dafür aussprechen könne. Am Nachmittag desselben Tages gab H. Alphand einen ersten allgemeinen Überblick über die wirtschaftlichen Aspekte des französischen Plans. Dabei wurde deutlich, daß gerade in diesem Bereich mit großen Problemen zu rechnen war; dabei wurde auch deutlich, welche Einstellung damals auf französischer Seite gegenüber den Deutschen herrschte. Als es um die möglichen Auswirkungen der französischen Pläne auf Restdeutschland ging, gab Alphand bereitwillig zu, daß dort ein großes wirtschaftliches Ungleichgewicht entstehen werde, die Ruhr sei für Deutschlands Außenhandel immer sehr wichtig gewesen. Er gab dann allerdings zu bedenken, daß auf der anderen Seite dieses Restdeutschland nicht mehr mit Ausgaben für eine Rüstungsindustrie belastet werde, und daß es zweitens notwendig sei, die Einwohnerzahl Deutschlands zu reduzieren. Und dann folgte ein besonders decouvrierender Satz (den er dann noch einmal sinngemäß wiederholte, der später allerdings nicht mehr auftauchte – auch nicht im offiziellen Bericht): „Bis zu einem gewissen Grad“, so Alphand, „wird dies sowieso im nächsten Winter geschehen“, mit anderen Worten: in diesem Fall würden Hunger und Kälte in Deutschland einen Teil der französischen Probleme lösen. Darüber hinaus sollte die Auswanderung der Deutschen forciert werden. Alphand hoffte, daß Frankreich viele Deutsche aufnehmen werde, und daß viele Deutsche in die Neue Welt und die britischen Dominien auswandern würden, worauf Waley nur antwortete, er halte es für falsch, von dieser Annahme auszugehen. Rueff von der französischen Delegation meinte daraufhin, eine ganze Reihe mehr Deutscher könne bei intensiver Bodenbearbeitung auch in der Landwirtschaft untergebracht werden – womit man für Restdeutschland nicht mehr allzuweit von Morgenthaus Ideen entfernt war.

Als de Gaulle die Protokolle der ersten Gesprächsrunde gelesen hatte, zeigte er sich allerdings sehr skeptisch im Hinblick auf die weiteren Gespräche. In zwei Punkten, in denen die Briten eine Antwort auf ihre Fragen erwarteten, gab er dann klare Anweisungen:

1. Die Abgrenzung des „Ruhrterritoriums“: Das Gebiet sollte auf keinen Fall über das linke Rheinufer hinausgreifen, zum einen, weil es damit über die eigentlichen Kohlengebiete hinausreiche und es dann schwierig sei, eine Grenze zu ziehen, und wohl ständig versucht werde, das Gebiet zu vergrößern; zum anderen hätten Holländer und Belgier Ambitionen auf dieses Gebiet, die man keinesfalls entmutigen wolle. Interessant ist, daß nach Meinung de Gaulles auch Düsseldorf nicht Teil des „Ruhrterritoriums“ werden sollte.

2. Die zentralen Verwaltungsstellen in Berlin: De Gaulle hatte nichts gegen die Errichtung dieser Stellen, wenn zwei Bedingungen erfüllt waren: 1. mußten erst die neuen Länder errichtet sein, die sich dann zusammenschließen konnten und 2. mußten das Rheinland und die Ruhr davon ausgeschlossen bleiben.[36] Für das zweite Gespräch im Schatzamt legten die Franzosen verabredungsgemäß ein Memorandum über die wirtschaftlichen und finanziellen Aspekte ihres Planes vor. Wie schon mehrfach zuvor wurde erneut betont, daß bei der Forderung nach Abtrennung der Ruhr politische und nicht etwa wirtschaftliche Gründe entscheidend waren. Ohne die Ruhr, die Saar und die Ostgebiete würde Deutschland außerstande sein, einen neuen Krieg zu führen. Und dann folgten Überlegungen zur wirtschaftlichen Entwicklung im „Ruhrterritorium“. Die für Deutschland geltenden Bestimmungen hinsichtlich der „wirtschaftlichen Abrüstung“ sollten in gleicher Weise auch im Ruhrgebiet angewendet werden, mit anderen Worten: „Potsdam“ würde auch für das Ruhrgebiet gelten: die Eisen- und Maschinenbauindustrie sollte größtenteils abgebaut und auf das für Friedenszeiten notwendige Niveau gebracht werden. Das hieß aus französischer Sicht: Lothringen würde bei der Eisen- und Stahlproduktion dann an die Stelle des Ruhrgebietes treten – wo die Produktion auf sechs Mio. Tonnen reduziert werden sollte – und Stahl an die Ruhr liefern, und die Ruhr konnte dann Kohle und Koks nach Lothringen exportieren; die in der Ruhr gefertigten Produkte sollten in erster Linie ins restliche Deutschland und in die osteuropäischen Länder gehen.

---

36 „Note pour Monsieur Couve de Murville“, 23. 10. 1945. MAE, Y-62-3. Dok. Nr. 34.

Da Frankreich einen großen Bedarf an Kohle hatte, sollte die bisherige Kohleförderung an der Ruhr aufrechterhalten bleiben.

Ein besonderes Problem – und dies war eben nicht nur ein französisches Problem – war die Frage nach dem zukünftigen Besitz der Ruhrindustrie. Enteignung – „schlicht und einfach“ – wurde als erster Schritt vorgeschlagen, um sämtliche finanziellen Bindungen der Ruhr mit den Wirtschaftskreisen in Köln und Frankfurt auf einen Schlag zu kappen. Der zweite Schritt war die Übernahme der Ruhrindustrie durch die beteiligten sieben Regierungen; sie hätten auch das notwendige Betriebskapital zur Verfügung zu stellen, an sie würden auch die Gewinne fließen, die dem Reparationskonto gutgeschrieben würden.

Die radikale Strukturveränderung an der Ruhr würde nicht ohne Auswirkungen auf die Arbeiter dort bleiben. Auf die von den Briten gestellte Frage, ob sich die Franzosen Gedanken über deren mögliche Reaktion gemacht hätten, blieben diese die Antwort schuldig. Im Memorandum hieß es lediglich: „Es ist unmöglich, darauf im voraus eine Antwort zu geben.“ Ähnlich vage waren auch die Auslassungen im Hinblick auf die vorgesehene Einführung einer neuen Währung im „Ruhrterritorium“, der Zollschranken und der Auswirkungen im internationalen Währungsbereich. Angesichts fehlender Statistiken, so hieß es lapidar, „ist es nicht möglich, mehr als gewisse Hypothesen aufzustellen“, um allerdings gleich darauf zu verweisen, daß es Frankreich in erster Linie um seine zukünftige Sicherheit gehe. Es werde immer möglich sein, mit Hilfe von Zahlen klarzumachen, daß die französischen Pläne aus wirtschaftlicher Sicht nicht besonders vernünftig seien, etwa wenn neue Zollgebiete geschaffen werden sollten in einer Zeit, wo alle darum bemüht seien, Handelsschranken abzubauen. Wenn es nur um wirtschaftliche Aspekte gehe, könne man allerdings auch so weit gehen und sagen, die beste Lösung sei die Schaffung eines größeren Deutschland. „Die Antwort darauf lautet: die französische Regierung hat keinerlei Absicht, ihre Vorschläge durch wirtschaftliche Überlegungen zu rechtfertigen.“

Ausführlich wurde in dem Memorandum zum Einwand der Briten Stellung genommen, mit der Abtrennung der Ruhr würden Deutschland seine wichtigsten Ressourcen genommen und auf diese Weise in der Mitte Europas 50 Mio. Menschen dauerndem Hunger ausgesetzt, mit dem Ergebnis, daß dort ein permanenter Unruheherd und eine ständige Bedrohung des Friedens für Europa entstehe. In Paris sah man das nicht so. Man gab zwar zu, daß am Anfang das wirtschaftliche Gleichgewicht erheblich durcheinandergeraten werde, verwies aber darauf, daß fehlenden Exporten geringere Importe gegenüberstünden, da es keine Rüstungsindustrie mehr gebe. Dabei gestand man allerdings zu, daß selbst bei größtmöglicher Ausweitung der Landwirtschaft große Mengen an Nahrungsmitteln importiert werden müßten. Zur Frage des dadurch entstehenden Defizits hieß es: 1. Durch die Abtrennung von Ruhr und Saar werde Deutschland Bevölkerungsteile verlieren, die nicht zur Ernährung des Landes beitrügen, da sie fast ausschließlich in der Industrie tätig seien. 2. Die landwirtschaftliche Produktion müsse auf ein Maximum gesteigert werden. 3. Deutschland werde ja noch wichtige Industriegebiete wie Sachsen, Thüringen, Berlin, Hamburg, Hannover und Kassel behalten. 4. Das Problem der Überbevölkerung müsse durch entsprechende Maßnahmen, in erster Linie Auswanderung, gelindert werden.[37]

Auch dieses Memorandum konnte an der grundsätzlich kritischen Haltung David Waleys nichts ändern; für ihn waren die französischen Pläne „politisch und wirtschaftlich Schwachsinn", wie er es intern formulierte. Gegenüber den Franzosen wies er mit Nachdruck auf die Schwachstellen in deren Argumentation hin. Die Umwandlung eines kleinen Gebietes in einen separaten Staat mußte aus seiner Sicht schon zu erheblichen Problemen führen, die noch sehr viel größer würden, wenn es sich dabei um ein hochindustrialisiertes Gebiet handelte. (Zum Vergleich nannte er die Isle of Wight und die Industriegebiete in Südwales bzw. Tyneside). Die Gründe, die er anführte, ähnelten jenen, die einige Monate später wieder eine große Rolle spielen sollten, als es um die Abgrenzung des neuen Landes an der Ruhr ging. Konjunkturschwankungen würden sich auf ein solches Gebiet sehr viel stärker auswirken als auf ein Gebiet, in dem es Industrie *und* Landwirtschaft gebe. In Krisenzeiten gebe es dort große Arbeitslosigkeit; es sei ungeheuer schwierig, Mittel zur Finanzierung der Ausgaben aufzubringen und einen Markt für den Export zu finden, um damit die Importe bezahlen zu können. Bei einer Abtrennung der Ruhr werde Restdeutschland nicht mehr in der Lage sein, auch nur ein Minimum an Importen zu finanzieren: „Um es ganz einfach zu formulieren: wir können nur schwer glauben, daß es eine gute Sache sein wird, ein ‚besonderes Gebiet' mit einer politischen Grenze zu umgeben und es zu einem separaten Staat zu machen." Auch im Hinblick auf die Auswirkungen auf die britische Wirtschaft meldete er Zweifel an.[38] Alphand konnte dem nicht sehr viel entgegensetzen: er war allerdings der Meinung, daß die Unterschiede zwischen den Auffassungen der Briten und Franzosen eher gradueller als prinzipieller Natur waren und bedankte sich zum Abschluß der Gespräche für die objektive Art, mit der die Briten die französischen Pläne geprüft hätten.[39]

### b) Washington

Bei der Lösung der Ruhrfrage und der Errichtung des Landes Nordrhein-Westfalen spielten die USA nur eine untergeordnete Rolle, untergeordnet allerdings nur in dem Sinne, als das Ruhrgebiet Teil der britischen Besatzungszone war und zunächst einmal sämtliche Entscheidungen, die das Ruhrgebiet betrafen, in London getroffen wurden. In dem Umfang aber, in dem sich London weigerte, die Ruhrfrage als separates Problem zu behandeln und darauf verwies, daß es Teil des umfassenderen deutschen Problems war – das war vor allen Dingen die Taktik auf der Außenministerkonferenz in Paris 1946 –, in dem Umfang kamen die USA (und natürlich auch die Sowjetunion) ins Spiel. Nach dem Morgenthau-Zwischenspiel beschäftigte sich das State Department erst wieder im Vorfeld der Potsdamer Konferenz mit dem Ruhrproblem.

---

37 Annex 1 to Report. „French Memorandum concerning the Future Economic and Financial Régime in the Ruhr". Vgl. Dok. Nr. 45.

38 Annex 2 to Report. „Statement by Sir David Waley". Vgl. Dok. Nr. 45.

39 Annex 3 to Report. „Reply by M. Alphand to Sir David Waley". Vgl. Dok. Nr. 45.

Die französischen Überlegungen zu diesem Zeitpunkt waren im State Department bekannt.[40] Obwohl man sich in Washington darüber im klaren war, daß „die Freundschaft Frankreichs" zu den USA weitgehend von der Unterstützung abhängen werde, die die USA Frankreich in der Regelung der deutschen Frage gewähren würden, wurde in den Richtlinien für die amerikanische Delegation in Potsdam empfohlen,

„daß sich die amerikanische Regierung einer Abtrennung des Ruhrgebietes von Deutschland entgegenstellt, ganz gleich, ob dies im Wege der Internationalisierung, Errichtung eines besonderen Staates oder Annexion durch einen oder mehrere Anliegerstaaten geschehen soll".[41]

Von einer Zerstückelungspolitik im Hinblick auf Deutschland war schon seit Monaten im State Department keine Rede mehr, sie wurde als eine Politik betrachtet, die sich gegen die europäische Friedensordnung richtete. Eine Abtrennung des Rhein-Ruhr-Gebietes, so befürchtete man, werde bei den Deutschen das Zusammengehörigkeitsgefühl eher noch stärken, und das wiederum konnte von Nationalisten ausgenutzt werden. Ein anderes Argument kam hinzu, das schon frühzeitig auch auf britischer Seite genannt wurde: einem abgetrennten Rhein-Ruhr-Gebiet mußte, um auf Dauer für den Westen gewonnen zu werden, eine höhere Industriekapazität als Restdeutschland zugestanden werden. Würde es aber aufgrund alliierter Querelen zu einer Wiedervereinigung kommen, dann besaß Deutschland sozusagen über Nacht wieder ein bedeutendes Kriegspotential.[42] Eine Zusammenarbeit der vier Mächte schien eher möglich, wenn man Deutschland gemeinsam politisch schwach hielt, es wirtschaftlich allen interessierten Mächten öffnete und nicht in bestimmte Einflußzonen aufteilte. Im übrigen hatte man auch Zweifel an der Effizienz einer internationalen Verwaltung der Ruhr auch und gerade, was die Beteiligung der Sowjetunion betraf. Keine Zweifel bestanden, daß die an der Ruhr erzeugten Produkte in der Vergangenheit für ganz Europa lebenswichtig gewesen waren und daß auch von daher das Potential der Ruhr für den Wiederaufbau Europas unabdingbar war, wobei es allerdings bei der Wiedererrichtung der Ruhrkapazität auf ein sorgfältiges Abwägen zwischen dieser Notwendigkeit und der Gefahr einer Wiederherstellung des deutschen Kriegspotentials ankam.[43] Wie man dabei gleichzeitig ein starkes und den USA gegenüber freundlich gesonnenes Frankreich erreichen konnte, blieb eine der wichtigsten Fragen, die bis weit ins Jahr 1946 hinein nicht beantwortet wurde.

Der Beginn der Informationsgespräche über die französischen Rhein-Ruhr-Pläne in Washington war für den 13. November vorgesehen. In der Zwischenzeit hatte

40 Es gab die verschiedensten öffentlichen Äußerungen; Bidault hatte am 19. Mai gegenüber dem amtierenden US-Außenminister die französischen Vorstellungen entwickelt (s.o., S. 43); jener Teil des frz. Memorandums vom 12. 2. 1945, der auch dem Foreign Office zur Verfügung stand (siehe oben, S. 43), war im übrigen auch einem amerikanischen Journalisten im April 1945 von der französischen UNO-Delegation in San Francisco zugespielt worden.

41 FRUS, Berlin, vol. I, S. 590.

42 Vgl. das Memorandum „Creation of a Rhineland-Ruhr State" von Philip Mosely, politischer Berater der amerikanischen EAC-Delegation, an die stv. Außenminister J. C. Dunn und W. Clayton, 17. 7. 1945. Ebd., vol. II, S. 993–997.

43 FRUS, Berlin, vol. I, S. 586 u. 590.

Frankreich seine Drohung wahrgemacht und die Arbeit des Alliierten Kontrollrates praktisch lahmgelegt, so wie es General Koenig am 1. Oktober dort angekündigt hatte: „Frankreich ist nicht in der Lage, der Errichtung zentraler deutscher Behörden zuzustimmen, solange noch keine Entscheidung über die Zukunft des Rheinlandes und Westfalens getroffen ist.“[44] Der stellvertretende amerikanische Militärgouverneur, General Lucius D. Clay, hatte schon Ende September in einem Telegramm an das Kriegsministerium auf das damit entstandene Problem hingewiesen:

„Die möglichst baldige Errichtung eines funktionsfähigen zentralen Verwaltungsapparats, der Deutschland als wirtschaftliche Einheit regieren kann, ist für die Verwirklichung unserer Politik in Deutschland und der in Potsdam vereinbarten politischen Grundsätze unbedingt erforderlich. Die Russen und Briten stimmen mit uns darin überein, daß die Errichtung eines solchen Apparats notwendig ist. Aber die Franzosen sind dagegen [...] Wir haben jetzt die Einrichtungen für die Länder geschaffen und würden mit einem Verwaltungsapparat, wie er in Potsdam vereinbart worden ist, in der Lage sein, erfolgreich weiterzuarbeiten. Wenn jedoch ein solcher Verwaltungsapparat nicht sofort eingerichtet wird, werden wir im Namen der Vereinigten Staaten einen zentralen Verwaltungsapparat [in der US-Zone] einrichten müssen. Wir fürchten, daß das zur praktischen, wenn nicht zur tatsächlichen Zerstückelung [Deutschlands] führen wird.“[45]

Vom 1. bis 5. November hielt sich Clay in Washington auf, um die in Berlin entstandenen Probleme zu beraten. Von den Vertretern des State Departments bat er um eine Klarstellung der Haltung der amerikanischen Regierung zu den französischen Rhein-Ruhr-Plänen. Das Potsdamer Abkommen verlange, daß das Potential der Friedenswirtschaft in Deutschland bis zum Februar festgelegt werden solle, und deshalb müsse man wissen, ob diese Gebiete von Deutschland abgetrennt würden. Der Direktor der Europaabteilung, Freeman Matthews, verwies lediglich auf die vereinbarten Gespräche mit den Franzosen, es sei „unwahrscheinlich, daß der Minister [Byrnes] die Haltung der Vereinigten Staaten präjudizieren wolle, bevor er die Argumente der Franzosen gehört habe“.[46] Nur wenige Tage später reagierten die Experten in der Deutschlandabteilung mit Skepsis auf die französischen Vorstellungen. Ihrer Meinung nach würde bei deren Realisierung der unmittelbare sowjetische Einfluß auf Westdeutschland und Westeuropa größer werden.[47]

---

44 Vgl. Backer, S. 110.

45 Schreiben v. 24. 9. 1945 in Smith, Dok. 39; dt. Übersetzung bei Backer, S. 109.

46 Ebd., S. 114. Vom 22. bis 24. August hatten sich de Gaulle und Bidault in Washington aufgehalten und Truman und Byrnes in großen Zügen ihre Vorstellungen von einer Lösung des Rhein-Ruhrproblems dargelegt und dabei gleichzeitig deutlich gemacht, daß sie die in Potsdam vereinbarte Regelung zur Errichtung zentraler Verwaltungsstellen ablehnten. Byrnes hatte seinerseits erklärt, daß die amerikanische Regierung eine Internationalisierung des Ruhrgebietes unter Beteiligung der Sowjetunion ablehne; da aber andererseits entschlossener Widerstand der Sowjetunion gegen eine Kontrolle lediglich durch die westeuropäischen Staaten zu erwarten sei, hatte er dann als „praktische Lösung“ eine auf 25 Jahre bemessene Garantie der vier Besatzungsmächte „für die Entwaffnung Deutschlands und für die Lieferung einer Mindestmenge Kohle an Länder wie Frankreich, deren Interesse an solchen Lieferungen anerkannt wird“, vorgeschlagen. FRUS, 1945, vol. IV, S. 707–725.
Zur französischen Politik vgl. Walter Lipgens, Bedingungen und Etappen der Außenpolitik de Gaulles 1944–1946, in: VfZ 21, 1973, S. 52–102 und ders., Innerfranzösische Kritik an der Außenpolitik de Gaulles 1944–1946, ebd. 24, 1976, S. 136–198, sowie Willis, 1962. Zur amerikanischen Deutschlandpolitik, insbesondere zu Byrnes' Entmilitarisierungspolitik 1945/46, vgl. jetzt die aus den Quellen gearbeitete Studie von Frohn, 1985.

47 „Discussion of the French Proposals Regarding the Rhineland and the Ruhr“, 8. 11. 1945. NA, RG 59, EUR-Records, Box 15A.

Vom 13. bis 20. November fanden dann im State Department die amerikanisch-französischen Ruhrgespräche statt. Es gab insgesamt vier Sitzungen (13., 15., 19., 20.), daneben traf sich einmal ein Unterausschuß „Wirtschaft" (am 15. November); Verhandlungsführer auf französischer Seite war wiederum Couve de Murville, das State Department war durch eine Gruppe hochrangiger Beamter vertreten. Grundlage der Gespräche war der in London erarbeitete Schlußbericht sowie das Protokoll vom 12. Oktober, das Couve de Murville dem amtierenden amerikanischen Außenminister James Dunn bereits am 19. Oktober in Paris zur Verfügung gestellt hatte. Die Amerikaner hatten sich sehr gut auf diese Gespräche vorbereitet und konzentrierten sich denn auch sofort auf die Schwachstellen des französischen Planes, nämlich die wirtschaftlichen Auswirkungen. Das Ganze lief wie in London in einem Frage- und Antwortspiel ab, wie in London waren Fragen und Antworten ähnlich, gerieten die Franzosen mehr und mehr in die Defensive. Die Themen Reparationen, Kohle, Auswirkungen auf Restdeutschland wurden als erste angesprochen: dieser Plan, so die Amerikaner, verurteile das deutsche Volk zu dauerndem Elend.
Die Antwort Couves war genausowenig überzeugend wie die Alphands in London, als er behauptete, daß aus französischer Sicht die Auswirkungen keineswegs so schlimm seien, daß im Gegenteil Restdeutschland genügend Kapazität für eine Friedenswirtschaft erhalten bleibe. Auf die Frage Ben Cohens, des Sonderbeauftragten von Außenminister Byrnes, ob nicht die Errichtung eines Staates Rheinland-Westfalen eine bessere Lösung sei, da bei einer Internationalisierung immer das Risiko bestehe, daß es keine Dauerlösung sei, kam von Couve das schon bekannte Argument: die Ruhr sei ganz anders, eben keine politische Einheit. Im übrigen würden diesem Staat mit 15 Millionen Einwohnern enorme Ressourcen zur Verfügung stehen, er sei schwer zu kontrollieren und werde ganz unvermeidlich dazu neigen, sich wieder mit Deutschland zu vereinigen, sobald sich Deutschland erholt habe. Als Ben Cohen nachhakte, ob es denn nicht besser sei, das Ruhrgebiet als unabhängigen Staat zu errichten als es zu internationalisieren, betonte Berard – der Anfang der fünfziger Jahre stv. Hochkommissar in Bonn wurde –, ganz im Sinne de Gaulles, dem Ruhrgebiet fehlten sämtliche Eigenschaften, die einen unabhängigen Staat ausmachten: Staatsvolk, politische Vorstellungen, gemeinsame Interessen und Traditionen. Die Ruhr sei bisher immer ein Instrument in den Händen einer Macht gewesen, und dieses Instrument habe es der Regierung in Berlin zweimal ermöglicht, Krieg zu führen; das Ruhrgebiet müsse jetzt dem Wohle ganz Europas dienen. Ein Punkt, der in London nicht ausdiskutiert worden war, wurde jetzt in Washington angeschnitten: das Verhältnis der „Regierungskommission" zu jenem „Gremium" außerhalb der Ruhr und die Rolle der USA und insbesondere die der Sowjetunion. Couve wies lediglich darauf hin, daß eine Antwort darauf ohne Kenntnis der sowjetischen Position schwierig sei, er mußte dann aber doch zugestehen, daß dieses Gremium nur beratende Funktion haben werde; das aber bedeutete die Teilnahme der Sowjetunion an der „Regierungskommission", da im anderen Fall wohl kaum mit der Zustimmung der Sowjets zu rechnen war. Eine größere Rolle als in London spielten die in Potsdam vereinbarten zentralen Verwaltungsstellen. Die Antworten der französischen Delegation ließen keinen Zweifel daran, daß hier ohne eine Lösung der Rhein-Ruhr-Frage im Sinne Frankreichs keine Zugeständnisse zu erwarten waren.[48]

---

48 „Conversations Franco-Américaines au sujet de la Ruhr et de la Rhénanie"; wörtliche Protokolle der

Auf der anderen Seite wußte man in Washington allerdings jetzt genau, was die Franzosen wollten. Ihre Pläne waren kaum dazu geeignet, sich ihnen mit Begeisterung anzuschließen, wie es der Leiter der Mitteleuropaabteilung im State Department, James Riddleberger, gegenüber McLean, einem Mitglied der britischen Botschaft, wenige Tage nach Abschluß der Gespräche formulierte. („He did not think this was a bandwagon on which we could jump with a loud cheer.") Riddleberger, so berichtete McLean weiter, sei im übrigen immer schon außerordentlich skeptisch gewesen, auch im Hinblick auf Rhenania, in erster Linie wegen der befürchteten Auswirkungen auf Restdeutschland.[49]

c) Moskau

Während die Franzosen mit ihren Vorstellungen in London und Washington eher auf Zurückhaltung, ja teilweise auf offene Ablehnung gestoßen waren, schien in Moskau im Dezember der Durchbruch zu gelingen. Trotz der laufenden Außenministerkonferenz – an der Frankreich nicht beteiligt war – ließ es sich Molotow nicht nehmen, die Gespräche mit den französischen Vertretern – Alphand, General Catroux (Botschafter in Moskau) und Gauquie (bevollmächtigter Minister) – persönlich zu führen; das erste am 12. Dezember, das zweite am 21. Dezember; beide dauerten jeweils zwei Stunden. Molotow kannte zu diesem Zeitpunkt das französische Memorandum vom 22. Oktober und den britisch-französischen Abschlußbericht. Auch in Moskau fand ein Frage- und Antwortspiel statt, aber es schien von anderer Qualität zu sein als in London und Washington. Die Fragen waren nicht so bohrend und schienen eher Verständnis für die französische Position zu signalisieren. Molotow interessierte besonders die Haltung der britischen Regierung und die der Amerikaner und, zur Überraschung Alphands, auch die der Holländer und Belgier; er wollte wissen, wer die Ruhrregierung ernennen sollte, was genau unter „Garantie" des internationalen Status zu verstehen sei, welche Mächte beteiligt werden sollten, wer die Besatzungstruppen stellen sollte. Beim zweiten Gespräch betonte General Catroux zunächst, er gehe davon aus, daß beide Seiten einig seien, die Ruhr einem besonderen internationalen Regime zu unterwerfen, um dann Molotow direkt zu fragen, ob er auch den französischen Plan befürworte, die Ruhr politisch abzutrennen. Molotow antwortete ausweichend, der sowjetische Standpunkt sei in Potsdam dargelegt worden, der französische Plan gehe weiter, mehr könne er heute nicht sagen, „wir halten aber die französischen Überlegungen für sehr wichtig; wir werden sie genau prüfen". Catroux ging dann auf die Einwände ein, die in London im Hinblick auf die wirtschaftlichen Konsequenzen gemacht worden waren und ent-

---

einzelnen Sitzungen in: MAE, Série Y 1945–1949 (Paix), Vol. 219, doss. 3. Die amerikanischen Protokolle in: NA, RG 59, 740.0019 Control (Germany). „Franco-American Discussions on Rhineland-Ruhr Question – Notes on Meeting of November 13, Second Meeting, held November 15. Third Meeting, held November 19, 1945."
Teilnehmer auf amerikanischer Seite: Dunn, Cohen, Matthews, Riddleberger, Kindleberger, Reinstein, Rostow; auf französischer Seite: Couve de Murville, Berard, Wapler. Vgl. auch den am Schluß der Gespräche vereinbarten „Report on the Franco-American Conversations ... Concerning the Future Status of the Rhineland and the Ruhr", in: FRUS, 1945, vol. III, EAC, S. 906, der im übrigen auch den Briten zur Verfügung gestellt wurde. FO 371/46726/C 7726/22/18.

49 Bericht v. 27. 11. 1945. Ebd.

schuldigte sich dann für seine langen Ausführungen mit den Worten: „Die Sache ist lebenswichtig für uns; es geht um die Sicherheit Frankreichs", worauf Molotow antwortete, es sei sicher richtig, daß dies eine Frage von großer Bedeutung sei, aber man habe zu wenig Zeit gehabt, um sie genau zu prüfen; man werde mit den Engländern sprechen, worauf Alphand betonte, das Ganze sei ein circulus vitiosus: die Engländer wollten die Meinung der Amerikaner und Russen hören, die Amerikaner die der Russen und die Russen die der Engländer; welchen Ausweg gebe es? Molotows Antwort war freundlich: man suche eine Lösung, „aber ich erinnere Sie daran, daß sich die Ruhr nun einmal in den Händen der Engländer befindet und daß es notwendig ist, ihre Meinung zu kennen". Wenn die Ruhr in der sowjetischen Zone läge, dann wäre sehr viel schneller eine Lösung zu finden. „Ich wiederhole, daß Ihre Vorschläge sehr interessant sind und daß wir in diesem Gebiet gemeinsame Interessen haben. Aber entsprechend dem Potsdamer Abkommen sind es die Engländer, die dieses Gebiet besetzt halten." Er, Molotow, sei der Meinung, man solle auf diplomatischem Wege direkte Konsultationen aufnehmen. Als Catroux nachfragte, ob das heiße, daß die Sowjetunion Großbritannien konsultieren wolle, antwortete Molotow: „Wir werden Großbritannien, die USA und die übrigen interessierten Staaten konsultieren." Catroux: „Wollen Sie damit sagen, daß Sie sie fragen werden?" Molotow: „Es wird einen Meinungsaustausch zwischen uns geben." Als Catroux dann darauf verwies, daß die Sache eilig sei, bestätigte Molotow auch dies.[50]

Alphand war über die Gespräche in Moskau hocherfreut; sie hätten gar nicht besser laufen können, vertraute er dem britischen Botschafter in Moskau, Clark Kerr, an. Die Russen hätten Interesse an den französischen Plänen gezeigt, hätten ihn sehr freundlich empfangen, und vor allen Dingen hätten sie offensichtlich erkannt, daß dies eine Sache sei, an der in erster Linie Franzosen und Briten ein Interesse hätten, und sie hätten in diesem Zusammenhang nicht einmal das Thema „westlicher Block" erwähnt (damals ein Standardvorwurf der Sowjets – in erster Linie an die Adresse Londons gerichtet –, daß alle Bemühungen des Westens, sich zusammenzuschließen, gegen die Sowjetunion gerichtet seien). Alphand war überzeugt davon, daß, wenn Franzosen und Briten eine praktikable Lösung ausarbeiten und zeigen konnten, daß diese sich nicht gegen Rußland richte, sondern ein Wiedererstarken Deutschlands verhindern solle, von sowjetischer Seite dann kein ernsthafter Widerstand zu erwarten sei: Natürlich mußte man, das gestand auch Alphand zu, die Russen irgendwie an der Kontrolle beteiligen; falls ausländische Truppen an der Ruhr bleiben würden, dann sei es ratsam, auch sowjetische oder polnische und griechische (!) Truppen dort zu haben. Aus französischer Sicht, so Alphand mit Nachdruck, sei entscheidend, das Ruhrgebiet von Deutschland endgültig abzutrennen; wenn die britische Regierung dem zustimme, dann sei damit auch eine solide Grundlage für eine britisch-französische Allianz geschaffen, „die in Moskau keinen Verdacht hervorzurufen braucht".[51]

50 „Très secret. Compte-rendu des entretiens Franco-Soviétiques relatifs au régime futur de la Ruhr et de la Rhénanie". Wörtliche Protokolle der Gespräche vom 12. Dezember (19.00–21.05 Uhr) und 21. Dezember 1945 (21.45–23.45 Uhr) in: MAE, Série Y 1945–1949 (Paix), Vol. 219, doss. 3.

51 Telegr. Nr. 5453, Important, A. Clark Kerr, Moskau, an Foreign Office, 24. 12. 1945. FO 371/46726/C 9977/22/18.

Alphand sollte sich irren. Die Hoffnung, wenn schon keinen Verbündeten, dann aber doch einen verständnisvollen Partner in Moskau gefunden zu haben, sollte nicht lange anhalten. Nur fünf Wochen später konnte sich Molotow an nichts mehr erinnern, und nur drei Monate später sollte es dann für Frankreich ein böses Erwachen geben, als sich auf der Außenministerkonferenz in Paris ein ganz anderer Molotow präsentierte.

### d) Zwischenbilanz in London

Wenn Molotow in Moskau in einem Punkt recht gehabt hatte, dann in dem, daß das Ruhrgebiet nun einmal in der britischen Zone lag: die Entscheidung über die Zukunft dieses Gebietes würde in London fallen – und hier dachte im Herbst 1945 noch (!) niemand an eine Abtrennung. Der Vorsitzende von EIPS, Mark Turner, war nach Abschluß der britisch-französischen Informationsgespräche erst recht davon überzeugt, daß der französische Plan „in jeder Hinsicht schlecht" war. Negative Kritik allein half allerdings bei der Lösung des Problems nicht weiter, und wenn man sich nicht für die französische Politik erwärmen konnte, dann stellte sich die entscheidende Frage nach den Alternativen. Turner nannte drei:

I: Langfristige Besetzung ganz Deutschlands durch die vier Mächte, etwa für die Dauer einer Generation.

II: Eine ausreichende, aber doch kürzere Besetzung, an deren Ende Rheinland und Ruhrgebiet militärisch besetzt bleiben würden, ergänzt durch bestimmte Kontrollen der Ruhrindustrie – aber ohne politische Abtrennung des Ruhrgebietes.

III: Der ursprüngliche „Rhenania-Plan", d. h. Errichtung eines separaten Staates unter Einschluß Westfalens und des linksrheinischen Gebietes, mit Selbstverwaltung, aber unter alliierter Kontrolle.

Persönlich zog Turner Alternative I vor, war aber auch bereit, II zu akzeptieren, falls die Franzosen dies verlangen würden, „um ihr Gesicht zu wahren, was sie offensichtlich nötig haben". Alternative III hielt er zwar für erheblich schlechter als I und II, aber immer noch für „unendlich" besser als den französischen Plan. Im Grunde war Turner jetzt allerdings gegen jede Gebietsabtrennung im Westen Deutschlands. Zwar hatte EIPS im Januar 1945 für die Abtrennung „Rhenanias" plädiert, damals war man aber davon ausgegangen, daß dort ein prosperierender Staat geschaffen würde, der nicht den Beschränkungen wie das übrige Deutschland unterworfen werden sollte. Inzwischen hatte man in Potsdam den Abbau von Industrie in *ganz* Deutschland beschlossen. Und wenn die Gespräche mit den Franzosen etwas klargemacht hatten, dann war es die Tatsache, daß auch der französische Plan die Einhaltung von „Potsdam" vorsah, d. h. im Ruhrgebiet würden vor einer Abtrennung Industrieanlagen abgebaut. Was aber würde das für ein Staat werden, der seine (Vorkriegs-) Bevölkerung dann nicht ernähren konnte? „Wenn wir einen Teil Deutschlands abtrennen und dort kein deutsches, sondern ein interalliiertes Regime errichten, dann", so warnte Mark Turner, „müssen wir auch die Verantwortung für das übernehmen, was dort geschieht." Die öffentliche Meinung werde eine solche Entscheidung der Vereinten Nationen, die in dem neuerrichteten Staat zu großer Arbeitslosigkeit führen werde, nicht sehr lange hinnehmen. Etwas anderes war es dagegen, wenn in einem vereinten Deutschland Arbeitslosigkeit herrsche: das werde allgemein als unglückliche Folge der Niederlage angesehen; und selbst wenn die alliierte Reparationspolitik als übertrieben hart kritisiert werde, müßten die Vereinten Nationen damit nicht notwendigerweise die Unterstützung der Öffentlichkeit verlieren, wenn die nächste Generation jene Beschränkungen, die am Ende der Besatzungszeit fortbestünden, als sinnvoll ansehen werde. Bei der Errichtung eines neuen Staates im Westen kam noch ein anderes Argument hinzu. Dies würde nämlich auch den „Transfer" eines Teils der Bevölkerung nach „Rumpfdeutschland" bedeuten, falls es nicht zu einer Auswanderung großen Stils nach Übersee komme. Auf der anderen Seite gab es aber in Großbritannien bereits erhebliche Proteste gegen die Zwangsumsiedlung der Deutschen aus den Gebieten östlich der Oder/Neiße-Linie. Es war kaum damit zu rechnen, daß noch eine weitere Bevölkerungsverschiebung, jetzt im Westen Deutschlands, von der Öffentlichkeit hingenommen werde. Eine solche Haltung wäre insofern ganz logisch, da Rumpfdeutschland schon so übervölkert sein werde, daß es seine Bevölkerung nicht ernähren könne, selbst wenn überhaupt keine industrielle Abrüstung durchgeführt werde. Das aber war nicht der Fall: die Russen hatten in ihrer Zone bereits entsprechende Maßnahmen durchgeführt; zusammen mit den in Potsdam getroffenen Entscheidungen würden Fabriken und Industrieanlagen in diesem Gebiet in großem Stil abgebaut werden. Und was die Alternative II betraf, so verwies Turner zwar auf eine bereits vor Monaten getroffene Entscheidung, nämlich Besitz und Kontrolle der deutschen Industriekonzerne durch die Vereinten Nationen als eine mögliche Lösung abzulehnen, betonte aber gleichzeitig, daß es wichtig sei, die Frage der internationalen Kontrolle neu zu überdenken. Selbst wenn diese nicht hundertprozentig funktioniere und zu Meinungsverschiedenheiten unter den Kontrollmächten führe – dies war ein Grund für die Ablehnung dieses Vorschlages gewesen (neben Zweifeln an einer erfolgreichen Kontrolle) –, könne dies ein besserer Weg sein als Abtrennung und – mit zusätzlicher militärischer Besatzung – von den Franzosen als eine Lösung akzeptiert werden, die ihre Bedürfnisse weitgehend befriedige.[52]

Im Foreign Office dachten nicht alle so wie Mark Turner. Troutbeck, Hall-Patch, O'Neill und Burrows waren zwar auch erklärte Gegner einer Abtrennung des Ruhrgebietes, aber einer der wichtigsten Männer im Foreign Office, Oliver Harvey, sah wenig später in einer solchen Abtrennung mehr Vor- als Nachteile. Die Umstände waren jetzt allerdings noch nicht so, als daß er von sich aus eine solche Abtrennung vorschlagen konnte. Als er es tat und für diese Lösung dann auch Orme Sargent gewann, sorgte er damit für eine tiefgreifende Kontroverse im Foreign Office.

Anfang November legte Harvey den Abschlußbericht der britisch-französischen Informationsgespräche vor. In einem Begleitschreiben an Sargent wies er auf die gravierenden politischen, wirtschaftlichen und militärischen Aspekte des französischen Plans und die kritische Haltung des Schatzamtes und von EIPS hin, die er allerdings so nicht teilte. Für ihn war der Plan in zweifacher Hinsicht attraktiv: zum einen würden Deutschland die Mittel für eine erneute Aggression genommen, zum anderen würde der immense Reichtum der Ruhr allen Nationen, einschließlich Deutschlands und der Ruhrbewohner, zugute kommen. Auch er sah Schwierigkeiten

52 Schreiben M. Turner an J. Troutbeck, 29. 10. 1945. FO 371/46725/C 7726/22/18. Dok. Nr. 41.

bei einer Realisierung des Planes, vor allen Dingen im Hinblick auf die Alliierten, aber, so gab er zu bedenken, „die einzige Alternative zu internationaler Kontrolle ist deutsche Kontrolle" – womit er wohl implizierte, daß das in jedem Fall noch schlimmer sei. Harvey wies noch auf einen anderen Punkt hin: für ihn war der Einwand kaum zu widerlegen, daß, sobald sich Deutschland wieder erholt habe, eine internationale Kontrolle nach 15 oder 20 Jahren zusammenbrechen werde, falls das Gebiet nicht von Deutschland abgetrennt werde. Wenn man es aber abtrenne, dann sei auch klar, daß dies eine endgültige Lösung sein müsse; jede Abtrennung auf Zeit werde die Kontrolle tödlich treffen, man werde dann nämlich die Ruhr lediglich zum Vorteil der Deutschen aufbauen. Und noch auf einen anderen Punkt wies Harvey warnend hin: die Auswirkungen auf Frankreich und dessen Beziehungen zu Großbritannien, falls dieser Plan genauso abgelehnt werde wie der Plan von Marschall Foch nach dem Ersten Weltkrieg. Er gab keine Empfehlung, sondern bat lediglich um Weisung für das weitere Vorgehen.[53]

### *3. Außenminister Bevin will ein Zeichen setzen: die Bergwerke an der Ruhr werden beschlagnahmt*

Nachdem sich Bevin über das Ergebnis der britisch-französischen Gespräche informiert hatte, entschied er zunächst einmal, den EIPS-Bericht über „Eigentum und Organisation der deutschen Industrie" abzuwarten. Er hatte EIPS mit dieser Studie bereits im August beauftragt und Anfang September ein Strategiepapier über das Rhein-Ruhr-Problem nicht akzeptiert, da die Frage der Syndikate darin nicht behandelt worden war. Der amtierende Vorsitzende von EIPS hatte am 11. September darauf verwiesen, daß das Problem sehr kompliziert sei und EIPS noch ein bis zwei Wochen bis zur Fertigstellung des Berichts benötige.[54] Aus den zwei Wochen wurden zwei Monate, bis endlich am 7. November die Endfassung des EIPS-Reports vorlag; die Verzögerung, so B. A. B. Burrows, könne vielleicht damit entschuldigt werden, daß das Thema „sehr komplex" sei.[55]

Und in der Tat zeigte dieser Bericht, daß es *eine* Sache war, Besitzverhältnisse, Organisation und Struktur der deutschen Industrie unter dem Aspekt zukünftiger Sicherheit verändern zu wollen, und eine ganz *andere*, dies auch in praktikable Politik umzusetzen. Ausgangspunkt war zunächst auch hier das Potsdamer Abkommen, in dem es bei den „Wirtschaftlichen Grundsätzen" unter Punkt 12 hieß:

„In praktisch kürzester Frist ist das deutsche Wirtschaftsleben zu dezentralisieren mit dem Ziel der Vernichtung der bestehenden übermäßigen Konzentration der Wirtschaftskraft, dargestellt insbesondere durch Kartelle, Syndikate, Trusts und andere Monopolvereinigungen."[56]

---

53 „Rhenania". Aufzeichnung O. Harvey v. 7. 11. 1945 für O. Sargent. FO 371/46725/C 8129/22/18. Dok. Nr. 44.

54 Siehe oben, S. 76, und Dok. Nr. 20.

55 Aufzeichnung B. A. B. Burrows v. 9. 11. 1945. FO 371/46725/C 7936/22/18.

56 Abgedruckt bei: Steininger, Deutsche Geschichte, S. 77.

Dies war das Thema der Amerikaner, die entsprechend im Alliierten Kontrollrat aktiv geworden waren und Entwürfe eingebracht hatten, die den amerikanischen „trust-busting"-Prinzipien entsprachen und die Entflechtung großer Unternehmen in kleine Einheiten ermöglichten. Aus britischer Sicht war dies allerdings nicht die Ideallösung, da es 1. keine Garantie dafür gab, daß eine deutsche Regierung am Ende der Besatzungszeit nicht neue Einheiten schaffen würde; 2. die Bildung vieler mittlerer und kleinerer Firmen die Existenz einer Mittelklasse voraussetzte, die es in Deutschland nicht gebe, und 3. der unter viele kleine Aktionäre verstreute Besitz zum Mißbrauch durch kleine, aber gut organisierte Minderheiten führen konnte.

Da der zuständige britische Ministerausschuß eine Besitzübernahme durch die Alliierten bereits verworfen hatte, blieb praktisch als Alternative nur noch öffentliches deutsches Eigentum, d. h. Nationalisierung übrig, was EIPS aber aus vier Gründen ablehnte:

1. Unter den herrschenden Umständen war an eine effektive nationale Kontrolle durch eine nationale Regierung nicht zu denken: es gab keine Regierung.

2. Kontrolle durch den Alliierten Kontrollrat war ebenfalls nicht praktikabel.

3. Eine nationalisierte Industrie konnte zu einem schlagkräftigen Instrument in den Händen einer nationalen Regierung werden. Man konnte zum gegenwärtigen Zeitpunkt, wo man nicht wußte, wie eine solche Regierung aussehen würde, in Deutschland nicht ein solches Instrument schaffen.

4. Von den Alliierten würde man wohl kaum die Zustimmung für eine Nationalisierung erhalten. Die Amerikaner würden möglicherweise, die Franzosen mit Sicherheit dagegen sein, solange die Ruhrfrage nicht geregelt war. Möglicherweise war dies auch gar nicht mit dem Potsdamer Abkommen vereinbar. Auch eine andere Möglichkeit, öffentliches Eigentum auf zonaler Ebene, wurde abgelehnt. Die Zonengrenzen seien nicht auf Dauer angelegt, und jede Organisation werde das Ende der Zonengrenzen nicht überleben. Im übrigen sei dies nicht mit dem Potsdamer Abkommen vereinbar, wonach Deutschland als wirtschaftliche Einheit behandelt werden solle.

Das eigentliche Problem aber war die Kohle-, Eisen- und Stahlindustrie – und damit war man wieder beim Ruhrproblem. Diese Industrie war im Ruhrgebiet konzentriert und in einem so hohen Maße durchorganisiert, daß man eine erfolgreiche und endgültige Aufsplitterung für kaum durchführbar hielt. Das sei genauso schwierig „wie die Zerlegung der ‚Queen Mary' in eine Flotte von Fischerbooten". Da „trust-busting" im amerikanischen Stil an der Ruhr weder kurz- noch langfristig etwas bringen würde, und demnach die gegenwärtige Organisationsform beibehalten werden mußte, blieb nur eine Änderung der Eigentumsverhältnisse übrig, d. h. die Industrien mußten in öffentliches oder halböffentliches Eigentum überführt werden. Soweit schien noch alles einsichtig, bei der entscheidenden Frage nach der *Kontrolle* dieser Industrien konnte aber auch EIPS nichts Neues anbieten; als „einzig mögliche Lösung" schlug es eine alliierte Kontrolle dieser Industrien vor.[57]

---

57 Secret. E.I.P.S./P(45) 29. „Future Ownership and Organisation of German Industry", 7. 11. 1945. FO 942/236 u. FO 371/46725/C 7936/ 22/18. Dok. Nr. 46.

Burrows hielt denn auch diesen Bericht zu Recht für nicht sehr gelungen und für keine besonders große Hilfe bei der Formulierung britischer Regierungspolitik.[58] E. Ackroyd vom Foreign Office hatte auf einen Punkt im EIPS-Bericht aufmerksam gemacht, der später – unter ganz anderen Umständen – noch eine große Rolle spielen sollte; ihrer Meinung nach war die Schaffung öffentlichen Eigentums auf regionaler Ebene sehr viel einfacher zu bewerkstelligen als auf nationaler Ebene, zumal auch die von EIPS genannten Gründe gegen die Nationalisierung hier nicht in gleichem Maße zutrafen.[59]

Burrows empfahl zunächst einmal am 9. November, das EIPS-Papier, trotz der unbefriedigenden Lösungsvorschläge beim Punkt Eigentum und Kontrolle, als Grundlage für weitere Untersuchungen zu akzeptieren – es sei denn, man entschied sich doch für die französischen Vorschläge. Falls aber nicht, dann war es um so dringender, „eigene positive Alternativen zu haben, und die einzige, die bisher vorgeschlagen worden ist, heißt öffentliche oder halböffentliche Gesellschaften unter alliierter Kontrolle".[60]

Betrachtet man die bis zu diesem Zeitpunkt im Foreign Office angestellten Überlegungen, so ist eine gewisse Ratlosigkeit nicht zu übersehen. In den entscheidenden Fragen war man keinen Schritt weitergekommen, und es war auch noch nicht abzusehen, auf welcher Grundlage überhaupt Entscheidungen getroffen werden konnten.

Und was das Ruhrgebiet betraf, so sah es so aus, als ob sich hier seit Kriegsende, und inzwischen waren immerhin schon sechs Monate vergangen, überhaupt nichts getan hatte, und die Briten, die dort das Sagen hatten, einigermaßen untätig geblieben waren. Es konnte auch der Eindruck entstehen – und in Moskau ist er denn auch zweifelsohne entstanden –, daß es Absicht der britischen Regierung war, an den bestehenden Strukturen im Ruhrgebiet nichts zu verändern und die Ruhr als Potential gegen die Sowjetunion aufzubauen. Dies war an sich schon ein höchst unbefriedigender Zustand, der sich allerdings für eine Labour-Regierung noch unbefriedigender ausnahm. Es verwundert denn auch nicht, daß Bevin eine dramatische Aktion an der Ruhr wollte, die zwar nichts präjudizieren, aber doch zeigen sollte, daß die britische Regierung zu entschlossenem Handeln willens und fähig war und ihren sozialistischen Prinzipien treu blieb. Was bot sich dafür besser an, als die für den Wiederaufbau Europas lebenswichtigen Bergwerke an der Ruhr? Hier konnte und sollte ein Zeichen gesetzt werden.

Am 29. Oktober gab Bevin gegenüber John Hynd zu verstehen, daß er eine radikale Veränderung in den Besitzverhältnissen des Ruhrkohlenbergbaus wünsche. Hynd, mit dem formalen Titel „Chancellor of the Duchy of Lancaster" versehen, war Leiter des für die britische Zone in Deutschland und Österreich zuständigen, erst wenige

---

58 Aufzeichnung v. 30. 10. 1945. Ebd.

59 Schreiben E. Ackroyd v. 23.10.1945 an M. Turner. FO 942/236. Nach Meinung Troutbecks war Miss Ackroyds Brief „very much to the point". Anmerkung v. 31. 10. 1945. FO 371/46725/C 7936/22/18.

60 Aufzeichnung B. A. B. Burrows v. 9. 11. 1945 (vgl. Anm. 55).

Tage zuvor eingerichteten Kontrollamtes (Control Office for Germany and Austria, COGA), als solcher „Deutschlandminister", allerdings ohne Kabinettsrang. Obwohl – oder weil – er dem linken Flügel der Labour-Party zuneigte, nahm sein Einfluß im Laufe des Jahres 1946 ab. Wäre es anders gewesen, hätte es im Sommer 1946 möglicherweise nicht ein Land Nordrhein-Westfalen, sondern *zwei* neue Länder gegeben – zum Vorteil der SPD (*ein* Land hatte Schumacher als „tödlich" für die SPD bezeichnet). Nach Meinung Bevins und des Foreign Office war COGA dafür da, in wichtigen Fragen dem Foreign Office zuzuarbeiten, nicht aber, um eine eigenständige Politik zu betreiben. Als Hynd seine Rolle später anders interpretierte, gab er nach heftigen Querelen mit Bevin im Frühjahr 1947 sein Amt ab.

Im Herbst 1945 war das Verhältnis zwischen Bevin und Hynd noch ungetrübt. So war es denn auch Hynd – und nicht etwa das Foreign Office –, der im Sinne Bevins dem Overseas Reconstruction Committee Mitte November ein Memorandum vorlegte, in dem er betonte, er sei besorgt – „und wie ich weiß, ist es auch der Außenminister" – über die Lage der Ruhrbergwerke. Sie seien immer noch im Besitz jener Personen, die mit Sicherheit von den Bergleuten und wohl auch den Völkern der Vereinten Nationen mit jener Industriellenclique identifiziert würden, die mitgeholfen habe, Hitler an die Macht zu bringen. Und solange diese Leute nicht angeklagt und als Kriegsverbrecher verurteilt worden seien, werde das wohl auch so bleiben. Es müsse daher sofort etwas geschehen,

„um den Bergleuten zu zeigen, daß eine radikale Besitzveränderung durchgeführt wird, und daß ihre Arbeit nicht weiter einer Gruppe von Privatkapitalisten zugute kommt, deren Aktivitäten in der Vergangenheit erheblich mit zu dem Zustand beigetragen haben, in dem sich Deutschland jetzt befindet".

Von einem solchen Schritt erhoffte sich Hynd daher einen großen psychologischen Effekt auf die Bergarbeiter und einen entsprechenden Leistungsanreiz. Allerdings mußte bei den Bergleuten der – falsche – Eindruck vermieden werden, daß nicht nur die deutschen Privatbesitzer enteignet würden, sondern Deutschland insgesamt die Bergwerke verlieren werde.[61]

Zweifelsohne war ein solcher Schritt längst überfällig, zumindest die Kumpels an der Ruhr erwarteten ihn wohl, denkt man an die späteren Streiks, in denen u. a. auch eine Sozialisierung gefordert wurde. Aber bei seiner Durchführung gab es dann auch hier wieder zahlreiche Schwierigkeiten. Eine erste Überlegung, die Bergwerke der Verfügungsgewalt des Alliierten Kontrollrates in Berlin zu unterstellen, war bei der britischen Militärregierung auf Widerstand gestoßen; dort befürchtete man „weitreichende Auswirkungen im Hinblick auf die zukünftige Regelung der Rhein-Ruhr-Frage" – was zweifelsohne zutraf: nicht nur Frankreich, sondern vor allen Dingen auch die Sowjetunion hätte damit ein Mitspracherecht in einem wichtigen Bereich der Ruhrindustrie erhalten. Und was die von Hynd und Bevin erhoffte psychologische Wirkung anging, so wies die Militärregierung darauf hin, daß möglicherweise das Gegenteil eintreten werde, wenn der Alliierte Kontrollrat die Bergwerke übernehme; die Bergleute würden nämlich die Ausbeutung durch die Alliierten und den Export der Kohle, zu einem Zeitpunkt, wo Deutschland selbst verzweifelt

---

61 Secret. O. R. C. (45) 43. 15. 11. 1945. „The Future of the Ruhr Mines". Memorandum by the Chancellor of the Duchy of Lancaster. FO 371/46726/C 8801/22/18. Dok. Nr. 50.

Kohle benötige, ablehnen. Aus dem gleichen Grund wollte auch die Militärregierung die Bergwerke nicht übernehmen und schlug statt dessen lediglich eine Beschlagnahme durch den Oberbefehlshaber vor: als vorübergehende Maßnahme sei dies bis zur endgültigen Entscheidung über die Zukunft der Bergwerke ausreichend.[62]

Aber auch diese „Beschlagnahme" wurde dann noch genauer definiert: der Oberbefehlshaber würde bis zu dieser Entscheidung als Treuhänder fungieren; wie diese Entscheidung aussehen würde, sollte mit Rücksicht auf Frankreich nicht erwähnt werden, allerdings sollte bei der Beschlagnahme klargestellt werden, daß die Bergwerke nicht an ihre früheren deutschen Besitzer zurückgegeben würden. Darüber hinaus sollte, wiederum mit Rücksicht auf Frankreich, nichts über eine mögliche endgültige Entscheidung gesagt werden. Dies war allerdings nur die halbe Wahrheit, denn Troutbeck hatte inzwischen auf ein Problem aufmerksam gemacht, das von nun an alle Überlegungen im Hinblick auf „öffentliches Eigentum" begleiten sollte – bis im Sommer 1947 die Briten vor diesem Problem kapitulierten und es den Deutschen überlassen wollten, eine Lösung zu finden. Gemeint ist die Frage der Entschädigungszahlungen. Für Troutbeck war es zutiefst unmoralisch und ungerecht und stand „im Widerspruch zu britischen Rechtsvorstellungen, irgendeinem Menschen ohne Gerichtsverfahren oder Entschädigung seinen Besitz abzunehmen, nur weil man ihn nicht leiden kann". Wenn man die „Kohlenmagnaten" nicht als Kriegsverbrecher anklage, „müssen wir entweder enorme Summen an Entschädigungen zahlen oder ein eklatantes Unrecht begehen".[63]

Damit nicht genug. In der Sitzung des Overseas Reconstruction Committee am 21. November geriet Hynd unter heftigen Beschuß von Energieminister Shinwell. Für Shinwell war es überhaupt nicht einsichtig, daß allein durch die Ankündigung, die Bergwerke den privaten Besitzern abzunehmen, eine höhere Förderleistung erreicht würde. Für ihn war das im übrigen gar nicht das eigentliche Problem; er wies auf zwei andere Dinge hin:

1. Sechs Millionen Tonnen Kohle lägen im Ruhrgebiet auf Halde und könnten nicht abtransportiert werden. Unter diesen Umständen sei es doch müßig, die Kumpels zu höherer Förderleistung anzuspornen; die Transportsituation müsse verbessert werden, und dazu sollten die Militärs von Zivilisten unterstützt werden. Und

2. könne man die Bergleute auch nicht zu höherer Leistung anspornen, wenn diese wüßten, daß fast die gesamte Kohle exportiert werde. Man müsse ihnen genau sagen, wieviel exportiert werde und wieviel in Deutschland bleibe.

Bevin griff dann in die Diskussion ein und machte deutlich, worum es eigentlich ging, nämlich mehr um politische als um wirtschaftliche Überlegungen. Er wies auf die Entscheidung von Potsdam hin, Deutschland als wirtschaftliche Einheit zu behandeln; Frankreich habe sich dem nicht angeschlossen und wolle eine internationale Kontrolle der Ruhr; es seien auch bereits Äußerungen gefallen, „daß wir beabsichtigen, Privatbesitz in diesem Gebiet aufrechtzuerhalten, um die Ruhr als Kriegs-

62 ARGUS 168. Control Commission an COGA. FO 371/46726/C 8733/22/18.

63 Aufzeichnung J. Troutbeck v. 16. 11. 1945. FO 371/46726/C 8727/22/ 18.

*Foto Nr. 2:* 22. 12. 1945: Außenminister Ernest Bevin will ein Zeichen setzen: die Ruhrbergwerke werden beschlagnahmt und den britischen Behörden unterstellt. (dpa-Archiv)

potential gegen Rußland aufzubauen". Er suche einen Mittelweg, um einerseits diese Befürchtungen zu zerstreuen und gleichzeitig den Franzosen klarzumachen, „daß wir nichts vorhaben, um die Beratungen über die Internationalisierung der Ruhr zu präjudizieren". Er las dann den Entwurf eines Telegramms vor, das an Montgomery geschickt werden sollte und bat um Zustimmung seiner Kollegen.

Natürlich erhielt er diese Zustimmung[64], aber es sollte dann doch noch genau vier Wochen dauern, bis endlich am 22. Dezember 1945 die Ruhrbergwerke auf Befehl der Militärregierung beschlagnahmt und den britischen Behörden unterstellt wurden.

Das gewünschte Zeichen war gesetzt, aber es war nur Schall und Rauch, an den Besitzverhältnissen an der Ruhr änderte sich dadurch im Grunde nichts. Zumindest die Sowjets haben das damals allerdings nicht gesehen. Eine Woche nach der Beschlagnahme bat deren Botschaft in London Bevin um Auskunft über diese Entscheidung und inwieweit diese Maßnahmen notwendig gewesen seien angesichts der Tatsache, daß über den zukünftigen Status der Ruhr, „eine Frage von solch großer politischer und wirtschaftlicher Bedeutung", noch keine Beratungen zwischen den vier Alliierten stattgefunden hätten.[65]

Im Foreign Office reagierte man sehr gelassen und verwies am 24. Januar 1946 auf entsprechende Erläuterungen des britischen Vertreters im Kontrollrat – die am 7. und 10. Januar gemacht worden waren – und darauf, daß diese Maßnahme in Erfüllung des Potsdamer Abkommens erfolgt sei. Die endgültige Entscheidung über die Zukunft der Bergwerke hänge mit dem größeren Problem „Ruhr" zusammen; das aber werde – entsprechend dem Beschluß der Londoner Außenministerkonferenz – Gegenstand späterer Beratungen sein.

Auch wenn man sich im Foreign Office nicht ganz sicher darüber war, was die Sowjets mit ihrem Vorstoß eigentlich beabsichtigt hatten, eines war klar, wie es Burrows formulierte:

„Die russische Note ist ein weiterer Beweis dafür, wenn es überhaupt noch eines solchen bedurft hätte, daß die Russen mit ziemlicher Sicherheit keine Regelung der Ruhrfrage akzeptieren werden, an der sie nicht gleichberechtigt beteiligt sind."[66]

64 Secret. O. R. C. (45) 9th Meeting, 21. 11. 1945. FO 371/46726/C 8773/22/18. Dok. Nr. 51.

65 Schreiben M. Konkin, sowjetischer Chargé d'Affaires, an E. Bevin, 29. 12. 1945. FO 371/46726/C 10191/22/18.

66 Schreiben E. Bevin an F. Gusew v. 24. 1. 1946 und Aufzeichnung B. A. B. Burrows v. 1. 1. 1946. Ebd.

*Exkurs:* Der Fowler-Plan – das Ruhrgebiet als Treuhandgebiet der UNO

Am 25. September 1943 hatte der amerikanische Präsident Roosevelt eine neue Behörde geschaffen; ihre Aufgabe sollte es sein, Pläne über die Zukunft der deutschen Wirtschaft zu entwickeln; diese Foreign Economic Administration (FEA) vereinigte einige bisher selbständige Ämter, darunter auch die Lend-Lease Administration, und unterstand unmittelbar dem Präsidenten; geleitet wurde diese Behörde von Leo T. Crowley. Im Zusammenhang mit dem Morgenthau-Plan hatte Roosevelt am 29. September 1944 auf einer Pressekonferenz auch ein Schreiben an Crowley bekanntgegeben, in dem er diesen gebeten hatte, die von seiner Behörde in Gang gesetzten Untersuchungen zur künftigen wirtschaftlichen Rolle Deutschlands zu beschleunigen. Dabei hatte dieser berücksichtigen sollen, daß Deutschland nicht erneut eine Gefahr für kommende Generationen werde. Die Planungsarbeiten sollten unter Leitung des Außenministeriums und im Einklang mit der Außenpolitik der Vereinigten Staaten, wie sie vom Außenministerium definiert wurde, durchgeführt werden. Crowley errichtete sofort eine große Behörde, *Enemy Branch* der FEA, die ihre Planungen dann über das Kriegsende hinaus fortsetzte und von Mitte August bis Anfang Oktober 1945 eine Delegation nach Deutschland schickte, die die verschiedenen Untersuchungen des „Verwaltungsamtes für Außenwirtschaft“ (FEA) über die deutsche Wirtschaft und Industrie auf den neuesten Stand bringen und abschließen sollte. Am 17. Dezember 1945 legte dieses Amt dann einen umfangreichen Bericht vor.

In einigen Punkten erinnerte dieser Bericht – nach dem Vorsitzenden der FEA *Enemy Branch*, Henry H. Fowler, der in den sechziger Jahren unter Präsident Lyndon B. Johnson Finanzminister wurde, auch „Fowler-Plan“ genannt – in fataler Weise an den Morgenthau-Plan. Die Grundforderung des FEA-Plans lautete ebenfalls: Entmilitarisierung Deutschlands durch Entindustrialisierung. An eine völlige Zerstörung der deutschen Schwerindustrie war allerdings nicht gedacht; dennoch enthielt der Plan lange Listen von zu verbietenden Industrien, insbesondere im Bereich der Schwerindustrie.

Ein eigenes, ausführliches Kapitel war der Zukunft des Rhein-Ruhrgebietes gewidmet. Die Lösung ähnelte in verblüffender Weise den Forderungen Frankreichs: dieses Gebiet sollte von Deutschland auf Dauer abgetrennt und als Treuhandgebiet dem Sicherheitsrat der UNO unterstellt werden. Die Unternehmen sollten im Auftrage der UNO von einer internationalen Gesellschaft übernommen und verwaltet, das deutsche Management entfernt werden. Der UNO-Sicherheitsrat sollte die Grenzen des Gebietes garantieren, eine zehn- oder elfköpfige internationale Regierungskommission – von der UNO ernannt – aus den vier Siegerstaaten und interessierten Anrainerstaaten (mit einem Vertreter aus dem Ruhrgebiet) sollte das Gebiet verwalten. Jene Einwohner, die im Jahre 1939 bereits fünf Jahre dort gelebt hatten, sollten wählen dürfen, ob sie dort wohnen bleiben oder ins Reich bzw. in ein anderes Land, das dazu bereit war, transferiert werden wollten. Wer für Bleiben votierte, sollte einen Treueid auf die UNO-Kommission ablegen und Bürger des neuen Territoriums werden. Jegliche Verbindung zum Altreich im Hinblick auf Gewerkschaften, Erziehung, Kultur, Politik, Religion und Wissenschaft sollte unterbunden werden; Rüstungsbetriebe an der neuen Grenze zum Deutschen Reich sollten zerstört werden.[67]

Dieser Bericht stimmte zu diesem Zeitpunkt nicht mehr mit dem überein, was die amerikanische Führung in Deutschland anstrebte. Truman und insbesondere Byrnes hatten sich beide gegen die Abtrennung des Ruhrgebietes von Deutschland ausgesprochen. Trotzdem macht der Bericht deutlich, daß noch bis zu dieser Zeit hohe amerikanische Regierungsstellen vom „Morgenthau-Geist" beeinflußt waren und innerhalb der Regierung keine völlige Klarheit über die Deutschlandpolitik der USA herrschte. Drei Monate später – am 15. März 1946 – wurde in einem grundlegenden Memorandum des State Department der FEA-Bericht noch einmal erwähnt, und zwar in dem Sinne, daß er mit den französischen Plänen fast identisch sei. Möglicherweise haben sich dann auch gerade die Franzosen in Kenntnis dieses Planes damals Hoffnungen auf eine Realisierung ihrer Vorstellungen gemacht. Nicht umsonst wurde denn auch gerade jener Abschnitt des Fowler-Planes über das Ruhrgebiet im Archiv des französischen Außenministeriums aufbewahrt.

### *4. „Die Russen am Rhein?"*[68] *Die britische Militärregierung lehnt Frankreichs Pläne ab*

Am 24. Oktober 1945 – die britisch-französischen Informationsgespräche waren noch nicht abgeschlossen – kam es im Foreign Office zu einem interessanten Meinungsaustausch zwischen Bevin und Feldmarschall Montgomery. Offensichtlich ist dies die erste Unterredung dieser Art gewesen, in der der Oberbefehlshaber der britischen Truppen in Deutschland in seiner Eigenschaft als Militärgouverneur Bevin über die Schwierigkeiten im Alliierten Kontrollrat berichtete, der aufgrund der französischen Obstruktionspolitik praktisch lahmgelegt war. Montgomery drängte auf eine Entscheidung. Die russische Zone werde immer schneller zu einer „wirtschaftlichen Wüste", die Verhältnisse dort seien „furchtbar". Die Behandlung Deutschlands als Einheit werde zwar gewaltige neue Aufgaben mit sich bringen, auf der anderen Seite aber auch so manches andere Problem lösen. Die Russen müßten ihre Zone öffnen, die sie wegen ihres Mißtrauens gegenüber den Westmächten geschlossen hätten. Als Bevin Montgomery dann über die französischen Pläne informierte, machte Montgomery zum erstenmal jenen Vorschlag, an dem er auch in den folgenden Wochen und Monaten trotz heftigster Kritik seiner engsten Mitarbeiter hartnäckig festhielt: das gesamte linksrheinische Gebiet sollte abgetrennt und an Frankreich, Belgien und Holland übergeben, der Rhein damit zur neuen deutschen Westgrenze werden. Die Abtrennung des Ruhrgebietes lehnte er ab, sprach sich aber für eine internationale Kontrolle dieses Gebietes aus. Offensichtlich hat sich Bevin das nur angehört, aus dem von ihm abgezeichneten Protokoll ist jedenfalls keine

67 A program for German economic and industrial disarmament [...] Section X: „Separation from Germany of the Ruhr-Rhineland as a Post-Occupation Control". Vgl. Dok. Nr. 59.

68 Vgl. unten, Dok. Nr. 48, S. 412. „Die Russen am Rhein?" ist auch der Titel des profunden Aufsatzes von Falk Pingel über die „Wende der britischen Besatzungspolitik im Frühjahr 1946", in: VfZ 30, 1982, S. 98–116. Die „Wende" der britischen Politik im Frühjahr 1946 steht außer Frage; bemerkenswert ist m. E. auch, daß „die Russen am Rhein", zumindest innerhalb der Militärregierung, schon sehr viel früher ein Thema gewesen ist.

Reaktion zu erkennen. Er sprach ein anderes Thema an: die Einrichtung einer internationalen Kommission zur Kontrolle des Rheines – an der die Schweiz, Frankreich, Belgien, die Niederlande und Großbritannien beteiligt werden sollten. Montgomery sah keinerlei Schwierigkeiten von seiten der Russen, man müsse sie nur frühzeitig informieren; ein Franzose als Vorsitzender dieser Kommission sei besser als ein Brite oder ein Amerikaner und würde einen guten Eindruck auf die Russen machen.[69]

Am 30. Oktober griff Montgomery seine Idee wieder auf. Anlaß war ein längeres, privates Gespräch mit Schukow im Anschluß an eine Sitzung des Kontrollrates, in der General Koenig den Entwurf eines gesamtdeutschen Gewerkschaftsgesetzes abgelehnt hatte. Montgomery und Schukow waren sich einig in ihrer Kritik an Frankreich und daß politischer Druck auf Paris ausgeübt werden müsse. Nach Meinung Schukows verhinderte Frankreich jeden Fortschritt; ohne eine Änderung der französischen Haltung befürchtete er den Zusammenbruch des Kontrollrates, sah für sich allerdings keinerlei Veranlassung, vor der Errichtung zentraler deutscher Verwaltungsstellen die Grenze zur sowjetischen Zone zu öffnen. In einem Telegramm vom selben Tag an Arthur Street im Kontrollamt in London gab Montgomery dann seine Interpretation der französischen Haltung: Furcht vor Rußland und Furcht vor einem vereinten Deutschland. Zentrale Verwaltungsstellen würden nach französischer Auffassung die Ausbreitung des Kommunismus nach Westen und den Wiederaufstieg Deutschlands zur Militärmacht erleichtern. Aus diesem Grunde wolle Frankreich ein zerstückeltes Deutschland. Für Montgomery war das Ergebnis klar: „Die Amerikaner werden Europa verlassen, und die Russen werden dann am Rhein auftauchen. Damit wird das französische Problem noch komplizierter." Als „möglichen und einfachen Weg, die Furcht aus Westeuropa zu verbannen", bot er dann erneut die schon gegenüber Bevin erwähnte Lösung an. Seine Schlußfolgerung klang ebenfalls einfach:

„Wenn die Grenzen der westlichen Länder am Rhein verlaufen, und die Alliierten Schlesien, die Saar und die Ruhr kontrollieren, dann kann Deutschland kein Unheil mehr anrichten, und die Angst wird ein Ende haben."[70]

Bevin hielt das Gespräch Montgomerys mit Schukow zwar für „wichtig"[71], offensichtlich war damit aber nicht der Rhein als neue deutsche Westgrenze gemeint. Das

---

69 Aufzeichnung E. Bevin v. 24. 10. 1945. FO 371/46724/C 7400/22/18. Dok. Nr. 36.

70 „Most Immediate. Top Secret. Personal for Sir Arthur Street from Field Marshal Montgomery". Telegr. Nr. 1242 v. 30. 10. 1945. FO 371/55399/C 1028/14/18. Dok. Nr. 42. O. Harvey legte ein Exemplar dieses Telegramms E. Bevin am 12. 11. 1945 vor, zusammen mit einem, wie er es nannte, „interesting article by Mr. Crossman M. P. in the same sense". Der linke Labour-Abgeordnete – für den Wahlkreis Coventry – Richard Crossman hatte sich in einem Artikel „The French Case" am 10. 11. 1945 in *The New Statesman and Nation* mit Nachdruck für die französischen Forderungen ausgesprochen: „It is a hard logic which revolts both our humanity and what we regard as our common sense. But it should be considered whether the French proposals are not really much nearer both to common sense and to humanity than the Potsdam plan." Auch R. Massigli fand den Artikel „plus intéressant" und schickte ihn am 12. 11. 1945 mit Begleitschreiben an G. Bidault. MAE, Y-62-3.

71 „This is an important interview", notierte er auf dem entsprechenden Telegramm. FO 371/46989/C 7730/5317/18. Vgl. Dok. Nr. 42, Anm. 1.

*Foto Nr. 3:* Generalleutnant Sir Brian Robertson, stv. Militärgouverneur und politischer Kopf der Kontrollkommission in Berlin. Er lehnt die französischen Ruhrpläne ab und plädiert in der vorentscheidenden Sitzung am 6. 6. 1946 im Foreign Office erfolgreich für die Bildung Nordrhein-Westfalens durch Zusammenschluß der Provinzen Nordrhein und Westfalen. (dpa-Archiv)

hätten selbst die Franzosen nicht verlangt, „weder heute noch 1919“, notierte Troutbeck am 1. November.[72]

Im Foreign Office galt Montgomery nicht gerade als brillanter politischer Kopf. „Monty“, wie ihn seine Freunde nannten, war denn auch in erster Linie Militär. Seine diversen Botschaften und Anordnungen an die Bewohner der britischen Zone – vor allen Dingen in den ersten Wochen der Besatzung – waren oftmals ohne Rücksprache mit den politischen Stellen in London zustandegekommen, hatten im August zur Intervention des Foreign Office geführt und waren dort unvergessen. Montgomery hielt nicht viel von den Deutschen; noch Anfang Februar 1946 war er davon überzeugt, daß mehr als zwei Drittel der Bevölkerung 150 %ige Nazis waren und noch zehn Jahre Umerziehung nötig sein würden.[73] Diese Haltung schlug sich oftmals auch in seinen politischen Analysen nieder.[74] Ende Mai 1946 verließ er Deutschland und wurde zum Chef des Imperial War Staff befördert. Sein Nachfolger wurde Luftmarschall Sir Sholto Douglas, der politisch eine noch blassere Figur abgab als Montgomery. Sein Name ist insofern mit Nordrhein-Westfalen verbunden, als er im Juli 1946 die Errichtung des Landes verkünden ließ; zu dieser Entscheidung hatte er allerdings nicht sehr viel beigetragen, er machte auch kein Hehl daraus, daß er sich in Deutschland fehl am Platze fühlte und nichts so sehr wünschte als seine Versetzung. Dieser Wunsch wurde ihm schon bald erfüllt, sein Nachfolger wurde Anfang 1947 Brian Robertson. Robertson, Jahrgang 1896, war zwar ein konservativer Berufsmilitär, aber ohne die oftmals Militärs eigene Borniertheit; er schied aus dem Militärdienst aus, war Generalvertreter der Firma Dunlop in Südafrika, wurde reaktiviert und 1945 zum stellvertretenden Militärgouverneur und Chief of Staff der Control Commission Germany (British Element) ernannt; er blieb bis Juni 1950 in Deutschland, zuletzt als Hoher Kommissar. Robertson war von Anfang an der politische Kopf der Kontrollkommission. Ohne ihn, geschweige denn gegen ihn und seine Mitarbeiter „vor Ort“, fiel in der Folgezeit in London in der Regel keine Entscheidung. Das ging auch auf seine kompromißlose Haltung in der Ruhrfrage zurück – nachdem im Januar/Februar 1946 zwei der Spitzenbeamten im Foreign Office, Sargent und Harvey, offensichtlich zu einer katastrophalen Fehlentscheidung gekommen waren und die politische Abtrennung des Ruhrgebietes von Deutschland gefordert hatten. Robertson war seinem Gegenüber in der amerikanischen Zone, dem so oft als „Gründungsvater“ der Bundesrepublik apostrophierten General Lucius D. Clay in jeder Hinsicht ein ebenbürtiger, manchmal wohl auch überlegener Partner. Wenn es schon „Gründungsväter“ der Bundesrepublik gibt, dann gehört Robertson dazu. Daß es in Westdeutschland nicht zu einer „Oder/Neiße-Situation“ gekommen ist, daß mit Nordrhein-Westfalen eine funktionierende politische Einheit entstanden ist, ist nicht zum geringsten Teil das Verdienst von Brian Robertson. Ihm zur Seite – und auf seiner Seite – standen in Berlin Sir Percy Mills, Leiter der Wirtschaftsabteilung, der aus dem Schatzamt in London kam, Christo-

72 Vgl. Dok. Nr. 42.

73 Vgl. „Top Secret. The Problem in Germany: 1 February, 1946“. PREM 8/219.

74 Neben dem in Anm. 73 genannten Memorandum sind hier besonders die „Top Secret. Notes on the German Situation: 1st May, 1946“, in: PREM 8/216 zu erwähnen.

pher Steel, Leiter der politischen Abteilung und späterer Botschafter in Bonn, sowie bis Ende 1946 der politische Berater des Militärgouverneurs, Sir William Strang, einer der brillantesten Berufsdiplomaten und von 1947–1953 dann als Permanent Under-Secretary of State höchster Beamter im Foreign Office.

Die französischen Rhein-Ruhr-Pläne führten im November/Dezember 1945 zunächst zu einer ungewöhnlich scharfen Kontroverse zwischen Robertson, Strang und Mills auf der einen und Montgomery auf der anderen Seite. Robertson, Strang und Mills lehnten Montgomerys Vorstellungen vom Rhein als neuer deutscher Westgrenze von Anfang an genauso scharf ab wie die französischen Pläne insgesamt, wobei auffällt, daß bei ihnen das Sicherheitsmoment im Vordergrund stand. Sicherheit hieß dabei nicht etwa in erster Linie Sicherheit vor Deutschland, wie das bei Frankreich der Fall war, sondern bereits zu diesem Zeitpunkt – und das ist mindestens genauso bemerkenswert – Sicherheit vor Rußland. Ihre Überlegungen wurden von der Vorstellung bestimmt, das Auftauchen der „Russen am Rhein" zu verhindern. Hinzu kam die Überzeugung, Nordrhein und Westfalen als eine Einheit zu sehen, die bereits so stark war, daß ein Auseinanderreißen nicht zu rechtfertigen war. Gerade diese schon so frühzeitig entwickelte Auffassung ist es denn auch, die im Sommer 1946 entscheidend dazu beitragen sollte, daß in diesem Raum *ein* Land – Nordrhein-Westfalen – und nicht zwei oder drei Länder und vor allen Dingen kein Ruhrstaat entstand. Im Juni 1946 wurden für die Bildung Nordrhein-Westfalens teilweise dieselben Argumente angeführt, mit denen schon im November/Dezember 1945 die französischen Pläne abgelehnt wurden. (Allerdings kamen dann noch weitere Argumente hinzu.)

Noch bevor die Kontrollkommission in Berlin offiziell vom Foreign Office um eine Stellungnahme zu den französischen Plänen gebeten wurde, kam es dort intern zu einer heftigen Auseinandersetzung über den Vorschlag Montgomerys. Der Militärgouverneur hatte zwar Arthur Street um „action" gebeten, aber nicht Street, sondern Robertson handelte. Er bat zunächst Mills und J. Alexander, den Leiter der Planungsabteilung, um entsprechende Stellungnahmen. Mills konnte bereits am 2. November ein Memorandum vorlegen, das A. K. Cairncross und Rea Price, zwei Mitarbeiter der Reparationskommission, die der Wirtschaftsabteilung unterstand, am Tag zuvor fertiggestellt hatten. Mills hatte es in Auftrag gegeben, nachdem ihm Sir David Waley die Protokolle seiner Gespräche mit Hervé Alphand zur Verfügung gestellt hatte. Dies erklärt wohl auch, daß in diesem Memorandum bei der Ablehnung der französischen Pläne ganz überwiegend wirtschaftliche Gründe angeführt werden – sicherheitspolitische Überlegungen kommen erst später hinzu. Für die beiden Briten war klar, daß sich mit der Schaffung separater Währungen, Budgets und neuer Zollgrenzen auch zwei separate Wirtschaftsgebiete entwickeln würden, mit entsprechender Ausrichtung nach Ost- bzw. Westeuropa. Cairncross und Price kannten die Überlegungen, die im Alliierten Kontrollrat im Hinblick auf das zukünftige deutsche Industrieniveau von den übrigen drei Alliierten angestellt wurden: für die Ruhr würde dies einen Abbau der Kapazität allein im Stahlbereich um weit über 50 % bedeuten, und das hieß: eine schwere Wirtschaftskrise an der Ruhr schien unvermeidlich. Für einen Ausgleich der Zahlungsbilanz stand allein die Kohle zur Verfügung (die unter Weltmarktpreis verkauft wurde), wobei allerdings niemand wußte, wie die Exportmärkte in zehn Jahren aussehen würden. Auf der anderen Seite mußten für rd. 600 Mio. RM Nahrungsmittel eingeführt werden (zusätzlich zu Textilien, Elektrowaren, chemischen Produkten, Fahrzeugen etc.), entweder aus Rumpfdeutschland, oder, was angesichts der neuen Zollgrenzen zwischen der Ruhr und diesem Rumpfdeutschland wahrscheinlicher war, aus Westeuropa. Angesichts dieser Situation würden die Franzosen wohl versuchen, die Wirtschaft an der Ruhr durch die Errichtung neuer Industrien anzukurbeln. Durch die Zollgrenzen wären die französischen Unternehmer gegenüber jenen in Rumpfdeutschland im Vorteil, mit dem Ergebnis, daß dann entweder an der Ruhr oder in Frankreich jene Unternehmen entstehen würden, die es bereits in Rumpfdeutschland gab, und das würde dann zum Zusammenbruch des Handels zwischen den beiden Teilen Deutschlands führen.

Noch größere Probleme sah man allerdings für Rumpfdeutschland: eine enorme Zunahme der Bevölkerung durch die Flüchtlinge aus dem Osten und den unvermeidlichen Exodus aus dem Ruhrgebiet. Wie schon zuvor Waley in London lehnten jetzt auch Cairncross und Price das Argument der Franzosen, dieses Problem durch Auswanderung zu lösen, als unehrlich ab, da es eine solche Möglichkeit praktisch nicht gebe, genausowenig wie die Hoffnung, durch intensive Bearbeitung des Bodens zusätzlich Arbeiter in der Landwirtschaft unterzubringen. Auch ohne die Ruhr werde Rumpfdeutschland ein hochindustrialisiertes Land bleiben, allerdings mit sehr wenig Bodenschätzen: nicht gerade eine vielversprechende Aussicht für 50 Millionen Menschen, die exportieren müßten, um Nahrungsmittel einzuführen. Da dieses Rumpfdeutschland die Ruhr und das Rheinland verloren hätte, müßte es woanders neue Märkte suchen – und zwar in Ost- und Südosteuropa. Für Getreide aus Polen und Rumänien, Kohle aus Schlesien, Stahl aus Österreich, Eisen aus Jugoslawien und Öl aus Rumänien werde es im Austausch seine Industrieprodukte liefern und sich auf diese Weise weit stärker als ein vereintes Deutschland nach Osten ausrichten, mit der Gefahr, unter russische Herrschaft zu geraten.

Auch die vorgesehene internationale Verwaltung wurde von den britischen Planern abgelehnt; sie sei schwerfällig, führe zu Problemen unter den beteiligten Staaten, und falls man Rußland nicht beteilige, werde das in Moskau wohl so interpretiert, daß man an der Ruhr ein Kriegspotential gegen Rußland aufbauen wolle.[75]

Mills übernahm dieses Memorandum wörtlich und reichte es am 2. November an Robertson weiter. Gleichzeitig ließ er von einem seiner Mitarbeiter die wirtschaftlichen Auswirkungen des Vorschlags von Montgomery untersuchen. Das Ergebnis war in zweifacher Hinsicht bemerkenswert: zum einen wegen seiner Dürftigkeit – gerade eine Seite –, zum anderen wegen des Inhalts: Demnach sollte Deutschland ohne das Rheinland wirtschaftlich stärker sein als mit dem Rheinland, vorausgesetzt die Rheinländer würden nicht nach Osten vertrieben.[76]

Von anderer Qualität war das Memorandum, das J. Alexander am 7. November vorlegte. Die gleich zu Beginn geäußerte beißende Kritik an Montgomery vermittelt

75 Allied Commission on Reparations, U. K. Delegation. Memorandum von A. Cairncross und Rea Price, 1. 11. 1945. FO 1039/103. Vgl. Dok. Nr. 43.

76 Memorandum „The Ruhr and Rhineland“ von G. D. A. MacDougall für Sir P. Mills, 6. 11. 1945. FO 1039/103.

auch einen Eindruck von dem Maß an Wertschätzung, das der Militärgouverneur bei einigen seiner Mitarbeiter genoß. Nach Meinung Alexanders zeigte der Vorschlag, daß sein Autor entweder überhaupt keine Ahnung von den wichtigsten Fakten hatte oder sie schlicht ignoriert hatte; von daher war es seiner Meinung nach überhaupt schwierig, sich kritisch damit auseinanderzusetzen. Die politischen Probleme deutete er nur kurz an: sie würden in jedem Fall „gigantisch" sein im Hinblick auf „Umsiedlung der Bevölkerung, Unterdrückung der Sprache, Umwandlung von Agrar- in Industriegebiete und umgekehrt etc. etc."; dann verwies er auf die notwendige Zustimmung Belgiens und der Niederlande und die Reaktion der Öffentlichkeit in Großbritannien und den USA auf eine so eindeutige Ungerechtigkeit, an deren Ende ein Irredentismus stehen werde, für deren Folgen dann alle zahlen müßten.

„Aus wirtschaftlicher Sicht jedoch", so Alexander, „ist der Vorschlag mit Sicherheit eine Katastrophe, weil damit ein eng verflochtenes und mächtiges Industriegebiet auseinandergerissen wird, das, wenn es – entsprechend kontrolliert – für Europa arbeitet, für die Anliegerstaaten sehr wohl den Unterschied zwischen Wohlstand und bitterer Armut ausmachen kann."

Wenn mit diesem Plan die Aussiedlung von fünf Millionen Bewohnern verbunden sei, könne das nicht nur zu unüberwindlichen Problemen führen, damit werde auch das in Generationen erworbene Wissen verlorengehen; würden die Bewohner aber bleiben, würden sie jeweils ein Zehntel der Gesamtbevölkerung von Belgien, Holland und Frankreich ausmachen und dort die potentiell stärkste, in Frankreich die zweitstärkste Partei bilden können, falls man ihnen nicht das Wahlrecht entziehe.

Noch gravierender aber waren die direkten wirtschaftlichen Auswirkungen: Das unmittelbar auf dem linken Rheinufer gelegene Gebiet war wirtschaftlich nicht nur eng mit dem übrigen Deutschland verbunden, es bestanden auch besonders enge Verbindungen mit dem Gebiet auf der anderen Seite des Rheines. Dort gab es in erster Linie Landwirtschaft, von dort kamen 20 % der Nahrungsmittel für die Industriegebiete in Westfalen: bei einem Ausfall müßte die übrige britische Zone entsprechend mehr Lebensmittel aufbringen, und zwar gegen Zahlung von Devisen; mit anderen Worten, der britische Steuerzahler hätte letztlich, zumindest für eine bestimmte Zeit, eine zusätzliche Last zu tragen. In diesem Gebiet wurde ein Drittel der gesamten Braunkohle der britischen Zone gefördert, die in erster Linie für die Stromerzeugung genutzt wurde. Es gab dort acht Braunkohlekraftwerke und die größte Umspannstation der Welt. Mit ihr wurde die Stromversorgung der gesamten britischen und französischen Zone und großer Teile Süddeutschlands kontrolliert; damit war sie von ungeheurer Bedeutung für die Energieversorgung ganz Westdeutschlands, und solange sie sich in den Händen der Briten und der Alliierten befand, stärkte sie deren Position – in den Händen der Franzosen würde das nach Meinung Alexanders eher eine Schwächung bedeuten. Aachen, Krefeld und Mönchen-Gladbach waren bedeutende Zentren der Textil- und Bekleidungsindustrie; hier befand sich der größte Teil der entsprechenden Produktionsanlagen der gesamten britischen Zone; bei ihrem Verlust mußten nicht nur die entsprechenden Importe erhöht werden, es konnte auch nichts mehr exportiert werden, um damit andere, wichtige Importe zu finanzieren.

Für etwa 25 % der Produktion der chemischen Industrie in der britischen Zone kamen die Grundstoffe aus diesem Gebiet, darunter Karbid zu 100 %. Ein großer

Teil der Maschinenbau- und Leichtmetallindustrie wäre betroffen: Die Krupp-Stahlwerke in Rheinhausen hatten eine Kapazität von 1 Mio. Tonnen im Jahr; im Herbst 1945 wurden dort 58 % der Kugellager der gesamten britischen Zone produziert; an Kapazität war dort vorhanden: 50 % der Fahrzeugproduktion, 25 % der Eisenbahnwaggonproduktion, 35 % der Textilmaschinen, 14 % der Elektroindustrie; dort gab es drei der größten Fabriken der britischen Zone. Bei einem Verlust dieses Gebietes würde der Rest der britischen Zone „wirtschaftlich bankrott" sein, und die Kosten müßte Großbritannien übernehmen. Selbst wenn „Potsdam" jemals in die Tat umgesetzt und Deutschland als wirtschaftliche Einheit behandelt würde,

„wird bei einer politischen Abtrennung dieses Gebietes, und nach dem Verlust Schlesiens, in Rumpfdeutschland keinerlei zivilisiertes Leben mehr möglich sein."

Für Nordrhein und Westfalen als eine Einheit sprach noch ein anderes Argument: die Straßen- und Eisenbahnensysteme waren eng miteinander verbunden, mit Knotenpunkten auf beiden Seiten des Rheins. Der Rhein als Grenze würde den Transport unterbrechen. Die Hauptverbindungslinien verliefen, mit Ausnahme des Rheins, von Ost nach West und weniger von Nord nach Süd; für den Neubau von Straßen und Eisenbahnlinien würde sehr viel Geld benötigt, und es würde viele Jahre dauern, bis das neue System funktionieren würde.

Wenn überhaupt, dann war eine Verlegung der Grenzen an den Rhein aus der Sicht Alexanders allein aus politischen Gründen zu rechtfertigen. Eine solche Entscheidung würde allerdings wirtschaftliche Einheiten unberücksichtigt lassen und die wirtschaftlichen Interessen nicht nur des betroffenen Gebietes und Westdeutschlands, sondern ganz Westeuropas ignorieren. Der Wiederaufbau der Wirtschaft im Rhein-Ruhrgebiet würde dadurch außerordentlich erschwert, in der britischen Zone unmöglich gemacht und in Deutschland zu einer Schimäre. Es sei zumindest fraglich, so die Schlußbemerkung Alexanders, ob ein solcher Preis nicht zu hoch sei, um dafür was auch immer für einen Vorteil zu erhalten, wenn man auf diese Weise den Franzosen ihre angebliche Furcht vor dem Kommunismus nehme, zu einem Zeitpunkt, „wo Frankreich gerade fast bis zum letzten Mann (und Frau) nur knapp am Kommunismus vorbeigewählt hat".[77]

Ausgestattet mit diesen Memoranden intervenierte Robertson am 9. November bei Montgomery – ein eher ungewöhnlicher Vorgang. Allerdings wußte er Strang und Mills auf seiner Seite. In einem im Ton angemessenen, aber im Inhalt kompromißlosen Schreiben wies er darauf hin, daß die darin enthaltenen „Anmerkungen" die übereinstimmende Meinung von Strang, Mills und ihm seien; man wolle nicht über Montgomerys Vorschläge streiten, sondern lediglich „gewisse Überlegungen der anderen Seite" vorbringen.

Die waren dann allerdings eindeutig. Der Rhein als neue deutsche Westgrenze wurde abgelehnt. Robertson führte wirtschaftliche Gründe und das Problem der sechs Millionen Deutschen an. Wenn sie nicht ausgesiedelt würden, würden sie unterdrückt, und was das bedeute, dafür gebe es in der jüngsten Geschichte genügend

---

77 „Comments on proposal to extend the French, Belgian, and Dutch boundaries to the Rhine". Memorandum von J. A. C. C. Alexander, Controller (Plans), CCG(BE), 7. 11. 1945. FO 1039/158. Dok. Nr. 47.

schlimme Beispiele. Offensichtlich gelte inzwischen das Prinzip, daß bei Gebietsabtretungen, insbesondere im Hinblick auf Deutschland, auch die Bevölkerung ausgesiedelt werde. Wenn dieses Prinzip auch im Rheinland angewendet werde, würde das die Probleme in Rumpfdeutschland noch vergrößern, wo jetzt schon die Gefahr einer Überbevölkerung drohe. Dann wies er noch auf eine Schwierigkeit hin, die bisher nicht genannt worden war, nämlich wie das Rheinland neubesiedelt werden sollte. Er ging dann auf die französischen Pläne ein. Was die wirtschaftlichen Probleme betraf, so legte er das Memorandum von Mills gleich bei und beschäftigte sich dann mit den sicherheitspolitischen Aspekten und den französischen Befürchtungen im Hinblick auf die Sowjetunion, was ja der Ausgangspunkt der Überlegungen von Montgomery gewesen war. Die Russen würden einer Regelung der Ruhrfrage nur als gleichberechtigte Partner zustimmen; die Briten würden sich nicht unbedingt nach einer solchen Lösung drängen, die Franzosen würden damit allerdings ihr Ziel, so wie es Montgomery in seinem Telegramm formuliert hatte, überhaupt nicht erreichen. Und was die internationale Kontrolle anging, so verwies er auf die wenig erfolgreichen Beispiele Danzig und Saar, die bei weitem nicht so kompliziert wie die Ruhr gewesen seien. In der Ruhr bestehe die Gefahr, daß die relative Ineffizienz einer solchen Kontrolle und die sich daraus ergebenden Streitigkeiten unter den Kontrollmächten zu dem stärker werdenden Verlangen führe, dieses System zu beenden. Was dann geschehen könnte, beschrieb Robertson folgendermaßen:

„Wir können davon ausgehen, daß die Deutschen selbst die Wiedervereinigung der Ruhr mit Deutschland zu einer Dauerforderung machen werden, sobald sie sich stark genug fühlen, um dem Nachdruck verleihen zu können. Und es kann dann sehr wohl passieren, daß die Russen, nachdem sie zunächst Rumpfdeutschland unter ihren Einfluß gebracht haben, die Forderung der Deutschen unterstützen werden. Das Ergebnis würde dann genau das sein, was wir verhindern wollen, nämlich ‚die Russen würden am Rhein auftauchen'."

Auf der anderen Seite sah Robertson eine Chance, daß Deutschland ohne eine Abtrennung des Ruhrgebietes wieder auf die Beine kommen und russischem Druck widerstehen werde.

Robertson lehnte auch eine russische Beteiligung an der geplanten internationalen Kommission zur Kontrolle der Rheinschiffahrt ab – als logische Konsequenz der sowjetischen Ablehnung der in erster Linie amerikanischen Forderung, die Hauptwasserwege in Europa, insbesondere die Donau, Oder und Elbe, zu internationalisieren.[78]

Wenn andererseits die Ruhr internationalisiert werde, unter Beteiligung der Russen, dann könne man die Russen auch nicht von der Kontrolle des Rheins ausschließen. Sie hätten dann möglicherweise genau das erreicht, was sie wollten – und zwar ohne entsprechende Gegenleistung.

Die Schlußfolgerung an die Adresse Montgomerys war eindeutig: eine schnelle und befriedigende Entscheidung in seinem Sinne würde auf große Schwierigkeiten stos-

---

78 Diese Forderung hatte H. Truman mit Nachdruck in Potsdam erhoben und war damit, sehr zu seinem Mißvergnügen, auf den entschlossenen Widerstand Stalins gestoßen. Vgl. FRUS, Berlin, vol. II, S. 24, sowie Deuerlein, Potsdam, S. 335 ff.

sen. Robertson nannte die Alternative: das Ruhrgebiet sollte Teil Deutschlands bleiben und für lange Zeit, etwa 25 Jahre, militärisch besetzt werden.

„Eine solch lange Besatzung wird für die Westmächte teuer werden, aber wenn es eine vernünftige Lösung ist, werden sich die Ausgaben sehr wohl gelohnt haben."[79]

Aus den Akten ist nicht zu erkennen, ob und wie Montgomery auf dieses Schreiben reagiert hat. An den weiteren Überlegungen von Robertson, Mills und Strang zum Thema Ruhr hat er sich jedenfalls nicht beteiligt, hat allerdings deren Vorschläge dann abgelehnt und seinen Plan mit Nachdruck verteidigt – ohne erkennbare Folgen.

Zu diesem Zeitpunkt war die Kontrollkomission noch nicht offiziell von London aufgefordert worden, zu den französischen Plänen Stellung zu nehmen. Dies geschah dann allerdings wenige Tage später – auch im Zusammenhang mit einem Schreiben, das der südafrikanische Hochkommissar im Auftrag seiner Regierung am 22. November Viscount Addison, dem für die Dominien zuständigen Minister, überreichen ließ (Kopien erhielten gleichzeitig die Regierungschefs der übrigen Dominien: Kanada, Australien und Neuseeland und deren Hochkommissare in London).

Smuts hatte bereits Anfang August gegenüber Attlee scharfe Kritik an den Ergebnissen der Potsdamer Konferenz geübt.

Was jetzt zu den französischen Plänen gesagt wurde, stand dem in nichts nach. Ein Auseinanderbrechen Deutschlands in Einzelstaaten und daraus folgendes Chaos in Europa wurden nicht ausgeschlossen. Die für das Ruhrgebiet vorgesehene Regierungskommission wurde als „trauriger Ersatz für die Demokratie, für die dieser Krieg geführt worden ist", bezeichnet. Bei den geplanten Besatzungstruppen würden sich dann wohl wieder die französischen Afrikatruppen besonders hervortun; es sei völlig klar, daß in nicht allzu ferner Zukunft ein solches internationales Regime scheitern werde. Eine solche Friedensplanung wurde als das Ergebnis von Panik und Furcht bezeichnet, ohne Berücksichtigung der Tatsache, daß „Deutschland als militärische Bedrohung wahrscheinlich für Generationen erledigt ist", dort statt dessen wirtschaftliches und soziales Chaos herrschen werde, das eine genauso große Bedrohung sei und durch die geplanten Maßnahmen wahrscheinlich noch größer werde. Unter solchen Umständen könne kein guter und dauerhafter Friede geschaffen werden. Dann wurde auf die bitteren Erfahrungen nach dem Ersten Weltkrieg verwiesen, auf das „Ruhrabenteuer" im Jahre 1923, auf die Inflation und die Verarmung der deutschen Mittelklasse und das Scheitern der Weimarer Demokratie, woraus der Aufstieg der Nazis, Hitler und 1939 gefolgt seien. „Das deutsche Problem", so hieß es abschließend, „ist das Problem Europas und des zukünftigen Friedens in der Welt"; es verdiene eine bessere Behandlung als die offensichtlich im Schnellverfahren entwickelten Pläne.[80]

Auch wenn Smuts nicht selbst unterschrieben hatte, Harvey vermutete richtig, daß diese „heftige Reaktion" gegen irgendwelche deutschen Gebietsabtrennungen zu-

---

79 Top Secret. Schreiben B. Robertson an Montgomery, 9. 11. 1945. FO 1039/158. Dok. Nr. 48.

80 Schreiben v. 22. 11. 1945, High Commissioner for the Union of South Africa an The Secretary of State for Dominion Affairs, Secret; Kopie an Foreign Office. FO 371/46726/C 8092/22/18.

gunsten Frankreichs auf Feldmarschall Smuts persönlich zurückging. Smuts genoß in London und vor allen Dingen im Foreign Office und bei Bevin hohes Ansehen – wie Bevin überhaupt außerordentlich großen Wert darauf legte, vor grundsätzlichen Entscheidungen die Regierungschefs der Dominien zumindest zu informieren: beim Thema „Ruhr und Deutschland“ sollte das im nächsten halben Jahr gleich dreimal geschehen. Entsprechend ist auch seine Reaktion auf den Vorstoß Smuts zu werten: „Ich halte Smuts Telegramm für nützlich; es ist gut, seine Meinung zu kennen, und er wirft Fragen auf, die früher oder später beantwortet werden müssen.“[81] Ob es bei diesem Vorstoß von Smuts eine Verbindung zur Kontrollkommission gibt, ob möglicherweise Robertson seine alten „Südafrika-Verbindungen“ genutzt hat, muß angesichts fehlender Unterlagen offenbleiben. Als Robertson am 23. November zu einer Besprechung mit Hynd und Troutbeck in London war, bot er für die Rhein-Ruhr-Frage die Dienste der Kontrollkommission an, die möglicherweise „nützliche Argumente“ liefern könne; er gehe davon aus, so betonte er, daß die Kontrollkommission um ihre Meinung gefragt werde, bevor die Minister eine endgültige Entscheidung treffen würden.

Dies war nicht nur die Meinung Troutbecks[82], es war eigentlich selbstverständlich. Nicht nur durch die Aktion der südafrikanischen Regierung war das ganze Problem jetzt dringender denn je geworden, Harvey erwartete nach dem Ende der französischen Informationsgespräche einen Vorstoß Frankreichs, möglicherweise auch Anfragen Washingtons und Moskaus. Angesichts dieser Situation schlug er am 24. November vor, die Kontrollkommission um ihre Stellungnahme zu bitten[83], was am 5. Dezember geschah.[84] Ausdrücklich wurde betont, Bevin habe sich noch nicht festgelegt, er denke aber an die Errichtung einer Gesellschaft öffentlichen Rechts, um auf diese Weise die Ruhr zum Vorteil ganz Westeuropas zu nutzen; auch in der Frage der Abtrennung habe sich der Außenminister noch nicht entschieden.[85]

Unmittelbar nach Eingang des entsprechenden Schreibens des Control Office bei der Kontrollkommission bildete Robertson eine Arbeitsgruppe, der außer ihm selbst noch William Strang und Percy Mills angehörten, und die die gewünschte Stellungnahme ausarbeiten sollte. Daß diese Stellungnahme auf eine Ablehnung der französischen Pläne hinauslaufen würde, war zu erwarten, überraschend ist, mit welcher Schärfe dies geschieht. Die Pläne werden nicht nur aus wirtschaftlichen, sondern vor allen Dingen auch aus sicherheitspolitischen Gründen abgelehnt, wobei der potentielle Gegner, nämlich die Sowjetunion, unmißverständlich beim Namen genannt wird – allerdings deutlicher in den Entwürfen als im abschließenden Memorandum vom 18. Dezember selbst. Offensichtlich machte sich hier die Erfahrung jener Leute „vor Ort“ mit den Sowjets bemerkbar, wenn bereits im Dezember eine „russische

---

81 „French Rhenania Plan“. Aufzeichnung O. Harvey v. 23. 11. 1945, mit handschriftlicher Notiz Bevins: „I regard Smuts telegram as useful it is well to know reactions + he raises Points that have to be met sooner or later.“ FO 371/46726/C 8902/22/18.

82 Aufzeichnung J. Troutbeck v. 23. 11. 1945. FO 371/46726/C 8904/22/18.

83 Aufzeichnung O. Harvey v. 24. 11. 1945 u. O. Sargent v. 25. 11. 1945, mit Anmerkung von Bevin: „Agree.“ Ebd.

84 Vgl. Dok. Nr. 52, Anm. 3.

85 Dok. Nr. 52.

*Foto Nr. 4:* Sir Percy Mills, Leiter der Wirtschaftsabteilung der Kontrollkommission. Zusammen mit Sir Brian Robertson, Sir William Strang und Christopher Steel gehört er zu jenen „Männern vor Ort", die von Anfang an die französischen Pläne einer Abtrennung des Ruhrgebietes ablehnen und sich später für den Zusammenschluß der Provinzen Westfalen und Nordrhein zum neuen Land Nordrhein-Westfalen aussprechen. (National Portrait Gallery)

*Foto Nr. 5:* Sir William Strang, politischer Berater des britischen Oberbefehlshabers in Deutschland. Zusammen mit Sir Brian Robertson gehört er zu den einflußreichsten Briten in Deutschland. Er lehnt die französischen Abtrennungspläne von Anfang an ab und plädiert für die Bildung des Landes Nordrhein-Westfalen. (National Portrait Gallery)

Gefahr" diagnostiziert wird, die wenige Wochen später auch in London so erkannt und dann zum Dreh- und Angelpunkt der britischen Deutschlandpolitik insgesamt wird.

Bislang war lediglich das gemeinsame Memorandum von Robertson, Strang und Mills bekannt, das sich in den Akten des Foreign Office befindet. Die inzwischen zugänglich gewordenen Akten der Kontrollkommission ermöglichen es, die Genesis dieses Memorandums nachzuzeichnen. Demnach legte Mills am 12. Dezember eine erste Stellungnahme vor, in der auf die möglichen Konsequenzen der französischen Pläne verwiesen wurde. Fünf dieser Argumente wurden fast wörtlich in das Memorandum vom 18. Dezember übernommen.

1. Die von Frankreich vorgeschlagenen Maßnahmen würden Deutschland kurzfristig zwar „vollkommen strangulieren" und ein zusätzliches Maß an Sicherheit gegenüber Deutschland bieten, aber nur solange sie aufrechterhalten werden könnten und eine Sache lediglich zwischen Franzosen und Deutschen bleibe.

2. Es werde ein Deutschland geben, das die Ruhr, Schlesien und seine fruchtbarsten Gebiete im Osten verloren habe und Millionen Flüchtlinge aus den verlorenen Territorien und der Tschechoslowakei aufnehmen müsse.

3. Dieses Deutschland, mit wenig Kohle, ohne Stahl, ohne ausreichende Nahrungsmittel und ohne die Möglichkeit, durch Exporte die notwendigen Einfuhren zu finanzieren, werde zu einem sehr großen Problem werden. Es müsse entweder neue Industrien aufbauen, was sehr schwierig sei, oder aber, was wahrscheinlicher sei, vom Osten, sprich Rußland, abhängig werden.[86]

4. Die in Potsdam vereinbarte Reparationsregelung sei nicht durchzuführen, da man aus einem solchen Deutschland wohl kaum Reparationen entnehmen könne.

5. Eine internationale Verwaltung sei mühsam und schwerfällig und könne ständig zu Streit unter den beteiligten Staaten führen.

Andere Probleme kamen hinzu: der französische Plan mit seiner völligen Mißachtung der elementarsten Bedürfnisse der Deutschen und der Tatsache, daß die Deutschen ein Volk seien, werde von allen Deutschen, davon war Mills überzeugt, abgelehnt werden – mit der Konsequenz, daß damit auch jede Möglichkeit zur Umerziehung der Deutschen verlorengehe. Das Ruhrterritorium würde im übrigen wohl nur existieren können durch den Anschluß seiner Wirtschaft an die des Westens, „und das heißt de facto Frankreichs". Ausführlich ging Mills auf die Rolle der Sowjetunion ein. Für ihn war klar, daß die Sowjets der Integration der Ruhrindustrie – mit ihrem Kriegspotential – in die westliche Wirtschaft ohne ein erhebliches Mitspracherecht beim Management dieser Industrie wohl kaum zustimmen würden. Wie würde die Situation dann aussehen? Restdeutschland würde von den Sowjets beherrscht werden, und die Westmächte wären in einer schwachen Position, in der sie wegen der Ruhr keinen Konflikt mit den Sowjets wagen könnten, da es für die Sowjets wahrscheinlich ein leichtes sei, mit Unterstützung der unzufriedenen Deutschen die Ruhr zu übernehmen. Das Ziel der Sowjets sei wahrscheinlich, Deutsch-

86 In einem Entwurf v. 11. 12. 1945 hieß es, in „Rumpfdeutschland werden sich die Bevölkerung, verbittert durch die Entbehrungen, und die überzeugten Anhänger des Kommunismus Rußland zuwenden, in der Hoffnung, daß es sie von ihrem Elend befreit". FO 1039/ 158.

land so schwach wie möglich zu halten und so viel Industrieanlagen wie möglich zu entfernen, während die Briten zwar das Kriegspotential abbauen, aber den Deutschen doch so viel Industrie belassen wollten, um ihnen als friedliches Volk einen bescheidenen Lebensstandard zu ermöglichen. Auch wenn es schwierig sei, könne man mit den Russen möglicherweise doch einen Kompromiß aushandeln. Der französische Plan werde einen solchen Kompromiß wahrscheinlich unmöglich machen und die Russen ins Rheinland und ins Ruhrgebiet bringen. Um Deutschland vor russischer Herrschaft zu bewahren, mußte demnach die britische Besatzung aufrechterhalten bleiben, wobei noch ein anderer Punkt hinzukam: die US-Truppen würden wahrscheinlich „in relativ kurzer Zeit von der Bildfläche verschwinden"; dann aber werde man entweder gezwungen sein, an einer Regelung festzuhalten, die nicht sehr lange, auch nicht dem eigenen Volke gegenüber, als gerechte Sache hingestellt werden könne, und die überall in Deutschland abgelehnt werde, „oder aber wir müssen das Feld in erster Linie den Sowjets und Frankreich überlassen", wobei viel davon abhing, wieweit man den Sowjets überhaupt trauen konnte. „Langfristig", so das Resümee von Mills,

„sind die Auswirkungen des französischen Plans geradezu alarmierend, nicht zuletzt im Hinblick auf unsere eigene moralische Position. Man könnte wohl mit Recht darauf verweisen, daß die Briten durch die Zustimmung zu dem in diesem Plan implizierten Elend nicht nur ihre Prinzipien als zivilisiertes Volk verraten haben, sondern daß sie auch unglaublich dumm gewesen sind, indem sie die reale Gefahr einer kommunistischen Aggression in technische Reichweite des Vereinigten Königreiches gebracht haben."[87]

William Strang stimmte diesen Überlegungen am nächsten Tag im Prinzip zu. Allerdings war er der Meinung, daß Mills die im Hinblick auf Rußland angestellten Überlegungen in dem Papier vom 2. November[88] besser formuliert hatte, denn, so Strang,

„was wir zu fürchten haben, ist nicht so sehr, daß die Russen ins Ruhrgebiet einmarschieren, sondern daß sie dort einen beherrschenden Einfluß gewinnen – wahrscheinlich mit Hilfe der Deutschen selbst".

Er gab dann zu bedenken, wo in der Stellungnahme der Kontrollkommission die Schwerpunkte liegen sollten: zum einen im wirtschaftlichen Bereich. Was Mills formuliert hatte, schien nicht auszureichen. Die Franzosen hätten selbst zugegeben, daß ihr Plan wirtschaftliche Nachteile habe und sie ihn in erster Linie aus politischen oder aus Sicherheitsgründen vorgelegt hätten. Hier galt es anzusetzen und zunächst klarzumachen, daß der Plan „wirtschaftlich nicht lediglich Nachteile hat, sondern eine Katastrophe ist, aus der Sicht der Ruhr, aus der Sicht Rumpfdeutschlands, oder aus jeder anderen Sicht". Das sicherheitspolitische Argument kam hinzu: Selbst wenn es im Hinblick auf Deutschland zutreffen würde, gab es insgesamt nicht auch hier Nachteile? Für Strang stellte sich die entscheidende Frage: Würde ein Deutschland, zu dem Ruhrgebiet und Rheinland gehörten und das damit einigermaßen lebensfähig war, politisch oder wirtschaftlich nicht eher in der Lage sein, sowjetischem Einfluß zu widerstehen als ein Rumpfdeutschland, das wirtschaftlich nicht lebensfähig war und dessen wichtigstes Industriegebiet und ein Teil der Hauptstadt bereits von den Sowjets besetzt waren? Konnte das Ruhrgebiet sowjetischem Ein-

87 Top Secret. „The Future of the Rhineland and Ruhr". Memorandum von Sir Percy Mills v. 12. 12. 1945. FO 1030/191. Dok. Nr. 53.

88 Siehe Dok. Nr. 43.

fluß, der sich z. B. über Hamburg und den Rhein ausbreiten würde, lange widerstehen? „Kurz gesagt“, so Strang abschließend,

„würden wir im Hinblick auf unsere Sicherheit nicht besser dastehen mit einem Deutschland (einschließlich Ruhrgebiet und Rheinland) als Pufferstaat zwischen den Westmächten und der Sowjetunion bei gleichzeitiger militärischer Besetzung von Ruhrgebiet und Rheinland durch die Westmächte?“[89]

Am gleichen Tag, an dem Strang diese Gedanken zu Papier brachte, wurde ein anderes Memorandum fertiggestellt, das ebenfalls für die weitere Entwicklung im Hinblick auf „Nordrhein und Westfalen“ von erheblicher Bedeutung war. Es stammte von General G. I. Thomas, dem Befehlshaber des 1. Corps der Rheinarmee, dem das Rhein-Ruhrgebiet unterstand. Robertson hatte Thomas am 10. Dezember um dessen Stellungnahme zu den französischen Plänen gebeten, weil er es, wie er Thomas geschrieben hatte, für „sehr hilfreich“ halte, die Unterstützung eines Mannes zu bekommen, „der die gegenwärtige Situation im Ruhrgebiet besser als jeder andere aus erster Hand kennt“; der Oberbefehlshaber, d. h. Montgomery, habe dem zugestimmt.[90]

Die Einbeziehung von General Thomas in den Entscheidungsprozeß der Kontrollkommission war zweifelsohne ein geschickter Schachzug von Robertson; zum einen erhielt damit die eigene Stellungnahme ein größeres Gewicht, zum anderen wurde Montgomery – dessen abweichende Meinung ja bekannt war – damit ausgespielt; wenige Tage später wurde er denn auch mit einem fait accompli konfrontiert: entweder Annahme des Memorandums oder Einsetzung einer neuen Arbeitsgruppe.

Thomas hielt von den Sicherheitsvorstellungen, mit denen die Franzosen ihre Pläne ja begründeten, überhaupt nichts. Sicherheit sei eine Sache, an der im übrigen alle interessiert seien, nur müsse man bei diesem Thema in Begriffen der modernen Kriegsführung denken: „Die alten Klischees, daß man sich hinter Flüssen und Maginot-Linien verstecken kann, treffen nicht mehr zu.“ Wenn Deutschland völlig entwaffnet bleibe, werde Frankreich von niemandem bedroht – es sei denn, es fürchte sich vor Rußland. Werde Deutschland aber jemals wieder in der Lage sein, Frankreich anzugreifen, dann werde kein Fluß die Deutschen aufhalten. Das Gebiet westlich des Rheines werde unweigerlich zu einer „terra irredenta“, es sei denn, alle Bewohner würden ins restliche Deutschland vertrieben, wie in den Gebieten östlich der Oder. Wo in Deutschland sollten diese Menschen dann hin? Wie sollte das Rheinland neu besiedelt werden? Die Franzosen seien dazu außerstande.

Thomas beschäftigte sich dann mit dem Ruhrgebiet und stellte in diesem Zusammenhang die für die spätere Entwicklung entscheidende Frage: „Was meinen wir mit Ruhrgebiet? [...] Wenn wir damit in der Tat Westfalen und die Nordrheinprovinz meinen, dann wird durch eine französische Besetzung der linksrheinischen Gebiete die wirtschaftliche Einheit des Ruhrgebietes zerstört.“ Ein Blick auf die Karte beweise dies: Frankreich werde auf einen Schlag die Kohlenreviere von Aachen und Köln und das halbe Industriegebiet der Ruhr übernehmen – und das führe zu

89 „Future of the Rhineland and Ruhr“. Aufzeichnung von Sir William Strang v. 13. 12. 1945 für Sir Brian Robertson. FO 1030/ 191. Dok. Nr. 54.

90 Top Secret and Urgent. Schreiben Sir Brian Robertson an G. I. Thomas v. 10. 12. 1945. FO 1039/ 158. Vgl. Dok. Nr. 55, Anm. 1.

*Foto Nr. 6:* Sitz des Hauptquartiers der Britischen Rheinarmee im Hotel Königshof in Bad Oeynhausen. (Stadtarchiv Bad Oeynhausen)

*Foto Nr. 7:* Auf dem Nordbahnhof von Bad Oeynhausen wird eine Orientierungstafel der Britischen Rheinarmee aufgestellt. Interessant der Hinweis auf den „Westfälischen Badekurort". (Stadtarchiv Bad Oeynhausen)

dem Verdacht, daß die Franzosen bei ihren Plänen Sicherheitsprobleme nur vorgeschoben hätten.

Wie würden die Probleme für das von Frankreich geforderte „Ruhrterritorium" aussehen? Es müßte Eisen- und Stahl-Halbfertigwaren aus Lothringen, Eisenerz aus Lothringen, Nordafrika und Schweden und darüber hinaus sämtliche Lebensmittel, Benzin und Energie einführen. Exportiert würden dafür Gas, Kohle, Koks nach Lothringen und Fertigprodukte, von denen Textil- und Lederwaren etc. auf dem Weltmarkt konkurrieren würden. Im Rahmen der Reparationspolitik würden große Industrieunternehmen demontiert, ohne Möglichkeiten von Neuansiedlungen. In Krisenzeiten könnten keine zusätzlichen Arbeitsplätze geschaffen und notwendige Importe finanziert werden, in normalen Zeiten sei das Gebiet dennoch „eine Oase, von Deutschen umgeben", und von daher sei eine politische Infiltration noch leichter als etwa im Fall Danzig; vor allen Dingen aber sei dort nicht genug Platz, um 50 000 Soldaten stationieren zu können. Zusammengefaßt hieß das: „Das vorgeschlagene Ruhrterritorium ist aus militärischer, politischer und wirtschaftlicher Sicht zu klein."

Thomas ging dann noch einmal auf das Thema Sicherheit ein. Seiner Meinung nach war es absolut notwendig, eine Wiederbewaffnung Deutschlands zu verhindern und von daher sicherzustellen, daß es niemals wieder uneingeschränkt über das Ruhrpotential verfügen könne. Auf der anderen Seite müsse bei jeder Lösung realistischerweise die Tatsache berücksichtigt werden, daß die Industrie in diesem Gebiet lebenswichtig sei für das Deutschland westlich der Oder. In den nächsten Jahren sei zudem damit zu rechnen, daß in Großbritannien und vor allen Dingen in den USA jene Stimmen lauter würden, die den Abzug der Besatzungstruppen aus Deutschland forderten. Wenn sich aber die Alliierten aus Deutschland zurückziehen würden, gebe es keine Möglichkeit mehr – wie das Jahr 1919 bewiesen habe –, eine geheime Aufrüstung zu verhindern. Man könne dieses Problem möglicherweise in den Griff bekommen, indem man ein bestimmtes Gebiet bis zum letztmöglichen Moment besetzt halte.

Sollte es aber dennoch zu einer Teilung Deutschlands westlich der Oder kommen – „falls dies überhaupt eine vernünftige Politik ist" –, mußte nach Meinung von Thomas dafür gesorgt werden, daß das abgetrennte Gebiet eine wirtschaftliche Einheit war und keine neuen Probleme schaffe, etwa im Hinblick auf die Franzosen im Rheinland, oder gar neue Gefahren angesichts einer kleinen Ruhrenklave. Dann aber lautete die Antwort auf die Frage nach dem Umfang des Industriegebietes an der Ruhr und was alles dazu gehöre: „Der größte Teil der Nordrheinprovinz, wenn nicht gar die gesamte Provinz, und Westfalen", wobei man von Westfalen noch Minden herausnehmen könnte und dennoch die bestehenden Provinzgrenzen erhalten bleiben würden.

Zum erstenmal sprach damit ein einflußreicher Mann „vor Ort" von Nordrhein und Westfalen als einer Einheit, wobei er dies aber mehr unter dem Aspekt einer möglichen Abtrennung dieses Gebietes sah, obwohl er im Prinzip gegen eine solche Abtrennung war. Einige seiner Argumente wurden sechs Monate später dann wieder genannt, als es um die Grenzen des neuzuerrichtenden Landes an Rhein und Ruhr ging. Nach Meinung von Thomas sprachen folgende Gründe für die Abgrenzung eines so großen Gebietes.

1. „Es ist eine Mischung von Stadt und Land und befindet sich auf dem Weg, eine wirtschaftliche Einheit zu werden."

2. Es sei groß genug, um einige jener Menschen anzusiedeln, die als notwendige Folge der Reparationspolitik ihre Heimat verlieren würden.

3. Dort werde nach Durchführung der Reparationen kein Kriegspotential mehr vorhanden sein.

4. „Es ist zu groß, als daß es ohne große Armee angegriffen werden könnte, und Deutschland hat nicht die industriellen Ressourcen, um eine solche Armee aufzustellen."

5. „Dort ist Raum genug vorhanden, um nahezu jede beliebig große Besatzungstruppe stationieren zu können."

6. „Aus wirtschaftlicher Sicht ist es groß genug, um einen Exportüberschuß sicherzustellen." Das sei notwendig, um für einen einigermaßen erträglichen Lebensstandard im übrigen Deutschland zu sorgen, was zumindest ein Weg sei, um das Verlangen nach Rache zu reduzieren.

7. „Es ist das entscheidende Gebiet – aus wirtschaftlicher Sicht –, aus dem Deutschland herauszuhalten ist." Hier sollten – nach Rückzug aus dem übrigen Deutschland – Besatzungstruppen stationiert bleiben.

8. „Die Besatzung dieses Gebietes durch alliierte Truppen – bei gleichzeitiger Kontrolle der Industrie – erfüllt sowohl die sicherheitspolitischen als auch wirtschaftlichen Ziele der Franzosen" – ohne die Nachteile der französischen Pläne.

Am Schluß seines Memorandums machte Thomas dann allerdings deutlich, daß er von einer Besetzung dieses Gebietes durch alliierte Truppen nicht sehr viel hielt. „Das Gebiet liegt bereits in der britischen Zone, und man hat sich dort an die britische Militärregierung gewöhnt. Warum soll das durcheinandergebracht werden?" Und wenn die Briten dort blieben, war auch das Sicherheitsproblem gelöst. Warum sollten zu den bestehenden Vier-Mächte-Querelen in Berlin noch ähnliche Probleme im Ruhrgebiet hinzukommen? Es würde auch keine Probleme im Hinblick auf Währung, Grenzzölle, deutsche Staatsbürgerschaft etc. geben. Er brachte dann noch einen Gedanken ein, der später auch aufgegriffen wurde; dabei ging es um die Kontrolle der Industrieunternehmen. Sie sollten seiner Meinung nach von einer internationalen Gesellschaft betrieben werden, deren Charter einen bestimmten Lebensstandard für ganz Deutschland sicherstellen sollte. Exporte müßten diesem Standard und den Reparationsforderungen entsprechen.[91]

General Thomas legte Robertson sein Memorandum am 13. Dezember vor, einen Tag später machte Bevin auf dem Weg zur Außenministerkonferenz in Moskau Station in Berlin. Als Robertson ihn in großen Zügen über die zu erwartende Stellungnahme der Kontrollkommission informierte, erteilte Bevin den Auftrag, einen Alternativplan zu entwickeln, wobei er zu verstehen gab, daß er eine internationale Kontrolle der Ruhrindustrie befürworte.

---

91 Top Secret. „Note on the French Proposals". Memorandum General G. I. Thomas v. 13. 12. 1945. FO 1030/191. Dok. Nr. 55.

Am nächsten Tag fand dann eine gemeinsame Besprechung zwischen Robertson, Strang, Mills und Thomas statt, in der die Schwerpunkte der abzufassenden Antwort festgelegt wurden: Die wirtschaftlichen Folgen der französischen Pläne wurden nun als „katastrophal" bezeichnet, die politischen als gefährlich, „weil Rußland an den Rhein gebracht wird, und die Franzosen und wir dadurch in Gefahr geraten".

Der von Mills skizzierte Alternativplan („wir müssen den Franzosen etwas anbieten, was ihnen die Sicherheit gibt, nach der sie suchen"[92]) wurde ebenfalls gebilligt.[93]

In dem am 18. Dezember fertiggestellten Memorandum wurden dann aus den verschiedenen Memoranden jene Punkte übernommen, in denen die Ablehnung der französischen Pläne besonders deutlich zum Ausdruck kam. Mit Nachdruck wurde dabei der Sicherheitsaspekt betont: Rumpfdeutschland, ohne Rheinland, Ruhr, Saar, Schlesien und die Agrargebiete im Osten, verarmt, und unfähig, sich selbst am Leben zu erhalten, werde sich unweigerlich an Rußland anlehnen und von diesem abhängig werden; weder Frankreich noch irgendein anderes westliches Land könnte sich aber sicher fühlen, wenn der russische Einfluß bis an das Ruhrgebiet und das Rheinland heranreiche.

Gleichzeitig wurde ein Alternativplan vorgelegt. Die vorgeschlagenen Maßnahmen beschränkten sich dabei nicht auf das von den Franzosen als „Ruhrterritorium" bezeichnete Gebiet, sondern Ausgangspunkt war das gesamte Industriegebiet an Rhein und Ruhr, und das hieß – ganz im Sinne von General Thomas – die Provinzen Nordrhein und Westfalen. Mit Nachdruck sprach man sich gegen die Errichtung künstlicher Barrieren um diese Provinzen herum oder durch sie hindurch aus; beide Provinzen sollten Teil der deutschen Wirtschaft bleiben und nicht von Deutschland abgetrennt werden. Eine Abtrennung werde zu Unruhen und Unzufriedenheit unter den Bewohnern und in Mitteleuropa zu einem Elend führen, das „moralisch nicht zu rechtfertigen und politisch unklug ist". Man schlug statt dessen vor:

1. Militärische Besetzung der beiden Provinzen durch die Alliierten – wobei selbstverständlich die Westalliierten gemeint waren – für zunächst fünfzig Jahre. Auch nach Ablauf dieser Zeit sollte der Abzug der Truppen von den dann vorherrschenden Bedingungen in Deutschland abhängig gemacht werden. Die Truppenstärke sollte erheblich über der von Frankreich genannten Zahl 50 000 liegen.

2. Die in Potsdam vereinbarte Reparationsregelung sollte in diesem Gebiet in vollem Umfang durchgeführt werden, d. h. Kriegsindustrie würde zerstört, Industriekapazität abgebaut und Maschinen und Ausrüstung für Reparationszwecke zur Verfügung gestellt werden.

3. Internationale Verwaltung und internationales Management der Unternehmen wurden abgelehnt; den Deutschen sollte erlaubt werden, die Unternehmen selbst zu leiten, bei entsprechenden Kontrollen, die die Ziele der Alliierten sicherstellen sollten. Diese Kontrollen sollten durch ein im Lande selbst angesiedeltes internationales

92 Top Secret. „The Future of the Rhineland and the Ruhr" v. 15. 12. 1945. FO 1030/191.

93 Top Secret. „Ruhr/Rhineland". Protokoll der Sitzung der Arbeitsgruppe in der Wirtschaftsabteilung der Kontrollkommission am 15. 12. 1945. FO 1039/158 und FO 1030/191. Dok. Nr. 57.

Gremium durchgeführt werden, dem sämtliche Vollmachten zur Verfügung stehen würden, um folgende Ziele zu erreichen:

a) Verbot der Kriegsindustrie;

b) Einschränkung von Kapitalinvestitionen in den Bereichen Stahl, Chemie, Maschinenbau und anderen eingeschränkten Industrien;

c) Verbot von Firmenzusammenschlüssen ohne vorherige Genehmigung;

d) Einschränkung bei bestimmten Exporten und Importen.

4. Bei den Schlüsselindustrien in diesem Gebiet sollte es zukünftig keinen deutschen Privatbesitz mehr geben. Die Lösung dieses Problems hatte man offensichtlich von Bevin selbst übernommen: Die Besitzrechte sollten demnach internationalen öffentlichen Dachgesellschaften („public holding companies") übertragen werden, mit entsprechenden Besitzanteilen der interessierten Staaten, wobei auch daran gedacht war, einer deutschen Zentral- oder Landesregierung Anteile zu überlassen. Die Vertreter der interessierten Mächte sollten dann eine Art Wirtschaftsbeirat („Council for Industry") bilden, der sicherstellen sollte, daß die Ressourcen dieses Gebietes ganz allgemein dem Wiederaufbau Europas zur Verfügung stehen würden. Die Geschäftsbedingungen dieses Beirates – nur hier war offensichtlich an eine Beteiligung der Sowjetunion gedacht, auch wenn dies nicht offen gesagt wurde – sollten „sehr sorgfältig" überlegt werden, seine Aufgaben auf die Formulierung allgemeiner Richtlinien beschränkt bleiben, die ausreichten, die genannten Ziele zu erreichen. Darüber hinaus sollte er keine Befugnisse erhalten, sich in die tägliche Geschäftspolitik einmischen zu können. Offen war dabei noch das Verhältnis zwischen Kontrollgremium und Industriebeirat. Nach Meinung der Kontrollkommission schien die beste Lösung zu sein, den Beirat dem Kontrollgremium zu unterstellen.[94]

In der Sitzung am 15. Dezember hatte es Robertson übernommen, Montgomery von dem Ergebnis der Arbeitsgruppe zu informieren und ihn vor die Alternative zu stellen, entweder zu akzeptieren oder eine neue Arbeitsgruppe einzurichten.[95] Montgomery tat keines von beiden, sondern äußerte sich in einem Begleitschreiben an Arthur Street – ein bemerkenswerter Vorgang, der zeigt, wie groß die Kluft zwischen dem Oberbefehlshaber und seinen wichtigsten Mitarbeitern tatsächlich war. Montgomery teilte die Kritik an dem französischen Plan und betonte, daß er entschieden gegen eine Abtrennung der Ruhr sei, lehnte aber den Alternativplan genauso entschieden ab. Er hielt es für unwahrscheinlich, daß Frankreich, Belgien und Holland fünfzig Jahre lang Truppen in Nordrhein und Westfalen stationieren würden, und selbst dann würden auch fünfzig Jahre nicht ausreichen, um die deutsche Gefahr zu beseitigen. Aus seiner Sicht hatte sein alter Plan – Rückverlegung der deutschen Westgrenze an den Rhein – bessere Erfolgsaussichten. Das Schreiben Robertsons vom 9. November hatte ihn offensichtlich genauso unbeeindruckt gelassen wie die jetzt in dem Memorandum genannten Argumente, daß die Deutschen in

94 Top Secret. „The Future of the Rhineland and the Ruhr". Memorandum v. 18. 12. 1945. FO 371/55399/C 14/14/18. Dok. Nr. 60. Am 19. 12. ging ein Exemplar an Arthur Street, am 20. 12. 1945 je ein Exemplar an Oliver Harvey im Foreign Office und Sir Alexander Cadogan in Moskau.

95 Vgl. Dok. Nr. 57.

den annektierten Gebieten unzufrieden und feindlich sein würden: „Ich stimme dem absolut nicht zu. Wenn sie gut regiert werden, und wenn man ihnen Wohlstand und Freiheit gibt, dann sehe ich keinen Grund, warum sie nicht gute Bürger ihres neuen Staates werden sollten." Ihm gehe es bei seinen Empfehlungen um die militärische Sicherheit Westeuropas. Weil dies in der Friedensregelung nach dem Ersten Weltkrieg nicht beachtet worden sei, „konnte Deutschland erneut zuschlagen". Montgomery räumte dann zwar ein, daß es wirtschaftliche und politische Gründe gebe, die gegen seinen Vorschlag sprächen, in dem Memorandum aber würde „militärische Sicherheit ökonomischer Vorteile wegen geopfert. Dazu werde ich niemals ja sagen."[96]

Aus den Akten ist nicht zu ersehen, ob, und wenn ja, welche unmittelbaren Reaktionen Montgomerys bitterer Kommentar im Kontrollamt oder im Foreign Office auslöste; zu vermuten ist: gar keine, was auch von den beteiligten ehemaligen Mitarbeitern des Foreign Office bestätigt wird. Der Rhein als deutsche Westgrenze war kein ernsthaftes Thema in London. Wenn EIPS wenige Tage später den Auftrag erhielt, die möglichen Konsequenzen einer Abtrennung des linksrheinischen Gebietes zu untersuchen, so hatte das mit Montgomerys Vorschlag nichts zu tun, sondern ging auf die französische Forderung zurück, dort ein, zwei oder drei unabhängige Staaten zu errichten.

96 Top Secret. Schreiben Feldmarschall Montgomery an Sir Arthur Street, 19. 12. 1945. FO 371/55399/ C 14/14/18. Dok. Nr. 60, Anm. 1.

# III. ABTRENNUNG DES RUHRGEBIETES? INTERNATIONALISIERUNG ODER SOZIALISIERUNG DER RUHRINDUSTRIE?

## 1. *Die Internationalisierung der Ruhrindustrie als Kompromiß: das Ruhrgebiet soll deutsch bleiben, die Industrie in den Besitz der Sieger übergehen*

Die Ungewißheit über das Schicksal von Rheinland und Ruhrgebiet wirkte sich auf die Arbeit des Kontrollrates geradezu verheerend aus. Die französische Obstruktionspolitik verhinderte hier jeden Fortschritt im Sinne einer gesamtdeutschen Politik. Unklar war auch, welche Konsequenzen dies für die im Kontrollrat beginnenden Verhandlungen zur Festsetzung des zukünftigen Industrieniveaus für Deutschland haben würde. Es war Bevin, der dann im Anschluß an seine Gespräche mit der Kontrollkommission in Berlin eine erste Grundsatzentscheidung traf. Sie hatte mit der gegenüber Bidault noch im September in Chequers gemachten Äußerung im Hinblick auf die Errichtung einer Republik „Rhenania" nichts mehr gemein. Inzwischen hatte der britische Außenminister die Berichte über die britisch-französischen und russisch-französischen Informationsgespräche gelesen und mit Vertretern der belgischen und holländischen Regierungen gesprochen. Jetzt stand sein Entschluß fest. Die Franzosen betrachteten das ganze Ruhrproblem unter dem Aspekt zukünftiger politischer Sicherheit; politische Sicherheit konnte aber seiner Meinung nach weder durch Besetzung oder Abtrennung eines Gebietes noch durch den einfachen Versuch erreicht werden, die Produktion an der Ruhr zu beschränken und den Lebensstandard der Deutschen insgesamt zu reduzieren. Bevin war jetzt auch davon überzeugt, daß die Abtrennung des Ruhrgebietes zu großen Problemen führen werde: wie sollten Importe und Exporte finanziert und das Wirtschaftsleben in Deutschland insgesamt in Gang gebracht werden? Auf der anderen Seite war auch er sich der Tatsache bewußt, daß Deutschland mit Hilfe des enormen Potentials an der Ruhr zwei Kriege geführt hatte – bei Frankreich, so Bevin, konnte man sogar von drei sprechen –, Frankreich und Belgien jedesmal zerstört hatte und England den Preis dafür hatte zahlen müssen. Die entscheidende Frage lautete demnach: wie konnte man Sicherheit erreichen, ohne das Industriepotential an der Ruhr zu zerstören? Bevin glaubte, offenbar unter dem unmittelbaren Eindruck seiner Gespräche mit Robertson, die Antwort gefunden zu haben: die Ruhrindustrie sollte internationalisiert werden, das Ruhrgebiet selbst deutsch bleiben bei entsprechenden alliierten Kontrollen und alliierter Besatzung. In einem Memorandum vom 16. Dezember, das er am nächsten Tag aus Moskau Orme Sargent in London übersandte, skizzierte er, wie er sich die Lösung vorstellte. Eine internationale Gesellschaft sollte gegründet werden, deren Anteile von den alliierten Regierungen, nicht von Privatleuten, gehalten werden sollten. Die westlichen Staaten und die Sowjetunion sollten das Recht haben, Anteile zu erwerben. Die wichtigsten Anteilseigner würden dann die Mitglieder eines Gremiums ernennen, das die Produktion an der Ruhr und das überwiegend deutsche Management überwachen sollte. Die Produktion sollte „für viele Jahre" auf Halbfertigwaren beschränkt bleiben, die Endproduktion in den übrigen europäischen Staaten durchgeführt werden. Es sollten keine besonderen Zollschranken um die Ruhr errichtet werden. Auf diese Weise, so hoffte Bevin, werde das Potential der Ruhr dem Wiederaufbau ganz Europas zugutekommen.

Dieser Plan, darüber war sich auch Bevin im klaren, war nicht ohne Risiko; andererseits glaubte er nicht, daß mit einem Zerschlagen der Industrie das von ihm gewünschte Ziel zu erreichen war. Für viele Jahre mußte das Gebiet militärisch besetzt bleiben, und während dieser Zeit, mit einer „sozialisierten Industrie", so die Hoffnung Bevins,

„wird möglicherweise eine völlig neue Generation von Deutschen heranwachsen, mit anderen Auffassungen und Zielsetzungen, insbesondere wenn das Ruhrgebiet eher international als national geprägt ist".[1]

Mit diesem Memorandum und der Aufforderung, das darin angeschnittene Problem insbesondere im Hinblick auf die französischen Pläne und die übrigen vorliegenden Papiere zu prüfen, da schon sehr bald eine Entscheidung getroffen werden müsse, gerieten seine im Foreign Office zurückgebliebenen Mitarbeiter in nicht geringe Verlegenheit, zumal diese zunächst davon ausgingen, daß offensichtlich auch das Thema „Ruhr" in Moskau diskutiert würde – sowohl mit Molotow und Byrnes als auch mit den Vertretern des Quai d'Orsay, die sich noch in der sowjetischen Hauptstadt aufhielten. Am 24. Dezember teilten sie Unterstaatssekretär Dixon mit, man arbeite unter Hochdruck an dem Memorandum, und baten dringend („most immediately") um Mitteilung, wieviel Zeit noch zur Verfügung stehe.[2] Am nächsten Tag kam die beruhigende Antwort von Dixon, man benötige die Sache nicht mehr in Moskau, Bevin wolle die Angelegenheit nach seiner Rückkehr klären.[3]

Harvey hielt es zunächst für notwendig, als erstes von EIPS einen konkreten Aktionsplan ausarbeiten zu lassen; dabei sollte es nicht um die politischen und militärischen Aspekte von Bevin's Plan gehen, die gesondert geprüft werden mußten, auch nicht um eine Diskussion über dessen Vorzüge, sondern um eine präzise Auflistung der notwendigen Schritte, um diesen Plan in die Tat umzusetzen, und der zu erwartenden Schwierigkeiten, die dabei zu überwinden waren. In dem Entwurf eines Schreibens an Mark Turner nannte er die Fragen, auf die er Antworten erwartete:

1. Welche Industrien würden überhaupt für die vorgeschlagene Internationalisierung in Frage kommen?

2. Wie würde sich die internationale Kontrolle in die Gesamtstruktur der Ruhrindustrie einfügen? Sollte eine zentrale Dachgesellschaft errichtet werden, die die Unternehmen kontrollierte, oder sollte eine Art Ruhrbehörde – ohne Besitzanteile – die Unternehmen kontrollieren? Sollten alle Regierungen gleich viele Besitzanteile an allen Unternehmen haben oder unterschiedliche Anteile entsprechend ihren Interessen?

3. War abzuschätzen, wieviel alliiertes Personal benötigt würde?

4. Mußte in die Unternehmen investiert werden, und wenn ja, woher sollte das Geld kommen?

---

1 Top Secret. „The Ruhr". Memorandum by the Secretary of State for Foreign Affairs, 16. 12. 1945. FO 1039/158 u. FO 942/516. Dok. Nr. 58.

2 Immediate. Secret. Telegr. Nr. 91. Foreign Office an P. Dixon, Moskau, 24. 12. 1945. FO 371/46726/ C 10102/22/18.

3 Immediate. Secret. Telegr. Nr. 128. P. Dixon an Foreign Office, 25. 12. 1945. Ebd.

5. Welche Maßnahmen waren notwendig, um sicherzustellen, daß die Ruhrprodukte nicht durch Zölle diskriminiert würden, und wie würde sich das auf die britische Wirtschaft auswirken?

EIPS sollte dabei von drei Voraussetzungen ausgehen:

1. Zur Diskussion stand nur das Ruhrgebiet im engeren Sinn, nicht das Rheinland.

2. „Es gibt keine Annexion des Ruhrgebietes." Die Souveränität sollte bis zur Übergabe an eine deutsche Regierung vom Kontrollrat ausgeübt werden, oder aber das Gebiet würde für fünfzig Jahre „gepachtet" werden. In jedem Fall werde es aber keine Zoll- und Währungsschranken mit dem übrigen Deutschland geben.

3. Der Reparationsplan werde ausgeführt und auf keinen Fall für die Ruhr modifiziert.[4]

In einem Memorandum für Bevin wies Harvey auf den entscheidenden Punkt hin, daß nach dessen Plan die Ruhr jetzt deutsch bleiben solle, „der Kernpunkt des französischen Planes aber sieht gerade dies nicht vor", und verwies dann auf drei Fragenkomplexe, die er schon in dem Schreiben an Turner angeschnitten hatte:

1. Pacht für 50 Jahre, 2. Ruhrkontrolle, 3. Reparationen.[5]

Am Nachmittag des 31. Dezember berieten Harvey, Turner, Hall-Patch und Ronald beide Entwürfe, die so von der Runde akzeptiert wurden. In einigen Punkten ergänzte man lediglich das Memorandum von Harvey: statt 50 Jahre Pacht wurden jetzt 99 Jahre vorgeschlagen, mit der klaren oder implizierten Zusage, das Gebiet an Deutschland zurückzugeben, wenn die gewünschten Ziele erreicht seien. Eine solche Lösung werde die französische Zustimmung erheblich erleichtern. Blieb die Frage nach dem Umfang des Gebietes: sollte es nur um das Ruhrgebiet im Sinne der französischen Vorstellungen gehen oder jene Gebiete aus dem Rheinland und Westfalen miteinbezogen werden, die das „ökonomische Hinterland" der Ruhr darstellten? Am Ende der Besprechung war man sich darin einig, Bevin um eine Unterredung zu bitten, um mit ihm die offenen Fragen zu klären.[6]

Diese Unterredung fand bereits am 3. Januar statt. Bevin las zunächst die Aufzeichnung von Harvey vor und erläuterte dann einzelne Punkte seines Memorandums. Blickt man vierzig Jahre später in das Protokoll dieser Unterredung, so ist schon erstaunlich, welche Gedanken der britische Außenminister nur sieben Monate nach Kriegsende hier entwickelte. Mit der Internationalisierung der Ruhrindustrie wollte Bevin demnach zwei Ziele erreichen: das erste und überragende, von dem jede detaillierte Planung auszugehen hatte, hieß Sicherheit – dies wurde gleich zweimal betont; ohne Schlesien und mit entsprechender Kontrolle und Überwachung der Ruhr würde Deutschland kein Kriegspotential mehr entwickeln können. Daß zukünftige Sicherheit einen so hohen Stellenwert hatte, konnte in der Tat niemanden überraschen. Das zweite Ziel aber, so Bevin, sollte „konstruktiver" und „weitrei-

4 „Secret. The Ruhr. Draft letter to Mr. Mark Turner", 30. 12. 1945. FO 942/516. Dok. Nr. 61

5 „Draft Minute to the Secretary of State from Mr. Harvey." FO 942/516.

6 „The Ruhr". Aufzeichnung O. Harvey v. 1. 1. 1946. Ebd. Dok. Nr. 62.

chender" sein: die Saar und die Ruhr hätten von Natur aus wirtschaftliche Verbindungen mit Belgien, Holland und Frankreich, die Zusammenarbeit habe aber in der Vergangenheit nicht funktioniert, weil Deutschland nicht mitgemacht habe. Wenn man jetzt die Wirtschaft der Ruhr mit der Frankreichs, Hollands und Belgiens verbinde, „dann könnte damit der Grundstein für so etwas wie die wirtschaftlich Vereinigten Staaten von Europa gelegt werden". Zwei Vorteile erwartete sich Bevin davon:

1. Bei einem einigermaßen akzeptablen Lebensstandard im Ruhrgebiet „wird der deutsche Arbeiter nicht mehr so leicht für politische Abenteuer zu haben sein" und

2. würde dieser Plan möglicherweise die Sowjetunion dazu bringen, Deutschland gegenüber eine weniger räuberische Haltung einzunehmen. Bevin dachte dabei nicht an eine Änderung des in Potsdam vereinbarten Reparationsplans; er sollte an der Ruhr genauso wie im übrigen Deutschland durchgeführt werden. Wenn aber die Russen, die für den Wiederaufbau ihres Landes enorme Mengen an Gütern benötigten, davon überzeugt werden könnten, Deutschland als den Lieferanten eines Teiles dieser Güter zu betrachten und nicht so sehr als ein Gebiet, das es auszurauben und auszuplündern galt, dann sei man schon ein erhebliches Stück weitergekommen.

Bevin sprach sich noch einmal gegen die Errichtung besonderer politischer Regime an der Ruhr und im Rheinland aus, d. h. gegen die politische Abtrennung; auch bei der Verpachtung des Ruhrgebietes auf 99 Jahre äußerte er Zweifel (er hatte aber nichts dagegen, daß EIPS auch diese Möglichkeit untersuchte); er versprach sich mehr von einer internationalen Kontrolle der Industrie plus langfristiger militärischer Besetzung. Auch die Frage nach dem Umfang der „Ruhr" beantwortete er: bei der Ausarbeitung seines Planes sollte EIPS die wirtschaftlich zusammenhängenden Teile Westfalens und des Rheinlandes miteinbeziehen.

Bevin skizzierte dann in groben Zügen, wie sein Plan in der Praxis funktionieren sollte. Die internationale Dachgesellschaft würde die Besitzanteile an der Industrie übernehmen (später konnte auch eine deutsche Zentral- oder Landesregierung Anteile erhalten, allerdings ohne Stimmrecht); Hauptziel der Gesellschaft sollte es sein, die Entwicklung so zu steuern, daß sich die Wirtschaft an der Ruhr und die der westlichen Nachbarstaaten gegenseitig ergänzten und ein Maximum zum Wiederaufbau Europas und ein Minimum zum zukünftigen Aufbau einer deutschen Militärmacht beitragen würde, wobei er auch die Gründung von Tochtergesellschaften zur besseren Überwachung einzelner Industrien nicht ausschloß. Aufgabe dieser Gesellschaft sollte es dabei nicht sein, Gewinne für die beteiligten Regierungen zu machen, sondern Kontrolle auszuüben. Sollte es Gewinne in Reichsmark geben – der Handel mit dem übrigen Deutschland sollte erlaubt sein –, sollten sie z. T. wieder in die Ruhr investiert, z. T. den Kommunen zum Ausgleich ihrer Haushalte überwiesen werden; Gewinne in Devisen sollten einer internationalen Treuhandgesellschaft überwiesen und die Ausgaben – in erster Linie zur Finanzierung von Importen – von ihr überwacht werden. Geschäftsführung und Management der Industrie sollten die Deutschen übernehmen.

Bei all diesen Überlegungen ging es zwar in erster Linie um Sicherheit und Kontrolle, aber Bevin dachte bereits einen Schritt weiter, an Absprachen zwischen der Ruhr-

*Foto Nr. 8:* Sir Mark Turner, Vorsitzender des interministeriellen Planungsstabes für Wirtschaft und Industrie (EIPS), der den ersten Ruhrplan am 4. 2. 1946 – ausgehend von einer Idee Ernest Bevins – vorlegt: die Unternehmen an der Ruhr sollen internationalisiert werden, d. h. Eigentum der Sieger werden: je 20 % für die USA, Großbritannien, Frankreich und die Sowjetunion, 10 % für Holland, die restlichen 10 % für Belgien und Luxemburg. (National Portrait Gallery)

industrie und der Wirtschaft der an der Kontrolle beteiligten Länder, ja sogar an „so etwas wie internationale Kartelle". Interessenskonflikte in der Dachgesellschaft zwischen nationalisierten und privaten Unternehmen sah er dabei nicht, da Frankreich und Belgien ihre Kohlenindustrie bereits nationalisiert hätten und weitere Nationalisierungen folgen würden. Internationale Kartelle hielt Bevin im übrigen nicht von vornherein für eine schlechte Sache – die Stahlindustrie z. B. war seiner Meinung nach in mehrfacher Hinsicht dafür sehr geeignet –, vorausgesetzt, man würde dabei den von privaten Kartellen betriebenen Mißbrauch verhindern. Nur dieser Mißbrauch beunruhigte im übrigen die amerikanische Regierung, und von daher sah er keine Probleme von seiten der Amerikaner, wenn nationalisierte Industrien enger zusammenarbeiten würden.

Die Sitzung im Foreign Office endete mit dem Auftrag Bevins an EIPS, seine Ideen zunächst in einen konkreten Plan zu bringen – unter Berücksichtigung des Memorandums der Kontrollkommission –, und diesen dann mit Robertson und dessen Mitarbeitern zu beraten. Über die Schwierigkeiten seines Planes, so heißt es in der Aufzeichnung des Foreign Office, sei Bevin sich im klaren,

„aber er sieht keinen anderen Weg, um das Ruhrproblem zu lösen. Wenn unser Plan fertig ist, will er ihn prüfen und möglicherweise dem Kabinett zur Kenntnis bringen. Falls das Kabinett zustimmt, will er die Initiative ergreifen, seinen Plan vorlegen und mit Interesse beobachten, ob die Regierungen der USA, Frankreichs oder der Sowjetunion einen besseren produzieren können."[7]

Bereits am nächsten Tag wurde ein Ausschuß unter Vorsitz von Oliver Harvey eingesetzt, der im Foreign Office die Arbeiten koordinieren sollte.[8] Es schien so, als habe Bevin mit seiner Initiative den gordischen Knoten „Ruhr" durchschlagen und der bereits Monate anhaltenden Ungewißheit endlich ein Ende bereitet. Seine Entscheidung löste beim Planungsstab für Wirtschaft und Industrie eine hektische Aktivität aus – nach genau vier Wochen schloß EIPS seine Arbeiten ab und legte einen detaillierten Plan vor, mit dem die von Bevin genannten Ziele erreicht werden sollten. EIPS ging bei seiner Untersuchung von vier Voraussetzungen aus:

1. Der Reparationsplan würde entsprechend dem Potsdamer Abkommen ausgeführt.

2. Ganz Deutschland würde mindestens für die nächsten fünf Jahre von den Alliierten besetzt und kontrolliert werden.

3. Am Ende der militärischen Besetzung Deutschlands würde jener Teil Westdeutschlands, in dem sich die Masse der von den Alliierten kontrollierten Unternehmen befand, auch weiterhin besetzt bleiben.

4. Rußland würde an der Kontrolle beteiligt werden.

---

7 Secret. Aufzeichnung vom 7. 1. 1946 über eine Besprechung im Foreign Office am 3. 1. 1946. FO 942/516, Dok. Nr. 63; sowie Top Secret. Schreiben von M. Turner, EIPS, v. 5. 1. 1946 an E. M. Playfair im Schatzamt. FO 942/516. Dok. Nr. 65.

8 Neben der Deutschlandabteilung waren in dem Ausschuß noch vier weitere Abteilungen vertreten: Westeuropa, Services Liaison, Wiederaufbau, Wirtschaftliche Beziehungen. Aufzeichnung von A. Rumbold über ein Gespräch am 4. 1. 1946 im Büro von O. Sargent. FO 371/55399/C 240/14/18.

Zwei Alternativen wurden untersucht: A. völlige oder teilweise Übernahme der Unternehmen durch die Alliierten, und B. Verpachtung des in Frage kommenden Gebietes mit Übernahme der Unternehmen.

EIPS kam zu dem Schluß, daß mit der Alternative A die gewünschten Ziele am besten zu erreichen waren, nämlich die Industrien Westdeutschlands zum Wohle ganz Europas aufzubauen und gleichzeitig ein Maximum an Sicherheit zu erreichen, ohne das Gebiet politisch von Deutschland abzutrennen. Mit Nachdruck wies der Planungsstab allerdings auf die zu erwartenden Schwierigkeiten für den Fall hin, daß eine deutsche Zentralregierung eine bewußte und auf Dauer angelegte Obstruktionspolitik betreiben oder die lokale Bevölkerung die Mitarbeit versagen würde. Das Sicherheitsrisiko würde darüber hinaus noch größer, falls die Kontrollmächte aufgrund von Streitigkeiten untereinander oder aufgrund der deutschen Haltung die Kontrolle aufgeben würden: die deutsche Industrie würde dann nämlich einen höheren Stand erreicht haben, als den, den die Alliierten den Deutschen wahrscheinlich zugestanden hätten, wenn sie die Industrien nicht selbst übernommen hätten. Auf der anderen Seite wurde noch einmal darauf verwiesen, daß eine Abtrennung dieses Gebietes – um dieser Gefahr zu begegnen – katastrophale Auswirkungen auf die Wirtschaft Restdeutschlands und der Ruhr und als Folge davon auch Westeuropas insgesamt haben und damit eine potentiell noch größere Gefahr bedeuten würde als das im Plan A vorhandene theoretische Risiko.

Die Kontrolle sollte sich auf die Unternehmen im nördlichen Teil der Rheinprovinz und im südlichen Teil der Provinz Westfalen beschränken. In Gesprächen mit Vertretern der Kontrollkommission war keine Einigung darüber erzielt worden, ob auch Unternehmen außerhalb dieses Gebietes in die Kontrolle miteinbezogen werden sollten. Die Kontrollkommission hatte sich dagegen ausgesprochen und argumentiert, eine effektive Kontrolle werde in jedem Fall nur durch die Anwesenheit von Besatzungstruppen sichergestellt, und es sei von daher ein Fehler, Unternehmen miteinzubeziehen, die in Gebieten lägen, wo keine Truppen stationiert waren. Falls die Deutschen die Autorität der Kontrollmächte untergraben wollten, würden sie genau bei diesen Unternehmen ansetzen, und wenn die Alliierten dann nicht die notwendigen Gegenmaßnahmen ergreifen wollten oder könnten, werde ihre Stellung nicht nur bei diesen Unternehmen geschwächt, sondern auch bei jenen, die im Kontrollgebiet lägen. Dies war zwar ein gewichtiges Argument, dem wurde aber entgegengehalten, daß es Ausnahmen gebe, die die Übernahme bestimmter Unternehmen außerhalb des eigentlichen Kontrollgebietes – in der britischen und amerikanischen Zone – rechtfertigten, wenn die Alliierten auf diese Weise praktisch eine vollständige Kontrolle eines wichtigen deutschen Industriezweiges erreichen würden. Als Beispiel wurden die Hermann-Göring-Werke in Salzgitter (das modernste Stahlwerk Europas) genannt; zusammen mit den Anlagen an der Ruhr würde man damit wahrscheinlich die Masse der deutschen Stahlproduktion kontrollieren, damit konnte man dann auch einen erheblichen Einfluß auf die übrigen stahlproduzierenden Länder ausüben und im übrigen die Aktivitäten von Salzgitter besser überwachen als mit Kontrollen, die man in einem Friedensvertrag festschreiben würde. Eine endgültige Entscheidung in dieser Frage wurde nicht getroffen; man verwies auf spätere Gespräche mit den übrigen Alliierten.

Wie sollte nun der EIPS-Plan im einzelnen funktionieren? Vorgesehen war, daß die USA, Großbritannien, Frankreich, die Sowjetunion, Holland, Belgien und Luxemburg den Besitz und damit die Kontrolle folgender Unternehmen übernehmen sollten:

a) die sechs größten Kohle- und Stahlkonzerne, nämlich 1. Gutehoffnungshütte, 2. Hoesch A. G., Dortmund, 3. Klöckner Werke A. G., Duisburg, 4. Friedrich Krupp, Essen, 5. Mannesmann Röhrenwerke A. G., Düsseldorf, 6. Vereinigte Stahlwerke A. G., Düsseldorf.

b) Alle übrigen Bergbauunternehmen mit ihren Tochtergesellschaften.

c) Alle übrigen Stahlwerke mit ihren Tochtergesellschaften und evtl. die Hermann-Göring-Werke in Salzgitter.

d) Die wichtigsten Firmen in diesem Gebiet, die zu den großen Chemie-, Maschinenbau- und öffentlichen Versorgungsunternehmen gehörten, wie etwa I. G.-Farben, Demag und das Rheinisch-Westfälische-Elektrizitätswerk.

Die Übernahme der Industriekonzerne wurde aus zwei Gründen empfohlen: 1. sei es unmöglich, eine klare Grenzlinie zwischen Stahl- und Maschinenbau zu ziehen. Die Kontrolle der Stahlwerke, die absolut notwendig sei, werde automatisch auch die Kontrolle eines Teiles der Maschinenbauindustrie mit sich bringen, und 2. sei man durch das Potsdamer Abkommen verpflichtet, übermäßige Konzentration der Wirtschaftskraft zu zerstören. Schon in früheren Untersuchungen hatte man darauf hingewiesen, daß dies außerordentlich schwierig sein würde, da es keine entsprechend kapitalkräftige Mittelschicht in Deutschland gebe; wenn man die Konzerne aber nicht in kleinere Einheiten zerlegen, sie aber auch nicht in deutschem Besitz lassen könne, dann sei es am besten, man übernehme sie selbst.

Die Besitzanteile dieser Unternehmen sollten, wie schon mehrfach erwähnt, in eine *Internationale Dachgesellschaft* eingebracht werden, wobei die vier Großmächte je 20 % der Anteile, Holland 10 % und Belgien und Luxemburg zusammen 10 % erhalten sollten. An der Spitze dieser Gesellschaft stand ein *Beirat* aus Vertretern der sieben Regierungen; dieser Beirat hatte mit technischen Dingen nichts zu tun, sondern sollte in erster Linie die Richtlinien der Wirtschaftspolitik bestimmen, er sollte seine Entscheidungen mit jeweils 51 % Stimmenmehrheit treffen, eine Regelung, bei der die Kontrollkommission Zweifel anmeldete, ob die Sowjetunion dem zustimmen werde. Unterhalb des Beirates waren für die einzelnen Industriezweige *Ausschüsse* vorgesehen – in die die sieben Regierungen ebenfalls je einen Vertreter entsenden sollten –, die für die Ausführung der vom Beirat festgelegten Politik verantwortlich waren. Unterhalb dieser Ausschüsse wiederum kam dann das *deutsche Management* in den einzelnen Firmen.

Die Übernahme der Unternehmen sollte durch einfache Beschlagnahme erfolgen; über eine Entschädigung machte man sich jetzt keine großen Gedanken; die ehemaligen Besitzer sollten Entschädigungsansprüche bei den Landesregierungen bzw. der Zentralregierung stellen, an die die Gewinne ausgezahlt werden sollten.

Solange der Kontrollrat für Deutschland als Ganzes verantwortlich war, gab es kein Sicherheitsrisiko, war demnach das Verhältnis der Dachgesellschaft zu deutschen Stellen – das konnten nur Provinzial- bzw. Landesregierungen sein – problemlos.

Die entscheidende Frage lautete demnach: Was würde am Ende der Besatzungszeit geschehen, wenn es wieder eine deutsche Zentralregierung geben würde? Man dachte an eine Charter der deutschen Regierung, in der die Rechte der Gesellschaft verankert werden sollten. Den Gedanken, zusätzliche Vollmachten zu fordern, um etwa in die deutsche Gesetzgebung eingreifen zu können, hatte man wieder fallengelassen, da dies kaum praktizierbar schien. Wenn eine deutsche Regierung nämlich unter allen Umständen entschlossen war, das ganze Unternehmen von Anfang an zu sabotieren, dann hätten diese Vollmachten so weitreichend sein müssen, daß es ganz unmöglich schien, ein für den Erfolg des Unternehmens notwendiges, akzeptables Verhältnis zur deutschen Regierung zu schaffen. Man hielt es daher für besser, die Rechte der Gesellschaft in der Charter ganz genau zu definieren; würde die deutsche Regierung die darin festgelegten Vereinbarungen nicht einhalten, konnten die sieben Regierungen Sanktionen durchführen: im Kontrollgebiet sollte vorübergehend die Regierungsgewalt übernommen oder Truppen eingesetzt werden, um auf diese Weise die entsprechenden Forderungen durchzusetzen, wobei die Übernahme der Regierungsgewalt einfacher schien, wenn zuvor in dem Kontrollgebiet eine neue Landesregierung eingesetzt worden war. Noch vor einer solchen radikalen Maßnahme konnten an der Landesgrenze Truppen stationiert werden, die den Transport von Kohle und Stahl aus dem Ruhrgebiet ins übrige Deutschland sofort stoppen würden.

Eine weitere Überlegung betraf die eventuelle Beteiligung der Vereinten Nationen an dieser Regelung. So wurde die Möglichkeit nicht ausgeschlossen, der deutschen Regierung das Recht zuzugestehen, den Sicherheitsrat in den Fällen anzurufen, wo ihrer Meinung nach die Dachgesellschaft eine Politik zum Nachteil deutscher nationaler Interessen betrieb und es nicht um Fragen der Sicherheit ging. Ein anderes Problem war, ob die beteiligten sieben Regierungen von sich aus das Recht haben sollten, militärische Sanktionen durchzuführen, oder zunächst die Zustimmung des Sicherheitsrates einholen mußten. Das letztere schien zwar logischer zu sein, konnte aber gefährlich werden, da bei möglichen Verzögerungen die Autorität der Gesellschaft untergraben würde. Um dieser Gefahr zu entgehen, sollte eine Regelung in die Charter aufgenommen werden, wonach der Beirat mit 75 % seiner Stimmen automatisch militärische Aktionen einleiten konnte; die deutsche Regierung sollte dann aber das Recht haben, *nach* erfolgter Aktion den Sicherheitsrat anrufen zu können.

Darüber hinaus war daran gedacht, zwei Klauseln in die Charter aufzunehmen, mit denen man hoffte, den Plan für die Deutschen annehmbarer zu machen. Die erste betraf das Ende der Kontrolle. Den Deutschen sollte bei Errichtung der Dachgesellschaft mitgeteilt werden, daß ihnen letztlich die Unternehmen zurückgegeben würden. Davon erhoffte man sich eine erhebliche psychologische Wirkung, und von daher schienen 25 Jahre am günstigsten zu sein, weil die meisten Deutschen das dann noch erleben würden. Angesichts der Probleme bei der Umerziehung der Deutschen in einem so kurzen Zeitraum und angesichts des damit verbundenen enormen Sicherheitsrisikos schien jedoch ein Zeitraum unter 50 Jahren für die beteiligten Regierungen nicht akzeptabel zu sein. Die zweite Klausel betraf die mögliche Übernahme von Anteilen durch die deutsche Regierung. Dies war erheblich komplizierter, da der Anteil natürlich nicht größer als der der vier Großmächte sein durfte;

damit aber konnten die Deutschen die Entscheidungen des Beirates nicht beeinflussen, übrig blieb höchstens ihre Einflußnahme bei der Verhängung militärischer Sanktionen.

Eine „ernste Gefahr“ für das Funktionieren des Plans sah EIPS für den Fall, daß bei weltweiten Konjunktureinbrüchen die beteiligten Regierungen ihre Kontrollbefugnisse zum Vorteil ihrer Länder und zum Nachteil Deutschlands ausnutzten und versuchen würden, „Arbeitslosigkeit in ihren Ländern an die Ruhr zu exportieren“. Es schienen daher Regierungsabsprachen notwendig, um Deutschland seinen Anteil am Weltmarkt zu sichern: in Zeiten des Wachstums sollte es seine Produktionskapazität ausweiten, in Krisenzeiten die heimische Industrie schützen können. In der Praxis würde dies auf ein Kartell der beteiligten Regierungen hinauslaufen; man hoffte, daß die USA in diesem besonderen Fall zustimmen würden.

Für die Beschaffung neuen Kapitals waren zwei Möglichkeiten vorgesehen: die Provinzregierungen von Nordrhein und Westfalen konnten Regierungsobligationen ausgeben, die Unternehmen selbst konnten im Ausland Kapital aufnehmen; in beiden Fällen würde die Stimmenverteilung in der Dachgesellschaft unverändert bleiben. Eine weitere wichtige Frage war, ob und wie die durch den Export erwirtschafteten Devisen kontrolliert werden sollten. Es mußte dabei sichergestellt werden, daß sie nicht für „undemokratische oder aggressive Zwecke“ ausgegeben wurden; andererseits sollte auch die Souveränität der deutschen Regierung in diesem Punkt respektiert werden. Möglicherweise konnte aber mit einer allgemeinen Kontrolle des Devisenverkehrs durch die Vereinten Nationen im Falle eines Vertragsbruches Druck auf die deutsche Regierung ausgeübt werden. Bei einer solchen Regelung schien es empfehlenswert, den Devisenverkehr über eine Zentralbank der Vereinten Nationen abzuwickeln, mit dem Recht, die Zahlungen notfalls einzustellen. Die Dachgesellschaft sollte erst dann errichtet werden, wenn der Reparationsplan durchgeführt war und die Unternehmen wieder produzierten. EIPS hielt es für möglich, daß dann in weiteren zwölf Monaten die für die Realisierung dieses Planes notwendigen Maßnahmen durchgeführt werden konnten. Bis es soweit war, sollten die Unternehmen zunächst, wie zuvor die Ruhrbergwerke, beschlagnahmt werden.

EIPS untersuchte dann die Alternative B: die Verpachtung des Ruhrgebietes für 99 Jahre an die sieben Alliierten, wobei nicht die Provinzen Nordrhein und Westfalen in Frage gekommen wären, sondern nur das engere Ruhrgebiet des französischen Vorschlages. Verpachtung war an sich nichts Ungewöhnliches; man dachte dabei zunächst an eine Regelung wie beim ehemaligen internationalen Viertel von Schanghai, wo die chinesische Stadtverwaltung unter Aufsicht des internationalen Konsularkorps gestanden hatte. Auf den ersten Blick schien eine solche Lösung viele Vorteile zu haben, in Wirklichkeit aber hatte sie viele Nachteile und wurde daher abgelehnt. Würden die Alliierten nämlich die Aufgaben einer deutschen Regierung übernehmen, dann wäre das Ganze auf eine Abtrennung des Gebietes von Deutschland hinausgelaufen; praktisch konnten sie aber solche Aufgaben gar nicht übernehmen, da sie nur über die wichtigsten Unternehmen, etwa Kohle und Stahl, in diesem Gebiet verfügten, alles andere aber unverändert bleiben und deutscher Gesetzgebung unterstehen würde. Da die Ruhr besonders anfällig für Konjunkturschwankungen war, war es notwendig, sie im Hinblick auf Steuern und Währung als Teil Deutschlands zu behandeln. Mit anderen Worten: in Zeiten guter Konjunktur würde eine deutsche Regierung aus diesem Gebiet Steuern erhalten, in Krisenzeiten müßte sie Geld zuschießen. Würde sie es aber nicht tun, weil sie der ganzen Verpachtung und den Alliierten gegenüber feindlich eingestellt war, wäre das Ergebnis weitverbreiteter Hunger an der Ruhr, und die Alliierten hätten dann die direkte Verantwortung, der sie sich wohl kaum entziehen könnten: sie müßten dann Hilfe leisten. Würde man auf die Kooperation der deutschen Regierung hoffen können, gäbe es wohl keine Schwierigkeiten, aber ein solches Risiko wollte man nicht eingehen. Bei einer feindlich eingestellten Regierung konnte es zu unüberwindlichen Problemen kommen. Es gab keine Garantie dafür, daß die Kommunen die Anordnungen der Alliierten ausführen würden, und wenn ja, konnten sie mit einer Verzögerungstaktik dennoch alles sabotieren; und dann hätten die Alliierten keine andere Wahl, als die Verwaltung des Gebietes selbst zu übernehmen. Das würde in jedem Fall zu erheblichen zusätzlichen Problemen führen, und wenn es dann zu einer 7-Mächte-Kommandantura käme, wäre wohl kaum mit einer funktionierenden Verwaltung zu rechnen. Eine andere politische Schwierigkeit kam hinzu. Wenn Verpachtung nicht Abtrennung hieß, dann konnten aus diesem Gebiet auch Abgeordnete in das zukünftige deutsche Parlament entsandt werden. Wenn diese dann aber öffentlich für ein Ende des Regimes plädierten, konnte auch dies für die Alliierten zu einer außerordentlich unangenehmen Situation führen. Bei allen Problemen hielt EIPS dennoch diese Lösung immer noch für besser als eine politische Abtrennung dieses Gebietes von Deutschland, weil es erstens innerhalb des deutschen Zollsystems bleiben würde, was bei einer Abtrennung nicht möglich war, und weil zweitens eine solche Lösung nicht endgültig war, und die Alliierten jederzeit – bei entsprechendem Wohlverhalten der deutschen Regierung – einzelne Punkte des Pachtvertrages ändern konnten.

EIPS hatte auch den Auftrag erhalten, die Errichtung eines separaten Staates auf dem linken Rheinufer (das gesamte Gebiet mit Ausnahme der Saar) und die damit zusammenhängenden Probleme zu untersuchen. Frankreich hatte bekanntlich die Errichtung von ein, zwei oder drei Staaten dort gefordert.

EIPS kam zu dem Schluß, daß ein solcher Staat wirtschaftlich sicherlich lebensfähig sein würde, aus all den Gründen, die Alexander bereits in seinem Memorandum im November genannt hatte: es gab dort Steinkohle- und Braunkohlevorkommen, eine prosperierende Landwirtschaft, Stahl- und Maschinenbau, Chemieunternehmen, einen Überschuß an elektrischer Energie – lediglich bei Gas wurde ein Defizit konstatiert.

Dann aber wies EIPS auf die Probleme hin: es würde Zollschranken zum übrigen Deutschland geben: wohin dann mit den Überschüssen, die bisher dorthin gegangen waren? Es gab enge Verbindungen zwischen diesem Gebiet und dem Ruhrgebiet und auch zu anderen Gebieten Deutschlands. Eine neue Währung würde eingeführt, und man müßte dann mit enormen Exportüberschüssen rechnen. Da Restdeutschland mit seinen wirtschaftlichen Problemen die entsprechenden Importe nicht finanzieren könne, müßte der Rheinstaat neue Exportmärkte erschließen.

Auch wenn die wirtschaftlichen Probleme nicht unüberwindbar waren, so hielt EIPS grundsätzlich wenig von der Errichtung kleiner, unabhängiger Staaten mit eigenen Währungen und Steuersystemen. Dies stand im Widerspruch zur allgemeinen wirtschaftlichen Entwicklung, weil damit neue Zollschranken und eine Beschränkung des Welthandels verbunden waren. Aus wirtschaftlicher Sicht war demnach eine Zollunion, etwa mit Holland, Belgien und Luxemburg, für den Rheinstaat sehr viel besser.

Schwerwiegender waren in jedem Fall die wirtschaftlichen Auswirkungen eines separaten Rheinstaates auf Restdeutschland. Auch hier wurde wieder auf die engen Bindungen und Verbindungen des Ruhrgebiets mit der Nordrheinprovinz verwiesen, eine Überlegung, die in den Diskussionen über die Ruhrfrage bis hin zur Gründung Nordrhein-Westfalens immer stärker in den Vordergrund rückte. Ein anderes, auch schon mehrfach erwähntes Argument kam hinzu: das vergleichsweise dünn besiedelte Rheinland bot sich geradezu an, einen Teil der Flüchtlinge und Vertriebenen aus den Ostgebieten aufzunehmen. Wenn diese Möglichkeit wegfallen würde, würden die Probleme für Restdeutschland noch größer werden – mit all den *politischen* Gefahren, die EIPS zwar nicht untersuchte, auf die aber die Kontrollkommission bereits mit aller Deutlichkeit hingewiesen hatte.[9]

Der EIPS-Plan für die Ruhr war in enger Konsultation mit der Kontrollkommission entstanden – darauf hatten insbesondere Bevin und verschiedene Mitarbeiter im Foreign Office bestanden. Von Anfang an schien man dabei, wie es Unterstaatssekretär Hall-Patch formulierte, angesichts der Meinungsverschiedenheiten zwischen Montgomery und Robertson, „in einem schönen Dilemma" zu sein. Um dem „Problem" Montgomery aus dem Weg zu gehen, weil Montgomery die Dinge „eher unter politischen als wirtschaftlichen Gesichtspunkten" betrachtete, wie Harvey meinte, sollten Robertson und Mills daher zu Konsultationen nach London kommen, da man glaubte, mit Montgomery in Berlin keine Übereinkunft erzielen zu können. Die Zeit drängte: in London begann die Sitzung der UNO-Vollversammlung, und man ging davon aus, daß Bidault Bevin auf das Thema Ruhr ansprechen werde.[10]

Der Entwurf des EIPS-Planes ist dann sowohl in London als auch in der Wirtschaftsabteilung der Kontrollkommission in Berlin mit Vertretern von EIPS und dem Foreign Office diskutiert worden; das Foreign Office übersandte zudem einen Fragebogen an Strang, den die Vertreter der Kontrollkommission, u. a. Robertson, Strang und Steel, dann in London beantworteten.

In der Kontrollkommission war Bevins Memorandum vom 16. Dezember zunächst auf erhebliche Kritik gestoßen. A. K. Cairncross von der Wirtschaftsabteilung äußerte Zweifel, ob der Plan funktionieren werde. Er befürchtete große Schwierigkeiten bei dieser Form internationaler Kontrolle. Den Suez-Kanal konnte man seiner Meinung nach durch ein internationales Gremium kontrollieren, ohne damit den Weltfrieden zu gefährden, solange eine Macht, nämlich Großbritannien, dort das politische Sagen hatte. Wenn man aber ein ähnliches Gremium zur Kontrolle der wichtigsten Kriegsindustrien Deutschlands einrichte, „könnte das leicht zu einem Pulverfaß werden". Durch die Ausübung des Vetorechts sei Polen im 18. Jahrhundert vorzeitig zugrundegegangen; aus Bevins Vorschlag gehe nicht hervor, ob er damit an der Ruhr ein weiteres Polen schaffen wolle. Wenn jede Regierung ihr Veto

9 Secret. E.I.P.S/P(46)3, 4. 2. 1946. Economic and Industrial Planning Staff. „The Control of the Ruhr". FO 371/55399/C 1740/22/18. Dok. Nr. 77.

10 Top Secret. Schreiben E. L. Hall-Patch v. 11. 1. 1946 an M. Turner. FO 942/516.

gegen die Entscheidungen der anderen einlegen oder eine Obstruktionspolitik betreiben könne, dann nämlich werde die Effizienz dieser Verwaltung wohl nicht so sein, um den Respekt der Bevölkerung zu gewinnen oder die Erwartungen des Außenministers zu erfüllen.[11]

Die Kontrollkommission akzeptierte den EIPS-Plan dann aber als am „besten geeignet", um die gewünschten Ziele zu erreichen. Auf ihren Wunsch wurden in der Endfassung des Planes die Kontrollfunktionen der Dachgesellschaft und die Aufgaben der Besatzungstruppen genauer formuliert. Vor allen Dingen sah die Kontrollkommission einen enormen Vorteil darin, *ein* Land zu schaffen, dessen Umfang identisch war mit dem zu kontrollierenden Gebiet. In normalen Zeiten sei es für die Internationale Dachgesellschaft günstiger, nur mit einer Landesregierung verhandeln zu müssen, und in Krisenzeiten, wenn Gewalt angewendet werden müsse, sei es einfacher, diese Regierung zu übernehmen, wobei noch ein anderes, psychologisch wichtiges Argument hinzukam: die Existenz *eines* Landes implizierte nämlich die Drohung, dieses Land notfalls doch abzutrennen, wenn alle anderen Sicherungen versagen würden. Im übrigen konnte dies auch als ein Argument verwendet werden, um die Zustimmung der Franzosen zu gewinnen. Schon hier wird deutlich, in welche Richtung sich die Gedanken der Kontrollkommission bewegten: der Errichtung *eines* Landes an Rhein und Ruhr. Es sind Überlegungen, die im Grunde schon seit November/Dezember 1945 angestellt wurden und die man wenig später – als es einen zweiten Ruhrplan gab – mit Entschlossenheit verfolgte.

Von den sieben Fragen, um deren Beantwortung das Foreign Office Strang gebeten hatte, sind zumindest sechs besonders bemerkenswert, da darin Probleme angeschnitten wurden, die in den nächsten Wochen noch eine sehr viel größere Rolle spielen sollten – vor allen Dingen sahen die Antworten auf einige Fragen schon innerhalb kürzester Zeit ganz anders aus.

*Frage 1* lautete: „Lassen sich Souveränität der deutschen Regierung und internationale Kontrolle miteinander vereinbaren?"

*Antwort:* Theoretisch sei eine Einschränkung der Souveränität unvermeidbar; es gebe aber eine Chance, daß dies akzeptiert werde, falls die UNO mit ins Spiel gebracht und den Deutschen die Übernahme von Stimmrechten zu einem späteren Zeitpunkt angeboten werde (Diese Überlegung wurde dann auch in den EIPS-Plan eingearbeitet).

Wenn das Ruhrgebiet deutsch bleiben und der Souveränität Berlins unterstehen würde, mußte auch mit der Möglichkeit gerechnet werden, daß jede Reichsregierung unter russischem Einfluß stehen würde. Daraus ergab sich

*Frage 2*, nämlich: „Wie hoch ist die Wahrscheinlichkeit, daß das geschieht? Und wenn es geschieht, ist damit zu rechnen, daß eine kommunistische oder quasi-kommunistische Regierung der Dachgesellschaft jede nur erdenkliche Schwierigkeit macht, weil sie eine kapitalistische Organisation ist?"

---

11 Top Secret. „The Ruhr". Memorandum von A. K. Cairncross, 7. 1. 1946, sowie Aufzeichnung des stv. Leiters der Planning and Intelligence Branch der Wirtschaftsabteilung v. 7. 1. 1946. FO 1039/158. Dok. Nr. 66 und Dok. Nr. 67.

*Antwort*: „Es bleibt ein Ratespiel, inwieweit eine deutsche Regierung in dem Moment, wo sie unabhängig wird, kommunistisch ist. Zur Zeit sind die Kommunisten nicht erfolgreich, sogar in der russischen Zone nicht." Rußland werde in jedem Fall immer einen großen Einfluß auf jede deutsche Regierung ausüben, „aus simplen physischen Gründen". Je schwächer Deutschland sei, um so größer werde dieser Einfluß sein, und von daher am größten beim französischen Plan, bei dem Rumpfdeutschland nicht mehr lebensfähig sei. Würden die Sowjets nicht an der Kontrolle beteiligt, würde damit ihr Mißtrauen noch größer, daß man das Industriepotential gegen sie aufbauen wolle. Die Kontrollkommission brachte dann zum erstenmal einen Gedanken ein, der in den nächsten Wochen zu einem zentralen Punkt britischer Deutschlandpolitik werden sollte. Noch war zwar nicht die Rede von der „russischen Gefahr" für Großbritannien, die ihren Ausgang in Deutschland nahm, sondern nur von der Möglichkeit, daß eine kommunistische oder von den Russen kontrollierte deutsche Zentralregierung den Ruhrplan boykottieren könnte, aber die Empfehlung, die jetzt ausgesprochen wurde, ging schon genau in die o. g. Richtung: eine solche Regierung sei ein gewichtiges Argument für eine Politik der Dezentralisierung in Deutschland. Jene lokale Behörde – gemeint war die Landesregierung – des von der internationalen Gesellschaft kontrollierten Gebietes müsse daher besonders weitreichende autonome Rechte erhalten, damit keine Stelle, „so weit östlich wie Berlin", über entscheidende Machtinstrumente wie Polizei etc. verfügen konnte.

*Frage 3*: „Welche Haltung werden die politischen Parteien und die Gewerkschaften gegenüber den verschiedenen Plänen einnehmen?"

*Antwort:* a) „Die Kommunisten werden tun, was die Russen ihnen sagen, werden allerdings nicht gerade begeistert sein, etwas unterstützen zu müssen, was in Richtung französischer Plan geht." Im Ruhrgebiet spielten die Kommunisten eine ziemlich wichtige, aber noch keine entscheidende Rolle, solange sich die Bedingungen dort nicht katastrophal verschlechtern würden. Sie würden jeden Verlust politischer Rechte vehement ablehnen und dies mit allen möglichen Mitteln für ihre Ziele ausnützen.

b) „Die Sozialdemokraten werden jede Einbuße an deutscher Souveränität entschieden ablehnen, insbesondere jede Abtrennung des Rheinlandes." Sie würden sich weigern, einen solchen Separatistenstaat mitaufzubauen und sich an keiner Regierung beteiligen, die das tun würde:

„Sie könnten möglicherweise dazu gebracht werden, den EIPS-Plan zu akzeptieren, wenn damit unmittelbare Vorteile verbunden sind, wenn er einen akzeptablen internationalen Anstrich bekommt und wenn langfristig abzusehen ist, daß Deutschland in die UNO aufgenommen und stimmberechtigtes Mitglied in der Dachgesellschaft wird. Ihre Haltung ist wichtiger als die jeder anderen Partei."

c) „Die Christlichen Demokraten werden in etwa die gleiche Haltung einnehmen wie die Sozialdemokraten, sie werden aber wahrscheinlich nationalistischer sein. Ihre Haltung wird wichtig, aber nicht entscheidend sein."

d) „Die Rechte wird, wenn sie wieder aus der Versenkung auftaucht, jeden dieser Pläne mit aller Gewalt ablehnen und damit viele Anhänger gewinnen, falls die anderen Parteien nicht darauf verweisen können, daß mit der Annahme des Planes echte und sofortige Vorteile verbunden sind."

e) „Die Gewerkschaften werden den Sozialdemokraten oder den Kommunisten folgen, je nach politischer Couleur."

*Frage 4:* Falls Parteien und Gewerkschaften „gegen jeden Plan sind, der den Deutschen nicht die gesamte Kontrolle über ihr Land und über ihre Industrie läßt, wird dieser Widerstand möglicherweise so groß werden, daß langfristig überhaupt kein Plan funktioniert?" Wäre es unter diesen Umständen nicht doch klüger, dem französischen Plan zu folgen, der allerdings der Bevölkerung alle politischen Rechte nahm, und wo die „Regierung" den Alliierten gegenüber verantwortlich war? Oder würde ein solcher Kurs „eine Explosion – früher oder später – erst recht unvermeidlich machen?"

*Antwort:* „Für das Funktionieren eines jeden Planes ist langfristig die Zusammenarbeit mit der Bevölkerung und den Mehrheitsparteien unumgänglich." Sie seien dazu wahrscheinlich bereit oder zumindest gefügig genug, um ein Funktionieren des EIPS-Planes zu sichern, „solange wir Truppen in dem Gebiet haben und von daher die Mittel besitzen, um ihnen wirtschaftlich katastrophalen Schaden zufügen zu können, und solange wir unsere Entschlossenheit zeigen, dies notfalls auch zu tun". Unabhängig davon könne man aber mit dem EIPS-Plan gegen den französischen Plan argumentieren und von daher hoffen, daß die Deutschen doch kooperieren und den Plan nicht sabotieren würden. Der französische Plan werde wahrscheinlich, wenn überhaupt, noch weniger funktionieren, ohne zu einem Ausbruch nationaler Leidenschaften zu führen, der noch verstärkt werde angesichts des Elends, in das Rumpfdeutschland mit ziemlicher Sicherheit gerate.

*Frage 5:* „Wieweit würden die Arbeiter langfristig zufrieden sein bei guter Verwaltung und guten wirtschaftlichen Bedingungen (in der Annahme, daß es dazu kommt), unabhängig davon, ob ihre Herren Deutsche oder Ausländer sind?" War damit zu rechnen, daß sie weniger produzieren oder passiven Widerstand leisten würden, wenn die Alliierten sich entschlossen und einmütig zeigten? Oder würde sich der deutsche Nationalismus langfristig doch als die stärkere Kraft erweisen?

*Antwort:* „Es wäre dumm, damit zu rechnen, daß mit verbesserten Lebensbedingungen der Nationalismus endgültig ausgemerzt werden kann." Wenn es den Deutschen wirtschaftlich besser gehe und die internationale Position Deutschlands sich verbessere, könne man sie sicherlich eine Weile ruhig halten. Nach Meinung der Kontrollkommission war es daher wünschenswert, diese Regelung zunächst auf einen bestimmten Zeitraum, nämlich 50 Jahre zu begrenzen; danach sollte dann der UNO-Sicherheitsrat entscheiden, ob sie im Interesse der internationalen Sicherheit fortbestehen solle.

*Frage 6:* War aufgrund der Erfahrungen im Kontrollrat die Hoffnung berechtigt, daß sich die Kontrollmächte auf eine gemeinsame Wirtschaftspolitik im Ruhrgebiet einigen konnten, oder war es eher wahrscheinlich, daß die gegenwärtigen Streitigkeiten über das Industrieniveau dann im Beirat der Dachgesellschaft endlos fortgesetzt würden?

*Antwort:* Wenn, wie vorgesehen, die Gesellschaft erst errichtet würde, nachdem der Reparationsplan ausgeführt und der Industrieniveauplan für Deutschland festgelegt war, dann sollte es nach Meinung der Kontrollkommission wohl möglich sein, daß „mit Geduld und harter Arbeit die Zusammenarbeit der sieben Mächte funktioniert", und zwar noch erheblich besser als im Kontrollrat, „falls Rußland die vorgeschlagene Mehrheitsabstimmung (51 % bzw. bei Sanktionen 75 %) akzeptiert, was aber überhaupt nicht sicher ist".

*Frage 7:* „Muß mit der Möglichkeit gerechnet werden, daß sich die Arbeiter Rußland zuwenden, als ihre letzte Hoffnung, insbesondere wenn Rußland die einzige an der Kontrolle beteiligte Macht ist, deren Präsenz nicht durch die Anwesenheit von Besatzungstruppen spürbar ist?"

*Antwort:* „Es steht nicht fest, ob die Russen Truppen an der Ruhr stationieren wollen. Wahrscheinlich werden sie es wollen, obwohl sie sich im klaren dabei sind, daß sie durch die Anwesenheit ihrer Truppen an politischem Kapital verlieren werden. Die Bewohner werden sich Rußland wahrscheinlich nur dann zuwenden, wenn sich die Verhältnisse in der russischen Zone, oder in jedem anderen von den Russen kontrollierten Gebiet außerordentlich verbessert haben, oder die Verhältnisse an der Ruhr unerträglich geworden sind. Das Letztere ist die größere Gefahr."[12]

Am 4. Februar, am selben Tag, an dem EIPS seinen Plan in die endgültige Fassung brachte, wurde auf der Grundlage eben dieses Planes im Foreign Office der erste Entwurf einer Kabinettsvorlage Bevins über die Rhein-Ruhr-Frage fertiggestellt. Auch wenn für die Kontrollkommission der EIPS-Plan „am besten geeignet" schien (später gab Robertson allerdings zu, er habe ihn eigentlich immer für zu kompliziert gehalten), Sargent sogar von „genial" sprach, und in diesem Entwurf EIPS bestätigt wurde, daß er „ein hervorragendes Stück Arbeit geleistet" hatte, war auch für die Experten im Foreign Office klar: mit diesem Plan hatte man keine Ideallösung gefunden (wenig später wurde dann von ganz anderer Seite massiv Kritik geübt; sie trug mit dazu bei, daß ein zweiter Ruhrplan vorgelegt wurde).

Drei Pläne standen jetzt zur Auswahl. A: Der ursprüngliche britische Plan, der für Deutschland als Ganzes entworfen worden war: während der auf zehn Jahre angelegten Besatzungszeit sollte Deutschlands industrielles Kriegspotential radikal abgebaut und eine grundlegende Änderung seiner Wirtschaftsstruktur durchgeführt werden – mit anschließenden, noch zu vereinbarenden Kontrollen.

B: Der französische Plan. Noch einmal wurden alle bereits bekannten Argumente angeführt; dabei fällt auf, wie sehr man um ein ausgewogenes Urteil bemüht war. Dieser Plan, so heißt es da, „kann nicht so einfach vom Tisch gewischt werden. Er ist klar und in sich logisch, was den Vorteil hat, daß er endgültig ist und frei von jenen Kompromissen, die so verhängnisvoll für die Versailler Friedensregelung gewesen sind." Wenn er funktioniere, wovon die Franzosen ausgingen, dann werde damit völlige Sicherheit gegen eine neue deutsche Aggression erreicht. Noch einmal wurde dann aber auf die politischen und wirtschaftlichen Nachteile des Planes hingewiesen, und nicht zuletzt auf die Verletzung der politischen Prinzipien, „für die

---

12 Top Secret. „The Ruhr. Points on which Sir William Strang's advice would be very valuable", 15. 1. 1946, sowie: Top Secret. „Ruhr and Rhineland". („Summary of the views of the British Element of the Control Commission on the political aspects of the various Ruhr schemes set down as a result of discussions with Sir W. Strang, General Robertson, Mr. Steel and other members of the British Element. Sir W. Strang has seen and generally approved this record.") Aufzeichnung von B. A. B. Burrows v. 24. 1. 1946. FO 942/516. Dok. Nr. 71 und Dok. Nr. 75.

wir stehen", wenn man den Deutschen demokratische Rechte vorenthalte – aber es wurde auch betont, daß man die französischen Sicherheitsbedenken teile. Noch hieß es: „Die deutsche Gefahr existiert genauso für unser Land wie für Frankreich" – wenig später war nur noch von der „russischen Gefahr" die Rede. Wenn, wie es Bevin wollte, „das Ruhrgebiet, gemeinsam mit den angrenzenden Gebieten Frankreichs, Belgiens und Hollands, das industrielle Zentrum Europas bleiben wird und auch bleiben soll", war dann

C: der EIPS-Plan die beste Lösung? Noch einmal wurde auf die bereits von EIPS selbst genannten Probleme und Risiken verwiesen (Reparations- und Industrieniveauplan; Dachgesellschaft mit sieben Regierungen; Haltung der deutschen Regierung und Bevölkerung) und dabei zum erstenmal stärker als zuvor das „Fragezeichen Rußland" diskutiert. Das Interesse Rußlands an der Ruhr stand außer Frage, von daher also Beteiligung von Anfang an, woraus „unvermeidlich folgt, daß Rußland auch Besatzungstruppen an der Ruhr stellen wird". Ob es dazu kommen werde, war offen, aber wenn Rußland nicht von Anfang an gleichberechtigt behandelt würde, war an ein Funktionieren des Planes überhaupt nicht zu denken. Noch einmal wurde auch auf das Problem einer unter russischem Einfluß stehenden Zentralregierung verwiesen. Am Ende hieß es zusammenfassend: „Die Wahrheit ist: sowohl der französische Plan als auch meine [Bevins] Alternative stürzen uns in ein Dilemma. Wenn die Russen ausgesperrt bleiben, mobilisieren sie alle feindlich gesonnenen Teile der deutschen Bevölkerung gegen die westlichen Alliierten. Wenn sie teilnehmen, können sie eine zu starke Position einnehmen, insbesondere, wenn die kommenden Wahlen in Frankreich zu einer Achse Moskau-Paris führen." Was also war zu tun? Sich für den ursprünglichen Plan entscheiden? Das Risiko bei diesem Kurs lag auf der Hand: es würde keine Internationalisierung der Ruhr geben und man würde dort erst einmal auf absehbare Zeit die alleinige Kontrolle ausüben, aber „die Franzosen werden bitter enttäuscht sein und möglicherweise annehmen, wir wollen sie wie nach dem ersten Weltkrieg ihrem Schicksal überlassen". Damit aber würde es nicht nur sehr viel schwerer werden, enge Beziehungen zu Frankreich aufrechtzuerhalten, auf die die britische Regierung so großen Wert legte, sondern es würde wahrscheinlich auch bedeuten, daß die Franzosen „ihre einzige Hoffnung darin sehen, sich in die Arme Rußlands zu werfen". Natürlich konnten sie das sowieso tun, wenn die Kommunisten an die Macht kommen würden, „aber wir wollen die Tür zu einer engen britisch-französischen Zusammenarbeit nicht zuschlagen". Im übrigen war es zweifelhaft, ob Deutschland überhaupt zehn Jahre lang besetzt gehalten werden konnte – und davon war man ja bei dieser Planung ausgegangen.

Blieb der französische Plan? Selbst wenn man ihn unterstützen würde, so hieß es, sei man nicht sicher, ob die Dominien mitmachen würden; Feldmarschall Smuts habe bereits massive Bedenken geäußert. Blieb also doch nur der EIPS-Plan – aber hier wurde nun bemerkenswerterweise keine Empfehlung ausgesprochen: „Ich bin nur in der Lage", so hieß es da, „meinen Kollegen die Wahl zwischen diesen drei Plänen anzubieten; jeder enthält Risiken und gegen jeden können Einwände vorgebracht werden." Er sei für den Plan ... aus folgenden Gründen. Und dann wurden weder der Plan noch die Gründe genannt.

Ausführlich wurde in diesem Entwurf aber das Rheinlandproblem diskutiert. Dabei wurde zunächst auf die wirtschaftlichen Überlegungen von EIPS verwiesen, die „gewichtig“ seien, denn „es kann nicht im Interesse Europas liegen, daß Deutschland für immer ein Elendsgebiet bleibt“. Dann wurden weitere politische Argumente genannt, die in der Diskussion bisher noch nicht aufgetaucht waren. Da war zunächst das Thema Separatistenbewegung. Offensichtlich gab es keine im Rheinland, was nicht hieß, daß die Franzosen nicht ein Marionettenregime mit überzeugten Separatisten errichten könnten; nur würden diese dann wohl keine Unterstützung in der Bevölkerung finden. Und ob sich im Laufe der Zeit dort eine separatistische Bewegung entwickeln würde, blieb Spekulation, wobei auch die Anwesenheit ausländischer Truppen ein Handicap war. Und pro-französische Gefühle würden wohl auch bald wieder vergehen, wenn sich die gegenwärtigen wirtschaftlichen Verhältnisse in der französischen Zone nicht schnell besserten. „Wir sollten nicht so unklug sein und davon ausgehen“, so hieß es, „daß die Rheinländer unabhängig bleiben wollen, während auf der anderen Seite selbstverständlich der Wunsch besteht, die verlorenen Gebiete zurückzubekommen. Das aber bedeutet, daß ständig ein Anschluß verhindert werden muß“; notwendigerweise müsse sich die britische Regierung dann diplomatisch und militärisch engagieren. Außerdem glaubte man im Foreign Office nicht, daß die formale Gewährung der Unabhängigkeit sehr viel Sicherheit biete. Das werde nämlich den neuen Staat – oder die neuen Staaten – nicht davon abhalten, in allen politischen Fragen mit der deutschen Regierung zusammenzugehen. Auf diese Weise könne Deutschland sogar noch in internationalen Gremien, zu denen es eines Tages wieder zugelassen werde, zusätzliche Stimmen erhalten. Bevor es daher zur Errichtung irgendwelcher Rheinstaaten komme, seien weitere Gespräche mit den Franzosen notwendig.[13]

Das ganze Dilemma, in dem sich die Briten befanden, wird nirgends so deutlich wie in diesem Memorandum, das in der Tat wenig hilfreich war. Es war ein Unding, zu sagen, man befürworte einen Plan aus folgenden Gründen, ohne definitiv zu sagen welchen, und natürlich ohne Gründe zu nennen. Offensichtlich war eine Entscheidung nicht leicht. Aber es sollte noch schlimmer kommen. Die Diskussion verlagerte sich auf zwei weitere Ebenen: 1. die im Kontrollrat entstandenen Schwierigkeiten beim Thema „zukünftiges Industrieniveau“ für Deutschland und 2. damit verbunden, die sowjetische Politik insgesamt und insbesondere in Deutschland. Beides hatte unmittelbare Auswirkungen auf die britische Deutschland- und Ruhrpolitik und führte zu ganz neuen Überlegungen. Jetzt stellte sich zum erstenmal mit vollem Ernst die entscheidende Frage, ob es nicht doch besser war, das Ruhrgebiet im Sinne Frankreichs abzutrennen. Das wiederum führte zu einer erbitterten Auseinandersetzung innerhalb des Foreign Office, während gleichzeitig Frankreich auf eine Entscheidung drängte.

13 Secret. „The Settlement of Western Germany“. Erster Entwurf einer Kabinettsvorlage v. 4. 2. 1946. FO 942/516.

### 2. *Frankreich drängt auf eine Entscheidung: das Ruhrgebiet soll vor den Sowjets gerettet werden*

Die Beratungen über den EIPS-Plan hatten gerade begonnen, da bat am 11. Januar Couve de Murville Oliver Harvey um Auskunft über den Stand der Dinge. Harvey konnte lediglich antworten, man sei allgemein der Meinung, daß im Ruhrgebiet ein besonderes Regime eingerichtet werden müsse, und daß Bevin das Potential der Ruhr unter internationaler Kontrolle mit Hilfe einer öffentlichen Gesellschaft zum Wohle ganz Europas nutzen wolle; eine Entscheidung über den französischen Plan sei noch nicht gefallen. Couve zeigte Verständnis, es sei klar, daß die Sache schwierig sei. Er und Harvey waren sich einig darin, daß an der Ruhr, wie auch immer die endgültige Lösung aussehen würde, die Besatzungstruppen noch lange Zeit bleiben mußten.[14]

Nur vier Tage später überreichte Botschafter Massigli ein Memorandum, in dem erneut die politische Abtrennung des Ruhrgebietes gefordert und eine internationale Kontrolle lediglich der Ruhrindustrie als unbefriedigend zurückgewiesen wurde. Wenn eine Zentralregierung in Berlin weiter Hoheitsrechte über die Ruhr ausüben könne, das Gebiet verwalte und den Beamten dort Weisungen erteile, werde ein solches Kontrollsystem nicht funktionieren und nicht lange überleben. Zur Untermauerung dieser Behauptung wurde zum einen auf einige der von den Deutschen während des Krieges besetzten Länder verwiesen, wo nationale Regierungen, trotz schärfster deutscher Kontrollen, die Anweisungen der Besatzungsmacht unterlaufen hätten, zum anderen auf die Entwicklung nach 1919 in Deutschland selbst. Die im Nürnberger Prozeß vorgelegten Dokumente lieferten der ganzen Welt unwiderlegbare Beweise dafür, daß unmittelbar nach der Niederlage und in der Zeit, in der die Kontrollkommissionen tätig waren, mit der deutschen Wiederaufrüstung begonnen worden sei. Eine deutsche Zentralregierung mit politischer Kontrolle über die Ruhr werde notwendigerweise versuchen, auch die wirtschaftliche Kontrolle zurückzugewinnen. Noch einmal wurde auf die Zeit nach dem Ersten Weltkrieg verwiesen, und zwar ausgerechnet auf Locarno. Nach Locarno seien die ersten Forderungen der Reichsregierung, die sich zur friedlichen Zusammenarbeit mit den westlichen Mächten bereiterklärt hatte, auf Rückgabe des Rheinlandes und Rückgewinnung der Souveränität gerichtet gewesen. Genauso werde auch eine Zentralregierung unter dem Vorwand, ihr Ansehen zu verbessern, die Alliierten drängen, die verlorengegangenen Rechte zurückzugeben. Die Kontrollen würden dann immer lockerer, und in ein paar Jahren befände man sich dann wieder in der Situation, in der Deutschland mit der Vorbereitung einer Aggression beginnen könne.

In dem Memorandum wurde dann versucht, die politischen und wirtschaftlichen Einwände zu entkräften, die gegen den französischen Plan vorgebracht worden waren. Einer davon hatte gelautet, es sei unmöglich, mehrere Millionen Menschen, die zu Deutschland gehörten, von diesem Land zu trennen. Die Antwort darauf war bemerkenswert, nämlich: „Die Schaffung wirklicher Sicherheit in Europa ist so

14 Aufzeichnung O. Harvey v. 11. 1. 1946; von O. Sargent am 12. 1. 1946 abgezeichnet. FO 371/55399/C 601/14/18.

wichtig und die Verantwortung Deutschlands für diesen Krieg so unbestritten, daß wir wohl das Recht haben, diesen Einwand zu ignorieren." Und dann wurde auf die Zustimmung der amerikanischen und britischen Regierung zum „Transfer" der deutschen Bevölkerung aus den deutschen Ostgebieten verwiesen. Damit hätten sie ja bereits zugegeben, daß das Thema Bevölkerung kein unüberwindbares Hindernis bei der Festlegung von Grenzen sei. Für die Ruhr sei im übrigen eine so radikale Lösung gar nicht vorgesehen, insbesondere gehe es dabei nicht um Massenvertreibungen, die Menschen könnten dort bleiben; und wer es vorziehe, in Deutschland zu wohnen, dem werde das Recht zur Option zugestanden.

Ein anderer Gesichtspunkt kam noch hinzu. Natürlich sollten die Bewohner des Ruhrgebietes auch entnazifiziert werden; ihnen wurde jetzt aber sogar „der höchstmögliche Lebensstandard" und zu einem passenden Zeitpunkt auch die Teilnahme an der Regierung des Territoriums zugesagt. Angesichts der gegenwärtigen Ungewißheit könnten die französischen Behörden allerdings nicht vorhersagen, wie „das Deutschland von morgen" aussehen werde; von daher sei es am besten, erst einmal abzuwarten. Es spreche allerdings nichts gegen die Überlegung, daß es eines Tages „einen demokratischen Staat an der Ruhr geben wird, der seine eigene Regierung hat".

Über diese Argumente konnte man trefflich streiten; schwieriger war es für die französische Seite, die wirtschaftlichen Einwände zu widerlegen; hier setzte bekanntlich die Kritik auf britischer und amerikanischer Seite an, und dem hatten die Franzosen auch jetzt nicht viel entgegenzusetzen. Wenn gesagt worden war, die Errichtung einer Zollgrenze zwischen Ruhr und Restdeutschland werde im letzteren zu Hunger führen oder es falle den Vereinten Nationen zur Last, so behauptete die französische Regierung jetzt einfach das Gegenteil; eine solche Zollgrenze solle nur der Kontrolle des Warenaustausches dienen, und ein Teil des Ruhrpotentials sollte sogar zur Unterstützung Restdeutschlands eingesetzt werden können. Man hatte jetzt sogar ausgerechnet, daß die Ruhr einen Handelsüberschuß erwirtschaften würde, mit dem Exporte Restdeutschlands finanziert werden konnten.[15]

Dies alles klang nicht sehr überzeugend – und die französische Regierung war sich dessen auch bewußt. In dem o. g. Memorandum hatte man darauf verwiesen, daß alle Zahlen von der Festlegung des zukünftigen Industrieniveaus für Deutschland abhingen. (Dies war in der Tat ein entscheidender Punkt – gerade im Hinblick auf die Ruhr –, auf den weiter unten noch eingegangen wird.) Für Frankreich bedeutete das, daß man am 14. Februar im Foreign Office ein weiteres Memorandum übergab, das das Memorandum vom 12. Januar ersetzen sollte. Jetzt wurde mit Zahlen operiert, die beweisen sollten, daß die Abtrennung der Ruhr keinerlei Nachteile für Restdeutschland haben werde. Das Gegenteil sollte der Fall sein, die Ruhr sollte jetzt sogar noch die Verpflichtungen Deutschlands aus dem Dawes-Plan und dem Young-Plan übernehmen.[16]

---

15 Memorandum v. 12. 1. 1946, von R. Massigli am 15. 1. 1946 O. Harvey überreicht. FO 371/55399/C 621/14/18. Dok. Nr. 69.

16 Secret. Memorandum v. 12. 2. 1946. FO 371/55400/C 1901/12/18. Dok. Nr. 82.

Die Kommentare im Foreign Office ließen an Deutlichkeit nichts zu wünschen übrig. Für Burrows brachte das Memorandum nichts Neues, und Coulson notierte schlicht: „Wertlos". Neu für ihn war lediglich der Hinweis auf den Dawes- und den Young-Plan; ein weiterer Hinweis darauf, wie konstruiert der französische Plan war.[17]

Es waren denn auch nicht die in den Memoranden angeführten Argumente, die in London zu einem Umdenken führten, sondern etwas ganz anderes – was die Franzosen wohlweislich nicht in das Memorandum hineingeschrieben hatten, da man nicht wissen konnte, wer alles ein Exemplar bekommen würde.

Am 15. Januar deutete Massigli die neue französische Linie an. Es gebe noch ein Argument, das dagegen spreche, das Ruhrgebiet bei Deutschland zu belassen, das aber nicht in dem Memorandum erwähnt werde, nämlich, so der französische Botschafter gegenüber Harvey,

> „die Möglichkeit, wenn nicht die Wahrscheinlichkeit, daß am Ende in Berlin eine Zentralregierung errichtet wird, die eng mit der sowjetischen Regierung zusammenarbeitet".[18]

Dies war ein Argument, das von nun an von französischer Seite immer stärker ins Spiel gebracht wurde. Bidault selbst hielt sich noch zurück, als er am 1. Februar am Rande der UNO-Vollversammlung zu einem ersten Gespräch mit Bevin zusammentraf. Noch einmal betonte er allerdings, daß die Lösung der Ruhrfrage für Frankreich, England und die ganze Welt lebenswichtig sei, wobei er jetzt offen die Sowjetunion als den springenden Punkt bei den gegenwärtigen Schwierigkeiten bezeichnete, da seiner Meinung nach die Sowjets befürchteten, das Potential der Ruhr könne in einen antisowjetischen Westblock eingebracht und in einem künftigen Krieg erneut gegen sie eingesetzt werden. Bevin reagierte zurückhaltend. Er habe, so betonte er, dem stellvertretenden sowjetischen Außenminister Wyschinski erklärt[19], daß die britische Regierung nicht bereit sei, auch nur einen einzigen Penny auszugeben, um Deutschland in Gang zu halten. Auf der anderen Seite könne es seiner Meinung nach aber auch keine praktikable Politik sein, Deutschland am Rand des Verhungerns zu halten, denn das würde dort in wenigen Jahren zu militanten Reaktionen führen. Dann deutete er die von ihm favorisierte Lösung an: er habe sich die ganze Zeit mit diesem „außerordentlich schwierigen Problem" beschäftigt und überlege jetzt, ob man nicht die Wirtschaft des Ruhrgebietes mit der Lothringens verbinden könne. „Können wir nicht eine neue internationale Wirtschaftsordnung schaffen?" so beschwor er Bidault; er glaube, daß die Industrie an der Ruhr zur „Einheit Europas" beitragen und für alle von Nutzen sein könne. Er verwies wieder auf seine Lieblingsidee: die Beschränkung der Ruhrindustrie auf die Produktion von Halbfertigwaren, dies sei „entscheidend"; die Endmontage könne dann in Ländern wie Frankreich und Italien durchgeführt werden. Auf diese Weise werde die Gefahr verringert, daß die Ruhrprodukte für Kriegszwecke verwendet würden. Bidault schien nicht sehr beeindruckt. Er verwies auf die unterschiedlichen Betrachtungs-

---

17 Anmerkungen B. A. B. Burrows und J. Coulson v. 15. u. 28. 2. 1946; von J. Troutbeck abgezeichnet. FO 371/55400/C 1901/14/18.

18 Aufzeichnung O. Harvey v. 16. 1. 1946. FO 371/55399/C 621/14/18. Dok. Nr. 70.

19 Das Gespräch hatte am 26. Januar stattgefunden.

weisen von Franzosen und Briten. Die Franzosen würden mehr die politischen, die Briten mehr die wirtschaftlichen Aspekte betonen. Er sei sich im klaren darüber, daß es vom wirtschaftlichen Standpunkt aus gesehen genauso unklug sei, das Deutsche Reich auseinanderzureißen, wie es bei der Österreichisch-Ungarischen Monarchie der Fall gewesen sei. Trotzdem glaube er, daß man eine politische Lösung finden werde, die auch wirtschaftlich praktikabel sei.[20] Genau vierzehn Tage später ließ er das bereits erwähnte Memorandum im Foreign Office überreichen: die französische Regierung beharrte auf Abtrennung des Ruhrgebietes. Dabei verwies E. Paris, der Stellvertreter Massiglis, erneut auf das bereits von Massigli am 15. Januar erwähnte Argument: wenn man das Ruhrgebiet abtrenne, werde man damit verhindern, daß es mit Hilfe einer kommunistischen Regierung in Berlin unter russischen Einfluß gerate. Dann fügte er ein zweites Argument hinzu: es werde dann auch möglich sein, an der Ruhr mehr Industrie zu lassen als im übrigen Deutschland, was anders nicht zu erreichen sei, und unter diesem Aspekt werde es dann wohl auch eher möglich sein, sich im Kontrollrat über das zukünftige Industrieniveau in Deutschland zu einigen.[21] Als Bidault am 18. Februar zum zweitenmal mit Bevin zusammentraf, ging er direkt auf diesen Punkt ein und machte ihn zu seinem entscheidenden Argument.

P. Paris konnte wohl nicht ahnen, daß er mit seinen Argumenten offene Türen im Foreign Office einrannte – zumindest bei Harvey und Sargent. Beide waren zu diesem Zeitpunkt aus dem zweiten von Paris genannten Grund für die politische Abtrennung des Ruhrgebietes: genau zwei Tage zuvor hatte Harvey ein entsprechendes Memorandum in diesem Sinne geändert. Nach heftigem Widerstand aus den eigenen Reihen – und nachdem offensichtlich der genannte Grund, nämlich die Probleme beim Industrieniveauplan, nicht mehr gültig war – rückte ein anderes Argument in den Vordergrund: das Ruhrgebiet durch Abtrennung vor den Sowjets und für den Westen zu retten. Genau diesen Punkt betonte Bidault am 18. Februar gegenüber Bevin, der beim Thema Ruhr keine klare Antwort geben konnte und nur Gegenfragen stellte: Würde eine unabhängige Ruhrrepublik wirklich funktionieren, oder würde es wieder nur zu „Anschluß"-Bedingungen führen? Wie lange konnte man Besatzungstruppen dort halten? Welche Vorstellungen hatten die USA? Es sei schwierig für ihn, jetzt schon eine endgültige Entscheidung zu treffen. Eine Abtrennung des Ruhrgebietes werde wahrscheinlich dazu führen daß die Sowjets das übrige Deutschland „kolonialisieren" würden. Bidaults Antwort dagegen war eindeutig: Nach dem, was Stalin im Osten Deutschlands getan habe, gebe es keinen Grund für Briten und Franzosen, nicht auch im Westen zu handeln: Die Kommunisten in Berlin, angetrieben von den Sowjets, seien natürlich gegen eine Abtrennung, aber:

„Das Ruhrgebiet ist der Schlüssel für Deutschland. Wir können das Gebiet entweder bei Deutschland lassen und damit den Sowjets ausliefern, oder abtrennen und damit für den Westen retten."

---

20 „Record of a Talk between the Secretary of State, M. Bidault and M. Massigli on Friday, February 1st, 1946". Aufzeichnung von J. N. Henderson. „The Ruhr" war Punkt 4 und damit der letzte Punkt dieses Protokolls. Zuvor war u. a. über die Probleme im Nahen Osten gesprochen worden. FO 371/55399/C 1407/14/18. Dok. Nr. 76.

21 Aufzeichnung O. Harvey v. 14. 2. 1946. FO 371/55400/C 1901/14/18. Vgl. Dok. Nr. 86, Anm. 1.

Er, Bidault, so heißt es in der Aufzeichnung dieses Gespräches weiter,

„liebt dieses Dilemma auch nicht, aber es gibt keine Wahl, nachdem die Abtrennung der Ostgebiete in Jalta beschlossen worden ist. Es hat keinen Sinn, im Westen für die Einheit Deutschlands einzutreten, nur weil Deutschland im Osten Unrecht zugefügt worden ist."

Bidault ging es, wie er offen zu verstehen gab, um eine gemeinsame britisch-französische Front. Von den USA war offensichtlich keine Unterstützung zu erwarten. Er verwies in diesem Zusammenhang auf eine „unfreundliche Note" seines amerikanischen Kollegen Byrnes, in der dieser die französische Regierung gedrängt hatte, ihren Widerstand gegen die Errichtung zentraler deutscher Verwaltungsstellen aufzugeben. Solche Verwaltungsstellen würden in keiner Weise eine Entscheidung im Hinblick auf die deutsche Westgrenze präjudizieren.[22] Bidault sah das anders. Wenn man solchen Verwaltungsstellen jetzt zustimmen würde, „bevor eine Entscheidung über die Ruhr getroffen worden ist, dann ist alles verloren". Wirtschaftskontrollen allein seien absolut nicht ausreichend: „Das Ruhrgebiet muß in unseren Händen sein, falls Berlin und Rußland dort rausgehalten werden sollen."[23]

Noch vor dem „unfreundlichen" Schreiben aus Washington war eine unerfreuliche Mitteilung des französischen Botschafters aus Moskau in Paris eingetroffen. General Catroux hatte Molotow am 2. Februar an dessen Zusage vom Dezember erinnert, beim Thema Ruhr und Rheinland auf diplomatischem Wege in London und Washington vorzufühlen. Als Antwort wollte Molotow den letzten Stand der britisch-französischen Gespräche erfahren. Als Catroux darauf drängte, der nächste Schritt müsse von der sowjetischen Regierung kommen, erklärte Molotow, angesichts der Wahlen zum Obersten Sowjet habe man noch nicht ausreichend Zeit gehabt, die französischen Vorschläge genau zu prüfen, worauf Catroux einwarf, die Sache sei im Grunde ganz einfach: es gehe um die Frage, ob das Ruhrgebiet bei Deutschland bleibe oder nicht, und das sei eine Frage, die nicht nur die Sicherheit Frankreichs, sondern auch der Sowjetunion, ja der ganzen Welt berühre. Die Antwort Molotows war wieder ausweichend: man müsse die weitere Entwicklung abwarten.[24]

Bidault war jetzt entschlossen, seine Partner im Außenministerrat zu zwingen, ihre Karten auf den Tisch zu legen. Das geeignete Forum konnte seiner Meinung nach nur eine neue Konferenz der vier Außenminister sein, auf der über die deutschen Zentralverwaltungen und über die französischen Rhein/Ruhr-Pläne im besonderen

---

22 Schreiben J. Byrnes an G. Bidault, 5. 2. 1946. Botschafter Caffery erhielt die ergänzende Anweisung, bei der Übergabe der Note „orally and discreetly inject the thought that any steps which the French Government may publicly take at this time in the way of cooperating with American aims should help to create a more favourable atmosphere for the important economic and financial talks which they are about to initiate." Der britische Botschafter M. Balfour wurde am 28. 2. 1946 entsprechend von J. Byrnes unterrichtet. FO 371/55779/C 2653/1039/18.

23 Aufzeichnung O. Harvey v. 18. 2. 1946 über ein Gespräch Bevin-Bidault am selben Tag; am 21. 2. 1946 als Telegr. Nr. 1652 an die britische Botschaft Washington. FO 371/55400/C 2188/14/18. Dok. Nr. 86 a. Französisches Protokoll in: MAE, Y-62-3. Dok. 86 b.

24 „Réservé – Très urgent"; Telegramm C. Catroux an G. Bidault, 2. 2. 1946. MAE, Y-62-3. Catroux informierte Frank Roberts am 14. Februar über dieses Gespräch. Telegr. Nr. 91, Roberts an FO, Cabinet Distribution. FO 942/517.

entschieden werden sollte. Diese Idee hatte er schon gegenüber Bevin am 18. Februar geäußert, in seinem Antwortschreiben an Byrnes am 1. März schlug er dies jetzt offiziell vor; eine entsprechende Note wurde am 4. März im Foreign Office überreicht.[25] In den folgenden Wochen einigte man sich über das weitere Verfahren. Es würde eine Außenministerkonferenz über Deutschland geben; sie sollte in Paris stattfinden und am 25. April beginnen. Bis dahin, darüber war man sich in London im klaren, mußte man endgültig wissen, wie es in Deutschland und an der Ruhr weitergehen sollte. Es waren Entscheidungen zu treffen, denen man nicht länger aus dem Wege gehen konnte.

### *3. Die Briten im Alliierten Kontrollrat isoliert, das Foreign Office gespalten: doch Abtrennung des Ruhrgebietes?*

Der Hinweis von Außenminister Bidault auf ein mögliches britisch-französisches Zusammengehen, den er am 18. Februar gegenüber Bevin machte, war ein geschickter Schachzug. Bidault wußte natürlich, daß sich Großbritannien zu diesem Zeitpunkt in einer fast hoffnungslos isolierten Lage gegenüber den anderen drei Mächten befand. Ort der Handlung war der Alliierte Kontrollrat in Berlin. Das – aus britischer Sicht – entscheidende Thema, um das es ging, war das zukünftige Niveau der deutschen Wirtschaft, mit anderen Worten, wieviel der deutschen Industrie erlaubt sein sollte, in Zukunft zu produzieren. Blickt man in die Akten, die Aufschluß über das geben, was sich in jenen Wochen im Kontrollrat abspielte, so ist man versucht, seinen Augen nicht zu trauen: Dort wurde sozusagen in verkehrter Schlachtordnung gekämpft: Amerikaner und Sowjets – und bis zu einem gewissen Grad auch die Franzosen – standen in seltener Einmütigkeit den Briten gegenüber, was von diesen mit zunehmender Verbitterung zur Kenntnis genommen wurde, in London aber auch dazu führte, noch einmal neu über das Ruhrproblem – ganz im Sinne der Franzosen – nachzudenken. Die Briten kämpften in Berlin einen einsamen, aber ehrenvollen Kampf für ein geschlagenes Deutschland. Was General Robertson etwa am 18. Januar im Koordinierungsausschuß des Kontrollrates seinen drei Kollegen, allen voran Clay, zu sagen hatte, gereicht ihm und der britischen Regierung auch noch mehr als vierzig Jahre später zur Ehre.[26]

Worum ging es? In Potsdam war vereinbart worden, daß innerhalb der nächsten sechs Monate, d. h. spätestens bis zum 2. Februar 1946, festgelegt werden sollte, wieviel an Reparationen aus den Westzonen entnommen, Kriegsindustrie abgebaut, und – damit verbunden – welches Industrieniveau einem friedlichen Deutschland in Zukunft zugestanden werden sollte. Die Verhandlungen begannen planmäßig in Berlin, gerieten aber schon bald in eine Sackgasse, da man sich in der entscheidenden Frage, nämlich wieviel Stahl Deutschland überhaupt produzieren durfte, zu-

25 Aufzeichnung O. Harvey v. 4. 3. 1946. FO 371/55779/C 3706/1035/18.

26 Das heißt nicht, daß es auch – wenige – andere Stimmen gab, etwa die von Schatzkanzler Hugh Dalton, der den Deutschen gegenüber, zurückhaltend formuliert, wenig freundliche Gefühle entwikkelte.

nächst nicht einigen konnte. Jede Besatzungsmacht beharrte auf ihren Vorstellungen.

Das britische Kabinett hatte am 13. September 1945 nur unter schwersten Bedenken einem Plan Bevins zugestimmt, der als Grundlage für die Verhandlungen in Berlin dienen sollte. Er sah eine, wie es im Kabinettsprotokoll heißt, „drastische Politik" beim Abbau bzw. der Zerstörung bestimmter Industrien vor. Mit großem Ernst war dabei auf mögliche Konsequenzen und zusätzliche, untragbare Belastungen für Großbritannien hingewiesen worden, etwa für den Fall, „daß die Ruhr bankrott geht, und wir uns um die hungernde Bevölkerung kümmern müssen", mit all den damit verbundenen politischen Problemen und Sicherheitsrisiken.[27]

Was sich dann aber in Berlin abspielte, übertraf die schlimmsten Erwartungen auf britischer Seite. Die eigenen Planungen gingen zunächst von einer jährlichen deutschen Stahlproduktion von 11 Mio. Tonnen aus (Vorkriegsstand 1938: 37 Mio. Tonnen), man reduzierte diese Zahl dann aber angesichts der sich abzeichnenden Schwierigkeiten auf 9 Mio. Tonnen. Für den letzten Tag des Jahres 1945 berief Clay eine Sondersitzung des Koordinierungsausschusses ein, in der die Vertreter der vier Mächte ihre Zahlen vorlegten: Großbritannien 9 Mio. Tonnen, USA 7,8, Frankreich 7, die Sowjetunion 4,6 – damit lagen Briten und Sowjets immer noch um fast 100 Prozent auseinander. Auf der nächsten Sitzung am 10. Januar einigte man sich dann jedoch nach mühsamen Verhandlungen auf einen Kompromiß: Deutschland wurde eine jährliche effektive Rohstahl*produktion* von 5,8 Mio. Tonnen zugestanden, *Kapazitäten* sollten aber angesichts des Zustandes der Produktionsanlagen, wo mit Ausfall und Reparaturen zu rechnen war, für 7,5 Mio. Tonnen erhalten bleiben.[28]

Der Kompromiß war auf Drängen von General Clay zustande gekommen. Der amerikanische Historiker John Backer rühmt denn auch das außerordentliche Verhandlungsgeschick Clays[29], ohne allerdings auch nur mit einem Wort das nachfolgende Problem zu erwähnen, das sehr viel mehr Aufschluß über die damalige Haltung Clays und des State Department gibt und in Berlin zur direkten Konfrontation zwischen den Briten auf der einen und den Sowjets und Amerikanern und – teilweise – den Franzosen[30] auf der anderen Seite führte. Der sowjetische Vertreter Sokolowski stellte nämlich noch in derselben Sitzung am 10. Januar den entscheidenden Antrag – und wurde darin von Clay nachdrücklich unterstützt – nunmehr auch das gesamte übrige deutsche Industrieniveau auf der Basis der vereinbarten 5,8 Mio.

---

27 Protokoll der Kabinettsitzung am 13. 9. 1945 in: CAB 128/1.

28 Zum Thema Stahlquote und Industrieplan hat sich am ausführlichsten bisher Gloria Müller geäußert. Siehe ihren instruktiven Beitrag: Sicherheit durch wirtschaftliche Stabilität? Die Rolle der Briten bei der Auseinandersetzung der Alliierten um die Stahlquote des 1. Industrieplanes vom 26. März 1946, in: Dietmar Petzina/Walter Eucher (Hrsg.), Wirtschaftspolitik im britischen Besatzungsgebiet 1945–1949, Düsseldorf 1984, S. 65–86.

29 Backer, S. 116–121.

30 Die Franzosen unterstützten den Vorschlag Robertsons, zunächst alternative Pläne auf der Basis von 7,5 bzw. 5,8 Mio. Tonnen Stahl auszuarbeiten. Strang riet dem Foreign Office am 18. 1. 1946, Frankreich für diese Haltung zu danken. Vgl. Müller, S. 84, Anm. 38.

Tonnen Rohstahl*produktion* festzulegen, mit anderen Worten, die gesamten übrigen Industrieanlagen auf dieses Niveau abzubauen und entsprechend zur Demontage und für Reparationszwecke freizugeben. Robertson lehnte dies mit Entschiedenheit ab: die zukünftige deutsche Friedenswirtschaft sollte auf der Basis der 7,5 Mio. Tonnen festgelegt werden; um aber angesichts des Termins, 2. Februar, keine Zeit zu verlieren, schlug er als Kompromiß vor, zwei Pläne auszuarbeiten, und zwar a) auf der Basis 5,8 und b) auf der Basis 7,5 Mio. Tonnen; dann werde man weitersehen. Dies wiederum lehnte Sokolowski ab; für ihn bedeuteten 7,5 Mio. Tonnen „einen neuen deutschen Krieg", während Clay betonte, 5,8 Mio. Tonnen seien völlig ausreichend, und im übrigen sei die amerikanische Delegation nicht dazu verpflichtet, „für irgendeinen besonderen Lebensstandard in Deutschland zu sorgen". In der nächsten Sitzung des Koordinierungsausschusses, am 18. Januar, verlas Robertson – nachdem er zuvor zu Konsultationen in London gewesen war – eine Erklärung. In solchen Situationen war Robertson nicht nur der Vertreter des britischen Empire, er *war* das britische Empire. Er verwies u. a. auf die o. g. Äußerung Clays und fuhr dann fort:

„Die Schlußfolgerung daraus würde lauten: falls die Entmilitarisierung dazu führt, daß das deutsche Volk auf Dauer zu Elend, Hunger und Knechtschaft verurteilt wird, müssen wir diese Konsequenzen akzeptieren."

Er habe General Clay in diesem Punkt möglicherweise falsch verstanden, müsse aber feststellen,

„daß das von uns nicht akzeptiert wird. Wir glauben nicht, daß irgendeine zivilisierte Nation berechtigt ist, einem besiegten Feind solche Bedingungen aufzuerlegen. Wir glauben nicht, daß das der richtige Weg ist, um in der Welt Frieden zu schaffen. Im Gegenteil, wir sind davon überzeugt, daß solche Bedingungen am Ende zu einer verzweifelten Situation führen werden, in der die Deutschen, um da wieder herauszukommen, ganz unvermeidlich einem fanatischen Führer folgen werden, der ihnen ein Allheilmittel zur Lösung ihrer Probleme anbietet. Was die Demokratie in Deutschland betrifft, die wir alle wollen, hätten wir dann das genaue Gegenteil erreicht."

Und noch ein Prinzip britischer Politik stellte Robertson „mit aller Klarheit" fest,

„damit mich hier niemand mißversteht: Die britische Delegation wird niemals ihre Zustimmung dazu geben, Deutschland in eine Wüste zu verwandeln."

Eine Einigung wurde nicht erreicht, die Angelegenheit mußte an die jeweiligen Regierungen zurückverwiesen werden.[31]

In London war man angesichts der Entwicklung in Berlin außerordentlich beunruhigt. John Hynd sah „schwarz für die Zukunft"[32]; John Troutbeck gab zu bedenken, man könne zwar seine Zweifel daran haben, ob selbst ein prosperierendes Deutschland sich zu einer Demokratie „in unserem Sinne des Wortes" entwickeln werde, aber es sei klar, daß es in einem ewigen Slum keine Sicherheit geben werde: „Bazillen können genauso tödlich sein wie Bomben, und Diktatoren gedeihen im Elend eines Volkes. Selbst unser Plan [...] geht von einer starken Regierung aus. Je

31 Erklärung B. Robertson im Koordinierungsausschuß des Kontrollrates am 18. 1. 1946 und Bericht B. Robertson über diese Sitzung in: FO 371/55598/C 718/142/18. Dok. Nr. 72 und Dok. Nr. 73.

32 Secret. O. R. C. (46) 4, 11. 1. 1946. Cabinet. Overseas Reconstruction Committee. „Future Level of German Industry". Memorandum by the Chancellor of the Duchy of Lancaster. CAB 134/595. Dok. Nr. 68.

schlechter die Wirtschaftslage, um so notwendiger ist eine rücksichtslose autoritäre Regierung."[33]

Am 23. Januar trafen Clay und sein politischer Berater Robert Murphy zu Konsultationsgesprächen mit Byrnes in London ein (Byrnes hielt sich anläßlich der UNO-Vollversammlung in London auf). Anschließend ließen sie Bevin mitteilen, daß die amerikanische Regierung nicht bereit sei, von ihrer Entscheidung abzugehen, den deutschen Industrieplan auf der Basis von 5,8 Mio. Tonnen Stahl festzulegen.[34]

Es gehört zu den Besonderheiten des britisch-amerikanischen Verhältnisses in jenen Monaten und wirft gleichzeitig ein bezeichnendes Licht auf die persönlichen Beziehungen zwischen Bevin und dem unberechenbaren Byrnes, der jederzeit für Überraschungen gut war, daß Bevin in London keine Gelegenheit erhielt, mit Byrnes die Lage zu besprechen. Nach der Abreise von Byrnes reichte es lediglich zu einem Telephonat, in dem Bevin seinen amerikanischen Kollegen um Überprüfung der amerikanischen Entscheidung bat. Nach diesem Gespräch ließ er durch Botschafter Halifax dem State Department einen Vorschlag übermitteln, nach dem die Quoten der übrigen deutschen Industrie genauso wie beim Stahl festgelegt werden sollten, d. h. es sollte zwischen Produktion und Kapazität unterschieden werden.[35]

Aus seiner Sicht schienen die Amerikaner überhaupt nicht zu begreifen, worum es ging. In dem Begleitschreiben an Halifax wies er auf die Probleme hin: Durch die Entscheidung in Berlin könne die gesamte Wirtschaft Europas in Mitleidenschaft gezogen werden:

„Es ist klar, daß sich unsere Auffassungen von denen der Russen grundsätzlich unterscheiden. Nach unserer Auffassung werden die russischen Vorschläge Deutschland in eine Wüste verwandeln."

Mit der Unterstützung Amerikas und möglicherweise Frankreichs sei man in einer sehr viel stärkeren Position, um sich dem entgegenzustellen. Er selbst stelle die Notwendigkeit einer drastischen industriellen Abrüstung Deutschlands natürlich nicht in Frage, aber im Interesse der zukünftigen Stabilität und damit auch Sicherheit Europas sei es absolut notwendig, Deutschland genügend Kapazität zu lassen, um den Deutschen einen einigermaßen akzeptablen Lebensstandard zu ermöglichen. Noch einmal wies er mit allem Ernst auf die möglichen Konsequenzen für den Fall hin, daß die Amerikaner die sowjetischen Vorschläge weiter unterstützen würden und die Briten dann gezwungen wären, dem zuzustimmen:

„In Deutschland wird es zu anhaltender Massenarbeitslosigkeit und Hunger kommen. Angesichts unserer gegenwärtigen finanziellen Situation wären wir nicht in der Lage, zu helfen, und falls die Amerikaner nicht bereit sind, diese Verantwortung dann zu übernehmen, hätten wir bald keine andere Alternative als den Deutschen zu erlauben, ihre Industrie mit ausländischer Hilfe und modernen Maschinen wiederaufzubauen. Dies wäre eine ernste Bedrohung sowohl unserer Sicherheit als auch der wirtschaftlichen Interessen der Vereinten Nationen. So würde sich die Geschichte dann selbst wiederholen."[36]

---

33 Aufzeichnung J. Troutbeck v. 18. 1. 1946. FO 371/55598/C 590/142/18.

34 Telegr. Nr. 900. E. Bevin an Botschafter Lord Halifax, Washington, 25. 1. 1946. FO 371/55599/C 1030/142/18.

35 Telegr. Nr. 899. E. Bevin an Botschafter Lord Halifax, Washington, 25. 1. 1946. Ebd.

36 Vgl. Anm. 34.

Eine Entscheidung war dringend notwendig, hatte doch Schatzkanzler Hugh Dalton Bevin eine erste Negativbilanz vorgelegt: allein für 1946 würden 50–60 Mio. Pfund zur Unterstützung der britischen Zone benötigt, diese Belastung aber mußte „so schnell wie möglich" beendet werden; bisher hatte man „nicht eine einzige Maschine, nicht einen einzigen Baum" aus Deutschland bekommen[37], als Gegenleistung dafür, „daß wir die Scheusale am Leben erhalten", wie Dalton – kein besonderer Freund der Deutschen – an anderer Stelle schrieb.[38]

Am 8. Februar wies Frank Roberts aus Moskau auf einen Leitartikel der *Iswestija* hin, in dem lediglich die Einigung über die 5,8 Mio. Tonnen Stahl erwähnt und dann all jene scharf attackiert worden waren, die diese Entscheidung in Frage stellten; das laufe auf die Ablehnung des Potsdamer Abkommens hinaus. Die britische Haltung wurde als „potentiell gefährlich und wirtschaftlich falsch" bezeichnet. Das Potsdamer Abkommen, so Roberts, sei aber die „Heilige Schrift" für die sowjetische Regierung. Der Hinweis darauf lasse den Schluß zu, daß sich die sowjetische Haltung in Berlin nicht ändern werde.[39]

Was bedeutete dies alles für die Ruhr? Die Diskussionen auf britischer Seite über das zukünftige Industrieniveau schienen Oliver Harvey von Anfang an zu einseitig zu sein. Seiner Meinung nach wurde der Aspekt der „Lebensfähigkeit" Deutschlands zu sehr betont und ein anderer Aspekt zu wenig beachtet: nämlich Sicherheit vor Deutschland. Die „wahren" Probleme waren für ihn „Sicherheit *und* Lebensfähigkeit". Wenn man sich für ein höheres Industrieniveau einsetzte, mußte man sich auch im klaren darüber sein, daß man damit die eigene Sicherheit verringerte und es Deutschland ermögliche, in zwanzig Jahren einen neuen Krieg zu führen. So wichtig auch die wirtschaftlichen Überlegungen seien, so warnte er am 19. Januar im Anschluß an die Überlegungen von Troutbeck[40], „sie dürfen uns nicht blind machen gegenüber der wichtigen Frage einer langfristigen Friedenssicherung".

Das Dilemma, in dem man sich befand, war damit klar umrissen: „Deutschland bleibt eine potentielle Gefahr für uns, egal, was wir machen. Verarmt es zu sehr, wird es zur wirtschaftlichen Last, prosperiert es, wird es bald zur militärischen Gefahr." Notwendig war ein Wirtschaftsniveau, das es Deutschland erlaubte, Importe durch Exporte zu bezahlen und das Land wieder lebensfähig machte: Ein solches Niveau aber lag weit über den in Berlin von Sowjets und Amerikanern geforderten Zahlen und wurde von den Sowjets als Sicherheitsrisiko betrachtet. Der wichtigste Aspekt bei diesem ganzen Problem war aber nun einmal das Ruhrgebiet, wo sich die Masse der Industrieanlagen befand. Wenn es zu einem Industrieplan auf der Basis von 5,8 Mio. Tonnen Stahl kommen würde, dann wäre das Ruhrgebiet, wie es Harvey formulierte, „schrottreif und bankrott"; es werde dann keine Interna-

---

37 Schreiben H. Dalton an E. Bevin, 22. 1. 1946. FO 371/55599/C 1222/142/18. Dok. Nr. 74.

38 „We are getting nothing out of Germany in return for feeding the brutes!" Schreiben H. Dalton an J. J. Lawson, 21. 2. 1946. FO 371/55600/C 2303/142/18.

39 Der Artikel war am 6. 2. 1946 in der *Iswestija* erschienen. Telegr. Nr. 545. F. Roberts aus Moskau an Foreign Office, 8.2. 1946. FO 371/55599/C 1536/142/18.

40 Siehe oben S. 149, Anm. 33.

*Foto Nr. 9:* Sir Orme Sargent, als Permanent Under-Secretary of State der ranghöchste Beamte im Foreign Office. Auch er sieht im Frühjahr 1946 die neue „russische Gefahr". Im Februar 1946 ist er mit Sir Oliver Harvey für die politische Abtrennung des Ruhrgebietes von Deutschland. (National Portrait Gallery)

*Foto Nr. 10:* Sir Oliver Harvey, Deputy Under-Secretary of State im Foreign Office. Als der Alliierte Kontrollrat in Berlin gegen den Willen der Briten ganz Deutschland lediglich eine jährliche Stahlproduktion von 5,8 Mio. Tonnen zugesteht, plädiert er, ganz im Sinne der Franzosen, für die Abtrennung des Ruhrgebietes von Deutschland. Nur so kann dort seiner Meinung nach genügend Stahl für den Wiederaufbau Europas produziert werden. Als später die Entscheidung für ein neues Land fällt, will er dieses so klein wie möglich halten, akzeptiert dann aber in der entscheidenden Sitzung am 6. Juni 1946 die Argumente jener, die für Nordrhein-Westfalen eintreten. (National Portrait Gallery)

tionale Holdinggesellschaft geben, die, wie geplant, das Ruhrgebiet zum Wohle ganz Europas ausbeuten konnte. Angesichts der in Berlin offenbar gewordenen Haltung der Sowjets war jetzt allerdings auch klar, daß die Sowjets alle Zahlen ablehnen würden, die nach Meinung der Experten in London notwendig waren, um die Ruhr zu einem Erfolg zu machen. Harvey ging jetzt auch schon davon aus, daß die Sowjets aus Sicherheitsgründen auf keinen Fall wirtschaftliche Kontrollen, wie etwa im EIPS-Plan vorgesehen, akzeptieren würden. Damit brachen eigentlich sämtliche Voraussetzungen der bisherigen Ruhrplanung in sich zusammen, und es stellte sich die entscheidende Frage nach einer Alternative. Harvey deutete sie bereits am 19. Januar an:

„Wenn wir das, was wir wollen, nicht bekommen können, indem wir das Ruhrgebiet bei Deutschland lassen, dann lohnt es sich wohl, über die Alternative nachzudenken, nämlich das Ruhrgebiet von Deutschland abzutrennen und es nicht nur unter eine internationale Wirtschaftskontrolle, sondern auch unter eine internationale politische Kontrolle zu stellen."

Einwände von russischer Seite würden dann für das Ruhrgebiet genausowenig gelten wie für die im Osten Deutschlands abgetrennten Gebiete, z. B. Schlesien. Ohne das Ruhrgebiet war darüber hinaus dann das industrielle Potential Restdeutschlands so niedrig, daß man auch da ohne Risiko ein höheres Industrieniveau zulassen konnte. Die „politische Abtrennung des Ruhrgebietes", so die Schlußfolgerung Harveys, „ist so möglicherweise der beste Weg zur Erlangung eines Industrieniveaus, das notwendig ist, um sowohl die internationale Gesellschaft zu einem Erfolg zu machen, wie wir das wünschen, als auch Restdeutschland vor übermäßigem Elend zu bewahren."[41]

Zwei Tage später stimmte O. Sargent dem zu. Auch er war jetzt der Meinung, daß es wahrscheinlich der einzig befriedigende Weg zur Lösung dieser und anderer Probleme war, das Ruhrgebiet abzutrennen.[42]

Damit zeichnete sich im Foreign Office eine dramatische Entwicklung ab. Seit Monaten hatte es dort im Grunde keinen Zweifel daran gegeben, daß an eine Abtrennung des Ruhrgebietes im Sinne der französischen Pläne nicht zu denken war. Die Nachteile schienen auf der Hand zu liegen. Nunmehr sahen zwei der höchsten Beamten im Foreign Office den einzigen Ausweg aus allen Schwierigkeiten genau in diesem Weg.

Turner, Troutbeck und Hall-Patch waren entschlossen, einen anderen Weg zu gehen. Bevin hatte das Kabinett am 4. Februar über die Probleme im Kontrollrat informiert und war beauftragt worden, Lösungsvorschläge auszuarbeiten. Turner legte wenige Tage später einen entsprechenden Entwurf zum Thema „Industrieniveau" vor, dem Troutbeck und Hall-Patch zustimmten, und in dem zwei mögliche Alternativen genannt wurden: entweder einen Alleingang in der britischen Zone zu unternehmen und ohne Rücksicht auf die anderen drei Mächte dort so viel Kapazität zu lassen, daß eine ausgeglichene Import-Export-Bilanz möglich war, oder, um des lieben Friedens willen im Kontrollrat und um einen Zusammenstoß mit Rußland und den USA zu vermeiden, einem Industrieniveau zuzustimmen, das mit

41 Aufzeichnung O. Harvey v. 19. 1. 1946. FO 371/55598/C 590/142/18. Dok. Nr. 68.

42 Aufzeichnung O. Sargent v. 21. 1. 1946. Ebd. Dok. Nr. 68.

Sicherheit zu dauernder Massenarbeitslosigkeit und unerträglichem Lebensstandard in Deutschland führen würde.

Sie plädierten für den ersten Weg[43] und stießen damit auf den Widerstand Harveys. Bei einem solchen Vorgehen, so notierte er am 8. Februar, „wird die Regierung Seiner Majestät in eine unmögliche Situation gegenüber Russen, Amerikanern und Franzosen geraten". Erneut plädierte er für die Abtrennung des Ruhrgebietes, „etwa im Sinne des französischen Plans".[44]

Die Auseinandersetzung im Foreign Office zwischen Gegnern und Befürwortern einer Abtrennung des Ruhrgebietes spitzte sich mehr und mehr zu. Troutbeck wußte Mark Turner auf seiner Seite und bat ihn um Fertigstellung des noch ausstehenden Annexes zum EIPS-Plan über die wirtschaftlichen Konsequenzen einer Abtrennung des Ruhrgebietes. Innerhalb von nur zwei Tagen arbeitete Turner die gewünschte Stellungnahme aus; die Sache sei, so betonte er gegenüber Playfair vom Schatzamt, „plötzlich sehr dringend" geworden, und zwar so dringend, daß das Memorandum den in EIPS vertretenen Ministerien nicht einmal mehr zur Kenntnisnahme vorgelegt werden konnte. Dies war nach Meinung Turners in diesem Fall ausnahmsweise zu vertreten, da er zum großen Teil die von Waley in den Gesprächen mit den Franzosen im Oktober vorgebrachten Argumente verwendet hatte.[45]

Turner überreichte sein Memorandum am 12. Februar im Foreign Office[46]; am selben Tag beendete Harvey seine Arbeit an den zur Vorlage an Bevin vorgesehenen Kabinettsentwürfen. Er plädierte jetzt vorbehaltlos für die Abtrennung des Ruhrgebietes und eine Änderung des Potsdamer Abkommens im Sinne eines höheren Industrieniveaus für die Ruhr. Angesichts des Präzedenzfalles Oberschlesien konnten die Russen seiner Meinung nach kaum etwas gegen dieses Vorgehen einwenden, man müsse aber wohl mit Widerstand von ihnen rechnen, weil sie als Ergebnis eines höheren Industrieniveaus an der Ruhr weniger Reparationen bekommen würden. Die Abtrennung selbst hielt Harvey jetzt für problemlos. Es sei an sich nichts Unmögliches dabei, ein solches Gebiet mit Hilfe eines internationalen Gremiums zu regieren. In diesem Zusammenhang verwies er auf die Saar, die jahrelang vom Völkerbund regiert worden sei. Eine Regierungskommission oder ein Regierungskommissar konnten ernannt werden, die entweder dem Kontrollrat in Berlin oder der UNO gegenüber verantwortlich sein sollten. Falls die Abtrennung beschlossen würde, sollte die Ruhr allerdings um das linksrheinische Gebiet bis zur holländischen Grenze erweitert werden (der größere Teil Westfalens „nördlich des Rheins" sollte dagegen ausgespart bleiben). Mit diesem Agrarland würde das Gebiet ausgeglichener, woraus sich verwaltungstechnische und politische Vorteile ergäben. „Aus diesem Gebiet", so Harvey, „sollte ein separater Staat gebildet werden." Lokale Selbst-

43 „Future Level of Industry". Entwurf von M. Turner mit zustimmenden Kommentaren von J. Troutbeck, 7. 2. 1946, und Hall-Patch, 8. 2. 1946. FO 371/55599/C 1456/142/18.

44 Aufzeichnung O. Harvey v. 8. 2. 1946. Ebd.

45 Schreiben E. M. Playfair an Sir D. Waley v. 14. 2. 1946 und Schreiben M. Turner an A. Street, 13. 2. 1946. FO 942/517.

46 „Economic Effects of the Political Separation of the Ruhr from the Rest of Germany". 12. 2. 1946. Dok. Nr. 84. Als Annex A (2) in der Kabinettsvorlage Gen. 121/1. Dok. 97. CAB 129/9.

verwaltung gestand Harvey zwar noch zu, die Regierungsgewalt sollte aber ein von der UNO gewählter Kommissar (oder eine Kommission) übernehmen, der auch Oberbefehlshaber der Besatzungstruppen sein sollte. Dieser Staat und die im EIPS-Plan vorgesehene Dachgesellschaft sollten mit Hilfe des UNO-Sicherheitsrates eng mit der UNO verbunden werden.[47]

Troutbeck war angesichts dieser Entwicklung geradezu entsetzt. Wie kein zweiter im Foreign Office kannte er die Details der britischen Deutschlandplanung, er war schon während des Krieges ein erklärter Gegner jeglicher Zerstückelung oder Abtrennung weiterer Gebiete von Deutschland gewesen; er fühlte sich jetzt „verpflichtet", so schrieb er, seine „völlige Ablehnung" aktenkundig zu machen, und zwar in einer Sprache, die an Deutlichkeit nichts zu wünschen übrig ließ, was bei Beamten des Foreign Office untereinander höchst selten und im Verhältnis Untergebener-Vorgesetzter noch seltener der Fall war. Fünf Gründe sprachen seiner Meinung nach gegen den von Harvey vorgeschlagenen Kurs:

1. Bevin hatte mehrfach betont, daß er das Potsdamer Abkommen, die „Heilige Schrift" der Russen, einhalten wollte. Eine Änderung werde das Verhältnis zu den Russen schwer belasten. (Nur wenige Tage zuvor hatte Troutbeck diese Bedenken allerdings noch nicht gehabt, s. o., S. 127.) Wenn man eine Änderung vorschlage, dann müsse man vorher die Amerikaner dafür gewinnen. Die Aussichten dafür aber seien schlecht.

2. Harvey hatte zwar auf die Einwände gegen den EIPS-Plan verwiesen, aber nicht auf die „viel schwerwiegenderen" gegen den französischen Plan, nämlich:

a) Das Regieren einer großen deutschen Bevölkerung *auf Dauer* durch einen ausländischen Kommissar (oder mehrere). Es sei „lächerlich" zu glauben, so Troutbeck, daß die beteiligten Mächte ein Gremium unabhängiger Personen zulassen würden, wie das bei der Saar der Fall gewesen sei, insbesondere wenn sie das Recht hätten, Sanktionen durchzuführen und Truppen einzusetzen. Sie würden Regierungsvertreter sein, und die Hoffnung auf eine gut funktionierende Verwaltung sei damit „verschwindend gering". Was wäre die Folge: endloser Streit mit all den Ländern, zu denen man freundschaftliche Beziehungen wünsche, allen voran Frankreich. Nur die Unheilstifter würden davon profitieren, seien es Deutsche oder Russen, „und möglicherweise beide vereint". Für die gemeinsame Sicherheit gebe es keine solide Grundlage, „wenn man sich ständig mit seinen Freunden in den Haaren liegt". Die Erfahrung mit Frankreich im Rheinland (nach dem Ersten Weltkrieg) sei ja wohl ausreichend.

b) *Auf Dauer* werde damit der einheimischen Bevölkerung das selbstverständliche politische Recht verweigert, ihre Regierung selbst zu wählen, etwas, was man in Übereinstimmung mit Potsdam z. Zt. den Deutschen beizubringen versuche. Demgegenüber bedeute *lokale* Selbstverwaltung wenig, „wenn man kein Mitspracherecht bei der Regierung seines Landes hat".

---

47 Secret. „Future Level of Industry". Draft paper for the Cabinet, 9.2. bzw. 12. 2. 1946. FO 371/55586/C 3216/131/18. Dok. Nr. 79; sowie: Secret. „The Settlement of Western Germany". Draft paper for the Cabinet, 12. 2. 1946. Ebd. Dok. Nr. 80.

c) Für jeden deutschen Propagandisten und Sympathisanten auf der ganzen Welt werde dies der beste Aufhänger sein. Jede politische Partei, jeder Gewerkschafter in Deutschland werde das für ein Verbrechen halten, und selbst wenn man diese Gruppen ignorieren könne, „deren Freunde im Ausland, und insbesondere in den USA, können wir nicht ignorieren". Auch in den Dominien würden sie starke Unterstützung finden, z. B. bei Feldmarschall Smuts. Troutbeck verwies dann auf die Wirtschaftsexperten, die einen solchen Kurs für verhängnisvoll hielten. Sie waren nicht konsultiert worden, hatten nicht geprüft, ob die von Harvey genannten Überlegungen zutrafen, aber wahrscheinlich hätten sie sie mit in ihr Kalkül einbezogen und sie als unzureichend abgelehnt. „Wenn das so ist, was dann?" fragte Troutbeck. „Sollen uns die wirtschaftlichen Auswirkungen dieses Vorschlages gleichgültig sein?"

Ein 3. Punkt kam hinzu. Eine entscheidende Voraussetzung in Harveys Plan war die Revision von „Potsdam". Was aber würde geschehen, wenn man das nicht erreichte? Und die Chancen für eine Revision waren außerordentlich schlecht. Über diesen Punkt schwieg sich Harvey aus. Konnte man

4. einen solchen Plan, der im Grunde ja von dem Wunsch ausging, die Franzosen zu unterstützen, in einem Augenblick vorlegen, „wo Frankreich offensichtlich geradewegs ins kommunistische Lager überläuft?"

5. war klar, daß der Plan mit dauernden Verpflichtungen für Großbritannien in „völlig unbekannten Größenordnungen" verbunden war. Und dennoch sei der Plan zu einem Zeitpunkt vorgelegt worden, wo man noch nicht wisse, ob die in Washington aufgenommene Anleihe auch den Kongreß passieren werde. Und wenn Harvey darauf verwies, daß man mit diesem Plan, gemeinsam mit den übrigen Alliierten, den Verpflichtungen an der Ruhr nachkommen könne, so wies Troutbeck diese Überlegung als „sehr naiv" zurück: Von den Russen könne man nicht viel erwarten, da ihnen egal sei, ob die Deutschen hungerten, „falls ihnen das nicht sogar willkommen ist"; die Franzosen hätten gerade in ihrer eigenen Zone die Rationen heruntersetzen müssen, Belgien, Holland und Luxemburg könne man vergessen. Blieben nur die USA, die zwar früher den Briten in ihrer Zone geholfen hätten, dazu aber jetzt wohl kaum mehr bereit seien, nur um damit zusätzliche Verantwortung zu übernehmen, denn, so Troutbeck abschließend:

„Die G. I.s wollen nach Hause. Aber die Tatsache, daß die Amerikaner unsere einzige Hoffnung sind, verstärkt die Notwendigkeit, den Versuch zu machen, zuerst die Amerikaner für uns zu gewinnen, falls *wirklich* entschieden wird, mit diesem Plan Ernst zu machen."

Auch der letzte Satz Troutbecks paßte so gar nicht zum Umgangston im Foreign Office, machte aber deutlich, worauf es ihm ankam: Troutbeck bat mit Nachdruck darum, Bevin von seinen Einwänden in Kenntnis zu setzen.[48]

Das geschah am nächsten Tag. Orme Sargent legte Bevin gleich mehrere Dokumente vor: den EIPS-Plan, die Entwürfe über das zukünftige Industrieniveau und die deutsche Westgrenze und Troutbecks Aufzeichnung. In einem Begleitschreiben an ihn machte er klar, worum es ging. Den EIPS-Plan nannte er zwar noch „geistreich",

48 „The Ruhr Plan". Aufzeichnung J. Troutbeck v. 12. 2. 1946. FO 371/55586/C 3216/131/18. Dok. Nr. 81.

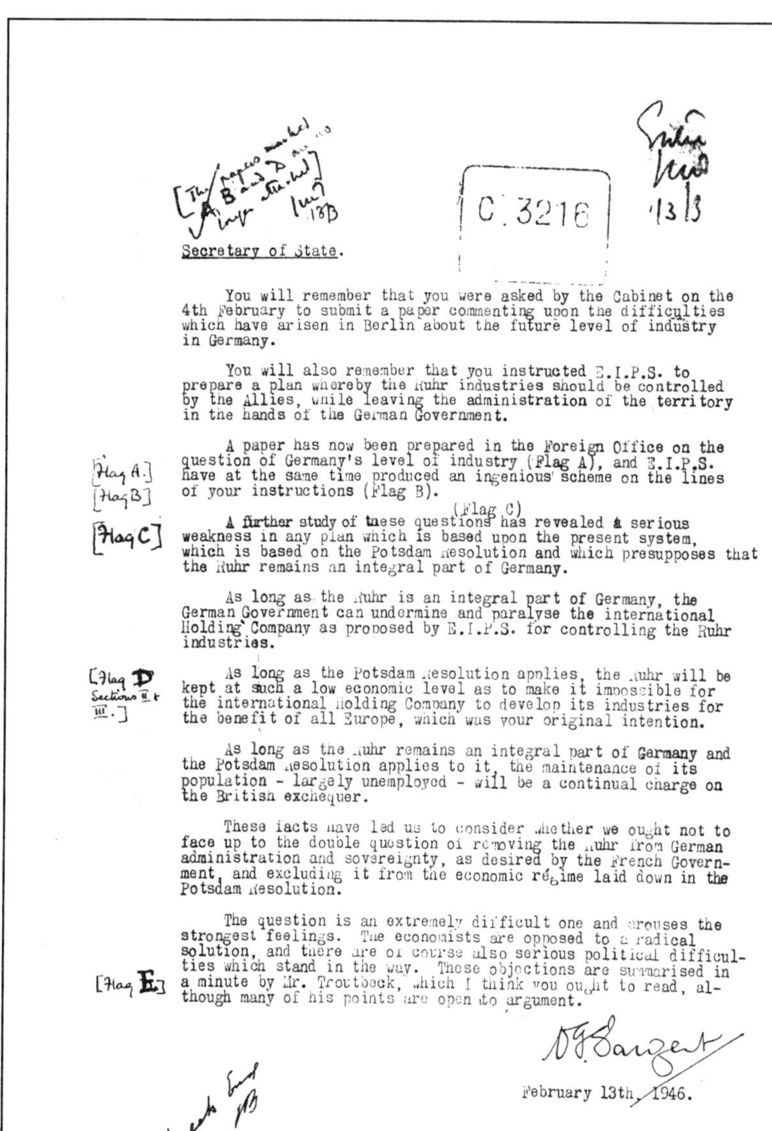

C. 3216

Secretary of State.

You will remember that you were asked by the Cabinet on the 4th February to submit a paper commenting upon the difficulties which have arisen in Berlin about the future level of industry in Germany.

You will also remember that you instructed E.I.P.S. to prepare a plan whereby the Ruhr industries should be controlled by the Allies, while leaving the administration of the territory in the hands of the German Government.

[Flag A.] [Flag B] A paper has now been prepared in the Foreign Office on the question of Germany's level of industry (Flag A), and E.I.P.S. have at the same time produced an ingenious scheme on the lines of your instructions (Flag B).

[Flag C] A further study of these questions (Flag C) has revealed a serious weakness in any plan which is based upon the present system, which is based on the Potsdam Resolution and which presupposes that the Ruhr remains an integral part of Germany.

As long as the Ruhr is an integral part of Germany, the German Government can undermine and paralyse the international Holding Company as proposed by E.I.P.S. for controlling the Ruhr industries.

[Flag D Sections II & III.] As long as the Potsdam Resolution applies, the Ruhr will be kept at such a low economic level as to make it impossible for the international Holding Company to develop its industries for the benefit of all Europe, which was your original intention.

As long as the Ruhr remains an integral part of Germany and the Potsdam Resolution applies to it, the maintenance of its population - largely unemployed - will be a continual charge on the British exchequer.

These facts have led us to consider whether we ought not to face up to the double question of removing the Ruhr from German administration and sovereignty, as desired by the French Government, and excluding it from the economic régime laid down in the Potsdam Resolution.

[Flag E] The question is an extremely difficult one and arouses the strongest feelings. The economists are opposed to a radical solution, and there are of course also serious political difficulties which stand in the way. These objections are summarised in a minute by Mr. Troutbeck, which I think you ought to read, although many of his points are open to argument.

O. G. Sargent

February 13th, 1946.

Week End

*Faksimile Nr. 1:* 13. 2. 1946: Im Februar 1946 kommt es zu einem Konflikt im Foreign Office. Angesichts des niedrigen Industrieniveaus für Deutschland ist eine Gruppe unter Führung von Oliver Harvey und Orme Sargent für die Abtrennung des Ruhrgebietes. Begleitschreiben von Sir Orme Sargent für Außenminister Ernest Bevin mit Notiz Bevins: „Week End". (Public Record Office)

fügte aber gleich hinzu, eine erneute Prüfung der ganzen Fragen habe ergeben, daß jeder Plan schwerwiegende Schwächen habe, der vom Potsdamer Abkommen ausgehe, wo das Ruhrgebiet als Teil Deutschlands behandelt werde. Die Gründe waren einleuchtend: Falls das Ruhrgebiet bei Deutschland bleibe, könne jede deutsche Regierung die im EIPS-Plan vorgesehene Internationale Dachgesellschaft untergraben und lahmlegen. Falls das Potsdamer Abkommen angewendet werde, werde es an der Ruhr ein so niedriges Wirtschaftsniveau geben, daß die Dachgesellschaft die Ruhrindustrie nicht zum Wohle Europas betreiben könne, was ja Bevins ursprüngliche Idee gewesen war. Falls das Ruhrgebiet also bei Deutschland blieb und das Potsdamer Abkommen angewendet wurde, mußte der britische Steuerzahler für die Unterstützung der zum größten Teil arbeitslosen Bevölkerung an der Ruhr aufkommen. Dies alles, so Sargent, habe zu der Überlegung geführt, ob man sich nicht der doppelten Aufgabe stellen solle, nämlich das Ruhrgebiet, wie von Frankreich gewünscht, von Deutschland abzutrennen und die wirtschaftlichen Bestimmungen von Potsdam nicht auf dieses Gebiet anzuwenden. „Die Frage", so Sargent, „ist außerordentlich schwierig und erregt die Gemüter aufs äußerste. Die Wirtschaftsexperten sind gegen eine radikale Lösung, und es gibt natürlich auch große politische Schwierigkeiten, die dem im Wege stehen." Troutbeck habe diese Einwände in einer Aufzeichnung zusammengefaßt, „die Sie lesen sollten, obwohl sich über viele seiner Argumente streiten läßt".[49]

Bevin war ein Mann, der Akten aus dem Amt mit nach Hause nahm, um sie dort in Ruhe zu lesen; schwierige Dinge hob er sich vorzugsweise für das Wochenende auf. So auch in diesem Fall, wie seine Notiz auf dem Begleitschreiben von Sargent zeigt. Was er da mit nach Hause nahm, war schwergewichtig genug, um auch ihn vor Probleme zu stellen. Es war der außergewöhnliche Fall eingetreten, daß in einer für Großbritannien und Europa offensichtlich lebenswichtigen Frage das Foreign Office gespalten war.[50] Bevin mußte entscheiden – aber auf welcher Grundlage? Welche Gruppe seiner Beamten hatte recht? Bevin war bisher immer gegen eine Abtrennung der Ruhr gewesen; mußte dies jetzt neu überdacht werden? Er wußte es nicht – wollte weiter abwarten und gleichzeitig nichts präjudizieren. Das Kabinett hatte ihn am 4. Februar beauftragt, eine Lösung für das Problem „Industrieniveau" vorzulegen. Für das umfassendere Thema „Westgrenze, Ruhr etc." gab es keinen solchen Auftrag. Er entschied sich daher zunächst, nur in dem Kabinettsentwurf zum „Industrieniveau" jene Passage, in der Harvey die Abtrennung der Ruhr vorgeschlagen hatte, zu streichen, in dem anderen Entwurf aber alles stehen zu lassen; über die ganze Angelegenheit, so notierte er, müsse noch einmal beraten werden.[51]

Das war die Situation, als Bevin am Montag, dem 18. Februar, zu der oben erwähnten Unterredung mit Bidault zusammenkam, in der dieser für die Abtrennung der Ruhr plädierte, um sie auf diese Weise vor den Russen für den Westen zu retten.[52]

---

49 Begleitschreiben O. Sargent v. 13. 2. 1946 für E. Bevin. Ebd. Dok. Nr. 85.

50 B. A. B. Burrows erinnerte sich noch nach mehr als dreißig Jahren lebhaft an die damalige Situation und die teilweise heftigen Auseinandersetzungen im Foreign Office. Gespräch mit d. Vf. in London am 16. 3. 1978.

51 Vgl. Dok. Nr. 85, Anm. 1.

52 Siehe oben, S. 144 f., und Dok. Nr. 86.

Es stellte sich die Frage, ob der jetzt von Bidault vorgeschlagene Weg nicht doch der bessere war, dies vor allen Dingen auch angesichts einer Entwicklung in Deutschland, und hier in erster Linie in der sowjetischen Besatzungszone, die zu größter Sorge Anlaß gab und wenig später von den Briten nur noch „die russische Gefahr" genannt wurde?

Und die Amerikaner? Sahen sie diese Gefahr nicht? Am 30. Januar berichtete Robertson von einem Gespräch mit Clay, das am selben Tag auf dessen Wunsch zustandegekommen war und in dem es um das schwierige Verhältnis zwischen Briten und Amerikanern in Berlin ging. Die Unterredung brachte in den Sachfragen keine Annäherung. Was die vereinbarte Stahlquote von 5,8 Mio. Tonnen anging, so behauptete Clay jetzt sogar, er sei damit um 800 000 Tonnen über die vom State Department geforderte Zahl hinausgegangen und sei dafür von Washington kritisiert worden. Er gab dann unumwunden zu, daß sein Verhältnis zu den Russen sehr viel besser sei als zu den Briten; die Mitglieder der amerikanischen Militärregierung hätten engere Kontakte zu den Russen als zu den Briten, und unter den Amerikanern sei bekannt, daß man mit den Russen eben besser auskomme als mit den Briten. Er bedauere das, aber er denke nicht, daß das seine Schuld sei, sondern vielmehr die der Briten. Robertson widersprach nicht, faßte aber seine Beobachtung in dem Schreiben nach London in folgender Schlußbemerkung zusammen: „Meiner Meinung nach hat er [Clay] die Russen vom ersten Tag an hofiert. Die haben darauf schnell reagiert, weil sie erkannt haben, welche Vorteile es für sie bringt, wenn sie einen Keil zwischen uns treiben."[53]

Dieses Schreiben, vor allem die Schlußfolgerung, führte damals im Foreign Office – offensichtlich zum erstenmal – zu grundsätzlichen Überlegungen im Hinblick auf das britisch-amerikanische Verhältnis in Deutschland. Für A. A. E. Franklin stand fest:

„(A) In der Deutschlandpolitik gibt es praktisch keine anglo-amerikanische Zusammenarbeit.

(B) Die persönlichen Beziehungen zwischen den Mitgliedern der amerikanischen und britischen Militärregierung in Berlin sind schlecht."

Dabei schien völlig klar, daß die westlichen Demokratien gemeinsame Interessen hatten; es mußte darum gehen, die vorhandenen Mißverständnisse – und mehr war es offensichtlich nicht – auszuräumen, bevor in Berlin irreparabler Schaden angerichtet worden war. In der Deutschlandpolitik der Westmächte lief nichts mehr zusammen. Die Ursache dafür sah Franklin darin, daß jeder sich vom anderen unverstanden fühlte:

„Die Amerikaner geben den Franzosen die Schuld dafür. Wir neigen dazu, den Amerikanern die Schuld zu geben. Die Franzosen geben jedem die Schuld und klammern sich verbissen an ihrer neuen Maginotlinie in Gestalt ihrer Rhein-Ruhr-Pläne fest. Die Russen lehnen sich zurück und spielen den Beobachter. Inzwischen droht das wirtschaftliche Chaos endemisch zu werden und die gesunden Demokratien auf dem Kontinent politisch und wirtschaftlich anzustecken."

Der östliche Teil Deutschlands falle zunehmend in balkanische Zustände zurück, und wenn das wirtschaftliche Chaos und die Uneinigkeit unter den westlichen Alliierten andauere, werde der westliche Teil wohl auch bald so aussehen.

---

53 Persönliches Schreiben B. Robertson an A. Street v. 30. 1. 1946. FO 371/55599/C 2007/142/18.

„Kurz, so wie die Dinge aussehen: was auch immer wir tun, die Russen haben alle Trümpfe in der Hand, und mit unserem Versuch, die deutsche Gefahr zu beseitigen, sind wir auf dem besten Weg, die weitaus größere Gefahr eines russisch-deutschen Blocks zu schaffen, zu dem wahrscheinlich das Ruhrgebiet, das Rheinland, Rumpfdeutschland und alles andere gehört."[54]

Burrows hatte den Eindruck, als ob es den Amerikanern ziemlich egal sei, was mit Deutschland geschehe, wenn sie nur schnell abziehen könnten und ihr Verhältnis zu Rußland nicht belastet werde. Die Briten dagegen seien definitiv nicht bereit, Deutschland den Russen zu überlassen.[55] Troutbeck hielt zwei Dinge für notwendig, um die Russen am Weitermarsch über ihre Zone hinaus zu stoppen:

1. eine vereinte Front der westlichen Demokratien und

2. in den Westzonen nachweislich bessere Verhältnisse zu schaffen als in der Ostzone.[56] Harvey sah einen großen Teil der Probleme in Berlin in den dort agierenden Personen begründet: Clay „ein unangenehmer Typ von Amerikaner"; wenn Robertson und Strang nicht mit ihm auskommen konnten, wer sonst? Hinzu kam Montgomery mit seiner „Primadonna"-Haltung. Aber: die amerikanische Politik wurde nicht in Berlin, sondern in Washington gemacht. Und weiter: die britische Regierung habe ihre eigenen Vorstellungen im Hinblick auf Industrieniveau, Zentralverwaltungen und die Ruhr, „und wir können sie nicht einfach aufgeben, nur um die Vereinigten Staaten oder die Sowjets zu beschwichtigen („appease"), oder wir haben das Problem zwangsläufig selbst am Hals".[57]

## *4. Teilung Deutschlands an der Elbe oder Status quo? Eine Vorentscheidung in London: Internationalisierung der Ruhrindustrie*

Die britischen Akten machen deutlich, daß Anfang Februar eine Diskussion im Foreign Office begann, die von Zweifel und Mißtrauen gegenüber der sowjetischen Politik im allgemeinen und der sowjetischen Deutschlandpolitik im besonderen geprägt war. Mehr und mehr setzte sich die Überzeugung durch, daß es nunmehr Ziel der Sowjets sei, mit Hilfe der ihnen ergebenen deutschen Kommunisten und einer kommunistisch beherrschten Zentralregierung in Berlin die Kontrolle über ganz Deutschland zu erringen.

Ausgangspunkt dieser Befürchtungen war zum einen die Haltung der Sowjets beim Industrieplan, zum anderen aber die sich verschärfende Kampagne zur Fusion von KPD und SPD. In London wurde die Diskussion über diese Problematik durch ein Telegramm ausgelöst, das Christopher Steel nach einem Gespräch mit Otto Grotewohl und Gustav Dahrendorf, den Führern der Ost-SPD, am 7. Februar nach London schickte. Grotewohl, so Steel, habe „mitgenommen und besorgt" ausgesehen und auf die Frage nach den Einheitslisten geantwortet, das Ende stehe kurz bevor. In dem Telegramm hieß es dann weiter:

54 Aufzeichnung A. A. E. Franklin v. 25. 2. 1946. FO 371/55600/C 2503/142/18.

55 Aufzeichnung B. A. B. Burrows v. 27. 2. 1946. Ebd.

56 Aufzeichnung J. Troutbeck v. 27. 2. 1946. Ebd.

57 Aufzeichnung O. Harvey v. 28. 2. 1946. Ebd.

„Ich sagte, wir könnten nicht verstehen, daß die SPD wirklich mit den Kommunisten zusammengehen könne, es gebe doch wahrlich noch einen Unterschied zwischen Freiheit und Totalitarismus. Grotewohl sagte, das sei keine Frage von Programmen, sondern nackter Tatsachen [...] Sie würden nicht nur persönlich unter stärksten Druck gesetzt (er sagte, sie würden von russischen Bajonetten gekitzelt), ihre Organisation in den Ländern sei vollkommen unterwandert. Männer, die ihm noch vor vier Tagen versichert hätten, sie seien entschlossen, Widerstand zu leisten, flehten ihn nun an, die Sache hinter sich zu bringen. Auf diese Leute sei jede nur mögliche Art von Druck ausgeübt worden, von dem Versprechen, ihnen einen Arbeitsplatz zu besorgen bis zur Entführung am hellichten Tag, und wenn er, Grotewohl, zusammen mit dem Zentralausschuß den Widerstand fortsetzen werde, dann würden sie ganz einfach abgesetzt und durch Provinzausschüsse ersetzt. Im übrigen habe weiterer Widerstand auch keinen Sinn mehr, da sie sich von uns keine Hilfe mehr erhofften. Auf meine Frage, was er damit meine, sagte Grotewohl, offensichtlich sei der ‚Eiserne Vorhang' (er gebrauchte diesen Ausdruck) unverrückbar. Die Franzosen würden jeden Ansatz zur Einheit Deutschlands abblocken, und unter diesen Umständen sei jede Unterstützung wirkungslos. Ich fragte ihn, ob eine Einigung über die zentralen Verwaltungsstellen ihn ermutigen werde, an der Unabhängigkeit [der Partei] festzuhalten; darauf antwortete er mit großem Nachdruck, daß er das tun werde, selbst wenn die Behinderungen im Ost-West-Verkehr andauern würden. Dahrendorf sprach davon, sie hätten bis zum Einsatz ihres Lebens Widerstand geleistet."

Am Ende des Telegramms hieß es: „Dies alles hat mich sehr deprimiert; aber es sieht so aus, als würden die Russen jetzt ihre Glacéhandschuhe ausziehen."[58]

Diesen Eindruck hatten auch einige Beobachter in London. Steels Telegramm wurde ausführlich kommentiert. Franklin sprach am 8. Februar von einer „schweren Niederlage". Noch hielt er zwar die Chancen für gering, daß die SPD in den Westzonen für den Osten gewonnen werden konnte, aber wenn erst einmal die Auswirkungen von Potsdam in den Westzonen voll zu spüren waren: Arbeitslosigkeit, Hunger, wirtschaftliches Chaos, und die Westalliierten Ruhrgebiet und Rheinland entweder internationalisiert oder abgetrennt hatten,

„dann wird die Sache wahrscheinlich ganz anders aussehen. Unter solchen Umständen muß sich fast jede deutsche Partei Moskau zuwenden, und die sowjetische Einflußsphäre wird dann bis an den Rhein reichen, wenn nicht sogar noch weiter."

Nur entschlossenes Handeln, zusammen mit den Amerikanern, könne die Entwicklung aufhalten, andernfalls gehe dieser Prozeß weiter, „und wir werden eines Tages das Entstehen eines proletarischen Deutschland unter Einschluß von Rheinland und Ruhrgebiet erleben".[59]

O'Neill beurteilte die Lage nicht ganz so dramatisch: „Wir haben eine Schlacht verloren, aber noch nicht den Krieg", notierte er; immerhin würden zwei Drittel der Deutschen nicht in Berlin oder der sowjetischen Zone leben. Allerdings war auch für ihn alles sehr deprimierend. Zwar hatte er vor der Kapitulation befürchtet, daß sich Deutschland langfristig für Osteuropa und gegen den Westen entscheiden werde, für Kollektivismus und gegen Individualismus, für Totalitarismus und gegen die Demokratie, er hatte aber nicht mit dem gerechnet, was sich jetzt in der sowjetischen Zone abspielte: daß der sowjetische Totalitarismus dem Land aufgezwungen wurde. Dabei war es nur ein schwacher Trost, daß dies gegen den Willen der Mehr-

---

58 Important. Telegr. Nr. 49. C. Steel an Foreign Office, 7. 2. 1946, Cabinet Distribution, Kopien an Washington, Paris, Moskau. FO 371/55360/C 1480/2/18 sowie 55586/C 1480/131/18. Dok. Nr. 78.

59 Aufzeichnung A. A. E. Franklin v. 9. 2. 1946. Kopien an Northern, North American, Western, News, F. O. Research Department. FO 371/55586/C 1480/131/18. Dok. Nr. 78.

*Foto Nr. 11:* Bernard A. B. Burrows ist als 1. Sekretär in der Deutschlandabteilung des Foreign Office maßgeblich an der Formulierung der britischen Deutschlandpolitik beteiligt. In zahlreichen Memoranden analysiert er die Entwicklung in Deutschland und vor allen Dingen die sowjetische Politik dort. (National Portrait Gallery)

heit der Bevölkerung geschah, da die Opposition „nichts ändern kann, eines Tages zustimmen und dann die Sache unterstützen wird". Die Sowjets, das war für O'Neill klar, „wollen die gesellschaftlichen Strukturen in Deutschland zerschlagen". Von daher durfte man im Kontrollrat nicht um des lieben Friedens willen Entscheidungen zustimmen, die diesen Prozeß noch förderten.[60]

Drei Tage später griff er diese Gedanken in einem bemerkenswerten Memorandum über die „deutschen Kommunisten und Sozialdemokraten in Berlin und in der russischen Zone" noch einmal auf. Er lehnte den Vorschlag Steels, einen gesamtdeutschen Kongreß der beiden Arbeiterparteien einzuberufen – diesen Vorschlag hatte ein Vertreter der Ost-SPD gemacht – ab, weil man damit genau das Spiel der Russen spielen werde, und schlug statt dessen vor, „unsere Verluste in Berlin und in der russischen Zone – was da vorgeht, ist nicht in erster Linie unsere Angelegenheit – zu kappen und die SPD dort, wenn sie will, sich ihren Hals selbst durchschneiden zu lassen", und im Westen Schumacher Spielraum zu gewähren. Wenn man die Sozialdemokraten in den Westzonen aber wirklich gegen die Kommunisten unterstützen wolle, dann müsse man alles tun, um zu verhindern, daß es dort zu Verhältnissen komme, „in denen der Kommunismus gedeiht, was offensichtlich genau die Politik der Russen ist". Ein zweiter Punkt kam hinzu: Kommunisten und Russen gefielen sich in der Rolle, die Einheit Deutschlands zu verteidigen. Hier galt es anzusetzen: an der deutschen Ostgrenze konnte und wollte man nichts ändern, würde man aber die französischen Pläne an der Ruhr unterstützen, dann war auch klar, daß dies in ganz Deutschland bittere Gefühle hervorrufen und von den Russen ausgenutzt werden würde.

Am deprimierendsten war aber offensichtlich, daß man Deutschland nur neun Monate nach seiner Niederlage wieder als einen Faktor ins Spiel der Mächte miteinbeziehen und schon überlegen mußte, ob es noch klug war, Frankreich entgegenzukommen – einer Nation, „an deren zukünftiger Stärke, Widerstandskraft, Moral und Vitalität man Zweifel haben muß" –, wenn dies auf Kosten Deutschlands ging, und wenn man damit möglicherweise mit dazu beitrug, daß das, was von Deutschland übrig geblieben war, unter sowjetische Herrschaft geriet.[61]

Wenn es bereits so weit war, daß man „im Wettstreit mit den Russen um die Gunst des deutschen Volkes buhlen muß", dann, so kommentierte Burrows am nächsten Tag, konnte man die eigene Position verbessern, indem man die französischen Ruhrpläne ablehnte; wenn nicht, würde alles „unendlich schwieriger"; man habe dann beim Thema Einheit mit der Agitation der SED im Osten und der Kommunisten im Westen zu rechnen,

> „und für die Sozialdemokraten in unserer Zone wird es mit ziemlicher Sicherheit außerordentlich schwer werden, sich dieser Kampagne, und wahrscheinlich den Kommunisten überhaupt, nicht anzuschließen".[62]

---

60 Aufzeichnung C. O'Neill v. 9. 2. 1946. Ebd. Dok. Nr. 78.

61 „German Communists and Social Democrats in Berlin and the Russian Zone". Memorandum C. O'Neill v. 12. 2. 1946. FO 371/55362/C 2969/2/18. Dok. Nr. 83.

62 Kommentar B. A. B. Burrows v. 13. 2. 1946. Ebd. Dok. Nr. 83.

Oliver Harvey konstatierte am 20. Februar folgendes Dilemma:

1. „Die Deutschen neigen von Natur aus totalitären Parteien zu. Das gegenwärtige Elend und das wirtschaftliche Chaos müssen diese Neigung noch verstärken."

2. Die Sowjets unterstützten die Kommunisten in ihrer Zone mit Erfolg; mit ihrer Hilfe würden die Sozialdemokraten ausgeschaltet oder übernommen und die Gewerkschaften beherrscht.

3. Dieser Prozeß war nicht auf Berlin beschränkt. Mit Hilfe Berlins, wohin die politischen Parteien zwecks Führung blickten, würden die Sowjets mit dieser Taktik auch Einfluß auf die Kommunisten und Sozialdemokraten in den Westzonen ausüben.

4. Je mehr Deutschland zentralisiert würde, um so schneller würde dieser Prozeß verlaufen, solange die Sowjets in der Ostzone bleiben würden und Berlin die Hauptstadt war.

5. Eine neue Hauptstadt für Deutschland, weder preußisch noch russisch, hätte große Vorteile. Dies könnte aber kaum befohlen werden, ohne sowjetische Zustimmung ging es schon gar nicht, und im übrigen schien auf deutscher Seite dafür nur geringe Neigung zu bestehen (z. B. in Hannover). Daraus stellte sich für Harvey die entscheidende Frage:

6. „Sollen wir daher auf eine Zentralverwaltung drängen, die gegenwärtige Zonenverwaltung beibehalten oder auf eine Teilung Deutschlands in West und Ost entlang der Elbe hinarbeiten?"

7. Er selbst habe kein großes Interesse an einer deutschen Zentralverwaltung. Damit werde der Eiserne Vorhang nicht durchlässiger, den Sowjets allerdings ermöglicht, die Gewerkschaften und das politische Leben im Westen zu unterwandern.

8. In diesem Punkt beantwortete er die selbst gestellte Frage. Er sah keinen Weg, „wie wir uns jetzt dafür entscheiden können, Deutschland in zwei Teile zu teilen. Das wäre in der Tat eine Kriegserklärung an Rußland und eine Kampfansage an die deutsche Einheit." Der beste Weg war seine Meinung nach daher,

9. an der Zonenverwaltung festzuhalten. Auf diese Weise konnte sich in den westlichen Zonen die Demokratie entwickeln, ohne Ausübung sowjetischen Einflusses, der über Berlin laufen würde. Während dieser Zeit konnte man dann

a) „die Ruhrfrage so lösen, wie wir wollen";

b) die demokratischen Parteien ohne kommunistischen Druck von Osten aufbauen und

c) darauf hoffen, daß sich die sowjetische Politik ändern werde; wobei Harvey allerdings zugab, daß dies nur eine schwache Hoffnung war.

Bei all dem hatte Harvey die deutschen Wünsche unberücksichtigt gelassen: Was aber wollten die Deutschen? so fragte er. Lieber ein vereintes Deutschland unter sowjet-kommunistischer Herrschaft oder ein geteiltes Deutschland, halb russisch, halb westlich? Oder glaubten die Westdeutschen wirklich, daß sie in einem vereinten Deutschland stärker wären als die von den Russen unterstützten Kommunisten? Er selbst befürchtete,

„daß sich die deutsche Einheit als die stärkere Kraft erweisen wird, selbst auf Kosten des Kommunismus. Für ein sozialistisches, demokratisches Deutschland mit Berlin als Hauptstadt sehe ich nur geringe Chancen. Daher machen wir uns wahrscheinlich etwas vor, wenn wir glauben, daß irgendein vereintes Deutschland unter Führung Berlins nicht in jedem Fall nach Osten ausgerichtet und dem Westen feindlich gesonnen sein wird – egal, was wir mit dem Ruhrgebiet machen."[63]

Orme Sargent hielt es angesichts dieser Situation für notwendig, Bevin am 21. Februar über die Entwicklung zu informieren. Der Zeitpunkt war offenbar gekommen, wo Entscheidungen getroffen werden mußten. In vier Punkten machte Sargent klar, worum es ging:

1. Sollte man, um die Wiedervereinigung Deutschlands unter russischem Einfluß zu verzögern, den gegenwärtigen Zustand – Militärregierungen, militärische Besetzung – solange wie möglich aufrechterhalten und die Bildung einer deutschen Zentralregierung verhindern? War dies angesichts der Ernährungssituation in der britischen Zone überhaupt möglich?

2. Mußte man weiter von der Annahme ausgehen, daß die Sowjets alles in ihrer Macht Stehende tun würden, um eine früher oder später zu errichtende deutsche Zentralregierung zu beherrschen – und zwar mit Hilfe deutscher Kommunisten?

3. Wenn dies so war, konnte London eine solche Entwicklung verhindern, indem es die demokratischen Parteien unterstützte, um sie als Gegengewicht zu den von den Sowjets kontrollierten Parteien aufzubauen? Falls man dies nicht tun würde, konnte man dann von diesen Parteien erwarten, daß sie dem kommunistischen Druck standhielten, insbesondere dann, wenn Briten und Amerikaner ihre Truppen abgezogen hätten und durch das niedrige Industrieniveau in Deutschland chronische Arbeitslosigkeit herrschen würde?

4. Falls London aber die Bildung einer kommunistischen deutschen Zentralregierung nicht verhindern konnte, sollte man dann nicht wenigstens versuchen, um jeden Preis das Ruhrgebiet für den Westen zu retten, indem man es der wirtschaftlichen und politischen Kontrolle einer solchermaßen kommunistisch beherrschten deutschen Regierung entzog?[64]

Bevins Reaktion war nicht überraschend: ob das denn nicht alles Teil der Überlegungen Frankreichs und Harveys sei, lautete seine Frage.[65]

Am 22. Februar legte B. A. B. Burrows ein umfangreiches Memorandum über die „politischen Entwicklungen in Deutschland und ihre Bedeutung für die britisch-sowjetischen Beziehungen" vor. Noch einmal rief er mit Nachdruck die Entwicklung der letzten Wochen in Erinnerung:

1. die forcierte Kampagne zur Zwangsfusion von KPD und SPD;

2. die sowjetische Haltung bei der Festlegung des Industrieniveaus (wobei er allerdings vergaß, die USA zu erwähnen);

3. zwar „immer noch Plünderungen und Beschlagnahmungen" in der sowjetischen Zone, aber gleichzeitiger Aufbau der Industrie in Thüringen und Sachsen – zum

---

63 Aufzeichnung O. Harvey v. 20. 2. 1946. Ebd. Dok. Nr. 87.
64 Aufzeichnung O. Sargent v. 21. 2. 1946. Ebd. Dok. Nr. 88.
65 Vgl. Dok. Nr. 88, Anm. 1, und Faksimileabbildung Nr. 2.

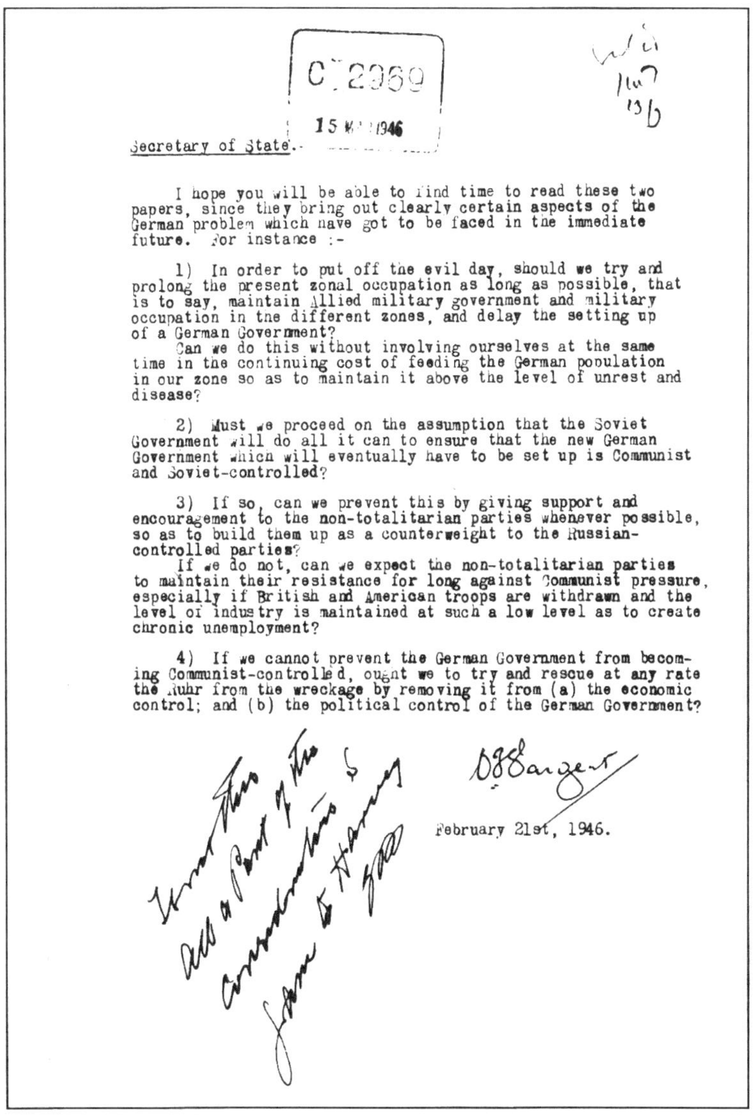

C 2969

15 M 1946

Secretary of State.-

I hope you will be able to find time to read these two papers, since they bring out clearly certain aspects of the German problem which have got to be faced in the immediate future. For instance :-

1) In order to put off the evil day, should we try and prolong the present zonal occupation as long as possible, that is to say, maintain Allied military government and military occupation in the different zones, and delay the setting up of a German Government?
Can we do this without involving ourselves at the same time in the continuing cost of feeding the German population in our zone so as to maintain it above the level of unrest and disease?

2) Must we proceed on the assumption that the Soviet Government will do all it can to ensure that the new German Government which will eventually have to be set up is Communist and Soviet-controlled?

3) If so, can we prevent this by giving support and encouragement to the non-totalitarian parties whenever possible, so as to build them up as a counterweight to the Russian-controlled parties?
If we do not, can we expect the non-totalitarian parties to maintain their resistance for long against Communist pressure, especially if British and American troops are withdrawn and the level of industry is maintained at such a low level as to create chronic unemployment?

4) If we cannot prevent the German Government from becoming Communist-controlled, ought we to try and rescue at any rate the Ruhr from the wreckage by removing it from (a) the economic control; and (b) the political control of the German Government?

O. Sargent

February 21st, 1946.

*Faksimile Nr. 2:* 21. 2. 1946: Angesichts der im Frühjahr 1946 in London diagnostizierten „russischen Gefahr“ stellt sich die Frage, ob das Ruhrgebiet jetzt durch Abtrennung von Deutschland für den Westen gerettet werden soll. Aufzeichnung von Sir Orme Sargent für Außenminister Ernest Bevin; mit handschriftlicher Notiz von E. Bevin: „Is not this all a part of the consideration of France and Harvey.“ (Public Record Office)

eigenen Nutzen und als „Schaufenster“ für den Erfolg kommunistischer Arbeit; (im Februar hatten die Sowjets zum erstenmal westlichen Journalisten gestattet, diese Gebiete zu besuchen);

4. Teilnahme kleiner Nazis am politischen Leben und deren Aufnahme in die KPD – während im Westen zigtausende in Internierungslagern saßen;

5. Unterstützung zentralistischer Gewerkschaften;

6. verschärfte Angriffe gegen die britische Besatzungspolitik;

7. der Beginn einer intensiven Propaganda der Kommunisten für die Einheit Deutschlands und gegen die Abtrennung des Ruhrgebietes.

Vier Fragen waren zu beantworten, die alle zusammenhingen:

1. Industrieniveau. 2. Rheinland/Ruhr. 3. Zentrale Verwaltungsstellen. 4. Dauer der Besatzungszeit. Erneut betonte Burrows, daß eine Abtrennung des Ruhrgebietes die eigene Position in Deutschland katastrophal verschlechtern werde, der EIPS-Plan aber wohl von den Deutschen ungern, aber immerhin doch akzeptiert werde. Er griff dann die von Harvey gestellte Frage nach der Teilung Deutschlands an der Elbe auf. Würde man die Westzonen ohne Rücksicht auf die Russen aufbauen, dann würden die Russen ihre Zone noch stärker in ihr System integrieren, „und wir würden im Westen der russischen Zone eine endgültige Grenze zwischen Rußland und dem Westen errichten, anstatt Deutschland als eine Art Glacis zwischen den beiden Systemen zu haben, ohne daß es zu einem der beiden gehört“.[66]

Die Diskussion konzentrierte sich mehr und mehr auf die Frage, ob es angesichts der sowjetischen Politik nicht doch ratsam war, Deutschland zunächst an der Elbe zu teilen und Westdeutschland dann in einen gegen die Sowjetunion gerichteten Block zu integrieren? Oder konnte dies bereits mit einem Teil Westdeutschlands, nämlich dem Ruhrgebiet oder mit Ruhrgebiet und Rheinland zusammen, gelingen? Oder sollte man weiter von der Einheit Deutschlands ausgehen? Am 27. Februar übermittelte William Strang dem Foreign Office ein hochinteressantes Telegramm, in dem er genau diese Fragen untersuchte. Ausgangspunkt war die Äußerung Bidaults gegenüber Bevin am 18. Februar, das Ruhrgebiet durch Abtrennung vor Russen und Kommunisten für den Westen zu retten.[67] Dies lief nach Meinung Strangs de facto auf die Schaffung eines westlichen, antisowjetischen Blocks hinaus und war ein weitreichendes Ziel, das enorme Ressourcen und äußerste Entschlossenheit der beteiligten Regierungen verlangte, wobei die alles entscheidende Frage war, ob Großbritannien in seiner wirtschaftlichen und Frankreich in seiner politischen Verfassung überhaupt die Kraft hatten, die Abtrennung von Rheinland und Ruhrgebiet durchzusetzen und deren Einbindung ins westliche Lager angesichts der vereinten Opposition der deutschen Linksparteien, die von der Sowjetunion unterstützt würden, aufrechtzuerhalten. Eine bessere Erfolgschance für ein solches Unternehmen sah Strang nur, wenn zwei Bedingungen erfüllt waren: 1. Die Unterstützung der USA und 2. die Einbindung nicht nur des Rheinlandes und des Ruhrgebietes, sondern

---

66 „Political developments in Germany and their relevance to Anglo-Soviet relations“. Memorandum v. B. A. B. Burrows v. 22. 2. 1946. Ebd. Dok. Nr. 89.

67 Siehe oben, S. 145, und Dok. Nr. 86.

ganz Westdeutschlands in einen westlichen Block. Mit Ausnahme der Kommunisten würden sich die westdeutschen Parteien damit wohl abfinden, vor allen Dingen dann, wenn man sie davon überzeugen konnte, daß die sowjetische Zone unwiderruflich verloren war und die beste Chance, sie eines Tages zurückzubekommen, im Zusammengehen mit den Westmächten lag.

Ein solcher Staat wäre wirtschaftlich lebensfähig, falls er eng mit Westeuropa verbunden war, und dadurch, daß man die Grenze so weit nach Osten verlegen würde, könnte man die Russen in angemessener Entfernung vom Rhein halten.

Allerdings gab es aus der Sicht Strangs auch Argumente, die für die Einheit Deutschlands sprachen. Ein solches Deutschland, *mit* Rheinland und Ruhrgebiet, hätte einen höheren Lebensstandard als Rumpfdeutschland, und es wäre von daher weniger wahrscheinlich, daß es kommunistisch oder von den Sowjets beherrscht würde – selbst mit Berlin als Regierungssitz. Außerdem hatte man mit den eigenen Truppen an der Ruhr und in anderen Schlüsselpositionen Westdeutschlands die Deutschen im Griff und konnte Rußland dort heraushalten.

Auch eine SPD auf gesamtdeutscher Basis könnte kommunistischer Umarmung besser widerstehen. Für die „bevorstehende Kapitulation“ der SPD im Osten machte Strang Frankreich mitverantwortlich: ohne französisches Veto hätte es wahrscheinlich schon vor Monaten zentrale Verwaltungsstellen gegeben, mit all den damit verbundenen Kontakten der Deutschen in Ost und West: „Schumacher hätte möglicherweise eine gesamtdeutsche SPD zusammengehalten.“

Man konnte natürlich auch argumentieren, daß, wenn die Einheit Deutschlands den Russen Vorteile brachte, dies nicht gleichzeitig auch für die Westmächte von Vorteil sein konnte. Welche Antwort gab es darauf? Die Russen, so Strang, wollten wahrscheinlich ein einheitliches Deutschland aus zwei Gründen: 1. hofften sie, Einfluß auf dieses Deutschland auszuüben – mindestens in dem Maße wie die Westmächte, und 2. fürchteten sie, daß der westliche Teil Deutschlands von Großbritannien und Frankreich und möglicherweise den USA gegen sie organisiert würde. Nach Meinung Strangs wollten die Sowjets „ein schwaches, kein starkes Deutschland, nicht einmal ein starkes kommunistisches Deutschland, und ein Deutschland, das unter ihrem, oder zumindest nicht unter unserem Einfluß steht“. Wenn es ein vereintes Deutschland sein sollte, dann sollte es auch nach Strangs Auffassung ein „ungefährliches“ Deutschland sein, „kein starkes, und sicherlich kein starkes kommunistisches“, wobei man, anders als die Russen, ein einigermaßen prosperierendes Deutschland akzeptieren würde, das wirtschaftlich auf eigenen Füßen stehen konnte, und ein demokratisches Deutschland, das politisch gefestigt genug war, um sowjetischer wie westlicher Beeinflussung widerstehen zu können. Die Deutschen hätten möglicherweise nicht so einen starken Widerstandswillen wie etwa die Polen, aber, so Strang,

„es ist auch gut möglich, daß unsere Befürchtungen, was die Fähigkeit der Russen angeht, ganz Deutschland zu beherrschen [...] genauso übertrieben sind wie die Befürchtungen der Russen, was den Willen und die Entschlossenheit der Westmächte angeht, Westdeutschland gegen sie zu organisieren“.

Selbst mit einem vereinten Deutschland schien so ein Gleichgewicht zwischen Ost und West und eine Zusammenarbeit der Alliierten in Deutschland noch möglich; noch betrachtete Strang jedenfalls diese Zusammenarbeit nicht als gescheitert, und er warnte sogar davor, sie leichtfertig aufzukündigen; das deutsche Problem sei so schwierig wie seine Lösung lebenswichtig für Europa. Wie also sollte es nach Meinung Strangs, und das hieß nach Meinung der Kontrollkommission, weitergehen? Es gab 1. den französischen Plan: das Risiko dabei war klar: die Sowjets würden ihren Einfluß bis an die Ruhr ausdehnen und die Deutschen würden, mit sowjetischer Unterstützung, in einem Maße gemeinsame Front gegen diesen Plan machen, daß er wahrscheinlich nicht funktionieren werde. Es gab 2. den „EIPS-Kontrollkommission-Plan", der für sich genommen schon kompliziert war und der die Beteiligung der Sowjets vorsah. Man konnte 3. den bisherigen Kurs fortsetzen, wobei die Gefahr bestand, daß die Russen ganz Deutschland übernehmen und die Position der Westmächte unhaltbar machen könnten.

Es war in jedem Fall eine „Wahl zwischen mehreren Übeln" – aber Strang traf diese Wahl nicht. Vieles sprach seiner Meinung nach für den einfachsten Plan, nämlich Nr. 3. Wenn man mit Plan Nr. 2 französische und sowjetische Interessen unter einen Hut bringen konnte, dann würde sich seiner Meinung nach ein Versuch lohnen. Für was auch immer man sich entschied, eines war klar:

„Es wird zunehmend wichtiger, daß bald eine Entscheidung getroffen wird. Ohne eine solche Entscheidung verschlechtert sich die Lage zum Vorteil der Russen und zu unserem Nachteil, und eine Lösung des deutschen Problems wird noch schwieriger."[68]

Diese Lagebeurteilung aus Berlin war, mit den Worten O'Neills, „ein sehr wichtiger Beitrag zur laufenden Diskussion".[69] Die wichtigsten Abteilungen des Foreign Office und sämtliche Ministerien erhielten denn auch Kopien dieses Telegramms. Interessant sind vor allem die Kommentare von Troutbeck und Harvey und die Reaktion des britischen Botschafters in Paris. Für Troutbeck hieß es, ein „gefährliches Spiel spielen", irgendeinen Teil Westdeutschlands in einen gegen Rußland gerichteten Block einzubringen. Er stimmte Strang zu, daß die Einbeziehung lediglich der Ruhr bei einem solchen Unternehmen zum Scheitern verurteilt war, da eine Abtrennung der Ruhr alle Deutschen gegen den Westen vereinen würde; man könnte die Ruhr dann möglicherweise mit Gewalt halten, aber die Bevölkerung werde sich bei jeder Auseinandersetzung mit Rußland gegen den Westen stellen. Die Ruhr würde von daher eher zu einer Belastung als zu einem Gewinn werden.

Die Einbeziehung ganz Westdeutschlands in einen solchen Block hielt er dagegen eher für möglich, obwohl er auch da Gefahren sah, die im Charakter des deutschen Volkes angelegt waren. Der größte Teil der Deutschen, insbesondere in Westdeutschland, sei zwar für eine Bindung an den Westen, aber, so warnte er, man solle sich darauf nicht zu sehr verlassen. Die Deutschen hätten einmütig Hitlers Angriff auf die westliche Zivilisation unterstützt, und dieselben Leute würden unter den gegebenen Umständen zuerst an Deutschland denken. Und wenn sie sich dabei von einem Zusammengehen mit Rußland etwas versprächen, würden sie nicht zögern, diesen Weg auch zu gehen; im übrigen könnten sie anhaltendem Druck nicht sehr gut widerstehen. Um die Westdeutschen im westlichen Lager zu halten, waren wahrscheinlich noch mehr als die von Strang erwähnten Eigenschaften nötig; man müßte ihnen wohl materielle Zugeständnisse machen, die bis zur Aufgabe aller

---

68 Important. Telegr. Nr. 265. W. Strang an Foreign Office, 26. 2. 1946, Cabinet Distribution. FO 371/55400/C 2311/14/18. Dok. Nr. 90.

69 Notiz O'Neill v. 28. 2. 1946. Ebd.

Sicherheitsmaßnahmen gehen könnten: „Zu den ersten Dingen, die Westdeutschland als Preis für diese Zusammenarbeit fordern wird, wird wahrscheinlich eine Armee gehören." Wenn man aber in die bedauerliche Situation getrieben werde, daß man beim deutschen Problem nicht mehr an Sicherheit vor der deutschen Gefahr, sondern an die Rivalität mit Rußland denken müsse, dann sei es besser, ganz Westdeutschland im westlichen Lager zu halten, nicht jedoch das Ruhrgebiet allein. Wenn man bereit sei, den Preis zu zahlen, dann könnte diese Politik erfolgreich sein.[70]

Harvey sah die Dinge etwas anders. Bei der Untersuchung der Frage, ob das Ruhrgebiet abgetrennt werden sollte oder nicht, mußte man seiner Meinung nach wohl davon ausgehen, „daß Deutschland und Sowjetrußland eins sind". Die Überlegung Strangs, Deutschland an der Elbe zu teilen – die er ja selbst nur wenige Tage vorher angestellt hatte – d. h. auf „ein russisches Deutschland und ein westliches Deutschland unter Einschluß der Ruhr" hinzuarbeiten und in einen westlichen Block zu integrieren, war für ihn „nicht uninteressant"; in der Tat waren dies ja genau die Gedanken der britischen Stabschefs vom Herbst 1944, an die er dann auch erinnerte. Er konnte sich zwar vorstellen, daß es dazu kommen werde, aber es erschien ihm noch verfrüht, jetzt schon ernsthaft darüber nachzudenken. Er schlug eine andere Lösung vor, nämlich „das Ruhrgebiet durch Abtrennung und militärische Besetzung für uns zu sichern und dann die weitere Entwicklung abzuwarten". Die Überlegungen Strangs im Hinblick auf die mögliche Haltung der SPD lehnte er ab; von deren Widerstandskraft gegenüber russischem Druck hielt er gar nichts und zog den Umkehrschluß von Strang: nur weil es keine zentralen Verwaltungsstellen gebe, sei die Sache nicht noch schlimmer. In Berlin habe der Westen niemals wirklichen Einfluß ausgeübt; obwohl man zwei Drittel Deutschlands kontrolliere, und zwar die reichsten Gebiete, und den demokratischen Parteien größte Freiheiten lasse, hätten sie im anderen Drittel Deutschlands nichts erreicht. Und auch die Viermächteverwaltung beurteilte er anders als Strang; sie funktioniere immer nur dann, „wenn es den Sowjets gefällt"; wenn es keine echte Zusammenarbeit gebe, sei das alles nur Heuchelei; die eigenen Interessen dürfe man nicht aus Rücksicht darauf vernachlässigen. Strang, so Harvey abschließend, empfehle, gar nichts zu tun, sondern Deutschland als Einheit zu belassen, mit Ruhr und Rheinland, ohne besonderes Kontrollsystem dort, und sich nur auf die Besetzung bestimmter Gebiete durch westliche Truppen zu verlassen. Er allerdings hoffe, daß man sich auf eine „positive" Politik einigen werde, denn sonst „wird ganz Deutschland zu einer wirtschaftlichen Wüste oder von den Kommunisten aufgebaut – unter sowjetischer Kontrolle".[71]

Aus Paris antwortete am 1. März Botschafter Duff Cooper. Cooper gehörte zur alten Garde des Foreign Office, er hatte in den dreißiger Jahren mit Nachdruck für eine entschlossene Politik gegenüber Hitler plädiert, sich aber damals nicht durchsetzen können: der 1. September 1939 hatte ihm recht gegeben. Beim Amtsantritt Bevins hatte er von sich aus seinen Rücktritt angeboten, den dieser aber nicht angenommen hatte. Er blieb noch drei Jahre in Paris, bis 1948 O. Harvey dort seinen Posten übernahm. Cooper war ganz eindeutig frankophil eingestellt und brachte den Deutschen wenig bis gar keine Sympathien entgegen.

70 Aufzeichnung J. M. Troutbeck v. 28. 2. 1946. Ebd.

71 Aufzeichnung O. Harvey v. 28. 2. 1946. Vgl. Dok. Nr. 90.

In Strangs Lagebeurteilung vermißte Cooper denn auch eine „wichtige Tatsache", nämlich „die französische Regierung und das französische Volk sind vollkommen davon überzeugt, daß es keine Sicherheit für Frankreich geben kann, solange die Deutschen das Ruhrgebiet kontrollieren". Aus der Sicht Washingtons oder sogar Londons sehe das Problem völlig anders aus als aus der Sicht eines Franzosen. Für Amerikaner und Briten gehe es darum, vieles sehr genau zu berücksichtigen, wobei die wirtschaftlichen Argumente am meisten zählten und den Ausschlag geben würden. Für den Franzosen sei es dagegen eine „einfache Frage auf Leben und Tod". Wie bereits Harvey in der Kabinettsvorlage verwies er auf leidvolle Erfahrungen, die Frankreich in der Vergangenheit mit Deutschland gemacht hatte: Innerhalb weniger Jahrzehnte („within the memory of living men") hätten die Deutschen Frankreich „dreimal überfallen, zweimal die Hauptstadt erobert" und waren ein drittesmal „nur knapp gescheitert". Jedesmal sei das Ruhrgebiet das Waffenlager gewesen, ohne das Ruhrgebiet hätte es keinen Angriff gegeben. Wie sollte eine erneute Aggression verhindert werden, wenn die Deutschen die Ruhr zurückerhalten würden? Weder die Amerikaner noch die Briten würden ewig Besatzungstruppen in Deutschland haben; Deutschland sei im Moment schwach, „im Jahre 1919 war es auch schwach, aber nach 10 Jahren hatte es einen Großteil seiner Stärke zurückgewonnen, und nach 20 Jahren war es die größte Militärmacht der Welt. Es gibt keinen Grund zu der Annahme, daß sich die Deutschen geändert haben."

Cooper verwies auf den Nürnberger Prozeß, der bei seinen Untersuchungen zum Kriegsausbruch „unglücklicherweise" erst bei der Machtergreifung einsetze. Seiner Meinung nach mußte auch die Zeit davor mit einbezogen werden, denn es gebe ja schon Beweise dafür, daß die Nazis nur die Pläne fortgesetzt hätten, die ihre Vorgänger bereits entworfen hätten, und es sei unmöglich, nicht zu glauben, daß Millionen von Deutschen nicht schon wieder ausschließlich an Rache dächten. Den Hauptunterschied zu 1919 sah Cooper darin, daß man jetzt auch mit Rußland rechnen mußte. Von daher gebe es jetzt eine doppelte Gefahr: 1. durfte Deutschland nie wieder so stark werden, daß es erneut losschlagen konnte und 2. durfte Deutschland nicht zum Satelliten Rußlands herabsinken, das dadurch zur gefährlichsten Macht würde, die die Welt jemals gesehen habe. „In beiden Fällen wäre es besser, wenn die Deutschen nicht über das enorme Potential an der Ruhr verfügen können." Die Idee, Deutschland aufzubauen, um eines Tages gegen Rußland zu kämpfen, wies er mit dem Satz zurück: „Frankenstein hat erfahren müssen, daß es sich nicht lohnt, Monster zu fabrizieren." Zum Schluß zitierte er de Gaulle, der mit ihm 1943 in Algier über dieses Problem gesprochen hatte. De Gaulle hatte darauf verwiesen, daß der Krieg umsonst gewesen wäre, wenn Frankreich nicht absolute Sicherheit erhalten würde. Die große Mehrheit der Franzosen würde dann sagen: „Es wird noch einmal geschehen. Die Engländer haben immer zu wenig Leute. Die Amerikaner kommen immer zu spät. Die Franzosen müssen immer die Hauptlast tragen. Wir können das nicht noch einmal ertragen. Die Männer von München und Vichy hatten doch recht." Und dann, so Cooper, habe de Gaulle mit dem Satz geendet, und mit diesem Satz beendete auch Cooper sein Telegramm: „‚Großbritannien wird alleine stehen.'"[72]

72 Telegr. Nr. 139. Important. Duff Cooper in Paris an Foreign Office, 1. 3. 1946. FO 371/55400/

Bevin hatte nach seinem Amtsantritt nicht auf die Ratschläge dieses erfahrenen Diplomaten auf einem der für Großbritannien wichtigsten Auslandsposten verzichten wollen. Und nun argumentierte Cooper wie der französische Botschafter und wie Bidault! Im Foreign Office gingen die Meinungen nach wie vor auseinander, und Strang, bzw. die Kontrollkommission, empfahl im Grunde eine Politik des Sowohl-Als-auch. Bevin sah sich außerstande, in diesem Stadium der Diskussion das gesamte Kabinett mit der Problematik zu befassen und bat daher Premierminister Clement Attlee um die Bildung eines Ausschusses, in dem die vier wichtigsten Mitglieder des Kabinetts zusammenkommen sollten, um über das deutsche Problem vorab zu beschließen und die Grundsatzentscheidung zu treffen: Abtrennung des Ruhrgebietes: ja oder nein. Diesem Ausschuß sollten Attlee angehören, er selbst, der Chancellor of the Exchequer (Finanzminister), Hugh Dalton, der Präsident des Board of Trade (Handelsminister), Sir Stafford Cripps, und der einflußreiche Herbert Morrison, Lord President of the Council und Führer der Unterhausfraktion der Labour Party. Gleichzeitig wies Bevin Harvey an, für diesen Ausschuß sämtliche Probleme im Zusammenhang mit Deutschland – Ruhr, Rheinland, Industrieniveau, politische Parteien, sowjetische Politik etc. – in *einer* Kabinettsvorlage zusammenzufassen.[73]

Diese Vorlage wurde am 8. März fertiggestellt, wieder rechtzeitig für das „Wochenende", wie Bevin notierte. Was Bevin als Lektüre mit nach Hause nahm, war eine der umfangreichsten und schwergewichtigsten Kabinettsvorlagen der britischen Nachkriegsgeschichte. Neben dem eigentlichen Text gehörten als Annex dazu: der EIPS-Plan, der Schlußbericht der britisch-französischen Ruhrgespräche vom Oktober 1945 mit Annex, der amerikanische Entwurf zur Entmilitarisierung Deutschlands, eine Vorlage zur Saar-Problematik sowie eine geänderte – von John Hynd fertiggestellte – Vorlage zum Thema „Industrieniveau".[74] Nach Rückkehr aus dem Wochenende gab Bevin am 11. März grünes Licht für den Druck und bat Attlee, den „Ausschuß für deutsche Industrie" – so nannte sich die von Bevin gewünschte Ministerrunde – für Freitag, den 15. März zu einer Sitzung zusammenzurufen.[75]

„Ich muß meinen Kollegen eine Reihe von Problemen vorlegen, die weitreichende Fragen aufwerfen. Die Antworten sind nicht leicht, und doch müssen sie gefunden werden. Sie können nicht ewig aufgeschoben werden."

Mit diesen Sätzen beginnt das Memorandum, und dann werden all die Probleme, die in den Wochen zuvor die Diskussion im Foreign Office bestimmt hatten, aus-

---

C 2509/14/18. Dok. Nr. 91. Das Rücktrittsangebot vom 31. 7. 1945 und die Antwort Bevins vom 4. 8. 1945 in: FO 800/464.

73 Vgl. Aufzeichnung O. Harvey v. 4. 3. 1946 für E. L. Hall-Patch und Orme Sargent. FO 371/55586/C 3216/131/18. Dok. Nr. 92.

74 Vgl. Top Secret. Gen. 121/1. 11th March 1946. „The Future of Germany and the Ruhr". CAB 129/9. Dok. Nr. 97; sowie Secret. Gen. 121/2. 11th March, 1946. Cabinet. Committee on German Industry. „The Saar Territory". CAB 129/9. Dok. Nr. 98, und Secret. Gen. 121/3. 12th March 1946. Cabinet. Committee on German Industry. „Level of German Industry". CAB 129/9. Dok. Nr. 99.

75 Vgl. Aufzeichnung O. Sargent v. 8. 3. 1946 mit handschriftlichen Notizen E. Bevin und Aufzeichnung P. Dixon v. 11. 3. 1946. FO 371/55400/C 1963/14/18. Dok. Nr. 96.

führlich erläutert, das Für und Wider der verschiedenen Lösungen dargelegt, die sich im Grunde allerdings auf die Frage reduzierten, ob man sich für oder gegen die Abtrennung des Ruhrgebietes entscheiden sollte, d. h. für den EIPS-Plan oder für den französischen Plan. Beide Pläne wurden detailliert behandelt, wobei nicht mehr verwundert, welchen Raum die sowjetische (Deutschland-)Politik einnimmt, mit der letztlich die Abtrennung begründet wurde; allerdings wurde nicht mehr mit den Problemen im Kontrollrat beim Thema Industrieniveau argumentiert. (Hier hatten nämlich die Sowjets durch Konzessionen, „die erheblich größer gewesen sind als die der übrigen drei Mächte", den Weg für einen Kompromiß inzwischen freigemacht.)[76] Jetzt ging es um die sowjetische Politik insgesamt, die in einem ersten Abschnitt über die „Situation in Osteuropa" abgehandelt wurde. Die Ostzone, so heißt es da, „soll in einen festen, von den Sowjets kontrollierten Block integriert werden, der von Lübeck bis nach Triest reicht" – Formulierungen, die an Churchills berühmtes Telegramm an Präsident Truman vom 3. Mai 1945 oder dessen „Eiserner Vorhang-Rede" in Fulton/Missouri am 5. März 1946 (auch dies ein Stück Kontinuität im Foreign Office) erinnern. Finnland, Polen, Ungarn, Rumänien, Jugoslawien, Bulgarien und Albanien seien von den Sowjets schon kassiert worden oder stünden kurz davor. Die Aussichten, daß die Tschechoslowakei aushalte, seien nicht sehr groß; in Österreich sei die Sache noch nicht entschieden, „aber die Russen halten natürlich den östlichen Teil besetzt, und die Hauptstadt ist, wie in Deutschland, eine internationale Insel mitten in sowjetisch besetzten Ländern". Griechenland würde sich dem Block anschließen, wenn die kommunistische Partei dort an die Macht kommen würde; die Türkei sei in einen Nervenkrieg verwickelt, der sie ins sowjetische Lager zwingen solle, und bei den skandinavischen Ländern gebe es auch schon Zeichen von Nervosität im Hinblick auf Sowjetrußland (§ 6). In § 41 und § 42 taucht Harveys Abtrennungsvorschlag auf, und dann werden ausführlich die sowjetische Haltung und die Haltung der Deutschen untersucht. Die sowjetische Regierung, heißt es in § 43,

„hat großes Interesse an der Ruhr. Nach dem Potsdamer Abkommen erhält die Sowjetunion von dort einen erheblichen Teil der Reparationen aus Westdeutschland. Unabhängig davon ist sie entschlossen, dafür zu sorgen, daß das Ruhrgebiet nie wieder zur wirtschaftlichen Hauptstütze eines Wiederaufstieges Deutschlands oder eines westlichen, gegen die Sowjetunion gerichteten Blocks wird. Auf der Potsdamer Konferenz hat die sowjetische Delegation einen Vorschlag vorgelegt, der für das Ruhrgebiet – das Teil Deutschlands bleiben sollte – eine Viermächtekontrolle vorsah. Bis jetzt sind keine Einzelheiten dieses Vorschlages bekanntgeworden, aber man kann wohl mit ziemlicher Sicherheit davon ausgehen, daß dieser Vorschlag darauf abzielte, das Ruhrgebiet weiter zu schwächen und es nicht aufzubauen.

Daher wird jeder Vorschlag, der eine Erhöhung des Industrieniveaus vorsieht, auf das tiefe Mißtrauen der Sowjets stoßen, nicht nur weil sie eine Verringerung der Reparationen fürchten, sondern weil sie dies als politische Drohung gegen sich betrachten. Die sowjetische Regierung hat bis jetzt noch nicht die geringste Andeutung gemacht, wie sie den französischen Plan bewertet, außer der Feststellung, sie prüfe ihn. Wir müssen davon ausgehen, daß die Sowjetunion in jedem Fall eine wichtige Rolle an der Ruhr spielen wird, sei es als Mitglied einer internationalen Kontrolle oder als Macht hinter der KPD."

Sämtliche politischen Parteien in Deutschland würden einer internationalen Kontrolle des Ruhrgebietes, insbesondere aber einer Abtrennung, mit Feindschaft begeg-

76 So Deutschlandminister J. Hynd. Vgl. Gen. 121/3. 12th March 1946. „Level of German Industry". CAB 129/9. Dok. Nr. 99.

nen (§ 44). Bei der Entscheidung über die Ruhrfrage müsse natürlich die mögliche Entwicklung in Deutschland mitberücksichtigt werden. Und dann wurde auf die Entwicklung im Hinblick auf die Fusion von SPD und KPD verwiesen: das Ziel der Kommunisten sei es,

„diese Fusion auch auf die Parteien in den Westzonen auszudehnen und eine neue Partei zu gründen, die Vereinigte Arbeiterpartei, die sich zwar demokratisch gibt, tatsächlich aber von ihnen beherrscht wird. Die Gewerkschaftsbewegung haben die Kommunisten schon unterwandert und eine Einheitsgewerkschaft in Berlin errichtet."

In den Westzonen hätten die zwei wichtigsten Parteien, die SPD und die CDU, unter Führung von Schumacher bzw. Kaiser, bis jetzt der sowjetischen Unterwanderung standgehalten. Im Ruhrgebiet und in Hamburg seien die Kommunisten stark; in den übrigen Gebieten sei ihr Einfluß relativ gering. Sie hätten jedoch eine straffere und umfassendere Organisation als ihre Konkurrenten (§ 45).

„Solange die gegenwärtige Zoneneinteilung andauert und es keine deutsche Zentralregierung gibt, bietet unsere Anwesenheit und die der Amerikaner den demokratischen Parteien einen gewissen Schutz gegenüber dem kommunistischen Druck aus der Ostzone [...] Wenn es in Berlin erst wieder eine deutsche Regierung gibt, wird diese unter starken Druck der Kommunisten und Sowjets geraten. Die Kommunisten werden sich im Osten fest etabliert haben und ihre Offensive gegen die Parteien im Westen fortsetzen. Denn ich befürchte, wir müssen weiter von der Annahme ausgehen, daß die sowjetische Regierung auch in Zukunft alles daransetzen wird, um sicherzustellen, daß die zukünftige deutsche Regierung kommunistisch und von ihr kontrolliert wird. So haben sich die Sowjets in den Nachbarländern verhalten, in Deutschland wenden sie genau die gleichen Methoden an [...] (§ 46)

Unter diesen Umständen, so denke ich, sollten wir klug sein und die gegenwärtige Zoneneinteilung zunächst beibehalten und die Errichtung einer Zentralregierung mit Sitz in Berlin verzögern. Auf diese Weise würden wir Zeit gewinnen zur Stärkung der demokratischen Parteien und Realisierung unserer Pläne für die Ruhr. Auf der anderen Seite wird es uns allerdings nicht möglich sein, die Besatzungskosten, insbesondere die Kosten für die Ernährung der deutschen Bevölkerung in unserer Zone zu reduzieren, solange die Zoneneinteilung existiert." (§ 47)

Und dann stellte Bevin die Frage, die schon in den Diskussionen in den Wochen zuvor immer wieder aufgetaucht war, nämlich:

„Wie groß ist die Chance, daß die demokratischen Parteien ihren Widerstand gegen den kommunistischen Druck aufrechterhalten, insbesondere wenn Briten und Amerikaner ihre Truppen abgezogen haben und die deutsche Industrie auf einem so niedrigen Niveau gehalten wird, daß chronische Arbeitslosigkeit herrscht? (§ 48)

Ich halte es für möglich, daß die demokratischen Parteien aushalten könnten, wenn die Kommunisten nicht von den Sowjets unterstützt würden [...] Aber solange die Sowjets in der Ostzone sind – und selbst wenn sie sich daraus zurückgezogen haben: solange sie an der Oder stehen, ist es höchst zweifelhaft, ob die demokratischen Parteien überleben werden. Die Deutschen neigen von jeher totalitären Parteien zu. Die Auswirkungen, die die Niederlage und das wirtschaftliche Chaos haben, müssen diese Neigung noch verstärken. (§ 49)

50. Wir müssen in der Tat davon ausgehen, daß die sowjetische Regierung ihre Besatzungsherrschaft, unter welchem Vorwand auch immer, aufrechterhalten wird, solange die deutsche Regierung nicht von Kommunisten beherrscht wird; und die Sowjets werden alles daransetzen, um genau dies zu erreichen."

Wenn aber die Errichtung einer kommunistischen und von den Sowjets kontrollierten deutschen Zentralregierung nicht zu verhindern sei, dann, so Bevin jetzt,

„müssen wir aus schwerwiegenden sicherheitspolitischen Gründen versuchen, das Ruhrgebiet um jeden Preis zu halten, indem wir es nicht nur der wirtschaftlichen, sondern auch der politischen Kontrolle Berlins entziehen", denn, „falls Deutschland wirklich unter sowjetische Kontrolle gerät, dann ist es besser, das Ruhrgebiet ist nicht Teil dieses Deutschland. Die Tatsache, daß sich die deutschen Parteien anfangs gegen uns wenden werden, sollte uns nicht blind machen gegenüber der Möglichkeit, daß langfristig ein internationalisiertes Ruhrgebiet, falls erfolgreich, Kern eines Westdeutschland werden kann!" (§ 51)

Auf der anderen Seite mußte man der Tatsache ins Auge sehen, daß die Sowjets möglicherweise eine kommunistische Regierung in Berlin darin unterstützen würden, den Verlust des Ruhrgebietes oder auch nur der Ruhrindustrie zu verhindern.

„Wenn das geschieht", so Bevin nun, „müssen wir entweder hinnehmen, daß das Ruhrgebiet bei Deutschland bleibt, und wir nur die Wirtschaft, so gut es eben geht, kontrollieren können, oder aber wir müssen zusammen mit den Franzosen (die Unterstützung der Amerikaner ist nicht sicher) die Rückkehr der Ruhr durch eine fortdauernde Besetzung verhindern – gegen den gemeinsamen Widerstand von Deutschen und Sowjets." (§ 52)

Die britischen Interessen bei dem ganzen Problem Deutschland und Ruhr wurden abschließend in sechs Punkten zusammengefaßt, nämlich:

1. Sicherheit vor einem Wiederaufleben deutscher Aggression.
2. Einigermaßen stabile wirtschaftliche Verhältnisse in Deutschland und Europa.
3. Reduzierung der britischen Besatzungskosten in Deutschland und der Kosten für die Ernährung der Deutschen.
4. Ein demokratisches und nach Westen ausgerichtetes Deutschland.
5. Beschränkung des sowjetischen Herrschaftsbereichs so weit östlich wie möglich.
6. Wiederaufstieg Frankreichs zu einem stabilen Mitglied der westlichen Demokratien.

Dann gab Bevin Erläuterungen zu den einzelnen Punkten:

„60. Der Schlüssel für 1. und 2. ist das Ruhrgebiet, das sich zur Zeit in unseren Händen befindet.

61. Für 3. gilt: Wir müssen der Tatsache ins Auge sehen, daß es immer schwieriger wird, die amerikanischen Truppen in Deutschland zu halten; kaum weniger schwierig ist es, unsere Truppen in Deutschland zu halten, besonders wenn das bedeutet, daß wir ungeheure Summen in Dollars ausgeben müssen, um die Deutschen in unserer Zone zu ernähren. Falls wir uns mit den Amerikanern aus Deutschland zurückziehen, müssen wir versuchen, rechtzeitig unsere Verluste zu kappen und das Beste aus der Situation zu machen.

62. Für 4. gilt: Falls wir die Zonenverwaltung Deutschlands nicht beibehalten können, mit all dem, was das an Personal und Geld bedeutet, gibt es als Alternative nur die Errichtung einer deutschen Regierung. Angesichts der wirtschaftlichen Situation und der Neigung der Deutschen zu totalitären Lösungen sind die Aussichten ungünstig, es sei denn, es kommt zu einer Änderung der sowjetischen Politik, mit der Konsequenz, daß der sowjetische Druck nachläßt.

63. Für 5. gilt: Falls wir und die Amerikaner nicht für unbestimmte Dauer das Besatzungsregime in unseren Zonen aufrechterhalten und nicht verhindern können, daß die Sowjets eine deutsche Zentralregierung in Berlin beherrschen werden, dann ist dies Grund genug für uns, an der Kontrolle des Ruhrgebietes für den Westen festzuhalten. Wir haben ein abgetrenntes, von den Alliierten militärisch besetztes Ruhrgebiet besser im Griff – unter Beteiligung der Sowjets an der Kontrolle – als ein Ruhrgebiet, das sich in deutschem Besitz befindet und Teil eines Deutschland ist, in dem es eine kommunistische und von den Sowjets kontrollierte Regierung in Berlin gibt.

64. Für 6. ist die Regelung der Ruhr- und Rheinlandfrage, die Frankreichs Sicherheitsinteressen berücksichtigt, unerläßlich."[77]

---

77 Top Secret. Gen. 121/1. 11th March, 1946. Cabinet. Committee on German Industry. „The Future of Germany and the Ruhr". Memorandum by the Secretary of State for Foreign Affairs. CAB 129/9. Dok. Nr. 97.

Noch unmittelbar vor der Drucklegung dieser Vorlage hatte Hall-Patch am 8. März mit allem Nachdruck Protest gegen dieses Memorandum eingelegt, vor allen Dingen gegen dessen „entscheidenden Punkt“, der in der Tat auf die Empfehlung hinauslief, das Ruhrgebiet politisch von Deutschland abzutrennen. Noch einmal hatte er alle bereits bekannten Argumente gegen die Abtrennung zusammengefaßt und dann, schon eher resignierend, empfohlen, wenn trotz alledem die Abtrennung beschlossen werde, dann sollte man zumindest das alte „Rhenania“ abtrennen; wenn keine Abtrennung beschlossen, aber die Kontrolle der Ruhrindustrie aus Sicherheitsgründen für notwendig erachtet werde, dann biete der EIPS-Plan „Lösungsmöglichkeiten“.[78]

Einen Tag zuvor hatte sich auch Hynd für den EIPS-Plan ausgesprochen und eine Abtrennung des Ruhrgebietes mit dem Argument abgelehnt, damit werde Restdeutschland langfristig an die Russen ausgeliefert. Im übrigen hatte er auf Fortschritte im Kontrollrat beim Industrieplan hingewiesen, die durch „ziemlich überraschende Zugeständnisse der Russen“ zustandegekommen waren.[79]

Der „Ausschuß für deutsche Industrie“, der überhaupt nur einmal und dann auch nur für den von Bevin gewünschten Zweck am 15. März zusammentrat, traf dann auf dieser Sitzung überraschend schnell eine Entscheidung *gegen* die Abtrennung des Ruhrgebietes und *für* den EIPS-Plan. Bevin sprach sich zu Beginn der Sitzung gegen die französischen Pläne und gegen die Abtrennung aus. Frankreich suche mit seinem Plan Sicherheit und riskiere dabei eine erneute deutsche Aggression. Bei einer Abtrennung werde Restdeutschland wirtschaftlich nicht lebensfähig sein und zu einer dauernden Belastung des britischen Haushaltes werden; außerdem bestehe die große Gefahr einer Irredenta-Bewegung, die in zehn Jahren zu einer neuen nationalistischen Bewegung in Deutschland führen könne. (Im weiteren Verlauf der Sitzung nannte er dann noch ein anderes Argument: es sei Ziel der britischen Politik, eine soziale Demokratie in Deutschland zu errichten, aber kein Sozialdemokrat in Deutschland könne gegenüber der deutschen Bevölkerung stillschweigend die Abtrennung des Ruhrgebietes hinnehmen.) Er erläuterte dann ausführlich den EIPS-Plan und sprach in diesem Zusammenhang von der Möglichkeit, die jährliche Stahlproduktion an der Ruhr auf 36 Mio. Tonnen auszuweiten. Diese Zahl taucht hier bemerkenswerterweise zum ersten und einzigen Male auf. Es ist nicht zu erkennen, woher Bevin diese Zahl hat, möglicherweise hat sie aber geholfen, die Zustimmung seiner Kollegen für den EIPS-Plan zu gewinnen. Die Abtrennung des Ruhrgebietes war in dieser Runde bemerkenswerterweise überhaupt kein Thema. Stafford Cripps verwies darauf, daß als unabhängiger Staat höchstens Ruhrgebiet und Rheinland zusammen in Frage kämen, um diese Lösung aber im selben Atemzug wieder abzulehnen, weil damit der sowjetische Einfluß bis an die Ostgrenze dieses Staates heranreichen würde, entweder direkt oder indirekt mit Hilfe einer von den Sowjets kontrollierten kommunistischen deutschen Regierung. Er stellte dann zwei Fragen:

78 Aufzeichnung E. L. Hall-Patch v. 8. 3. 1946 für O. Sargent. FO 371/55400/C 1963/14/18. Dok. Nr. 95. Diese Aufzeichnung hatte Sargent zwar noch Bevin vorgelegt, aber nicht mehr der großen Vorlage angefügt, da diese „schon lang genug“ sei. Sargent am 8. 3. 1946 an Bevin. Ebd. Dok. Nr. 96.

79 Schreiben J. Hynd v. 7. 3. 1946 an E. Bevin. FO 371/55600/ C 3260/142/18. Dok. Nr. 94.

1. Wenn andere Länder Industrien für die Endproduktion aufbauen würden, wären diese damit möglicherweise abhängig von den Lieferungen aus dem Ruhrgebiet (Halbfertigwaren), und konnte Großbritannien sich dies – im Hinblick auf das eigene Kriegspotential – leisten?

2. Würde nicht eine deutsche Regierung, wenn sie entsprechend unabhängig sei, außerhalb des Ruhrgebietes eine Schwerindustrie aufbauen, die dann nicht kontrolliert würde? War es von daher nicht besser, die gesamte deutsche Schwerindustrie in irgendeiner Weise zu kontrollieren? In seiner Antwort wies Bevin darauf hin, daß Großbritannien auf gar keinen Fall die gesamte Rohstahlproduktion der Ruhr übernehmen würde; man werde in Großbritannien die Kapazität des Jahres 1939 erhalten, die in Krisenzeiten sehr schnell ausgeweitet werden könne. Und bei der zweiten Frage bezweifelte er, ob bei voller Produktion an der Ruhr genügend Nachfrage nach Stahl vorhanden sei, um außerhalb der Ruhr eine zusätzliche Stahlproduktion aufzubauen, die zu einer Friedensbedrohung werden könne. Dalton ging auf den amerikanischen Entmilitarisierungsvorschlag ein, mit dem sich die Amerikaner 25 Jahre in Deutschland engagieren wollten. Konnte man da nicht das militärische Risiko auf sich nehmen, das mit einer Erhöhung des Wirtschaftsniveaus verbunden war?

Bevin hielt nicht sehr viel von diesem Argument und warnte davor, bei einer Friedensregelung von der Annahme auszugehen, „daß amerikanische Truppen lange in Europa bleiben werden". Attlee wies dann auf einige „praktische Schwierigkeiten" beim EIPS-Plan hin, die allerdings so neu nicht waren:

Wie sollte der Lebensstandard an der Ruhr und im übrigen Deutschland aussehen? Wie würden die Arbeiter an der Ruhr sich gegenüber der internationalen Kontrolle verhalten? Was würde geschehen, wenn sie nicht kooperieren und von den Arbeitern im übrigen Deutschland dabei unterstützt würden? Auch hier hatte Bevin die Antwort parat: diesen Schwierigkeiten werde man dadurch entgehen, daß die deutsche Regierung Aktien der Internationalen Holding Gesellschaft erwerben könne. Am Ende war man sich einig und sprach sich für den EIPS-Plan aus; man hielt diesen Plan für „erfolgversprechender als jede bisher vorgeschlagene Alternative". Bevin wurde gebeten, dem Gesamtkabinett eine entsprechende Vorlage zuzuleiten.[80]

Genau vier Wochen später gab es einen neuen Plan für die Ruhr, in dem das Wort Internationalisierung nicht mehr vorkam!

### *5. Die Position der USA: Internationalisierung der Ruhrindustrie*

Es war wohl nur Zufall, daß genau an diesem 15. März 1946, als in London eine erste Grundsatzentscheidung im Hinblick auf das Ruhrgebiet und die Ruhrindustrie getroffen wurde, drei Hauptabteilungen des US-State Department (Office of Euro-

80 Secret. Gen. 121/1st Meeting. Cabinet. „German Industry. Minutes of a Meeting held in the Prime Minister's Room, House of Commons, S. W. 1, on Friday, 15th March, 1946, at 3 p. m." CAB 130/9. Dok. Nr. 100.

pean Affairs, Office of Economic Security Policy, Office of Research and Intelligence) ihre Arbeit an einem grundlegenden Memorandum zur Rhein-Ruhrfrage abschlossen. Betrachtet man die Auseinandersetzungen im Alliierten Kontrollrat über den Industrieniveauplan für Deutschland und die amerikanische Haltung, insbesondere die Position Clays, so verblüfft bei diesem Memorandum die Tatsache, daß hier die Gesamtproblematik ähnlich gesehen wurde wie von den Diplomaten im Foreign Office und daß man zu ähnlichen Schlußfolgerungen gekommen war wie die Minister in London. In den amerikanischen Akten finden sich – leider – keinerlei Hinweise auf den Entscheidungsprozeß, der diesem Memorandum vorausgegangen ist; es liegt nur die Endfassung vor – die aber ist gewichtig genug. Die Bedeutung des Rhein-Ruhrproblems stand demnach im Frühjahr 1946 auch für die amerikanischen Planer außer Frage. Bei dessen Lösung, so hieß es eingangs,

„geht es um mehr als nur darum, Frankreich und den Westen vor einem erneuten Angriff Deutschlands zu sichern und dafür zu sorgen, daß Deutschland das Potential jenes Gebietes nicht wieder zur Erringung einer wirtschaftlichen Vormachtstellung nutzt. Die Lösung des Rhein-Ruhrproblems wird ganz entscheidend die Zukunft Europas bestimmen, denn es geht dabei um die langfristige Zusammenarbeit zwischen den westlichen Demokratien und der Sowjetunion, um die mögliche Spaltung Europas in einen Ost- und einen Westblock, und um die wirtschaftliche Konsolidierung und den Wiederaufbau Europas."

In diesem Zusammenhang stellten sich für die amerikanischen Planer in Bezug auf die alliierte Deutschlandpolitik vier Fragen, nämlich ob

1. die Ruhrfrage im Hinblick auf einen möglichen Westblock gelöst werden sollte;

2. eine internationale Kontrolle eingeführt werden sollte, in der keine der vier Mächte ihr Vetorecht ausnutzen konnte, um im eigenen Interesse in Westdeutschland einen dominierenden Einfluß zu gewinnen;

3. aufgrund engstirniger politischer Interessen der Ruhrindustrie Beschränkungen auferlegt werden sollten, womit die wirtschaftliche Gesundung Europas verzögert und Instabilität und Unruhen gefördert würden; und ob

4. das Potsdamer Abkommen im Hinblick auf die darin getroffenen Regelungen betr. Reparationen und Wirtschaft Nachkriegsdeutschlands grundlegend geändert werden sollte, wobei auch die zukünftige Entwicklung in Deutschland berücksichtigt werden mußte.

Wie ihre Kollegen in London schlossen auch die amerikanischen Planer eine Teilung Deutschlands entlang einer Linie, die Europa in zwei Einflußzonen trennen würde, nicht mehr aus. Angesichts solcher Überlegungen war die Ruhrfrage von „größter Bedeutung" für die USA. Ihre Lösung mußte zum schnellen Wiederaufbau und dauerhaften Frieden in Europa führen, ohne die langfristigen Sicherheitsinteressen der USA zu gefährden. Ein großes Fragezeichen war dabei die sowjetische Politik in Europa. Wenn es den Sowjets um die Beherrschung Europas ging, dann würden sie alles daransetzen, um dieses Ziel zu erreichen, d. h. alle Maßnahmen zur wirtschaftlichen Stabilisierung Europas und zur Zusammenarbeit der (west-)europäischen Staaten unterlaufen. Die Bedeutung des Problems für die Sicherheit Frankreichs stand dabei zwar außer Frage, aber es ging auch um die Sicherheit der übrigen Staaten in Westeuropa. Die französischen Pläne aber wurden mit ähnlichen Argumenten abgelehnt wie sie in London von Vertretern der Kontrollkommission vorgetragen worden waren, wobei auch bezweifelt wurde, daß diese Pläne den Interessen Westeuropas für den Fall einer Teilung Deutschlands entlang der Elbe dienen würden.

Blieb die Frage nach der Alternative, die man den Franzosen anbieten konnte und die gleichzeitig den Frieden in Westeuropa sichern würde. In dem Bemühen, zunächst die weitere Zusammenarbeit der vier Alliierten sicherzustellen, war man bereit, den Franzosen weit entgegenzukommen. In einem zu unterzeichnenden „Vier-Mächte-Protokoll", gedacht als eine Art Ergänzung des Potsdamer Abkommens, das ja ohne Beteiligung Frankreichs zustandegekommen war, sollten sich die vier Sieger auf folgende Punkte verständigen:

1. Annexion des Saarlandes durch Frankreich (womit man sogar über die französischen Forderungen hinausging).

2. Stationierung alliierter Truppen auf dem linksrheinischen Gebiet (evtl. mit Brükkenköpfen auf dem rechten Rheinufer) auf unbestimmte Zeit nach Abschluß eines Friedensvertrages mit Deutschland.

3. Schaffung eines wirksamen Kontrollsystems zur dauerhaften Entwaffnung Deutschlands, einschließlich der Überwachung potentieller Rüstungsproduktion und -forschung.

4. Sofortige Errichtung zentraler Verwaltungsstellen in Deutschland.

Sollten diese Maßnahmen die Franzosen – und möglicherweise auch die Briten – nicht zufriedenstellen, war man bereit, über eine Internationalisierung der *Ruhrindustrie* mit sich reden zu lassen. Damit war man in diesem Punkt genau da angekommen, wo die britischen Minister am selben Tag auch waren. Allerdings sah der amerikanische Internationalisierungsplan in einem Punkt anders aus als der britische: die USA und – wichtiger! – die Sowjetunion sollten keinen unmittelbaren Einfluß auf die Industrie erhalten. Besitzanteile und Management sollten zwei „public corporations", also öffentlichen Gesellschaften, je eine für den Kohlebergbau und die Eisen- und Stahlindustrie übertragen werden, in denen *nur* Frankreich und die Beneluxländer (und evtl. noch ein weiterer Staat mit direkten Wirtschaftsinteressen an der Ruhrindustrie) beteiligt waren. Diese Gesellschaften, deren Gewinne der deutschen Zentralregierung zufließen sollten, würden deutschem Recht unterstehen, konnten allerdings in strittigen Fragen die Vereinten Nationen anrufen, deren Entscheidung dann bindend sein sollte. Nur über diesen – indirekten – Weg hätten die USA und die Sowjetunion auf die Entwicklung im Ruhrgebiet Einfluß nehmen können.

Auch dieses „Protokoll" war nicht ohne Risiko: es bestand weiter die Gefahr, daß ganz Deutschland unter sowjetischen Einfluß geraten konnte. Die Alternative aber war: die Teilung Deutschlands als eine Tatsache zu akzeptieren und gemeinsam mit Frankreich und Großbritannien auf die politische und wirtschaftliche Integration Westdeutschlands in Westeuropa hinzuarbeiten.[81]

Benjamin Cohen, Counselor of the Department of State, dem eine frühzeitig erfolgte Abtrennung des Ruhrgebietes lieber gewesen wäre, warnte vor der dann zu erwartenden „äußerst unglücklichen" Entwicklung, nämlich dem Ringen um die Vorherrschaft in Mitteleuropa, und das Office of Economic Security Policy, das an der Ausarbeitung des Memorandums beteiligt gewesen war, trat in einer ergänzenden Stel-

81 Secret. „Disposition of the Rhineland-Ruhr". Prepared and reviewed by EUR, ESP, ORI. NA, RG 59 740.00119 Control (Germany)/3-1546. Dok. Nr. 101.

lungnahme mit Nachdruck dafür ein, die zu erwartenden Viermächteverhandlungen über das Rheinland und das Ruhrgebiet zu einer „großangelegten diplomatischen Offensive“ der Vereinigten Staaten zu nutzen, um der Entwicklung eines Blöckesystems in Europa entgegenzuwirken[82] – während zum gleichen Zeitpunkt von den amerikanischen Vertretern in Moskau – George Kennan und Bedell Smith – Analysen kamen, die sich nur graduell von denen ihrer britischen Kollegen unterschieden.

Die Konsequenz aus der Erkenntnis, daß die Sowjetunion der eigentliche Widerpart der USA sei, hatte George Kennan auch und vor allem auf dem Hintergrund der Entwicklung in Osteuropa schon am 22. Februar 1946 in jenem inzwischen berühmten, 8 000 Worte umfassenden „langen Telegramm“ formuliert. Für ihn war die sowjetische Außenpolitik genauso militant, aggressiv und expansionistisch wie etwa für seinen Freund und Kollegen Frank Roberts. Kennan hatte betont, daß die Sowjetunion der internationalen Kooperation nur Lippendienste erweise, daß sie die kommunistischen Parteien in Europa dazu benutze, den Weltkommunismus durchzusetzen; die sowjetische Außenpolitik hatte er als kompromißlos, negativ, destruktiv bezeichnet, es gebe keinen Modus vivendi mit der UdSSR.[83]

Für Deutschland hieß das, wie er am 6. März in einem weiteren Telegramm betont hatte, daß angesichts der sowjetischen Absicht, ihre Position in Ostdeutschland zu konsolidieren, nun auch die Vereinigten Staaten kein Interesse mehr an deutschen Zentralverwaltungen haben könnten und sich auf die politische Organisation der Westzonen konzentrieren müßten. Die Sowjetunion werde zentralen Verwaltungsstellen nur zustimmen, um damit Einfluß auf die Westzonen zu gewinnen und ohne ihre Position in der eigenen Zone zu gefährden.[84] Botschafter Bedell Smith war der gleichen Meinung. Er schrieb am 2. April, er glaube wie Kennan, daß die Sowjetunion „in Ostdeutschland eine antifaschistische Republik als Vorstufe eines sowjetisch-sozialistischen Staates oder wenigstens eines direkt Moskau zugeordneten Staates schaffen“ werde.

„Unerwünscht, wie das von unserem Standpunkt aus ist, werden wir es vielleicht nicht verhindern können und sollten für unser Handeln einen Kurs wählen, der zwar auf unser Ideal einer Zentralregierung zuführt, unterwegs aber ein an der westlichen Demokratie orientiertes Westdeutschland hervorbringt.“

Seiner Meinung nach sollte zunächst in jeder der drei Westzonen eine Regierung gebildet werden, dann eine Westzonenregierung, natürlich mit dem Ziel, diese Regierung mit der Ostzonenregierung zu einer gesamtdeutschen zu vereinen, wobei er allerdings auch zu bedenken gab, er sei persönlich davon überzeugt, „daß jener letzte Schritt vielleicht nie getan wird“.[85]

Außenminister Byrnes aber war noch entschlossen, einen anderen Weg zur Lösung der deutschen Frage zu gehen, nämlich Deutschland zu neutralisieren. Die vier Besatzungsmächte sollten sich verpflichten, Deutschland nach dem Ende der Besatzungszeit noch weitere 25 Jahre entwaffnet und entmilitarisiert zu halten und zu

82 Stellungnahme B. Cohens und „Concurring Statement“ von ESP. Ebd., Anm. 1.

83 Telegr. G. F. Kennan v. 22. 2. 1946, in: FRUS 1946, vol. VI, S. 697; vgl. dazu auch G. F. Kennan, Memoiren eines Diplomaten, Bd. 1, München 1971, S. 277–302.

84 Telegr. G. F. Kennan v. 6. 3. 1946, in: FRUS, 1946, vol. V, S. 516 ff.

85 Telegr. B. Smith v. 2. 4. 1946. Ebd., S. 535 f.

diesem Zweck eine gemeinsame, scharfe Kontrolle auszuüben.[86] Die Haltung der Sowjetunion zu diesem Plan galt als „Test“ für deren wahre Absichten in Deutschland. Die anstehende Außenministerkonferenz in Paris bot Gelegenheit, in der entscheidenden Frage, nämlich: „Was sind die Ziele der Sowjets in Deutschland?“ Klarheit zu schaffen, wobei man auf amerikanischer Seite bereit war, eine Internationalisierung der Ruhrindustrie zu akzeptieren.

### 6. *Von der Internationalisierung zur Sozialisierung: die Ruhrindustrie als öffentliches Eigentum eines neuen Landes*

Am 15. März hatten die Minister im „Ausschuß für deutsche Industrie“ ihre Grundsatzentscheidung gegen die Abtrennung des Ruhrgebietes und für den EIPS-Plan getroffen. Nun mußte es darum gehen, die genauen Einzelheiten dieses Planes auszuarbeiten, mit den Worten von Hall-Patch, ihn „mit Leben zu erfüllen“[87], auch um in den bevorstehenden Gesprächen mit den Franzosen entsprechender Kritik begegnen zu können. In erster Linie ging es dabei um die Klärung des Verhältnisses zwischen der Internationalen Holding-Gesellschaft und der künftigen deutschen Zentralregierung, d. h. um die im EIPS-Plan erwähnte Charter. Der deutschen Regierung durften keine Möglichkeiten gelassen werden, um in die Aktivitäten der Gesellschaft in einer Weise eingreifen zu können, die letztlich das ganze Unternehmen zum Scheitern bringen würde. Einen ersten Versuch zur Lösung dieses Problems unternahm der Leiter der Rechtsabteilung im Foreign Office, W. E. Beckett. Beckett zog dabei einen interessanten Vergleich heran: die Holding-Gesellschaft war seiner Meinung nach für so viele Unternehmen verantwortlich wie der Industrieminister einer der größten Sowjetrepubliken – mit den zusätzlichen Schwierigkeiten der internationalen Kontrolle. Er ging dann bei seinen Überlegungen von der Prämisse aus, daß die deutsche Regierung und die Deutschen *nicht* kooperieren würden – wovon EIPS eben nicht ausgegangen war –, und für diesen Fall stellte er einen ganzen Katalog von Ausnahmeregelungen für die Gesellschaft auf, die im Grunde auf deren exterritorialen Status hinausliefen und den Widerstand der Deutschen geradezu provozieren mußten. Den Vorschlag, z. B. die Gesellschaft nicht deutschem Arbeitsrecht zu unterstellen, lehnte Troutbeck als „höchst gefährlich“ ab; dagegen würde wahrscheinlich die gesamte Arbeiterbewegung – nicht nur in Deutschland – Sturm laufen. Seiner Meinung nach war es unmöglich, eine solche Charter in erster Linie unter dem Gesichtspunkt zu entwerfen, wie Sabotage am besten zu verhindern war, weil man damit geradezu zur Sabotage einladen würde. Natürlich konnte man so wie die Franzosen argumentieren, die von vornherein davon ausgingen, daß von den Deutschen keine Kooperation zu erwarten war. Ohne eine solche Kooperation war aber der Plan in jedem Fall zum Scheitern verurteilt. Es mußte daher eine Charter entworfen werden, die sich um diese Kooperation bemühte und sie nicht sofort unmöglich machte.[88]

---

86 Vgl. Graml, Alliierten, S. 141 ff., u. Frohn, S. 39 ff.
87 Vgl. S. 646.
88 Vgl. Aufzeichnung J. Troutbeck v. 30. 3. 1946. FO 371/55401/C 3466/14/18.

Als Beckett seinen Bericht am 26. März vorlegte, hatte auch Turner den Eindruck, daß Beckett überhaupt nicht verstanden hatte, worum es eigentlich ging. Bei einigen Punkten hatte sich Beckett selbst überfordert gesehen und von sich aus vorgeschlagen, einen weiteren Experten zu Rate zu ziehen. Den Namen dieses Experten hatte Turner ins Spiel gebracht: Sir Geoffrey Vickers. Vickers war ein im internationalen Handelsrecht erfahrener Rechtsanwalt, der in seiner aktiven Zeit mit verschiedenen Regierungsstellen zusammengearbeitet hatte. Er war ein persönlicher Freund von Mark Turner und lebte inzwischen zurückgezogen in Devon. Am 30. März bat Turner ihn offiziell um Ausarbeitung der gewünschten Charter.[89]

Vickers antwortete am 3. April. Sein Schreiben schlug im Foreign Office wie eine Bombe ein; Hall-Patch war, wie er Turner gegenüber gestand, „geradezu geschockt".[90] Vickers hatte nämlich keine Charter ausgearbeitet, sondern den EIPS-Plan rundweg abgelehnt! Die entscheidende Schwäche dieses Planes sah er in dessen Grundidee: eine internationale Gesellschaft sollte Unternehmen kontrollieren, an deren Erfolg sie gar nicht interessiert sein konnte, da nicht *ihr* der Gewinn zufließen würde, sondern den Deutschen; diese wiederum hätten zwar größtes Interesse am Erfolg der Unternehmen, aber keinerlei Mitspracherecht in diesen Unternehmen. Das mußte seiner Meinung nach zu folgender Situation führen: in der Gesellschaft würde aus Sicherheitsgründen vom Vetorecht Gebrauch gemacht – eine Macht konnte sozusagen Sabotage betreiben –, die vorgesehenen Beiräte wären dann gegenüber niemandem mehr verantwortlich. Die Idee, daß die Gesellschaft als Treuhänder für das deutsche Volk handeln werde, wies er als unmöglich zurück; ein solches Gremium konnte die Industrie eines anderen Landes gar nicht führen, und weder ein entsprechendes treuhänderisches Verhältnis zur deutschen Regierung noch zu den Unternehmen entwickeln.

Wenn man ohne Rücksicht darauf die Dinge dennoch einfach treiben lasse, werde das Ansehen der Gesellschaft schon bald völlig in Verruf geraten, und das werde dann wohl auch das Schicksal dieser Gesellschaft sein. Zu Recht werde jeder logisch und politisch denkende Franzose den Plan als politisch unzureichend zurückweisen, und die Amerikaner würden ihn gar als eine Perversion schlimmster Art des Big Business betrachten. Er konnte wohl nur funktionieren, wenn man sehr viel weiterging, was aber praktisch natürlich nicht machbar war, nämlich die Industrie der Ruhr, von Pennsylvania, Südwales und des Donezbeckens in einer internationalen Gesellschaft zusammenfassen und die Aktien treuhänderisch dem Rockefeller Fund überlassen – was dann aber zu neuen, nicht weniger großen Schwierigkeiten führen werde.[91]

Vickers bot eine Alternative an, und gab damit den entscheidenden Anstoß dafür, daß im Foreign Office innerhalb weniger Tage ein neuer Plan für die Ruhr ausgearbeitet wurde, der folgendermaßen aussah:

---

89 „Comments by the Legal Adviser on Paper EIPS/P (46) 3 of the 4th February on the Control of the Ruhr". 26. 3. 1946. Ebd. Dok. Nr. 105. Schreiben M. Turner an G. Vickers, 30. 3. 1946. FO 942/517. Dok. Nr. 109.

90 „I must confess it has rather shaken me." E. L. Hall-Patch an M. Turner, 6. 4. 1946. FO 942/517.

91 Schreiben G. Vickers an M. Turner, 3. 4. 1946. FO 942/518. Dok. Nr. 113.

*Foto Nr. 12:* Edmund L. Hall-Patch, Deputy Under-Secretary of State im Foreign Office; er entwickelt Anfang April 1946 mit Sir Geoffrey Vickers den zweiten Ruhrplan: Überführung der Ruhrindustrie in öffentliches Eigentum eines Landes, das erst noch geschaffen werden muß. Um bei den Sowjets kein Mißtrauen zu erwecken, plädiert er für den Zusammenschluß von Nordrhein und Westfalen. (National Portrait Gallery)

1. In dem für die Kontrolle in Frage kommenden Gebiet – wie im EIPS-Plan definiert – sollte ein neues Land errichtet werden.

2. Die Regierung dieses Landes sollte eine Gesellschaft gründen, deren Verhältnis etwa dem des National Coal Board zur britischen Regierung entsprach.

3. Die im EIPS-Plan genannten Unternehmen sollten durch Landesgesetz in die neue Gesellschaft überführt, d. h. öffentliches Eigentum werden.

4. Die Gesellschaft sollte gegenüber der Landesregierung und über sie gegenüber der Zentralregierung verantwortlich sein für die Führung der Unternehmen und die Einhaltung der im späteren Friedensvertrag festgelegten Bestimmungen.

5. Eine Internationale Kontrollbehörde sollte die Aktivitäten der Gesellschaft überwachen (wobei die einzelnen Kontrollbefugnisse noch festzulegen waren).[92]

Die entscheidende Änderung gegenüber dem EIPS-Plan war zweifelsohne, daß die Industrien nicht in internationalen Besitz übergehen, sondern deutsch bleiben würden, allerdings sozialisiert (wobei daran gedacht war, die alten Besitzer mit nicht stimmberechtigten Aktien zu entschädigen). An die Stelle der Kontrolle durch Besitzübernahme hatte man damit die politische Kontrolle gesetzt, was für die Deutschen, so hoffte man, in jedem Fall eher akzeptabel war, vermied dieser Plan doch eine entscheidende Schwäche des EIPS-Plans, auf die Vickers mit Nachdruck hingewiesen hatte: nicht Ausländer würden die Unternehmen besitzen und verantwortlich sein, die kein Interesse an deren Erfolg hatten – möglicherweise darauf aus waren, das Ganze zu sabotieren –, sondern die Deutschen selbst.

Das, was sich nun in London abspielte, war schon merkwürdig. Ein im Ruhestand lebender Rechtsanwalt hatte offensichtlich den Stein der Weisen gefunden und mit seinen Überlegungen die professionellen Planer geradezu beschämt. Man könnte dies auf die Kurzformel bringen: ohne Vickers kein Land Nordrhein-Westfalen – auch wenn dies nur auf den ersten Blick so aussieht. Richtig ist, daß zum erstenmal in dem Schreiben Vickers vom 3. April 1946 der konkrete Vorschlag gemacht wurde, ein neues Land zu errichten; dies wurde zwar auch schon im EIPS-Plan angedeutet – in diesem Sinne hatte auch Beckett von einem neuen Land („special province") gesprochen, aber erst der neue Plan – zusammen mit den Überlegungen im Hinblick auf die „russische Gefahr" – führt direkt in diese Richtung. Der „Vickers-Plan" beantwortet auch eindeutig die Frage, ob denn die britische Sozialisierungspolitik primär ideologisch oder sicherheitspolitisch bedingt war. Den Beamten in London und in der Kontrollkommission, die offensichtlich in monatelanger Planung nicht auf die Idee von Vickers gekommen waren, muß man zugutehalten, daß sie den Plan vorurteilslos prüften, ihn für besser befanden als den eigenen und sich dann energisch für ihn einsetzten. Das galt für Street vom Kontrollamt genauso wie für die Kontrollkommission. Deren Zustimmung war, wie es Hall-Patch formulierte, „absolut notwendig".[93] Street befürwortete den Plan sofort[94], ebenfalls Robertson. „Das System indirekter Kontrolle", auf das der Plan ja im Prinzip hinauslief,

92 Vgl. Aufzeichnung E. L. Hall-Patch v. 10. 4. 1946, mit Entwurf des Planes von G. Vickers. FO 371/55401/C 4391/14/18. Dok. Nr. 121.

93 Schreiben an M. Turner, 13. 4. 1946. FO 942/518.

94 „Future of the Ruhr". A. Street für M. Turner, 9. 4. 1946. Ebd. Dok. Nr. 120.

sei, so Robertson – hier ganz Militär –, „immer vorzuziehen". Außerdem war der Plan „viel einfacher", würde den Streit zwischen den Alliierten „auf ein Minimum reduzieren" und versprach bessere Leistung, „weil die Deutschen die Ruhrindustrie effizienter führen werden als die Alliierten". Wichtig für ihn war allerdings, daß in jedem Fall auch die im EIPS-Plan vorgesehenen Sanktionen weiterhin möglich waren, d. h. auch eine längere militärische Besatzung, denn „Kontrolle ohne Besatzung ist sinnlos". Drei Nachteile sah er:

1. Für die Franzosen würde der Plan noch weniger akzeptabel sein, wenn nicht Kontroll- und Besatzungsdauer mit Nachdruck betont und genau festgelegt würden.

2. Die Ruhr würde in den Händen der deutschen Regierung bleiben, „wenn diese Hände auch kontrolliert werden".

3. Die Idee, die Ruhr zum Wohle Europas nutzen zu können, würde damit „endgültig aufgegeben". Das war aber wohl noch am ehesten zu verschmerzen, denn, so Robertson weiter, „persönlich habe ich immer Zweifel an der Durchführbarkeit dieser Idee gehabt".[95]

Gerade diesen letzten Aspekt sprach auch Bevin an, stellte er sich doch so die Zukunft der Ruhrindustrie vor; sein „Traum" war, wie er den Regierungschefs der britischen Dominien versicherte, das Ruhrgebiet zum „europäischen Pittsburgh" zu machen. Hall-Patch verwies auf den inzwischen in Berlin vom Kontrollrat verabschiedeten Industrieplan, der jede Entwicklung der Ruhrindustrie, etwa im Sinne jener von Bevin am 15. März erwähnten 36 Mio. Tonnen Stahl, in den nächsten Jahren unmöglich machen würde. Würden aber eines Tages diese Beschränkungen fallen, dann war eine solche Entwicklung eher möglich als bei einer Internationalisierung der Industrie an Rhein und Ruhr.

Spätestens an diesem Punkt kommt beim Vickers-Plan eine andere Überlegung mit ins Spiel, die bisher nicht erwähnt worden ist, nämlich die Frage der Sicherheit. Bemerkenswerterweise nicht mehr Sicherheit vor Deutschland, sondern vor Rußland. Dies wird nicht nur in den Diskussionen im Foreign Office deutlich, sondern auch bei den Stabschefs, was noch am wenigsten verwundert, hatten diese doch schon im Herbst 1944 von einer potentiellen russischen Gefahr gesprochen. Die Stabschefs waren sich treu geblieben, wie ein Memorandum zeigt, das sie am 5. April dem Foreign Office übersandten – als Antwort auf eine Anfrage von Sargent, in der dieser am 22. März u. a. um eine Stellungnahme zu den bis dahin diskutierten Ruhrplänen gebeten hatte.[96] Für die Stabschefs bestimmte die Zukunft von Ruhr und Rheinland weitgehend auch die Zukunft Deutschlands. Von daher unternahmen sie es zunächst einmal, die langfristige Politik im Hinblick auf Deutschland zu analysieren. Als strategische Hauptziele in Westeuropa nannten sie:

1. Keine potentiell feindliche Macht durfte so stark sein, daß sie Westeuropa beherrschte.

---

95 „Message from General Robertson". 12. 4. 1946. FO 942/517. Dok. Nr. 123.

96 Top Secret. C. O. S. (46) 93 (O). 22nd March, 1946. Restricted Circulation. Chiefs of Staff Committee. „The Future of Germany and the Ruhr". Copy of a letter dated 22nd March, 1946 from the Foreign Office; O. Sargent to Secretary, Chiefs of Staff Committee. CAB 80/100. Dok. Nr. 104.

2. Im Fall eines Kriegsausbruchs sollte die strategische Grenze so weit wie möglich im Osten verlaufen.

Dabei gingen sie davon aus, daß der nächste Gegner Rußland hieß und eine sehr viel größere Gefahr darstellte als ein wiedererstarktes Deutschland und daß es am schlimmsten sei, wenn ein wiedererstarktes Deutschland von Rußland beherrscht würde (eine Formulierung, die wenig später fast wörtlich von Bevin in einer Kabinettsvorlage übernommen wurde). Deutschlandpolitik konnte demnach nicht ausschließlich unter dem Gesichtspunkt betrieben werden, eine erneute Bedrohung durch Deutschland zu verhindern. Ausgehend von dieser Prämisse untersuchten die Stabschefs dann die drei bislang genannten Möglichkeiten, von denen keine „völlig befriedigend" war:

A) Kein besonderes Regime für die Ruhr und am Ende der Besatzungszeit Rückgabe dieses Gebietes an Deutschland.

Dies hatte Vorteile, solange die Besatzung andauerte, war aber gefährlich, falls es nicht gelingen würde, zumindest das Verschwinden Westdeutschlands hinter dem Eisernen Vorhang zu verhindern, da dann Rußland über das Ruhrpotential verfügen würde.

B) Der französische Plan. Er wurde abgelehnt, weil durch die Feindschaft der Deutschen und die wirtschaftlichen Auswirkungen „Deutschland mit ziemlicher Sicherheit in die Arme Rußlands getrieben wird".

C) Der EIPS-Plan. Er wurde als „möglicher Kompromiß" bezeichnet, aber nur um den Preis einer Teilnahme der Sowjetunion, und das wiederum wurde ganz entschieden abgelehnt. Wenn die Sowjets an der Kontrolle beteiligt würden, war es schwierig, ihnen auch die militärische Mitarbeit zu verwehren. Falls man aber gezwungen war, russische Truppen zu akzeptieren, dann konnte man die Sowjets kaum daran hindern, im Ruhrgebiet eine russische Zone zu errichten und sich damit eine sichere Ausgangsbasis für kommunistische „Aktivitäten" zu schaffen.[97]

Fast gleichzeitig beendete der französische Generalstab seine Arbeiten an einem Memorandum zur deutschen Frage.[98] Nichts zeigt deutlicher als ein Vergleich der beiden Memoranden wie vollkommen unterschiedlich die Probleme von den Militärs in London und Paris gesehen wurden. Für den französischen Generalstab existierte nach wie vor nur die deutsche Gefahr, der es zu begegnen galt, von einer russischen Gefahr war überhaupt keine Rede, während die Briten vollständig auf dieses Thema fixiert waren.

Es war Bevin, der als erster im Zusammenhang mit dem Vickers-Plan die Sowjetunion mit ins Spiel brachte und zwei Fragen stellte, die schon auf die spätere Entwicklung hinweisen und bei deren Beantwortung zum erstenmal die Möglichkeit erwähnt wird, die Provinzen „Westfalen und Rheinland" zu einem Land zusammenzufassen (wobei mit Rheinland wohl die Nordrheinprovinz gemeint war):

---

97 C. O. S. (46) 105 (O). Chiefs of Staff Committee. „The Future of Germany and the Ruhr". 5. 4. 1946. Annex zu C. P. (46) 139. CAB 129/8. Dok. Nr. 116.

98 Vgl. „Mémoire relatif à la Sécurité Française en Allemagne". 8. 4. 1946. MAE, Y-62-4. Dok. Nr. 119.

1. War es klug, die Russen überhaupt an einer Ruhrkontrolle zu beteiligen, während sie selbst ein Mitspracherecht des Westens an Kontrollen in ihrer Zone ablehnten?

2. War es klug, ein neues Land in der vorgeschlagenen Weise zu errichten, da die Russen dies als ersten Schritt auf dem Weg zu einem westlichen Block interpretieren konnten?

Nach Rücksprache mit Sargent gab Hall-Patch am 12. April die Antwort.

Ad 1: In keinem Plan waren die Sowjets bisher ausgeschlossen worden; würde man es tun, würde das die Aufgabe von Potsdam bedeuten und zu einer direkten Konfrontation führen. Dies hatte man bisher vermieden, allerdings wurde eine Konfrontation zu diesem Zeitpunkt nicht mehr für unmöglich gehalten. Wenn man aber jetzt einen neuen Plan vorlegte, an dem die Sowjets nicht beteiligt werden sollten, würde man eine solche Konfrontation provozieren; von daher war die Wahl des richtigen Zeitpunkts wichtig.

Ad 2: Ein neues Land würde die Durchführung des Vickers-Plans sehr erleichtern, da ohne dieses Land nur eine geringe Chance bestand, die Zustimmung Frankreichs zu erhalten. Das neue Land sollte deckungsgleich mit jenem Gebiet sein, in dem die Industrie kontrolliert würde, was eine Änderung der Provinzgrenzen zur Folge haben würde; aber, so Hall-Patch, der Oberbefehlshaber könnte möglicherweise die beiden alten Provinzen Rheinland und Westfalen zu dem neuen Land zusammenfassen. Das war dann zwar ein sehr viel größeres Gebiet als das, in dem die Industrien lagen, aber es war möglicherweise einfacher durchzuführen als aus Teilen der zwei bestehenden Provinzen ein neues Land zu errichten – ein Argument, das wenige Wochen später noch eine wichtige Rolle spielen sollte. Ein anderes Argument kam noch hinzu, das im Moment zwar wichtig schien, auf das man später aber verzichten konnte: wenn man die Russen von der Kontrolle an der Ruhr ausschließen wollte, dann würden sie sicherlich weniger mißtrauisch im Hinblick auf einen westlichen Block sein, wenn man lediglich zwei bestehende Provinzen zu einem neuen Land zusammenfaßte.[99] Man konnte dies dann als reine verwaltungsorganisatorische Maßnahme deklarieren und damit politisch herunterspielen. Mit dem Vickers-Plan konnten offensichtlich die britischen Ziele an der Ruhr besser erreicht werden als mit dem EIPS-Plan, mit ihm konnten gleichzeitig die Sowjets zumindest bis zur Klärung der politischen Verhältnisse in Deutschland – und solange die Besetzung andauerte – vom Ruhrgebiet ferngehalten werden, ohne daß dies den Briten von Moskau als antisowjetischer Schritt und offene Aufkündigung der Viermächteverwaltung vorgeworfen werden konnte; mit ihm konnte außerdem noch die Gefahr, die von einer kommunistischen Regierung in Berlin ausgehen würde, so gering wie möglich gehalten werden. Vor allen Dingen aber konnte man die betroffenen Deutschen zu größerer Mitarbeit gewinnen, damit mehr Sicherheit erreichen und das Industriepotential an der Ruhr noch besser nutzen als beim ersten Ruhrplan und gleichzeitig noch einen sichtbaren Beweis dafür liefern, daß man bei der Lösung des Ruhrproblemes Fortschritte erzielte.

---

99 „The Ruhr". Aufzeichnung E. L. Hall-Patch v. 12. 4. 1946. FO 371/55402/C 4555/14/18. Dok. Nr. 124.

Am Montag, dem 15. April, fand ein weiteres Spitzengespräch im Foreign Office statt.[100] Bevin hatte – wieder für das Wochenende – einen neuen Kabinettsentwurf „in seiner Post gefunden", wie es Hall-Patch formulierte.[101] Dieser Entwurf stammte von Hall-Patch und wurde dann kaum noch verändert. Bevin ging wieder auf das Problem einer russischen Beteiligung ein; für ihn war es eine der größten Schwierigkeiten beim Thema Ruhr, einen Weg zu finden, den Sowjets ein Mitspracherecht in der britischen Zone zu verweigern, solange man nicht eine vergleichbare Position in der sowjetischen Zone hatte. Dann wollte er wissen, wie weit man ohne Rücksichtnahme auf die übrigen drei Mächte gehen konnte bei

a) Errichtung des neuen Landes an der Ruhr,

b) Übertragung der Besitzrechte an dieses Land und

c) Beteiligung von Vertretern der Nachbarländer als Beobachter.

In der anschließenden Diskussion wurde zum erstenmal Kritik laut, daß, während die Sowjets in ihrer Zone die Schlüsselindustrien sozialisiert hätten und in Polen das gleiche geschehe, „wir in unserer Zone nichts gemacht haben, außer diese Industrien unter unsere Kontrolle gestellt zu haben". Es herrsche der Eindruck vor, als ob man zu langsam vorgehe. Dem wurde entgegnet, daß die Russen im Hinblick auf „Eigentum der Industrie" nichts Definitives unternommen hätten. Die Runde war sich einig, „daß es nichts gibt, das uns daran hindern kann, ein neues Land zu errichten". Die Zustimmung der übrigen drei Mächte sei genausowenig erforderlich wie bei anderen Verwaltungsmaßnahmen in der eigenen Zone. Anders war es bei der Übertragung der Besitzrechte; da war möglicherweise die Zustimmung erforderlich. Es wurde dann noch das Thema Zentralverwaltung angesprochen, und Bevin kam noch einmal auf sein altes Lieblingsthema zurück: als „ideale Politik" solle die Produktion der Ruhr auf Halbfertigwaren, in erster Linie Rohstahl, beschränkt bleiben und „so die gesamte Industrie Europas versorgen, genauso wie Pittsburgh die amerikanische Industrie versorgt". Turner hatte dies bereits zuvor als unmöglich zurückgewiesen[102], jetzt sprach auch der Industrieplan dagegen; die „allgemeine Entwicklung", so Bevin, solle aber in diese Richtung gehen, vielleicht könne man die Russen für Stahl von der Ruhr gegen Weizen aus Rußland interessieren. Auf der – wenige Tage später beginnenden – Außenministerkonferenz wolle er mit Amerikanern und Franzosen die Angelegenheit auf inoffizieller Ebene besprechen, sich aber nicht festlegen lassen, sondern genügend Spielraum behalten, um nach möglichen Expertengesprächen die beste Lösung zu finden. Was die beiden Ruhrpläne betraf, so ging die Runde davon aus, daß die Franzosen den Vickers-Plan vorziehen würden, da dort die Betonung auf dem Sonderstatus des neuen Landes lag und anstelle wirtschaftlicher Kontrollen jetzt politische vorgesehen waren. Die Besitzübertragung der Industrie dagegen würde die französischen Sozialisten ansprechen. Ernsthaften Widerstand erwartete man von Bidault und seiner Partei und von den Kommuni-

---

100 An dieser Besprechung nahmen teil: E. Bevin, B. Robertson, M. Turner, G. Vickers, O. Sargent, O. Harvey, W. Strang, N. Ronald, E. L. Hall-Patch, J. Troutbeck, P. Dixon, B. A. B. Burrows.

101 Schreiben an E. Playfair, 13. 4. 1946. FO 942/517.

102 „The limitation of the Ruhr to semi-finished products". Memorandum M. Turner v. 4. 4. 1946. FO 942/517. Dok. Nr. 114.

sten, „die nur mit der politischen Abtrennung der Ruhr vom übrigen Deutschland zufriedengestellt werden können".[103]

Noch am selben Tag wurde eine zweite Kabinettsvorlage gedruckt[104] und zusammen mit dem Memorandum der Stabschefs vom 5. April[105] und den Memoranden Gen. 121/1[106] und Gen. 121/2[107], die der „Ausschuß für deutsche Industrie" am 15. März beraten hatte, den Ministern für die zwei Tage später stattfindende Kabinettssitzung zugestellt. In dieser Sitzung erläuterte Bevin zunächst beide Pläne, um dann festzustellen, daß er nunmehr den zweiten Plan favorisiere. Er bat sodann um die Meinung seiner Kollegen. Zumindest die Mitglieder des „Ausschusses für deutsche Industrie" müssen einigermaßen überrascht gewesen sein von dem eher ungewöhnlichen Vorgehen Bevins, so kurzfristig einen völlig neuen Plan vorzulegen, nachdem bisher nur der EIPS-Plan zur Diskussion gestanden hatte. Das Kabinett war sich dann zwar einig in der Ablehnung der französischen Vorschläge, über Vor- und Nachteile der eigenen Pläne gingen die Meinungen aber auseinander. Die Gruppe, die für Annahme des Vickers-Plans plädierte, trug im wesentlichen folgende Gründe vor[108]:

„(a) Eine internationale Behörde aus Vertretern verschiedener Regierungen ist wahrscheinlich nicht das geeignete Instrument, um die Unternehmen an der Ruhr erfolgreich zu führen. Wenn die Unternehmen dem Staat gehören, wird es, bei gleichzeitiger internationaler Kontrolle, eher möglich sein, für ein leistungsfähiges Management zu sorgen.

(b) Wir sollten bei der Formulierung unserer Politik nicht von der Annahme ausgehen, daß man Deutschland durch internationale Kontrollen für ewige Zeiten niederhalten kann. Es ist eine bessere Politik, in Deutschland die Errichtung einer fortschrittlichen, sozialen Demokratie [„enlightened social democracy"] zu fördern, die es Deutschland erlaubt, in die Gemeinschaft der zivilisierten Völker zurückzukehren. Mit diesem Ziel vor Augen ist es besser, wenn diese Industrien in deutschem Besitz bleiben.

(c) Bei diesem Plan brauchen wir die sowjetische Regierung nicht stärker an der Kontrolle der Ruhrindustrie zu beteiligen, als sie umgekehrt uns in Ostdeutschland beteiligt, z.B. an der internationalen Kontrolle der Industrie in Sachsen.

(d) Dieser Plan wird der Tatsache gerecht, daß Europa jetzt in zwei Einflußzonen geteilt ist, und er bietet uns die Chance zu beweisen, daß wir in einem demokratischen Westdeutschland eine leistungsfähige Wirtschaft aufbauen können, die zum Vergleich mit jener Wirtschaftsordnung herausfordert, die unter einem anderen System in Ostdeutschland aufgebaut wird.

(e) Bei diesem Plan [...] wird es weniger wahrscheinlich, daß es zu einer erneuten nationalistischen, auf Hoffnungslosigkeit und Verzweiflung gegründeten Bewegung kommt. Wenn man diese Industrien in den Händen einer kleinen, aber mächtigen Gruppe deutscher Unternehmer läßt, besteht die große Gefahr, daß sie für die Produktion von Kriegsmaterial benutzt werden; aber dieses Risiko braucht erst gar nicht zu entstehen, wenn wir die Gelegenheit nutzen und diese Industrien sozialisieren."

---

103 Top Secret. „Note of discussion on the Ruhr on April 15th". Aufzeichnung J. Troutbeck v. 17. 4. 1946. FO 371/55402/ C 4777/17/18. Dok. Nr. 127.

104 Top Secret. C. P. (46) 139. 15th April, 1946. Cabinet. „The Ruhr and Western Germany". Memorandum by the Secretary of State for Foreign Affairs. CAB 129/8. Dok. Nr. 128.

105 Dok. Nr. 115.

106 Dok. Nr. 97.

107 Dok. Nr. 98.

108 Aus dem Kabinettsprotokoll ist nicht ersichtlich, wer sich im einzelnen für welchen Plan aussprach. In jedem Fall war H. Dalton für eine Internationalisierung. In diesem Sinne äußerte er sich jedenfalls in der Sitzung des Kabinetts am 7. Mai; vgl. Dok. Nr. 148.

Die zweite Gruppe sah in der Internationalisierung die entscheidenden Vorteile, und zwar aus folgenden Gründen:

„(f) Eine der größten Gefahren für den zukünftigen Frieden in Europa liegt in der Möglichkeit, daß wahrscheinlich im Laufe der Jahre die Siegermächte mehr und mehr in ihrem Bemühen nachlassen werden, in Deutschland eine Kontrolle auszuüben, die notwendig ist, um in Deutschland den Wiederaufbau eines Kriegspotentials zu verhindern. Die Internationalisierung wird eine solche fortdauernde Kontrolle garantieren.

(g) Es wird schwierig sein, in Deutschland Sozialdemokraten zu finden, die genügend Wissen und Erfahrung haben, um die Staatsgesellschaft zu führen, die die Unternehmen an der Ruhr betreibt. Höchstwahrscheinlich gerät die Führung einer solchen Gesellschaft in die Hände von Industriellen und Technikern, die dem Wiederaufbau einer extrem nationalistischen Bewegung in Deutschland wahrscheinlich wohlwollend gegenüberstehen.

(h) Eine deutsche Gesellschaft kann eine für unsere Wirtschaftsinteressen nachteilige Politik betreiben. Wenn die Ruhrindustrie durch ein internationales Gremium kontrolliert wird, in dem wir mitbestimmen, können wir eher für eine Entwicklung sorgen, die den wirtschaftlichen Interessen des Vereinigten Königreiches am besten entspricht.

(i) Die Internationalisierung der Ruhrindustrie wird mit dazu beitragen, Frankreich als große Industrienation wieder aufzubauen und wird auch den wirtschaftlichen Aufschwung in Holland und Belgien fördern helfen."

Angesichts der Meinungsverschiedenheiten gab Bevin zu verstehen, daß noch nichts entschieden werden müsse, gleichzeitig räumte er ein, daß auch er gezögert habe, den ursprünglichen Plan aufzugeben. Mit Nachdruck wies er jedoch auf einen wichtigen Punkt in dem neuen Plan hin, den er als ganz bedeutend bezeichnete: die Schaffung eines neuen Landes. Er schlug vor, in den Sondierungsgesprächen, die er mit den befreundeten Regierungen über die Ruhr führen wolle, beide Pläne zur Diskussion zu stellen und, falls man sich doch für die Internationalisierung entscheide, dies mit der Errichtung eines neuen Landes zu kombinieren. Bevin wurde daraufhin ermächtigt, auf der Grundlage der beiden Pläne über die Ruhrfrage und das deutsche Problem insgesamt mit den Regierungschefs der Dominien und der besonders interessierten Staaten, in erster Linie Frankreich, Belgien und Holland, zu beraten, wobei allerdings als erstes versucht werden sollte, „prinzipielle Zustimmung zur Errichtung eines neuen deutschen Landes an der Ruhr" zu erreichen und dann eine Entscheidung über einen der beiden Pläne herbeizuführen.[109]

Entsprechend diesem Kabinettsbeschluß verfuhr Bevin in den nächsten Tagen. Im Vordergrund stand dabei die unmittelbar zu lösende und offenbar am wenigsten Schwierigkeiten bereitende Frage der Errichtung dieses neuen Landes innerhalb der britischen Zone; hier wurde die Empfehlung des Kabinetts quasi als Beschluß interpretiert.[110] Daneben begannen die Konsultationen mit den engsten Partnern der Bri-

109 Secret. C. M. (46), 36th Conclusions. Cabinet 36 (46). „Conclusions of a Meeting of the Cabinet held at 10 Downing Street, S. W. 1, on Wednesday, 17th April, 1946, at 11 a. m." CAB 128/5. Dok. Nr. 129.

110 In dem Memorandum, das Bevin am 25. 4. 1946 den Regierungschefs der Dominien vorlegte, heißt es schon sehr bestimmt: „Ein Schritt kann und sollte jedoch sofort getan werden, nämlich ein neues deutsches Land an der Ruhr zu errichten." Top Secret. P. M. M. (46) 13, 25th April 1946. Meeting of Prime Ministers. „The Ruhr and the Western Frontier of Germany". FO 371/55402/C 5814/14/18. Dok. Nr. 133.

ten. Am 23. April, zwei Tage vor Beginn der Außenministerkonferenz in Paris, kam der belgische Außenminister Spaak auf Vorschlag Bevins nach London und wurde von diesem über die britischen Vorstellungen unterrichtet. Spaak versicherte Bevin, daß das belgische Kabinett ebenfalls den französischen Plan einer politischen Abtrennung des Ruhrgebietes von Deutschland ablehne.[111] Entscheidend war die Frage, ob es in Paris gelingen würde, in der deutschen Frage Fortschritte zu erzielen.

## 7. *Die „russische Gefahr": Westdeutschland ein „Bollwerk gegen den Kommunismus?" Entscheidungen auf der Außenministerkonferenz in Paris*

Blickt man auf die Beratungen über den Vickers-Plan, so fällt die Entschlossenheit Bevins auf, der Sowjetunion auf gar keinen Fall ein Mitspracherecht an der Ruhr ohne entsprechende Gegenleistung der Sowjets in ihrer Zone zuzugestehen. Das wachsende Mißtrauen gegenüber der sowjetischen Politik insgesamt – nicht nur in Deutschland – begründete diese Haltung. Die „russische Gefahr" bestimmte in jenen Wochen die britische Politik. Für Bevin stand fest, wie er am 10. April an Premierminister Attlee schrieb, daß

„die Russen sich zu einer aggressiven Politik entschlossen haben, die sich auf militanten Kommunismus und russischen Chauvinismus gründet. Sie schrecken offensichtlich vor nichts zurück und gehen bis an den Rand eines Krieges, um ihre Ziele zu erreichen. Gegenwärtig richtet sich überall die aggressive Politik Rußlands eindeutig gegen unser Land."[112]

In zahlreichen Telegrammen und umfangreichen Memoranden analysierte damals Frank Roberts, seit Frühjahr 1945 Chargé d'Affaires an der britischen Botschaft in Moskau, die Außenpolitik des Kreml, die er als „alarmierend" bezeichnete. Sie werde ohne Rücksicht auf die Alliierten und bestehende vertragliche Verpflichtungen betrieben und richte sich überall gegen lebenswichtige britische Sicherheitsinteressen. Und dann wurde aufgezählt: In Griechenland forderten die Sowjets einen Stützpunkt auf dem Dodekanes, in Persien hätten sie einen pro-sowjetischen Ministerpräsidenten gefunden, der ihnen helfen werde, das Erreichte zu sichern; in der Türkei unterstützten sie territoriale Forderungen der Armenier und Georgier, ihre Propaganda richte sich gegen die britischen Interessen in Ägypten, in der gesamten arabischen Welt, in Indien und in den fernöstlichen Kolonien. Überall würden sogenannte „nationale Befreiungsbewegungen" gefördert, die Entwicklung guter Beziehungen zu Polen verhindert, der britische Einfluß in Jugoslawien geschwächt, Ungarn und Österreich starkem politischen und wirtschaftlichen Druck ausgesetzt, in Italien und ganz besonders in Frankreich die kommunistischen Parteien unterstützt und die kommunistische Propaganda gegen Großbritannien gerichtet. Kurz: „Wir werden überall gleichzeitig angegriffen." Moskau, so lautete die Interpretation, wolle vom Nachkriegschaos in Europa und der Welt nur profitieren. Es verfolge die gleiche national-imperialistische Politik wie Iwan der Schreckliche, Peter der Große oder

---

111 Bevin an Sir H. Knatchbull-Hugessen (brit. Botschafter in Brüssel) am 23. 4. 1946. Secret. FO 371/ 55402/C 4556/ 14/18. Ähnlich äußerte sich der niederl. Botschafter in Paris gegenüber O. Harvey. Ebd., C 5272.

112 Schreiben E. Bevin an C. Attlee, 10. 4. 1946. FO 800/501/SU/ 46/15.

Katharina die Große, wobei hinzukomme, daß die Führer im Kreml nicht nur nicht an die gleichen Werte wie die der westlichen Demokratien glaubten, sondern dazu auch absolut unfähig seien.[113]

Die Berichte von Roberts stießen im Foreign Office auf uneingeschränkte Zustimmung. Sargent war am 5. April der Meinung, man solle Roberts „herzlich danken" für die Serie von Telegrammen und Berichten; Bevin dachte ähnlich, er notierte zwei Tage später seine Zustimmung, außerdem sollte das Kabinett die Berichte sehen[114]; der Rußlandreferent des Foreign Office, C. F. A. Warner, setzte sich am 2. April in einem großen Memorandum mit dem „sowjetischen Feldzug" gegen Großbritannien auseinander.[115]

In Berlin und der sowjetischen Zone trieb die SPD-KPD-Vereinigungskampagne ihrem Höhepunkt zu. Franklin gab seine Einschätzung der sowjetischen Politik[116], und O'Neill bezeichnete es angesichts dieser Entwicklung als wichtigstes Ziel, „die Ausbreitung des Kommunismus und des russischen Einflusses auf unsere Zone" und die übrigen Westzonen zu verhindern[117], und Sargent stellte die Frage:

„Sollen wir die antikommunistischen Kräfte organisieren und unterstützen und, wenn ja, wie soll dann unsere Taktik aussehen und welche Mittel stehen uns zur Verfügung? Sollen wir weiter wie bisher von der Annahme ausgehen, daß wir mit einer deutschen Regierung rechnen müssen, die ganz Deutschland von Berlin aus regiert, oder sollen wir unsere Bemühungen lediglich darauf konzentrieren, die antikommunistischen Kräfte in unserer Zone fest zu etablieren?"

Die Zeit sei jetzt gekommen, zu entscheiden, „wie unsere Politik im Hinblick auf die innenpolitische Situation in Deutschland aussehen soll".[118]

Am 3. April kam es daraufhin unter Vorsitz Bevins im Foreign Office zu einer entscheidenden Besprechung, in der der weitere Kurs in der Deutschlandpolitik abgesteckt wurde.[119] Deutschlandminister Hynd schlug einen von Potsdam unabhängigen Kurs in der britischen Zone vor: Nationalisierung der Schlüsselindustrien und Aufbau einer Verwaltung, die auf eine Zonenregierung hinauslief. Wenn man sich zu diesem Schritt entschließe, gehe man davon aus, daß mit der Errichtung einer deutschen Zentralregierung auf absehbare Zeit nicht zu rechnen sei. Sir Arthur Street wies auf die Konsequenzen hin: dieser Schritt sei gleichbedeutend mit der Teilung Deutschlands und später möglicherweise nur schwer revidierbar, während für Bevin dieser Kurs die Bildung eines „westlichen Blocks" implizierte. Orme Sargent nannte die mögliche Alternative: „Kommunismus am Rhein." Wenn man jetzt

113 Berichte u. a. v. 31. 10. 1945, FO 371/56763/N 15707/165/38. 14. 3. 1946, N 4156/97/38/. 18. 3. 1946, N 4157/97/38.

114 Aufzeichnung O. Sargent v. 5. 4. 1946 u. E. Bevin v. 7. 4. 1946. FO 371/56763/N 4157/97/38.

115 „Top Secret. The Soviet Campaign Against This Country and our Response to it". Memorandum von C. F. A. Warner, 2. 4. 1946. FO 371/55581/C 9927/130/18. Teilweise in dt. Übersetzung bei: Steininger, Deutsche Geschichte, S. 193 f.

116 „Soviet Policy in Germany". Aufzeichnung v. 19. 3. 1946. FO 371/55362/C 2968/2/18. Dok. Nr. 102.

117 Aufzeichnung v. 22. 3. 1946. FO 371/55364/C 3905/2/18.

118 Aktenvermerk v. 26. 3. 1946. Ebd.

119 Neben Bevin nahmen vom Foreign Office teil: O. Sargent, J. Troutbeck, E. L. Hall-Patch, R. M. A. Hankey, P. Dixon; von COGA: J. Hynd, A. Street, Wilberforce, sowie M. Turner.

keine Entscheidung treffe und die Sache weiter treiben lasse, könne man eines Tages gezwungen sein, aufgrund amerikanischen Drucks und eigener Schwäche alles überstürzt einer unter kommunistischem Einfluß stehenden deutschen Regierung überlassen zu müssen. Man kam überein, dem Kabinett ein Memorandum vorzulegen, in dem die beiden Alternativen in der Deutschlandpolitik: zentrale Verwaltung oder separate Zonenverwaltung mit der Möglichkeit, die drei Westzonen zusammenzuschließen, ganz klar formuliert und ihre möglichen Auswirkungen untersucht werden sollten, u. a. im Hinblick auf „Potsdam", auf Belgien, Holland und Frankreich. Außerdem sollten die Organisation der Industrie und das „Problem der Regierung" in der britischen Zone behandelt werden, und ein Überblick über die Lage in der „russischen Zone" und eine Einschätzung der langfristigen Ziele der Sowjets in Deutschland sowie deren mögliche Reaktion auf eine harte Politik der Briten gegeben werden. Besonders bemerkenswert ist der Hinweis am Schluß des Dokuments, daß bei der Untersuchung der Frage, inwieweit sich die britische Zone im Rahmen des Industrieniveauplanes selbst versorgen und ob eine solche Politik zu einer dauernden finanziellen Belastung führen könne, auch die Möglichkeit erwähnt werden sollte, „mehr als eine Währung in Deutschland einzuführen".[120]

In der Zwischenzeit war am 26. März in Berlin der Industrieplan für Deutschland verabschiedet worden. Dies war nur möglich gewesen, weil alle Seiten Konzessionen gemacht hatten – auch die Sowjets, „ein Ereignis, das so ungewöhnlich ist, daß man fast automatisch Verdacht schöpfen muß", wie Franklin kommentierte. Ziel der Russen bleibe es wohl dennoch, „jeden Plan zum Wiederaufbau der Ruhr, ob zum Wohl Europas oder Deutschlands, im voraus zu sabotieren [...] und die Ruhr vom Westen zu trennen und die Produktion dort auf ein Minimum zu reduzieren."[121] Für Christopher Steel stand denn auch fest, daß der Industrieplan undurchführbar war, dem Wiederaufbau Westeuropas schaden werde und,

> „was am schlimmsten ist, es unmöglich machen wird, in den Westzonen Bedingungen zu schaffen, um irgendeine Barriere gegen den Kommunismus aufzubauen. Er ist offensichtlich Teil des sowjetischen Plans, Chaos und Elend in unserer Zone unvermeidlich zu machen, um 1. einem Vergleich mit ihrer Zone vorzubeugen und 2. den Boden für einen nationalen Kommunismus in ganz Deutschland vorzubereiten."[122]

In der Kabinettsvorlage über den Vickers-Plan hatte Bevin seinen Kollegen ein Memorandum angekündigt, in dem die Deutschlandpolitik insgesamt behandelt werden sollte. Dieses Memorandum lag am 3. Mai vor und wurde vier Tage später vom Kabinett behandelt. Es war eine Bestandsaufnahme nach einem Jahr alliierter und britischer Deutschlandpolitik – so wie sie sich den Beamten des Foreign Office darstellte. Es vermittelt einen instruktiven Überblick über die Entwicklung in den vier Zonen und in Berlin; dabei fällt die Kritik an den Amerikanern besonders auf. Ganz im Sinne der Besprechung vom 3. April wurden ausführlich die Vor- und Nachteile für den Fall diskutiert, daß man „Potsdam über Bord werfen" würde. Es schloß mit

---

120 Top Secret. „Note of a Discussion about Germany on April 3rd". FO 371/55586/C 3997/131/18. Dok. Nr. 112.

121 Aufzeichnung v. 26. 3. 1946. FO 371/55601/C 3334/124/18.

122 Telegr. Nr. 463. Top Secret. Personal for Sir W. Strang from C. Steel, 10. 4. 1946. FO 371/55601/C 4086/3216/18. Dok. Nr. 122.

einer nüchternen Abschätzung der sowjetischen Intentionen in Deutschland. Die Erfahrungen mit der Sowjetunion in den vergangenen Monaten und die Rückwirkungen auf die Deutschlandpolitik waren in zwei Sätzen zusammengefaßt: Bevin und seine Mitarbeiter waren jetzt davon überzeugt, daß

> „die russische Gefahr inzwischen mit Sicherheit genauso groß, möglicherweise aber noch größer ist als die Gefahr, die von einem wiedererstarkten Deutschland ausgeht. Am schlimmsten aber wäre ein wiedererstarktes Deutschland, das gemeinsame Sache mit Rußland macht oder von ihm beherrscht würde."

Daraus ergab sich die Taktik für das weitere Vorgehen: noch keine Abkehr von Potsdam, aber durch die Bildung starker Länder größtmögliche Schwächung einer potentiellen Zentralregierung, die, so befürchtete man, wahrscheinlich unter kommunistischen Einfluß geraten würde. Einer Zentralregierung durften daher „unter keinen Umständen solche Rechte zugestanden werden, die die Länder in ihrem autonomen Status einschränken könnten". In der Zwischenzeit würde man zwar keine prinzipiellen Einwände gegen die in Potsdam beschlossenen zentralen deutschen Verwaltungsstellen in Berlin erheben, vor dem Auf- und Ausbau deutscher Länder aber auch keine Eile zeigen, an deren Errichtung mitzuwirken. Und wenn es sie geben würde, sollten sie darauf beschränkt bleiben, lediglich die Arbeit der Länder zu koordinieren – und auch dies nur unter der Kontrolle des jeweiligen Militärgouverneurs. Eine solche Politik hatte zum einen den Vorteil, weder Franzosen noch Amerikaner vor den Kopf zu stoßen, zum anderen aber wurde damit keinesfalls die Möglichkeit ausgeschlossen, Deutschland dennoch „in zwei Teile zu spalten, sollte sich dies angesichts der sowjetischen Politik als unvermeidlich herausstellen"; dann aber war es „von größter Bedeutung, sicherzustellen, daß die Verantwortung für den Bruch eindeutig den Russen zur Last gelegt wird".[123]

In der Kabinettssitzung am 7. Mai stellte Premierminister Attlee die entscheidende Frage: sollte das Ziel britischer Politik weiter ein vereintes, allerdings föderalistisch strukturiertes Deutschland oder ein westdeutscher Staat oder Staaten als „Bollwerk gegen die Ausbreitung des kommunistischen Einflusses aus dem Osten" sein? Die Antwort ging in die erste Richtung. Die starke antirussische Komponente des Memorandums stieß auf Widerstand. Morrison und Gesundheitsminister Bevan zeigten sich darüber hinaus unzufrieden mit der gesellschaftspolitischen Entwicklung in der britischen Zone. Sie plädierten dafür, endlich Ernst zu machen mit einer fortschrittlichen sozialistischen Politik, „so daß die demokratischen Kräfte in Deutschland ermutigt werden, und wir ganz selbstverständlich als die Führer einer fortschrittlichen Demokratie herausragen". Obwohl es nach den Worten von Attlee in dieser Sitzung nur um einen Meinungsaustausch und nicht um endgültige Beschlüsse ging, wurde dennoch soviel deutlich, daß die vom Foreign Office verfolgte Politik im Prinzip gutgeheißen wurde.[124]

Bevin nahm an dieser Sitzung nicht teil. Er befand sich bereits in Paris, wo am 25. April die Außenministerkonferenz begonnen hatte. Diese Konferenz ist auch für

---

123 Top Secret. C. P. (46) 186. 3rd May, 1946. Cabinet. „Policy Towards Germany". Memorandum by the Secretary of State for Foreign Affairs. CAB 129/9. Dok. Nr. 145.

124 Top Secret. C. M. (46) 43rd Conclusions, 7. 5. 1946, Minute 1, Confidential Annex. CAB 128/8. Dok. Nr. 148a.

die Ruhrfrage von besonderer Bedeutung. Sie klärte zum einen die sowjetische Position – Molotow lehnte die französischen Pläne glatt ab und beharrte auf einer Viermächtekontrolle des Ruhrgebietes –, zum anderen wurden auf ihr die Weichen für den Zusammenschluß der britischen und amerikanischen Zonen gestellt, womit das Thema Abtrennung des Ruhrgebietes endgültig vom Tisch war.

Zu Beginn der Konferenz legte die französische Delegation ein Memorandum vor, in dem gerade diese Forderung erneut mit allem Nachdruck erhoben wurde.[125] Damit hatten sich auf britischer Seite endgültig alle Hoffnungen zerschlagen, daß die französische Regierung im Sinne einer in Straßburg gehaltenen Rede des französischen – sozialistischen – Präsidenten Gouin die Forderung nach Abtrennung der Ruhr fallenlassen würde.[126] Was folgte, war zunächst der Versuch Bevins und Bidaults, außerhalb der Konferenz die Möglichkeiten für einen tragbaren Kompromiß auszuloten. Als Bidault seinen britischen Kollegen am 26. April um Auskunft über dessen weiteres Vorgehen bat, betonte Bevin, es sei „nicht möglich, den französischen Plan, so wie er vorliegt, zu akzeptieren". Er stimmte dann vertraulichen Gesprächen auf Expertenebene zu, in denen den Franzosen die britischen Vorstellungen erläutert werden sollten, gab aber deutlich zu verstehen, daß er nicht bereit war, die Ruhrfrage auf die Tagesordnung der Ratstagung setzen zu lassen, wenn dort nicht die deutsche Frage als Ganzes beraten und Fortschritte im Hinblick auf die Behandlung Deutschlands als wirtschaftliche Einheit erzielt würden. Er wünsche nicht, „in dieser Sache gedrängt zu werden", gegenwärtig werde das Ruhrgebiet vom britischen Oberbefehlshaber kontrolliert, es könne also überhaupt nur darum gehen, über die Errichtung eines Regimes nach Ablauf der Besatzungszeit zu beraten. Mit Nachdruck wies er darauf hin, daß es keine isolierte Regelung für den westlichen Teil Deutschlands geben könne, solange man nicht wisse, was in der sowjetischen Zone vorgehe und man dort auch kein Mitspracherecht habe.[127]

Die anglo-französischen Expertengespräche fanden am 28. April und 8. Mai statt.[128] Am 9. Mai traf auch Bevin noch einmal mit Bidault zusammen.[129] Nach Auffassung Bevins waren diese Gespräche „nützlich", zeigten sie doch, daß nach Meinung der Briten über die Art der Kontrolle der Ruhrindustrie Einigkeit erzielt werden konnte, „wenn erst einmal eine Entscheidung in der Grundsatzfrage getrof-

---

125 FRUS, 1946, vol. II, S. 109–112, sowie FO 371/55842/C 4621/2860/18. Dok. Nr. 134.

126 Vgl. Dok. Nr. 125. Zur Haltung der französischen Sozialisten in dieser Frage siehe auch Loth, Kap. III, sowie Steininger, Deutschland, Kap. V und VI.

127 Telegr. Nr. 11; britische Delegation in Paris an Foreign Office, 27. 4. 1946. FO 371/55402/C 4620/14/18. Dok. Nr. 135a; französisches Protokoll Dok. Nr. 135b.

128 Top Secret. Paris Conference April 1946. „Record of Conversation on 28th April Concerning the Ruhr and Rhineland". FO 371/ 55403/C 4728/14/18. Dok. Nr. 138.
Paris Conference, April–May 1946. „Record of Anglo-French Conversation on the Ruhr". FO 942/518, Dok. Nr. 151b; französisches Protokoll Dok. Nr. 151a; Schreiben von M. Turner an J. Troutbeck, 8. 5. 1946 (Dok. Nr. 152); Schreiben E. L. Hall-Patch an J. Coulson, 8. 5. 1946 (Dok. Nr. 153).

129 Top Secret. „Record of a Conversation regarding the Ruhr between the Secretary of State and the French Minister of Foreign Affairs on May 9th at the Hotel George V." FO 371/55404/C 6073/14/18. Dok. Nr. 155.

AFFAIRES ÉTRANGÈRES

CHIFFREMENT

TÉLÉGRAMME AU DEPART

29 MARS 1946

Y 624

0

Direction d'Europe

Paris, le 27 Mars 1946

27 MARS 1946

LONDRES 1541

Je réponds à votre télégramme N° 1172/ 1174.

Comme l'a affirmé hier le Président Gouin, notre politique à l'égard de l'Allemagne demeure inchangée. La région [illegible] Rhéno-Westphalienne ne doit pas rester entre des mains allemandes.

Les interprétations qui ont été données par certains journaux, du discours de Strasbourg ne sont pas fondées /.

Bidault

*Faksimile Nr. 3:* 27. 3. 1946: Außenminister Georges Bidault an den französischen Botschafter in London, René Massigli: Frankreichs Haltung hat sich nicht geändert; das Ruhrgebiet darf nicht bei Deutschland bleiben. (Archives du Ministère des Affaires Etrangères)

fen worden ist"[130], nämlich der Abtrennung des Ruhrgebietes. Gerade in dem Punkt aber beharrten die Franzosen auf ihrer Forderung. Bidault trug die alten Argumente wieder vor, Bevin äußerte seine Skepsis. Und was die Kontrolle der Industrie anging, forderten die Franzosen jetzt nicht nur internationalen Besitz, sondern bei der Kohle auch internationales Management.

Zu diesem Zeitpunkt waren die Briten weniger denn je zu Konzessionen bereit, lagen doch auch die Amerikaner in der Frage einer möglichen Abtrennung der Ruhr, wie es Bevin formulierte, „genau auf unserer Linie".[131] Außerdem hatten am 1. Mai die Regierungschefs der Dominien die Politik des Foreign Office einmütig und uneingeschränkt gutgeheißen. Besonderen Eindruck hatten beim Treffen der Premierminister die Ausführungen von Feldmarschall Smuts hinterlassen. Smuts hatte mit Nachdruck vor der russischen Gefahr gewarnt und dazu aufgefordert, die westliche Form der Demokratie gegen die Bedrohung aus dem Osten zu stärken.[132]

Als am 15. Mai Bidault im Rat der Außenminister die französischen Deutschlandpläne vortrug, schwenkte Bevin auf die von ihm vorgezeichnete Linie ein: keine isolierte Behandlung der Ruhrfrage, das hieß auch Ablehnung der sowjetischen Forderung nach Errichtung einer Viermächtekontrolle des Ruhrgebietes, die Molotow mehrfach erhob. Es blieb beim unverbindlichen Austausch von Meinungen, in dessen Verlauf auch Byrnes ernsthafte Zweifel an der sowjetischen Aufrichtigkeit kamen. Schon sein erster „Test" fiel negativ aus: Molotow lehnte seinen Neutralisierungsplan für Deutschland ab, weil er „das Problem der deutschen Entwaffnung in die Zeit nach dem Ende der Besetzung zu vertagen scheine". Genau dies war nicht geplant, aber alle Erläuterungen halfen nichts: Molotow blieb bei seiner Ablehnung, selbst als Byrnes bereit war (in der zweiten Phase der Konferenz), den Zeitraum der Kontrolle von 25 auf 40 Jahre zu erhöhen. Nunmehr sollte es, mußte es darum gehen, Molotow zu zwingen, seine Karten auf den Tisch zu legen. Das State Department hatte einen zweiten, „final test" vorbereitet: würden die Sowjets auch den nicht bestehen, dann waren eindeutig sie verantwortlich für den „Bruch von Potsdam". Die „Testfragen" stellte Byrnes am Ende der ersten Verhandlungsrunde. Er machte den Vorschlag, Sonderbeauftragte zu ernennen, die fünf Fragen untersuchen sollten:

1. Wird über die Internationalisierung von Ruhr und Rheinland beraten, und, falls man sich auf irgendeine Form der Internationalisierung einigt, werden die Ressourcen von Ruhr und Rheinland weiterhin der deutschen Wirtschaft zur Verfügung stehen?

---

130 Secret. C. P. (46) 207, 23. 5. 1946. „Discussions in Paris concerning Germany". PREM 8/215. Dok. Nr. 167.

131 Ebd. O. Harvey hatte am 5. 5. 1946 Gespräche mit Matthews (US-Delegation), B. A. B Burrows und E. L. Hall-Patch hatten am 5. 5. 1946 Gespräche mit J. Riddleberger, dem Leiter der Mitteleuropaabteilung im US-Außenministerium, geführt. FO 371/55842/C 5380/2860/1. Matthews hatte Harvey eine Zusammenfassung von General Clays Memorandum „Internationalization of the Ruhr" überreicht. Dok. Nr. 144. Das Memorandum Clays vom April abgedruckt bei Smith, S. 191–201.

132 P. M. M. (46) 9th Meeting, 1st May, 1946. FO 371/55404/C 5814/14/18. Dok. Nr. 141.

2. Werden die in Deutschland verbliebenen Ressourcen ganz Deutschland zur Verfügung stehen?

3. Ist es möglich, innerhalb der nächsten 90 Tage einen zentralen Verwaltungsapparat aufzubauen, so daß Deutschland als wirtschaftliche Einheit behandelt werden kann?

4. Werden die Zonengrenzen als künstliche Schranken für einen angemessenen freien Güterverkehr in Deutschland abgeschafft?

5. Kann eine vorläufige Einigung über die Westgrenze Deutschlands erzielt werden?[133]

Bevin hatte den Eindruck, daß Byrnes damit Molotow den „Fehdehandschuh" hingeworfen hatte und wollte seinem amerikanischen Kollegen „so wenig Schwierigkeiten wie möglich machen". Er stimmte daher der Ernennung von Sonderbeauftragten zu, allerdings sollte die erste Frage zuletzt behandelt werden.[134]

In dieser ersten Phase der Konferenz kam es zu keiner Einigung. Bevin zog dann auch eine wenig befriedigende Bilanz. Seinen Kabinettskollegen teilte er mit, es sei leider unmöglich gewesen, Fortschritte zu erzielen, weder in der Ruhrfrage noch in der deutschen Frage insgesamt.[135] Im Foreign Office wurde dies zum Anlaß genommen, um erneut über das weitere Vorgehen im Hinblick auf Deutschland nachzudenken. Dies schien um so wichtiger, als am 15. Juni die zweite Phase der Pariser Konferenz begann, auf der, wie vereinbart, das Thema „Deutschland" wieder auf der Tagesordnung stand. Erneut wurde die Frage einer möglichen Teilung Deutschlands und des Ruhrgebietes als möglichem Faustpfand gegenüber den Sowjets diskutiert. Oliver Harvey legte am 24. Mai eine hochinteressante Analyse vor. Darin bezeichnete er es jetzt als ganz und gar unwahrscheinlich, daß sich die Deutschen jemals mit mehr als einer nur vorübergehenden Teilung ihres Landes abfinden würden. Es sei „utopisch", einen westdeutschen Staat ins Auge zu fassen, „der langfristig nicht wieder mit Ostdeutschland vereint wird". Die unterschiedliche Besatzungspolitik – die Ostzone „sowjetisiert", in den drei Westzonen eine „westliche Demokratie" – werde nicht in einer endgültigen Spaltung Deutschlands enden, denn wenn man sich auf etwas verlassen könne, dann darauf, daß der Nationalismus des deutschen Volkes jeder Teilung widerstehen werde. Das Problem sei daher, Europa vor einem geeinten Deutschland zu schützen. Tatsächlich sei man in der Deutschlandpolitik an einem toten Punkt angekommen: Die Sowjets fürchteten Deutschland und dessen Kriegspotential und daß es zur Speerspitze eines westlichen Angriffs auf Rußland werden könne; sie würden den Eisernen Vorhang nicht eher öffnen, bis sie sicher seien, Deutschland kontrollieren zu können. Man selbst sei gleichermaßen besorgt über das deutsche Kriegspotential und die Gefahr, daß es von einer sowjetisch-kontrollierten Arbeiterpartei gegen den Westen eingesetzt werde. Es bestehe die ernste Gefahr, daß dieser Zustand andauern werde; jede Seite

133 FRUS, 1946, vol. II, S. 400 f.

134 Telegr. Nr. 185, brit. Delegation in Paris an Foreign Office, 15. 5. 1946. FO 371/55404/C 5433/14/18.

135 Vgl. Dok. Nr. 167.

werde Lippenbekenntnisse für ein geeintes Deutschland ablegen, aber aus Mißtrauen gegeneinander die Kontrolle in der eigenen Zone nicht lockern. Ohne das Ruhrgebiet, so Harvey, „ist Deutschland nicht in der Lage, Unheil anzurichten. Die Kontrolle der Ruhr ist der Schlüssel zur Überwindung des toten Punktes. Die sowjetische Regierung betrachtet unsere Ruhrpolitik mit wachsendem Mißtrauen. Sie sieht darin eine Bestätigung ihrer Befürchtungen, daß der Westen aggressive Pläne gegen sie schmiedet." Was, so fragte er, könne geschehen, wenn es in der Deutschlandfrage auf absehbare Zeit nicht zu einer Lösung mit den Sowjets komme? Wie könne man dann die Kosten des britischen Steuerzahlers reduzieren? Seine Antwort nahm die spätere Entwicklung voraus: Handels- und Bewegungsfreiheit und Zusammenlegung der Ressourcen in den Westzonen. Was die Ruhr betreffe, so gehe es darum, „Sicherheit mit einem Maximum an Produktivität zum Wohle ganz Europas zu vereinen. Dieses Idealziel kann nicht erreicht werden, solange auch für das Ruhrgebiet der Industrieniveauplan gilt." Dem Ruhrgebiet müsse – „entweder als Teil Deutschlands oder abgetrennt" – ein höheres Industrieniveau zugebilligt werden. Mit dem Ruhrgebiet habe man „gute Karten in der Hand für ein eventuelles Geschäft mit der sowjetischen Regierung: Öffnung des Ostens als Gegenleistung für sowjetische Beteiligung an einer Ruhrkontrolle".

Dies, so befürchtete Harvey, könne eine langwierige Sache werden; vielleicht hofften die Sowjets, den Westen durch eine Verzögerungstaktik zu zermürben, oder daß die öffentliche Meinung in den USA und Großbritannien eines Tages den Rückzug aus Deutschland fordern werde. Ein Rückzug aber sei verhängnisvoll, denn „wenn wir aus unserer Zone rausgehen, gehen die Sowjets rein". Selbst £ 80 Mio. (Kosten für die eigene Zone) im Jahr seien nur ein geringer Preis, „um den Kommunismus hinter der Elbe zu halten".[136]

Die Frage war, wie Molotow in Paris reagieren würde. Bevin ging mit der festen Absicht in die zweite Konferenzrunde, seinen sowjetischen Kollegen in der Frage der Einhaltung des Potsdamer Abkommens in dem für Großbritannien entscheidenden Punkt, nämlich der Behandlung Deutschlands als wirtschaftliche Einheit, zu einer eindeutigen Aussage zu veranlassen. Politisch, wirtschaftlich und finanziell befand man sich in einer höchst ungünstigen Situation; eine Fortsetzung dieses Zustandes, so Bevin in einem Memorandum für das Overseas Reconstruction Committee, in dem „die nächsten Schritte" in der Deutschlandpolitik diskutiert wurden, „bringt ausschließlich Rußland Vorteile und verschlechtert unsere eigene Lage". Daher sei nunmehr eine konstruktive Aktion dringend notwendig. Dies ziele nicht auf eine endgültige Spaltung Deutschlands ab, aber werde es dennoch dazu kommen, dann müsse die Verantwortung dafür „eindeutig den Russen zur Last gelegt werden, und nicht uns" – eine Formulierung, die genauso schon im Memorandum vom 3. Mai auftauchte. Es ging jetzt um die Einhaltung des Potsdamer Abkommens durch die Sowjets. Um sie – und die Franzosen – dazu zu zwingen, hatte General Clay schon am 3. Mai einen generellen Stopp weiterer Reparationslieferungen aus der amerikanischen Zone sowohl für die Sowjetunion als auch für die übrigen Staaten angekün-

136 „Future Policy towards Germany". Memorandum O. Harvey v. 24. 5. 1946. FO 371/55843/C 6079/2860/18. Dok. Nr. 168. Vollständige Übersetzung bei Steininger, Deutsche Geschichte, S. 186 ff.

digt.[137] Bevin war von der Wirkung dieses Schrittes nicht überzeugt. „Etwas mehr ist wahrscheinlich schon nötig, um den Russen nachzuhelfen", d. h. den Russen müsse klargemacht werden, daß angesichts ihrer Politik der ausgehandelte Industrieplan neu überdacht werden müsse; in der britischen Zone müsse genügend industrielle Kapazität erhalten bleiben, um zu einer ausgeglichenen Bilanz zu kommen; westliche Länder sollten weiter Reparationen erhalten, die Sowjetunion dagegen nicht mehr.[138] Bevin hatte zu diesem Zeitpunkt keine große Hoffnung mehr, daß sich bei den Sowjets etwas bewegen würde, solange dort „die Molotow-Mentalität" – wie er die sowjetische Politik in einem Schreiben an einen ehemaligen Mitarbeiter bezeichnete – vorherrsche. Alles sei so anders geworden; man könne sich noch so sehr um einen Kompromiß und um den Frieden bemühen, es sei alles umsonst: „Es ist eine Diktatur schlimmster Art." Bevin hatte nur eine Hoffnung: es erneut zu versuchen, denn „in einem Land wie Rußland kommen und gehen die Leute, genauso wie Litwinow und Maisky gegangen sind".[139] Für die Konferenz in Paris galt dies allerdings noch nicht. Molotow kam, und es trat genau das ein, was Bevin befürchtet hatte. Molotow lehnte sämtliche westlichen Vorschläge kompromißlos ab. In dieser Situation gab Bevin eine offizielle Erklärung ab, die einem Ultimatum gleichkam: seine Regierung sehe sich gezwungen, falls es nicht zu einer Einigung zwischen den vier Mächten komme, die eigene Zone so zu organisieren, daß der britische Steuerzahler nicht weiter belastet werde. Geradezu erleichtert berichtete er anschließend nach London, nachdem man lange genug „wie die Katze um den heißen Brei" herumgegangen sei und lediglich Wahlreden gehalten habe, sei man nun am entscheidenden Wendepunkt angekommen, und „bei näherer Betrachtung war es keine schlechte Sache, so gehandelt zu haben".[140]

Als unmittelbare Antwort darauf gab Außenminister Byrnes die Erklärung ab, die USA seien bereit, sich mit jeder anderen Besatzungsmacht oder mehreren Besatzungsmächten zusammenzutun, um die Zonen als wirtschaftliche Einheit zu behandeln. Als einziger der so Angesprochenen reagierte zwei Tage später Bevin. Seine Regierung, so versicherte er, werde den Vorschlag „vorrangig und wohlwollend" prüfen.[141] Damit ging die Konferenz zu Ende. Auf ihr waren grundsätzliche Positionen geklärt worden. Frankreich mußte seine Hoffnungen auf Abtrennung des Ruhrgebietes endgültig begraben, Molotow hatte klargemacht, daß die Sowjetunion nicht zur Zusammenarbeit bereit war, Briten und Amerikaner hatten die Grundlage für ihre – von den Briten bisher schmerzlich vermißte – Zusammenarbeit in Deutschland gelegt.

---

137 Es sollten nur noch jene Fabriken demontiert werden, die bereits als Reparationsgüter bestimmt waren. Vgl. J. Gimbel, The American Reparations Stop in Germany: An Essay on the Political Uses of History, in: The Historian 37, 1975, S. 276.

138 O.R.C. (46) 51. Secret. „Germany – the next Steps". Note u. Memorandum, dem ORC am 17. 6. übergeben, von Bevin am 13. 6. 1946 abgezeichnet. CAB 135/596. Dok. Nr. 187. Diese Politik wurde vom ORC auf seiner Sitzung am 21. 6. 1946 gebilligt. CAB 134/595. Dok. Nr. 195.

139 Schreiben vom 10. 6. 1946 an Jack Little. FO 800/501.

140 Telegr. Nr. 351, brit. Delegation in Paris an Foreign Office, 11. 7. 1946. FO 371/55844/C 7885/2860/18. Dok. Nr. 213.

141 FRUS, 1946, vol. II, S. 896 f. u. 909.

Am 25. Juli stimmte das britische Kabinett der Fusion der britischen Zone mit der amerikanischen zu. Bedenken wurden nur in einem Punkt angemeldet, der auch später noch eine wichtige Rolle spielen sollte: die Fusion dürfe nicht die Aufgabe der Sozialisierung bedeuten[142] (eine Politik, die offiziel allerdings erst drei Monate später vom Kabinett beschlossen wurde).

Zu diesem Zeitpunkt war bereits eine Entscheidung gefallen, die für Deutschland und das Ruhrgebiet von entscheidender Bedeutung war. Am 17. Juli hatte der britische Militärgouverneur, Luftmarschall Sir Sholto Douglas, auf einer Pressekonferenz in Berlin bekanntgeben lassen, daß in der britischen Zone ein neues Land gegründet werden sollte: Nordrhein-Westfalen.

---

142 C. M. (46) 73rd Conclusions, 25. 7. 1946. CAB 129/11. (Inwieweit bei dem ganzen Entscheidungsprozeß im Zusammenhang mit der „russischen Gefahr" Spionage eine Rolle gespielt hat, kann hier nicht entschieden werden und bleibt daher unberücksichtigt; die 1951 als sowjetische Spione entlarvten FO-Mitarbeiter D. McLean und G. Burgess tauchen jedenfalls schon 1945 in den Akten auf; s. S. 90. Auch A. K. Cairncross soll Spionage für die Sowjetunion betrieben haben.)

# IV. DAS NEUE LAND AN RHEIN UND RUHR

## *1. Ein Land oder zwei Länder? Die Rolle der Deutschen*

In den britisch-französischen Gesprächen in Paris am 28. April hatte Oliver Harvey zum erstenmal die Größe des neu zu errichtenden Landes erwähnt; es sollte demnach das eigentliche Ruhrgebiet umfassen, so wie von Frankreich vorgeschlagen, aber um einen Korridor westlich des Rheins bis zur holländischen Grenze erweitert werden.[1] Dies entsprach den im EIPS-Plan entwickelten Vorstellungen, in diesem Gebiet lag die Masse der zu kontrollierenden Unternehmen, hier würde also der neue „Ruhrstaat" errichtet werden. Einen solchen „Ruhrstaat" – wenn auch ohne genaue Festlegung der Grenzen – hatte Robertson bereits am 20. Dezember 1945 in London vorgeschlagen, als Vorbereitung auf die zu erwartende Diskussion über die zukünftige politische Struktur Deutschlands im Kontrollrat. Es sollte seiner Meinung nach eine „liberale Föderation" auf der Grundlage der bestehenden vier Besatzungszonen geschaffen werden – und „möglicherweise ein zusätzliches Gebiet an Rhein und Ruhr".[2] In den folgenden Wochen wurde dieses Thema innerhalb der Kontrollkommission von verschiedenen Abteilungen behandelt. Die Wirtschaftsabteilung des Hauptquartiers der Rheinarmee mit Sitz in Minden legte am 23. Februar einen Plan vor, der die Aufteilung der britischen Zone in drei Einheiten vorsah: Schleswig-Holstein mit Hamburg (etwa 3 Mio. Einwohner), Hannover und das Rheinland. Zu Hannover sollten gehören: Oldenburg, Hannover, ein Teil Westfalens, Lippe und Braunschweig (etwa 10 Mio. Einwohner, Landeshauptstadt Hannover). Für unser Thema besonders interessant sind die Überlegungen im Hinblick auf „Ruhr/Rhineland", das etwa 10 Mio. Einwohner haben und unter ein besonderes „Wirtschaftsregime" gestellt werden sollte. Aus Westfalen sollten folgende Gebiete dazugehören: Borken [?], Recklinghausen, Dortmund, Iserlohn, Altena, Lüdinghausen, Unna und Hamm; als Landeshauptstadt war Köln vorgesehen. Was von Westfalen übrig blieb, sollte entweder der Rheinprovinz, Hannover oder sogar der amerikanischen Zone zugeschlagen werden. „Ruhr/Rhineland" konnte um den zur französischen Zone gehörenden Teil der Rheinprovinz bis zur Rheinpfalz und die an Wiesbaden angrenzenden Kreise erweitert werden. Wenn die Saar an Frankreich gehen würde, hätte man dann mit den Ländern Hessen, Bayern und Baden-Württemberg (der amerikanische *mit* dem französischen Teil vereint) vergleichbare Einheiten, die ohne Schwierigkeiten zu einer „losen Föderation" verbunden werden konnten und in denen die kulturellen und historisch gewachsenen Gegebenheiten erhalten blieben; lediglich Oldenburg würde „verschwinden". Bremen und Hamburg konnten einen Teil ihrer Autonomie als Hansestädte bewahren. Darüber hinaus blieben auch die industriellen, landwirtschaftlichen und geographischen Einheiten erhalten, mit Ausnahme von Westfalen, „wo es aber niemals eine zufriedenstellende Wirtschaftseinheit gegeben hat".[3]

1 Vgl. Dok. Nr. 138 u. Karte Nr. 9.

2 Schreiben B. Robertson an A. Street, 20. 12. 1945. FO 942/ 385.

3 „Subject: Regional Reorganisation". Memorandum v. 23. 2. 1946. FO 1039/126.

Wie auch immer die Abgrenzungen im einzelnen aussehen würden, Anfang Mai dachte man in der Kontrollkommission in Berlin an die Errichtung von drei Ländern in der britischen Zone: 1. Westfalen und Nordrhein; 2. Hannover; 3. Schleswig-Holstein und Hamburg[4] (wobei Robertson später Hamburg als Landeshauptstadt von Schleswig-Holstein nicht ausschloß).[5]

Von welchen Vorstellungen haben sich die Briten, hat sich die Kontrollkommission, damals leiten lassen? Welche Überlegungen sind von den betroffenen Deutschen selbst angestellt worden? Und gibt es Zusammenhänge? Beim Thema „Reorganisation der britischen Zone" setzte damals auf deutscher Seite geradezu ein Wettlauf um die Gunst der britischen Militärregierung ein. Beinahe jeder „Provinzfürst", Oberbürgermeister und Regierungspräsident, der etwas auf sich hielt, entwickelte entsprechende Pläne. Es war eine Zeit, in der alles möglich schien und in der jeder aus der Konkursmasse Preußen für „sein" Land die größten Vorteile herausholen wollte. Was die Zukunft von Nordrhein und Westfalen anging, war man sich auf deutscher Seite dabei allerdings nur in einem Punkt einig: der entschiedenen Ablehnung der französischen Pläne einer Abtrennung des Ruhrgebietes von Deutschland. Darüber hinaus gab es ganz unterschiedliche Vorstellungen. Der Oberstadtdirektor von Münster, Karl Zuhorn, legte Mitte Mai 1946 einen Plan vor, der den Zusammenschluß des nördlichen Rheinlandes, des Ruhrgebietes und Westfalens vorsah.[6] Hermann Pünder, Oberbürgermeister von Köln und „vorläufiger Vorsitzer" des Deutschen Städtetages in der britischen Zone, plädierte am 25. Mai nach einer Besprechung mit John Hynd ebenfalls für ein Land, in dem „das ganze rheinisch-westfälische Industriegebiet mit breitem landwirtschaftlichen Hinterland eingebettet (wäre)".[7]

Der Münsteraner Höpker-Aschoff wies dies zurück und schrieb an Pünder:

„Daß Sie den Plan des Rhein-Ruhrstaates ohne weiteres den Engländern vorgelegt haben – als ob die deutschen Stellen mit dem Bevin-Plan einverstanden wären – hat mich geradezu mit Bestürzung erfüllt. Leider Gottes propagiert hier Herr Oberbürgermeister Dr. Zuhorn ähnliche Pläne in vollem Widerspruch zu den Auffassungen der Provinzialregierung."[8]

Der Regierungspräsident von Arnsberg, Fritz Fries, schlug am 6. Mai der Militärregierung die Bildung einer „Zonenregierung mit Zonenparlament" vor,

„als Vorstufe einer späteren Zusammenfassung aller deutschen Gebiete durch Bildung eines Einheitsstaates der demokratischen Entwicklung: sie würde den Mut der Bevölkerung zu aktiver politischer Betätigung für die materielle und geistige Erneuerung steigern und zur Beseitigung der wirtschaftlichen, verwaltungsmäßigen, politischen und kulturellen Lähmungserscheinungen beitragen".

Als Mittelinstanz sollte die britische Zone in zwölf Bezirke gegliedert werden[9]; einen Zusammenschluß von Nordrhein und Westfalen lehnte er ab. Vier Gründe

4 Immediate. Secret. Telegr. Nr. 562, W. Strang an Foreign Office, 7. 5. 1946. FO 371/55403/C 5000/14/18. Dok. Nr. 149.

5 Aufzeichnung v. 20. 8. 1946. FO 1039/136.

6 Först, S. 93 f.

7 Schreiben v. 25. 5. 1946. Zitiert bei Post, S. 55.

8 Ebd.

9 Aachen (Einwohner in Tausend): 803; Köln: 2240; Düsseldorf: 2760; Arnsberg: 2700; Münster: 1805; Minden: 1750; Oldenburg: 275; Bremen-Stade: 1245; Hamburg-Lüneburg: 2110; Schleswig-Holstein: 2637; Hannover: 1564; Hildesheim: 1794.

wurden genannt: 1. es entspreche nicht der Tradition; 2. Rheinländer und Westfalen seien sehr verschieden; 3. die Katholiken wären dann in der Mehrheit; 4. der Separatismus, der sich im Rheinland bereits bemerkbar mache, aber in Westfalen noch kaum vorhanden sei, würde sich ausbreiten.[10]

Der Oberpräsident der Nordrheinprovinz Robert Lehr, übermittelte nach einem Gespräch mit den Briten am 25. April der Militärregierung Nordrhein am 6. Mai ein Memorandum, in dem er sich u. a. für die Schaffung von drei Ländern aussprach:

a) „Im Süden das rheinisch-westfälische Gebiet mit seinen reichen Braun- und Steinkohlevorkommen und der eisenschaffenden und eisenverarbeitenden Industrie im Mittelpunkt.

b) Unmittelbar anschließend der Raum Hannover mit seinen Nachbargebieten und den Enklaven, unter dem Begriff Niedersachsen zusammengefaßt,

c) im Norden Schleswig-Holstein und darin Hamburg in einer Sonderstellung."

Die Gebiete eines Landes mußten seiner Meinung nach „wirtschaftlich, geographisch, verkehrsmäßig und stammesmäßig zueinander gehören". Für den Zusammenschluß von Nordrhein und Westfalen hieß das: die Nordrheinprovinz war zum einen durch den Verlust ihres landwirtschaftlichen Hinterlandes – Regierungsbezirke Koblenz und Trier – und zum anderen durch die Kriegshandlungen in den Monaten vor der Kapitulation besonders schwer getroffen worden. Eine Zusammenfassung der rheinischen Eisen- und Stahlindustrie und des Kohlebergbaues mit den gleichen westfälischen Wirtschaftsgebieten ergebe ohne weiteres ein gleichartiges Wirtschaftsgebiet, aber es sei nicht richtig, bei der Landesbildung nur einseitig einige Wirtschaftszweige zusammenzufassen. Deshalb müsse ein rheinisch-westfälisches Wirtschaftsgebiet eine landwirtschaftliche Ergänzung haben. Der landwirtschaftliche Teil Westfalens in seiner ganzen Ausdehnung werde hier einen unentbehrlichen Ausgleich bieten und das rheinisch-westfälische Gebiet wesentlich krisenfester machen, als es zur Zeit sei.[11]

Das waren Überlegungen, die weitgehend den Vorstellungen der Kontrollkommission entsprachen und von dieser in London als gewichtiges Argument eingebracht wurden. Daran schließt sich die oben bereits angedeutete, nach wie vor umstrittene, weil nicht eindeutig zu beantwortende Frage an, inwieweit – und in welcher Hinsicht – deutsche (Landes-)Politiker Einfluß auf die Kontrollkommission bei ihrer Entscheidung zur Gründung Nordrhein-Westfalens genommen haben, bzw. inwieweit die Briten deutsche Überlegungen in ihr Kalkül miteinbezogen haben. Zunächst bleibt festzuhalten, daß die Entscheidung zur Gründung Nordrhein-Westfalens eine britische Entscheidung gewesen ist, die auf höchster Ebene getroffen wurde. An dem Entscheidungsprozeß und dem Entschluß selbst sind dabei nicht einmal die briti-

---

10 „Demokratischer Verwaltungsaufbau in Deutschland". Memorandum des Regierungspräsidenten von Arnsberg, 6. 5. 1946. Von der Militärregierung Westfalen am 18. 6. 1946, zusammen mit dem Zuhorn-Plan an das Hauptquartier nach Bünde mit der Anmerkung weitergeleitet, der Plan von Fries werde offensichtlich von der SPD, jener von Zuhorn von CDU und Zentrum unterstützt. FO 1050/93.

11 Vgl. Dok. Nr. 147. Deutsche Übersetzung übernommen aus Hüttenberger, S. 205 f.; zu den Überlegungen auf deutscher Seite ebd., S. 204–217 und Först, S. 81–113.

*Foto Nr. 13:* Robert Lehr (CDU) setzt sich als Oberpräsident der Nordrheinprovinz bei den Briten mit Nachdruck für die Fusion der beiden Provinzen Nordrhein und Westfalen ein. (Landschaftsverband Rheinland – Landesbildstelle Rheinland)

schen Stellen in Nordrhein und Westfalen beteiligt worden, geschweige denn irgendein deutscher Politiker. Man hat die Meinung der Deutschen im eigenen Interesse zur Kenntnis genommen, die Deutschen z. T. sogar zur Meinungsäußerung aufgefordert – aber dabei blieb es dann auch, denn eines darf man nicht vergessen: zwölf Monate nach Kriegsende wurde eben auch auf britischer Seite noch sehr genau zwischen Siegern und Besiegten differenziert. Es bleibt auch festzuhalten, daß deutsche Überlegungen in den britischen Akten nur einen minimalen Niederschlag gefunden haben. Das Memorandum von Lehr hat allerdings nachweislich den zuständigen Stellen der Kontrollkommission vorgelegen; es war am 11. Mai nach Berlin weitergeleitet worden. Von dort war der Militärregierung in Düsseldorf am 6. Juni (!) mitgeteilt worden, Lehrs Vorschläge seien „mit Interesse geprüft" worden und würden bei der Reorganisierung der britischen Zone berücksichtigt. Pünder ging nach der Bekanntgabe der britischen Entscheidung davon aus, daß gerade seine Vorschläge bei der Bildung des Landes „Rheinland-Westfalen" nicht unbeachtet geblieben waren. In den Verhandlungen in London wird allerdings überhaupt nur einmal ein deutscher Politiker erwähnt, nämlich Lehr, und zwar in der entscheidenden Sitzung im Foreign Office am 6. Juni (ohne daß sein Name genannt wird; es ist lediglich vom Oberpräsidenten der Nordrheinprovinz die Rede). Welche Schlüsse kann man daraus auf den Einfluß von deutscher Seite ziehen?

Zunächst muß man wohl differenzieren zwischen den Briten „vor Ort", d. h. den führenden – konservativen – Männern in der Kontrollkommission (Robertson, Strang, Steel, Mills), und den Mitarbeitern in Foreign Office und Kontrollamt sowie einigen Mitgliedern des Kabinetts. Die Kontrollkommission war für die Bildung *eines* Landes: die Gründe dafür wurden eindrucksvoll in der Sitzung am 6. Juni dargelegt. Nicht erwähnt wurde dabei ein Gesichtspunkt, der – wenn diese Vermutung zutrifft – keinen Niederschlag in den Akten gefunden hat: Es ging der Kontrollkommission möglicherweise nicht nur darum, in dem neuen Land durch Hinzufügen eines konservativen Hinterlandes eine kommunistische Mehrheit, sondern auch eine SPD-Mehrheit zu verhindern (vielleicht schon mit Blick auf die zu erwartende Sozialisierung), auch wenn auf der unteren Ebene der Kontrollkommission durchaus SPD-freundliche Tendenzen festzustellen sind. Noel Annan hatte Adenauer am 28. April gefragt, ob er für den Zusammenschluß von Westfalen ohne den Regierungsbezirk Minden mit der Nordrheinprovinz zu einem Land oder für die Bildung von zwei Ländern aus diesem Territorium sei, wobei sich Adenauer – aus einsichtigen Gründen – für die erste Alternative ausgesprochen hatte. Dies zu wissen, war für die Kontrollkommission außerordentlich beruhigend. Schumacher war gegen diese Lösung, da sie, wie er später einmal formulierte, „tödlich" für die SPD sein würde. Seine Überlegungen – die allerdings erst im Juni so dezidiert in Berlin bekannt wurden – wurden von der Kontrollkommission nicht berücksichtigt; bezeichnenderweise ist er – im Gegensatz zu Adenauer – im Vorfeld der Entscheidung auch gar nicht gefragt worden. Adenauer war für Robertson in jedem Fall ein angenehmerer Partner als Schumacher, der seiner Meinung nach nicht ganz zurechnungsfähig war („unbalanced, if not cracked"), wie er sich im Dezember 1946 gegenüber Sargent äußerte. Als es im Juli um die Ernennung des ersten Ministerpräsidenten ging, hieß es dann nur noch schlicht auf seiten der Kontrollkommission, die SPD habe in dem neuen Land keine Mehrheit; auch dies ein Hinweis, der für die

*Foto Nr. 14:* Konrad Adenauer, Vorsitzender der CDU in der britischen Zone. „Er wartet ab, bis seine Zeit gekommen ist, um die Geschichte Deutschlands und möglicherweise auch Europas zu beeinflussen“, heißt es in einer vertraulichen Analyse der Kontrollkommission im Frühjahr 1946. Die Briten fragen ihn am 28. April 1946 nach seiner Meinung zur geplanten Landesgründung. Adenauer ist für den Zusammenschluß der beiden Provinzen Nordrhein und Westfalen, denn in dem neuen Land würde die CDU eine Mehrheit haben. (Bundesbildstelle Bonn)

*Foto Nr. 15:* Kurt Schumacher, Vorsitzender der SPD in den Westzonen, wird nicht gefragt, aber seine Meinung ist bekannt: er ist gegen diese Lösung, da sie „verhängnisvoll“ für die SPD sein würde. Nordrhein-Westfalen ist für ihn ein „uns aufgezwungenes Gebilde“. Sein Parteifreund und Vorsitzender des SPD-Bezirkes westliches Westfalen, Fritz Henßler, spricht im Juli 1946 sogar von einer „Zwangsvereinigung“; etwas Schlimmeres hätte einem SPD-Mann nur wenige Wochen nach der Zwangsvereinigung von KPD und SPD in der sowjetischen Besatzungszone kaum einfallen können. (Bildarchiv Preußischer Kulturbesitz)

oben geäußerte Vermutung spricht. Erhebliche Bedenken äußerte dann John Hynd, allerdings zu einem Zeitpunkt, als die Grundsatzentscheidung bereits gefallen war. Unabhängig davon lag die Bildung *eines* Landes zweifelsohne in der Konsequenz der britischen Deutschland- und Besatzungspolitik, Deutschland als einen Bundesstaat auf der Grundlage starker, leistungsfähiger Länder zu reorganisieren und damit das alliierte Kriegsziel einer dauerhaften „Dezentralisierung" des Reiches zu verwirklichen – im Sommer 1946 mehr denn je unter dem Aspekt, die befürchtete, kommunistisch beherrschte und von den Sowjets beeinflußte Zentralregierung in Berlin zu schwächen; das ging aber nicht so weit, als daß es für das Rhein-Ruhrgebiet nur diese eine Lösung gegeben hätte. Im Gegenteil: noch Mitte Mai hielten Foreign Office und Control Office auch die Bildung von zwei Ländern – mit gewissen Varianten – für möglich. In London lief fast alles in diese Richtung. Die Kontrollkommission setzte sich schließlich mit ihren Argumenten durch. Ihr gelang es auch, im Foreign Office und bei Teilen des Kontrollamtes den Eindruck zu erwecken, als ob es auf deutscher Seite nur Befürworter eines Zusammenschlusses von Nordrhein und Westfalen gäbe. Anderslautende Stimmen wurden von ihr in London nicht erwähnt. Über eines war man sich in London einig: Man konnte es sich keinesfalls leisten, eine Entscheidung gegen den mehrheitlichen Willen der Deutschen zu treffen, weil man in Deutschland bei der erfolgreichen Abwehr des Kommunismus mehr denn je auf die Zusammenarbeit mit den Deutschen angewiesen war – ein Aspekt, der besonders deutlich wurde, als Ende Mai der neue Militärgouverneur, Luftmarschall Douglas, seine Antwort auf das oben erwähnte Warner-Memorandum über den „sowjetischen Feldzug" gegen Großbritannien nach London schickte. Daß dieses Memorandum genau zu dem Zeitpunkt im Foreign Office eintraf, als dort noch heftig über die Grenzen des neuen Landes gestritten wurde, war wohl kein Zufall, sondern eher ein gelungener Schachzug der Kontrollkommission. Angesichts der darin genannten Strategien zur Abwehr des Kommunismus war jetzt zumindest für Troutbeck klar – und Bevin zeichnete die entsprechenden Kommentare ab –, daß man die Grenzen nicht willkürlich festlegen konnte, „ohne Rücksicht auf Verluste" bei den betroffenen Deutschen. Wenn im Zusammenhang mit der britischen Entscheidung und dem deutschen Einfluß auf diese Entscheidung insbesondere auf Lehr verwiesen wird – u. a. weil gerade er in der Besprechung im Foreign Office genannt wurde, und zwar als Befürworter eines Zusammenschlusses von Nordrhein und Westfalen – so spricht für die o. g. Vermutung auch, daß die Kontrollkommission in London nur „die halbe Wahrheit" über Lehr mitgeteilt hatte. Lehr hatte sich zwar für die Schaffung von drei Ländern ausgesprochen, und im gleichen Atemzug Kleinstländer nicht nur aus politischen und administrativen Gründen, sondern auch als einen Rückfall in die Zeit nach dem Dreißigjährigen Krieg abgelehnt, gleichzeitig aber eine mögliche dritte Lösung „zwischen diesen beiden" vorgeschlagen, nämlich fünf Länder: 1. die Nordrheinprovinz als neues Land „Rheinland" (5,7 Mio. Einwohner), 2. Westfalen (5,5 Mio.), 3. Hannover (7 Mio.), 4. Hamburg (1,4 Mio.), 5. Schleswig-Holstein (2,5 Mio.). Auch von diesem Vorschlag erfuhr in London offensichtlich niemand etwas. Wie dem auch sei, mit ihrer Taktik waren Robertson und seine Mitstreiter jedenfalls außerordentlich erfolgreich. Am Ende stand das Land Nordrhein-Westfalen. Auch John Hynd konnte daran nichts mehr ändern. Als in London dann jene Äußerungen von deutscher Seite bekannt wurden, die gegen ein Land waren – in erster Linie Schumacher –, hatten die Minister ihre Entscheidung bereits getroffen[12], und an eine Änderung dieses Beschlusses war überhaupt nicht mehr zu denken.

Anfang Mai, als die Kontrollkommission das Protokoll der Pariser Gespräche[13] auf den Tisch bekam, reagierte jedenfalls Strang umgehend und bat, die britische Delegation in Paris sofort zu unterrichten. Er hielt es für „nützlich", darauf hinzuweisen, daß man in der Kontrollkommission, aber auch auf deutscher Seite, an die Errichtung von nur drei Ländern in der britischen Zone denke, eben Nordrhein und Westfalen, Hannover und Schleswig-Holstein. Man halte es in der Kontrollkommission für einen Fehler, so Strang, ein neues Land aus den Provinzen Nordrhein/Westfalen herauszuschneiden und das, was dann von ihnen übrigbleibe, irgendwo anders anzuhängen. Beide Provinzen hätten traditionelle Grenzen, und man werde gut daran tun, sie zu erhalten, falls es darum gehe, ein föderalistisches Deutschland auf Länderbasis aufzubauen. Der Zusammenschluß von Nordrhein und Westfalen zu einem Land werde dem Ruhrgebiet ein solides wirtschaftliches „Hinterland" verschaffen, es sei ein Land des föderalistisch aufgebauten Deutschland, das nur insofern anders behandelt werde als die übrigen Länder, als dort das international zu kontrollierende Industriegebiet liege.[14]

Troutbeck war sich über die Bedeutung dieses Telegrammes sofort im klaren: in Paris verhandelte man mit den Franzosen auf einer völlig anderen Grundlage[15], und von der britischen Delegation in Paris kam dann auch vehementer Protest: „Ich halte überhaupt nichts von der Idee, ein neues Land zu errichten, das die gesamten Provinzen Westfalen und Nordrhein umfaßt", telegraphierte Bevin nach London. Und dann nannte er die Gründe: an erster Stelle stand das Argument, daß ein so großes Land, zu dem auch noch das Industriepotential der Ruhr gehörte, „mit Sicherheit viel zu stark" sei. Dann verwies er auf die Ruhrpläne, die zur Zeit diskutiert würden, und in denen ja besondere Kontrollmaßnahmen vorgesehen waren; von daher war es wünschenswert, daß das neue Land nicht sehr viel größer als das eigentliche Kontrollgebiet war, um dies als besonderes Gebiet und die Gründe für den Sonderstatus deutlich zu machen. Für den Fall, daß die Ruhr nach dem Ende der allgemeinen Besatzung Deutschlands weiter besetzt blieb – und so sahen die Planungen ja aus –, war es ebenfalls wünschenswert, daß das Land mit dem Kontrollgebiet übereinstimmte. Ein weiterer Punkt kam hinzu: als eine der Sanktionsmaßnahmen war die Übernahme der Regierungsgewalt in dem Kontrollgebiet durch die Alliierten vorgesehen. „Wir bezweifeln, ob es klug ist", so Bevin, „von uns aus mehr Verantwortung zu übernehmen, als für die Durchführung der Sanktionen absolut notwendig ist." Als *neue* Lösung des Problems schlug Bevin vor, den südlichen Teil der Nordrheinprovinz, der sich bis zur belgischen Grenze erstreckte und der bei der gegenwärtigen Planung sozusagen übrig blieb, der französischen Zone zuzuschlagen, denn „das würde uns etwas von unserer Verantwortung nehmen"; gleich-

12 Siehe unten, S. 241.

13 Dok. Nr. 138.

14 Immediate. Secret. Telegr. Nr. 562. W. Strang an Foreign Office, 7. 5. 1946. FO 371/55403/C 5000/14/18. Dok. 149.

15 Vgl. seine Anmerkung, Dok. Nr. 178.

[CYPHER] C 5000 DEPARTMENTAL NO. 1.

BERLIN TO FOREIGN OFFICE

(From Political Adviser to Commander-in-Chief Germany)

Sir W. Strang.
No. 562. D. 7.10. p.m. 7th May 1946.

7th May 1946. R. 6.37. p.m. 7th May 1946.

Repeated to United Kingdom Delegation Paris
Moscow Saving.
Washington "

.......

IMMEDIATE

Secret.

Your despatch No. 254. C 4725/14/G

I see from the third paragraph of the record of Mr. Harvey's conversation with the French on 28th April about the Ruhr and Rhineland that the new province which we contemplate establishing is stated to comprise "the Ruhr area and some territory to the west of the Rhine".

2. It may be useful for the delegation to know that ideas here, both British and German, are evolving in the direction of the sub-division of the British Zone into three lander, namely (1) Westphalia and N. Rhine Province; (2) Hanover; (3) Schleswig-Holstein and Hamburg. It would, we think, be a mistake to carve a new Ruhr province out of Westphalia and the N. Rhine Province, leaving the rump of these two provinces to be attached elsewhere. Both Westphalia and the Rhineland have well established boundaries which it would be well to preserve if we wish to promote a federal Germany on a "land" basis. The amalgamation of Westphalia and N. Rhineland into a single "land" would give the Ruhr area a respectable economic Hinterland. It would be one of the lander of a federal Germany which would receive special treatment in view of the fact that it contained the Ruhr industrial area in regard to which special international arrangements were being made.

3. General Robertson concurs.

Please pass to Control Office.

Foreign Office please pass immediate to United Kingdom Delegation Paris as my telegram No. 1.

[Copies sent to Control Commission for German and Austria Norfolk House.]

[Repeated immediate to United Kingdom Delegation Paris under Foreign Office No. 134.]

OTP

*Faksimile Nr. 4:* 7. 5. 1946: Die Kontrollkommission interveniert: Das neue Land soll durch Zusammenschluß der Provinzen Nordrhein und Westfalen entstehen. Sir William Strang (Berlin) an Foreign Office, mit Anmerkungen von John Troutbeck und Sir Orme Sargent. (Public Record Office)

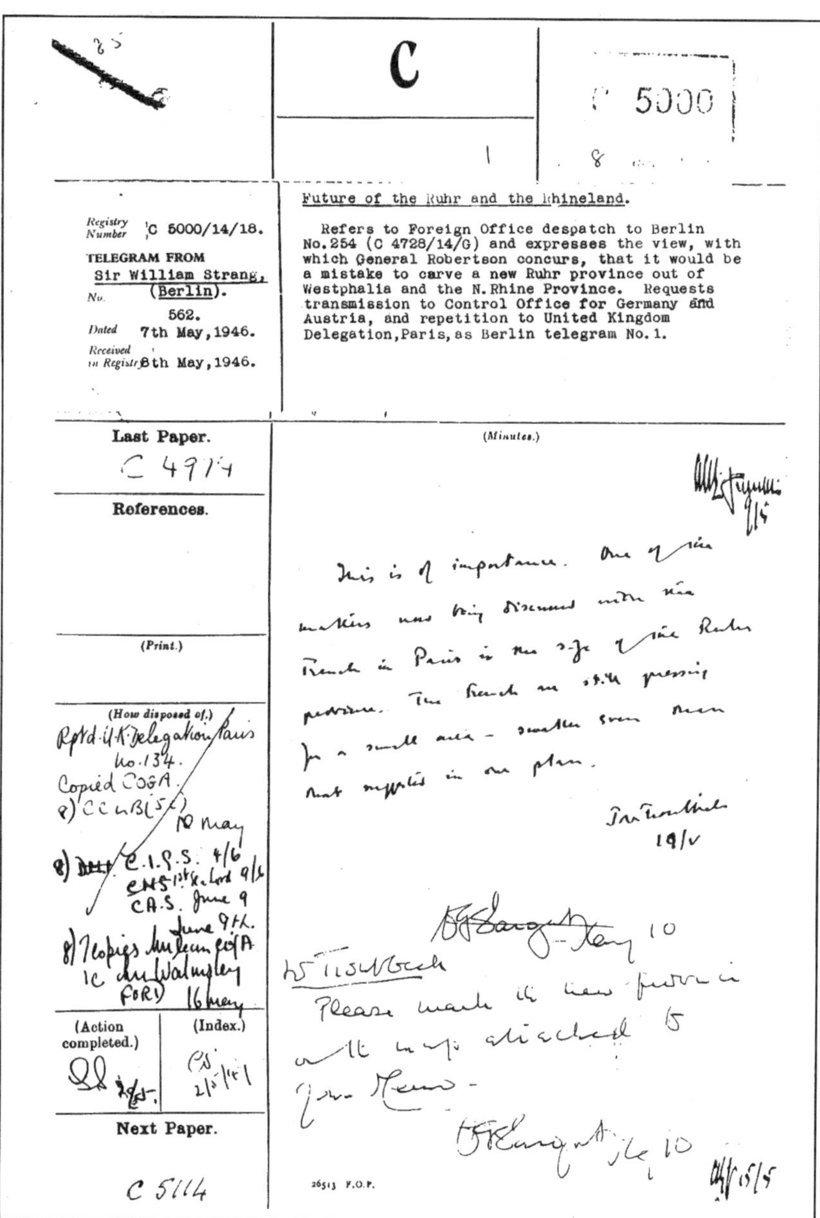

C

C 5000

Registry Number C 5000/14/18.

TELEGRAM FROM Sir William Strang, (Berlin).

No. 562.

Dated 7th May, 1946.

Received in Registry 8th May, 1946.

Future of the Ruhr and the Rhineland.

Refers to Foreign Office despatch to Berlin No. 254 (C 4728/14/G) and expresses the view, with which General Robertson concurs, that it would be a mistake to carve a new Ruhr province out of Westphalia and the N. Rhine Province. Requests transmission to Control Office for Germany and Austria, and repetition to United Kingdom Delegation, Paris, as Berlin telegram No. 1.

Last Paper. C 4974

References.

(Print.)

(How disposed of.) Rptd. U.K. Delegation Paris no. 134. Copied COGA. 8) CCuB(5) 10 May 8) C.I.G.S. 4/6 CNS 1st Sea Lord 9/6 CAS June 9 June 9th. 8) 7 copies Mr. ... COGA 1C ... FORD 16 May

(Action completed.) (Index.)

Next Paper. C 5114

(Minutes.)

This is of importance. One of the matters now being discussed with the French in Paris is the size of the Ruhr province. The French are still pressing for a small area – smaller even than that suggested in our plan.

19/v

... 10

Please mark the new file ... with maps attached to your memo –

... 10

26513 F.O.P.

[This telegram is of particular secrecy and should be retained by the authorised recipient and not passed on.]

[EN CLAIR]

SPECIAL (PEACE) 5174

FROM PARIS TO FOREIGN OFFICE

(From United Kingdom Delegation to Conference of Foreign Ministers)

No. 154 SAVING
10th May, 1946.

R. 6.55 p.m. 10th May, 1946.

Repeated Saving to Berlin
Moscow
Washington

JJJ

IMMEDIATE

C 5000/14/18

Berlin telegram No. 562 [of May 7th: German provinces].

I do not altogether like the idea of a new province comprising the whole of Westphalia and the North Rhine Province. In the first place a province of such extent, including the whole industrial wealth of the Ruhr as well, would surely be far too powerful.

2. Moreover, in our Ruhr plans now under consideration we contemplate special measures of control in the new province to be set up. It would clearly be desirable that the new province should not greatly exceed the Ruhr area itself, so as to mark its special character and the reason for the special régime to be set up there. If, as is likely the Ruhr has to be occupied after the general occupation of Germany has ceased, it seems desirable that the area of occupation should coincide with the province. One of the sanctions provided in our Ruhr plan is assumption of authority in the province by the international organisation. We doubt the wisdom of making ourselves responsible for a larger area than is strictly necessary for the fulfilment of our sanction.

3./.......

*Faksimile Nr. 5:* 10. 5. 1946: Außenminister Ernest Bevin ist gegen die Bildung eines großen Landes durch Zusammenschluß der Provinzen Nordrhein und Westfalen. Er will ein möglichst kleines Land. Telegramm aus Paris an das Foreign Office. (Public Record Office)

5. It might be for consideration whether the small part of North Rhine Province left out of the smaller Ruhr area might be added to the French zone. This would relieve us of some responsibility and would facilitate the establishment of a single German authority in the area west of the Rhine to be occupied by French and other Allied troops.

4. I should be glad therefore if urgent study might now be given to the setting up of a new German province to comprise the Ruhr area, which would either be restricted to the narrow Ruhr valley, as suggested in the French plan, or else include the further area to the west of the Rhine, as suggested in the British plan. I am anxious to push on with this so that the new province may be constituted as soon as possible.

zeitig würde damit nur eine Besatzungsmacht verantwortlich sein für das Gebiet westlich des Rheins, wo Truppen Frankreichs und der übrigen Alliierten (Belgien und Holland) stationiert werden sollten. Bevin bat dringend um Prüfung des Problems, denn „ich will die Sache unbedingt vorantreiben, damit das neue Land so schnell wie möglich errichtet werden kann".[16]

Als unmittelbare Antwort auf dieses Telegramm reichte die Kontrollkommission am 14. Mai noch ein Argument nach: aufgrund der wirtschaftlichen Interdependenz und der Verkehrsverbindungen zwischen Nordrhein und Westfalen „besteht dort eine wirtschaftliche Einheit, die die gesamte Nordrheinprovinz und den südlichen Teil der Provinz Westfalen umfaßt". Diese Überlegung gelte sowohl bei einer politischen Abtrennung als auch bei einer wie auch immer gearteten Verwaltungsautonomie, wie sie in den beiden Ruhrplänen vorgesehen sei.[17]

Noch bevor dieses Telegramm im Control Office eintraf, fand dort am 13. Mai eine erste Besprechung mit Vertretern des Foreign Office statt[18], in der Empfehlungen für das weitere Vorgehen der britischen Delegation in Paris erarbeitet wurden. Der erste Punkt betraf den eigenen, in Paris vorgelegten Vorschlag, den Ruhrstaat um einen Korridor bis zur holländischen Grenze zu erweitern. Dies hatten die Franzosen zunächst abgelehnt und auf ihrem ursprünglichen, östlich des Rheins gelegenen „Ruhrterritorium" beharrt, u. a. mit dem Argument, die internationale Ruhrbehörde könne ja im Krisenfall jederzeit auf Truppen westlich des Rheins zurückgreifen – wobei sie in erster Linie natürlich an ihre eigenen Truppen gedacht hatten. Die Briten hatten aber gerade auch dies mit ihrem Vorschlag verhindern wollen – nicht zuletzt im Hinblick auf Belgier und Holländer. Die Besatzungstruppen sollten klar gekennzeichnet werden, damit sich an der Ruhr nicht so etwas wie im Jahre 1923 wiederholen konnte. Die Runde im Control Office wies denn auch als erstes die französischen Einwände als wenig überzeugend zurück und sprach sich noch einmal dafür aus, in jedem Fall die Besatzungstruppen klar zu kennzeichnen und für diesen Zweck im Kontrollgebiet zu stationieren.

Wenn es keinen Zusammenschluß der Provinzen Nordrhein und Westfalen geben würde, wie konnte man dann dieses Gebiet aufteilen? Wenn man – wie vom Kabinett am 7. Mai beschlossen – ein föderalistisch strukturiertes Deutschland mit starken Ländern aufbauen wollte, mußte man bei der Errichtung dieser Länder soweit wie möglich Rücksicht nehmen auf historisch gewachsene Traditionen, Wirtschafts- und Verwaltungsstrukturen. Unter diesem Aspekt mußte ein kleines „Ruhrland", das bestehende Provinzgrenzen zerschnitt, notwendigerweise von Nachteil sein. Das Problem wurde noch komplizierter durch die Tatsache, daß ja das Gebiet westlich des Rheins in jedem Fall auf Dauer militärisch besetzt bleiben, während die Besetzung östlich des Rheins (mit Ausnahme des Ruhrgebiets) eines Tages beendet wer-

---

16 Immediate. Telegr. Nr. 134, E. Bevin in Paris an Foreign Office, 10. 5. 1946. FO 371/55403/C 5174/14/18. Dok. Nr. 156.

17 CCG(BE), Berlin, an Control Office, London, 14. 5. 1946. FO 371/55404/C 5174/14/18. Dok. Nr. 159.

18 Teilnehmer: Turner, Dean, Wilberforce (Control Office); Troutbeck, Walmsley (Ford), Franklin (Foreign Office).

den sollte. Wenn man davon ausging, daß durch die Besatzung die Verwaltung nicht behindert wurde – und das hatten die Franzosen ja vorgeschlagen –, dann schien grundsätzlich nichts gegen eine Regelung zu sprechen, nach der ein Teil des Landes besetzt und der andere nicht besetzt war. Für diesen Fall schlugen die Planer in London nun eine neue Variante vor: Errichtung des Ruhrstaates wie vorgesehen und Bildung eines zweiten Landes aus dem, was von Westfalen und Nordrhein übrigblieb, ergänzt um den im Sommer 1945 der französischen Besatzungszone zugeschlagenen südlichen Teil der Rheinprovinz, d. h. die Regierungsbezirke Koblenz und Trier. Noch eine weitere Alternative bot sich an: die Rheinprovinz würde wieder vereint und Westfalen (ohne die Ruhr) oder Teile von Westfalen würden dann zu Hannover kommen. Wenn Frankreich allerdings darauf bestehen würde, bei jeder zukünftigen Regelung die Gebiete westlich und östlich des Rheines unterschiedlich zu behandeln und im westlichen Gebiet mehr oder weniger allein bestimmen zu wollen – insbesondere dann, wenn sich die Briten nicht an der Besatzung dort beteiligen würden, dann sollte kein Teil der britischen Zone den Franzosen übergeben werden, bevor nicht eine Regelung zur Befriedigung der belgischen Interessen gefunden worden war, wobei man etwa an die Besetzung Kölns und Aachens durch belgische Truppen dachte.

Wenn der Rhein zu einer Landesgrenze würde, dann sollte das östlich gelegene Gebiet der Rheinprovinz zu Westfalen kommen. Die Pfalz und Hessen-Nassau westlich des Rheines wurden bei diesen Überlegungen nicht berücksichtigt.

Vor endgültigen Entscheidungen, so lautete die Empfehlung aus London, sollte allerdings erst einmal abgewartet werden, ob es zu irgendwelchen Vereinbarungen mit den übrigen Mächten kommen würde, denn „andernfalls könnten wir bei der Neugliederung unserer Zone alles erheblich durcheinanderbringen und zusätzlich noch die Position der deutschen Demokraten schwächen, die dringend auf politische Unterstützung hoffen“ („crying out for political calories“); das wiederum zeige, wie wünschenswert es sei, so schnell wie möglich zu einer Übereinkunft auf Viermächteebene zu kommen, ohne die eine zukünftige Organisation Deutschlands auf Länderebene vorerst nicht durchzuführen sei.[19]

Die erste Phase der Außenministerkonferenz ging dann, wie bereits erwähnt, ohne greifbares Ergebnis zu Ende. Um so wichtiger war es, daß im Vorfeld der zweiten Phase, die am 15. Juni begann, auf britischer Seite die notwendigen Entscheidungen getroffen wurden, damit Bevin dort das Thema Deutschland „auf solider Grundlage“[20] diskutieren konnte. Dazu gehörten nicht nur die bereits genannten „nächsten Schritte in Deutschland“[21], sondern auch die Ruhrfrage. Die Ruhrfrage, so hatte Bevin bereits am 1. Juni notiert, müsse nun im Zusammenhang mit der zukünftigen Deutschlandpolitik geprüft werden; er müsse zu endgültigen Entscheidungen kom-

19 Immediate. Secret. Telegr. Nr. 263, Foreign Office an britische Delegation in Paris, 15. 5. 1946. FO 371/55403/C 5174/14/18. Dok. Nr. 160.
20 So Patrick Dean; vgl. Dok. Nr. 192.
21 Siehe oben, S. 198 f., und Dok. Nr. 187.

men.[22] Die Gründung des Landes sollte jederzeit möglich sein, notierte Burrows am 31. Mai, „um zu zeigen, daß wir bei der Lösung der Ruhrfrage Fortschritte erzielen, ohne damit den endgültigen Status des Gebietes zu präjudizieren".[23]

Dies aber war leichter gesagt als getan. Am 24. Mai informierte Street vom Control Office General Robertson, in London gehe man davon aus, daß wohl die kleinere Lösung – Ruhrgebiet plus Korridor zur holländischen Grenze – akzeptiert werde. Er bat um Mitteilung, wo die notwendigen Gespräche zwischen Control Office, Foreign Office und Kontrollkommission stattfinden sollten. Natürlich müßten dann noch die Stabschefs konsultiert werden, ob aus militärischen Gründen das neue Land um das Gebiet westlich des Rheines erweitert werden solle.[24] Robertson schlug am 27. Mai als Termin für das Gespräch im Foreign Office den 6. Juni vor.[25] Bereits drei Tage vorher hatte er für den 31. Mai eine Sitzung des für politische Fragen zuständigen Koordinierungsausschusses der Kontrollkommission (Standing Committee, Policy Coordination) in Berlin einberufen. Bis zu diesem Termin sollten die Vorsitzenden der zwei Hauptabteilungen der Kontrollkommission (Economic and Governmental) die Stellungnahmen der entsprechenden Abteilungen eingeholt haben, damit am 31. Mai eine endgültige Entscheidung getroffen werden konnte.[26] In den beiden Hauptabteilungen wurden daraufhin zwei Memoranden erarbeitet[27], die am 27. Mai an die Abteilungen weitergeleitet wurden. Die Angelegenheit war außerordentlich dringend; Stellungnahmen, in mündlicher und schriftlicher Form, sollten spätestens am 30. Mai, 16.00 Uhr, vorliegen.[28]

Die Governmental Sub-Commission (GOVSC) der Kontrollkommission ging bei ihren Überlegungen von zwei entscheidenden Voraussetzungen aus, die bei der Schaffung des neuen Landes vorrangig berücksichtigt werden mußten: politische und verwaltungstechnische. Dabei wurden die politischen für wichtiger gehalten, da eine falsche Entscheidung „verhängnisvolle Auswirkungen" auf das Verhältnis zu den Deutschen in der britischen Zone haben konnte, die britische Politik schwer beeinträchtigen würde und „Narben in Deutschland zurückläßt, die für immer sichtbar bleiben werden". Fragen der Verwaltung erzwangen dagegen keine Entscheidung, würde man sie allerdings ignorieren, wäre das Ergebnis ein „unglückliches und unzufriedenes" Land, und das wiederum würde zu unangenehmen politischen Auswirkungen führen. Politisch war es demnach wichtig, keiner Lösung zuzustimmen,

---

22 Handschriftliche Notiz E. Bevin, 1. 6. 1946. FO 371/55405/C 6677/14/18. Siehe Faksimileabbildung Nr. 7: „The Rhur [sic!] Paper must now be examined in the light of the discussion on future Policy on Germany now being Prepared by Sargent's committee and I must reach final Conclusions."

23 Aufzeichnung B. A. B. Burrows, 31. 5. 1946. FO 371/55405/C 6677/14/18. Dok. Nr. 178.

24 A. Street an B. Robertson, 24. 5. 1946. FO 371/55403/C 5174/14/18. Dok. Nr. 169.

25 Immediate. B. Robertson an A. Street, 27. 5. 1946. FO 1039/158. Vgl. Dok. Nr. 169, Anm. 3.

26 Immediate. Secret. Creation of a separate Ruhr „Land". Private Office of the Deputy Military Governor, Robertson, an die Mitglieder von SCOPC (Standing Committee, Policy Coordination), 24. 5. 1946. FO 1039/158. Dok. Nr. 170.

27 Secret. Draft. Creation of a separate Ruhr „Land" (Dok. Nr. 171a) sowie „The Future of the Ruhr". Dok. Nr. 171b.

28 Immediate. Secret. Schreiben Generalmajor G. Erskine, Präsident der Governmental Sub-Commission, 27. 5. 1946. FO 1050/92. Vgl. Dok. Nr. 171a, Anm. 1.

This message will not be distributed outside British or US Govt Depts or HQ's or re-transmitted even in Cipher without CO paraphrased.

CONTROL OFFICE FOR GERMANY AND AUSTRIA. INDEX

CCLB/G/1322.

FROM: CONFOLK. DTO: 240200A.

TO: BERCOMB.

INFO: CONCOMB.

SUGRA 564. CIPHER. 24 MAY 46. SECRET.

Following for ROBERTSON from STREET.
SUBJECT is future organisation of WESTERN GERMANY.

1. In order to have our views ready formulated when the future boundaries and organisation of Western Germany are discussed again at the Council of Foreign Ministers or elsewhere we feel it is essential to clear our minds on the question of the proposed RUHR Province.

2. At the moment there are two proposals:-
(a) The Control Commission suggestion for a large Ruhr Province created by amalgamating Westphalia and North Rhineland into a single Land as described in STRANG'S telegram No.562 of 7th May.
(b) The suggestion for a restricted Ruhr Province described in SAVING No.134 of 10th May.
General opinion here is that latter proposal is more likely to be adopted. Question then arises of units into which remainder of WESTERN GERMANY is to be divided. It is essential to reach an agreed view on this point.

3. Please inform me where you consider the necessary discussions between Control Office, Foreign Office and Control Commission can most conveniently take place. Shall we send representatives to Germany or will your representatives come to London. Chiefs of Staff must of course be consulted at appropriate stage as to whether on military grounds new Province should include a small area west of the Rhine up to the DUTCH frontier.

4. TROUTBECK is now in Germany and will no doubt be discussing matter with your staff.

IMMEDIATE.

X TEL. BGCC. 8344. in reply suggests London 6th June.

Standard ARGUS/SUGRA Distribution by CCLB.
Control Office.
PS/Permanent Secretary. (4 copies)(Originator)
Additional Distribution.
Foreign Office.
German Dept.

SS/?WS.
24 May 46.

*Faksimile Nr. 6:* 24. 5. 1946: Arthur Street (Kontrollamt in London) an Sir Brian Robertson (Kontrollkommission in Berlin). In London überwiegt noch die Stimmung für die Bildung eines kleinen Landes. (Public Record Office)

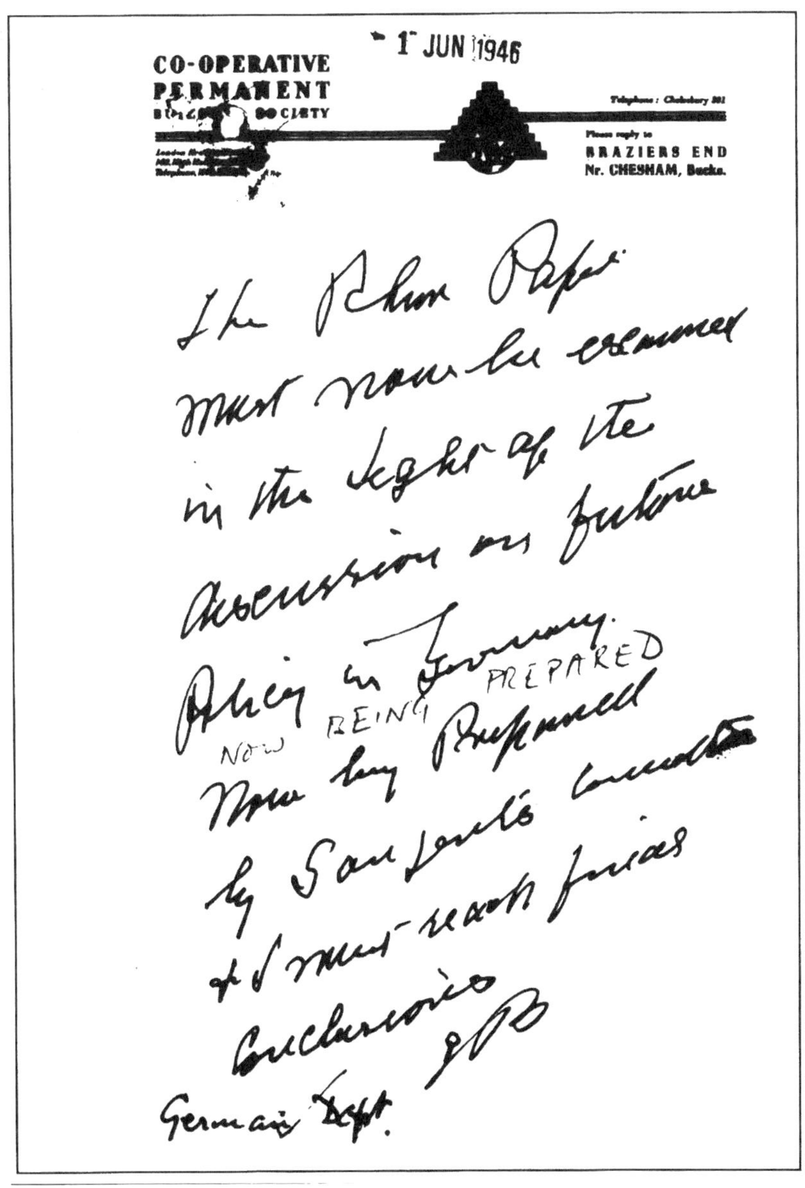

CO-OPERATIVE
PERMANENT
BUILDING SOCIETY

1 JUN 1946

Please reply to
BRAZIERS END
Nr. CHESHAM, Bucks.

The Ruhr Paper
must now be examined
in the light of the
discussion on future
Policy in Germany
NOW BEING PREPARED
now being prepared
by Sargent's committee
of [illegible]
conclusions
EB
German Dept.

*Faksimile Nr. 7:* 1. 6. 1946: Notiz von Ernest Bevin mit „Übersetzung" eines Foreign Office-Beamten. (Public Record Office)

„die die SPD und die deutschen Demokraten" nicht mittragen würden, d. h. man mußte „die lokalen Gefühle und die Haltung der SPD" entsprechend berücksichtigen. (Daß mit der „großen" Lösung Nordrhein-Westfalen genau dies dann nicht geschah, ist eine ganz andere Frage und wohl ein weiteres Indiz für die o. g. Vermutung, daß es der Kontrollkommission auch darum ging, in dem neuen Land eine SPD-Mehrheit zu verhindern.)

Fünf Gründe sprachen gegen ein kleines Land, in dem die Industrie konzentriert war: 1. die unmittelbar betroffene Stadtbevölkerung wäre dagegen, ebenso wie 2. die unmittelbar angrenzende Landbevölkerung; 3. ein solches künstliches Gebilde wäre so unnatürlich, daß es nur mit Gewalt aufrechterhalten werden konnte; 4. die Verwaltung eines solchen, nur aus Städten bestehenden Gebildes wäre schwierig; 5. die Neugliederung der britischen Zone würde präjudiziert. Ein solches Land war demnach abzulehnen. Ein großes Land konnte dagegen zu mächtig und möglicherweise zu einer Gefahr werden, entweder für seine Nachbarn oder mit ihnen zusammen. Frankreich werde eine solche Lösung ablehnen; dessen Zustimmung war aber für jeden Plan absolut notwendig. Im Hinblick auf die Verwaltung bot sich der Zusammenschluß von Nordrhein und Westfalen an, damit würde ein guter Ausgleich zwischen Stadt- und Landbevölkerung geschaffen, es werde wahrscheinlich, was Tradition und Geschichte angehe, akzeptiert werden und populär sein, vergleichbar mit den übrigen Ländern in der britischen Zone und groß genug, um die Verwaltungsaufgaben eines Landes zu übernehmen. Gegen ein Land sprachen zwei Gründe: es war a) größer als das Gebiet, in dem die zu kontrollierende Industrie lag und b) zu groß und potentiell zu gefährlich, um von Frankreich akzeptiert zu werden. In Punkt II des Memorandums wird lapidar festgestellt: „Irgendein Kompromiß ist notwendig." Der Kompromiß, der dann vorgeschlagen wurde, zeigte den Weg für die spätere Lösung auf. Es wurden keine neuen Varianten für eine Ländergründung vorgeschlagen, wie dies noch Foreign Office und Control Office am 15. Mai gemacht hatten, sondern etwas ganz anderes, von dem vor allen Dingen Bevin später überzeugt war. „Welche Gründe sprechen gegen ein natürliches ‚Land' " Nordrhein-Westfalen, so fragte GOVSC, „wenn man für ein Gebiet innerhalb dieses Landes eine besondere Regelung trifft, mit der das Problem gelöst wird?" Das lief darauf hinaus, in diesem Land ein bestimmtes Gebiet auszuweisen, in dem die zu kontrollierenden Industrien lagen. Damit konnte vor allen Dingen auch den auf Geschichte und Tradition gründenden Einwänden begegnet werden, und die Verwaltung des Landes insgesamt mußte dadurch nicht komplizierter werden. Als Alternative zu diesem Vorschlag wurde dann noch die Möglichkeit erwähnt, das neue Land in drei Regierungsbezirke aufzuteilen:

a) Ruhr – das Gebiet östlich des Rheines (im Dreieck Wesel-Köln-Hamm, unter Ausschluß Kölns) wie im französischen Plan;

b) Nord-Rheinland (das Gebiet der Nordrheinprovinz westlich des Rheins);

c) Westfalen (sämtliche Gebiete ohne das Ruhrgebiet).

Am Ende der allgemeinen Besetzung Deutschlands würde dann dieses „Land" weiter besetzt bleiben, und in einem mit der deutschen Regierung abzuschließenden Friedensvertrag sollten besondere Rechte im Hinblick auf Finanzen, Transport, Wirtschaft und Arbeit reserviert werden.

In einem zweiten Memorandum über „Die Zukunft der Ruhr" wurden diese Überlegungen aufgegriffen und weitergeführt. Der Gedanke, drei Regierungsbezirke zu schaffen, wurde fallengelassen, vielmehr die Bildung eines besonderen Ruhrkontrollgebietes („Ruhr Special Area", RSA) innerhalb des neuen Landes „Rheinland-Westfalen" vorgeschlagen, das ein integraler Teil des Landes war, aber militärisch besetzt und besonderen Kontrollen unterworfen sein sollte. Wie dies im einzelnen funktionieren sollte, insbesondere wie die Beziehungen zwischen diesem Gebiet und dem Land aussehen sollten, über all das hatte man schon sehr konkrete Vorstellungen. Auf den ersten Blick sah dies zwar sehr kompliziert aus, es wurde dann aber darauf verwiesen, daß es eine Sonderregelung innerhalb einer bestehenden Verwaltungseinheit ja schon einmal gegeben hatte, nämlich den Siedlungsverband Ruhrkohlenbezirk. Auf einer Karte wurde demonstriert, wie das aussehen würde. Interessant ist, daß hier zum erstenmal in einem britischen Plan auf die Vorschläge von Robert Lehr verwiesen wird.

Mit diesen beiden Memoranden beschäftigten sich in den nächsten Tagen mehrere Abteilungen der Kontrollkommission[29]; das Ergebnis wurde Robertson am 3. Juni mitgeteilt. Übereinstimmend wurde aus Gründen der Wirtschaft, des Verkehrs und der Verwaltung der Zusammenschluß von Nordrhein und Westfalen befürwortet. Für den Fall, daß dieses Land zu groß sein würde, um den eigentlichen Zweck zu erfüllen, nämlich das „entscheidende Zentrum des deutschen Kriegspotentials zu kontrollieren", wurde empfohlen, den Regierungsbezirk Minden und das Land Lippe nicht miteinzubeziehen und Hannover anzugliedern.[30]

Wenige Tage zuvor war Troutbeck nach Berlin geflogen, um dort mit Robertson, Strang und Steel das Problem zu besprechen. Offensichtlich überzeugten sie ihn, denn von den Argumenten, die gegen ein großes Land sprachen und die Burrows inzwischen in einem Memorandum zusammengefaßt hatte, war er nach seiner Rückkehr in London weniger denn je beeindruckt. Das Argument, dieses Land werde möglicherweise zu mächtig und ein neues Preußen werden, wies er als etwas weit hergeholt zurück; es sei nicht größer als die anderen Länder in der britischen Zone, nicht einmal so groß wie Hannover, und im übrigen, so fragte er, „was sollen Kontrollen, wenn wir nicht den Aufstieg eines neuen Regimes verhindern können, das schlimmer ist als Preußen?" Und noch etwas kam hinzu und sollte eine immer größere Rolle spielen: die kommunistische Gefahr im Ruhrgebiet. Eine kommunistische Regierung eines Ruhrstaates konnte offensichtlich nur verhindert werden durch Hinzufügen ländlicher Gebiete mit eher konservativ eingestellter Bevölkerung. Für Troutbeck gab es allerdings ein Argument, das letztlich gegen Nordrhein-Westfalen entscheiden konnte, nämlich die Tatsache, daß Frankreich von diesen Plänen bisher überhaupt noch nichts gehört hatte. Für Hall-Patch stand fest, daß dies eine Sache war, in der keine Entscheidung getroffen werden konnte, ohne nicht zuvor die Stabschefs und die „Leute vor Ort", d. h. die Vertreter der Kontrollkommission

29 Dok. Nr. 172a–172g.

30 Top Secret. P. Mills, President, Economic Sub-Commission, CCG(BE), an B. Robertson, 3. 6. 1946. FO 1036/751. Dok. Nr. 172h.

gehört zu haben.[31] Harvey war zu diesem Zeitpunkt noch ein entschiedener Verfechter einer „kleinen“ Lösung. Er persönlich bezweifle, so schrieb er am 3. Juni an Bevin, ob es klug sei, das Ruhrgebiet in ein größeres Land der britischen Zone zu integrieren, was auch immer für militärische und verwaltungstechnische Gründe vorgebracht würden. Er trat dafür ein, den besonderen Charakter des Ruhrgebietes auch durch eine Sonderregelung für dieses Gebiet deutlich zu kennzeichnen. Falls es, wie man hoffe, zu einer internationalen Kontrolle komme, dann gelte „je kleiner das Gebiet, das kontrolliert wird, um so besser“. Bei den Alliierten werde auch weniger Verdacht aufkommen, und es werde auch nicht so aussehen, als ob man ein neues Preußen im Westen aufbaue, „wenn wir uns auf das eigentliche Ruhrgebiet konzentrieren“. Als eine dritte Möglichkeit wies er dann auf die oben diskutierte Alternative hin, das Ruhrgebiet innerhalb des Landes als „sub-province“ auszuweisen. Im übrigen müßten natürlich die „Leute vor Ort“ gehört werden, obwohl deren Meinung notwendigerweise nur eine Teilansicht sei, denn „die Ruhr wirft größere Fragen auf als Verwaltung und Politik in Deutschland“.[32]

Bevin war zu diesem Zeitpunkt bereits davon überzeugt, daß die Errichtung eines kleinen Landes ein Fehler sein würde. Seiner Meinung nach sollte das Land so groß wie möglich sein, mit drei Bezirken; die zu kontrollierende Industrie würde dann im „Ruhrbezirk“ liegen, und auf diese Weise wäre dieser Bezirk klar gekennzeichnet.[33]

So wie Harvey, aber aus ganz anderen Gründen, dachten auch die Stabschefs. Sie waren am 31. Mai um ihre Stellungnahme gebeten worden.[34] In ihrer Antwort am 3. Juni verwiesen sie auf ihre Untersuchung des EIPS-Plans vom 5. April.[35] Wie schon drei Monate zuvor, so betrachteten sie das Problem auch jetzt fast ausschließlich unter dem Aspekt einer möglichen Teilnahme der Sowjetunion an der Ruhrkontrolle. Sie lehnten erneut jede Lösung des Ruhrproblems ab, die eine *militärische* Beteiligung der Sowjets vorsah, und sprachen sich aus militärischen Gründen für ein kleines Land aus, unabhängig davon, ob Sowjets an der Kontrolle teilnehmen würden oder nicht. In einer Ausdehnung des Landes nach Westen mit einem Korridor bis zur holländischen Grenze sahen sie keinen militärischen Vorteil, aber einen „schweren Nachteil, falls die Russen an der Besatzung teilnehmen“.[36]

---

31 Aufzeichnung J. M. Troutbeck v. 28. 5. 1946 (Dok. Nr. 173, Faksimileabbildung Nr. 8) und Aufzeichnung B. A. B. Burrows v. 31. 5. 1946 mit Anmerkungen Troutbeck v. 31.5. und Hall-Patch v. 1. 6. 1946. FO 371/55405/C 6677/14/18. Dok. Nr. 178.

32 Aufzeichnung O. Harvey für E. Bevin, 3. 6. 1946. FO 371/55405/ C 6667/14/18. Dok. Nr. 180.

33 Handschriftliche Anmerkung E. Bevin, wahrscheinlich v. 3. 6. 1946. Vgl. Dok. Nr. 173 u. Faksimileabbildung Nr. 8.

34 Top Secret. C. O. S. (46) 153 (O). 1st June, 1946. Chiefs of Staff Committee. „Germany – Proposals for a Ruhr Province“. Memorandum by the Control Office for Germany and Austria (31. 5. 1946). FO 371/55405/C 6666/14/18. Dok. Nr. 179.

35 Siehe Dok. Nr. 116.

36 Top Secret. J. P. (46) 111 Final. 3rd June, 1946. Chiefs of Staff Committee, Joint Planning Staff. „Germany – Proposals for a Ruhr Province“. Report by the Joint Planning Staff. FO 371/55405/C 6667/14/18. Dok. Nr. 181.

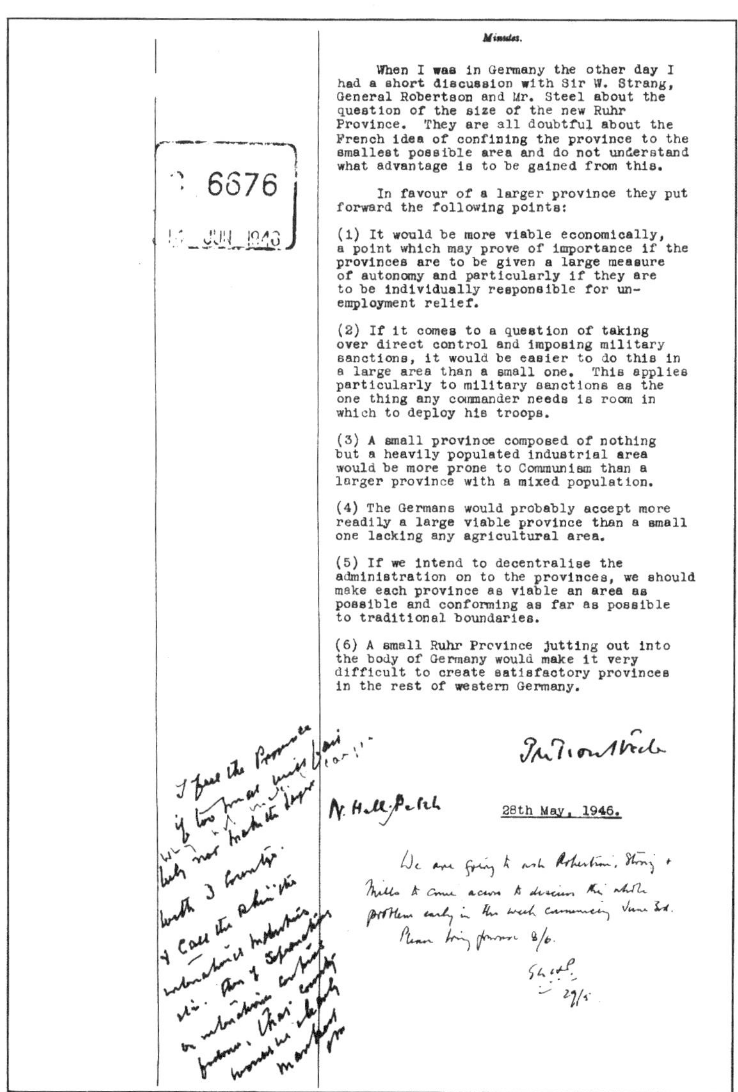

Minutes.

When I was in Germany the other day I had a short discussion with Sir W. Strang, General Robertson and Mr. Steel about the question of the size of the new Ruhr Province. They are all doubtful about the French idea of confining the province to the smallest possible area and do not understand what advantage is to be gained from this.

In favour of a larger province they put forward the following points:

(1) It would be more viable economically, a point which may prove of importance if the provinces are to be given a large measure of autonomy and particularly if they are to be individually responsible for unemployment relief.

(2) If it comes to a question of taking over direct control and imposing military sanctions, it would be easier to do this in a large area than a small one. This applies particularly to military sanctions as the one thing any commander needs is room in which to deploy his troops.

(3) A small province composed of nothing but a heavily populated industrial area would be more prone to Communism than a larger province with a mixed population.

(4) The Germans would probably accept more readily a large viable province than a small one lacking any agricultural area.

(5) If we intend to decentralise the administration on to the provinces, we should make each province as viable an area as possible and conforming as far as possible to traditional boundaries.

(6) A small Ruhr Province jutting out into the body of Germany would make it very difficult to create satisfactory provinces in the rest of western Germany.

28th May, 1946.

*Faksimile Nr. 8:* 28. 5. 1946: Die Vertreter der Kontrollkommission befürworten von Anfang an die Bildung eines großen Landes. Aufzeichnung von John M. Troutbeck, mit Anmerkungen von E. L. Hall-Patch: „We are going to ask Robertson, Strang + Mills to come across to discuss the whole problem early in the week commencing June 3rd. Please bring forward 8/6;" und mit Anmerkung von E. Bevin: „I feel the province if too small will fail. Why not make the largest with 3 counties and call the Rhur [sic!] ‚the international industries etc.' Then if separating on international controls further that county would be clearly marked." (Public Record Office)

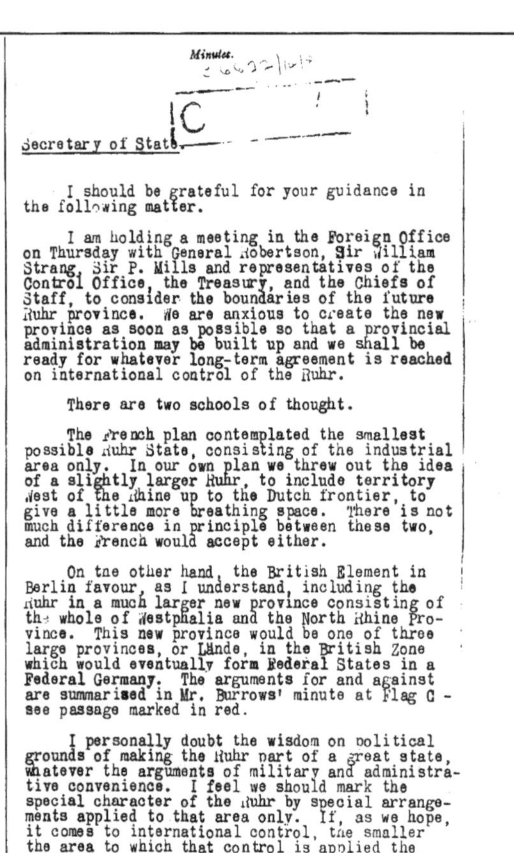

Minutes.

C

Secretary of State.

I should be grateful for your guidance in the following matter.

I am holding a meeting in the Foreign Office on Thursday with General Robertson, Sir William Strang, Sir P. Mills and representatives of the Control Office, the Treasury, and the Chiefs of Staff, to consider the boundaries of the future Ruhr province. We are anxious to create the new province as soon as possible so that a provincial administration may be built up and we shall be ready for whatever long-term agreement is reached on international control of the Ruhr.

There are two schools of thought.

The French plan contemplated the smallest possible Ruhr State, consisting of the industrial area only. In our own plan we threw out the idea of a slightly larger Ruhr, to include territory West of the Rhine up to the Dutch frontier, to give a little more breathing space. There is not much difference in principle between these two, and the French would accept either.

On the other hand, the British Element in Berlin favour, as I understand, including the Ruhr in a much larger new province consisting of the whole of Westphalia and the North Rhine Province. This new province would be one of three large provinces, or Lände, in the British Zone which would eventually form Federal States in a Federal Germany. The arguments for and against are summarised in Mr. Burrows' minute at Flag C - see passage marked in red.

I personally doubt the wisdom on political grounds of making the Ruhr part of a great state, whatever the arguments of military and administrative convenience. I feel we should mark the special character of the Ruhr by special arrangements applied to that area only. If, as we hope, it comes to international control, the smaller the area to which that control is applied the better. I also feel that our intentions would be less suspect to our Allies if we concentrated on the Ruhr proper and did not appear to be building up a new Prussia in the west.

There may be a third possibility - that of making the Ruhr a sub-province only of a larger province, but that would conflict to some extent with your own idea of a separate Ruhr province.

As chairman of the meeting I must obviously hear the views of the men on the spot, but these are of necessity only a partial view. The Ruhr raises wider questions than those of German administration and politics.

Perhaps you could spare me a few minutes on this?

See the S. of S.'s minute after Mr. Hall-Patch's May 29. P.D. 4/6.

O. Harvey

June 3rd, 1946.

*Faksimile Nr. 9:* 3. 6. 1946: Sir Oliver Harvey will wie Ernest Bevin ein kleines „Ruhrland". Als Kompromiß sieht er die Möglichkeit, das Ruhrgebiet zur „sub-province" des neuen, großen Landes zu machen. Aufzeichnung von Sir Oliver Harvey für Ernest Bevin mit Notiz von Patrick Dean v. 4. 6.: „See the S. of S.'s minute after Mr. Hall-Patch's May 29." (Public Record Office)

## 2. *Die britische Entscheidung für Nordrhein-Westfalen*

Am Nachmittag des 6. Juni fand im Foreign Office unter Leitung von Oliver Harvey jene Besprechung statt, die für die Zukunft von Rheinland und Ruhrgebiet von entscheidender Bedeutung war.[37] Die Vertreter der Kontrollkommission, allen voran Robertson, plädierten „mit großer Klarheit und Wirkung", wie dies wenig später Patrick Dean formulierte[38], für den Zusammenschluß der Provinzen Nordrhein und Westfalen. Sie hatten sich gut auf diese Sitzung vorbereitet, anhand einer Karte zeigte Robertson überdies, wie sehr diese beiden Provinzen bereits wirtschaftlich und verkehrstechnisch eine Einheit bildeten. Harvey war von dieser Demonstration „beeindruckt", wie es im Protokoll heißt. Am Ende der Sitzung konnten die „Leute vor Ort" einen durchschlagenden Erfolg für sich verbuchen. Nahezu einstimmig akzeptierte die in Raum 25 des Foreign Office versammelte Runde ihre Argumente. Damit war praktisch die Entscheidung für die Gründung des Landes Nordrhein-Westfalen gefallen.[39]

Bevin übermittelte daraufhin am 11. Juni dem Overseas Reconstruction Committee ein entsprechendes Memorandum, in dem die jeweiligen Argumente für die kleine und die große Lösung noch einmal sehr klar zusammengefaßt waren. Als Argumente für ein kleines Land wurden genannt:

„9 a) Für eine internationale Kontrolle der Ruhrindustrie reicht das Gebiet völlig aus, da darin etwa 90 % der ganz Deutschland nach dem Ende der Reparationen verbleibenden Kohle- und Stahlproduktion konzentriert sind.

b) Es ist als nicht wünschenswert bezeichnet worden, das Gebiet über jenen Bereich auszudehnen, der für den o. g. Zweck absolut notwendig ist, weil damit der Plan noch weniger akzeptabel für die Deutschen wird (siehe aber unten 10 e).

c) Es ist wünschenswert, daß die besonderen Kontrollmaßnahmen auf ein Gebiet beschränkt bleiben, dessen besonderer Charakter klar erkennbar ist und eine besondere Kontrolle auch offensichtlich als gerechtfertigt erscheinen läßt.

d) Die Grenzen des neuen Landes sollen mit dem Gebiet übereinstimmen, das zur Durchführung der internationalen Kontrolle von einer internationalen Truppe besetzt wird. Britische Soldaten werden daran beteiligt sein. Angesichts des Personalmangels müssen die mit der Besetzung verbundenen Verpflichtungen für uns so gering wie möglich bleiben. Dies kann am einfachsten dadurch erreicht werden, indem man ein möglichst kleines Land bildet.

e) Falls die deutsche Zentral- oder die Landesregierung oder die Unternehmen ihren aus dem Friedensvertrag resultierenden Verpflichtungen hinsichtlich der internationalen Kontrolle nicht nachkommen, soll als Sanktion die Verwaltung des Landes übernommen werden. Eine andere Sanktion wird die Beschlagnahme der Transportmittel durch die internationale Besatzungstruppe sein, um so die Lieferung von Kohle und Stahl aus dem Ruhrgebiet in das übrige Deutschland zu verhindern. Bei beiden Sanktionen können Menschen und Material am effektivsten eingesetzt werden, wenn das Gebiet so klein wie möglich gehalten wird.

---

37 Teilnehmer: Kontrollkommission: Robertson, Strang, Steel, Mills; Treasury: Waley, Jenkins; War Office: Calthorpe, MacDonald; Control Office: M. J. Dean, Turner, Churchill; Foreign Office: Hall-Patch, Troutbeck, P. Dean, Burrows.

38 Aufzeichnung v. 19. 6. 1946. FO 371/55404/C 7668/14/18. Dok. Nr. 192.

39 Top Secret. „Minutes of a Meeting held in Room 25 at the Foreign Office at 3 p. m., 6th June. Sir Oliver Harvey in the Chair." FO 371/55403/C 6794/14/18. Dok. Nr. 184a. Vgl. auch Dok. Nr. 184b.

TOP SECRET

Minutes of a meeting held in Room 25 at the Foreign Office at 3 p.m. 6th June. Sir Oliver Harvey in the Chair.

The following were present.

Lieutenant-General Sir B. Robertson,
Sir William Strang,
Mr. C.E. Steel,
Sir Percy Mills,
Sir David Waley,
Sir Gilmour Jenkins,
Brigadier R.H. Calthorpe.
Group Captain D.M. MacDonald,
Mr. M.J. Dean,
Sir Mark Turner,
Mr. John Churchill,
Mr. Hall-Patch,
Mr. J.M. Troutbeck,
Mr. P. Dean,
Mr. B.A.B. Burrows.

1. Sir O. Harvey explained what was the question before the meeting and described briefly the proposals for the future control of the Ruhr industries whereby, initially, certain industries would be vested in the British Commander-in-Chief in the same way that the coalmines had already been vested and would subsequently be transferred from the Commander-in-Chief to whatever international control agency might be set up. The arrangements for international control necessitated the formation of a special Ruhr province, for which these proposals had been made.

(a) Proposal of the French for a small Ruhr province restricted to the Ruhr valley.

(b) A modification of the French proposal extending the Ruhr province to the West across the river Rhine, to the Dutch frontier.

(c) The proposal of the Control Commission for Germany for a large Ruhr province comprising North Rhine and Westphalia Provinces amalgamated into one Land.

2. The Chiefs-of-Staff had been consulted and in a letter of the 5th June they stated their preference for a small Ruhr province without a corridor on the west bank of the Rhine. They also stated that they were strongly opposed to any Russian participation in the control of the Ruhr.

3./

*Faksimile Nr. 10:* 6. 6. 1946: Die vorentscheidende Sitzung im Foreign Office; erste Seite des entsprechenden Protokolls. (Public Record Office)

f) Es ist erwogen worden, Rußland zu einem späteren Zeitpunkt, möglicherweise erst am Ende der allgemeinen Besetzung Deutschlands, an der internationalen Kontrolle der Ruhr zu beteiligen (vorausgesetzt, es bietet als Gegenleistung Gleichwertiges in Ostdeutschland oder Osteuropa an). Wir hoffen, daß es möglich ist, die Stationierung russischer Truppen im Ruhrgebiet zu verhindern. Aber unabhängig davon, ob sich nun russische Truppen dort befinden werden oder nicht: russische Funktionäre und technische Experten werden zu einer gefährlichen Anlaufstelle, von wo sich russischer Einfluß und russische Propaganda ausbreiten. Angesichts unserer allgemeinen strategischen Interessen ist es höchst wünschenswert, daß das Gebiet, in dem dieser russische Einfluß wirksam werden kann, so klein wie möglich ist und auf gar keinen Fall über den Rhein nach Westen reicht.

g) Ein sehr großes Land kann zu mächtig werden und die aggressive, zentralistische Politik Preußens wieder aufleben lassen."

Dem standen die Argumente für ein großes Land gegenüber, das aus den beiden Provinzen Nordrhein und Westfalen gebildet werden sollte:

„10 a) Wenn wir ein föderalistisches Deutschland wollen, in dem die Länder weitgehende Befugnisse erhalten, dann ist es wünschenswert, daß jedes Land soweit wie möglich eine ausgeglichene Wirtschaftseinheit bildet. Es ist zwar nicht beabsichtigt, die Ländergrenzen zu Handelsschranken zu machen, aber bis zu einem gewissen Grade werden sie natürlich eine solche Funktion ausüben, insbesondere in einem Land, das den besonderen Maßnahmen einer internationalen Kontrolle unterworfen ist. Die Industrie im Nordwesten Deutschlands beschränkt sich aber nicht auf das im französischen Plan vorgesehene Gebiet, sondern reicht in die übrigen Gebiete der Provinzen Westfalen und Nordrhein hinein. Diese Gebiete enthalten zusätzlich noch Landwirtschaft und tragen so zu einer ausgewogenen Wirtschaft bei.

b) Ein kleines, hochindustrialisiertes Gebiet wird besonders stark unter Konjunkturschwankungen leiden. Im Falle einer Krise in der Kohle- und Stahlindustrie wird jeder Bewohner dieses Gebietes im gleichen Moment ein Opfer dieser Krise werden. Ein größeres und ausgewogeneres Gebiet kann dieses Risiko reduzieren, da es mit diesen Schwankungen viel besser fertig wird.

c) Wenn das angestrebte föderalistische System den Ländern ein sehr hohes Maß an Steuerautonomie bringt, und wenn die Länder insbesondere auch für die Sozialversicherung zuständig sind, wird das für ein kleines, sehr stark industrialisiertes Land große Schwierigkeiten mit sich bringen.

d) Falls die Grenzen des neuen Landes nicht teilweise mit den Grenzen Deutschlands übereinstimmen, wird eine deutsche Zentralregierung dazu neigen, das Land wie eine Enklave zu isolieren und Handelsbeziehungen und den Kontakt zur Außenwelt zu unterbrechen.

e) Tradition und Gefühle der Deutschen werden für das Land sprechen, dessen Grenzen in enger Beziehung zu den bestehenden Grenzen stehen und die in gewisser Weise historisch gewachsen sind. In einem vollkommen künstlichen Gebilde wie bei der kleinen Lösung kann es keinen Lokalpatriotismus geben. Allgemein wird davon ausgegangen, daß die internationale Kontrolle ohne ein Minimum deutscher Kooperationsbereitschaft nicht funktionieren wird; selbst dieses Minimum wird man aber nicht erreichen, wenn wir bei der Festlegung des neuen Landes die Gefühle der Deutschen einfach übergehen. Die demokratischen Elemente in Deutschland – SPD und CDU –, die zu unterstützen in unserem Interesse liegt, können davon überzeugt werden, eine Reorganisation, die auf traditionellen Grenzen aufbaut, zu akzeptieren; ein neues, künstliches Gebilde werden sie dagegen entschieden ablehnen.

f) In dem kleinen Gebiet werden ausschließlich Arbeiter wohnen, die in ihrer Mehrheit zweifelsohne entweder schon Kommunisten sind oder aber werden. Unabhängig davon, ob die Russen tatsächlich an der Kontrolle beteiligt werden, wird das Gebiet so zu einem Zentrum kommunistischen Einflusses und kommunistischer Propaganda. In einem großen Land werden die Kommunisten gegenüber den Demokraten in der Minderheit sein und es wird kein vollkommen von der kommunistischen Partei beherrschtes politisches Gebilde geben.

g) Ein Land, das die Provinzen Westfalen und Nordrhein umfaßt, kann buchstäblich über Nacht errichtet werden, da es auf den bestehenden Grenzen und Verwaltungseinheiten aufbaut. Dagegen wird es erheblich länger dauern, ein kleines, künstliches Land zu schaffen.

h) Den oben vorgetragenen militärischen Argumenten kann entgegengesetzt werden, daß eine Truppe nicht besser operieren kann, wenn sie auf ein kleines Industriegebiet beschränkt ist, sondern große Flächen benötigt, sowohl für die Ausbildung als auch für den Aufmarsch im Ernstfall.

i) Mit den verwaltungstechnischen und politischen Schwierigkeiten, die mit Sicherheit bei der Errichtung eines kleinen, künstlichen Landes entstehen, müssen im gegenwärtigen Zeitpunkt und auf absehbare Zeit allein die britischen Besatzungsbehörden in Deutschland fertig werden.

j) Es muß unser Bestreben sein, Organisationen zu schaffen, die auch langfristig Bestand haben. Ein großes, wohlausgewogenes Land mit historischer Tradition erfüllt diesen Anspruch. Ein kleines, künstlich geschaffenes dagegen nicht.

k) Was das Argument in Paragraph 9 (g) angeht: gerade ein Land mit weitgehenden Befugnissen ist vorteilhaft, weil es nach größerer Unabhängigkeit [von Berlin] strebt und so unseren Vorstellungen von einem stark dezentralisierten Deutschland am besten entspricht."

Nach sorgfältigem Abwägen sei er, Bevin, zu der Meinung gelangt, so heißt es weiter in diesem Memorandum, daß „die Argumente für ein großes Land [...] überwiegen", insbesondere weil sie von den Vertretern der Kontrollkommission vorgetragen worden seien, „die die Situation vor Ort kennen" und mindestens noch für eine ganze Reihe von Jahren dort die Verantwortung tragen müßten. Der Kompromiß, für den sich Bevin schon am 3. Juni entschieden hatte, der aber in der Sitzung am 6. Juni nur kurz angesprochen worden war, wurde nun ausformuliert. Man könne nämlich, so Bevin jetzt, noch einen Schritt weitergehen und mit dem großen Land einige der Vorteile des kleinen Landes verbinden. Das sah dann folgendermaßen aus: Innerhalb Nordrhein-Westfalens sollte ein besonderes Gebiet ausgewiesen werden, in dem sich die Schlüsselindustrien befanden und das einer internationalen Kontrolle unterworfen werden sollte. Dieses Gebiet umfaßte das engere Ruhrgebiet – so wie es im französischen Plan vorgesehen war – mit Erweiterungen im Norden, Süden und Westen, einschließlich der Kohlenreviere von Köln und Aachen. Im Fall von Sanktionen sollte das Militär dieses Gebiet abriegeln; hier sollte es auch in erster Linie operieren, wobei es aber gleichzeitig berechtigt war, Operationen auch auf das ganze Land auszudehnen. Die Truppen sollten dort stationiert werden, wo es für die Erfüllung ihrer Aufgaben am zweckmäßigsten war; dafür war das Ruhrkontrollgebiet vorgesehen, insbesondere für den Fall, daß das Gebiet westlich des Rheins für militärische Übungszwecke benutzt würde. Von der Beschränkung der Kontrolle auf ein bestimmtes Gebiet erhoffte man sich zum einen Vorteile für die übrige Bevölkerung des Landes, die auf diese Weise besonderen Belastungen entging, zum anderen werde die wirtschaftlich und politisch ausgewogene Struktur des Landes erhalten bleiben. Sitz der Landesregierung sollte eine Stadt innerhalb des Kontrollgebietes sein, wobei hier schon Düsseldorf genannt wurde. Das hatte den Vorteil, daß bei Sanktionen die Übernahme der Verwaltung erleichtert würde. Mit Nachdruck wies Bevin darauf hin, daß das Ruhrkontrollgebiet keine besondere Verwaltungseinheit darstellen sollte. Gesprächspartner der internationalen Kontrollbehörde könne nicht einfach eine Bezirksregierung („county council"), es müsse vielmehr die Landesregierung sein, „weil dies das kleinste Gremium ist, das wichtige Regierungsbefugnisse hat und einigermaßen unabhängig ist".

Bevin empfahl dann noch einen weiteren Schritt, „ohne damit die letzte Entscheidung über die Zukunft der Ruhr zu präjudizieren". Der Oberbefehlshaber sollte, ähnlich wie im Dezember 1945 die Kohlenbergwerke, jetzt auch sämtliche übrigen Schlüsselunternehmen im Ruhrgebiet beschlagnahmen und der Militärregierung unterstellen. Bevin erhoffte sich davon eine, wie er es formulierte, „wohltuende psychologische Wirkung" innerhalb und außerhalb Deutschlands, die mit zur Widerlegung der Propaganda beitragen werde, daß man in der eigenen Zone keinen Fortschritt mache, „während die Russen alle reaktionären Elemente beseitigen und tiefgreifende gesellschaftspolitische Reformen durchführen". Bei der Übernahme der Unternehmen sollte darauf hingewiesen werden, daß noch nicht entschieden sei, was letztlich mit ihnen geschehe, daß sie aber auf gar keinen Fall ihren ehemaligen Besitzern zurückgegeben würden. Man könne dann später entscheiden, ob sie internationalisiert oder deutsches, sozialisiertes Eigentum werden sollten. Das habe auch den Vorteil, daß man auf diese Weise die deutschen Arbeiter mit der Führung der Unternehmen vertraut machen könne, genauso wie dies bereits bei den Bergwerken mit Hilfe der Betriebsräte geschehe.[40]

Dieses Memorandum kann man wohl als die „Geburtsurkunde" des Landes Nordrhein-Westfalen bezeichnen (wobei man allerdings auch darüber streiten kann, ob dieses Privileg nicht dem Beschlußprotokoll des ORC vom 21. Juni oder dem Durchführungsbefehl der Militärregierung vom 19. Juli zukommt). Noch vor Fertigstellung dieses Memorandums hatte Bevin vom britischen Botschafter in Paris, Duff Cooper, ein als „persönlich und privat" bezeichnetes Schreiben erhalten, in dem dieser in eindrucksvoller Weise vor dem sich abzeichnenden Weg, der sich als „nicht wiedergutzumachender Fehler" herausstellen könnte, gewarnt hatte.

Cooper identifizierte sich vollständig mit den französischen Ängsten, die seiner Meinung nach weder in London noch in Washington gebührend berücksichtigt wurden, und hatte sich zu einem dramatischen Vorstoß bei Bevin entschlossen, um ihn in letzter Minute zu einer Kursänderung in der Ruhrfrage zu bewegen.

Er habe sich seit Jahren Gedanken über dieses besondere Problem gemacht, so Cooper, und habe nun den Eindruck gewonnen, daß in Großbritannien und in den USA die Überlegungen in eine Richtung liefen, die in direktem Gegensatz zu seinen Schlußfolgerungen stünden. Den möglichen Einwand, daß er mit seiner Meinung zu diesem Zeitpunkt wohl allein stand, wies er unter Hinweis auf die Geschichte zurück. Die Mehrheit habe nicht immer recht, besonders wenn sich diese Mehrheit zu sehr auf den Rat von Militärs und „zivilen" Experten verlasse. Er sei sicher gewesen, daß das Münchener Abkommen ein Fehler gewesen sei, obwohl die öffentliche und sogar offizielle Meinung mit überwältigender Mehrheit anderer Ansicht gewesen seien, aber, so fuhr er fort, „ich glaube, die Geschichte jener kurzen Zeitspanne, die seither vergangen ist, hat bewiesen, daß sich die Mehrheit geirrt hat".[41]

---

40 Top Secret. O. R. C. (46) 41. 11th June, 1946. Cabinet. Overseas Reconstruction Committee. „Establishment of New Province, including the Ruhr, and Vesting of the Ruhr Industries". Memorandum by the Secretary of State for Foreign Affairs. CAB 134/596. Dok. Nr. 185. Oliver Harvey – ein früher Verfechter einer Abtrennung des Ruhrgebietes – hatte dieses Memorandum entworfen, und das erklärt wohl auch, warum hier noch einmal davon gesprochen wird, das neue Land möglicherweise doch noch „politisch abzutrennen". Die Entscheidung des britischen Kabinetts vom 17. April 1946 gegen eine Abtrennung des Ruhrgebietes war offensichtlich doch nicht so eindeutig, wie sich das im Protokoll widerspiegelt. Bevin wies am 9. Mai in seinem Gespräch mit Bidault darauf hin, daß in dieser Frage innerhalb der britischen Regierung Meinungsverschiedenheiten bestünden (vgl. Dok. Nr. 155). Unklar bleibt, warum Bevin diese Formulierung in diesem Memorandum so akzeptierte.

41 Schreiben D. Cooper an E. Bevin, Personal and Private, 29. 5. 1946. FO 371/55406/C 7763/14/18. Vgl. Dok. Nr. 175, Anm. 1.

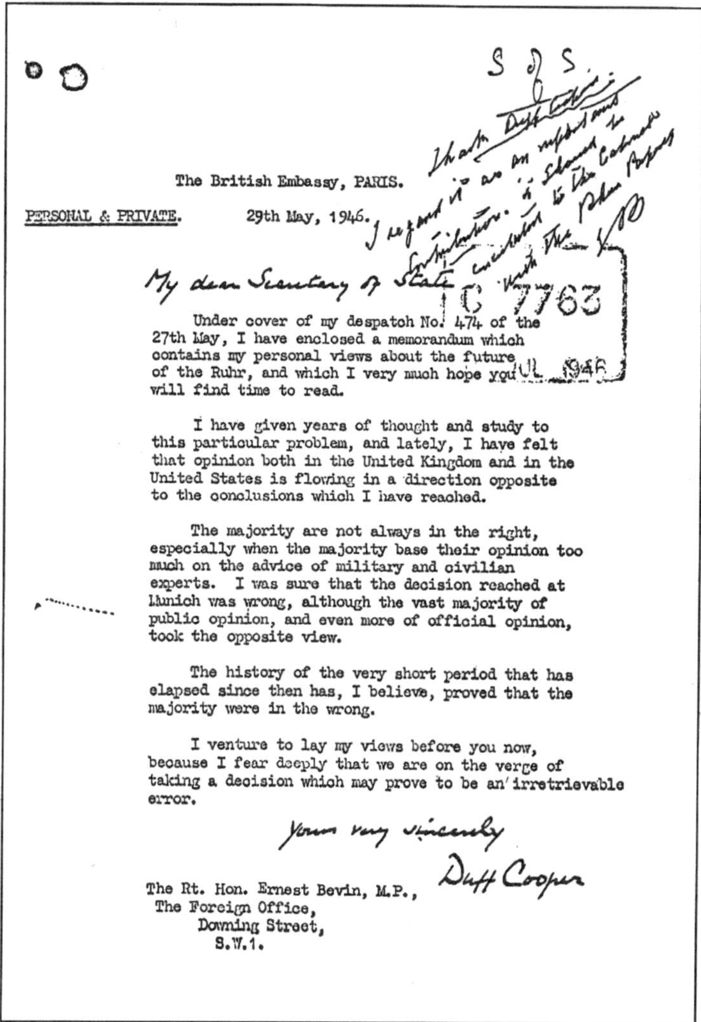

The British Embassy, PARIS.

PERSONAL & PRIVATE. 29th May, 1946.

My dear Secretary of State

Under cover of my despatch No. 474 of the 27th May, I have enclosed a memorandum which contains my personal views about the future of the Ruhr, and which I very much hope you will find time to read.

I have given years of thought and study to this particular problem, and lately, I have felt that opinion both in the United Kingdom and in the United States is flowing in a direction opposite to the conclusions which I have reached.

The majority are not always in the right, especially when the majority base their opinion too much on the advice of military and civilian experts. I was sure that the decision reached at Munich was wrong, although the vast majority of public opinion, and even more of official opinion, took the opposite view.

The history of the very short period that has elapsed since then has, I believe, proved that the majority were in the wrong.

I venture to lay my views before you now, because I fear deeply that we are on the verge of taking a decision which may prove to be an irretrievable error.

Yours very sincerely

Duff Cooper

The Rt. Hon. Ernest Bevin, M.P.,
The Foreign Office,
Downing Street,
S.W.1.

*Faksimile Nr. 11:* 29. 5. 1946: Der britische Botschafter in Paris, Duff Cooper, ist ein entschiedener Verfechter des französischen Plans, das Ruhrgebiet von Deutschland abzutrennen. Begleitschreiben zu einem Memorandum v. 29. 5. 1946 mit handschriftlicher Notiz von Ernest Bevin: „Thank Duff Cooper I regard it as an important contribution. It should be circulated to the Cabinet with the Rhur [sic!] Papers. E. B.“ (Public Record Office)

*Foto Nr. 16:* Alfred Duff Cooper, der britische Botschafter in Paris. Er mißtraut den Deutschen zutiefst; von daher plädiert er bis zum Schluß mit Nachdruck für die Abtrennung des Ruhrgebietes entsprechend den französischen Plänen. (National Portrait Gallery)

Ausführlich entwickelte Cooper dann in einem ergänzenden Memorandum seine Vorstellungen im Hinblick auf die Ruhr und Deutschland. Seiner Meinung nach war der ganze Ansatz der britischen Deutschlandpolitik falsch. Wenn man nur die augenblicklichen Probleme in Deutschland betrachtete, das ganze Durcheinander dort, die ungeklärten Grenzfragen, die wirtschaftliche Ungewißheit, die Gefahr des Hungers, so könne der Beobachter leicht zu der Meinung neigen, wenn erst einmal diese Probleme gelöst seien, sei damit auch das deutsche Problem gelöst. Das sei genauso wie nach dem Ersten Weltkrieg mit den Reparationen; während versucht worden sei, dieses Problem zu lösen, habe man das eigentliche Problem übersehen, es sei auch kein Versuch gemacht worden, es zu lösen, bis es zu spät gewesen sei, mit dem Ergebnis, daß die Welt in eine Katastrophe gestürzt worden sei. Genauso sah Cooper auch jetzt die Dinge. Für ihn war das eigentliche Problem nicht das Deutschland des Jahres 1946 mit seinen Schwierigkeiten, sondern das Deutschland des Jahres 1966; 1946 gleiche dem Jahr 1919, bei allem, was man jetzt tue, um die Lage in Deutschland zu verbessern, müsse man zuallererst immer daran denken, nicht 1966 eine Situation wie 1939 zu haben. Es durfte kein vereintes, wohlhabendes und mächtiges Deutschland sein, stärker als seine europäischen Nachbarn, da das unweigerlich zu einem neuen Krieg führen werde, denn: „Das deutsche Volk muß sich für zwei Niederlagen rächen." Von daher sollte die Idee eines großen, wohlhabenden, vereinten Deutschland aufgegeben werden, und darüber brauche „keine Träne vergossen zu werden", denn der deutsche Nationalstaat sei weniger als achtzig Jahre alt, das Produkt zweier Männer: Bismarck und Hitler; kein Mitglied der Vereinten Nationen könne sich wünschen, daß diese Errungenschaft ewig Bestand habe, denn seit es das Deutsche Reich gegeben habe, habe es nur Unglück über die Welt gebracht und am meisten über das deutsche Volk selbst. Als „sicherste und einfachste Methode, Deutschland für alle Zeiten unschädlich zu machen", empfahl Cooper dann die Abtrennung des Ruhrgebietes. Das Argument, damit werde dort eine Irredenta-Bewegung geschaffen, wies er aus drei Gründen zurück, die an Zynismus kaum zu überbieten waren:

1. Deutschland als Nationalstaat existiere noch nicht so lange, als daß es wirklich einen echten Irredentismus hervorbringen könne;

2. seien die Deutschen ein gefügiges Volk, das seit Jahrhunderten gewohnt sei, jede Form brutalster Tyrannei ohne Widerspruch hinzunehmen;

3. wenn es denn einen Irredentismus gebe, habe er viel Gelegenheit, sich zu entwikkeln, nachdem die deutschen Ostgebiete abgetrennt worden seien. Hätten die Briten den Krieg verloren, hätten sie auch eine Abtrennung der Isle of Wight hingenommen; genauso sollte man jetzt das Ruhrgebiet abtrennen. Cooper beschäftigte sich dann mit den wirtschaftlichen Argumenten, die gegen eine Abtrennung vorgebracht worden waren; er wies auch sie zurück, genauso wie eine internationale Kontrolle – Cooper dachte offensichtlich noch an den EIPS-Plan –, die ja von der Kooperationsbereitschaft der deutschen Regierung ausging. Dem brachte er wenig Verständnis entgegen:

„Wer noch bereit ist, bei den Plänen für die zukünftige Wohlfahrt und den Frieden in Europa von der Zusammenarbeit und dem guten Willen der deutschen Regierung auszugehen, der hat mit Sicherheit nur sehr wenig aus der Vergangenheit gelernt."

Bei dem französischen Plan sei man dagegen nicht vom guten Willen der Deutschen abhängig. Cooper warnte dann vor der antisowjetischen Haltung der Stabschefs, die „sich möglicherweise als kurzsichtig herausstellen wird". Rußland profitiere aus der gegenwärtigen Situation, genauso wie 1919, und hole all das zurück, was dem kaiserlichen Rußland gehört habe:

„Die Vergangenheit großer Völker ist kein schlechter Führer für ihre Zukunft. In seiner kurzen Geschichte hat das Deutsche Reich zweimal erst Europa und dann die ganze Welt in einen Krieg gestürzt. In seiner sehr langen Geschichte hat Rußland nicht einmal ein solches Verbrechen begangen",

und es sei schwer zu glauben, daß die, die sich für die Apostel der Brüderlichkeit unter den Menschen hielten, sich auf etwas einlassen würden, was nicht einmal die Romanows gewagt hätten.

Die Abtrennung des Ruhrgebietes brachte nach Meinung Coopers zwei weitere Vorteile: Großbritannien werde Frankreich an seiner Seite haben, und im Ruhrgebiet könnten alle Geheimorganisationen zerschlagen werden, was anders nicht möglich sei. Dann zitierte Cooper noch einmal de Gaulle, mit denselben Worten wie schon in dem Telegramm vom 1. März.[42] Großbritannien müsse auf Frankreich setzen, nicht auf Deutschland; Deutschland aufzubauen sei mit allergrößten Risiken verbunden, während man sich gleichzeitig Frankreich entfremde und in die Arme des deutschen Imperialismus oder des internationalen Kommunismus treibe. Deutschland zu unterstützen und Frankreich dabei zu vernachlässigen werde sich wahrscheinlich als genauso töricht herausstellen, wie man seinerzeit Polen unterstützt und dabei Deutschland vernachlässigt habe.

„Dies", so Cooper abschließend, „war in der Tat die verzweifelte Politik, die uns 1939 nur noch übrig blieb, aufgrund zahlreicher Fehler, von denen der erste und verhängnisvollste der war, daß wir 1919 nicht erkannten, was damals das eigentliche Problem war und auch heute noch ist, nämlich: wie können wir Deutschland daran hindern, daß es wieder zuschlägt?"[43]

Bevin war von diesem Memorandum zweifelsohne beeindruckt; er hielt es für einen „wichtigen Beitrag" und schickte Kopien an die Kollegen im Kabinett.[44] Im Foreign Office war man sich einig, daß es sich dabei, wie es Hall-Patch in unnachahmlich britischem Stil formulierte, „um ein brillantes Plädoyer für Frankreich aus einer britischen Feder" („this brilliant piece of French advocacy from a British pen") handelte – allerdings nur auf den ersten Blick. Es war die Brillanz eines Charles Maurras oder eines Pertinax; es gab zu viele Einseitigkeiten, Fehleinschätzungen, Vorurteile und Verdrehungen der Fakten in diesem Memorandum, als daß die Gefahr bestanden hätte, Foreign Office und Kabinett im Sinne Coopers zu einer Kehrtwendung zu bewegen; dazu hätte es, wie Hall-Patch notierte, „sehr viel überzeugenderer" Argumente bedurft; Troutbeck ging sogar so weit, Cooper bei dem Punkt, wo er die wirtschaftlichen Argumente gegen eine Abtrennung abgelehnt hatte, als „et-

---

42 Siehe oben, S. 170.

43 Secret. „Memorandum on the Future of the Ruhr", von D. Cooper, 29. 5. 1946. FO 371/55406/C 6081/14/18; als C. P. (46) 223 am 7.6.1946 von E. Bevin dem Kabinett zugeleitet (CAB 129/10); als O. R. C. (46) 48 am 17. 6. 1946 dem Overseas Reconstruction Committee zugeleitet. Dok. Nr. 175.

44 Handschriftliche Notiz E. Bevin auf dem Begleitschreiben von D. Cooper. Vgl. Dok. Nr. 175, Anm. 1.

was pervers“ zu bezeichnen. Allerdings war auch ihm klar, nachdem Bevin entschieden hatte, das Memorandum den Ministern vorzulegen, daß eine Antwort nicht lediglich auf den Hinweis beschränkt bleiben konnte, Kabinett und Premierminister der Dominien hätten sich gegen die Abtrennung der Ruhr ausgesprochen. Etwas mehr mußte es schon sein.[45]

Und so entstand für die Sitzung des Overseas Reconstruction Committee am 21. Juni ein weiteres Memorandum, in dem Punkt für Punkt auf Coopers Argumente eingegangen wurde. Noch einmal wurde auf die gefährlichen Konsequenzen für den Fall verwiesen, daß es nicht gelingen werde, die Abtrennung des Ruhrgebietes auf Dauer aufrechtzuerhalten – und davon ging man aus; der Vergleich Isle of Wight – Ruhrgebiet wurde zurückgewiesen, wenn schon ein Vergleich, dann müsse man in England Durham und Lancashire heranziehen. Noch einmal wurden die wirtschaftlichen Argumente aufgezählt, die angesichts der wachsenden britischen Ausgaben für die britische Zone noch an Gewicht gewonnen hatten. Dann wurde auf die mit einer Abtrennung verbundenen politischen Probleme hingewiesen: man müßte im Grunde im Ruhrgebiet eine Gewaltherrschaft errichten, mit Zensur, Parteienverbot, Versammlungsverbot; die Situation im Falle eines Generalstreiks wäre geradezu hoffnungslos. Die Einstellung der britischen Öffentlichkeit gegenüber solchen Maßnahmen werde die beiden Völker nicht zusammenführen, sondern entfremden. Die Abtrennung werde alle Deutschen vereinen und sie in dem Gefühl bestärken, daß sie vom Westen nichts mehr zu erhoffen hatten und es daher besser sei, sich dem Osten zuzuwenden. Es wäre für Russen und Kommunisten genau die Hilfe, die sie in ihrer Kampagne brauchten, um in Deutschland nationalistische Gefühle wachzurufen und sie von den verlorenen Ostgebieten weg- und auf den Westen hinzulenken. Man konnte getrost über das Urteil der Stabschefs streiten, daß Rußland der größte potentielle Feind Großbritanniens und Westeuropas war, unbestritten war, daß die schlimmste aller Möglichkeiten ein Zusammengehen Rußlands mit Deutschland gegen den Westen war. Durch die Abtrennung des Ruhrgebietes und der damit verbundenen Mißachtung der Gefühle der Deutschen werde man ein solches Zusammengehen geradezu fördern. Die Freundschaft Frankreichs, so hieß es dann, „erkauft mit dem politischen Gewissen des britischen Volkes, wäre nur eine sehr geringe Entschädigung für ein Desaster dieser Größenordnung“. Und wenn Cooper immer wieder auf die Zeit nach 1919 verwiesen hatte, so fehlte jetzt nicht der Hinweis auf das katastrophale Ruhrabenteuer des Jahres 1923, als Frankreich ähnliche Pläne verwirklichen wollte; die Auswirkungen für die Weimarer Republik seien katastrophal gewesen, damit sei der Weg für den Nationalsozialismus vorbereitet worden. „Die Tatsache“, so hieß es abschließend,

„daß die Franzosen bei ihrer jetzigen Argumentation dieses Experiment vergessen, ist noch ein weiterer Beweis dafür, daß sie, als Ergebnis ihrer Erfahrungen mit den Deutschen, nicht in der Lage sind, diese Frage ausgewogen und objektiv zu beurteilen.“[46]

45 Aufzeichnungen B. A. B. Burrows, 1. 6. 1946, J. Troutbeck, 3. 6. 1946, E. L. Hall-Patch, 7. 6. 1946. FO 371/55404/C 6081/14/18. Dok. Nr. 175.

46 Secret. O. R. C. (46) 52. 13th Juni 1946. Cabinet. Overseas Reconstruction Committee. „Mr. Duff Cooper's Memorandum on the Ruhr“. Memorandum by the Secretary of State for Foreign Affairs. FO 371/55405/C 6839/14/18. Dok. Nr. 188.

Kaum war das „Problem" Cooper aus dem Weg geräumt, da gab es neue Schwierigkeiten. In der Sitzung im Foreign Office am 6. Juni hatten zwar Vertreter des Control Office teilgenommen, nicht aber Deutschlandminister Hynd. Das Protokoll dieser Sitzung war vom Control Office gebilligt worden, und das oben erwähnte Memorandum lag bereits den Ministern des Overseas Reconstruction Committee (ORC) vor – als Hynd intervenierte. Patrick Dean war am 19. Juni „privat" mitgeteilt worden, daß „Hynd und einige seiner Berater" von Robertsons Argumenten nicht überzeugt seien und in der zwei Tage später stattfindenden Sitzung des ORC vier Einwände machen wollten:

1. sei das neue Land zu groß, und mit 12 Mio. Einwohnern und der gesamten Industrie zu stark;

2. glaube er nicht, daß die Bewohner von Nordrhein und Westfalen den Zusammenschluß befürworteten;

3. seien die Schätzungen im Hinblick auf die Stärke der Kommunisten im Ruhrgebiet übertrieben, das wirkliche Kräfteverhältnis laute: SPD 60 %, CDU 30 % und KPD lediglich 10 %;

4. werde die SPD in einem großen Land ihre Mehrheit an die CDU verlieren.

Aus diesen Gründen plädierte Hynd jetzt für zwei Länder aus den beiden Provinzen Nordrhein und Westfalen, allerdings sollte die Nordrheinprovinz erweitert werden bis einschließlich Bochum und Dortmund. Es muß offenbleiben, ob es hier ein – verspätetes – Zusammenspiel zwischen deutschen Sozialdemokraten und Hynd bzw. Vertretern der Kontrollkommission gegeben hat. Schumacher wandte sich am 25. Juni in einem Zeitungsinterview gegen die Bildung eines Landes Rheinland-Westfalen. Ein so großes Land mit fast der gesamten industriellen Potenz Deutschlands wäre „übermächtig gegenüber den beiden anderen Ländern der britischen Zone und würde innerhalb dieser Zone noch mehr Komplikationen erzeugen als etwa Bayern in der amerikanischen Zone". Außerdem werde bei einer Internationalisierung der Ruhrindustrie mit einem völkerrechtlichen Sonderstatus die Struktur des Reiches nur noch komplizierter.[47]

Wie dem auch sei, Dean hatte für die zu erwartende Intervention von Hynd wenig Verständnis und lehnte dessen Einwände schon im voraus ab. Seine Kommentare lauteten entsprechend:

Ad 1: „Größe ist kein ausschlaggebendes Argument. Lieber ein größeres Land, ausgewogen, zufrieden und lebensfähig, als ein kleineres, das von allem das Gegenteil ist."

Ad 2: „Alle seine Berater vor Ort sagten das Gegenteil."

Ad 3: „Vermutungen; Schätzungen variieren immer. Der Testfall ist nicht die heutige Ruhr, sondern wie es dort später bei einer Wirtschaftskrise aussieht."

Im übrigen bedauerte er, daß das Control Office in dieser Sache offensichtlich nicht mit einer Stimme sprach. Er empfahl dann, in jedem Fall an der Landesgründung Nordrhein-Westfalen festzuhalten. Zusätzlich zu den im ORC-Memorandum genannten Gründen sollten vier weitere angeführt werden:

47 *Die Welt*, 25. 6. 1946.

1. Der Außenminister wolle mit klaren Entscheidungen in die Verhandlungen in Paris gehen. Eine weitere Verzögerung werde seine Position in Paris schwächen.

2. Das neue Land sollte *schnell* errichtet werden; die Zusammenlegung der beiden Provinzen könne fast über Nacht geschehen; jede andere Lösung werde zu erheblichen Verzögerungen führen.

3. Die „Leute vor Ort" – Robertson, Strang, Mills und Steel – hätten einstimmig für die große Lösung plädiert. Es sei eine „schwerwiegende" Sache, jetzt gegen ihren Rat zu handeln, wenn es nicht wichtige politische Gründe dafür gebe. Hynd vertraue offensichtlich seinen eigenen Leuten nur zum Teil.

4. Der neue Vorschlag von Hynd schaffe künstliche Grenzen, werde zu großen Verwaltungsschwierigkeiten führen und die Gefühle der Deutschen verletzen. Die alte Provinz Westfalen werde erhebliches Gebiet verlieren und das werde zu politischer Unzufriedenheit führen: im Norden und Osten bleibe dann fast ausschließlich ländliches Gebiet übrig mit einer künstlichen Süd-West-Grenze, und dort würden die Leute genauso unzufrieden sein, weil sie den südwestlichen Teil verloren hätten. Außerdem würde die Ruhr vom landwirtschaftlichen Hinterland im Norden und Osten abgeschnitten, das aber aus politischen und wirtschaftlichen Gründen zum neuen Land gehören solle.[48]

Am 14. Juni wurden die Militärs noch einmal um ihre Stellungnahme gebeten. Der gemeinsame Planungsstab der drei Waffengattungen arbeitete entsprechende Empfehlungen für die Stabschefs aus.

Die Planer verwiesen wieder auf ihr Memorandum vom April[49] und machten erneut kein Hehl aus ihrer antisowjetischen Haltung. Das Ruhrkontrollgebiet würde Gebiete westlich des Rheines umfassen und das würde auch ein Ausbreiten russischen Einflusses bedeuten. In der Praxis rechnete man mit Schwierigkeiten, die internationalen Besatzungstruppen auf das Kontrollgebiet zu beschränken. Das wiederum konnte dazu führen, daß die Zahl der eigenen Truppen erhöht werden mußte, um im gesamten Gebiet zu operieren und, noch schlimmer, die Russen könnten „mit Absicht im gesamten Land einen Notstand herbeiführen", dann würden russische Truppen auch im ganzen Land eingesetzt, oder Rußland könne für seine Truppen Übungsgelände außerhalb des Kontrollgebietes fordern. Aus militärischen Gründen wollte man daher nach wie vor lieber ein kleines Land. Wenn dennoch die Entscheidung für ein großes Land getroffen werde, wollte man die Abgrenzung eines Kontrollgebietes akzeptieren, dabei sei es allerdings nicht wünschenswert, dieses Gebiet auf das westliche Rheinufer auszudehnen oder gar einen Korridor von Köln bis zur belgischen Grenze darin einzubeziehen. Was die Besatzungstruppen betraf, so sollten deren Operationen ganz klar auf das Kontrollgebiet beschränkt werden.[50]

Die Stabschefs berieten dieses Memorandum am 19. Juni. Der Erste Seelord, Sir John Cunningham, übte Kritik an der Vorlage; sie sei nicht besonders hilfreich und

---

48 „Size of the Ruhr Province". Aufzeichnung P. Dean für O. Sargent, 19. 6. 1946. FO 371/55405/C 7668/14/18. Dok. Nr. 192.

49 Dok. Nr. 116.

50 Top Secret. J. P. (46) 118 (Final). 18th June, 1946. Chiefs of Staff Committee, Joint Planning Staff. „Germany – Proposals for a Ruhr Province". CAB 84/82. Dok. Nr. 190.

wiederhole nur die bekannten Schwierigkeiten, ohne eine Lösung anzubieten. Die Minister im Overseas Reconstruction Committee müßten wissen, ob der vorliegende Plan bei entsprechenden Änderungen aus militärischen Gründen eher akzeptabel sei. Er nannte dann drei Bedingungen:

1. westlich des Rheins sollten nur belgische und französische Truppen stationiert werden;

2. sowjetische Truppen sollten aus diesem Gebiet ferngehalten werden und

3. das Foreign Office sollte noch einmal daran erinnert werden, daß russische Truppen nur bei entsprechenden Kontrollen im Osten beteiligt würden.[51]

In diesem Sinne wurde das vorliegende Memorandum geändert und mit Datum 20. Juni dem Foreign Office übermittelt.[52] Für die Sitzung des Overseas Reconstruction Committee traf es dort zu spät ein, sein Inhalt wurde daher unmittelbar vor Beginn der Sitzung telefonisch übermittelt.[53]

Das Overseas Reconstruction Committee begann seine Beratungen am 21. Juni um 11.30 Uhr. Den Vorsitz hatte Premierminister Attlee übernommen. Beim Punkt 2 der Tagesordnung „Deutschlandpolitik" wurde zunächst das Memorandum von Botschafter Cooper behandelt. Nach kurzer Aussprache wurde der Beschluß des Kabinetts vom 17. April bestätigt, nämlich: 1. keine Abtrennung des Ruhrgebietes; 2. keine Abtrennung des Rheinlandes, aber Besetzung durch Truppen Frankreichs und anderer Alliierter auf unbestimmte Zeit; 3. Eingliederung des Saargebietes in das Wirtschaftssystem Frankreichs.

Coopers Memorandum sollte auf der Grundlage des vom Foreign Office vorgelegten Entwurfs beantwortet werden.[54]

Dann ging es um das „neue Land in Westdeutschland". Wie erwartet, konzentrierte sich die Diskussion auf die Frage nach den zukünftigen Grenzen dieses Landes. Hynd meldete seine Bedenken gegen das von Bevin vorgelegte Memorandum an. Das Land werde 50 Prozent der Bevölkerung der britischen Zone umfassen und könne ein zweites Preußen im Westen werden. Vor allem befürchtete er, daß

„die Industriellen und Kapitalisten an der Ruhr einen beherrschenden politischen Einfluß ausüben werden, denn selbst wenn sie ihre wirtschaftliche Macht verlieren, werden sie immer noch durch die Katholische Demokratische Partei [womit wohl die CDU gemeint war, R. S.] großen politischen Einfluß ausüben".

Schleswig-Holstein und Hannover würden nicht stark genug sein, um gegenüber dem neuen Land einen entsprechenden Ausgleich zu schaffen. Er plädierte dann für die schon erwähnte Bildung von zwei Ländern. Gegen Hynd wurden noch einmal

---

51 C. O. S. (46) 95th Meeting, 19. 6. 1946. FO 371/55405/C 7313/14/ 18. Dok. Nr. 191.

52 Top Secret. J. P. (46) 118 (Revised Final). 19th June 1946. Chiefs of Staff Committee, Joint Planning Staff. „Germany – Proposals for a Ruhr Province". FO 371/55405/C 7313/14/18. Vgl. Dok. Nr. 194.

53 Notiz v. 21. 6. 1946 über Telefonat. FO 371/55405/C 7314/14/18.

54 Das geschah am 2. Juli. FO 371/55404/C 6081/14/18. Dok. Nr. 206. Die Finanzabteilung der britischen Botschaft in Paris legte dann am 5. Juli ein Memorandum vor, in dem der wirtschaftliche Aspekt einer Abtrennung der Ruhr untersucht wurde. Secret. „Memorandum on the Ruhr and Rhineland", 5. 7. 1946. FO 371/55406/C 8110 bzw. C 7708/14/18. Dok. Nr. 207.

C.L.

No 195 56

THIS DOCUMENT IS THE PROPERTY OF HIS BRITANNIC MAJESTY'S GOVERNMENT)

SECRET

O.R.C.(46) 9th Meeting COPY NO. 64

CABINET

OVERSEAS RECONSTRUCTION COMMITTEE

CONCLUSIONS of a Meeting held at 10 Downing Street, S.W.1., on FRIDAY, 21ST JUNE, 1946, at 11.30 a.m.

PRESENT:

The Rt. Hon. C.R. Attlee, M.P., Prime Minister (In the Chair)

The Rt. Hon. Hugh Dalton, M.P., Chancellor of the Exchequer

The Rt. Hon. E. Shinwell, M.P., Minister of Fuel and Power

Mr. J.B. Hynd, M.P., Chancellor of the Duchy of Lancaster

Lord Nathan, Parliamentary Under-Secretary of State for War

THE FOLLOWING WERE ALSO PRESENT:

The Rt. Hon. Alfred Barnes, M.P., Minister of Transport

The Rt. Hon. P.J. Noel-Baker, M.P., Minister of State

Mr. H.A. Marquand, M.P., Secretary for Overseas Trade

Mr. John Dugdale, M.P., Parliamentary and Financial Secretary, Admiralty

Dr. Edith Summerskill, M.P., Parliamentary Secretary, Ministry of Food

Sir Orme Sargent, Permanent Under-Secretary of State for Foreign Affairs

Mr. E.L. Hall-Patch, Foreign Office

SECRETARIAT:

Sir Norman Brook
Mr. C.G. Eastwood
Major J.A.M. Phillips

*Faksimile Nr. 12:* 21. 6. 1946: Die Entscheidung für die Gründung Nordrhein-Westfalens ist gefallen. Das Protokoll der Sitzung des für außenpolitische Fragen zuständigen Overseas Reconstruction Committee. (Public Record Office)

(e) Provided that the policy of destruction was not stopped altogether, the slowing down of our programme would not appear to the Germans to be a sign of weakness on the part of the occupying Power.

The Committee:-

(1) Agreed that the present programme of destruction of the German shipbuilding industry should be applied more slowly until the outcome of the discussions of the Foreign Ministers in Paris was known, and that the position should be reviewed by the Committee in two weeks' time.

(2) Invited the Chancellor of the Duchy of Lancaster to instruct the authorities in the British Zone of Germany accordingly.

2. POLICY TOWARDS GERMANY

The Committee had before them the following memoranda on future policy towards Germany -

(i) A memorandum by the Foreign Secretary (O.R.C.(46) 56 (Revise)) outlining the main points on which he desired to have the views of his colleagues for the purpose of his forthcoming discussions at the meeting of the Council of Foreign Ministers in Paris;

(ii) Memoranda by the Foreign Secretary (O.R.C.(46) 47, 49 and 52) and by H.M. Ambassador in Paris (O.R.C.(46) 48) on the future of the Ruhr;

(iii) A memorandum by the Foreign Secretary (O.R.C.(46) 41) on the establishment of a new Province in Germany; and

(iv) A memorandum by the Foreign Secretary (O.R.C.(46) 51) containing his recommendations regarding the next steps to be taken towards a solution of the short-term economic problems of Germany.

:ical 'e ihr, .land iaar.

The Committee first discussed the future of the Ruhr and Western Germany.

After a short discussion, the Committee:-

(1) Agreed that His Majesty's Government should adhere to the view that the Ruhr should remain politically a part of Germany; and invited the Foreign Secretary to reply to the representations of H.M. Ambassador in Paris on the lines indicated in O.R.C.(46) 52;

-2-

(2) Agreed that the Rhineland should not be politically separated from Germany though it might be occupied for an indefinite period by French and other Allied troops (excluding Russian and British troops);

(3) Agreed that the Saar might be incorporated in the French economic system.

New Province in Western Germany

The Committee next discussed the Foreign Secretary's proposal (O.R.C.(46) 41) that, in advance of a quadripartite decision on the means of controlling the Ruhr's industries, His Majesty's Government should proceed forthwith -

(i) To establish in Western Germany a new Province including the Ruhr;

(ii) To define within this Province a smaller area, containing the principal Ruhr industries, within which the proposed international control and the international military occupation would operate; and

(iii) To authorise the British Commander-in-Chief to take over the Ruhr industries in the same way as he had already taken over the mines, announcing that, while their ultimate disposal had still to be determined, they would in no circumstances be returned to their former owners.

Discussion turned mainly on the boundaries of the proposed new Province. THE CHANCELLOR OF THE DUCHY OF LANCASTER said that, although the British authorities in Germany favoured the larger area proposed in O.R.C.(46) 41, he himself was disposed to doubt the political expediency of bringing so large an area within a single Province. The new Province proposed by the Foreign Secretary would contain over 50 per cent. of the population of the British Zone of Germany and might become a second Prussia in the West. Moreover, he feared that the industrialists and capitalists of the Ruhr would exercise a dominant political influence throughout this large Province; for even though they lost their industrial domination, he thought they would still exercise a strong political influence through the Catholic Democratic Party. Schleswig Holstein and Hanover, the two other Provinces in the British Zone, would not be strong enough to balance the influence of this new Province. He, therefore, would prefer that Westphalia and the North Rhineland Provinces should be kept separate, but that the North Rhineland Province should be extended so as to include the Bochum and Dortmund area.

As against this, it was pointed out that the larger Province proposed by the Foreign Secretary could be created with less interference with existing local boundaries and traditions. From the practical point of view it would be easier to unite two existing areas than to create new areas by alteration of existing boundaries. The larger area would also be more in accord with the views of the French Government about the future of Western Germany. And, from the point of view of future financial burdens on the British Exchequer, there were strong arguments in favour of the larger area. As regards the political argument, the view was expressed that the loss of industrial power by the capitalists of the Ruhr might tend to diminish

-3-

the influence of the Catholic Democratic Party in [illegible]. It was the general view of the Committee that, in any event, it would be unsafe to allow the determination of provincial boundaries to be based to any large extent on estimates of the probable results of future elections in Germany.

The Committee were informed that the Chiefs of Staff were apprehensive about any scheme for the international control of the Ruhr which would involve the presence of Soviet troops in this area. If, therefore, there were to be any scheme of international control in the Ruhr, they would prefer that the area affected should be as small as possible; and they asked that, if Ministers approved the scheme proposed by the Foreign Secretary for the establishment of a new Province in Western Germany, safeguards should if possible, be added to exclude any Soviet forces from any area west of the Rhine.

THE PRIME MINISTER pointed out that it was the Foreign Secretary's proposal to proceed with the establishment of this new Province in advance of any decision on the international control of the Ruhr's industries; and in these circumstances questions relating to the maintenance of Soviet troops in this area as part of a scheme of international control need not be considered at the present stage.

The Committee -

(4) Agreed that the balance of advantage lay on the side of establishing the proposed new Province with the larger area comprising the existing Westphalian and North Rhineland Province as proposed by the Foreign Secretary;

(5) Approved the proposals for the establishment of a new Province in Western Germany as set out in paragraphs 12 and 13 of O.R.C.(46) 41;

(6) Agreed that the British Commander-in-Chief should be authorised forthwith to take over the principal Ruhr industries on the basis proposed in paragraph 14 of O.R.C.(46) 41.

[illegible]ic [illegible]tion [illegible]many.

The Committee next discussed the Foreign Secretary's proposals in O.R.C.(46) 51 for dealing with the short-term economic situation in Germany.

The Foreign Secretary proposed to face the Soviet Delegation in Paris with the question whether their Government intended to carry out the provisions of the Potsdam Agreement about treating Germany as an economic whole. If no satisfactory assurances were forthcoming, he proposed to try to persuade the United States Delegation to join him in telling the Russians that, in view of their attitude, we must reduce the amount of industrial plant to be allocated for reparation deliveries so as to allow a higher level of industrial production in the western zones. Within this reduced total, plant would still be earmarked for reparation deliveries to Russia; but we might consider dismantling only the plant earmarked for the Western Powers. If, however, the United States Delegation were unwilling to support this line of action, we should follow their lead and stop entirely the dismantling in the British Zone of all plant earmarked for reparation deliveries. In that event we should try to ensure that the adoption of this policy would not interfere with our obtaining, as reparations, our own immediate requirements of special plant and machinery.

The Foreign Secretary proposed to try to get the French Delegation to take the same line; but, if they declined, he considered that the Americans and ourselves should proceed on this basis alone.

The Committee -

(7) Endorsed the proposals put forward by the Foreign Secretary in O.R.C.(46) 51 for handling the immediate economic situation in Germany.

[illegible]ral The Committee then considered the remaining points in the [illegible] Secretary's memorandum (O.R.C.(46) 56) which [illegible] not been covered in the preceding discussion.

The Committee -

(8) Agreed that, in discussing Germany's problems with the other occupying Powers, we should not ourselves work for a breakdown of the Potsdam Agreement or for dividing Germany along the boundary of the Soviet Zone. If there had to be a breakdown, the responsibility for it should be placed squarely on the Soviet Government.

(9) Invited the Foreign Secretary, in consultation with the Chancellor of the Duchy of Lancaster, to arrange for an expert study to be made of practical means of working towards the establishment of a federal system in Germany.

In the course of a short discussion on paragraph 4(a) of O.R.C.(46) 56, THE CHANCELLOR OF THE EXCHEQUER said that he hoped that the Chancellor of the Duchy of Lancaster would shortly submit the first of the periodical progress reports on the administration of the British Zone of Germany mentioned in paragraph 5 of the Prime Minister's Note (O.R.C.(46) 42) on the re-constitution of the Committee. In particular, he hoped that early reports would be furnished on the progress of billing for exports and on the supply of timber from the British Zone.

THE CHANCELLOR OF THE DUCHY OF LANCASTER said that a general progress report was now in preparation and would be circulated shortly. In addition, he proposed to submit to the Committee separate memoranda on specific problems of current interest.

The Committee -

(10) Took note that the Chancellor of the Duchy of Lancaster would shortly submit to the Committee the first of a series of progress reports on the administration of the British Zone of Germany;

die schon erwähnten Argumente vorgetragen und zwar von Attlee selbst, der auf Bevin verwies. Außerdem, so heißt es im Protokoll dieser Sitzung, vertrete das ORC die Auffassung, daß es in jedem Fall unsicher sei, sich bei der Festlegung von Landesgrenzen zu sehr von möglichen Ergebnissen zukünftiger Wahlen in Deutschland leiten zu lassen. Damit war das Thema erledigt.

Die Minister wurden dann über die Haltung der Stabschefs informiert. Deren Bedingungen wurden jedoch nicht weiter behandelt. Attlee wies darauf hin, daß es entsprechend den Vorstellungen Bevins als erstes um die Bildung eines neuen Landes gehe, noch vor einer Entscheidung hinsichtlich der künftigen Kontrolle der Ruhrindustrie. Insofern sei es nicht nötig, Fragen, die mit der Stationierung sowjetischer Truppen im Rahmen einer internationalen Kontrolle zusammenhingen, im gegenwärtigen Stadium zu beraten. Man war sich einig, daß die Vorteile für den Zusammenschluß der beiden Provinzen Nordrhein und Westfalen überwogen und akzeptierte, wie nicht anders zu erwarten war, das von Bevin vorgelegte Memorandum.[55]

Damit war die Entscheidung für die Gründung des Landes Nordrhein-Westfalen endgültig gefallen. Hynd hatte sich nicht durchsetzen können. Hätte die Sitzung des ORC nur etwas später stattgefunden, hätte er möglicherweise einen Erfolg verbuchen können. Die Sitzung war nämlich kaum beendet, da traf im Foreign Office ein Telegramm ein – „zum Glück vielleicht zu spät, um vom ORC berücksichtigt zu werden“, wie Patrick Dean sogleich notierte –, in dem Strang über ein Gespräch berichtete, das Schumacher am 20. Juni mit einem Mitglied der Politischen Abteilung der Kontrollkommission geführt hatte. Schumacher hatte sich entschieden gegen ein Land Rheinland-Westfalen ausgesprochen, es sei zu mächtig und müsse einfach zu separatistischen Tendenzen führen.[56] Fünf Tage später erschien dann das oben bereits erwähnte Zeitungsinterview Schumachers, und am selben Tag lehnte auch der Oberpräsident der Provinz Westfalen, Rudolf Amelunxen, auf einer Pressekonferenz einen Zusammenschluß der beiden Provinzen ab, wobei der Text seiner Ansprache als „offizielle Verlautbarung der westfälischen Provinzialregierung“ galt.[57] Als die entsprechenden Berichte im Foreign Office eintrafen, hielt es Dean denn doch für „sehr glücklich“, daß dies alles erst nach der Entscheidung des ORC, die man nicht ohne Schwierigkeiten „erfolgreich durchgedrückt“ habe, auf den Tisch gekommen war, bat allerdings um eine Erklärung der Kontrollkommission. Im übrigen hielt er es für unwahrscheinlich, daß an der Entscheidung noch einmal gerüttelt würde.[58]

---

55 Secret. O. R. C. (46) 9th Meeting. Cabinet. Overseas Reconstruction Committee. „Conclusions of a Meeting held at 10 Downing Street, S. W. 1, on Friday, 21st June, 1946, at 11.30 a. m.“ CAB 134/595. Dok. Nr. 195.

56 Telegr. Nr. 749. W. Strang an Foreign Office, 21. 6. 1946. FO 371/55588/C 6980/131/18. Kommentar P. Dean v. 24. 6. 1946. Ebd. Dok. Nr. 196.

57 Hüttenberger, S. 209.

58 Vertrauliches und persönliches Schreiben P. Dean an B. A. B. Burrows, 27. 6. 1946. FO 371/55368/C 7119/2/18. Dok. Nr. 197.

Strang verwies in seiner Antwort lediglich auf den Bericht einer Zonenbeiratssitzung, auf den sich die Kontrollkommission gestützt habe. Daß die Sache entschieden war, macht auch sein Hinweis auf die Reaktion Bevins deutlich: Bevin hielt nicht viel von den Äußerungen Schumachers; im Gegenteil, einige der von Schumacher genannten Gründe bestärkten ihn noch im nachhinein, die richtige Entscheidung getroffen zu haben, die jetzt auch in die Tat umgesetzt werden sollte.[59]

### *3. Operation „Marriage": aus Nordrhein und Westfalen wird Nordrhein-Westfalen*

Am 28. Juni unterrichtete das Control Office die Kontrollkommission in Berlin von der eine Woche zuvor getroffenen Ministerentscheidung zur Errichtung des neuen Landes und wies gleichzeitig darauf hin, daß vor einer Realisierung dieses Beschlusses noch eine Reihe von Entscheidungen getroffen werden müsse: Beratungen mit den Alliierten in Paris über die Form der Verwaltung, die genaue Abgrenzung des internationalen Kontrollgebietes innerhalb des neuen Landes und die Beschlagnahme der Ruhrindustrie. Vorläufig sollte auch keinerlei Erklärung abgegeben werden.[60]

Diese Instruktionen liefen im Grunde auf eine Verzögerung des ganzen Unternehmens hinaus. In Berlin war man damit überhaupt nicht einverstanden. Die Kontrollkommission hatte andere Vorstellungen und unterrichtete denn auch umgehend die britische Delegation in Paris von diesem Telegramm. Auch dort sah man die Dinge etwas anders. Robertson, der mit in Paris war, schnitt das Thema in einer Lagebesprechung der britischen Delegation am 1. Juli an. Man war sich einig, auf gar keinen Fall eine formelle Erklärung im Außenministerrat abzugeben, um nicht den Eindruck zu erwecken, als ob man die eigenen Entscheidungen von der Zustimmung der übrigen Außenminister abhängig mache. Die große Gefahr sah man darin, daß dann die übrigen Mächte in Belange der britischen Zone hineinreden und alles aufhalten könnten. Das galt zum einen für die Sozialisierung der Industrie, die, so wurde befürchtet, die öffentliche Meinung in Amerika nicht hinnehmen werde. Wenn es gar nicht anders ging, wollte Bevin eher beiläufig darauf verweisen, daß der Oberbefehlshaber bis zu einer endgültigen Entscheidung die Unternehmen treuhänderisch übernehme. Genauso wollte er auch die Errichtung des neuen Landes erklären: lediglich als Maßnahme zur Verbesserung der Verwaltung. Öffentlich sollte vor Ende der Außenministerkonferenz überhaupt nichts gesagt werden.[61]

---

59 Persönliches und vertrauliches Schreiben W. Strang an P. Dean, 1. 7. 1946. FO 371/55406/C 7454/14/18. Dok. Nr. 199.

60 Top Secret. Telegr. Nr. 597. Control Office an Control Commission, 28. 6. 1946. FO 371/55406/C 7380/14/18. Dok. Nr. 198.

61 Besprechung der britischen Delegation in Paris, 1. 7. 1946. Bevin stellte hier auch die Frage nach einer Alternative zu Berlin als Hauptstadt Deutschlands. FO 371/55843/C 7472/2860/18. Dok. Nr. 200.

Noch am selben Tag schickte Robertson – bemerkenswerterweise über das Foreign Office und nicht über das Control Office – den Entwurf einer Antwort für das Control Office an General Balfour in Berlin, mit der Bitte, dies mit Luftmarschall Douglas zu besprechen. „Wir sind davon ausgegangen", so hieß es da, „daß sofort gehandelt werden sollte." Man verstehe nicht, warum die Errichtung des neuen Landes von Gesprächen mit den Verbündeten abhängig gemacht werden solle. Robertson machte auch klar, daß man bei der Landesgründung nicht sehr viel weiterkomme, wenn man die Deutschen nicht konsultieren könne, was aber aufgrund der Instruktionen des Control Office offensichtlich nicht möglich sei. Dann erläuterte Robertson, wie er sich das weitere Vorgehen vorstellte: Zusammenschluß der beiden Provinzen in den bestehenden Grenzen, wobei spätere Korrekturen bei der endgültigen Neugliederung der britischen Zone noch möglich sein sollten. Lippe würde zu Hannover kommen, Düsseldorf die Landeshauptstadt werden. Der Aufbau der Landesregierung würde sich an den Ländern der amerikanischen Zone orientieren, mit einem ernannten Landtag. Als Ministerpräsidenten nannte Robertson hier bereits Amelunxen, ohne Angabe von Gründen. Der bisherige Zivilgouverneur von Westfalen würde in gleicher Funktion nach Hamburg gehen. Die nächsten Schritte sollten dann gemeinsam mit den Deutschen geplant werden, um das neue Land zu gründen, sobald die Genehmigung dafür aus London vorlag.[62]

Die Kontrollkommission in Berlin schickte dieses Telegramm noch am selben Tag fast wörtlich als Antwort an das Control Office. Lediglich beim Thema Ministerpräsident hatte man den Text geändert. Man hielt es für besser, einen „völlig neuen Mann" zu wählen, obwohl es, wie man zugestand, schwierig werden könne, „einen zu finden". Wenn man zwischen den beiden Oberpräsidenten Lehr und Amelunxen zu wählen habe, dann spreche für Amelunxen, daß „er und seine Westfalen" der neuen Landesgründung „weniger wohlwollend" gegenüberstünden.[63] Gleichzeitig wurden die Zivilgouverneure der Provinzen Nordrhein und Westfalen angewiesen, sich für eine Konferenz am 9. Juli in Münster bereitzuhalten, auf der die nächsten Schritte zur Gründung des Landes festgelegt werden sollten. Mit Nachdruck wurde betont, daß Informationen über die Entscheidung zur Gründung des Landes, „unter keinen Umständen" an Deutsche weitergegeben werden und bis auf weiteres auch keine Gespräche darüber mit Deutschen stattfinden dürften.[64]

Am 2. Juli stieß Bevin aus Paris nach. Seine Antwort auf die Instruktionen des Control Office war eindeutig. Er sei immer davon ausgegangen, daß die beabsichtigte Landesgründung eine Sache sei, die man völlig allein machen könne und solle, ohne die übrigen Mächte zu fragen. Über eine eventuelle internationale Besetzung des Kontrollgebietes könnten möglicherweise zu einem späteren Zeitpunkt mit den Alliierten Gespräche geführt werden, dies werde aber weder die Grenzen des Landes

62 Most Immediate. Telegr. Nr. 291. Sir B. Robertson, Paris, an Foreign Office, 1. 7. 1946. FO 371/55406/C 7467/14/18. Dok. Nr. 203.

63 Secret. Most Immediate. Telegr. Nr. 534. Control Commission, Berlin, an Control Office, 1. 7. 1946. FO 371/55406/C 7495/14/18. Dok. Nr. 204.

64 Control Commission, Berlin, an Regional Commissioners for North Rhine and Westphalia Provinces, 1. 7. 1946. FO 1039/ 159. Dok. Nr. 201.

noch den Aufbau der Verwaltung berühren. Ganz im Sinne der Besprechung vom Tag zuvor betonte er, er beabsichtige auch nicht, auf der Außenministerkonferenz eine entsprechende Ankündigung zu machen, da dies bei den übrigen Mächten zu der Annahme führen könne, daß sie konsultiert werden müßten. Er schlug dann vor, daß der Oberbefehlshaber in der britischen Zone die Errichtung des Landes nach Abschluß der Außenministerkonferenz in einer ihm passenden Weise bekanntgeben solle. Was die Übernahme der Industrien betraf, wollte er ebenfalls nichts in Paris sagen, da dies bei amerikanischen Senatoren zu unerfreulichen Kommentaren führen könne, „im Namen des freien Unternehmertums". Er hatte jedoch keine Einwände gegen eine entsprechende Verlautbarung zum gleichen Zeitpunkt, an dem die Gründung des Landes Nordrhein-Westfalen bekanntgegeben würde.[65]

Nach diesen Klarstellungen gab das Control Office am 5. Juli seine Zustimmung zu dem von der Kontrollkommission vorgeschlagenen Verfahren zur „sofortigen Errichtung des neuen Landes".[66] Vier Tage später fand in Münster die angekündigte Konferenz in großer Besetzung statt. Der gesamte militärische und politische Führungsstab der beiden Provinzen hatte sich versammelt, um sich zunächst einmal von den Vertretern aus Berlin darüber aufklären zu lassen, was sich überhaupt abspielte. Das ganze Unternehmen lief als geheime Kommandosache. Bis zu diesem 9. Juli wußte man bei den Militärregierungen in Düsseldorf und Münster auch nicht mehr als in dem Befehl vom 1. Juli gestanden hatte, und diese Informationen waren, wie es der Chef der Militärregierung der Nordrhein Region, Brigadier Barraclough – jener berühmte Barraclough, der Adenauer im Oktober 1945 als Oberbürgermeister von Köln entlassen hatte –, und sein Mitarbeiter, Colonel Renny, in einem Memorandum vom 6. Juli formuliert hatten, „äußerst dürftig"; sie vermuteten – zu Recht –, daß die Landesgründung, so kurzfristig angesetzt, etwas mit „internationalem politischen Druck" zu tun hatte; von daher mußte ihrer Meinung nach der Zusammenschluß der beiden Provinzen in einer Weise vor sich gehen, die auch der „Welt draußen" deutlich machte, „daß der Zusammenschluß tatsächlich stattgefunden hat".[67]

Genau dies sollte nun auf dieser Konferenz festgelegt werden. Im einzelnen wurde dann beschlossen:

a) als erstes einen „Landespräsidenten" zu ernennen (die Bezeichnung „Landespräsident" wurde dann wenige Tage später in „Ministerpräsident" geändert);

b) ein Kabinett zu bilden, in dem Rheinländer und Westfalen und die Vertreter der politischen Parteien in einem ausgewogenen Verhältnis zueinander vertreten sein

---

65 Immediate. Telegr. Nr. 300. Bevin an Foreign Office, 2. 7. 1946. FO 371/55406/C 7442/14/18. Dok. Nr. 205. Die Ankündigung betr. Übernahme der Industrie erfolgte dann aber erst am 20. August. Zum einen sollte die Entscheidung im amerikanischen Kongreß über den Kredit an Großbritannien abgewartet werden (vgl. Dok. Nr. 209), zum anderen gab es Differenzen zwischen der Kontrollkommission und dem Control Office. Vgl. hierzu Steininger, Rhein-Ruhr-Frage, S. 139 f.

66 Top Secret. Telegr. Nr. 617. Control Office an Control Commission, 5. 7. 1946. FO 371/55406/C 7724/14/18. Dok. Nr. 208.

67 Top Secret. „Memorandum written by Brigadier Barraclough and Colonel Renny". 6. 7. 1946. FO 1050/92. Dok. Nr. 210.

*Foto Nr. 17:* John B. Hynd, Chancellor of the Duchy of Lancaster und Leiter des Kontrollamtes für Deutschland und Österreich, versucht in letzter Minute, die Bildung Nordrhein-Westfalens zu verhindern. In der entscheidenden Sitzung des Overseas Reconstruction Committees am 21. Juni 1946 plädiert er unter Hinweis auf die konservative Mehrheit in diesem Land erfolglos für die Bildung von zwei Ländern. (National Portrait Gallery)

sollten, wobei man jetzt davon ausging, daß die CDU in diesem Land die Mehrheit haben würde. Vor allen Dingen aber mußten die Mitglieder des Kabinetts engagierte Befürworter des Zusammenschlusses der Provinzen sein;

c) Mitglieder für einen Landtag zu ernennen; Barraclough hatte die Zahl 150 genannt; jetzt sprach man davon, sich an der Bevölkerungszahl zu orientieren.

Zwei Dinge, die im nachhinein besonders interessieren, wurden ebenfalls auf dieser Konferenz angeschnitten: der Name des Landes und der erste Ministerpräsident.

Barraclough hatte in dem schon erwähnten Memorandum vom „Land Rheinland und Westfalen" gesprochen und hinzugefügt, „oder wie auch immer das neue Land heißen wird". Er sprach diesen Punkt jetzt erneut an und erhielt vom Vertreter der Kontrollkommission, A. H. Albu, die Antwort, der Name stehe noch nicht fest; seiner Meinung nach sollten die Deutschen den Namen wählen; er schlug dann aber vor, das Land zunächst „Rheinland Westfalen" – ohne Quer- oder Bindestrich – zu nennen, wenn der Landtag gewählt sei, könne man den Namen, falls erforderlich, ja noch ändern.

Beim ersten „Landespräsidenten" wies General Balfour jetzt darauf hin, daß Robertson lieber „einen völlig neuen Mann" wünsche, statt einen der beiden Oberpräsidenten zu ernennen. Die Runde war sich einig, daß es „außerordentlich schwierig, wenn nicht gar unmöglich" war, einen entsprechenden neuen Mann zu finden. Barraclough machte klar, daß er Lehr für ungeeignet hielt. Auf die anschließende Frage von Balfour an den Zivilgouverneur von Westfalen, Berry, ob Amelunxen das Amt annehmen werde, wenn man keinen anderen finde, meinte Berry, Amelunxen werde wahrscheinlich annehmen; er sei ein sehr fähiger und weitsichtiger Mann, man solle besser ihn berücksichtigen, als einen neuen Kandidaten suchen. Nach kurzer Diskussion wurde dann der Beschluß gefaßt, Robertson die Ernennung Amelunxens zum neuen „Landespräsidenten" zu empfehlen. Für die Bildung des Kabinetts wurden vier Wochen, die des Ernannten Landtages sechs Wochen in Aussicht genommen. Auf ein Codewort für die Landesgründung konnte man sich nicht einigen. Barraclough hatte Operation „Fuse" vorgeschlagen, dies wurde jedoch nicht übernommen. Nach viereinhalb Stunden ging die Sitzung zu Ende. Zum Abschluß wurden dann noch die Zivilgouverneure aufgefordert, sich Gedanken darüber zu machen, wie bei der Bekanntgabe der Landesgründung gegenüber den Deutschen am besten argumentiert werden könne.[68]

Der Zivilgouverneur der Nordrhein-Provinz, Asbury, nannte zwei Tage später fünf solcher Argumente für die Deutschen:

1. Ein starkes Land im Westen werde dafür sorgen, daß Westdeutschland nie mehr von Preußen beherrscht werde.

2. In dem neuen Land seien Landwirtschaft und Industrie ausgeglichen.

3. Mit dem Zusammenschluß werde Geld gespart, das sonst für die Verwaltung ausgegeben werde und lebenswichtig sei, in einer Zeit, „in der Deutschland arm ist".

68 Top Secret. „Minutes of a Meeting held at Westfalen Region HQ, Munster, at 11.00 hours on Tuesday, 9th July, 1946." FO 1036/ 751. Dok. Nr. 211.

4. Mit der Behandlung der Ruhr als wirtschaftliche Einheit werde sich dort die Produktivität erhöhen und damit der Wiederaufbau beschleunigt.

Konnte man bereits über drei dieser Punkte trefflich streiten, so war das fünfte Argument schon mehr als merkwürdig: Asbury schlug allen Ernstes vor, man solle den Deutschen gegenüber den Zusammenschluß der beiden Provinzen damit begründen, daß jene Gruppen gestärkt würden, „die sich für die römisch-katholischen Ideale einsetzen, die in beiden Regionen vorhanden sind".[69] In Berlin muß man dies wohl für ähnlich merkwürdig gehalten haben; auf der wenige Tage später stattfindenden Pressekonferenz wurde dieses Argument jedenfalls nicht genannt.

Am 12. Juli ging in Paris die Außenministerkonferenz zu Ende, am 13. Juli informierte Robertson das Control Office in London, er beabsichtige, am Montag, dem 15. Juli, die Vorsitzenden von SPD und CDU vertraulich von der geplanten Landesgründung zu unterrichten, entsprechend sollten die Zivilgouverneure gegenüber Lehr und Amelunxen verfahren.[70] In den vorliegenden Quellen finden sich keine Hinweise darauf, ob, und wenn ja, wie Lehr und Amelunxen unterrichtet worden sind. Die deutschen Parteiführer erfuhren jedenfalls am 15. Juli zum erstenmal von dem Entschluß der Briten, Nordrhein und Westfalen zu einem Land zu vereinigen. Robertson informierte Schumacher, Adenauer und Kaiser vertraulich in Berlin. Schumacher und wohl auch Kaiser wurden von dieser Ankündigung völlig überrascht, am meisten wohl Schumacher, dem noch am 20. Juni versichert worden war, es sei noch nichts entschieden, und der noch eine Woche zuvor, am 7. Juli gegenüber dem Regional Commissioner für Schleswig-Holstein ganz offen erklärt hatte, ein Zusammenschluß von Nordrhein und Westfalen werde verhängnisvoll („fatal") für die SPD dort sein, weil dann die CDU in den Schlüsselregionen die Mehrheit und die meisten Unternehmen in ihren Händen habe. Noch einmal hatte er sich für Länder mit vier bis sieben Millionen Bewohnern ausgesprochen.[71]

Über die Unterredung in Berlin liegt von deutscher Seite der Bericht Adenauers, von britischer Seite jetzt auch das entsprechende Telegramm Robertsons vor.

Auch wenn Adenauer in seinen „Erinnerungen" von einer „mich völlig überraschenden Maßnahme" spricht, ganz so überraschend kann sie wohl doch nicht für ihn gewesen sein. Daß die Briten schon seit längerer Zeit an eine Fusion der beiden Provinzen gedacht hatten, war jedenfalls nichts Neues für ihn: Noel Annan hatte ihn in dieser Angelegenheit ja bereits am 28. April nach seiner Meinung gefragt. Kurt Schumacher, so Adenauer weiter in seinen „Erinnerungen", „erkundigte sich, ob irgendeine Änderung des Beschlusses noch in Frage komme. Er erhielt die Antwort: Nein, der Beschluß steht fest. Dr. Schumacher erklärte daraufhin, daß er und seine Partei gegen die Schaffung dieses Landes seien."[72]

69 Top Secret. W. Asbury an W. H. Ingrams, 11. 7. 1946. FO 1050/92. Dok. Nr. 212.

70 Secret. B. Robertson an A. Street, 13. 7. 1946. FO 37/55616/C 79 4/143/18. Dok. Nr. 214.

71 Top Secret. „Note on Conversation between Regional Commissioner Schleswig-Holstein and Dr. Schumacher at Schloß Altenhof on 7th July, 1946". FO 1049/330.

72 Adenauer, S. 98 f.

Vor dem Zonenausschuß der CDU für die britische Zone berichtete Adenauer am 1. August 1946:

„Am Montag vor 14 Tagen wurde ich nach Berlin bestellt, zu dem Generalleutnant Robertson. Außer mir war noch da Herr Schumacher von deutscher Seite [...] Andere Parteien waren nicht vertreten. Außerdem waren noch anwesend Herr Kaiser und Herr Katzenberger aus Berlin. Es wurde uns dort von General Robertson erklärt, daß die britische Regierung sich entschlossen habe, das Land Nordrhein-Westfalen zu schaffen. General Robertson – die Verhandlungen waren vertraulich – gab einen ziemlich ausführlichen Bericht über den Verlauf der Pariser Konferenz, machte auch sonst noch einige Ausführungen, die vertraulich zu behandeln sind. Man hatte aus dem Ganzen den Eindruck, daß die Schaffung dieses Landes Nordrhein-Westfalen aus außenpolitischen Gründen erfolgt ist; daß man erst das Versagen der Pariser Konferenz bei der Behandlung der deutschen Frage abwarten wollte, um in unmittelbarem Anschluß daran zur Lösung dieses Entschlusses zu schreiten. Es wurde dann von General Robertson gefragt, wie wir zur Schaffung dieses Landes Nordrhein-Westfalen stünden. Ich habe erklärt, daß ich mit diesem Land durchaus einverstanden sei, daß man die Rheinprovinz möglichst weit nach Osten verklammern müsse. Herr Schumacher fragte, ob irgendeine Änderung des Beschlusses noch in Frage komme. Er erhielt die Antwort: nein, der Beschluß steht fest. Er begnügte sich dann damit, zu erklären, daß er und seine Partei gegen die Schaffung dieses Landes seien. Warum, hat er nicht weiter ausgeführt, aber die Gründe liegen ziemlich klar zutage. Dieses Land Nordrhein-Westfalen ist ein Land in den drei westlichen Zonen, das die größte Einwohnerzahl haben wird und dazu ein sehr großes wirtschaftliches Schwergewicht, in dem auch aller Wahrscheinlichkeit nach die CDU die Mehrheit haben wird. Diese letztere Tatsache hat offenbar Herrn Schumacher und seine Parteifreunde dazu bewogen, die nationalen Gesichtspunkte, die hier in erster Linie meines Erachtens maßgebend sein müssen, zurückzustellen und die parteipolitischen Gesichtspunkte an die erste Stelle zu rücken.“[73]

Robertson berichtet, Schumacher sei über die Entscheidung zunächst nicht erfreut gewesen, und es habe anfangs so ausgesehen, als ob er sie nachdrücklich ablehnen würde; seine, Robertsons, Erklärung und insbesondere seine Versicherung, es sei keine politische oder wirtschaftliche Abtrennung geplant, hätten ihn dann jedoch offensichtlich beeindruckt. Noch nachträglich sah sich Robertson in der Entscheidung für die „große“ Lösung bestätigt. Er sei sicher, daß Schumacher jeden Plan für ein Land, das nur die Ruhrindustrie umfaßt hätte, abgelehnt hätte. Im Gegensatz zu Schumacher begrüßten Adenauer – hier bestätigt Robertson den Bericht Adenauers – und Kaiser die Entscheidung. Sie waren vollkommen davon überzeugt, daß es aus praktischen und politischen Gründen keine Alternative gegeben habe. Beide äußerten lediglich Bedenken im Hinblick auf die Zukunft des südlichen Teils der ehemaligen Rheinprovinz.[74] John Hynd war über dieses Telegramm offensichtlich besonders erfreut. Er ließ Robertson jedenfalls mitteilen, er sei „dankbar für die beruhigende Nachricht“ im Hinblick auf die Haltung Schumachers.[75]

---

73 Pütz, S. 166 f.

74 Top Secret. Most Immediate. Telegr. Nr. 10229. B. Robertson an Control Office, 16. 7. 1946. FO 317/55616/C 8099/143/18. Dok. Nr. 217.
Adenauer und Schumacher waren in Hannover zusammengetroffen und dann mit einer britischen Militärmaschine nach Berlin geflogen. Begleitoffizier war Noel Annan. Annan berichtet, daß beide Politiker bis zum Eintritt in Robertsons Dienstzimmer kein Wort miteinander gesprochen hätten (Gespräch mit Lord Annan am 5. 3. 1986).
Im Anschluß an das Gespräch mit Robertson lud Strang die drei Politiker zum Essen ein. Sein Bericht darüber und seine Beschreibung der drei Politiker ist besonders lesenswert. Telegr. Nr. 865. Cabinet Distribution. Strang an Foreign Office, 17. 7. 1946. FO 371/55368/C 8143/2/18. Dok. Nr. 218.

75 Control Office an Kontrollkommission, 16. 7. 1946. FO 371/55616/ C 8210/143/18.

Am Mittwoch, dem 17. Juli, erfuhr auch die deutsche und internationale Öffentlichkeit von der Entscheidung der Briten. Was mitgeteilt wurde, konnte man in den westdeutschen Zeitungen, etwa in der „Hannoverschen Presse“, nachlesen. Zum erstenmal tauchte dort in dicken Lettern und Anführungszeichen die neue Bezeichnung „Nordrhein-Westfalen“ auf. Es hieß dann weiter:

„Die Nordrheinprovinz und die Provinz Westfalen werden aus wirtschaftlichen Gründen in ein Land unter dem Namen ‚Nordrhein-Westfalen‘ mit der Hauptstadt Düsseldorf zusammengefaßt. Diese Entscheidung wurde vom britischen Oberbefehlshaber in Deutschland, Luftmarschall Sir Sholto Douglas, getroffen, wie am Mittwoch auf einer Pressekonferenz in Berlin bekanntgegeben wurde. Auf der Pressekonferenz sprach ein hoher britischer Offizier vor Vertretern der britischen, amerikanischen, russischen, französischen und deutschen Presse. Die Grenzen der zwei Provinzen bleiben bestehen. Das Land Lippe, das bisher mit Westfalen verbunden war, fällt an die Provinz Hannover. Die personelle Zusammensetzung der Verwaltung des neuen Landes ‚Nordrhein-Westfalen‘ wird zur Zeit entschieden. Der Hauptgrund für diese Zusammensetzung ist darin zu suchen, daß die Industriegebiete für die englischen Besatzungsbehörden ein Sonderproblem darstellen. Bei den Erwägungen des Für und Wider der Bildung eines solchen großen Landes, das größer ist als die anderen Länder, wurde berücksichtigt, daß es unrecht wäre, die alten traditionellen deutschen Grenzen umzustoßen, und daß ein kleineres, neugebildetes, nur aus Industrien bestehendes Land zu leicht das Opfer des Auf und Ab von Handel und Industrie wäre. Die Neuorganisation in der britischen Zone, die die bisherigen Provinzen Nordrheinland und Westfalen zu einem Land ‚Nordrhein-Westfalen‘ mit der Hauptstadt Düsseldorf zusammenschließt, ist einzig und allein deshalb geschehen, um die Regierungs-, Wirtschafts- und Verwaltungsmöglichkeiten in der britischen Zone zu erleichtern. Sie wird in keiner Weise, wie der hohe britische Offizier auf der Pressekonferenz in Berlin am Mittwoch erklärte, zukünftige Entschlüsse der vier Alliierten beeinträchtigen.“[76]

Daß Sir Sholto Douglas nicht selbst die Landesgründung verkündete, hatte seine Gründe: was der britische Offizier mitteilte, sah jetzt wie eine ganz unpolitische, rein verwaltungstechnische Maßnahme aus, bei der weder eine (internationale) Kontrolle der Ruhrindustrie, geschweige denn Teilnahme oder Ausschluß der Sowjets an dieser Kontrolle erwähnt wurde. Von da aus würde auch den Sowjets kein Anlaß zu unliebsamen Fragen gegeben.

Auf den Namen „Nordrhein-Westfalen“ hatte sich die Kontrollkommission inzwischen festgelegt, auch wenn in den entsprechenden Anweisungen immer noch vom „Land Nordrhein und Westfalen“ die Rede war. Auch der Codename für das geplante Unternehmen stand inzwischen fest: die Kontrollkommission in Berlin hatte sich – nicht ohne einen gewissen Sinn für Humor – auf Operation „Marriage“ festgelegt.

Was folgte, war weniger eine Liebesheirat als eine Vernunftehe. Das begann mit der Auswahl des ersten Ministerpräsidenten. Eine Gruppe in der Kontrollkommission war sich einig, daß Amelunxen der richtige Mann war; würde er annehmen, so General Balfour, würden die Dinge in Westfalen sehr viel einfacher ablaufen, „lehnt er ab, wird es schwierig“. Balfour hatte daher am 14. Juli angeregt, auch Amelunxen (und Lehr) von der geplanten Landesgründung zu informieren.[77]

Entscheidend aber war zunächst, daß Luftmarschall Douglas Amelunxen als politisch „zu weit rechts und von daher nicht erwünscht“ ablehnte.[78] Am 18. Juli ver-

---

76 *Hannoversche Presse,* Die Zeitung aller Schaffenden. Nr. 1, 19. 7. 1946, S. 1.

77 General Balfour an General Erskine, 14. 7. 1946. FO 1050/92. Dok. Nr. 215.

78 Vgl. Dok. Nr. 223, Anm. 1.

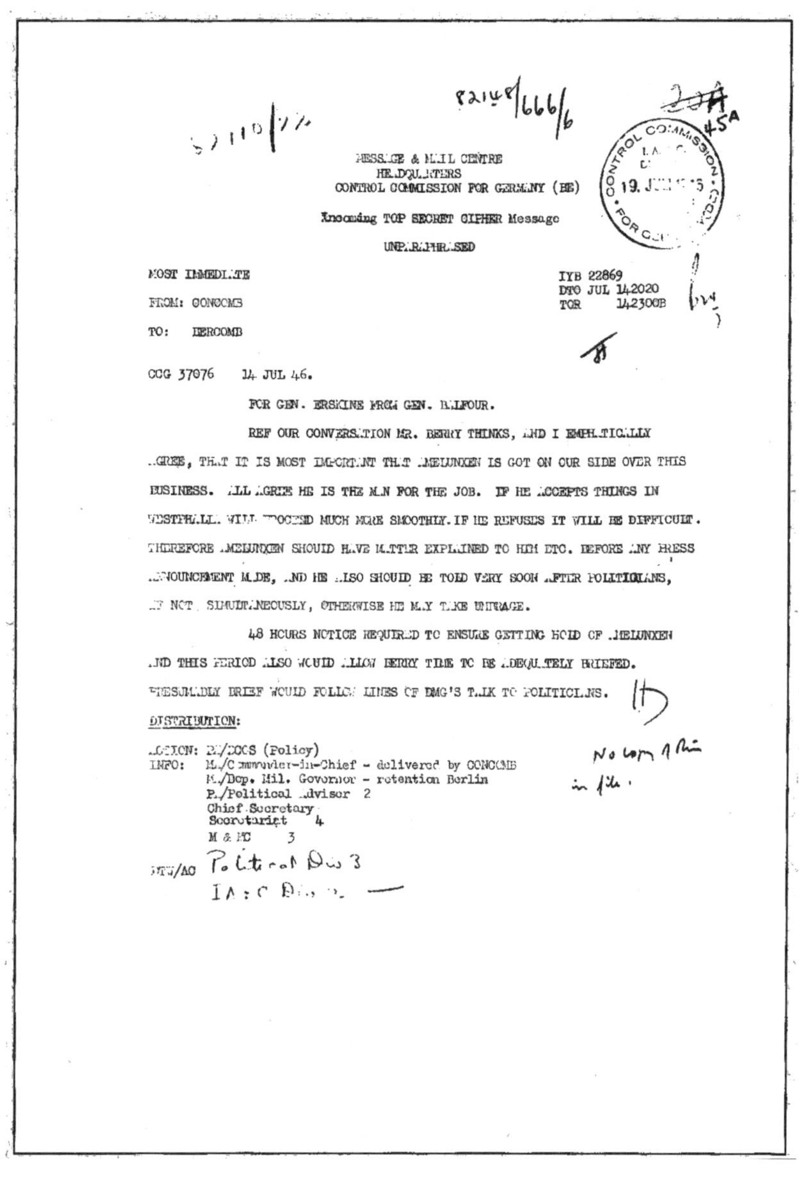

MESSAGE & MAIL CENTRE
HEADQUARTERS
CONTROL COMMISSION FOR GERMANY (BE)

Incoming TOP SECRET CIPHER Message

UNPARAPHRASED

MOST IMMEDIATE

FROM: CONCOMB

TO: BERCOMB

IYB 22869
DTO JUL 142020
TOR 142300B

CCG 37076 14 JUL 46.

FOR GEN. ERSKINE FROM GEN. BALFOUR.

REF OUR CONVERSATION MR. BERRY THINKS, AND I EMPHATICALLY AGREE, THAT IT IS MOST IMPORTANT THAT AMELUNXEN IS GOT ON OUR SIDE OVER THIS BUSINESS. ALL AGREE HE IS THE MAN FOR THE JOB. IF HE ACCEPTS THINGS IN WESTPHALIA WILL PROCEED MUCH MORE SMOOTHLY. IF HE REFUSES IT WILL BE DIFFICULT. THEREFORE AMELUNXEN SHOULD HAVE MATTER EXPLAINED TO HIM ETC. BEFORE ANY PRESS ANNOUNCEMENT MADE, AND HE ALSO SHOULD BE TOLD VERY SOON AFTER POLITICIANS, IF NOT SIMULTANEOUSLY, OTHERWISE HE MAY TAKE UMBRAGE.

48 HOURS NOTICE REQUIRED TO ENSURE GETTING HOLD OF AMELUNXEN AND THIS PERIOD ALSO WOULD ALLOW BERRY TIME TO BE ADEQUATELY BRIEFED. PRESUMABLY BRIEF WOULD FOLLOW LINES OF DMG'S TALK TO POLITICIANS.

DISTRIBUTION:

ACTION: PA/DCOS (Policy)
INFO: MA/Commander-in-Chief - delivered by CONCOMB
MA/Dep. Mil. Governor - retention Berlin
PA/Political Advisor 2
Chief Secretary
Secretariat 4
M & MC 3

PTW/AO

*Faksimile Nr. 13:* 14. 7. 1946: General Balfour an General Erskine. Der Oberpräsident der Provinz Westfalen, Rudolf Amelunxen, ist gegen die Schaffung des neuen Landes. Um so wichtiger ist es aus der Sicht der Briten, ihn für die Operation „Marriage“ zu gewinnen: Er soll Ministerpräsident des neuen Landes werden. (Public Record Office)

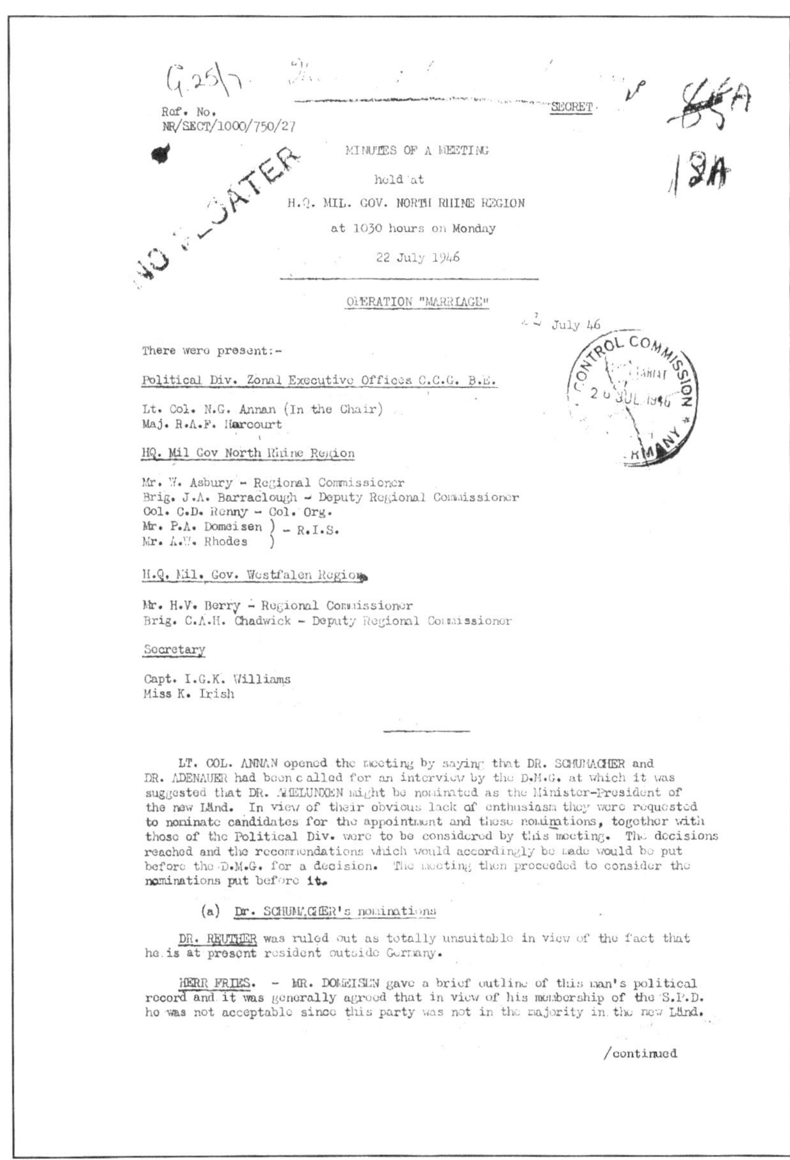

Ref. No.
NR/SECT/1000/750/27

SECRET

MINUTES OF A MEETING
held at
H.Q. MIL. GOV. NORTH RHINE REGION
at 1030 hours on Monday
22 July 1946

OPERATION "MARRIAGE"

There were present:-

Political Div. Zonal Executive Offices C.C.G. B.E.

Lt. Col. N.G. Annan (In the Chair)
Maj. R.A.F. Harcourt

HQ. Mil Gov North Rhine Region

Mr. W. Asbury - Regional Commissioner
Brig. J.A. Barraclough - Deputy Regional Commissioner
Col. C.D. Renny - Col. Org.
Mr. P.A. Domeisen ) - R.I.S.
Mr. A.W. Rhodes )

H.Q. Mil. Gov. Westfalen Region

Mr. H.V. Berry - Regional Commissioner
Brig. C.A.H. Chadwick - Deputy Regional Commissioner

Secretary

Capt. I.G.K. Williams
Miss K. Irish

LT. COL. ANNAN opened the meeting by saying that DR. SCHUMACHER and DR. ADENAUER had been called for an interview by the D.M.G. at which it was suggested that DR. AMELUNXEN might be nominated as the Minister-President of the new Länd. In view of their obvious lack of enthusiasm they were requested to nominate candidates for the appointment and these nominations, together with those of the Political Div. were to be considered by this meeting. The decisions reached and the recommendations which would accordingly be made would be put before the D.M.G. for a decision. The meeting then proceeded to consider the nominations put before it.

(a) Dr. SCHUMACHER's nominations

DR. REUTHER was ruled out as totally unsuitable in view of the fact that he is at present resident outside Germany.

HERR FRIES. - MR. DOMEISEN gave a brief outline of this man's political record and it was generally agreed that in view of his membership of the S.P.D. he was not acceptable since this party was not in the majority in the new Länd.

/continued

*Faksimile Nr. 14:* 22. 7. 1946: Auf einer Sitzung im Hauptquartier der Militärregierung Nordrhein in Düsseldorf fällt die Entscheidung für Rudolf Amelunxen. Ein SPD-Mann für das Amt des Ministerpräsidenten hat keine Chance, denn „diese Partei hat keine Mehrheit in dem neuen Land"; erste Seite (von drei) des Protokolls. (Public Record Office)

langte er „umgehend" nach Alternativen.[79] Auch Asbury sprach sich mit Nachdruck gegen Amelunxen aus und schlug Lehr für den Fall vor, daß man keinen neuen Mann finde: „Lehr mit einer starken Nummer 2 könnte die Lösung sein." Allerdings war Asbury nicht in der Lage, die mögliche Reaktion in Westfalen bei einer Ernennung Lehrs abzuschätzen.[80] Ohne Rücksicht auf solche Reaktionen sprach sich jetzt auch Berry für Lehr aus. Der inzwischen aus den Militärregierungen Nordrhein und Westfalen gebildete britische Planungsstab für die Operation „Marriage" beschloß daraufhin am 19. Juli unter Vorsitz von Brigadier Barraclough, Lehr zum Ministerpräsidenten vorzuschlagen, vorausgesetzt, es werde ein starker zweiter Mann zu seiner Unterstützung ernannt. Dies wurde als eine „zufriedenstellende Lösung" bezeichnet, da sie sowieso nur bis zu den Wahlen gelte.[81]

Drei Tage später fiel dann die endgültige Entscheidung – für Amelunxen. An der Sitzung im Hauptquartier der Militärregierung Nordrhein in Düsseldorf am 22. Juli nahmen u. a. die beiden Zivilgouverneure Asbury und Berry und ihre Stellvertreter teil; den Vorsitz führte Noel Annan von der politischen Abteilung der Kontrollkommission. Sechs Kandidaten standen zur Auswahl, von denen Schumacher und Adenauer je zwei genannt hatten. Sie waren eine Woche zuvor von Robertson aufgefordert worden, Namen zu nennen, nachdem sie in dem Gespräch mit ihm nicht gerade begeistert gewesen waren, als Robertson den Namen Amelunxen genannt hatte. Man war sich einig gewesen, einen neuen Mann zu suchen.

Schumacher hatte entsprechende Vorschläge gemacht: Ernst Reuter und Fritz Fries. Der spätere Regierende Bürgermeister von Berlin lebte zu diesem Zeitpunkt noch in der Türkei; angesichts dieser Tatsache wurde er jetzt als „völlig ungeeignet" abgelehnt. Fries wurde ebenfalls abgelehnt, weil er Mitglied der SPD war, und – so wurde schlicht konstatiert – „diese Partei keine Mehrheit im neuen Land hat". Dann kamen die Kandidaten Adenauers an die Reihe: Zuhorn und – Amelunxen! Dies war ein offenbar besonders gelungener Schachzug Adenauers, um seinen Fraktionskollegen – und späteren Rivalen – Karl Arnold auszubooten: erst den Kandidaten der Kontrollkommission ablehnen und ihn anschließend als Kandidaten der eigenen Partei wieder vorzuschlagen: mehr als der zweite Mann hätte Arnold im Kabinett dann kaum werden können. Zuhorn wurde relativ schnell als „schwach" abgelehnt. Nach längerer Diskussion war man sich einig, daß Amelunxen ein fähiger Verwaltungsmann und eine ausreichend starke Persönlichkeit war, um die Fusion der beiden Provinzen erfolgreich durchzuführen. Gegen ihn wurde eingewandt, daß er zu sehr nach „rechts" tendiere, obwohl er keiner Partei angehöre, und daß ein großer Teil der Deutschen ihn nicht akzeptieren würde. Ein wichtiger Faktor war allerdings, daß er Westfale war: ein Westfale als Ministerpräsident sollte Ausgleich dafür sein, daß Düsseldorf Landeshauptstadt werden würde.[82]

---

79 BGCC 10325. Robertson an Regional Commissioners, 18. 7. 1946. FO 1050/92.

80 „Personal for General Robertson from Asbury", 18. 7. 1946. FO 1050/92.

81 Operation „Marriage". Minutes of a Meeting, held at H. Q. Mil. Gov. North Rhine Region at 15.00 hours on Friday 19 July, 1946. FO 1013/735. Vgl. Dok. 223, Anm. 1.

82 Am 1. Juli war sogar einmal erwähnt worden, zunächst Münster zur Landeshauptstadt zu machen. Das zeigt, daß selbst das – wichtige – Standing Committee on Governmental and Administrative

*Foto Nr. 18:* Rudolf Amelunxen, Oberpräsident der Provinz Westfalen, wird von den Briten zum Ministerpräsidenten des neuen Landes ernannt. Er gilt als fähiger Verwaltungsmann und als ausreichend starke Persönlichkeit, um die Fusion der beiden Provinzen Nordrhein und Westfalen erfolgreich durchzuführen; ein Westfale als Ministerpräsident soll außerdem Ausgleich dafür sein, daß Düsseldorf Landeshauptstadt wird. (Hauptstaatsarchiv NRW, RWB 1398)

Auch wenn man sich darüber einig war, daß Amelunxen ein „würdiger" Kandidat war, der „ideale" Kandidat war offensichtlich Karl Arnold, den die Politische Abteilung vorschlug. Lediglich Barraclough wandte gegen ihn ein, er sei weder die geeignete Persönlichkeit noch habe er die Fähigkeit für die notwendigen Verwaltungsaufgaben. Das Gegenargument, dies sei nicht so wichtig, wenn man gute Mitarbeiter habe, wies Asbury zurück. Die Runde stimmte ihm zu, daß es für die anstehende Aufgabe absolut notwendig sei, einen erstklassigen Verwaltungsmann zu haben, der eine starke Persönlichkeit war. Letztlich blieb Amelunxen übrig. Asbury wies mit Nachdruck darauf hin, daß es wichtig sei, einen Westfalen zu ernennen, und da kein anderer passender Kandidat vorgeschlagen worden war, war er jetzt – anders als noch vier Tage zuvor – für Amelunxen. Dem schlossen sich die übrigen Teilnehmer an. Was Arnold betraf, so einigte man sich darauf, ihn aufgrund seines politischen Werdeganges und seiner politischen Fähigkeiten und auch im Hinblick auf die Bewohner Nordrheins als stellvertretenden Ministerpräsidenten vorzuschlagen. Lediglich für den als „unwahrscheinlich" bezeichneten Fall, daß Amelunxen das Angebot, Ministerpräsident zu werden, ablehnen würde, wollte man ihm dieses Amt anbieten.[83]

Dazu sollte es dann aber – wie erwartet – nicht kommen. Nachdem der Oberbefehlshaber jetzt seinen Widerstand aufgab, bot Asbury am 24. Juli in Münster Amelunxen das Amt des Ministerpräsidenten an. Amelunxen nahm an. Nach einem zweiten Gespräch am 30. Juli in Düsseldorf wurde er am 1. August von Asbury, der jetzt als Regional Commissioner für das „Land Nordrhein and Westfalen" zuständig war, offiziell zum Ministerpräsidenten ernannt – rückwirkend zum 24. Juli. Das „Ernennungsschreiben" erhielt gleichzeitig detaillierte Anweisungen für die Bildung der Landesregierung, die die Anweisungen der Militärregierung auszuführen hatte. Vorgesehen waren zehn Ministerien, von denen sechs (Wirtschaft, Verkehr, Ernährung und Landwirtschaft, Arbeit, Wiederaufbau, Justiz) nur minimale Kompetenzen haben sollten, da deren Aufgaben nach wie vor von den Zentralämtern in der britischen Zone wahrgenommen wurden. Die Parteienaufteilung (einschließlich Ministerpräsident) sollte wie folgt aussehen: CDU und SPD je 3; Zentrum und KPD je 2[84]; FDP 1. Im Kabinett sollten beide Provinzen vertreten sein, Arnold sollte Innenminister und stv. Ministerpräsident werden, falls er zustimmen würde und die

---

Structure der Kontrollkommission nicht darüber informiert war, warum Düsseldorf Landeshauptstadt werden sollte. Vgl. Dok. Nr. 202.

83 Operation „Marriage". Secret. Minutes of a Meeting held at H. Q. Mil. Gov. North Rhine Region at 10.30 hours on Monday, 22 July, 1946. FO 1013/615. Dok. Nr. 223. Der zweite Kandidat der Politischen Abteilung war der CDU-Oberbürgermeister von Dortmund, Herbert Scholtissek. Als Berry betonte, dieser sei nur von „durchschnittlicher Qualität", war die Runde sich einig, ihn nicht weiter in Erwägung zu ziehen. Noch vor dieser Sitzung war auch der ehemalige Bürgermeister von Hamburg-Altona, Max Brauer, als Kandidat genannt worden. Man hatte ihn mit der Begründung abgelehnt, er habe nicht die für einen Ministerpräsidenten notwendige Erfahrung (Balfour an Robertson, 22. 7. 1946, FO 1049/422). An anderer Stelle hatte es am 22. Juli als Begründung geheißen, „in view of his present nationality he obviously cannot be considered for the post". FO 1049/421.

84 So im Entwurf. Amelunxen wurde hier offensichtlich noch zum Zentrum gezählt. In der Endfassung und in der Rede Asburys vor den Parteiführern am 6. 8. 1946 (Dok. Nr. 227) ist nur noch von einem Zentrumsmitglied die Rede.

Parteien bereit waren, mit ihm zusammenzuarbeiten. Lehr sollte ein beliebiges Ministeramt (mit Ausnahme Inneres), der SPD sollte das Wirtschaftsministerium angeboten werden.[85]

Was aber sollte ein Minister überhaupt tun, wenn sein Ministerium keinerlei Kompetenzen hatte? Genau diese Frage stellte Amelunxen den Regional Commissioners Asbury und Berry am 5. August. Die Antwort war nicht besonders ermutigend: die Minister könnten als Verbindung zwischen Kabinett und Militärregierung dienen. Berry bat Amelunxen um Vertrauen bei der Zuweisung von Kompetenzen, man befinde sich im Stadium der Entwicklung.[86]

Um so erstaunter war die Militärregierung über die Schwierigkeiten, auf die Amelunxen bei der Regierungsbildung stieß: sowohl SPD als auch CDU verlangten das Innenministerium für sich, gleichzeitig betonte die CDU, sie werde sich an der Regierung überhaupt nicht beteiligen, wenn die SPD nicht mitmache; am 14. August teilten Henßler und Menzel im Auftrage Schumachers Amelunxen aus Hamburg telefonisch mit, das gelte umgekehrt auch für die SPD, während Reimann telefonierte, seine Partei werde sich nur beteiligen, wenn sich auch die CDU beteilige. Der einzige Ausweg schien ein Kabinett aus parteiunabhängigen Fachleuten zu sein, obwohl dies, wie auch Amelunxen zugeben mußte, „ein schlechter Anfang", ja ein „schwerer Schlag" für die Demokratie sein würde.[87] In Berlin sah man das ähnlich; Robertson entschied daher am 16. August, für den Fall, daß die Schwierigkeiten „unüberwindbar" waren, bis zur endgültigen Länderneugliederung und Wahlen in der britischen Zone ganz auf ein Kabinett zu verzichten. Amelunxen sollte lediglich Abteilungsleiter ernennen, die die anfallenden Aufgaben erledigen sollten.[88]

Dies blieb dem neuen Land dann aber doch erspart. Amelunxen bot, nachdem ihm Asbury am 16. August einen „letzten und endgültigen Versuch" zugestanden hatte („endgültige Entscheidung bis morgen, 17. August, 15.00 Uhr"), ein Kabinett ohne CDU-Beteiligung an. Das war zwar aus der Sicht Robertsons „nicht völlig befriedigend"[89], aber immer noch besser als das Eingeständnis, daß man beim ersten demokratischen Experiment in der eigenen Zone (fast) gescheitert war. In diesem Sinne gab das Control Office in London am 24. August seine Zustimmung zum ersten Kabinett des Landes Nordrhein-Westfalen. Gleichzeitig drängte es, den Ministern innerhalb kurzer Zeit mehr Kompetenzen zuzugestehen (Robertson hatte von „Sinekure Jobs" gesprochen)[90] und damit nicht so lange zu warten, bis die Empfehlungen des Zonenbeirates zur Neugliederung der britischen Zone durchgeführt worden seien. Der Zonenbeirat könne sich sogar die Erfahrungen dieser Minister zunutze machen, denn, so hieß es in dem entsprechenden Telegramm weiter, „die Errichtung

---

85 „Formation of Land Government for Nordrhein and Westfalen". Asbury an Amelunxen, 1. 8. 1946. FO 1013/735. Dok. Nr. 225.
86 „Notes of Conversation on 5th August, 1946". FO 1013/615. Dok. Nr. 226.
87 „Notes of a meeting held at Kent House at 19.15 hours, 14 August, 1946." FO 1013/615. Dok. Nr. 230.
88 B. Robertson an G. Jenkins, 16. 8. 1946. FO 1050/92. Dok. Nr. 233.
89 B. Robertson an M. Deans 18. 8. 1946. FO 1013/615. Dok. Nr. 236.
90 Vgl. Dok. Nr. 232.

dieses Landes scheint in der Tat eine hervorragende Gelegenheit zu sein, die Deutschen zur Übernahme größerer Verantwortung zu ermutigen; diese Gelegenheit zu verpassen, wäre ein Jammer".[91]

Am Tag zuvor, am 23. August hatte die Kontrollkommission die Verordnung Nr. 46 „betreffend die Auflösung der Provinzen des ehemaligen Landes Preußen in der britischen Zone und ihre Neubildung als selbständige Länder" erlassen. Demnach galten die Provinzen Schleswig-Holstein, Hannover, Westfalen „und die Regierungsbezirke von Aachen, Düsseldorf und Köln in der Rheinprovinz" als aufgelöst und erhielten „vorläufig die staatsrechtliche Stellung von Ländern" mit den Namen „Land Schleswig-Holstein, Land Hannover und Land Nordrhein-Westfalen".[92]

Am 27. August wurde Amelunxen von Brigadier Barraclough mitgeteilt, daß die Militärregierung das Kabinett mit einer Ausnahme akzeptiere: Höpker-Aschoff, der für das Finanzministerium vorgesehen war, wurde als „politisch unpassend" abgelehnt. Drei Tage später, am 30. August, fand die erste Kabinettssitzung statt.

Über die Kabinettsbildung, die Nichtbeteiligung der CDU und die Rolle von Amelunxen kam es schon wenige Tage später zu heftigen Auseinandersetzungen. Folgt man den Darstellungen von CDU-Seite, so war man dort zur Mitarbeit im Kabinett bereit; die Haltung Amelunxens und der SPD hätten dies dann aber unmöglich gemacht.[93] Ende Oktober legte die für „Rheinland-Westfalen" zuständige Abteilung der Militärregierung einen interessanten Bericht über die Regierungsbildung vor. Demnach hat Adenauer seinen Vorschlag, den parteilosen, aber dem Zentrum nahestehenden Amelunxen zum Miniterpräsidenten zu ernennen, mit den Worten kommentiert, er könne „keinen besseren Mann vorschlagen" – was er über Arnold, Pünder oder auch Lehr gedacht hat, hat er den Briten wohlweislich nicht mitgeteilt, genausowenig wie er seinen eigenen Leuten erzählt hat, daß *er* es war, der Amelunxen vorgeschlagen hatte.

Der Bericht macht im übrigen deutlich, daß die Briten in der ganzen Angelegenheit keine besonders glückliche Hand gehabt hatten; entsprechend kritisch fallen einzelne Passagen aus. Warum man so und nicht anders verfahren habe, bleibe im übrigen ein „Rätsel", zumal man drei Möglichkeiten gehabt hätte, das Problem Regierungsbildung zu lösen. 1. Bildung eines Kabinetts von Fachleuten – ohne Beteiligung der Parteien. 2. Warten bis zum Zusammentritt des Landtages, der einen Ministerpräsidenten gewählt hätte, der dann – „wie in einer normalen Demokratie" – eine Koalitionsregierung gebildet hätte, wo dann die Parteien entsprechend Verantwortung übernommen hätten. 3. Ein politisch ausgewogenes Kabinett einfach zu ernennen: Ministerpräsident CDU; Stellvertreter und Innenminister SPD. Die Ernennung des parteilosen Amelunxens aber wird in diesem Bericht als „Kardinalfehler" bezeichnet. Im Grunde sei damit nur noch ein wichtiger Posten übriggeblieben – das Innenministerium –, das beide großen Parteien für sich beansprucht hätten.

---

91 G. Jenkins an B. Robertson, 24. 8. 1946. FO 1013/615. Dok. Nr. 238.
92 Amtsblatt der britischen Militärregierung, S. 305.
93 Vgl. hierzu Först, S. 171–182, Hüttenberger, S. 227–233, und Dok. Nr. 237, 239–243.

*Foto Nr. 19:* Sitzung des Kabinetts Amelunxen; September 1946 (Hauptstaatsarchiv NRW, RWB 1410)

Amelunxen und den Parteien die Bildung des Kabinetts überlassen zu haben, wurde genauso als Fehler bezeichnet, weil damit die Regierungsbildung von allen Seiten zu einer hochpolitischen Angelegenheit gemacht werden konnte. Denn mit der Tatsache, daß man es damit den Parteien zum erstenmal wieder ermöglichte, ihre Macht zu fühlen, sei mit ergebener Zustimmung nicht mehr zu rechnen gewesen und für die Zukunft ein Präzedenzfall geschaffen worden. Amelunxen sei es dann fast unmöglich gemacht worden, ein politisch ausgewogenes Kabinett zusammenzustellen, als die Briten – nach Beratungen auf hoher Ebene – am 6. August festlegten, daß die SPD das Innenministerium und das Wirtschaftsministerium erhalten sollte. Am Ende stand ein Kabinett ohne CDU. Dazu hieß es in diesem Bericht: Kommentar „überflüssig. Mit viel Glück sind wir noch einmal davongekommen. Der plötzliche Sinneswandel der SPD, nämlich doch im Kabinett zu bleiben, war Rettung in höchster Not für unsere Planer."

Bei einer Analyse der Motive und Taktik der Parteien kommt die SPD ziemlich schlecht weg. Ihr sei es fast ausschließlich darum gegangen, die CDU daran zu hindern, eine beherrschende Position im Kabinett zu gewinnen. Nachdem es ihr aber nicht gelungen sei, die CDU in eine Nebenrolle zu drängen, sei sie der Versuchung erlegen, die Macht zu übernehmen, trotz der Tatsache, daß die führenden Leute der Partei es prinzipiell für undenkbar erklärt hatten, die CDU allein in die Opposition gehen zu lassen. Schumacher habe dafür nur eine „ziemlich lahme" Erklärung gehabt: die SPD-„Leute im Westen" seien für die Übernahme der Regierungsverantwortung gewesen. „Nahezu unbegreiflich" dabei sei es gewesen, daß die SPD es zugelassen habe, die Angriffe gegen die CDU von Severing führen zu lassen, einem Mann, der die Schlüssel des preußischen Innenministeriums 1933 den Nazis übergeben habe und öffentlich entsprechend dastehe. Sein Vorwurf, Arnold sei ein zu unzuverlässiger Kandidat als daß man ihm das Innenministerium anvertrauen könne, sei die „größte Torheit" gewesen. Die SPD habe damit nur den linken Flügel der CDU wieder zurück in die Arme Adenauers getrieben und sich dem Vorwurf ausgesetzt, sich in Personalpolitik à la Weimar zu ergehen.

Ausführlich wurde Adenauers Taktik analysiert. Ohne Zweifel habe dieser eine Regierungsbeteiligung der CDU nicht gewollt, weil es dann schwierig für ihn geworden wäre, die CDU weiter zusammenzuhalten. Andererseits habe er entsprechende Verhandlungen nicht einfach ablehnen können. So habe er am 6. August überhaupt keine Kandidaten genannt und am 9. August dann unannehmbare Forderungen gestellt (stv. Ministerpräsident mit Innenministerium in Personalunion, Erziehung, Ernährung und Landwirtschaft, Wohlfahrt), um damit die CDU aus der Regierung rauszuhalten. Dies sei ein Zeichen seiner Cleverness und weniger ein Zeichen für chaotische Zustände innerhalb der CDU. Nicht sicher sei, ob Adenauer die Konsequenzen der Ernennung Amelunxens vorausgesehen habe; er müsse dann allerdings erkannt haben, daß 1. Amelunxen ein von SPD und Zentrum beherrschtes Kabinett habe bilden wollen und 2. die britischen Stellen für ein Zusammengehen von SPD und linkem Flügel der CDU gewesen seien. Damit sei die Gefahr verbunden gewesen, die Kontrolle über den „linken Flügel" der CDU zu verlieren. SPD und Briten hätten ihm dann mit ihrer Politik in die Hände gespielt und die Argumente geliefert, um die CDU nicht an der Regierung zu beteiligen. Adenauer habe dabei so geschickt taktiert, daß er die ganze Partei und insbesondere den linken Flügel davon überzeugt habe, daß man das Opfer einer miesen Verschwörung à la Weimar geworden sei. Dies habe nicht nur als exzellente Propaganda in den anstehenden Wahlen gedient, sondern auch die Partei geschlossen hinter ihn gebracht. Adenauers Erfolg lasse sich in zwei Äußerungen zusammenfassen – Adenauer: „Für uns ist die Opposition eine Goldgrube"; Arnold: „Die CDU hat sich nicht aus opportunistischen Gründen geweigert, an der Regierung teilzunehmen, sie ist dazu gezwungen worden."[94]

Parallel zur Kabinettsbildung liefen die Vorbereitungen zur Einberufung des Ernannten Landtages. Hier entschied die Militärregierung, daß die Parteien auf der Basis der Provinzialräte jeweils 100 Abgeordnete aus Nordrhein und Westfalen benennen sollten. Die Zahl 200 wurde dann noch um die Mitglieder des Kabinetts erhöht; der Grund hierfür ergab sich aus der Schwierigkeit, daß keine der Parteien zugunsten der drei parteilosen Kabinettsmitglieder auf einen Sitz verzichten wollte. Am 2. Oktober fand dann im Düsseldorfer Opernhaus die konstituierende Sitzung dieses Ernannten Landtages statt.[95] Die Aufgabe, wie sie Brigadier Barraclough in seinem Memorandum vom 6. Juli formuliert hatte, war gelöst worden: vor aller Welt sichtbar hatte der Zusammenschluß der beiden Provinzen Nordrhein und Westfalen zu dem neuen Land Nordrhein-Westfalen stattgefunden.

94 Secret. Rhineland-Westphalia Intelligence Staff. Special Political Report No. 8 v. 31. 10. 1946: „Formation of Cabinet for Land Nordrhein-Westfalen". FO 1049/422. Dok. Nr. 243.

95 Die anläßlich der Landtagseröffnung gehaltenen Reden von Sir Sholto Douglas und Rudolf Amelunxen (Begrüßung und Regierungserklärung) sind abgedruckt in: Baustein zum Neuen Reich (vgl. oben, S. 23, Anm. 1). Entwurf der Rede von Douglas, mit Korrekturen, in: FO 1032/689.

*Foto Nr. 20 und Nr. 21:* 2. 10. 1946: Im Düsseldorfer Opernhaus findet die konstituierende Sitzung des Ernannten Landtages statt. Oben: der Eingang des Opernhauses. Unten: am Tisch v. l. Luftmarschall Sir Sholto Douglas, britischer Militärgouverneur und Oberbefehlshaber; Rudolf Amelunxen, erster, von den Briten ernannter Ministerpräsident; William Asbury, Regional Commissioner im neuen Land. (Hauptstaatsarchiv NRW, RWB 1440)

# V. SCHLUSSBETRACHTUNG

## *Die Entstehung des Landes Nordrhein-Westfalen – und was aus Sozialisierung und Kontrolle der Ruhrindustrie wurde*

Wenn der Offizier der britischen Kontrollkommission am 17. Juli in Berlin erklärte, die Gründung des Landes Nordrhein-Westfalen sei einzig und allein deshalb geschehen, um die Regierungs-, Wirtschafts- und Verwaltungsmöglichkeiten in der britischen Zone zu erleichtern[1], so war dies nur die halbe Wahrheit. Ausgangspunkt aller Überlegungen war die Kontrolle der Ruhrindustrie; mit dem neuen Land sollten dafür die Voraussetzungen geschaffen werden. Das aber wurde mit keinem Wort erwähnt, ebensowenig wie die Tatsache, daß – mit Blick auf Berlin, Kommunisten und Sowjets – ein starkes Land für ein föderalistisches Deutschland geschaffen werden sollte.

Das Ruhrgebiet war die „Waffenschmiede des Reiches“ gewesen und war damit für die Alliierten im Hinblick auf Deutschland von Anfang an das Sicherheitsproblem Nr. 1; aber es war auch das industrielle Herz Europas, ohne das es einen schnellen Wiederaufbau nicht geben würde. Man konnte mit Morgenthau die Bergwerke absaufen lassen und auch das Ruhrgebiet zu einem Ackerland machen; das wäre eine Politik gewesen, die lediglich das Chaos gefördert hätte, Ideen, die, so schnell wie sie in Washington im Zorn geboren waren, auch wieder verworfen wurden. Es hat noch während des Krieges im Zusammenhang mit einer möglichen Zerstückelung Deutschlands andere Pläne gegeben, am aussichtsreichsten schien noch die Gründung jenes Staates „Rhenania“ aus der Provinz Westfalen und dem gesamten linksrheinischen Gebiet. In den Wochen nach Kriegsende standen dann zwei andere Pläne zur Diskussion, die von der Sowjetunion auf der Potsdamer Konferenz geforderte Viermächte-Kontrolle, deren Beratung Außenminister Bevin unter Hinweis auf das Fehlen eines französischen Vertreters abblocken konnte – bis Außenminister Molotow diese Forderung dann auf der Außenminister-Konferenz in Paris erneuerte, und – sehr viel gravierender – die im September 1945 von der französischen Regierung gestellte Forderung nach politischer Abtrennung des Rheinlandes und des Ruhrgebietes, mit der Begründung, dies sei lebenswichtig für die Sicherheit Frankreichs und eine entscheidende Voraussetzung für die Sicherheit Europas und der Welt. Gravierender waren diese Forderungen insofern, als Frankreich den Kontrollrat in Berlin als Hebel zur Durchsetzung seiner Politik benutzte und in allen Fragen, die Deutschland als Ganzes betrafen, sein Veto einlegte: ohne Fortschritte in der Rhein-Ruhr-Frage keine Fortschritte in anderen Fragen! Die in Potsdam vereinbarten gesamtdeutschen Verwaltungsstellen gab es nicht, und daraus folgte, daß es auch sonst nichts Gesamtdeutsches gab: keine Parteien, keine Gewerkschaften, keine Post, keine Eisenbahn etc., mit dem für alle sichtbaren Ergebnis: die einzelnen Zonen entwickelten sich immer weiter auseinander und wurden zu hermetisch abgeschlossenen Einheiten. Vielleicht hatte dies den einen Vorteil, die Konturen der sowjetischen Deutschlandpolitik klarer hervortreten zu lassen; vielleicht ermöglichte

1 Vgl. S. 249.

aber auch gerade das Fehlen dieser Verwaltungsstellen diese Form der sowjetischen Politik. Wie dem auch sei: in London und vor allem bei der Kontrollkommission war man sich frühzeitig einig in der Ablehnung der französischen Pläne; eine Abtrennung der Ruhr hätte die Russen an den Rhein gebracht. Als seit Februar 1946 im Foreign Office Zweifel und Mißtrauen an der sowjetischen Politik im allgemeinen und der Deutschlandpolitik im besonderen wuchsen, zu einem Zeitpunkt, als Amerikaner und Sowjets zum Entsetzen der Briten im Alliierten Kontrollrat in Berlin aufs innigste zusammenarbeiteten und die Briten in ihrem Kampf für ein höheres deutsches Industrieniveau allein standen, wurde die Ruhrfrage zu einem der entscheidenden Themen im Kalten Krieg. In London setzte sich mehr und mehr die Überzeugung durch, daß die Amerikaner nicht verstanden, worum es ging, daß es nämlich Ziel der Sowjets war, mit Hilfe der ihnen ergebenen deutschen Kommunisten die Kontrolle über ganz Deutschland zu erringen, mit einer kommunistischen Zentralregierung in Berlin als Ausgangspunkt. Indizien schien es genug zu geben: neben der Haltung bei der Festlegung des Industrieniveaus

1. die forcierte Kampagne zur Zwangsfusion von KPD und SPD zur SED;

2. zwar immer noch Plünderungen und Beschlagnahmungen in der sowjetischen Zone, aber gleichzeitiger Aufbau der Industrie in Thüringen und Sachsen – zum eigenen Nutzen und als „Schaufenster" für den Erfolg kommunistischer Arbeit;

3. Teilnahme kleiner Nazis am politischen Leben und deren Aufnahme in die KPD – während im Westen zigtausende in Internierungslagern saßen;

4. Unterstützung zentralistischer Gewerkschaften;

5. verschärfte Angriffe gegen die britische Besatzungspolitik;

6. der Beginn einer intensiven Propaganda der Kommunisten für die Einheit Deutschlands und gegen die Abtrennung des Ruhrgebietes.

Unter diesen Umständen mußte einer zukünftigen kommunistischen Zentralregierung die Kontrolle über die Ruhr entzogen und gleichzeitig durch die Bildung starker Länder weiter geschwächt werden. Was bei den Franzosen noch lange „Sicherheit vor Deutschland" hieß, hieß bei den Briten als erste der drei Westmächte schon sehr früh „Sicherheit vor Rußland". Es galt, der „russischen Gefahr" zu begegnen, wobei als schlimmste aller Möglichkeiten ein deutsch-sowjetisches Zusammengehen oder ein von den Sowjets beherrschtes Deutschland als geradezu tödliche Gefahr an die Wand gemalt wurde. In diesem Umfeld galt es, eine Lösung für die Ruhrfrage zu finden. Angesichts der Probleme mit den Sowjets und Amerikanern bei der Festlegung des Industrieniveauplans wurde in London dann ernsthaft überlegt und erbittert darüber gestritten, ob es nicht doch besser sei, das Ruhrgebiet, ganz im Sinne Frankreichs, abzutrennen.

Der erste Ruhrplan, von Bevin initiiert und vom interministeriellen Planungsstab für Wirtschaft und Industrie (EIPS) ausgearbeitet, sollte den Ausweg zeigen: die Ruhrindustrie sollte internationalisiert werden, d. h. in den Besitz der Sieger übergehen, in erster Linie gedacht als Kompromiß gegenüber Frankreich, das man als potentiellen Bündnispartner erhalten und nicht ins Lager Moskaus abgleiten sehen wollte, aber auch gegenüber der Sowjetunion, die in jedem Fall eine wichtige Rolle spielen würde, sei es als Mitglied eines internationalen Kontrollregimes oder als Macht hinter der KPD.

Über die praktischen Schwierigkeiten bei der Realisierung dieses Planes war man sich von Anfang an im klaren. Die Fragen, um die es ging, lauteten denn auch:

Gab es eine Alternative zum EIPS-Plan? Gab es einen Plan, mit dem die britischen Ziele an der Ruhr besser erreicht werden konnten und mit dem gleichzeitig die Sowjets zumindest bis zur Klärung der politischen Verhältnisse in Deutschland vom Ruhrgebiet ferngehalten werden konnten – ohne daß dies den Briten von Moskau als antisowjetischer Schritt und Aufkündigung der Viermächte-Verwaltung vorgeworfen werden konnte – und mit dem außerdem noch die Gefahr, die von einer kommunistischen Regierung in Berlin ausgehen würde, so gering wie möglich gehalten werden konnte? Wie konnte man die betroffenen Deutschen zu größerer Mitarbeit gewinnen? Wie konnte man mehr Sicherheit erreichen und dennoch das Industriepotential an der Ruhr besser nutzen als beim ersten Ruhrplan und gleichzeitig noch einen sichtbaren Beweis dafür liefern, daß man bei der Lösung des Ruhrproblems Fortschritte erzielte?

Der zweite Ruhrplan: Bildung eines neuen Landes und Sozialisierung der Industrie schien diese Fragen zu beantworten, auch wenn er von seinem „Erfinder", einem pensionierten Colonel, weniger unter dem Aspekt der „russischen Gefahr" als unter dem der praktischen Undurchführbarkeit des ersten Ruhrplans entwickelt wurde. Dies schien noch andere Vorteile zu haben. War beim ersten Ruhrplan von Sozialisierung und deutschem öffentlichen Eigentum überhaupt nicht die Rede, so konnte man dies jetzt auch unter dem Aspekt fortschrittlicher Gesellschaftspolitik sehen und dementsprechend als Instrument in der innenpolitischen Auseinandersetzung in Deutschland einsetzen.

Ein neues Land sollte gegründet werden, um dann später entweder den ersten oder zweiten Ruhrplan zur Kontrolle der Ruhrindustrie zu realisieren; mit diesen Plänen wollte man Frankreich erst recht an seiner Seite halten, nachdem seit März/April 1946 feststand, daß das Ruhrgebiet nicht abgetrennt würde. Ein Land sollte auch gegründet werden, um der Öffentlichkeit, aber auch den Partnern zu zeigen, daß man handlungsfähig war und in der Ruhrfrage Fortschritte erzielte: Und es sollte ein Land sein, das mit einem bestimmten Maß an Autonomie die Zentralregierung in Berlin schwächen sollte – wenn es denn eine solche Regierung geben würde –, das sich aber auch in den geplanten föderalistischen Staatsaufbau (West-) Deutschlands einfügte.

Das neue Land mußte nicht unbedingt Nordrhein-Westfalen werden. Es hat auch darüber heftige Auseinandersetzungen in London gegeben.

Im Mai/Juni 1946 standen fünf Alternativen zur Diskussion:

1. nur der Ruhrstaat, d. h. das Ruhrgebiet, erweitert um einen Korridor bis zur holländischen Grenze, mit der Möglichkeit, daß der Rest der Nordrheinprovinz Teil der französischen Zone geworden wäre. (Unklar war, was mit dem Rest Westfalens geschehen sollte.)

2. Der Ruhrstaat und ein zweites Land aus dem Rest der Provinzen Nordrhein und Westfalen.

3. Der Ruhrstaat und ein zweites Land aus dem Rest der Provinzen Nordrhein und Westfalen und dem seit Juli 1945 in der französischen Zone gelegenen Teil der Rheinprovinz.

4. Der Ruhrstaat und ein zweites Land aus dem Rest der Nordrheinprovinz und dem Teil der Rheinprovinz in der französischen Zone. Der Rest Westfalens wäre Hannover angeschlossen worden.

5. Zwei Länder, entsprechend den beiden Provinzen Nordrhein und Westfalen, wobei das Land Nordrhein allerdings um Gebiete entlang einer Linie Dortmund/Bochum erweitert werden sollte.

Am Ende ging es nur noch um die Frage „großes oder kleines Land?“ Die Entscheidung fiel für das große Land, für Nordrhein-Westfalen. Ausschlaggebend dafür war letztlich das einstimmige Votum der Vertreter der Militärregierung. Die Argumente der „Männer vor Ort“ *für* Nordrhein-Westfalen und *gegen* jede andere Lösung sind oben zusammengefaßt. Nicht von geringstem Gewicht war dabei das Argument, daß die Deutschen in jener Region ein solches Land wünschten. Die Entscheidung für Nordrhein-Westfalen fiel, als man in der Auseinandersetzung mit dem Kommunismus mehr denn je auf die Zusammenarbeit mit den Deutschen in der eigenen Zone setzte. Hätten die Deutschen eine andere Lösung gewünscht, die Briten hätten sie ihnen wohl zugestanden, einmal ganz unabhängig von der Frage, inwieweit die eher konservativ eingestellten Militärs mit ihrem Votum auch bewußt eine Mehrheit der SPD in dem neuen Land verhindern wollten. Daß die SPD in einem solchen Land keine Mehrheit haben würde, ein Zusammenschluß von Nordrhein und Westfalen für die SPD geradezu „tödlich“ war, wie das Schumacher – wahrscheinlich zu spät – klarmachte[2], stand jedenfalls außer Frage – und dies wußte man auch innerhalb der Kontrollkommission.

Zum ersten Ministerpräsidenten des neuen Landes wurde Rudolf Amelunxen ernannt, der auch der Kandidat Adenauers war. Aus der Sicht der Briten sprachen vier Gründe für ihn: er war katholisch, ein fähiger Verwaltungsmann, eine starke Persönlichkeit, und er gehörte keiner Partei an. Erst die Schwierigkeiten bei der Bildung des Kabinetts – das dann ohne CDU-Beteiligung zustande kam – machten deutlich, daß man mit dieser Entscheidung einen „Kardinalfehler“ begangen hatte.

Und was blieb von Sozialisierung und Kontrolle der Ruhrindustrie?[3] Am 20. August 1946 wurde der zweite Teil jenes für die Entstehung Nordrhein-Westfalen historischen Beschlusses der britischen Minister vom 21. Juni verwirklicht: die Unternehmen der Eisen- und Stahlindustrie der britischen Zone wurden beschlagnahmt. Patrick Dean sah nun in der Sozialisierung die einzig fortschrittliche Alternative zum Kommunismus in Deutschland: „Wenn wir eine solche Politik nicht betreiben, werden wir die Kritik der SPD (und die der Russen) rechtfertigen, die SPD möglicherweise in die Arme der KPD treiben und damit die Ausbreitung russischen Einflusses in Deutschland ermöglichen“, notierte er am 9. Oktober. Darüber hinaus erhoffte er sich von einer kompromißlosen Sozialisierungspolitik, daß sie der Kritik von SPD

---

2 Vgl. S. 200.

3 Hierzu habe ich mich bereits an anderer Stelle ausführlicher geäußert: Rhein-Ruhr-Frage, S. 138–149; Reform und Realität, 1979; Deutsche Geschichte, S. 317–343; Sozialisierung, 1985, S. 135–150; vgl. ergänzend Lademacher, Sozialisierungspolitik, (1985), und Rudzio, Sozialisierungskonzept, S. 119–134. Außerdem Lademacher, Sozialisierungspolitik, in: C. Scharf/H.-J. Schröder, Die Deutschlandpolitik Großbritanniens, 1979.

und KPD den Boden entziehen und eine Annäherung des linken Flügels der CDU an die SPD ermöglichen werde.[4]

In diesem Sinne legte Bevin dem Kabinett wenige Tage später ein Memorandum vor, in dem er mit Nachdruck für die Sozialisierung plädierte.[5] Das Kabinett stimmte am 21. Oktober zu[6]; Bevin gab am 22. Oktober eine entsprechende Erklärung im Unterhaus ab.[7] Noch am selben Tag wurde im Foreign Office in Zusammenarbeit mit dem Control Office eine Kabinettsvorlage fertiggestellt, in der die nächsten Schritte festgelegt waren. Die Sozialisierung sollte demnach in drei Stufen durchgeführt werden: Stufe A sah die Einsetzung deutscher Treuhänder vor. Nach den Landtagswahlen sollten dann die Gesellschaften gegründet werden, die die sozialisierten Betriebe zu übernehmen hätten (Stufe B). Was die internationale Kontrolle (Stufe C) betraf, so wollte man sich nicht festlegen. London war nicht bereit, die eigene Kontrolle ohne Zwang aufzugeben. Bis zum Ende der Besatzungszeit sollten daher lediglich Beobachter aus den Vereinigten Staaten, Frankreich und den Beneluxländern zugelassen werden; eine Beteiligung der Sowjetunion wurde jetzt ausgeschlossen.[8]

Am 19. November 1946 beschloß das Kabinett, mit der ersten Stufe zu beginnen und deutsche Treuhänder für die Schlüsselindustrien zu ernennen – als sichtbares Zeichen dafür, daß man es mit der Sozialisierung ernst meinte.[9] Schon bei der Realisierung dieses Schrittes gab es dann aber erhebliche Schwierigkeiten. Es ging dabei u. a. um die Frage, ob Treuhänder jeweils für ein Land der britischen Zone oder für die britische Zone insgesamt ernannt werden sollten. Damit hing gleichzeitig die Frage zusammen, wer letztlich die Schlüsselindustrien übernehmen würde: die Landesregierungen oder eine mögliche Zentralregierung. Hynd plädierte jetzt für die Ernennung von Treuhändern auf Zonenebene und warnte vor einer von der CDU geführten Landesregierung in Nordrhein-Westfalen, die eine Sozialisierung wohl kaum durchführen werde. Es war Orme Sargent, der im Dezember mit einem bemerkenswerten Memorandum intervenierte, in dem er noch einmal deutlich machte, um was es bei der Gründung des neuen Landes und dem Beschluß zur Sozialisierung in erster Linie gegangen war: um zukünftige Sicherheit vor Deutschland. Die Landesregierung sollte die Industrien übernehmen, weil sie in jedem Fall schwächer war als die Zentralregierung.[10]

---

4 Aktennotiz P. Dean, 9. 10. 1946; W. Strang stimmte dieser Analyse am 11. 10. 1946 zu; O. Harvey las sie am 14. 10. 1946, handschr. Notiz. FO 371/55372/C 11985/2/18.

5 C. P. (46) 383. 17. 10. 1946. Secret. „Germany". CAB 129/13.

6 Der entsprechende Beschluß abgedruckt bei: Steininger, Deutsche Geschichte, S. 335.

7 Parliamentary Debates, House of Commons (Hansard), Bd. 427, 1946, Sp. 1510 ff.

8 Secret. C. P. (46) 398. 24. 10. 1946. Cabinet. „International Control of the Ruhr". Memorandum by the Secretary of State for Foreign Affairs. CAB 129/13. Abgedruckt bei: Steininger, Deutschland, Dok. 19, S. 308–312.

9 C. M. 98 (46). 19. 11. 1946. CAB 128/6.

10 Memorandum O. Sargent, 20. 12. 1946. FO 371/64363/C 3282/194/18. Dok. Nr. 243. Deutsche Übersetzung bei: Steininger, Deutsche Geschichte, S. 335 ff.

Im Frühjahr 1947 waren es dann die Regierungen Frankreichs, Belgiens, Hollands und Luxemburgs, die in London geradezu einen Proteststurm gegen die geplante Ernennung der Treuhänder auslösten. Während die Beneluxländer gegen die Sozialisierung ihres Besitzes protestierten, fühlte sich Frankreich durch eine Sozialisierung unmittelbar in seiner Sicherheit bedroht. Ideologische Gründe – wie wenig später bei den Amerikanern – spielten überhaupt keine Rolle. Außenminister Bidault betonte am 22. Februar 1947 gegenüber Botschafter Cooper, eine Fortsetzung dieser britischen Politik würde in Paris als „Bruch vieler Versprechungen" interpretiert. Die Ruhr gehöre Europa; würde die Industrie dort nationalisiert und einer deutschen Regierung übergeben, dann werde diese Regierung etwas besitzen, was keine deutsche Regierung jemals zuvor besessen habe; unter solchen Umständen würde er die Rückkehr von Herrn Stinnes vorziehen; dabei versäumte er nicht, auf die laufenden Bündnisverhandlungen hinzuweisen.[11]

Es wurden keine Treuhänder ernannt, und in einem dritten Anlauf, im Sommer 1947, intervenierten dann die USA massiv. Damals beschrieb B. A. B. Burrows die britische Position in der Sozialisierungsfrage sehr zutreffend folgendermaßen:

„Wir können die Amerikaner nicht vor den Kopf stoßen, oder wir bekommen keine Dollars; wir können die Deutschen nicht vor den Kopf stoßen, oder wir bekommen nicht *mehr* Kohle; wir können die Franzosen nicht vor den Kopf stoßen, oder wir schwächen die französische Regierung und verlieren ihre Unterstützung bei den laufenden Marshallplan-Verhandlungen; wir können die Sozialisierungspolitik nicht vollständig aufgeben, ohne daß es zu einem Aufschrei im Parlament kommt. Es ist fast unmöglich, eine Lösung zu finden, die alle zufriedenstellt."[12]

Angesichts ihrer ökonomischen Abhängigkeit von den Amerikanern übernahmen die Briten dann 1948 in der Sozialisierungsfrage notgedrungen die amerikanische Position, und die lautete:

1. die Schlüsselindustrien sind von so großer nationaler Bedeutung, daß ein *Landes*parlament und eine *Landes*regierung keine Sozialisierung beschließen kann.

2. Eine endgültige Entscheidung muß daher einer aus freien Wahlen hervorgegangenen (west-)deutschen Regierung überlassen bleiben.

Das schloß zumindest eine Sozialisierung nicht von vornherein endgültig aus und wurde daher im November 1948 vom britischen Kabinett als Erfolg gewertet. Daß nun möglicherweise doch eine Zentralregierung und keine Landesregierung die Industrien übernehmen würde, stand zwar im Gegensatz zu dem ursprünglich verfolgten Konzept, war aus Sicherheitsgründen aber noch am ehesten zu verschmerzen: das Land war geteilt, es würde keine Zentralregierung in Berlin geben, und eine kommunistische und von den Sowjets beherrschte erst recht nicht.

Im Sinne des mit den Amerikanern ausgehandelten Kompromisses hatte der britische Militärgouverneur, der jetzt Robertson hieß, bereits im August 1948 ein Gesetz zur Sozialisierung der Kohleindustrie abgelehnt, das im Landtag von Nordrhein-Westfalen mit den Stimmen von SPD, KPD und Zentrum gegen die FDP und bei Stimmenthaltung der CDU ordnungsgemäß zustandegekommen war.

---

11 Telegr. Nr. 166. Cooper an Foreign Office, 22. 2. 1947. FO 371/64363/C 3009/194/18.

12 Aufzeichnung B. A. B. Burrows, 31. 7. 1947. FO 371/64371/C 1070/194/18.

Die Briten mußten gegenüber den Amerikanern noch ein Zugeständnis machen. Diese hatten nämlich die alte britische Formel, wonach die Unternehmen auf keinen Fall ihren ehemaligen Besitzern zurückgegeben werden sollten, kategorisch abgelehnt. Der Kompromiß lautete nunmehr:

„Die Militärregierung hat beschlossen [...], nicht zu gestatten, daß jemand, von dem bekannt ist oder bekannt wird, daß er die Angriffspläne der nationalsozialistischen Partei gefördert hat, in eine Stellung zurückkehrt, in der ihm Eigentums- und Kontrollrechte zustehen würden."[13]

Die Briten blieben zwar in der Folgezeit ihren Prinzipien treu, aber die ganze Sozialisierungs- bzw. Eigentumsfrage wurde schließlich nach Gründung der Bundesrepublik einigermaßen obsolet. Die Gewerkschaften konzentrierten sich auf die Mitbestimmung, die SPD war im Bundestag in der Minderheit – das Thema wurde nicht mehr ernsthaft aufgegriffen –, und Adenauer, nun Kanzler jener frei gewählten Regierung, war schon immer ein erklärter Gegner jeder Sozialisierung gewesen. In der Öffentlichkeit verlor das Thema mit sichtbaren Erfolgen der sozialen Marktwirtschaft mehr und mehr an Attraktivität, ganz so wie es der amerikanische Militärgouverneur Clay schon im Oktober 1947 gegenüber seinem ehemaligen Mitarbeiter Draper vorausgesagt hatte: „Die Zeit ist auf unserer Seite. Wenn wir daher die Angelegenheit hinauszögern können, während die freie Unternehmerwirtschaft fortfährt zu arbeiten und wirtschaftliche Verbesserungen sich einstellen, dann wird sich die Frage dem deutschen Volk vielleicht gar nicht mehr stellen."[14] So kam es am 12. April 1951 zu einer Mehrheitsentscheidung der Alliierten Hohen Kommission: der britische Hohe Kommissar wurde von seinen amerikanischen und französischen Kollegen überstimmt. Damit wurde es möglich, die Aktien der neustrukturierten, entflochtenen Betriebe auf dem freien Markt anzubieten, und das hieß in der Praxis, daß die ehemaligen Besitzer der liquidierten Altkonzerne zu Eigentümern der Nachfolgegesellschaften werden konnten: nach Abschluß dieses Prozesses, im Jahre 1952, war man damit fast genau wieder beim Stand des Jahres 1945 angelangt.

Und was die Kontrolle der Ruhrindustrie betraf, womit ja eigentlich alles angefangen hatte, so bestand Frankreich, nachdem es die Abtrennung des Ruhrgebietes nicht hatte durchsetzen können, mehr denn je auf dieser Kontrolle. Frankreich war es auch, das bis zur endgültigen Lösung 1951 Kontrolle und Eigentum der Ruhrindustrie immer als Einheit betrachtete. Es war nach wie vor aus Sicherheitsgründen gegen eine Sozialisierung. Im Sommer 1948, im Zusammenhang mit den Entscheidungen des Westens zur Gründung der Bundesrepublik, wurde Frankreich dann von den USA und Großbritannien eine Beteiligung an der Kontrolle zugestanden. Allerdings konnte es seine Forderung nach Internationalisierung des Besitzes und Internationalisierung des Managements der Industrie nicht durchsetzen. Übrig blieb lediglich die *Aufteilung* von Kohle-, Eisen- und Stahlproduktion zwischen Export und deutschem Verbrauch. Am Ende stand das *Ruhrstatut* und die *Internationale Ruhrbehörde,* die all dieses regeln sollte. Von deutscher Seite wurde das zwar zunächst

13 So dann auch die Präambel des anglo-amerikanischen Gesetzes Nr. 75 v. 10. 11. 1948 über die „Umgestaltung des deutschen Kohlenbergbaus und der deutschen Eisen- und Stahlindustrie". Verordnungsblatt für die britische Zone, Jahrgang 1948, Nr. 57 v. 11. 12. 1948, S. 367 ff.

14 Zit. bei: Gimbel, Amerikanische Besatzungspolitik, S. 225.

abgelehnt; es mehrten sich aber die Stimmen, die das Ruhrstatut als einen Schritt auf dem Weg der Integration der Schwerindustrie ganz *Westeuropas* ansahen. Der Ministerpräsident von Nordrhein-Westfalen, Karl Arnold, schlug Anfang 1950 vor, anstelle einer einseitigen Kontrolle einen völkerrechtlichen Zweckverband auf genossenschaftlicher Grundlage zu errichten, in dem die westeuropäischen Staaten ihre Kohle- und Erzvorkommen einbringen konnten.

Arnold nahm damit vorweg, was der französische Außenminister Robert Schuman am 9. Mai 1950 verkündete: den später nach ihm benannten Plan, eine europäische Gemeinschaft für Kohle und Stahl zu schaffen. Am 18. April 1951 wurde in Paris der entsprechende Vertrag unterzeichnet – ohne die Teilnahme Großbritanniens. Damit war – wenigstens teilweise – das realisiert worden, was Bevin unter ganz anderen Umständen als Vision in der Besprechung am 3. Januar 1946 angesprochen hatte: die Ruhr als Ausgangspunkt zur Schaffung einer Wirtschaftsgemeinschaft der europäischen Staaten.[15] Ihm selbst sollte es freilich nicht mehr vergönnt sein, dies noch zu erleben: wenige Tage zuvor, am 10. April 1951, war er gestorben.

---

15 Siehe oben, S. 123, und Dok. Nr. 63.

## Verzeichnis der übersetzten Dokumente


1 23. 1. 1945: Bildung eines separaten Staates „Rhenania“. Memorandum des Foreign Office ........................ 271

2 16. 9. 1945: Das Rheinland und die Ruhr. Unterredung zwischen Ernest Bevin und Georges Bidault in Chequers ........................................ 273

3 21. 2. 1946: Die zukünftige Deutschlandpolitik. Aufzeichnung von Sir Orme G. Sargent für Ernest Bevin ....... 274

4 11. 3. 1946: Abtrennung des Ruhrgebietes oder Internationalisierung der Ruhrindustrie? Memorandum von Ernest Bevin für den Kabinettsausschuß „Deutsche Industrie“ ........................................ 275

5 15. 3. 1946: Gegen Abtrennung des Ruhrgebietes, für Internationalisierung der Ruhrindustrie. Sitzung des Kabinettsausschusses „Deutsche Industrie“ ........ 282

6 10. 4. 1946: Sozialisierung der Ruhrindustrie. Aufzeichnung von Edmund L. Hall-Patch für Sir Orme G. Sargent 283

7 12. 4. 1946: Errichtung eines neuen Landes durch Zusammenschluß von Nordrhein und Westfalen. Aufzeichnung von Edmund L. Hall-Patch ................. 285

8 17. 4. 1946: Entscheidung für ein neues Land – aber noch keine Entscheidung über die Kontrolle der Ruhrindustrie. Sitzung des britischen Kabinetts ......................... 286

9 7. 5. 1946: Die Kontrollkommission ist für den Zusammenschluß von Nordrhein und Westfalen. Sir William Strang (Berlin) an Foreign Office .............. 288

10 10. 5. 1946: Der britische Außenminister ist gegen ein großes Land. Ernest Bevin (britische Delegation in Paris) an Foreign Office ... 289

11 28. 5. 1946: Mit Hilfe der Deutschen gegen den Kommunismus. Memorandum von Luftmarschall Sir Sholto Douglas ......... 290

12 3. 6. 1946: Die Suche nach einem Kompromiß. Aufzeichnung von Sir Oliver Harvey für Ernest Bevin ......... 291

13 6. 6. 1946: Vorentscheidung für Nordrhein-Westfalen. Besprechung im Foreign Office ........................... 292

14 11. 6. 1946: Die „Geburtsurkunde“ Nordrhein-Westfalens. Memorandum von Ernest Bevin für das Overseas Reconstruction Committee ........................................ 300

15 19. 6. 1946: Widerstand von Deutschlandminister John Hynd – zwei Länder an der Ruhr. Aufzeichnung von Patrick Dean für Sir Orme G. Sargent ....... 304

16 21. 6. 1946: Die Entscheidung für Nordrhein-Westfalen. Sitzung des Overseas Reconstruction Committee ............ 306

17 21. 6. 1946: Kurt Schumacher gegen Nordrhein-Westfalen. Sir William Strang (Berlin) an Foreign Office ............... 309

18 27. 6. 1946: Überlegungen zur Entscheidung für Nordrhein-Westfalen.
Patrick Dean an Bernard A. B. Burrows (britische Delegation in Paris) ........................................ 310
19 28. 6. 1946: Unterrichtung der Kontrollkommission über die Entscheidung für Nordrhein-Westfalen.
Kontrollamt (London) an Kontrollkommission (Berlin) ........ 311
20 1. 7. 1946: Sir William Strang zur Entscheidung für Nordrhein-Westfalen.
Sir W. Strang (britische Delegation in Paris) an Patrick Dean (Foreign Office) ........................................ 312
21 1. 7. 1946: Die nächsten Schritte zur Errichtung des Landes.
Kontrollkommission (Berlin) an Kontrollamt (London) ........ 314
22 2. 7. 1946: Das neue Land und die Alliierten.
Ernest Bevin (britische Delegation in Paris) an Foreign Office ... 315
23 5. 7. 1946: Zustimmung des Kontrollamtes zum weiteren Vorgehen.
Kontrollamt (London) an Kontrollkommission (Berlin) ........ 316
24 16. 7. 1946: Unterrichtung und Reaktion der deutschen Parteiführer.
Sir Brian Robertson (Berlin) an Kontrollamt (London) ......... 317

## 1.[1]

## 23. 1. 1945: Memorandum des Foreign Office

*PRO, FO 371/46720/C 322/22/18. „Rhenania“[2]. Zusammenfassung und Ergebnisse. Streng geheim.*

1. Die Idee einer Sonderregelung für das Rheinland und das Ruhrgebiet wird seit einiger Zeit ventiliert. Die Franzosen haben in den letzten Wochen starkes Interesse an dieser Frage gezeigt und in Gesprächen verschiedene Vorschläge gemacht. Obwohl diese noch keinesfalls präzise ausformuliert sind und noch nichts Schriftliches vorliegt, sieht es so aus, als ließen sich die Franzosen in ihren Überlegungen von zwei Prinzipien leiten:

(a) Dieses Gebiet – möglicherweise ergänzt um einige angrenzende Gebiete – soll auf Dauer militärisch besetzt werden.

(b) Die Industrie in diesem Gebiet soll auf Dauer kontrolliert werden.

2. Die Haltung der verschiedenen an diesem Problem interessierten Mächte bis zum gegenwärtigen Zeitpunkt kann folgendermaßen zusammengefaßt werden: Die Regierung Seiner Majestät hat ihre Zustimmung zu dieser Idee signalisiert, unter der Voraussetzung, daß die Methoden, wie die Kontrolle ausgeübt werden soll, überprüft werden. Zur Haltung der amerikanischen Regierung läßt sich nur schwer etwas sagen, aber auf der Konferenz von Teheran hat Präsident Roosevelt für eine internationale Verwaltung von Ruhrgebiet und Saar plädiert. Die sowjetische Regierung soll nach Aussage der Franzosen den französischen Vorschlägen zugestimmt haben. Die Haltung der holländischen Regierung ist nicht bekannt, jene der belgischen ist möglicherweise nicht ablehnend, obwohl sie die Vorstellung einer französischen Vorherrschaft in diesem Gebiet beunruhigt.

3. Die Frage ist vom Planungsausschuß für Wirtschaft und Industrie und vom Planungsausschuß für Nachkriegsfragen untersucht worden. Auch die Stabschefs prüfen die Sache, haben aber noch keinen Schlußbericht vorgelegt.

4. Die Ergebnisse, soweit sie vorliegen, lassen sich folgendermaßen zusammenfassen:

(a) Eine dauernde militärische Besetzung Rhenanias ohne Errichtung eines besonderen politischen Regimes dort würde ein erhebliches Maß an Sicherheit bringen, sowohl in strategischer Hinsicht wie auch als ein Mittel, Druck auf die deutsche Regierung auszuüben. Obwohl damit für die beteiligten Mächte eine andauernde und möglicherweise erhebliche militärische Verpflichtung verbunden wäre, könnte andererseits die Besetzung im übrigen Deutschland eventuell früher als vorgesehen beendet werden.

---

1 Entspricht Dok. Nr. 12 in der Edition „Ruhrfrage“.

2 Mit „Rhenania“ war gemeint: die Provinzen Rheinland und Westfalen (ohne den Regierungsbezirk Minden) und die Saar; evtl. sollte noch die Pfalz hinzugefügt werden, um Deutschland so das gesamte linksrheinische Gebiet zu entziehen. Vgl. auch Karte Nr. 2, S. 11.

(b) Die Errichtung eines besonderen wirtschaftlichen Kontrollsystems in Ergänzung zur militärischen Besatzung könnte militärisch erhebliche Vorteile bringen und im Hinblick auf die Wirtschaft mehr Sicherheit bieten als dies bei jedem anderen bislang diskutierten Vorschlag der Fall ist – immer vorausgesetzt, daß die Kontrollen aufrechterhalten werden. Im Zusammenhang mit der Besatzung wäre damit anfangs wahrscheinlich eine noch größere Verpflichtung verbunden, d. h. erhebliche Vermehrung des alliierten Verwaltungspersonals und möglicherweise zusätzliche Leute für die Leitung der Industrien in Rhenania. Aber das würde langfristig ausgeglichen, falls die Besatzung im übrigen Deutschland früher als geplant beendet werden könnte.

(c) Damit das besondere wirtschaftliche Kontrollsystem mehr als nur eine geringe Erfolgschance hat, müßte Rhenania vollständig und auf Dauer vom übrigen Deutschland abgetrennt werden.

(d) Eine eigene Regierung für Rhenania unter alliierter Kontrolle wäre besser, als wenn das Land dauernd von einer alliierten Kommission regiert würde. Beide Lösungen würden erhebliche politische Verpflichtungen mit sich bringen. Die Besatzungsmächte müßten möglicherweise mit einer andauernden Agitation für die Wiedervereinigung mit Deutschland rechnen. Die Forderungen nach Hilfe und Unterstützung könnten groß sein. Die Verantwortung für den Wiederaufbau des Landes, die man nicht so ohne weiteres von sich weisen könnte, wäre groß. Schließlich könnte es auch noch zu Problemen zwischen den verschiedenen Besatzungsmächten kommen, die im schlimmsten Fall zu einer frühzeitigen Beendigung des Besatzungsregimes führen könnten.

(e) Sollten aus irgendeinem Grund das wirtschaftliche Kontrollsystem und die militärische Besatzung frühzeitig beendet werden, würde Deutschland ein gefährliches Kriegspotential zur Verfügung stehen. Durch die Abtrennung der Industrie Rhenanias vom übrigen Deutschland in der Zeit der alliierten Kontrolle hätten die Alliierten allerdings etwas Zeit gewonnen, bis Deutschland wieder eine funktionierende Kriegsindustrie aufgebaut hat.

(f) Neben Frankreich würden Großbritannien, die Sowjetunion, die Niederlande und Belgien zu jenen Mächten gehören, die an einer dauernden Besatzung und/oder Kontrolle des Gebietes teilnehmen würden. Die Vereinigten Staaten würden zweifelsohne auch eingeladen, aber es ist nicht möglich zu sagen, ob sie diese Einladung auch annehmen würden.

5. Es ist offensichtlich, daß der militärische Teil des französischen Vorschlages mehr Sicherheit bietet als jener im Hinblick auf Abtrennung und wirtschaftliche Kontrolle des Gebietes. Zum letzten Punkt ließe sich zusammenfassend sagen, daß damit, falls die Sache funktionierte, ein größeres Maß an Sicherheit im Hinblick auf eine zukünftige deutsche Aggression gewonnen würde als bei jedem anderen bislang diskutierten Vorschlag; ein Erfolg würde allerdings davon abhängen, daß

(a) die Besatzungsmächte, deren Interessen an diesem Kontrollsystem unterschiedlich gelagert sind, auf Dauer eng zusammenarbeiten müßten, und

(b) sie an dieser Politik auch angesichts eines möglicherweise wachsenden Widerstandes von seiten der Bevölkerung Rhenanias festhalten müßten.

Es wäre daher verfrüht, uns auf irgendeinen Plan dauernder wirtschaftlicher Kontrolle festzulegen, bevor nicht die ganze Frage weiter untersucht worden ist und bevor nicht bekannt ist, was genau die Franzosen wollen. [...]

## 2.[1]

## 16. 9. 1945: Unterredung zwischen Ernest Bevin und Georges Bidault in Chequers

*PRO, FO 371/46723/C 6134/22/18. Aufzeichnung über ein Gespräch im Anschluß an ein Abendessen in Chequers am Sonntag, dem 16. September 1945. Geheim. Anwesend: C. Attlee, E. Bevin, D. Cooper, J. Burke, P. Dixon, G. Bidault, R. Massigli.*

M. Bidault sagte, daß zwei Fragen die französisch-britischen Beziehungen z. Zt. belasteten: erstens die Levante, zweitens die Ruhr. Er fuhr dann fort und erläuterte die französische Haltung im Hinblick auf die Levante, wobei er bemerkte, er wolle ganz offen und ohne Zurückhaltung reden.

[...]

*Das Rheinland und die Ruhr*

Der Außenminister [Bevin] wies darauf hin, daß wir die Frage betr. Rheinland und Ruhr z. Zt. noch prüfen würden und noch zu keinem abschließenden Ergebnis gekommen seien. M. Bidault sagte, bei ihm sei das genauso.

Der Außenminister erläuterte, daß wir daran dächten, irgendeine Regelung zu treffen, wonach die Organisation der Ruhrindustrie erhalten bleiben, aber keine Gefahr mehr von den Unternehmen ausgehen solle. Industrielle wie Krupp sollten ausgeschaltet und eine Organisation gegründet werden, an der Holländer als Einzelpersonen, nicht aber als Vertreter der Regierung teilnehmen sollten. Wir dächten auch daran, die Endfertigung bestimmter metallverarbeitender Industrien nach England und Frankreich zu verlagern, um die Handelsbilanz zu verbessern und sicherzustellen, daß an der Ruhr nicht wieder eine Rüstungsindustrie aufgebaut würde. Er verwies auf die Potsdamer Konferenz, wo er sich geweigert habe, den Vorschlag von Marschall Stalin zu akzeptieren, das Ruhrgebiet als Teil Deutschlands zu behandeln, und betont habe, diese Frage könne ohne Frankreich nicht erörtert werden, und er sagte dann, *wir seien für die Bildung einer Republik Rhenania.*[2] Er nehme an, dies sei auch die Position Frankreichs. Das Gebiet sollte nicht unter internationale Kontrolle gestellt werden, weil sonst die Russen ins Spiel gebracht würden.

---

1 Entspricht Dok. Nr. 22 in der Edition „Ruhrfrage“.
2 Im Original unterstrichen; am Rand angestrichen.

M. Bidault stimmte Mr. Bevins letzter Bemerkung zu und sagte, General de Gaulles ursprüngliche Absicht sei es gewesen, das gesamte Rheinland für immer unter französische Kontrolle zu stellen. Im Hinblick auf das Ruhrgebiet habe er immer die Meinung vertreten, in diesem Gebiet irgendein internationales Regime zu installieren, an dem England, Holland und Belgien teilnehmen sollten. Den Ausführungen Bidaults war zu entnehmen, daß General de Gaulle seine Ansicht, das Rheinland unter ausschließlich französische Kontrolle zu stellen, in der Zwischenzeit etwas modifiziert hat. M. Bidault fügte hinzu, er verstehe die Gründe für Mr. Bevins Vorschläge, die er begrüße.

Der Außenminister schlug vor, daß wir und die Franzosen einen Gedankenaustausch auf Expertenebene durchführen sollten; jede Seite sollte ihre Informationen und Vorschläge dabei einbringen. Danach könnte dann eventuell eine endgültige Entscheidung getroffen werden. M. Bidault sagte, er akzeptiere diesen Vorschlag.

## 3.[1]

## 21. 2. 1946: Aufzeichnung von Sir Orme G. Sargent für Ernest Bevin

*PRO, FO 371/C 2969/2/18.*

Ich hoffe, Sie werden Zeit finden, die zwei [beiliegenden] Memoranden[2] zu lesen; darin werden bestimmte Aspekte des deutschen Problems, auf die wir schon sehr bald Antworten finden müssen, sehr deutlich herausgearbeitet. Zum Beispiel:

1) Sollen wir versuchen, um den Unglückstag [an dem Deutschland unter russischem Einfluß wiedervereinigt wird] zu verhindern, die gegenwärtige Zonenverwaltung, d. h. die Alliierte Militärregierung und die militärische Besatzung der verschiedenen Zonen so lange wie möglich fortzusetzen und damit die Bildung einer deutschen Zentralregierung verzögern?

Können wir das tun, ohne damit gleichzeitig auch die Verpflichtung zu übernehmen, die Deutschen in unserer Zone weiter zu ernähren und zwar so, daß es nicht zu Unruhen und Krankheiten kommt?

2) Müssen wir weiter von der Annahme ausgehen, daß die sowjetische Regierung alles in ihrer Macht Stehende tun wird, um sicherzustellen, daß die neue deutsche Regierung, die eines Tages gebildet werden muß, kommunistisch ist und von den Sowjets kontrolliert wird?

3) Wenn dem so ist, können wir es verhindern, indem wir den nicht-totalitären Parteien, wo immer möglich, Hilfe und Unterstützung gewähren, um sie als Gegengewicht zu den von den Russen kontrollierten Parteien aufzubauen?

---

1 Entspricht Dok. Nr. 88 in der Edition „Ruhrfrage".

2 Dok. Nr. 83 und 87 in der Edition „Ruhrfrage". Vgl. auch oben, S. 164.

Falls wir das nicht tun, können wir dann von den nicht-totalitären Parteien erwarten, daß sie dem kommunistischen Druck lange standhalten, insbesondere dann, wenn Briten und Amerikaner ihre Truppen abgezogen haben und die Industrieproduktion so niedrig bleibt, daß chronische Arbeitslosigkeit die Folge ist?

4) Wenn wir nicht verhindern können, daß die deutsche Regierung von den Kommunisten kontrolliert wird, sollten wir dann nicht versuchen, auf jeden Fall aus diesem Trümmerhaufen das Ruhrgebiet zu retten, indem wir es (a) der wirtschaftlichen Kontrolle und (b) der politischen Kontrolle der deutschen Regierung entziehen?[3]

3 E. Bevin notierte am Rand: „Ist das denn nicht alles Teil der Überlegungen Frankreichs und Harveys?" Vgl. Faksimileabbildung Nr. 2, S. 165.

## 4.[1]

## 11. 3. 1946: Memorandum von Ernest Bevin für den Kabinettsausschuß „Deutsche Industrie"

*PRO, CAB 129/9. Gen. 121/1. Kabinett. Ausschuß für deutsche Industrie[2]. „Die Zukunft Deutschlands und der Ruhr." Memorandum des Außenministers. Streng geheim.*

*Zusammenfassung*

Ich muß meinen Kollegen eine Reihe von Problemen vorlegen, die weitreichende Fragen aufwerfen. Die Antworten sind nicht leicht, und doch müssen sie gefunden werden. Sie können nicht ewig aufgeschoben werden. Die französische Regierung drängt auf eine schnelle Antwort auf ihre Vorschläge für die Ruhr und das Rheinland, und sie hat jetzt eine Viermächtekonferenz angeregt, auf der diese Vorschläge beraten werden sollen. Zudem erwartet sie vorab eine Entscheidung im Hinblick auf die Saar. [...]

2. Ich bitte daher meine Kollegen um ihre Meinung, welchen Kurs ich in den bevorstehenden Verhandlungen mit den Regierungen Frankreichs, der Vereinigten Staaten und der Sowjetunion verfolgen soll. Um die Beratungen und Entscheidungen zu erleichtern, habe ich folgende Arbeitsthesen formuliert, die, so meine ich, sämtliche Fragen abdecken.

(1) Die Ruhr: Liegt es im britischen und allgemeinen Interesse, daß dieses Gebiet mit seiner Industrie und seinen Bodenschätzen wirtschaftlich gesunden und zu einem positiven Element beim Wiederaufbau Europas werden soll?

1 Entspricht Dok. Nr. 97 in der Edition „Ruhrfrage".

2 Mitglieder dieses „Committee on German Industry" waren: Premierminister Clement Attlee, Außenminister Ernest Bevin, Finanzminister Hugh Dalton, Handelsminister Stafford Cripps, Lord President of the Council Herbert Morrison.

(2) Wenn die Antwort ja lautet, wie läßt sich das am besten verwirklichen? Indem

(a) die Industrie so lange unter britischer Kontrolle bleibt, wie die Besetzung der britischen Zone andauert, um sie dann der deutschen Regierung zu übergeben – mit oder ohne bestimmte Sicherungen;

(b) Besitz und Kontrolle der Ruhrindustrie internationalisiert werden, das Gebiet am Ende aber an Deutschland zurückgegeben wird;

(c) Besitz und Kontrolle der Ruhrindustrie internationalisiert werden – das Gebiet aber gleichzeitig von Deutschland abgetrennt und daraus ein eigener Staat unter internationaler Kontrolle gemacht wird.

(3) Was 2 (a) betrifft, so stellt sich die Frage, wie lange wir noch in der Lage sind, die militärische Besetzung unserer Zone und die Ernährung der Deutschen dort fortzusetzen. Wenn die Aussichten in diesem Punkt schlecht sind, sollten wir dann nicht auf die frühzeitige Bildung einer deutschen Zentralregierung hinarbeiten, die für ganz Deutschland, einschließlich der Ruhr, verantwortlich ist?

(4) Wenn entschieden wird, das Ruhrgebiet bei Deutschland und unter deutscher Oberhoheit zu lassen, können wir dann damit rechnen, daß Amerikaner und Sowjets ihre Zustimmung geben für eine Anhebung des Industrieniveaus für ganz Deutschland über das hinaus, was sie als notwendig für ihre Sicherheit erachten, d. h. Änderung der in Potsdam getroffenen Entscheidung? Können wir darauf hoffen, zu einer Vereinbarung für eine positive und nicht lediglich negative und obstruktive Politik im Hinblick auf eine Ruhr zu kommen, die in deutschem Besitz bleibt?

(5) Was 2 (b) betrifft: Kann die Ruhrindustrie erfolgreich arbeiten, wenn Besitz und Kontrolle internationalisiert sind, das Land aber deutsch bleibt und von einer deutschen Regierung verwaltet wird? Inwieweit müssen wir dabei damit rechnen, daß die Regierung in Berlin kommunistisch ist oder von den Sowjets kontrolliert wird? Würden damit die Risiken größer, wenn die Ruhrindustrie bei Deutschland bliebe, selbst wenn dann eher damit zu rechnen wäre, daß die Sowjets einer Verbesserung des Lebensstandards dort zustimmen würden?

(6) Was 2 (c) betrifft: Nehmen wir einmal an, unsere Forderungen könnten nur durch die Abtrennung des Ruhrgebietes von Deutschland erfüllt werden – würde eine internationale Verwaltung funktionieren? Könnten wir sicher sein, daß langfristig die politische und wirtschaftliche Situation für uns oder für die Deutschen dadurch nicht schlechter würde als bei Fortdauer des gegenwärtigen Zustandes, wo wir so lange allein für die britische Zone verantwortlich sind, wie wir dort Besatzungsmacht sind?

(7) Die Saar: Sollen wir die Forderung Frankreichs unterstützen, die Bergwerke wieder in französischen Besitz übergehen zu lassen und das Gebiet selbst der französischen Zollunion anzuschließen, unbeschadet der endgültigen Entscheidung für die Ruhr und das Rheinland? Dies würde die französische Wirtschaft stärken und Frankreichs Sicherheitsgefühl steigern.

(8) Sollen wir den französischen Vorschlag unterstützen, das gesamte deutsche Gebiet westlich des Rheins in einen unabhängigen Staat umzuwandeln? Falls das

Ruhrgebiet von Deutschland abgetrennt und internationalisiert wird, spräche mehr dafür, das Gebiet auf dem linksrheinischen Ufer abzutrennen. Sollten wir uns in jedem Fall gegen eine dauernde militärische Besetzung dieses Gebietes durch französische, belgische, luxemburgische und holländische Truppen aussprechen?

(9) Sollen wir dem Vorschlag von Mr. Byrnes für einen Viermächte-Vertrag zur Entmilitarisierung Deutschlands zustimmen, der nach dem Ende der alliierten Besatzung ein Viermächte-Kontrollsystem vorsieht? Sollen wir im Vertrag Vorsorge dafür treffen, daß bestimmte Schlüsselgebiete in Deutschland auch weiter auf Dauer von den vier beteiligten Mächten besetzt bleiben können und daß eine eventuelle Regelung für die Ruhr mit berücksichtigt wird?

## *I. DIE LAGE IN OSTEUROPA*

[...]

## *II. WESTDEUTSCHLAND*

(siehe Karte 1)[3]

[...]

## *III. DIE ZUKUNFT DES RUHRGEBIETES*

12. Angesichts dieser Situation ist klar, welche Bedeutung der Zukunft des Ruhrgebietes zukommt. Die Bodenschätze dort können nicht zerstört werden, die gut ausgebildete Bevölkerung muß leben können, aber von dem, was produziert wird, darf keine Gefahr mehr ausgehen. Ich habe eine Lösung des Problems darin gesehen zu versuchen, Europa die Angst vor der Ruhr dadurch zu nehmen, daß die Industrien in ein gemeinwirtschaftliches Unternehmen überführt werden sollten, das von einer internationalen Behörde kontrolliert werden sollte. Ich wollte damit sicherstellen, daß in diesem Gebiet keine Rüstungsgüter mehr produziert würden, sondern ganz Europa mit dringend benötigten Gütern für die Friedenswirtschaft versorgt würde, wobei die Produktion mit den entsprechenden Industrien der beteiligten Länder abgestimmt werden sollte. Ich habe daher vorgeschlagen, das Eigentum an den Schlüsselindustrien einer internationalen Gesellschaft zu übertragen; die Besitzanteile sollten dabei nicht von Privatleuten, sondern von Regierungen gehalten werden. Meine Absicht war es auch, die Produktion im Ruhrgebiet auf Halbfertigwaren zu beschränken, die Weiterverarbeitung sollte dann woanders in Europa stattfinden. Um die Zustimmung Rußlands zu diesem Plan zu bekommen, habe ich vorgehabt, Rußland von Anfang an zu beteiligen.

3 Hier Karte Nr. 7, S. 16.

*Der E. I. P. S.[4]-Plan*

13. Ich habe daher E. I. P. S. beauftragt, entsprechend diesen Überlegungen einen Plan auszuarbeiten, bei dem das Gebiet, um das es geht, bei Deutschland verbleibt, aber auf unbestimmte Zeit von einer internationalen Truppe besetzt wird.

14. Der Plan, den E. I. P. S. ausgearbeitet hat, ist als Annex A beigelegt.[5] Allgemein gesagt sieht er vor, wirtschaftliche Kontrolle durch Besitz oder Teilbesitz von ganz bestimmten Unternehmen auszuüben. Er geht davon aus, daß der in Potsdam festgelegte Reparationsplan durchgeführt wird, daß ganz Deutschland für mindestens fünf weitere Jahre besetzt bleibt, und daß das Gebiet, in dem die Schlüsselindustrien liegen, um die es geht, von einer internationalen Streitmacht auf Dauer besetzt wird. Er geht auch davon aus, daß die Sowjets an der Kontrolle teilnehmen. Bei dem vorgeschlagenen Gebiet handelt es sich um den nördlichen Teil der Rheinprovinz und den südlichen Teil Westfalens. Der Plan sieht auch vor, daß unter gewissen Umständen zur Abrundung der Kontrolle bestimmte Unternehmen außerhalb dieses Gebietes übernommen werden können.

15. Bei den Industrieunternehmen handelt es sich um die wichtigsten Kohle- und Stahlkonzerne, einschließlich der Hermann Göring Werke in Salzgitter (außerhalb dieses Gebietes), sowie um Chemie-, Maschinenbau- und öffentliche Versorgungsunternehmen. Die Besitzanteile an diesen Unternehmen würden einer internationalen Holdinggesellschaft übertragen, das Stimmrecht würde bei den beteiligten Mächten liegen.[6] [...]

*Der französische Plan (siehe Karte 2)*[7]

21. Die französische Regierung hat sich ebenfalls Gedanken über das Ruhrproblem gemacht. Schon im August 1944 hat M. Massigli Mr. Eden den Wunsch seiner Regierung unterbreitet, das Rheinisch-Westfälische Industriegebiet auf Dauer zu besetzen, ein besonderes politisches Regime dort zu installieren und seine Wirtschaft nach Westen auszurichten. Auf der Außenministerkonferenz in London im September 1945 hat M. Bidault ein Memorandum vorgelegt, in dem es hieß, „die endgültige Abtrennung dieses Gebietes, einschließlich des Ruhrgebietes, von Deutschland ist unerläßlich für den Schutz der französischen Grenze und eine wesentliche Voraussetzung für die Sicherheit Europas und der Welt.“ Die Konferenz beschloß, die in dem französischen Memorandum aufgeworfenen Fragen in Sondierungsgesprächen auf diplomatischem Wege abzuklären und dann zur weiteren Beratung und Beschlußfassung dem Rat der Außenminister vorzulegen.

22. Kurz nach der Londoner Konferenz sind französische Experten nach London gekommen, um die französischen Vorschläge zu erläutern. Der Abschlußbericht

4 Economic and Industrial Planning Staff (Planungsstab für Wirtschaft und Industrie); s. oben, S. 32.

5 Hier nicht abgedruckt. Entspricht Dok. Nr. 77 in der Edition „Ruhrfrage“. E. I. P. S. hatte den Plan am 4. 2. 1946 fertiggestellt.

6 Die vier Großmächte sollten je 20 % der Anteile, Holland 10 % und Belgien und Luxemburg zusammen 10 % erhalten. Vgl. oben, S. 130.

7 Hier Karte Nr. 8, S. 17.

über diese Gespräche ist als Annex B beigelegt.[8] Die Franzosen haben inzwischen auch Gespräche mit den Regierungen der USA, der Sowjetunion, Belgiens und der Niederlande geführt, aber deren Haltung ist uns noch nicht mitgeteilt worden. Wie zu sehen ist, geht es den Franzosen bei ihren Vorschlägen um zukünftige Sicherheit. Sie vertreten die Ansicht, daß die Deutschen außerordentlich unzufrieden sein werden mit der endgültigen Friedensregelung, weil darin der Verlust der Ostgebiete festgeschrieben wird, und nur durch die Abtrennung von Ruhrgebiet und Rheinland könnten sie mit Erfolg an einer erneuten Aggression gehindert werden. Die Franzosen versuchen nicht, ihre Vorschläge mit wirtschaftlichen Überlegungen zu begründen; aus ihrer Sicht sprechen allerdings keine wirtschaftlichen Gründe gegen ihre Vorschläge. Sie behaupten, daß nur so die großen Ressourcen des Ruhrgebietes gefahrlos zum allgemeinen Wohl genutzt werden können. Die Franzosen geben jedoch offen zu, daß es sehr gefährlich wäre, ein neues Regime im Ruhrgebiet zu errichten und dies dann irgendwann später aufgrund von Meinungsverschiedenheiten unter den Kontrollmächten oder aus anderen Gründen wieder aufzugeben.

*(a) Das Ruhrgebiet*

23. Der französische Plan sieht die vollständige und dauerhafte Abtrennung der Gebiete westlich des Rheins und des Ruhrgebietes von Deutschland vor. Das Ruhrgebiet würde als separate politische Einheit mit etwa 5 Mio. Einwohnern organisiert, die politisch und wirtschaftlich einem internationalen Regime unterworfen ist. Die vier Besatzungsmächte in Deutschland würden dieses Regime errichten, Belgien, Luxemburg und Holland würden später aufgefordert, sich zu beteiligen. Während die einheimische Bevölkerung auf kommunaler Ebene wählen kann, später möglicherweise auch an der Regierung beteiligt wird, würde diese Regierung selbst in den Händen einer Regierungskommission liegen, deren neun Mitglieder durch Mehrheitsbeschluß der direkt betroffenen Mächte bestimmt würden. Nach der Ernennung würden die Mitglieder nicht als Vertreter von Regierungen, sondern gemeinsam als internationales Gremium agieren. Die Kommission wäre die mit allen Vollmachten ausgestattete Regierung und würde Gendarmerie und Polizei aufbauen. Zur Aufrechterhaltung von Ruhe und Ordnung würde eine von den direkt beteiligten Staaten aufgestellte und von der Ruhr finanzierte Truppe von 50 000 Mann unter der Befehlsgewalt der Regierungskommission auf Dauer im Ruhrterritorium stationiert. Die Signatarstaaten würden für die Aufrechterhaltung des Regimes verantwortlich sein und die territoriale Integrität des Gebietes in Übereinstimmung mit den Bestimmungen der UNO garantieren.

24. Die Industriekonzerne würden von internationalen Gesellschaften übernommen, die Besitzanteile an die beteiligten Mächte übergehen, die auch so weit wie nötig Kapital zur Verfügung stellen würden; die Gewinne würden unter den Alliierten aufgeteilt oder als Reparationen verwendet. Im Ruhrgebiet wie auch in Rest-Deutschland würde die Rüstungsindustrie völlig abgebaut, Eisen- und Maschinenbauindustrie stark reduziert, die Kohleförderung dagegen erhöht. Stahlproduktion und Kohleförderung sollten eng mit jener Frankreichs, Belgiens und Luxem-

8 Hier nicht abgedruckt. Entspricht Dok. Nr. 45 in der Edition „Ruhrfrage".

burgs abgestimmt werden. Es würde eine neue Währung mit einer eigenen Notenbank geben. Es würden keine besonderen Zollschranken um dieses Ruhrterritorium errichtet; der Export von Ruhrprodukten nach Deutschland wäre erlaubt.

*(b) Das Rheinland*

25. Das Rheinland, d. h. das deutsche Gebiet westlich des Rheins, würde ebenfalls vollständig und endgültig von Deutschland abgetrennt werden. Es würden dort ein, zwei oder drei neue Staaten entstehen mit einem hohem Maß an Unabhängigkeit, allerdings mit einer Ausnahme: es würden dort auf Dauer alliierte Truppen stationiert werden.

26. Frankreich würde, gemeinsam mit Belgien und Luxemburg, die militärische Besetzung des Gebietes auf dem linken Rheinufer bis einschließlich Köln übernehmen. Weiter nördlich wäre das dann eher eine Angelegenheit für Belgien, Holland und das Vereinigte Königreich, falls wir uns beteiligen wollen.

27. Nach Auffassung der Franzosen darf Deutschland niemals mehr in die Lage versetzt werden, das Rheinland, wie in der Vergangenheit geschehen, als Sprungbrett für einen Angriff gegen Frankreich zu benutzen, und dies kann ihrer Meinung nach nur erreicht werden durch die dauernde Stationierung von Truppen – falls möglich unter Beteiligung der übrigen Westmächte – entlang dem gesamten rechten Rheinufer.

*(c) Das Saarland*

28. [...]

32. Wenn die Franzosen heute diese Forderungen stellen, so muß das im Zusammenhang mit den bitteren Erfahrungen gesehen werden, die sie in der Vergangenheit gemacht haben.[9] Für sie ist eine Lösung dieser Frage in ihrem Sinne Dreh- und Angelpunkt ihrer Politik. Falls wir ihre Forderungen zurückweisen oder sie so verwässern, daß ihrer Meinung nach ihr Sicherheitsbedürfnis nicht befriedigt wird, können wir die Hoffnung fast aufgeben, enge Beziehungen mit den Franzosen aufrechtzuerhalten und Einfluß auf sie auszuüben. Sie werden sich ihre Sicherheit woanders holen, wahrscheinlich in Moskau. [...]

33. Was die französischen Vorschläge betrifft, so kann man sagen, sie sind völlig klar und in sich logisch und haben den Vorzug, daß damit das Problem endgültig gelöst würde und daß sie ohne jene Kompromisse sind, die sich beim Versailler Vertrag als so erfolglos erwiesen haben. Wenn der Plan funktioniert, was die Franzosen glauben, dann würde das ohne Zweifel die absolute Sicherheit gegen eine erneute deutsche Aggression sein.

34. Auf der anderen Seite sind mit dem französischen Plan zahlreiche Schwierigkeiten verbunden. Die Tatsache, daß die Regierungskommission ausländischen Mäch-

---

9 In Paragr. 30 und 31 war die Entwicklung im Saarland und Rheinland nach dem Ersten Weltkrieg geschildert und der zugesagte, aber nicht realisierte Garantievertrag mit den USA und Großbritannien erwähnt worden.

ten und nicht der Bevölkerung gegenüber verantwortlich ist, läßt sich nur schwer mit den politischen Prinzipien vereinbaren, für die wir stehen und die wir gerade den Deutschen beizubringen versuchen. Alle deutschen Parteien und Gewerkschaften würden eine politische Abtrennung erbittert bekämpfen, und sie würden von deutschen Sympathisanten im Ausland dabei Unterstützung erhalten. Es ist leicht vorstellbar, daß die Kontrollmächte angesichts solchen Widerstandes im Laufe der Zeit nicht mehr die notwendige Entschlossenheit aufbringen, um die Abtrennung aufrechtzuerhalten.

35. Mit dem Plan sind auch erhebliche wirtschaftliche Schwierigkeiten verbunden. Obwohl die Franzosen das Gegenteil behaupten, sind unsere Wirtschaftsexperten der Meinung, daß die Errichtung einer Verwaltungsgrenze zwischen dem Ruhrgebiet und dem übrigen Deutschland für beide Gebiete wirtschaftlich katastrophale Folgen haben und in Krisenzeiten die Kontrollmächte zwingen wird, für die Bevölkerung im Ruhrgebiet Hilfsmaßnahmen zu organisieren.

*Industrieniveau für Deutschland und unsere Sicherheit*

36. Beide Pläne, der E. I. P. S.-Plan, bei dem das Ruhrgebiet bei Deutschland bleibt, und der französische Plan, bei dem es von Deutschland abgetrennt werden soll, müssen im Lichte der z. Zt. laufenden Beratungen über das künftige Industrieniveau in Deutschland gesehen werden. Die Verhandlungen darüber in Berlin sind in eine Sackgasse geraten; beide, Russen und Amerikaner, versuchen, ein Industrieniveau für Deutschland festzulegen, das so niedrig ist, daß dies unserer Meinung nach verhängnisvoll sein wird für die deutsche Wirtschaft, da die Importe nicht mehr mit den Exporten ausgeglichen werden können.

37. Ich wollte das Ruhrgebiet zu einem positiven Element des Wiederaufbaues und der Zusammenarbeit in Europa machen, indem dort unter internationaler Kontrolle die für die Friedenswirtschaft in Europa notwendigen Dinge produziert werden sollten. Ich habe nicht an die Errichtung einer internationalen Gesellschaft gedacht, um damit im negativen Sinne die Produktion zu behindern und alles zu kontrollieren. Wenn allerdings der Ruhr kein Industrieniveau zugestanden wird, das erheblich über dem liegt, was jetzt für das übrige Deutschland vorgeschlagen wird, dann sehen die Aussichten für eine erfolgreiche Arbeit der Dachgesellschaft alles andere als rosig aus. Die französischen Vorschläge sehen keine Änderung des Industrieniveaus für das Ruhrgebiet vor, und damit wäre das Gebiet, für das die Alliierten die Verantwortung übernehmen sollen, von Beginn an bankrott.

38. Für den Erfolg eines jeden Plans ist es daher meiner Meinung nach absolut notwendig, dem Ruhrgebiet – ob als Teil Deutschlands oder als separatem Staat – eine höhere Industrieproduktion als dem übrigen Deutschland zuzugestehen.

39. Wenn diese Auffassung akzeptiert wird, stellt sich die Frage, ob wir das, was wir brauchen, eher erreichen, wenn wir vorschlagen, das Ruhrgebiet von Deutschland abzutrennen und einer internationalen Regierung zu unterstellen, oder es bei Deutschland in der Verfügungsgewalt einer deutschen Regierung zu lassen. Wie schon oben gesagt, geht der E. I. P. S.-Plan von einer Zusammenarbeit mit der deutschen Regierung aus, dem deutschen Management werden nur geringe Beschränkungen auferlegt, und tatsächlich hängt sein Erfolg vom guten Willen der Deutschen

ab. Offen gesagt, erscheint es hoffnungslos zu erwarten, daß die Sowjets und die Vereinigten Staaten ihren starken Widerstand gegen ein höheres Industrieniveau aufgeben würden zugunsten eines Plans für das Ruhrgebiet, der den deutschen Unternehmen so große Freiheiten läßt.

40. Wenn ein angemessenes Industrieniveau eine Bedingung für den Erfolg des Plans ist, so besteht die andere in der Sicherheit gegenüber Versuchen der Deutschen, zu intervenieren und die Kontrolle zurückzugewinnen. Bei diesem Punkt muß zugegeben werden, daß der französische Plan einer völligen Abtrennung größere Sicherheit bietet als der E. I. P. S.-Plan. Über die wirtschaftlichen Aspekte des französischen Plans müßte offensichtlich noch einmal nachgedacht werden.

41. Es ist an sich nichts Unmögliches dabei, das Gebiet unter fremde Oberhoheit zu stellen. Die Saar unterstand so viele Jahre der Aufsicht des Völkerbundes. [...]

42. Falls die Abtrennung beschlossen würde, wird vorgeschlagen, daß das in Frage kommende Gebiet größer sein sollte als das im französischen Plan vorgeschlagene engere Ruhrgebiet; es sollte um das Gebiet westlich des Rheins bis zur holländischen Grenze erweitert werden. Dies würde die Verwaltung enorm erleichtern. Aus diesem ganzen Gebiet könnte ein separater Staat gebildet werden, mit lokaler Selbstverwaltung unter einem von der UNO ernannten Regierungskommissar oder einer Regierungskommission [...][10]

10 Die weiteren Passagen dieses Memorandums in Übersetzung oben, S. 172 ff.

## 5.[1]

## 15. 3. 1946: Sitzung des Kabinettsausschusses „Deutsche Industrie"

*PRO, CAB 130/9. Gen. 121/1. Sitzung. Kabinett. Ausschuß für deutsche Industrie. Protokoll einer Sitzung im Arbeitszimmer des Premierministers im Unterhaus, S. W. 1, am Freitag, 15. März 1946, 15.00 Uhr. Geheim. Anwesend: C. R. Attlee, Premierminister (Vorsitz); H. Morrison, Lord President; E. Bevin, Außenminister; H. Dalton, Finanzminister; Sir S. Cripps, Handelsminister. Protokollführer: Sir Edmund Bridges, Sir Norman Brook.*

[...][2]

Der Finanzminister sagte, daß seiner Meinung nach mit dem französischen Plan, Ruhrgebiet und Rheinland politisch unabhängig zu machen, keine dauerhafte Lösung gefunden werden könne. Man könne die deutsche Bevölkerung aus diesen Ge-

1 Entspricht Dok. Nr. 100 in der Edition „Ruhrfrage".

2 Zur Diskussion stand Bevins Memorandum über die Zukunft des Ruhrgebietes vom 11. 3. 1946 (vgl. Dok. Nr. 4 in diesem Band und oben, S. 171–175), das er zu Beginn der Sitzung erläutert hatte.

bieten nicht entfernen; und weil das so sei, werde eine politische Abtrennung notwendigerweise zu einer Irredenta-Bewegung führen.

(c) [...]

(d) Der Außenminister sagte, unsere Politik ziele darauf ab, in Deutschland eine soziale Demokratie zu etablieren. Aber kein Sozialdemokrat in Deutschland könne gegenüber dem deutschen Volk dafür eintreten, sich mit der politischen Abtrennung des Ruhrgebietes von Deutschland abzufinden.

(e) Der Premierminister sagte, für die vom Außenminister vorgeschlagene Lösung spreche mehr als für jede andere bislang vorgelegte Alternative. Es sollten jedoch noch einige praktische Fragen untersucht werden. Wie sollte der Lebensstandard an der Ruhr im Vergleich zum übrigen Deutschland aussehen? Wie würden sich die Arbeiter an der Ruhr gegenüber der internationalen Kontrolle der Unternehmen verhalten? Wäre es nicht möglich, daß sie ihre Mitarbeit verweigern und in dieser Haltung von den Arbeitern im übrigen Deutschland unterstützt würden? Würden sie für ein internationales Gremium arbeiten wollen, dessen Absicht es sei, Deutschland daran zu hindern, die Ruhrindustrie so wie gewünscht zu nutzen?

Der Außenminister sagte, dieses Problem könne man eventuell dadurch lösen, daß man, wie er vorgeschlagen habe, einer deutschen Zentralregierung eine Aktienbeteiligung an der Holdinggesellschaft, die die Kontrolle ausübe, ermögliche.

Die Runde war sich darin einig, daß die vom Außenminister aufgezeigte Lösung erfolgversprechender war als jede bisher vorgeschlagene Alternative.

[...]

## 6.[1]

## 10. 4. 1946: Aufzeichnung von Edmund L. Hall-Patch für Sir Orme G. Sargent („Vickers-Plan“)

*PRO, FO 371/55401/C 4391/14/18.*

Sie werden sich erinnern, daß Sie Ihre Zustimmung gegeben hatten, mit Sir Geoffrey Vickers darüber zu beraten, wie der E. I. P. S.-Plan für die Ruhr am besten mit Leben zu erfüllen sei.

Wir haben inzwischen mehrere Gespräche mit Sir G. Vickers geführt, an denen Mr. Beckett sowie Vertreter des Kontrollamtes und des Handelsministeriums teilgenommen haben, und wir glauben, daß wir einen besseren Plan als den ursprüngli-

1 Entspricht Dok. Nr. 121 in der Edition „Ruhrfrage“.

chen E. I. P. S.-Plan vorlegen können. [...][2] Die wichtigste Änderung gegenüber dem ursprünglichen Plan besteht darin, daß wir die Idee fallen lassen, die Unternehmen zu internationalisieren. Statt dessen werden sie Eigentum einer deutschen Gesellschaft, deren Verhältnis zur Landesregierung jenem der hiesigen Nationalen Kohlegesellschaft zur Regierung gleicht. Deutschlands Verpflichtungen im Hinblick auf diese Gesellschaft würden so detailliert wie nötig im Friedensvertrag festgeschrieben; zur Einhaltung dieser Verpflichtungen würde eine internationale Kontrollbehörde gebildet. Wirtschaftliche Kontrolle durch (internationalen) Besitz der Unternehmen würde auf diese Weise durch politische Kontrolle ersetzt, bei der natürlich die Möglichkeit politischer und militärischer Sanktionen bestünde.

Wenn wir das richtig sehen, geht es dem Außenminister bei der Ruhr hauptsächlich um zwei Dinge, erstens um Sicherheit und zweitens um die Entwicklung der Industrie zum Wohle der Allgemeinheit.

Was die Sicherheit angeht, so glauben wir, daß unser Plan besser ist als der ursprüngliche E. I. P. S.-Plan. Die in internationalem Besitz befindlichen Unternehmen würden unserer Meinung nach nicht mehr Sicherheit bringen, denn bei einem solchen Besitz würden nicht mehr Rechte übertragen, als eine internationale Kontrollbehörde ausüben kann. Internationalisierung würde darüber hinaus die Kontrolle höchst kompliziert machen, wir würden stärker in die Verwaltung der Unternehmen verwickelt, es würde mehr Ansatzpunkte für Meinungsverschiedenheiten geben, und das würde zu Ineffizienz führen und die Kontrollbehörde viel eher in Mißkredit bringen. Sie würde wahrscheinlich auch bei den Deutschen auf viel größere Feindschaft stoßen. Von daher glauben wir, daß ein Plan, der kein internationalisiertes Eigentum vorsieht, mehr Sicherheit bietet und wahrscheinlich auch den Franzosen eher gefallen wird, da sie politische Kontrolle einer wirtschaftlichen Kontrolle sicher vorziehen.

Was die Entwicklung der Ruhrindustrie zum Wohle der Allgemeinheit angeht, so muß festgehalten werden, daß aufgrund des in Berlin beschlossenen Industrieniveauplanes für Deutschland[3] auf absehbare Zeit jegliche Entwicklung der Ruhrindustrie ausgeschlossen ist. Aber falls und wenn es zu einer solchen Entwicklung kommt, dann sind unsere Vorschläge, die wir jetzt machen, besser geeignet, diese Entwicklung zu fördern. Die Unternehmen gehören den Deutschen, die sie selbst leiten werden, und unter solchen Umständen ist eine Produktionssteigerung sehr viel eher möglich, als wenn die Unternehmen ausländischen Regierungen gehören würden, wo jede Art von Streitigkeit geradezu vorprogrammiert ist. Die notwendige positive Ausrichtung der Produktion zum Wohle aller kann und sollte durch eine entsprechende Wirtschaftspolitik sichergestellt werden. Dieser Weg ist viel besser als der Versuch, dies durch eine Organisation zu erreichen, die in erster Linie mit Blick auf zukünftige Sicherheit errichtet worden ist. Falls dieser Plan, was wir annehmen, auch mehr Sicherheit bietet, wird es im übrigen viel leichter sein, die Unternehmen

2 Der erste Satz in dem beiliegenden Exposé des „Vickers-Plans" lautete: „Ein neues Land würde in dem in E. I. P. S./P (46)3 bezeichneten Gebiet errichtet." Dieses Gebiet war „der nördliche Teil der Rheinprovinz und der südliche Teil der Provinz Westfalen".

3 Siehe dazu oben, S. 146–153.

weiterzuentwickeln, denn er gibt weniger Anlaß, eine Steigerung der Produktion zu verhindern. [...]

## 7.[1]

## 12. 4. 1946: Aufzeichnung von Edmund L. Hall-Patch

*PRO, FO 371/55402/C 4555/14/18.*

*Das Ruhrgebiet*

Der Außenminister hat im Hinblick auf den neuen Ruhrplan in zwei Punkten Bedenken geäußert, nämlich ob es

(a) klug sei, die Russen überhaupt an der Kontrolle der Ruhr zu beteiligen, während sie uns von der Kontrolle in Ostdeutschland ausschließen;

(b) klug sei, im Westen ein neues Land in der vorgeschlagenen Weise zu errichten, da die Russen dies als ersten Schritt auf dem Weg zur Bildung eines westlichen Blocks interpretieren könnten.

Nach Gesprächen innerhalb der Deutschlandabteilung und mit Sir Orme Sargent über diese beiden Punkte könnten dem Außenminister folgende vorläufigen Überlegungen bei der Prüfung dieser Frage hilfreich sein:

In keinem unserer Pläne für die Ruhr ist bisher der Ausschluß der Russen vorgesehen gewesen. Würde man das jetzt tun, würde dies im Widerspruch zum Potsdamer Abkommen stehen und zu einer direkten Konfrontation mit den Russen führen. Diese Konfrontation ist möglicherweise unvermeidlich; diese weitergehende Frage wird in einem anderen Memorandum behandelt[2]. Aber wenn wir jetzt einen neuen Plan vorlegen, der den Ausschluß der Russen vorsieht, wird damit diese Konfrontation geradezu provoziert; die Wahl des richtigen Zeitpunktes ist daher wichtig.

Die Errichtung eines neuen Landes würde die Durchführung des jetzt vorgeschlagenen Planes sehr erleichtern, und mit Blick auf die Franzosen wären die Erfolgsaussichten für diesen Plan ohne ein solches Land sehr gering. Die Überlegung ging dahin, daß das neue Land genau mit dem Gebiet übereinstimmen sollte, in dem die zu kontrollierenden Unternehmen liegen, d. h. man hätte notwendigerweise von den alten Provinzgrenzen abgehen müssen. Möglicherweise kann jedoch der Oberbefehlshaber in der britischen Zone auch ein neues Land durch den Zusammenschluß der beiden alten Provinzen Westfalen und Rheinland schaffen. Das wäre dann zwar ein sehr viel größeres Gebiet als das, in dem die Industrien liegen, aber es könnte

1 Entspricht Dok. Nr. 124 in der Edition „Ruhrfrage".

2 Dieses Memorandum wurde am 3. 5. 1946 vorgelegt. Dok. Nr. 145 in der Edition „Ruhrfrage". Vgl. oben, S. 192 f.

möglicherweise sogar einfacher sein, als aus Teilen zweier bestehender Provinzen ein neues Land zu machen.

Jetzt vorzuschlagen, die Russen von der Ruhrkontrolle auszuschließen, würde bei diesen in jedem Fall sofort größeres Mißtrauen im Hinblick auf die Bildung eines westlichen Blocks wecken als die Errichtung eines neuen Landes oder der Zusammenschluß von zwei bestehenden Provinzen.

## 8.[1]

## 17. 4. 1946: Sitzung des britischen Kabinetts

*PRO, CAB 128/5. C. M. (46)36. Sitzung. Beschlüsse der Kabinettssitzung am Mittwoch, 17. April 1946, 11.00 Uhr, in 10 Downing Street, S. W. 1. Geheim.*[2]

[...][3]

Diskutiert wurden die Vorschläge zur künftigen Kontrolle der Ruhr. Das Kabinett war sich einig, daß man sich dem französischen Plan, der die politische Abtrennung des Ruhrgebietes von Deutschland vorsieht, widersetzen müsse. Was die zwei Ruhrpläne [...] betraf, so gingen die Meinungen darüber auseinander. Für den zuletzt [...] vom Außenminister genannten Plan [Sozialisierung] wurden folgende Argumente vorgetragen:

(a) Eine internationale Behörde aus Vertretern verschiedener Regierungen ist wahrscheinlich nicht das geeignete Instrument, um die Unternehmen an der Ruhr erfolgreich zu führen. Wenn die Unternehmen dem Staat gehören, wird es, bei gleichzeitiger internationaler Kontrolle, eher möglich sein, für ein leistungsfähiges Management zu sorgen.

(b) Wir sollten bei der Formulierung unserer Politik nicht von der Annahme ausgehen, daß man Deutschland durch internationale Kontrollen für ewige Zeiten niederhalten kann. Es ist eine bessere Politik, in Deutschland die Errichtung einer fortschrittlichen, sozialen Demokratie zu fördern, die es Deutschland erlaubt, in die Gemeinschaft der zivilisierten Völker zurückzukehren. Mit diesem Ziel vor Augen ist es besser, wenn diese Industrien in deutschem Besitz bleiben.

(c) Bei diesem Plan brauchen wir die sowjetische Regierung nicht stärker an der

1 Entspricht Dok. Nr. 129 in der Edition „Ruhrfrage".

2 Das Kabinett war vollständig versammelt. Zu den Teilnehmern im einzelnen vgl. ebd. S. 661.

3 E. Bevin erläuterte zunächst den ersten Ruhrplan (Internationalisierung, d. h. Übernahme der Unternehmen durch die Sieger) und den zweiten (Sozialisierung, d. h. Übertragung in deutsches öffentliches Eigentum), um dann festzustellen, daß er nun eher den zweiten Ruhrplan favorisiere.

Kontrolle der Ruhrindustrie zu beteiligen, als sie umgekehrt uns in Ostdeutschland beteiligt, z. B. an der internationalen Kontrolle der Industrie in Sachsen.

(d) Dieser Plan wird der Tatsache gerecht, daß Europa jetzt in zwei Einflußzonen geteilt ist, und er bietet uns die Chance zu beweisen, daß wir in einem demokratischen Westdeutschland eine leistungsfähige Wirtschaft aufbauen können, die zum Vergleich mit jener Wirtschaftsordnung herausfordert, die unter einem anderen System in Ostdeutschland aufgebaut wird.

(e) Bei diesem Plan, bei dem die Unternehmen in deutschem Besitz bleiben, wird es weniger wahrscheinlich, daß es zu einer erneuten nationalistischen, auf Hoffnungslosigkeit und Verzweiflung gegründeten Bewegung kommt. Wenn man diese Industrien in den Händen einer kleinen, aber mächtigen Gruppe deutscher Unternehmer läßt, besteht die große Gefahr, daß sie für die Produktion von Kriegsmaterial benutzt werden; aber dieses Risiko braucht erst gar nicht zu entstehen, wenn wir die Gelegenheit nutzen und diese Industrien sozialisieren.

Auf der anderen Seite sprachen sich etliche Minister für eine Internationalisierung der Industrie [...] aus. Die wichtigsten Argumente für diesen Plan lauteten:

(f) Eine der größten Gefahren für den zukünftigen Frieden in Europa liegt in der Möglichkeit, daß wahrscheinlich im Laufe der Jahre die Siegermächte mehr und mehr in ihrem Bemühen nachlassen werden, in Deutschland eine Kontrolle auszuüben, die notwendig ist, um in Deutschland den Wiederaufbau eines Kriegspotentials zu verhindern. Die Internationalisierung wird eine solche fortdauernde Kontrolle garantieren.

(g) Es wird schwierig sein, in Deutschland Sozialdemokraten zu finden, die genügend Wissen und Erfahrung haben, um die Staatsgesellschaft zu führen, die die Unternehmen an der Ruhr betreibt. Höchstwahrscheinlich gerät die Führung einer solchen Gesellschaft in die Hände von Industriellen und Technikern, die dem Wiederaufbau einer extrem nationalistischen Bewegung in Deutschland wahrscheinlich wohlwollend gegenüberstehen.

(h) Eine deutsche Gesellschaft kann eine für unsere Wirtschaftsinteressen nachteilige Politik betreiben. Wenn die Ruhrindustrie durch ein internationales Gremium kontrolliert wird, in dem wir mitbestimmen, können wir eher für eine Entwicklung sorgen, die den wirtschaftlichen Interessen des Vereinigten Königreiches am besten entspricht.

(i) Die Internationalisierung der Ruhrindustrie wird mit dazu beitragen, Frankreich als große Industrienation wieder aufzubauen und wird auch den wirtschaftlichen Aufschwung in Holland und Belgien fördern helfen.

Der Außenminister sagte, er habe gezögert, seinen ursprünglichen Plan, die Ruhrindustrie zu internationalisieren, aufzugeben. Gleichzeitig halte er jedoch einen Punkt in dem neuen Plan für sehr wichtig, nämlich die Schaffung des vorgeschlagenen neuen Landes. Angesichts der im Kabinett geführten Diskussion schlug er nun vor, daß er in den von ihm gewünschten Sondierungsgesprächen mit interessierten ausländischen Regierungen versuchsweise beide Pläne vorlegen und überlegen wolle, falls man dort eher zur Internationalisierung neige, ob dies nicht mit der Errichtung eines neuen Landes an der Ruhr kombiniert werden könne.

*Das Kabinett*

(1) ermächtigt den Außenminister, zunächst mit den Ministern der Dominien, die sich anläßlich der bevorstehenden Konferenz in London aufhielten, und anschließend mit den Regierungen interessierter ausländischer Staaten, insbesondere Frankreichs, Belgiens und Hollands, Gespräche über die Zukunft der Ruhr und Westdeutschlands auf folgender Basis zu führen:

(i) Als erstes soll versucht werden, die prinzipielle Zustimmung zur Errichtung eines neuen deutschen Landes an der Ruhr zu erreichen. Vorbehaltlich dieser Zustimmung soll die zukünftige Kontrolle der Ruhrindustrie entweder durch Internationalisierung [...] oder durch Sozialisierung und Schaffung einer deutschen Gesellschaft bei internationaler Kontrolle [...] erreicht werden. Die Dominion-Minister und die ausländischen Regierungen sollen um ihre Meinung zu beiden Plänen gebeten werden.

(ii) Französische, belgische und holländische Truppen sollen in dem Gebiet westlich des Rheins für unbestimmte Zeit stationiert werden; dieses Gebiet soll aber nicht von Deutschland abgetrennt werden.

[...]

## 9.[1]

## 7. 5. 1946: Sir William Strang (Berlin) an Foreign Office

*PRO, FO 371/53403/C 5000/14/18. Telegramm Nr. 562. Politischer Berater des Oberbefehlshabers in Deutschland (Berlin); abgeschickt 19.10 Uhr, eingetroffen 18.37 Uhr[2], 7. 5. 1946. Geheim, Sofort. Auch an britische Delegation in Paris (Sofort, Nr. 134), an Moskau, Washington, Kopien an Kontrollamt für Deutschland und Österreich, Norfolk Haus.*

*Ihr Bericht Nr. 254*[3]

Ich entnehme dem dritten Paragraphen des Berichtes über die Gespräche, die Mr. Harvey am 28. April mit den Franzosen über die Ruhr und das Rheinland geführt hat, daß das neue Land, das wir errichten wollen, „das Ruhrgebiet und etwas Gebiet westlich des Rheins“ umfassen soll.

2. Es mag für die Delegation nützlich sein zu wissen, daß hier sowohl auf britischer wie auf deutscher Seite daran gedacht wird, die britische Zone in drei Länder einzuteilen, nämlich 1. Westfalen und die Nordrheinprovinz; 2. Hannover; 3. Schles-

1 Entspricht Dok. Nr. 149 in der Edition „Ruhrfrage“. Vgl. Faksimileabbildung Nr. 4, S. 209/210.
2 Ortszeit London.
3 Vgl. Dok. Nr. 138, Anm. 1, in der Edition „Ruhrfrage“.

wig-Holstein und Hamburg. Wir meinen, es wäre ein Fehler, ein neues Ruhrland aus den Provinzen Westfalen und Nordrhein herauszuschneiden und das, was dann von diesen beiden Provinzen übrigbleibt, irgendwo anders anzuhängen. Westfalen wie auch das Rheinland haben alte, traditionelle Grenzen, und wir würden gut daran tun, diese zu erhalten, wenn wir ein föderalistisches Deutschland auf „Länder"basis[4] aufbauen wollen. Der Zusammenschluß von Westfalen und Nordrhein zu einem „Land"[5] würde dem Ruhrgebiet ein solides wirtschaftliches *Hinterland* verschaffen. Es würde eines der Länder in einem föderalistisch strukturierten Deutschland sein und nur insofern einer Sonderbehandlung unterliegen, als dort die Ruhrindustrie liegt, die unter internationale Kontrolle gestellt werden soll.

3. General Robertson ist der gleichen Ansicht.

Bitte weiterleiten an das Kontrollamt.

Foreign Office, bitte sofort als mein Telegramm Nr. 1 weiterleiten an britische Delegation in Paris.

4 Im Original „land"basis.
5 So im Original.

## 10.[1]

## 10. 5. 1946: Ernest Bevin (britische Delegation in Paris) an Foreign Office

*PRO, FO 371/55403/C 5174/14/18. Telegramm Nr. 134. Von der britischen Delegation auf der Außenministerkonferenz in Paris, Special (Frieden); eingetroffen 18.55 Uhr, 10. 5. 1946. Unverschlüsselt. Saving. Sofort. Auch an Berlin, Moskau, Washington.*

*Betr.: Berlin Telegramm Nr. 562 (v. 7. Mai: Länder in Deutschland)*[2]

Ich halte überhaupt nichts von der Idee, ein neues Land zu errichten, das die gesamten Provinzen Westfalen und Nordrhein umfaßt. Gegen ein so großes Land, zu dem auch noch das gesamte Industriepotential der Ruhr gehört, spricht als erstes, daß es mit Sicherheit viel zu stark wäre.

2. Es kommt hinzu, daß in unseren Ruhrplänen, über die zur Zeit beraten wird, die Errichtung besonderer Kontrollen für die Ruhrindustrie vorgesehen ist. Von daher ist es unbedingt wünschenswert, daß das neue Land nicht viel größer als das betroffene Ruhrgebiet ist, um den Sonderstatus und die Gründe für die dort zu errichtende Kontrolle deutlich zu machen. So wie es aussieht, wird das Ruhrgebiet auch nach dem Ende der allgemeinen Besatzung in Deutschland weiter besetzt bleiben; für den

1 Entspricht Dok. Nr. 156 in der Edition „Ruhrfrage". Vgl. Faksimileabbildung Nr. 5, S. 211/212.
2 Dok. Nr. 9 in diesem Band.

Fall ist es wünschenswert, daß die Grenzen des Besatzungsgebietes mit jenen des neuen Landes übereinstimmen. Als eine der Sanktionsmaßnahmen sieht unser Plan die Übernahme der Regierungsgewalt in dem Land durch die Kontrollbehörde vor. Wir bezweifeln, ob es klug ist, von uns aus Verantwortung für ein größeres Gebiet zu übernehmen als für die Durchführung der Sanktionen unbedingt notwendig ist.

3. Man könnte überlegen, den kleinen Teil der Nordrheinprovinz, der nicht beim eigentlichen Ruhrgebiet bleibt, der französischen Zone zuzuschlagen; das würde uns etwas von unserer Verantwortung nehmen und die Bildung einer deutschen Regierung in dem Gebiet westlich des Rheins erleichtern, wo Truppen Frankreichs und der übrigen Alliierten stationiert werden sollen.

4. Ich wäre daher dankbar, wenn jetzt mit Nachdruck geprüft wird, wie groß das Land an der Ruhr werden soll: ob es auf das eigentliche Ruhrgebiet beschränkt bleiben soll, so wie das die Franzosen vorschlagen, oder auch das Gebiet westlich des Rheins mit einschließen soll, so wie das in unserem Plan vorgesehen ist. Ich will die Sache unbedingt vorantreiben, damit das neue Land so schnell wie möglich errichtet werden kann.

## 11.[1]

## 28. 5. 1946: Memorandum von Luftmarschall Sir Sholto Douglas (Berlin)

*PRO, FO 371/55888/C 6260/6260/18. Die sowjetische Kampagne gegen Großbritannien in Deutschland. Streng geheim.*

[...]

Drittens, wir sollten alles in unserer Macht Stehende tun, um die Entwicklung voranzutreiben im Hinblick auf zentrale Verwaltungen, Behandlung Deutschlands als wirtschaftliche Einheit, Wahlen in Berlin, und auf jedem anderen Gebiet, wo wir den Russen mit Lösungen zuvorkommen können, bevor sie so weit sind. In diesem Zusammenhang werden wir mit der Ruhrfrage konfrontiert, und die Bedeutung einer frühzeitigen Lösung dieser Frage liegt auf der Hand. Die Lösung muß ganz eindeutig so aussehen, daß wir uns damit die Deutschen nicht zu Feinden machen. Das heißt nicht etwa nur keine politische Abtrennung, sondern auch keine Lösung, bei der nicht Rücksicht auf die Gefühle der Deutschen und auf historisch gewachsene Traditionen genommen wird.

[...]

---

1 Entspricht Dok. Nr. 174 in der Edition „Ruhrfrage".

*Kommentar J. M. Troutbeck, 4. 6. 1946.*

[...]

Die Warnung, in der Ruhrfrage keine Lösung durchzudrücken, bei der nicht Rücksicht auf die Gefühle der Deutschen und historisch gewachsene Traditionen genommen wird, verdient Beachtung. Dies ist einer der Punkte, an die wir denken sollten, wenn wir die Grenzen des Landes festlegen.

[...]

## 12.[1]

## 3. 6. 1946: Aufzeichnung von Sir Oliver Harvey für Ernest Bevin

*PRO, FO 371/55405/C 6667/14/18.*

Ich wäre Ihnen für Hinweise dankbar, wie ich mich in folgender Angelegenheit verhalten soll.

Am Donnerstag findet unter meinem Vorsitz ein Treffen im Foreign Office statt, an dem General Robertson, Sir William Strang, Sir P. Mills, Vertreter des Kontrollamtes, des Schatzamtes sowie der Stabschefs teilnehmen und auf dem es um die Grenzen des neuen Landes an der Ruhr geht. Uns liegt sehr daran, daß das neue Land so schnell wie möglich gegründet wird, damit eine Landesregierung gebildet werden kann und wir vorbereitet sind, wenn es zu einer wie auch immer gearteten Vereinbarung über eine langfristige internationale Kontrolle der Ruhr kommt.

Es gibt zwei Denkschulen.

Der französische Plan sieht den kleinstmöglichen Ruhrstaat vor, der nur das Industriegebiet umfaßt. In unserem Plan haben wir einen geringfügig größeren Ruhrstaat vorgeschlagen, der das Gebiet westlich des Rheins bis zur holländischen Grenze umfaßt, um etwas mehr Bewegungsfreiheit zu haben. Grundsätzlich besteht kein großer Unterschied zwischen diesen beiden Plänen, und die Franzosen würden beide akzeptieren.

Auf der anderen Seite ist die Kontrollkommission in Berlin dafür, wenn ich das richtig sehe, das Ruhrgebiet in ein sehr viel größeres Land zu integrieren, das aus ganz Westfalen und der Nordrheinprovinz besteht. Dieses neue Gebiet wäre eine von drei großen Provinzen oder Ländern in der britischen Zone, die am Ende Bundesländer in einem föderalistisch organisierten Deutschland wären. Die Argumente für ein großes bzw. kleines Land werden in der als Anlage C beiliegenden Aufzeichnung von Mr. Burrows zusammengefaßt – es ist die am Rand rot angestrichene Passage.[2]

1 Entspricht Dok. Nr. 180 in der Edition „Ruhrfrage". Vgl. Faksimileabbildung Nr. 9, S. 222.

Ich persönlich bezweifle, ob es politisch klug ist, das Ruhrgebiet in ein großes Land zu integrieren, wie auch immer die militärischen und verwaltungstechnischen Gründe dafür lauten. Ich meine, wir sollten den besonderen Charakter des Ruhrgebietes auch durch eine besondere Regelung ausschließlich für dieses Gebiet kennzeichnen. Falls es zu einer internationalen Kontrolle kommt, was wir hoffen, dann gilt, je kleiner das zu kontrollierende Gebiet, um so besser. Ich meine auch, daß, wenn wir uns auf das eigentliche Ruhrgebiet konzentrieren, unsere Entscheidung bei unseren Alliierten weniger Verdacht erregen und auch nicht so aussehen wird, als ob wir in Westdeutschland ein neues Preußen aufbauen wollten.

Es gibt vielleicht eine dritte Möglichkeit, nämlich das Ruhrgebiet nur zu einem Bezirk innerhalb des Landes zu machen, aber das würde in gewisser Weise im Widerspruch zu Ihrer Idee stehen, das Ruhrgebiet zu einem eigenen Land zu machen.

Es ist klar, daß ich mir als Vorsitzender des Treffens die Argumente der Männer vor Ort anhören muß, aber deren Meinung ist notwendigerweise nur eine Teilansicht. Bei der Ruhr geht es um mehr als nur Verwaltung und Politik in Deutschland.

Vielleicht haben Sie einen Moment Zeit, um mit mir über diese Sache zu sprechen?

---

2 Vgl. hierzu Dok. Nr. 180, Anm. 1. und Dok. Nr. 178 in der Edition „Ruhrfrage".

## 13.[1]

## 6. 6. 1946: Besprechung im Foreign Office

*PRO, FO 371/55405/C 9794/14/18. Protokoll einer Besprechung im Foreign Office, Raum 25, 15.00 Uhr, 6. Juni 1946. Streng geheim. Vorsitz: Sir Oliver Harvey. Anwesend: Generalleutnant [Lieutenant-General] Sir Brian Robertson, Sir William Strang, C. E. Steel, Sir Percy Mills, Sir David Waley, Sir Gilmour Jenkins, Brigadegeneral [Brigadier] R. H. Calthorpe, Oberst [Group Captain] D. M. MacDonald, M. J. Dean, Sir Mark Turner, John Churchill, E. L. Hall-Patch, J. M. Troutbeck, P. Dean, B. A. B. Burrows.*

1. Sir O. Harvey wies zunächst auf den Zweck des Treffens hin und erläuterte dann kurz die Pläne für die vorgesehene Kontrolle der Ruhrindustrie. Demnach sollten in einer ersten Phase bestimmte Industrien vom britischen Oberbefehlshaber beschlagnahmt werden, genauso wie das schon mit den Bergwerken geschehen sei, in einer späteren Phase sollten diese Industrien dann einer internationalen Kontrolle unter-

---

1 Entspricht Dok. Nr. 184 in der Edition „Ruhrfrage". Vgl. Faksimileabbildung Nr. 10, S. 224.

stellt werden. Um diese Kontrolle durchführen zu können, müsse ein besonderer Ruhrstaat errichtet werden, und zwar entweder

(a) entsprechend dem französischen Plan ein kleiner Ruhrstaat, der nur das Ruhrgebiet umfasse; oder

(b) [ein kleiner Ruhrstaat] in einer etwas veränderten Variante des französischen Plans im Westen über den Rhein hinaus um einen Korridor erweitert bis zur holländischen Grenze, oder

(c) entsprechend dem Vorschlag der Kontrollkommission ein großer Ruhrstaat durch Zusammenschluß der Provinzen Nordrhein und Westfalen zu einem Land.

2. Die Stabschefs seien konsultiert worden; sie hätten sich mit Schreiben vom 5. Juni für einen kleinen Ruhrstaat ohne Korridor westlich des Rheins ausgesprochen; sie hätten auch betont, daß sie absolut gegen die Teilnahme der Russen an der Ruhrkontrolle seien.

3. General Robertson sagte, die zuständigen Stellen der Kontrollkommission in Berlin hätten die Frage sehr genau geprüft, wobei ihnen klar gewesen sei, daß die Franzosen mit Sicherheit und das Foreign Office mit Wahrscheinlichkeit lieber einen kleinen Ruhrstaat sehen würden. Sie hätten sich aber trotzdem einstimmig für die Bildung eines großen Ruhrstaates durch den Zusammenschluß der beiden Provinzen Nordrhein und Westfalen ausgesprochen. Robertson nannte dafür folgende

*(a) wirtschaftliche Gründe*

(I) Eine Vielzahl voneinander abhängiger Industrien mit einem engmaschigen Netz von Bahnlinien und anderen Verkehrsverbindungen bildet in diesem Gebiet eine wirtschaftliche Einheit, die nicht auf das Ruhrgebiet beschränkt ist, sondern große Teile der Provinzen Nordrhein und Westfalen umfaßt. Falls durch dieses Gebiet Grenzen gezogen würden, würde damit diese Wirtschaftseinheit zerstört. Wir müssen davon ausgehen, daß es bei einer internationalen Kontrolle zu Schwierigkeiten beim wirtschaftlichen Wiederaufbau kommen wird, aber diese Schwierigkeiten sollten auf ein Minimum reduziert werden, indem die Grenzen des Ruhrstaates so gezogen werden, daß sie mit den bestehenden Grenzen übereinstimmen. Falls der Industrieniveauplan durchgeführt wird, geht Deutschland schweren Zeiten entgegen, und alle weiteren Dinge, die den Wiederaufbau behindern könnten, müssen vermieden werden. Die Probleme, die durch die Schaffung eines künstlichen Ruhrstaates entstehen, könnten sehr wohl zu katastrophalen Folgen führen.

(II) Jedes kleine, hochindustrialisierte Gebiet ist besonders abhängig von Konjunkturschwankungen. Bei einem größeren und in sich ausgewogenen Gebiet kann dieses Risiko reduziert werden, da dieses Land mit solchen Schwankungen besser fertig wird. Das ist besonders wichtig, da in der ersten Phase die Alliierten für die Folgen einer Krise an der Ruhr direkt aufkommen müßten.

(III) Ein hochindustrialisiertes Gebiet benötigt ein Hinterland, von wo aus die dichtbevölkerten Stadtgebiete mit Agrarprodukten versorgt werden können. Die Schaffung eines neuen Ruhrstaates wird wohl nicht zu neuen Zollschranken führen, aber unterschiedliche Verwaltungsbestimmungen innerhalb und außerhalb dieses Gebietes werden logischerweise Warenaustausch und Kommunikation mit den angrenzenden Agrargebieten erschweren.

(IV) Falls ein Teil der Grenzen des neuen Landes nicht mit der Staatsgrenze Deutschlands übereinstimmt, wird später jede deutsche Regierung versucht sein, diesem Land, dessen Verbindungen nach außen durch deutsches Gebiet führen, durch steuerliche oder andere Maßnahmen Schwierigkeiten zu bereiten. Obwohl das nicht unbedingt ein Argument gegen die Schaffung eines kleinen Ruhrstaates sein muß, sollten wir uns darum bemühen, daß die Grenzen dieses Landes mit den Staatsgrenzen Deutschlands übereinstimmen.

*(b) politische Gründe*

(I) Die Kontrollkommission ist absolut davon überzeugt, daß in dieser Angelegenheit auf die Gefühle der Deutschen Rücksicht genommen werden muß. Wenn das neue Land und die internationale Kontrolle funktionieren sollen, dann sind wir auf die Zusammenarbeit mit den Deutschen angewiesen. Es gibt aber bereits Hinweise darauf, daß wir auf großen Widerstand stoßen werden, falls wir traditionell Gewachsenes nicht berücksichtigen und lokale Gegebenheiten einfach übergehen.

(II) Das Vorhandensein von Kommunisten in diesem Gebiet, die von den Russen unterstützt werden, wird zu einer schwierigen Situation führen. Um kommunistischem Druck zu widerstehen, geht unsere Politik dahin, die Unterstützung aller antikommunistischen Parteien zu gewinnen (SPD und insbesondere den linken Flügel der CDU). Wir werden mit dieser Politik keinen Erfolg haben und wir werden diesen Parteien einen Bärendienst erweisen, wenn wir eine Lösung durchdrücken, die sie gegenüber ihren eigenen Landsleuten nicht verteidigen können.

(III) Es ist völlig klar, daß ein kleines Gebiet eine kommunistische Enklave sein wird. Selbst wenn keine Russen in der Kontrollbehörde sitzen, werden sie die Arbeit dieser Behörde in hohem Maße beeinflussen, weil sie die Unterstützung der Einwohner haben.

(IV) Es sollte unser Ziel sein, eine Lösung zu finden, die Bestand hat. Ein kleiner Ruhrstaat ist zwangsläufig ein künstliches Gebilde und von daher nur eine Lösung auf Zeit. Ein Land mit gewachsenen und anerkannten Grenzen hat eine viel bessere Überlebenschance als ein rein künstliches Gebilde.

(V) Wenn es darum geht, eine schnelle Lösung zu finden, dann muß dies eine einfache Lösung sein. Wenn wir uns an die bestehenden Grenzen und die vorhandenen Verwaltungsstrukturen halten, dann kann das neue Land in wenigen Wochen errichtet werden. Ist das neue Land dagegen ein künstliches Gebilde, wird es zu endlosen Verzögerungen kommen. Wenn das neue Land erst einmal existiert, dann ist es auch wünschenswert, daß die Sache so schnell wie möglich funktioniert. Mit den anfänglichen Schwierigkeiten eines kleinen Landes müßten die Briten fertig werden, und damit wiederum würde es schwierig werden, die Besatzungskosten zu reduzieren.

*(c) militärische Gründe*

Nach Meinung des Hauptquartiers der Rheinarmee wäre es militärisch nicht sinnvoll, einen kleinen Ruhrstaat zu schaffen, weil dann kein Gelände vorhanden wäre, wo die Truppe operieren und üben könnte. Es wäre so, als ob man eine Armee in ein Kriegsgefangenenlager verlegen würde.

4. General Robertson fuhr dann fort und ging auf die Argumente ein, die für ein kleines Land sprächen, nämlich

(I) Ein großes Land würde zu stark sein. Die Kontrollkommission würde dieses Argument überhaupt nicht verstehen. Die britische Politik gehe dahin, die Macht Deutschlands als Ganzes zu reduzieren; entsprechend würde doch, falls ein starkes Gebiet international kontrolliert würde, das übrige Deutschland an Macht verlieren. Ähnliches gelte auch für die erhebliche Machtkonzentration in dem neuen Land; das entspreche der Dezentralisierung Deutschlands in „Länder"[2], was ja eines unserer Ziele sei.

(II) Es sei nicht wünschenswert, die Verantwortung für ein Gebiet zu übernehmen, das größer sei als für die von uns durchzuführenden Sanktionen unbedingt notwendig. Das (oben unter (c) genannte) Argument der Militärs scheine dem zu widersprechen.

(III) Die Franzosen hielten ein kleines Gebiet für notwendig, um den besonderen Charakter und unsere Gründe für diese Sonderbehandlung erkennbar zu machen. Die Kontrollkommission könne darauf keine andere Antwort geben als die, daß dies eben die Forderung der Franzosen sei; die eigentliche Frage sei aber die, ob es sinnvoll sei, eine unbefriedigende Lösung zu akzeptieren, nur weil dies die Franzosen so wollten.

5. Falls es helfen würde, wäre es nach Meinung von General Robertson auch möglich, Teile Ostwestfalens, die nicht unbedingt zum Hinterland für die Industriegebiete an der Ruhr gehörten und nicht Bestandteil der Wirtschaftseinheit „Ruhrgebiet" seien, abzutrennen; er machte sich für diese Idee allerdings nicht besonders stark. Er wies noch einmal darauf hin, daß sich die Kontrollkommission einstimmig für einen Ruhrstaat ausgesprochen habe, der ganz Nordrhein und Westfalen umfassen solle.

6. Sir O. Harvey erinnerte noch einmal an die Überlegungen des Außenministers, daß es an der Ruhr eine internationale Kontrolle geben solle – ähnlich wie vom Planungsstab für Wirtschaft und Industrie [E. I. P. S.] vorgeschlagen –, egal, ob die Industrien nun sozialisiert oder internationalisiert würden. Zur Zeit denke der Außenminister noch an eine Teilnahme der Russen an der Kontrolle, was allerdings nicht die Anwesenheit russischer Besatzungstruppen bedeuten müsse. Bei den Planungen für die Ruhr sollte man sich alle Wege offenhalten für den Fall, daß die im Potsdamer Abkommen festgelegten Produktionsbeschränkungen aufgehoben würden. Als Ideal schwebe dem Außenminister eine Entwicklung vor, wo die Ruhr eines Tages zum Wohle ganz Europas genutzt werde. Das Kabinett habe bereits zugestimmt, daß französische, belgische und holländische Besatzungstruppen in dem

2 So im Original.

Gebiet westlich des Rheins auf Dauer stationiert werden sollten. Möglicherweise könnten britische Truppen, die für Besatzungszwecke im Ruhrgebiet vorgesehen seien, außerhalb des eigentlichen Ruhrstaates westlich des Rheins stationiert werden.

7. Brigadier Calthorpe sagte, die Stabschefs hätten sich bei ihrer Entscheidung von rein militärischen Überlegungen leiten lassen; wirtschaftliche Aspekte hätten keine Rolle gespielt. Die ganze Angelegenheit müsse in einem sehr viel größeren Zusammenhang gesehen werden; es gehe nicht nur um die unmittelbar anstehende Ruhrfrage. Den Stabschefs gehe es darum, daß

(I) mit Blick auf mögliche russische Intentionen das Gebiet, das international besetzt und/oder von dem aus auf Westeuropa Einfluß ausgeübt werde, so klein wie möglich sei;

(II) unsere militärischen Verpflichtungen so gering wie möglich seien. Was das Argument der Rheinarmee betreffe, so müßten die Aufgaben der im Ruhrgebiet stationierten Truppen genau definiert werden. Es gehe nicht darum, einen größeren Angriff abzuwehren; Aufgabe der Truppe sei es vielmehr, den Entscheidungen der Kontrollbehörde Nachdruck zu verleihen. Von daher ergebe sich nicht die von der Rheinarmee erwähnte Notwendigkeit für ein großes Gebiet, um dort Manöver abhalten zu können. Die Teilnahme britischer Truppen an der Besetzung des Gebiets westlich des Rheins sei nicht wünschenswert; die Stabschefs seien zufrieden, wenn die britischen Besatzungstruppen im Ruhrstaat selbst stationiert würden.

8. General Robertson stimmte zu, daß niemand daran gedacht habe, die Ruhr gegen einen größeren Angriff zu verteidigen, aber er gab zu bedenken, daß mit einer Vergrößerung des zu verwaltenden Gebietes nicht notwendigerweise auch die militärischen Verpflichtungen größer würden. Die Truppe hätte die Aufgabe, bestimmte zentrale Punkte zu besetzen. Die Anzahl dieser Punkte könne man ganz nach Belieben vergrößern oder verkleinern; das habe mit der Größe des vorgeschlagenen Landes nichts zu tun.

9. Brigadier Calthorpe war im Gegensatz dazu der Meinung, daß mit einer Vergrößerung des Gebietes auch die militärischen Aufgaben größer würden.

10. Mr. Troutbeck stimmte dem nicht zu; die logische Schlußfolgerung dieser Argumentation würde nämlich bedeuten, so gab er zu bedenken, daß, um völlige Sicherheit zu erreichen, möglicherweise die Zentralregierung in Deutschland übernommen und das ganze Land wieder besetzt werden müßte.

11. Mr. Steel ergänzte, daß, falls etwas schieflaufen werde, es dann gleichzeitig innerhalb und außerhalb des neuen Landes schieflaufen werde. Wir würden aber eine bessere Chance haben, die Sache im Griff zu behalten, wenn das neue Land, das es zu kontrollieren gelte, die alten deutschen Grenzen habe.

12. Sir William Strang wies darauf hin, daß die Kontrollbehörde in der Hauptstadt des Landes, Düsseldorf, im Herzen des Industriegebietes, eingerichtet werden müsse.

13. Sir Mark Turner betonte, daß die Franzosen bei den Gesprächen in Paris unseren Vorschlag günstig aufgenommen hätten, weil damit in der Frage der politischen Abtrennung des Landes nichts präjudiziert werde. Falls Sanktionen gegen Deutsch-

land durchgeführt werden müßten, dann sei es mit diesem Vorschlag immer noch möglich, die Regierung des Landes zu übernehmen. Je nach der Größe des Landes sei diese Aufgabe schwierig oder weniger schwierig.

14. Mr. Burrows fragte, ob man daran denken könne, auf diese Weise ein ganzes Land aus Deutschland herauszuschneiden. Mr. Steel antwortete, es sei einfacher, ein ganzes Land von Deutschland abzutrennen als nur Teile davon.

15. Als Antwort auf eine Frage von Mr. Burrows wurde mitgeteilt, daß in dem vorgeschlagenen großen Land 12 Mio. Menschen leben würden gegenüber 5 1/2 Mio. in dem kleinen Land. Von den 12 Mio. seien viele in der Landwirtschaft tätig, die Anhänger der CDU seien und ein Gegengewicht zu den kommunistisch beeinflußten Industriearbeitern bilden würden.

16. Sir Mark Turner fragte, ob die Lebensfähigkeit kleiner Staaten nicht in hohem Maße davon abhänge, wie flexibel ein föderalistisches System sei, von dem sie ja ein Teil seien. Er nannte als Beispiele die Vereinigten Staaten und Kanada und meinte, daß in diesem Fall Handel und Wandel mit dem kleinen Staat kein Problem sein dürften.

17. Sir Percy Mills gab zu bedenken, daß die Grenzen in den Augen der Deutschen immer wichtig sein würden.

18. Mr. Troutbeck wies darauf hin, daß viel davon abhängen werde, wie die finanziellen Dinge zwischen Landes- und Zentralregierung geregelt würden. Er nannte als Beispiel die Zahlung von Arbeitslosenunterstützung, die für ein kleines Land zu einer schweren Belastung führen könnte.

19. Sir David Waley betonte, daß der schlimmste Fehler, den man bei der Bildung des neuen Landes machen könne, der sei, ein Gebiet zu schaffen, das besonders extremen Konjunkturschwankungen ausgesetzt sei. Er wies auch darauf hin, daß die politische Sicherheit in einem kleinen Land nur schwer aufrechtzuerhalten sei, weil politische Gegner aus diesem Land fliehen und in ein Gebiet wechseln und dort weiteragieren könnten, wo es keine internationale Polizeikontrolle gebe und die Sicherheitsmaßnahmen weniger effizient seien.

20. Sir Oliver Harvey wies darauf hin, daß das Argument betr. Belastung des britischen Steuerzahlers noch nicht aktuell sei, da wir in jedem Fall bis zum Ende der Besatzungszeit für das Gebiet verantwortlich seien; es gehe jetzt aber darum, etwas zu schaffen, das wir, wenn der Zeitpunkt gekommen sei, einer internationalen Kontrolle unterstellen könnten.

21. General Robertson fügte hinzu, daß, falls bis dahin die Sache nicht richtig funktioniere, die Briten allein die Kosten zu tragen hätten.

22. Sir O. Harvey und Sir William Strang meinten, die Ruhrfrage müsse in Etappen gelöst werden, nämlich:

(a) in einer ersten Phase Planungen und Beratungen mit den übrigen betroffenen Verbündeten;

(b) zu einem geeigneten Zeitpunkt Beschlagnahme bestimmter Industrien durch den britischen Oberbefehlshaber;

(c) Schaffung eines neuen Landes als Gebiets- und Verwaltungseinheit;

(d) zu einem geeigneten Zeitpunkt Übergabe der Befugnisse des britischen Oberbefehlshabers an eine internationale Kontrollbehörde.

23. Die Runde war sich einig, daß es nicht Ziel britischer Politik sei, mittels Ruhrkontrolle der deutschen Wirtschaft „das Rückgrat zu brechen“.[2]

24. General Robertson legte dann eine Karte[3] vor, auf der die Lage der Industrien und die wirtschaftlichen Zusammenhänge sowie die Verkehrsverbindungen zu sehen waren, um zu zeigen, daß bei einem kleinen Land in jedem Fall zahlreiche wichtige Einheiten durchschnitten würden. Auf der Karte war auch zu sehen, daß etliche dieser Einheiten weit östlich des Rheins lagen. Sir O. Harvey war davon beeindruckt.

25. Sir O. Harvey sagte, der Außenminister habe an ein großes Land gedacht, das in drei Bezirke aufgeteilt werden könnte; in einem dieser Bezirke würden dann die wichtigsten Industrien liegen, dort würde auch die internationale Kontrollbehörde ihren Sitz haben.

26. General Robertson antwortete, daß man über diese Idee sehr wohl nachdenken könne; es sei aber absolut notwendig, daß die Landesregierung mit den entsprechenden Befugnissen Gesprächspartner der Kontrollbehörde sei und nicht lediglich eine Bezirksregierung. Mit diesem Vorschlag würde die Möglichkeit nicht ausgeschlossen, der Landesregierung vorzuschreiben, bestimmte, nur auf das Industriegebiet beschränkte Maßnahmen durchzuführen. Ein solcher Vorschlag würde möglicherweise auch bei den Stabschefs auf Zustimmung stoßen. Es sei wünschenswert, die besonderen Kontrollmaßnahmen im Ruhrgebiet so weit wie möglich zu reduzieren, aber angesichts einer internationalen Kontrolle sei eine unterschiedliche Behandlung nun einmal nicht zu vermeiden.

27. Mr. Hall-Patch wies darauf hin, daß, wenn man bestimmte Kontrollmaßnahmen nur in einem Teil eines Landes durchführe und im übrigen Land nicht, damit ein politischer Infektionsherd geschaffen werde.

28. Sir Mark Turner wollte wissen, wieviel Prozent der gesamten deutschen Industrie in dem großen Land liegen würden. Er vermutete 90 % der Steinkohleförderung, 80 % der Stahlproduktion und mehr als 35 % der chemischen Industrie; d. h. praktisch genau so viel, wie in dem von den Franzosen vorgeschlagenen Gebiet. Sir Percy Mills bestätigte das.

29. Sir Mark Turner nannte die politischen Argumente, die für die Schaffung eines großen Landes vorgebracht worden seien, überzeugend und stimmte der Überlegung zu, daß, falls an eine spätere Abtrennung des Landes gedacht sei, wirtschaftliche Gründe gegen die Schaffung eines kleinen Landes sprächen.

30. Sir David Waley gab zu bedenken, daß es leichter sei, mit einem großen Gebiet zu beginnen und dieses dann später zu verkleinern, als den umgekehrten Weg zu gehen.

31. Mr. Steel sagte, falls man sich für die Schaffung eines großen Landes entscheide, könnten die Provinzen Nordrhein und Westfalen leicht zusammengeschlossen werden; der Oberpräsident der Nordrheinprovinz habe sich sogar mit Nachdruck

---

2 Im Original: to „emasculate“ German economy.

3 Nicht bei den Akten.

für diesen Zusammenschluß ausgesprochen, damit dieses Gebiet wirtschaftlich ausgeglichen sei und der durch die Kampfhandlungen am Ende des Krieges entstandene Schaden in den landwirtschaftlichen Gebieten westlich des Rheins durch die weniger zerstörten Gebiete Westfalens ausgeglichen werde. Die Südrheinprovinz stelle kein großes Problem dar; deren Zukunft hänge davon ab, wie Franzosen und Amerikaner ihre Zonen reorganisieren würden. Es müsse aber offen gesagt werden, daß es nach Schaffung eines kleinen Landes zu sehr großen Schwierigkeiten kommen werde, das Gebiet, das von den Provinzen Westfalen und Nordrhein dann übrigbleibe, politisch, wirtschaftlich und verwaltungsmäßig zu organisieren.

32. Mr. Hall-Patch sagte, den Argumenten jener, die mit den Problemen vor Ort vertraut seien, müsse großes Gewicht zugemessen werden. Wir müßten daher die Idee, ein kleines Land zu schaffen, fallenlassen und könnten vielleicht den Franzosen vorschlagen, daß die internationale Kontrollbehörde ihre Kontrolle auf ein bestimmtes Gebiet beschränke, ihre Arbeit und ihre Anweisungen aber über die Landesregierung des großen Landes laufen lassen würde.

33. Sir Oliver Harvey meinte, daß die politische Abtrennung eines großen Gebietes äußerst schwierig sei. Er schlug vor, die Ergebnisse dieser Besprechung in einem Memorandum für das O. R. C.[4] zusammenzufassen; der Außenminister habe beschlossen, das O. R. C. zu reaktivieren. In dem Memorandum sollten die gewichtigen Argumente für die Schaffung eines großen Landes betont werden. Er, Harvey, möchte gern noch etwas mehr darüber erfahren, wie eine auf ein bestimmtes Gebiet in einem großen Land beschränkte Kontrolle funktionieren würde.

34. General Robertson sagte, es sei schwierig, dazu jetzt schon etwas zu sagen, aber in jedem Fall gehöre die Besatzung dazu, die man auf dieses Gebiet beschränken könne; das werde möglicherweise auch die Stabschefs zufriedenstellen. Er fügte hinzu, daß man noch nicht festgelegt habe, welche Gebiete mit welchen Industrien kontrolliert werden sollten.

35. Sir Percy Mills übernahm es, im Laufe der Woche eine entsprechende Karte[5] anzufertigen, die dem O. R. C.-Memorandum beigelegt werden sollte. Dieses Memorandum sollte dann dem Außenminister vor seiner Abreise nach Paris vorgelegt werden und, falls er damit einverstanden sei, dann dem O. R. C. zugeleitet werden.

36. General Robertson sagte, ihm liege sehr daran, daß eine Entscheidung über die Größe des Landes noch vor den Landtagswahlen getroffen werde. Er beabsichtige, mit den deutschen Stellen die genaue Grenzziehung und einige andere kleinere Dinge zu besprechen, die für uns ohne Bedeutung seien.

37. Sir Oliver Harvey fragte, was im Vorfeld der Landesgründung noch alles getan werden könne, z. B. im Hinblick auf die Beschlagnahme der Unternehmen; eine entsprechende Entscheidung habe man angesichts der Beratungen über die Stahlindustrie [im Alliierten Kontrollrat] vertagt.

38. Mr. Troutbeck fragte, wie lange es dauern könnte, bis das neue Land gegründet worden sei.

---

4 Overseas Reconstruction Committee; das für außenpolitische Fragen zuständige, nur die wichtigsten Minister umfassende Kabinett.

5 Nicht bei den Akten.

39. General Robertson antwortete, wenn das Land groß und so unkompliziert sei, wie er das aufgezeigt habe, dann könne das praktisch über Nacht geschehen; wenn das Land aber klein sei und aus den bestehenden Provinzen herausgeschnitten werden müsse, dann sei das Unternehmen sehr viel komplizierter und werde länger dauern. Als Beispiel nannte er die Erstellung von Wählerlisten.

40. Sir O. Harvey war der Meinung, daß die ganze Frage bis Ende Juni erledigt sein könnte.

41. Brigadier Calthorpe machte den Vorschlag, und die Runde stimmte zu, das Memorandum des Foreign Office für das O. R. C. zuvor den Stabschefs zuzuleiten. Die Stabschefs würden dann ein eigenes Memorandum erarbeiten; beide Memoranden zusammen sollten dann dem O. R. C. vorgelegt werden.

## 14.[1]

## 11. 6. 1946: Memorandum von Ernest Bevin für das Overseas Reconstruction Committee

*PRO, CAB 134/596. O. R. C. (46) 41. Kabinett. Overseas Reconstruction Committee. „Errichtung eines neuen Landes, das das Ruhrgebiet mit einschließt, und Beschlagnahme der Ruhrindustrie". Memorandum des Außenministers. Streng geheim.*

Es ist wünschenswert, in Westdeutschland sofort ein neues Land zu errichten, das das Ruhrgebiet mit einschließt, auch wenn noch keine Entscheidung über die künftige wirtschaftliche oder politische Kontrolle des Ruhrgebietes oder der Ruhrindustrie getroffen worden ist. Das Land sollte so aussehen, daß es entweder Teil eines föderalistisch aufgebauten Deutschland sein oder politisch von Deutschland abgetrennt werden kann.

2. Das Land soll aus den beiden bestehenden Provinzen Westfalen und Nordrhein gebildet werden, vorbehaltlich kleinerer Korrekturen, die möglicherweise von britischen Vertretern vor Ort für wünschenswert gehalten werden.

3. Innerhalb dieses Landes soll ein Gebiet ausgewiesen werden, in dem die zu kontrollierenden Schlüsselindustrien liegen. Die internationale Kontrolle wird normalerweise nur in diesem Gebiet ausgeübt, und normalerweise ist dies das einzige Gebiet östlich des Rheins, in dem eine internationale Truppe stationiert wird (nach dem Ende der allgemeinen Besetzung Deutschlands). In Krisenzeiten können aber die internationale Kontrolle und die Operationen der internationalen Truppe auf das ganze Land ausgedehnt werden.

1 Entspricht Dok. Nr. 185 in der Edition „Ruhrfrage".

4. Die Landesregierung wird ihren Sitz innerhalb dieses unter Punkt 3. genannten Gebietes haben, wahrscheinlich in Düsseldorf.

5. Die Ruhrindustrie wird genauso wie die Bergwerke vom britischen Oberbefehlshaber übernommen, bis endgültig entschieden wird, was mit ihnen geschieht. Mit Hilfe von Betriebsräten sollen die deutschen Arbeiter an der Führung der Unternehmen beteiligt werden.

6. In erster Linie gibt es drei Pläne für die Zukunft des Ruhrgebietes:

(a) Die Franzosen wollen das Gebiet von Deutschland abtrennen und daraus einen Staat unter internationaler Verwaltung machen.[2]

(b) Das Gebiet bleibt bei Deutschland, die Schlüsselindustrien werden internationales Eigentum.[3]

(c) Das Gebiet bleibt bei Deutschland, die Industrien gehen in deutsches öffentliches Eigentum über und werden unter internationale Kontrolle gestellt.[4]

7. Alle diese Pläne sehen die Besetzung dieses Gebietes durch eine internationale Truppe vor. Die endgültige Entscheidung für einen dieser Pläne erfordert ausführliche Beratungen, wahrscheinlich im Ausschuß der stellvertretenden Außenminister, der die [fünf] Fragen betr. Deutschland untersuchen soll[5] und dessen Bildung hoffentlich als ein Ergebnis am Ende der nächsten Runde [der Außenministerkonferenz] in Paris stehen wird. In der Zwischenzeit aber, und ohne die Sache zu präjudizieren, ist es von Vorteil, ein neues Land zu errichten, das das gesamte Ruhrgebiet und die Schlüsselindustrien mit einschließt (z. Zt. ist es so, daß die Grenze zwischen den Provinzen Westfalen und Nordrhein durch das Industriegebiet hindurchläuft). Wenn die Grundsatzentscheidung über die Zukunft der Ruhr getroffen worden ist, wird aus diesem neuen Land entweder der internationale Ruhrstaat oder es bleibt ein Teil des föderalistisch strukturierten Deutschland. Es ist notwendig, dieses Land jetzt zu bilden, damit die territoriale Neugliederung Westdeutschlands zu Ende geführt und die Vorbereitungen für die Landtagswahlen getroffen werden können. Die Franzosen würden im übrigen eine solche Entscheidung sehr begrüßen, da in ihren Augen ein Land, das erhebliche autonome Rechte besitzt und in dem sich der Sitz einer internationalen Kontrollbehörde befindet, ihren Vorstellungen von einer politischen Abtrennung am nächsten kommt. Die Bildung dieses Landes ist ein Schritt, den wir ohne Viermächte-Zustimmung tun können. Alle mit dieser Frage beschäftigten britischen Stellen sind sich völlig einig darin, daß ein Land zum frühest möglichen Zeitpunkt gebildet werden soll, und ich empfehle daher, daß die Minister jetzt die entsprechende Zustimmung geben sollten.

8. Eine der wichtigsten Entscheidungen ist die, wie groß das neue Land sein soll. Dazu sind sehr unterschiedliche Meinungen geäußert worden. Die Franzosen haben vorgeschlagen, daß das von Deutschland abzutrennende Gebiet an der Ruhr möglichst klein sein und die wichtigsten Bergwerke und Industrien enthalten sollte. Das Gebiet, das sie auf der Karte eingezeichnet haben, umfaßt nur das eigentliche Ruhr-

2 Siehe oben, S. 82 ff.
3 E. I. P. S.-Plan, siehe oben, S. 123 ff.
4 Siehe oben, S. 180 ff.
5 Siehe oben, S. 196 f.

gebiet östlich des Rheins, ohne landwirtschaftliches Hinterland.[6] In einem der Pläne, den die Regierung seiner Majestät versuchsweise Franzosen und Amerikanern in informellen Gesprächen vorgelegt hat, ist ein Gebiet vorgeschlagen worden, das aus dem von Frankreich genannten Gebiet, ergänzt um ein Gebiet bis hin zur holländischen Grenze, bestand. Über die Frage nach der Größe des Landes haben ausführliche Beratungen zwischen Vertretern des Foreign Office, des Kontrollamtes für Deutschland und Österreich und der Kontrollkommission in Deutschland stattgefunden, wobei die Ratschläge der Stabschefs und anderer Abteilungen sowie des Finanzministeriums bei den sie betreffenden Fragen von Vorteil waren.

9. Die Argumente für die Bildung eines kleinen Landes lauten kurzgefaßt folgendermaßen:

(a) [...] (g) [...][7]

10. Die Argumente für ein großes Land aus dem Zusammenschluß der beiden vorhandenen Provinzen Westfalen und Nordrhein lauten folgendermaßen:

(a) [...] (k) [...][8]

11. Die Militärs gehen bei ihren Überlegungen zu dieser Frage in beiden Fällen von der Annahme aus, daß deutsches Territorium westlich des Rheins nicht von Deutschland abgetrennt, allerdings auf unbestimmte Zeit von französischen, belgischen und holländischen Truppen besetzt wird. Falls gewünscht, können auch britische Truppen an der Besetzung dieses Gebietes teilnehmen; das wird allerdings kaum nötig sein, wenn sich britische Truppen an der im Ruhrgebiet stationierten internationalen Streitmacht beteiligen.

12. Nach sorgfältiger Prüfung dieser Argumente meinen wir, daß jene Argumente überwiegen, die für die Bildung eines großen Landes durch Zusammenschluß der beiden Provinzen Westfalen und Nordrhein sprechen, insbesondere deshalb, weil sie von Vertretern der britischen Behörden in Deutschland vorgetragen worden sind, die die Situation vor Ort kennen und zumindest noch für etliche Jahre die Verantwortung dort zu tragen haben, egal, welcher Plan letztlich zur Durchführung gelangt. Es sieht so aus, als ob wir noch einen Schritt weitergehen und mit der Bildung des großen Landes einige der Vorteile des kleinen Landes verbinden könnten, indem innerhalb des großen Landes ein Gebiet ausgewiesen wird, in dem sich die Schlüsselindustrien befinden. Hier würde keine gesonderte deutsche Verwaltung eingerichtet, aber dies wäre jenes Gebiet, auf das normalerweise die Tätigkeit der internationalen Kontrollbehörde beschränkt bliebe. Im Fall von Sanktionen wäre es Aufgabe der Besatzungstruppen, dieses Industriegebiet zu übernehmen und so abzuriegeln, daß keine Waren von hier aus in einen anderen Teil des Landes oder ins übrige Deutschland gelangen können. Die Truppe würde dabei wahrscheinlich nur in diesem Gebiet operieren, sollte aber berechtigt sein, ihre Operationen notfalls auf das ganze Land auszudehnen. Sie würde da stationiert, wo es für die Erfüllung dieser Aufgabe am zweckmäßigsten wäre. Wahrscheinlich könnte die Besatzung auf dieses Industriegebiet beschränkt bleiben, insbesondere, wenn das Territorium westlich

6 Siehe Karte Nr. 8, S. 17.

7 Die Argumente 9 a–g in wörtlicher Übersetzung oben, S. 223 u. S. 225.

8 Die Argumente 10 a–k in wörtlicher Übersetzung oben, S. 225 f.

des Rheins unter der im vorhergehenden Paragraphen genannten Prämisse für Manöver und Verbindungswege genützt werden kann. Die Landesregierung würde ihren Sitz in diesem Industriegebiet haben, ebenso die Landeshauptstadt; wahrscheinlich würde dies Düsseldorf sein. Das würde die Durchführung einer anderen Sanktion erleichtern, nämlich die Übernahme der Verwaltung des Landes. Dieses besondere Industriegebiet würde wahrscheinlich das Gebiet östlich des Rheins umfassen, das in etwa dem von den Franzosen vorgeschlagenen Gebiet entspricht, aber mit Erweiterungen im Norden und Süden und ergänzt um ein Gebiet westlich des Rheins, das die Kohlenreviere von Aachen und Köln mit einschließt.

13. Wichtig ist, daß der Eindruck vermieden wird, dieses innere Gebiet sei eine besondere deutsche Verwaltungseinheit. Für die Arbeit der internationalen Kontrollbehörde genügt es nicht, als Gesprächspartner lediglich eine Bezirksregierung zu haben. Es muß die Landesregierung sein, weil dies das kleinste Gremium ist, das wichtige Regierungsbefugnisse hat und einigermaßen unabhängig ist. Wenn in normalen Zeiten die internationale Kontrolle und die militärische Besetzung auf diesen inneren Bereich beschränkt bleiben, dann hat das auch den Vorteil, daß der übrigen Bevölkerung des Landes keine besonderen Lasten auferlegt werden und gleichzeitig die wirtschaftlich und politisch ausgewogene Struktur des Landes erhalten bleibt.

14. Es könnte noch ein weiterer, außerordentlich nützlicher Schritt getan werden, ohne daß damit die endgültige Entscheidung über die Zukunft der Ruhr präjudiziert würde: der britische Oberbefehlshaber sollte sofort die Schlüsselindustrien an der Ruhr beschlagnahmen, genauso, wie er bereits die Bergwerke beschlagnahmt hat. Dies würde eine wohltuende psychologische Wirkung innerhalb und außerhalb Deutschlands haben und mit zur Widerlegung der Propaganda beitragen, daß wir in unserer Zone keine Fortschritte machen, während die Russen alle reaktionären Elemente beseitigen und tiefgreifende gesellschaftspolitische Reformen durchführen. Mit der Übernahme der Unternehmen würden wir ankündigen, daß noch nicht entschieden sei, was letztlich mit ihnen geschehen werde, daß sie aber auf gar keinen Fall ihren ehemaligen Besitzern zurückgegeben würden. Wir könnten dann später entscheiden, ob sie internationalisiert oder öffentliches deutsches Eigentum werden sollten. Dieser Schritt würde auch insofern von Vorteil sein, als man auf diese Weise die deutschen Arbeiter mit der Führung der Unternehmen vertraut machen könnte. Dies geschieht bereits bei den Bergwerken mit Hilfe der Betriebsräte, und das gleiche könnte jetzt in den Unternehmen gemacht werden, die beschlagnahmt werden sollen.

## 15.[1]

## 19. 6. 1946: Aufzeichnung von Patrick Dean für Sir Orme G. Sargent

*PRO, FO 371/55405/C 6668/14/18.*

*Die Größe des neuen Landes an der Ruhr*

Wie Sie wissen, steht diese Frage auf der Tagesordnung der O. R. C.-Sitzung am 21. Juni, und die Argumente für und gegen die Errichtung eines großen neuen Landes, mit der abschließenden Empfehlung für ein solches Land, sind im O. R. C.-Memorandum (46) 41 vom 11. Juni aufgelistet. Diese Empfehlung geht auf einen nahezu einstimmig gefaßten Beschluß zurück, der am Ende einer Besprechung vor zehn Tagen[2] stand, auf der Sir William Strang und Generalleutnant Robertson mit großer Klarheit und sehr überzeugend für die Schaffung eines Landes an der Ruhr durch Zusammenschluß der beiden Provinzen Westfalen und Nordrhein plädiert haben. Lediglich die Stabschefs hatten gewisse Zweifel, die sie auch jetzt noch haben, aber sie sind offensichtlich bereit nachzugeben. Mir ist jetzt vertraulich mitgeteilt worden, daß Mr. Hynd und einige seiner Mitarbeiter im Kontrollamt von General Robertsons Argumenten nicht überzeugt sind und auf der Sitzung des O. R. C. am Freitag möglicherweise Widerspruch anmelden werden. Mr. Hynd hat offensichtlich folgende Einwände:

(1) das neue Land sei mit zwölf Millionen Einwohnern und der Masse der Industrie etc. zu groß und zu stark;[3]

(2) er glaubt nicht, daß es auf deutscher Seite Zustimmung für den Zusammenschluß der Provinz Westfalen mit der Nordrheinprovinz gibt;[4]

(3) die Schätzungen im Hinblick auf die Stärke der Kommunisten im Ruhrgebiet seien enorm übertrieben und die gegenwärtigen Größenverhältnisse lauteten: 60 % Sozialdemokraten, 30 % Christdemokraten und nur 10 % Kommunisten;[5]

(4) ein großes Land, so wie vorgeschlagen, würde von Christdemokraten beherrscht, und die Sozialdemokraten würden ihre Mehrheit verlieren, die sie dort angeblich haben.

Es ist bedauerlich, daß das Kontrollamt in dieser Sache offensichtlich nicht mit einer Stimme spricht und nicht mit der einstimmigen und mit Nachdruck vorgetragenen Meinung seiner Leute vor Ort übereinstimmt. Sollten diese unterschiedlichen Meinungen in der O. R. C.-Sitzung zur Sprache kommen, so empfehle ich, daß wir

---

1 Entspricht Dok. Nr. 192 in der Edition „Ruhrfrage".

2 Genauer: am 6. 6. 1946; vgl. Dok. Nr. 13 in diesem Band.

3 Handschriftliche Randnotiz von P. Dean: „Größe ist kein ausschlaggebendes Argument. Lieber ein größeres Land, ausgewogen, zufrieden und lebensfähig, als ein kleineres, das von all dem das Gegenteil ist."

4 Handschriftliche Randnotiz von P. Dean: „Seine wichtigsten Mitarbeiter vor Ort haben alle das Gegenteil gesagt."

5 Handschriftliche Randnotiz von P. Dean: „Vermutungen; Schätzungen variieren immer. Der Ernstfall ist nicht die heutige Ruhr, sondern wie es dort später bei einer Wirtschaftskrise aussieht."

nachdrücklich an unseren Vorschlägen festhalten sollten, ein Land durch Zusammenschluß der Provinzen Westfalen und Nordrhein zu schaffen (wobei, falls notwendig, im Osten auf bestimmte Gebiete verzichtet werden könnte). Zusätzlich zu den bereits im O. R. C.-Memorandum (46) 41 genannten Argumenten könnten noch vier weitere gute Gründe vorgebracht werden, und zwar:

1) Der Außenminister will mit klaren Entscheidungen in die Beratungen und Verhandlungen in Paris gehen. Eine Rückverweisung dieser entscheidenden Frage und erneute Diskussionen sind nicht das, was er will und werden seine Verhandlungsposition schwächen.

2) Wir wollen, daß das neue Land *schnell*[6] errichtet wird. Es muß daher das große Land aus Nordrhein und Westfalen sein, das nach Aussage von General Robertson nahezu über Nacht gebildet werden kann, weil Verwaltungsfragen und andere damit zusammenhängende Probleme leicht zu lösen sind. Wenn wir neue Grenzen ziehen, wird alles viel länger dauern.

3) Es ist die einhellige Meinung der Männer vor Ort – General Robertson, Sir William Strang, Sir Percy Mills und Mr. Steel –, daß das große Land die beste Lösung ist. Es ist eine schwerwiegende Sache, gegen deren Rat zu handeln, wenn es nicht wichtige politische Gründe dafür gibt. Mr. Hynds gegenwärtige Haltung läßt sich zumindest teilweise darauf zurückführen, daß er seinen eigenen Leuten in der britischen Zone nicht vertraut.

4) Die Bildung eines Landes aus dem Ruhrgebiet, erweitert um einen schmalen Streifen im Norden und Osten, und der Nordrheinprovinz bis hinunter zur französischen Zonengrenze (das ist es, was Mr. Hynd möglicherweise vorschlägt)[7], hat zwei Nachteile:

(a) Im Norden und Osten wird eine künstliche Grenze geschaffen, es werden die Gefühle der Deutschen verletzt, und es wird zu großen Verwaltungsschwierigkeiten kommen. Von der alten Provinz Westfalen wird ein beträchtliches Stück herausgerissen, und das wird zu politischer Unzufriedenheit führen.

(b) Im Norden und Osten Westfalens wird fast ausschließlich ländliches Gebiet übrigbleiben, mit einer künstlichen Grenze im Süden und Westen und wegen des Verlustes der Gebiete im Süden und Westen – einschließlich des Ruhrgebietes – mit dem gleichen Gefühl der Unzufriedenheit bei den Bewohnern. Wirtschaftlich wird das Ruhrgebiet vom landwirtschaftlichen Hinterland im Norden und Osten abgeschnitten, das aber aus wirtschaftlichen und politischen Gründen dazugehören sollte.

6 Hervorhebung im Original.
7 Handschriftliche Randnotiz von P. Dean: „Siehe die beiliegende Kartenskizze." Karte Nr. 11, S. 20.

## 16.[1]

## 21. 6. 1946: Sitzung des Overseas Reconstruction Committee

*PRO, CAB 134/595. O. R. C. (46) 9. Sitzung. Kabinett. Overseas Reconstruction Committee. „Ergebnisse des Treffens in 10 Downing Street SW 1 von Freitag, 21. Juni 1946, 11.30 Uhr." Tagesordnungspunkt 2: „Deutschlandpolitik". Geheim, Kopie Nr. 64. Anwesend: C. P. Attlee, Premierminister (Vorsitz); H. Dalton, Finanzminister; J. B. Hynd, Chancellor of the Duchy of Lancaster; E. Shinwell, Energieminister; Lord Nathan, Parlamentarischer Unterstaatssekretär im Kriegsministerium. Folgende Personen waren ebenfalls anwesend: A. Barnes, Transportminister; P. J. Noel-Baker, Staatsminister; H. A. Marquand, Außenhandelsminister; J. Dugdale, Parlamentarischer Staatssekretär in der Admiralität, für Finanzfragen zuständig; Edith Summerskill, Parlamentarische Staatssekretärin im Ernährungsministerium; Sir Orme Sargent, Staatssekretär im Foreign Office; E. L. Hall-Patch. Protokollführer: Sir Norman Brook, C. G. Eastwood, Major J. A. M. Phillips.*

[...]

Der Ausschuß beriet als erstes über die Zukunft des Ruhrgebietes und Westdeutschlands.[2]

Nach kurzer Diskussion beschloß der Ausschuß, daß

(1) die Regierung Seiner Majestät an ihrer Auffassung festhalten solle, wonach das Ruhrgebiet Teil Deutschlands bleiben solle und bat den Außenminister, auf die Vorstellungen des britischen Botschafters in Paris entsprechend dem Memorandum O. R. C. (46) 52[3] zu antworten;

(2) daß das Rheinland politisch nicht von Deutschland abgetrennt werden solle, aber auf Dauer von französischen Truppen und Truppen anderer Alliierter (allerdings ohne russische und britische Truppen) besetzt werden könne;

(3) das Saargebiet in das Wirtschaftssystem Frankreichs eingegliedert werden könne.

Der Ausschuß beriet dann über den Vorschlag des Außenministers (O. R. C. [46] 41),[4] daß, im Vorgriff auf eine Viermächteentscheidung bzgl. der internationalen Kontrolle der Ruhrindustrie, die britische Regierung folgende Schritte unternehmen solle, nämlich

---

1 Entspricht Dok. Nr. 195 in der Edition „Ruhrfrage". Vgl. Faksimileabbildung Nr. 12, S. 236.

2 Seitenüberschrift: „Die Zukunft von Ruhr, Rheinland und Saar."

3 Dok. Nr. 188 in der Edition „Ruhrfrage". Duff Cooper hatte sich am 29. 5. 1946 noch einmal mit Nachdruck für die Abtrennung des Ruhrgebietes ausgesprochen. Vgl. Faksimileabbildung Nr. 11, S. 228.

4 Vgl. Dok. Nr. 14 in diesem Band.

(i) in Westdeutschland ein neues Land zu errichten, das das Ruhrgebiet einschließe;

(ii) daß in diesem Land ein kleineres Gebiet ausgewiesen werde, das die wichtigsten Industrien an der Ruhr enthalte, in dem dann die vorgesehene internationale Kontrolle ausgeübt und die internationale militärische Besetzung durchgeführt werde; und

(iii) den britischen Oberbefehlshaber zu ermächtigen, die Ruhrindustrie in der gleichen Weise zu beschlagnahmen, wie er das bereits mit den Bergwerken getan habe, wobei er gleichzeitig erklären solle, daß eine endgültige Entscheidung über ihre Zukunft noch zu treffen sei, sie aber auf keinen Fall ihren ehemaligen Besitzern zurückgegeben würden.

Die Diskussion konzentrierte sich auf die Frage nach den künftigen Grenzen des vorgeschlagenen neuen Landes. Der Chancellor of the Duchy of Lancaster sagte, obwohl sich die britischen Vertreter in Deutschland für das größere Land, entsprechend dem Vorschlag im Memorandum O. R. C. (46) 41 ausgesprochen hätten, habe er selbst Zweifel, ob es politisch klug sei, ein so großes Land zu schaffen. In dem neuen Land, das der Außenminister vorschlage, würden 50 % der Bevölkerung der britischen Zone leben und es könnte ein zweites Preußen im Westen werden. Vor allem befürchte er, daß die Industriellen und Kapitalisten an der Ruhr überall in diesem Land einen beherrschenden politischen Einfluß ausüben würden; denn selbst wenn sie ihre wirtschaftliche Macht verloren hätten, würden sie immer noch mit Hilfe der Katholischen Demokratischen Partei[5] großen politischen Einfluß ausüben. Schleswig-Holstein und Hannover, die zwei anderen Länder in der britischen Zone, würden nicht stark genug sein, um gegenüber dem neuen Land ein entsprechendes Gegengewicht zu schaffen. Er plädiere daher dafür, die beiden Provinzen Westfalen und Nordrhein zu erhalten, aber die Provinz Nordrhein um die Gebiete bis einschließlich Bochum und Dortmund zu erweitern.

Dem wurde entgegengehalten, daß es bei der Errichtung des vom Außenminister vorgeschlagenen großen Landes weniger Probleme mit bestehenden Grenzen und Traditionen geben werde. Was die Realisierbarkeit angehe, so sei es leichter, zwei bestehende Gebiete zusammenzuschließen, als neue Gebiete zu schaffen, wobei dann bestehende Grenzen verändert werden müßten. Das größere Gebiet würde auch eher den Vorstellungen der französischen Regierung hinsichtlich der Zukunft Westdeutschlands entsprechen. Und mit Blick auf die zukünftige finanzielle Belastung der britischen Staatskasse gebe es gewichtige Argumente, die *für*[6] ein großes Gebiet sprächen. Im Hinblick auf die politischen Überlegungen von Hynd wurde die Meinung geäußert, daß dadurch, daß die Kapitalisten an der Ruhr ihre Wirtschaftsmacht eingebüßt hätten, dies auch dazu führen könne, daß die Katholische Demokratische Partei in diesem Gebiet an Einfluß verlieren werde. Im Ausschuß war man allgemein der Meinung, daß es in jedem Fall unsicher sei, sich bei der Festlegung von

5 Womit wohl die CDU gemeint war.
6 Hervorhebung im Original.

Landesgrenzen zu sehr von möglichen Ergebnissen zukünftiger Wahlen in Deutschland leiten zu lassen.

Der Ausschuß wurde dann darüber informiert, daß die Stabschefs bei jeder internationalen Kontrolle des Ruhrgebietes Bedenken hatten, an der sowjetische Truppen teilnehmen würden. Falls eine internationale Ruhrkontrolle vorgesehen sei, würden sie daher dafür plädieren, das in Frage kommende Gebiet so klein wie möglich zu halten. Sollten die Minister den vom Außenminister vorgelegten Plan zur Errichtung eines neuen Landes in Westdeutschland billigen, bäten sie darum, falls das möglich sei, Sicherheiten einzubauen, damit die Anwesenheit sowjetischer Truppen auf dem westlichen Rheinufer verhindert werde.

Der Premierminister wies darauf hin, daß es entsprechend den Vorstellungen des Außenministers als erstes um die Schaffung eines neuen Landes gehe, noch vor einer Entscheidung hinsichtlich der künftigen internationalen Kontrolle der Ruhrindustrie. Insofern sei es nicht nötig, Fragen, die mit der Stationierung sowjetischer Truppen in diesem Gebiet im Rahmen einer internationalen Kontrolle zusammenhingen, im gegenwärtigen Stadium zu beraten.

Der Ausschuß

(4) war sich einig, daß die Vorteile, die für die Errichtung des neuen, großen Landes durch Zusammenschluß der bestehenden Provinzen Westfalen und Nordrhein sprächen, – entsprechend dem Vorschlag des Außenministers – überwogen;

(5) billigte die Vorschläge für die Errichtung des neuen Landes in Westdeutschland, entsprechend den §§ 12 und 13 im Memorandum O. R. C. (46) 41;

(6) stimmte zu, daß der britische Oberbefehlshaber unverzüglich ermächtigt werden solle, die Schlüsselindustrien an der Ruhr entsprechend den in § 14 des Memorandums O. R. C. (46) 41 gemachten Vorschlägen zu beschlagnahmen.

[...]

## 17.[1]

## 21. 6. 1946: Sir William Strang (Berlin) an Foreign Office

*PRO, FO 371/55588/C 6980/131/18. Verschlüsselt. Telegramm Nr. 749. Politischer Berater des Oberbefehlshabers in Deutschland (Berlin). Abgeschickt um 16.30 Uhr, empfangen um 19.45 Uhr[2], 21. 6. 1946. Wichtig; auch an Moskau (Saving Nr. 1961), Washington, Warschau, Paris, britische Delegation auf der Außenministerkonferenz in Paris.*

*Wichtig*

Dr. Schumacher, der gestern mit einem Mitglied der Politischen Abteilung zu Mittag aß, vertrat im Hinblick auf die z. Zt. laufenden Gespräche über eine föderalistische Lösung des deutschen Problems eine interessante Meinung. Was unsere Pläne angeht, so ist er offensichtlich sehr mißtrauisch, allerdings vorsichtig genug, nicht gleich jeden Vorschlag von vornherein abzulehnen. Seine größte Furcht ist die, daß wir lediglich eine föderalistische Lösung betreiben, um damit den Separatismus zu fördern, und aus diesem Grund hat er sich entschieden gegen jeden Zusammenschluß von Rheinland und Westfalen ausgesprochen. Ihm ist natürlich gesagt worden, daß in dieser Frage wie auch in den anderen Fragen noch nichts entschieden sei, aber er blieb bei seiner Behauptung, daß bei einem solchen Zusammenschluß ein so mächtiges Land entstehen würde, daß es geradezu separatistische Bestrebungen entwickeln müsse. Dies ist ein interessanter Kommentar zur französischen Forderung nach einem kleinen Ruhrland. Der Gedanke an eine besondere Ruhrkontrolle ließ Schumacher ziemlich ungerührt, denn er meinte, daß es für eine besondere Ruhrkontrollbehörde keine Schwierigkeit sein dürfte, wenn sie es mit zwei Landesregierungen zu tun habe. [...]

Zur Zeit neigen sie [Kaiser und Schumacher] dazu, uns zu verdächtigen, daß wir eine sehr viel lockerere Föderation wollen als die, die wir wahrscheinlich errichten werden.

1 Entspricht Dok. Nr. 196 in der Edition „Ruhrfrage".
2 Ortszeit London.

## 18.[1]

### 27. 6. 1946: Patrick Dean an Bernard A. B. Burrows (britische Delegation in Paris)

*PRO, FO 371/55368/C 7119/2/18.*

*Vertraulich und persönlich.*

Ich lege Kopien der Telegramme Nr. 104[2], 749[3] und 753[4] aus Berlin bei, in denen über die Haltung von CDU bzw. SPD im Hinblick auf ein föderalistisches Deutschland unter besonderer Berücksichtigung des Ruhrgebietes berichtet wird. [...] Ich schicke Dir diese Telegramme, um Dich daran zu erinnern, daß unsere Entscheidung, die wir erfolgreich im O. R. C. durchgedrückt haben, weitgehend zurückging auf die einstimmige Empfehlung von General Robertson, Sir William Strang und anderen, mit den Gegebenheiten in Deutschland vertrauten Experten, ein großes Ruhrland zu errichten, dessen Grenzen in etwa den bestehenden Grenzen der Provinzen Westfalen und Nordrhein entsprächen. Einer der Gründe, die sie vorgetragen haben, war der, daß die Errichtung eines solchen Landes von den betroffenen Deutschen akzeptiert würde, und ich erinnere mich, daß bei der Besprechung vor 14 Tagen Steel so weit gegangen ist und gesagt hat, einer der Oberpräsidenten [!] der Nordrheinprovinz würde den Zusammenschluß der beiden Provinzen Nordrhein und Westfalen begrüßen.

Du wirst jedoch aus dem Protokoll der Sitzung des O. R. C. schon gesehen haben, daß der Chancellor of the Duchy von den Empfehlungen [der Experten] aus Deutschland nicht sehr beeindruckt war und sich mit Nachdruck für die Errichtung eines Landes einsetzte, das aus der Nordrheinprovinz, ergänzt durch einen kleinen Teil des in Westfalen gelegenen Ruhrgebietes, bestehen sollte. Er wurde am Schluß dann vom Premierminister überstimmt, der darauf verwies, daß es die einstimmige Empfehlung der Experten in Deutschland und die Überzeugung des Außenministers sei, die beiden Provinzen Westfalen und Nordrhein zusammenzuschließen.

Unterm Strich können wir nur von Glück reden, daß die drei beiliegenden Telegramme nicht vor der Sitzung des O. R. C. hier eingetroffen sind, denn dann wäre womöglich damit argumentiert worden, daß doch nicht alle Deutschen für die Errichtung eines großen Landes seien, das sich möglicherweise leichter von Deutschland abspalten könne (s. dazu insbesondere den in Telegramm Nr. 749 geschilderten Protest Schumachers; die Erklärung dafür findet sich möglicherweise im letzten Satz des Telegramms).

Ich nehme an, daß wir jetzt, nachdem die Minister eine Entscheidung getroffen haben und sie dem Außenminister mitgeteilt worden ist, fürs erste nichts mehr in die-

1 Entspricht Dok. Nr. 197 in der Edition „Ruhrfrage".
2 Nicht bei den Akten.
3 Vgl. Dok. Nr. 17 in diesem Band.
4 Nicht bei den Akten.

ser Sache hören werden, aber ich meine dennoch, daß Du versuchen solltest, mit Strang über diese Telegramme zu sprechen, und zwar in dem Sinne, daß es offensichtlich Leute in Deutschland gibt, und dies insbesondere jene sind, die wir aus anderen Gründen stärken wollen, die gegen den Zusammenschluß der Provinzen Westfalen und Nordrhein zu einem Land sind, und daß dies im Gegensatz zu den Empfehlungen steht, die uns auf dem erwähnten Treffen mit so großem Nachdruck gegeben worden sind und auf deren Grundlage es uns, nicht ohne erhebliche Schwierigkeiten, gelungen ist, eine Entscheidung des O. R. C. für die Lösung zu bekommen, für die sich General Robertson und seine Leute bei ihrem letzten Besuch so stark gemacht hatten. Obwohl ich mir kaum vorstellen kann, daß die ganze Sache noch einmal aufgerollt wird, kann es nicht schaden, wenn Strang und Robertson in Paris Einwänden gegen die britischen Vorschläge, die sich auf eine angebliche Ablehnung durch führende deutsche Politiker gründen, entsprechend begegnen können. Ich denke, es ist ziemlich klar, daß beide, Kaiser und Schumacher, unsere Entscheidung insgesamt akzeptieren würden, wenn ihnen alle Einzelheiten bekannt wären, die wir ihnen aber zur Zeit nicht mitteilen können. Es steht jedoch außer Frage, daß die allgemeine Stimmung in Deutschland stark in Richtung Einheit tendiert und nicht in Richtung Dezentralisierung, die zu einer lockeren Konföderation und möglicherweise zu Zerstückelung und Abspaltung von Landesteilen führt; in den Unterhaltungen und Gesprächen, die in den Telegrammen erwähnt werden, gaben Kaiser und Schumacher diese Stimmung wieder. Was jedoch bei jeder passenden Gelegenheit klargemacht werden muß, ist die Tatsache, falls dies denn wirklich so ist, daß der britische Plan weder auf Zerstückelung oder politische Abtrennung abzielt und auch nicht ein erster Schritt auf dem Wege zu einer Konföderation ist, sondern ein Schritt in Richtung Dezentralisierung auf föderalistischer Grundlage, mit einem großen Ruhrland, das damit Teil Deutschlands bleibt. [...]

## 19.[1]

## 28. 6. 1946: Kontrollamt (London) an Kontrollkommission (Berlin)

*PRO, FO 371/55406/C 7380/14/18. Verschlüsselt. Telegramm SUGRA Nr. 597. Streng geheim. Sofort.*

1. Die Minister haben dem Vorschlag zugestimmt, ein besonderes Land in der britischen Zone zu errichten, das das Ruhrgebiet mit einschließt. Das neue Land wird aus den zwei bestehenden Provinzen Westfalen und Nordrhein gebildet, vorbehaltlich kleinerer Korrekturen, die vielleicht notwendig werden. Dies schließt nicht die Möglichkeit aus, ein besonderes Gebiet in diesem Land auszuweisen, in dem sich die

1 Entspricht Dok. Nr. 198 in der Edition „Ruhrfrage".

Schlüsselindustrien befinden und auf das normalerweise die internationale Kontrolle und die militärische Besetzung beschränkt bleiben.

2. Bevor das neue Land tatsächlich errichtet werden kann, muß noch eine Reihe von Entscheidungen getroffen werden. Unsere Verbündeten müssen wir in Paris noch ganz allgemein über unseren Plan informieren, über die Form der Verwaltung sprechen und klären, wo genau alliierte Besatzungstruppen stationiert werden sollen. Es wird weiters notwendig sein, den Aufbau der Kontrollbehörde zeitlich mit der Beschlagnahme der Schlüsselindustrien an der Ruhr zu koordinieren.

3. Wir wissen, daß Sie sich über diese Fragen schon Gedanken gemacht haben und daß Sie das Land schnell errichten können. Wir wären dankbar, wenn Sie uns Einzelheiten mitteilen könnten über den Stand Ihrer Planungen und wie Sie sich das weitere Vorgehen vorstellen.

4. Natürlich sollte vorerst keinerlei öffentliche Erklärung über die geplante Errichtung des neuen Landes abgegeben werden.

5. Die Minister haben auch zugestimmt, Sie zu ermächtigen, die Schlüsselindustrien an der Ruhr zu beschlagnahmen. Wir haben darüber ausführlich gesprochen und uns darauf geeinigt, daß mit der Beschlagnahme der Stahlindustrie und der Chemieunternehmen begonnen werden soll. Bei der Beschlagnahme der Stahlindustrie soll ähnlich vorgegangen werden wie beim Bergbau. Was die übrigen Konzerne betrifft, so wollen wir (anders als bei der Kohle- und Stahlindustrie) nur die in der britischen Zone verfügbaren Vermögenswerte übernehmen. Es wurde der Beschluß gefaßt, daß Sie uns vor Veröffentlichung des von Ihnen beabsichtigten Befehls und der Presseerklärung die entsprechenden Entwürfe vorlegen sollen.

## 20.[1]

## 1. 7. 1946: Sir William Strang (britische Delegation in Paris) an Patrick Dean (Foreign Office)

*PRO, FO 371/55406/C 7454/14/18. Persönlich und vertraulich.*

Lieber Pat,

Bernard Burrows hat mir Deinen Brief gezeigt, den Du ihm am 27. Juni geschrieben hast und in dem Du Dich zu den Telegrammen No. 104, 749 und 753 aus Berlin äußerst, in denen es um die vor einigen Tagen getroffene Entscheidung des O. R. C. hinsichtlich der Errichtung eines großen Ruhrlandes geht.[2]

Ich schreibe diesen Brief, ohne die Akten zur Hand zu haben, und muß mich daher

1 Entspricht Dok. Nr. 199 in der Edition „Ruhrfrage“.
2 Vgl. Dok. Nr. 18 in diesem Band.

auf mein Gedächtnis verlassen. Ich habe aber meine Erinnerung mit General Robertson überprüft, der jetzt hier [in Paris] ist.

Falls wir irgendwann aus Berlin berichtet haben, daß von deutscher Seite die Schaffung eines neuen Landes durch Zusammenschluß der Provinzen Nordrhein und Westfalen favorisiert werde, dann muß das auf den Bericht über eine Diskussion im Zonenbeirat zurückgehen, der darauf schließen ließ, daß auf deutscher Seite allgemein die Meinung vertreten würde, die britische Zone in drei oder vier Länder einzuteilen, und daß eines dieser Länder Nord-Rheinland-Westfalen sein sollte.

Aus dem Bericht über Schumachers[3] Ansichten in meinen Telegrammen Nr. 749 und 753 geht jedoch klar hervor, daß das, was ihm am meisten Sorgen macht, nicht der Vorschlag ist, die Provinzen Nordrhein und Westfalen zusammenzulegen, sondern daß das Ruhrgebiet als Ganzes Teil eines Landes ist. Das geht eindeutig aus dem letzten Satz im ersten Absatz meines Telegramms Nr. 749 hervor, wo er darauf verweist, daß es für eine alliierte Ruhrkontrollbehörde keine große Schwierigkeit sei, wenn sie es mit zwei Landesregierungen zu tun haben werde.[4]

Wenn das so ist, wird Dir nicht entgangen sein, daß dieser Einwand Schumachers nicht nur für den Plan gilt, Nordrhein und Westfalen zusammenzuschließen, sondern in gleicher Weise für alle anderen Pläne, die wir im Hinblick auf die Ruhr angestellt haben, da sie alle – einschließlich des französischen Plans – ein Element gemeinsam haben, nämlich das Ruhrgebiet – sowohl den Teil, der in der Nordrheinprovinz liegt, wie auch den Teil, der in Westfalen liegt – zu einem einzigen Gebiet mit einer bestimmten Größe zusammenzufassen.

Man hat mich darüber informiert, daß diese Telegramme mit dem Außenminister besprochen worden sind und daß Mr. Bevin keine Neigung verspürt, dem, was Schumacher zu dieser Sache sagt, große Bedeutung beizumessen. Er hat sogar betont, daß ihn einige der von Schumacher genannten Einwände gegen unseren Plan erst recht davon überzeugt hätten, den Plan weiterzuverfolgen.

General Robertson hat vor, nach seiner Rückkehr nach Deutschland vertraulich mit Schumacher und Kaiser zu sprechen und ihnen in großen Zügen die Gründe für den geplanten Zusammenschluß zu erläutern. [...]

Dein William Strang

---

3 Von mir korrigiert. Der Name wird in diesem Telegramm durchgehend Schuhmacher geschrieben.
4 Vgl. Dok. Nr. 17 in diesem Band.

## 21.[1]

### 1. 7. 1946: Kontrollkommission (Berlin) an Kontrollamt (London)

*PRO, FO 371/55406/C 7495/14/18. Telegramm ARGUS 534. Geheim. Citissime. Bezug: SUGRA 597.*[2]

1. Betrifft Paragraph 2. Wir sind davon ausgegangen, daß sofort gehandelt werden sollte, und wir meinen, daß es nicht notwendig ist, mit der Errichtung des Landes zu warten, bis Gespräche mit unseren Verbündeten über die nächsten Schritte geführt werden und die Pläne für die Kontrolle der Industrie fertiggestellt sind.

2. Wir kommen bei unseren Planungen nicht sehr viel weiter, solange wir nicht mit den Deutschen zusammenarbeiten können, was aber aufgrund Ihrer Instruktionen offensichtlich nicht möglich ist.

3. Wir stellen uns das weitere Vorgehen etwa folgendermaßen vor: Die bestehenden Provinzen Nordrhein und Westfalen werden zum Land Nordrhein und Westfalen zusammengeschlossen. Die Grenzen entsprechen den bestehenden Grenzen, spätere Korrekturen sind nach Abschluß der Gesamtplanungen für die Reorganisation der britischen Zone möglich. Das Land Lippe kommt nach Hannover. Hauptstadt des neuen Landes wird Düsseldorf. Die deutsche Verwaltung besteht aus einer Landesregierung unter einem Ministerpräsidenten und – bis zur Abhaltung von Wahlen – einem ernannten Landtag. Was den Aufbau dieser Verwaltung betrifft, so orientieren wir uns an den ehemaligen deutschen Landesregierungen und an den bereits bestehenden Ländern in der amerikanischen Zone. Was die Auswahl des Ministerpräsidenten betrifft, halten wir es für besser, einen ganz neuen Mann zu nehmen, aber es könnte schwierig sein, einen zu finden. Falls wir zwischen den gegenwärtigen Oberpräsidenten wählen müssen, spricht für Amelunxen, daß er und seine Westfalen der Landesgründung weniger wohlwollend gegenüberstehen. [...]

---

1 Entspricht Dok. Nr. 204 in der Edition „Ruhrfrage".
2 Vgl. Dok. Nr. 19 in diesem Band.

## 22.[1]

### 2. 7. 1946: Ernest Bevin (britische Delegation in Paris) an Foreign Office

*PRO, FO 371/55406/C 7442/14/18. Telegramm Nr. 300; britische Delegation auf der Außenministerkonferenz. Abgeschickt 10.24 Uhr; empfangen 10.33 Uhr, 2. 7. 1946. Verteiler: Kabinett; als Tel. Nr. 990 an Politischen Berater des Oberbefehlshabers in Deutschland (Berlin). Sofort.*

*Zur Weiterleitung nach Berlin.*

Paragraph 2 von SUGRA 597 vom 28. Juni[2] entspricht nicht meinen Vorstellungen vom weiteren Vorgehen bei der Errichtung des neuen Landes. Ich bin immer davon ausgegangen, daß dies eine Sache ist, die wir völlig allein machen sollten und können, ohne die übrigen Mächte zu fragen. Zu einem späteren Zeitpunkt können Gespräche mit anderen Mächten über die eventuelle internationale Besetzung eines kleinen Gebietes innerhalb des Landes geführt werden, aber das wird weder die Grenzen des Landes noch den Aufbau der Verwaltung berühren.

2. Ich habe mit General Robertson über den Zeitpunkt gesprochen, an dem wir die Öffentlichkeit über unsere Absichten informieren wollen. Ich habe nicht die Absicht, hier [auf der Außenministerkonferenz] eine formelle Ankündigung zu machen, da dies bei den übrigen Mächten zu der Annahme führen kann, daß sie konsultiert werden müßten; es könnte sich allerdings im Laufe der Gespräche eine Gelegenheit ergeben, wo es wünschenswert ist, eher beiläufig zu erwähnen, daß wir das neue Land sofort errichten wollen. Unabhängig davon, ob das hier erwähnt wird, schlage ich vor, daß der Oberbefehlshaber die Entscheidung wenige Tage nach Abschluß der Pariser Konferenz in einer ihm passenden Weise in Deutschland bekanntgeben soll.

3. Ich werde versuchen, hier auf der Konferenz auch jede Erklärung im Hinblick auf die beabsichtigte Beschlagnahme der Industrieunternehmen zu vermeiden, da dies bei amerikanischen Senatoren zu unerfreulichen Kommentaren im Namen des freien Unternehmertums führen kann; aus meiner Sicht spricht jedoch nichts gegen eine entsprechende Verlautbarung des Oberbefehlshabers in Deutschland zum gleichen Zeitpunkt, an dem er auch die Entscheidung [über die Landesgründung] bekanntgibt.

---

1 Entspricht Dok. Nr. 205 in der Edition „Ruhrfrage“.
2 Vgl. Dok. Nr. 19 in diesem Band.

## 23.[1]

### 5. 7. 1946: Kontrollamt (London) an Kontrollkommission (Berlin)

*PRO, FO 371/55406/C 7724/14/18. Verschlüsselt. Telegramm SUGRA 617. Streng geheim. Sofort.*

*Betrifft: ARGUS 534*[2]

1. Wir haben keine Einwände, wenn Sie bei der sofortigen Errichtung des neuen Landes wie von Ihnen vorgeschlagen weitermachen, vorausgesetzt, das führt nicht zu einer unangenehmen Situation auf der Außenministerkonferenz in Paris. SUGRA 597[3] sollte das sicherstellen.

2. Sie werden mittlerweile Telegramm Nr. 300 gesehen haben, das die britische Delegation [in Paris] an das Foreign Office geschickt hat.[4] In der Zwischenzeit haben wir nach Rücksprache mit der Delegation und dem Foreign Office abgeklärt, daß Sie entsprechend Ihren Plänen vorgehen können, vorausgesetzt, Ihre öffentliche Erklärung wird zum richtigen Zeitpunkt abgegeben. Es ist jedoch Vorsicht geboten, wenn Sie die Deutschen noch vor Abschluß der Konferenz mit ins Vertrauen ziehen wollen. General Robertson ist sicher in der Lage, Ihnen Genaueres zu sagen, was aus der Sicht der Pariser Delegation gewünscht wird, und wir sind völlig einverstanden damit, wenn Sie entsprechend verfahren.

3. Halten Sie uns bitte ständig auf dem laufenden über das, was Sie unternehmen. Vor allen Dingen möchten wir mehr über Amelunxen und über die zu erwartenden Reaktionen der anderen Parteien wissen.

---

1 Entspricht Dok. Nr. 208 in der Edition „Ruhrfrage".
2 Dok. Nr. 21 in diesem Band.
3 Dok. Nr. 19 in diesem Band.
4 Dok. Nr. 22 in diesem Band.

## 24.[1]

### 16. 7. 1946: Sir Brian Robertson (Berlin) an Kontrollamt (London)

*PRO, FO 371/55616/C 8099/143/18. Streng geheim. Citissime. Zur Information für den Chancellor of the Duchy of Lancaster nach dessen Ankunft.*

Bezug: SUGRA 617[2] und Fortsetzung von BGCC. 10178 v. 13. Juni 46.[3]

1. Die Parteiführer reagierten wie folgt: (A) Dr. Schumacher war eindeutig *gegen*[4] die Entscheidung, und es sah anfangs so aus, als ob er sie nachdrücklich ablehnen würde. Meine Erläuterungen und insbesondere meine Versicherung, daß *keine*[5] politische oder wirtschaftliche Abtrennung [des Landes] geplant sei, haben ihn dann jedoch offensichtlich beeindruckt. Es ist ganz klar, daß jeder Plan für ein Land, das nur die Ruhrindustrie umfaßt hätte, bei ihm auf Widerstand gestoßen wäre. Er lehnt *nicht*[6], ich wiederhole *nicht*[7], das Faktum ab, daß wir uns zur Bildung eines Landes entschlossen haben, das ein so großes Gebiet umfaßt. Er bat sogar ausdrücklich darum, daß der Regierungsbezirk Minden Teil dieses Landes sein solle. Ich denke, er ist ziemlich beruhigt gegangen, und es sollte mich wundern, wenn er jetzt noch den Plan in der Öffentlichkeit ablehnt. (B) Dr. Adenauer und Kaiser begrüßten die Entscheidung und zeigten sich vollkommen überzeugt davon, daß es aus praktischen und politischen Gründen keine Alternative gegeben habe. Beide äußerten ihre Besorgnis im Hinblick auf die Zukunft des südlichen Teils der [ehemaligen] Rheinprovinz und baten zu überlegen, dieses Gebiet zu einem späteren Zeitpunkt [dem neuen Land] anzuschließen.

2. Was die Ernennung des neuen Oberpräsidenten [Ministerpräsidenten] betrifft, so stimmten beide Parteiführer zu, daß wir versuchen sollten, einen neuen, politisch relativ neutralen Mann zu finden; beide wollen entsprechende Vorschläge machen. Ich darf davon ausgehen, daß in dieser Angelegenheit der Oberbefehlshaber entscheiden kann.

*Kommentar von A. A. E. Franklin, 18. 3. 1946*[8]

Paragraph 1. Es ist wohl noch zu früh, um ernsthaft über einen möglichen Zusammenschluß des neuen Landes mit Südrheinland, das jetzt in der französischen Zone

1 Entspricht Dok. Nr. 217 in der Edition „Ruhrfrage".
2 Vgl. Dok. Nr. 23 in diesem Band.
3 Vgl. Dok. Nr. 214 in der Edition „Ruhrfrage". Hier hatte Robertson A. Street vom Kontrollamt seine Absicht mitgeteilt, die Führer von SPD und CDU vertraulich über die beabsichtigte Landesgründung zu informieren.
4 Hervorhebung im Original.
5 Hervorhebung im Original.
6 Hervorhebung im Original.
7 Hervorhebung im Original.
8 Handschriftlich.

liegt, nachzudenken – insbesondere auch, wenn wir die Bildung des neuen Landes primär als Maßnahme zur Reorganisation unserer Zone verstehen.

Paragraph 2. Die Auswahl des neuen Oberpräsidenten [Ministerpräsidenten] sollte zweifelsohne dem Oberbefehlshaber überlassen bleiben. Angesichts der Bedeutung dieses Amtes würde aber der Außenminister vor einer endgültigen Entscheidung wohl wissen wollen, wer ernannt werden soll.

*Kommentar von D. Wilson, 18. 7. 1946.*[9]

Unterm Strich bestätigt das unseren Verdacht, daß die ersten ablehnenden Reaktionen deutscher Politiker, als das Gerücht über die Schaffung eines neuen Landes aufkam, auf die Angst vor einem Staatenbund[10] zurückzuführen waren.

---

9 Handschriftlich.
10 So im Original.

## Verzeichnis der Faksimileabbildungen

1 13. 2. 1946: Aufzeichnung von Sir Orme G. Sargent für Außenminister Ernest Bevin ... 156
2 21. 2. 1946: Aufzeichung von Sir Orme G. Sargent für Außenminister Ernest Bevin ... 165
3 27. 3. 1946: Telegramm des französischen Außenministers Georges Bidault an Botschafter René Massigli in London ... 195
4 7. 5. 1946: Telegramm von Sir William Strang (Berlin) an das Foreign Office ... 209
5 10. 5. 1946: Telegramm von Ernest Bevin in Paris an das Foreign Office ... 211
6 24. 5. 1946: Telegramm von Sir Arthur Street (Kontrollamt in London) an den stv. Militärgouverneur in Deutschland, Sir Brian Robertson ... 216
7 1. 6. 1946: Notiz von Ernest Bevin zur Ruhrfrage ... 217
8 28. 5. 1946: Aufzeichnung von John Troutbeck über die Größe des neuen Landes ... 221
9 3. 6. 1946: Aufzeichnung von Sir Oliver Harvey für Ernest Bevin betr. Größe des neuen Landes ... 222
10 6. 6. 1946: Protokoll der vorentscheidenden Sitzung im Foreign Office (erste Seite) ... 224
11 29. 5. 1946: Der britische Botschafter in Paris, Duff Cooper, an Ernest Bevin. Begleitschreiben zu einem Memorandum ... 228
12 21. 6. 1946: Entscheidung für Nordrhein-Westfalen. Protokoll der Sitzung des Overseas Reconstruction Committee ... 236
13 14. 7. 1946: Telegramm General Balfour an General Erskine betr. Amelunxen als Ministerpräsident ... 250
14 22. 7. 1946: Die Entscheidung für Amelunxen ... 251

## Verzeichnis der Photos


1 Georges Bidault ........ 77
2 Beschlagnahme der Ruhrbergwerke ........ 99
3 Sir Brian Robertson ........ 104
4 Sir Percy Mills ........ 113
5 Sir William Strang ........ 113
6 Hauptquartier der Britischen Rheinarmee ........ 117
7 Orientierungstafel der Britischen Rheinarmee ........ 117
8 Sir Mark Turner ........ 127
9 Sir Orme G. Sargent ........ 151
10 Sir Oliver Harvey ........ 151
11 Bernard A. B. Burrows ........ 161
12 Edmund L. Hall-Patch ........ 182
13 Robert Lehr ........ 204
14 Konrad Adenauer ........ 206
15 Kurt Schumacher ........ 206
16 Alfred Duff Cooper ........ 229
17 John B. Hynd ........ 245
18 Rudolf Amelunxen ........ 253
19 Das Kabinett Amelunxen ........ 257
20/21 Eröffnung des Ernannten Landtages ........ 260
22 Ernest Bevin ........ 323

## EINRICHTUNG DER EDITION

### A. ZUR EDITION

#### 1. *Auswahlkriterien*

Die Gründung des Landes Nordrhein-Westfalen stand am Ende weitreichender Überlegungen im Hinblick auf die zukünftige Kontrolle Deutschlands und der Industrie an Rhein und Ruhr. Dies war Thema der alliierten Nachkriegsplanungen, die, wenn man will, bereits im Winter 1941 einsetzten. Es war Stalin, der am 16. Dezember 1941 beim Besuch des britischen Außenministers Eden in Moskau zu dessen Überraschung detaillierte Vorstellungen über eine europäische Nachkriegsordnung entwickelte und dabei als erster eine Zerstückelung Deutschlands zur Diskussion stellte und von einer Loslösung des Rheinlandes von Preußen sprach. In groben Umrissen sind wir schon seit längerer Zeit über die dann einsetzenden Planungen informiert, nicht zuletzt aufgrund der amerikanischen Aktenpublikationen. Von daher schien es wenig sinnvoll, bereits veröffentlichte Dokumente in die Edition aufzunehmen. Die Entwicklung bis zum Sommer 1945 wird deshalb nur in den Grundlinien dokumentiert, und hier auch nur unter dem Aspekt unseres Themas, d. h. der Zukunft des Rhein-Ruhr-Gebietes. Abgedruckt werden – mit wenigen Ausnahmen – nur bisher nicht veröffentlichte Dokumente.

Der Schwerpunkt der Edition liegt auf dem Zeitraum August 1945–August 1946. In diesen zwölf Monaten entwickelte sich die Ruhrfrage zu einem, wenn nicht *dem* entscheidenden Problem der deutschen Nachkriegsgeschichte, mit den Worten der britischen Stabschefs: „Die Zukunft von Ruhr und Rheinland bestimmt weitgehend die Zukunft Deutschlands" (s. u., S. 624) und – so könnte man wohl ohne Übertreibung ergänzen – die Zukunft Europas. Es gibt kaum einen Bereich alliierter Deutschlandpolitik, in den diese Frage nicht in irgendeiner Weise direkt oder indirekt hineinspielt, sei es das Verhältnis der Alliierten untereinander, das Verhältnis Großbritanniens zu Frankreich, zur Sowjetunion, zu den USA, die Frage der zukünftigen Grenzen und der zentralen Verwaltungsstellen, die Verhandlungen über Reparationen und Industrieniveauplan, die Entwicklung vor und nach dem Zusammenschluß von KPD und SPD etc. Da es angesichts des vorgegebenen Raumes ganz unmöglich war, alle diese Bereiche abzudecken, stellte sich die Frage nach der Auswahl des Materials besonders dringlich. Der Bearbeiter hat sich daher entschlossen, das Thema „Ruhrfrage" so umfassend wie möglich zu dokumentieren und aus jenen Bereichen, in die dieses Problem unmittelbar hineinspielte, jeweils die Schlüsseldokumente abzudrucken, um auf diese Weise die Gesamtproblematik zumindest anzudeuten. Es versteht sich von selbst, daß auch bei diesem Vorgehen Kompromisse nötig waren; so werden z.B. die umfangreichen, in französischer Sprache abgefaßten Protokolle der sowjetisch-französischen Gespräche in Moskau im Dezember 1945 nicht abgedruckt; dies schien insofern vertretbar, als sich Molotow weitgehend ausgeschwiegen hat – seine wenigen Fragen werden in der Einleitung erwähnt – und nur die Vertreter Frankreichs geredet haben. Was sie zu sagen hatten, entspricht fast wörtlich dem, was bereits in den britisch-französischen Gesprächen in London im Oktober 1945 diskutiert worden war. Diese Protokolle wiederum werden vollständig abgedruckt. In Moskau – und Washington (auch die amerikanischen Protokolle

werden nicht abgedruckt) – ergaben sich keine neuen Gesichtspunkte. Aus Platzgründen wurden Dokumente, die bereits an anderer, leicht zugänglicher Stelle veröffentlicht worden sind, in der Regel nicht aufgenommen. Das gilt etwa für die amerikanischen Protokolle der Konferenz von Jalta und der Außenministerkonferenzen in London und Paris oder auch für das Memorandum von General Clay über die Internationalisierung der Ruhrindustrie (vgl. Dok. Nr. 144).
Wo von britisch-französischen Gesprächen *gemeinsam vereinbarte* Protokolle sowohl in englischer als auch französischer Sprache vorliegen, wurde den englischsprachigen Protokollen der Vorzug gegeben. In drei Fällen gibt es neben den – internen – britischen Gesprächsprotokollen auch die französischen Protokolle; hier werden beide Überlieferungen abgedruckt. Von der für unser Thema entscheidenden Sitzung am 6. 6. 1946 wurden – ein seltener Glücksfall – gleich zwei verschiedene Protokolle angefertigt; beide Versionen werden abgedruckt (Dok. Nr. 184a und 184b).

## 2. *Quellen*

Erst mit dem Beschluß der britischen Regierung aus dem Jahre 1966, die Sperrfrist für regierungsamtliche Akten von 50 auf 30 Jahre zu reduzieren, ist es auch möglich geworden, die Ruhrfrage nach dem Zweiten Weltkrieg und damit die Entstehungsgeschichte des Landes Nordrhein-Westfalen zu schreiben und zu dokumentieren. In der Ruhrfrage ging es um „große“ Politik, es war das „wichtigste Einzelproblem der britischen Deutschlandpolitik“ überhaupt, wie es Außenminister Bevin einmal formulierte (S. 721). Von daher sind auch die Aktenbestände des Foreign Office am ergiebigsten für unser Thema. Der größte Teil dieser Akten ist seit 1976 zugänglich, wobei die Freigabepraxis der britischen Regierung für diesen Zeitraum außerordentlich großzügig gewesen ist; die Entscheidungsprozesse sind bis ins Detail nachvollziehbar; insgesamt liegt ein außergewöhnlich geschlossener Bestand vor. Zu den unter Historikern schon beinahe legendären FO 371-Beständen des Foreign Office kommen in erster Linie die Materialien aus dem Cabinet Office (CAB: Kabinettsmemoranden, Kabinettsprotokolle, Kabinettsausschüsse) und dem Prime Minister's Office (PREM: Korrespondenz des Premierministers) hinzu. Bei letzterem ist leider der Bestand „Russia“ für das erste Halbjahr 1946 nach wie vor gesperrt, aber auch das freigegebene Material zeigt bereits, welchen Stellenwert die „russische Gefahr“ in London damals hatte. In FO 800 werden die „Bevin Papers“ aufbewahrt, die allerdings nicht sehr ergiebig sind. Im Jahre 1978 wurden auch die Akten des im Oktober 1945 eingerichteten Control Office for Germany and Austria zugänglich; das Material ist nicht sehr gut geordnet, neben wichtigen Stücken finden sich vielfach nur Duplikate aus den Beständen des Foreign Office.
Wenn nach den 1979 vorgelegten Vorarbeiten mit einer Gesamtdarstellung der Entstehungsgeschichte Nordrhein-Westfalens gezögert wurde, war dies nicht zuletzt darauf zurückzuführen, daß die Akten der Control Commission for Germany (British Element), also der britischen Militärregierung, noch nicht zugänglich waren. Wollte man die Akten der amerikanischen Militärregierung zum Maßstab nehmen, was eigentlich alle getan haben, so schien es kaum vertretbar (und entsprechende Befürchtungen sind oft formuliert worden), eine solche Geschichte ohne Kenntnis dieser Akten zu schreiben, auch weil die Frage nicht beantwortet werden konnte, welche Rolle deutsche Stellen bei der Landesgründung gespielt haben und in wel-

*Foto Nr. 22:* Der britische Außenminister Ernest Bevin in seinem Arbeitszimmer im Foreign Office mit seinem überdimensionalen Füllfederhalter. Bevin will Sicherheit vor Deutschland bei größtmöglicher Produktivität des Ruhrgebietes, das zum europäischen „Pittsburgh“ mit 36 Mio. Tonnen Stahl jährlich werden soll. Anfangs sollen die Sowjets an der Ruhr beteiligt werden; das ändert sich mit der „russischen Gefahr“. Als es um das neue Land geht, lehnt Bevin zunächst die „große Lösung“ Nordrhein-Westfalen ab, akzeptiert dann aber die Argumente der „Männer vor Ort“. (National Portrait Gallery)

cher Weise ihre Überlegungen den Entscheidungsprozeß der Militärregierung beeinflußt haben. Inzwischen liegen auch diese Akten vor. Sie zeigen, daß das Zögern und die Befürchtungen weitgehend unbegründet waren, mithin die Erwartungen für unser Thema viel zu hochgesteckt waren. Ein großer Teil dieses Materials, darunter fast sämtliche Akten der Kreise und Regierungsbezirke in der britischen Zone, ist noch in Deutschland aus nicht näher bezeichneten Gründen von den britischen Behörden vernichtet worden, bevor der Rest in den Jahren 1949 bis 1956 nach Großbritannien überführt wurde. Dieses Material war völlig ungeordnet, so daß der Lord Chancellor im Jahre 1980 einen Antrag des Foreign Office billigte, es nicht vor 1985 zugänglich zu machen. In einer bewundernswerten Aktion gelang es den zuständigen Beamten dann aber, diese Akten in den folgenden Jahren aufzuarbeiten und der Forschung zur Verfügung zu stellen. Einer der letzten Bestände wurde im Juli 1985 dem Public Record Office übergeben.

Blickt man in diese Akten, so wird deutlich, warum das Foreign Office 1980 den entsprechenden Antrag stellte: die Militärs haben nach 1945 bei der Aktenführung wahrlich nicht in erster Linie an künftige Historiker gedacht. Viele Aktenstücke fehlen, vieles konnte nicht mehr geordnet werden, viele Bestände sind völlig auseinandergerissen. Die oben angeschnittene Frage kann auch nach Durchsicht dieses Materials nicht endgültig beantwortet werden. Sicher ist nur eines – und das wird durch inzwischen ergänzend zugänglich gewordene Akten des Foreign Office deutlich –, daß man in den entscheidenden Tagen, als es um die Frage: ein Land oder zwei Länder ging, in der erwarteten Auseinandersetzung mit dem Kommunismus in Deutschland auf gar keinen Fall eine Entscheidung „ohne Rücksicht auf Verluste" im Hinblick auf die betroffenen Deutschen treffen wollte (Dok. Nr. 174).

Einige Akten der Militärregierung zeigen allerdings in Ansätzen den internen Entscheidungsprozeß bei der Formulierung jener Politik, die die Militärregierung in London vertreten hat und im Hinblick auf die ersten Aktionen der Operation „Marriage" im Juli und August 1946. Dieses Material wurde fast vollständig abgedruckt; mehr ist offensichtlich nicht vorhanden.

Ein besonderes Problem waren – neben einigen, kaum noch lesbaren Vorlagen – die zahlreichen handschriftlichen Aufzeichnungen, Kommentare, Notizen etc. Die Entzifferung war teilweise sehr mühsam; bei einer Anmerkung von Außenminister Bevin – dessen Inhalt allerdings klar ist –, mußten dessen Tochter, dessen langjähriger Privatsekretär Sir Frank Roberts, und auch der Expertenstab des Public Record Office passen. Das Dokument mit dieser Anmerkung – für das neue Land Nordrhein-Westfalen besonders wichtig – wird auch als Faksimile abgedruckt (S. 221). Bei Bevins Handschrift hatten seine eigenen Mitarbeiter schon damals Schwierigkeiten, wie entsprechende „Übersetzungen" zeigen. Das hatte mehrere Gründe: die Schriftzüge derselben Wörter sehen teilweise völlig anders aus; der Autodidakt Bevin stand zudem mit der Orthographie auf Kriegsfuß – was seiner Größe keinen Abbruch tut, im Gegenteil! –, außerdem war der Zeigefinger seiner rechten Hand fast steif, Folge eines Unfalles aus jener Zeit, in der er schon als Kind für seinen Lebensunterhalt und den seiner Mutter in Bristol Bierfässer schleppen mußte. Er schrieb daher mit einem überdimensionalen Füllfederhalter – den man im Foreign Office wegen seiner Größe „Caber" getauft hatte –, den er mit dem zweiten und dritten Finger halten mußte; auch von daher bereitete ihm das Schreiben große Mühe.

Neben den britischen Quellen stand auch französisches Material zur Verfügung. Die Archivsituation in Paris ist insgesamt besser als noch vor einiger Zeit, allerdings nicht mit der in London vergleichbar. Viele Nachlässe sind noch gesperrt, ein großer Teil des Materials wird z. Zt. für die Forschung aufbereitet. Dank des Entgegenkommens der Mitarbeiter im Quai d'Orsay war es dennoch möglich, das bereits zur Verfügung stehende Material zur Rhein-Ruhr-Frage einzusehen; die Quelle wird hier mit der alten Archivnummer MAE – Y angegeben. Entscheidungsprozesse können bei diesem z. T. hochrangigen Material allerdings nicht bis ins Detail nachvollzogen werden. Das ist zwar bedauerlich, auf der anderen Seite läßt sich die französische Position aber gerade in unserem Fall besonders gut aus den vorliegenden britischen Dokumenten erschließen, ganz abgesehen von der Tatsache, daß die Gründung des Landes Nordrhein-Westfalen in erster Linie nun einmal eine Angelegenheit der Briten gewesen ist. Von daher ist es auch kaum verwunderlich, daß es zum engeren Thema „Gründung Nordrhein-Westfalens" auf amerikanischer Seite kein Material gibt. Anders ist es beim übergeordneten Thema „Ruhrfrage", obwohl hier ebenfalls in erster Linie London und Paris involviert waren, was sich auch in der Aktenlage widerspiegelt.

Zur ersten Regierungsbildung in Nordrhein-Westfalen fand sich ergänzendes Material im Archiv für Christlich-Demokratische Politik der Konrad-Adenauer-Stiftung.

Die für diese Arbeit benutzten britischen, französischen und amerikanischen Archivalien wurden dem Hauptstaatsarchiv Düsseldorf übergeben und können dort eingesehen werden.

Die schriftlichen Quellen wurden ergänzt durch Interviews, die der Verfasser mit verschiedenen Akteuren der damaligen Zeit in Großbritannien führen konnte, und zwar mit Sir Vincent Tewson (26. 7. 1976), Denis Healey (9. 11. 1976), Sir Ashley Bramall (29. 7. 1977), Sir Patrick Dean (9. 3. 1978), Sir Bernard A. B. Burrows (16. 3. 1978), Sir Frank Roberts (7. 2. 1985), Lord Annan (5. 3. 1986) und Michael Thomas (16. 3. 1986). Diese Gespräche waren insofern besonders nützlich, als sie ein eindrucksvolles Bild von jener Atmosphäre in London und den britischen Stellen in der britischen Zone in den Monaten nach Kriegsende vermittelten, in denen die grundlegenden Entscheidungen getroffen wurden. Darüber hinaus faszinierte allein schon die Begegnung mit jenen „Zeitzeugen" und ihre Sicht der Dinge nach mehr als 30/40 Jahren.

### 3. *Verfahrensgrundsätze*

Die Edition orientiert sich an den Grundsätzen der bisher erschienenen Bände der „Quellen zur Geschichte des Parlamentarismus und der politischen Parteien", d. h. zunächst einmal, die Dokumente sind chronologisch angeordnet und fortlaufend numeriert. Dies hat den Vorteil, daß sozusagen auf einen Blick festzustellen ist, wann welcher Vorgang stattgefunden hat und auf welchen Ebenen Entscheidungsprozesse gleichzeitig gelaufen sind. Dies hat allerdings den Nachteil, daß inhaltlich zusammengehörende Dokumente nicht immer hintereinander abgedruckt werden konnten. Es ist damals eben nicht alles auf allen Ebenen chronologisch abgelaufen. So wird etwa, um ein Beispiel zu nennen, die mit dem Memorandum des britischen Botschafters in Paris, Duff Cooper, zusammenhängende Diskussion in drei Phasen wiedergegeben:

1. das Memorandum vom 29. Mai 1946 mit den Stellungnahmen im Foreign Office (Dok. Nr. 175);
2. ein entsprechendes Memorandum für das Kabinett vom 13. Juni (Dok. Nr. 188) und
3. die Antwort an Cooper vom 2. Juli (Dok. Nr. 206).

Ähnliches gilt für Kapitel III, 4 und Kapitel III, 7. Oder, andere Beispiele, Dok. Nr. 44, 97 u. 128. Hier stellte sich die Frage, ob Kabinettsvorlagen so abgedruckt werden sollten, wie sie den Ministern als Grundlage für ihre Entscheidung vorgelegt wurden, oder ob die früher entstandenen Appendices entsprechend dem chronologischen Prinzip bereits vorher aufgenommen werden sollten. Ähnliches gilt, wenn z. B. für eine Kabinettsvorlage eine bestimmte Karte angefertigt wurde, die mit einer früheren Karte identisch ist. Auch hier mußte ein Kompromiß gefunden werden. Eine Anordnung entsprechend der in der Einleitung vorgenommenen Kapiteleinteilung, an die zunächst gedacht war, hätte die Sache bei einigen Themen auch nicht besonders „benutzerfreundlich" gemacht. Der Bearbeiter hat sich daher für das o. g. Prinzip entschieden (mit Ausnahme von Dok. Nr. 172). Die Lektüre wird soweit wie möglich durch entsprechende Querverweise erleichtert; im übrigen werden Kommentare etc., die zu einem bestimmten Dokument gehören, aber zu einem späteren Zeitpunkt abgefaßt worden sind, zusammen mit diesem Dokument abgedruckt. Bei einem Memorandum mit Begleitschreiben wird in der Regel das Memorandum als Dokument, der Begleitbrief als Anmerkung übernommen.

Zu jedem Dokument gehören zwei Kopfregesten. Das erste nennt das Datum und bezeichnet kurz das Schriftstück. Bei Telegrammen, Briefen etc. werden Absender und Empfänger jeweils mit Ortsangabe genannt, bei den Mitarbeitern des Foreign Office allerdings nur, wenn diese sich nicht an ihrem üblichen „Dienstort" London aufgehalten haben. Bei Briefwechseln zwischen Personen bzw. bestimmten Dienststellen in London steht anstelle der Ortsangabe die jeweilige Dienststelle (E. I. P. S., Control Office etc.); bei Personen ohne zusätzliche Angabe handelt es sich um Mitarbeiter des Foreign Office; bei Personen mit der Ortsangabe (Berlin) handelt es sich – mit Ausnahme von Montgomery, Douglas und Strang – um Mitarbeiter der Control Commission. Control Commission (Berlin) steht für Control Commission for Germany (British Element), Advanced Headquarters, Berlin; Control Office (London) für Control Office for Germany and Austria, London.

Das zweite Kopfregest nennt zunächst den Fundort des Dokumentes. Da etwa 90 Prozent des Materials aus dem Public Record Office stammen, wurde darauf verzichtet, jedesmal auf das PRO zu verweisen. Es wird gleich die genaue Bezeichnung genannt, etwa FO 371/55399/C 1028/14/18. Diese Bezeichnung schlüsselt sich folgendermaßen auf: FO 371: Bestand des Foreign Office, General Political Correspondence; 55399 ist die Archivnummer des Public Record Office, C 1028/14/18 ist die ursprüngliche Archivierungsnummer des Foreign Office, wobei der Buchstabe für die Abteilung (C: Central Department), die letzte Zahl für ein bestimmtes Thema oder Land steht: 18 z.B. für „Germany", die vorletzte für ein bestimmtes Thema dieses Landes (14: „Establishment of New Province").

Um eine schnelle Überprüfung im Public Record Office zu ermöglichen, werden mithin PRO-Nummern und ursprüngliche Foreign Office-Nummern angegeben. Nach der Angabe des Fundortes wird das Dokument näher beschrieben. Dabei ging es darum, sowohl dem Prinzip dieser Edition als auch der besonderen Qualität eines Großteils gerade der englischen Dokumente gerecht zu werden, d. h. es wurde versucht, über die notwendige Information hinaus zumindest einen Eindruck vom ursprünglichen Kopf des Dokuments zu vermitteln. So wurden z. B. die englischen Kurzbezeichnungen der Memoranden etc. übernommen, dies allerdings auch aus dem Grund, weil sie in dieser Form in den Texten zitiert werden (vgl. z. B. Dok. Nr. 193 und Nr. 195); die Bezeichnung der Geheimhaltungsstufe etc. von Telegrammen wurde ebenso wörtlich übernommen wie die Überschriften der Dokumente etc. Die Dokumente lagen in maschinengeschriebener, vervielfältigter Form vor; wo dies nicht der Fall war, etwa bei Kommentaren, Anmerkungen, Notizen, Briefen (oder bei Briefen Anrede und Schlußformel) wird jeweils darauf verwiesen; wo möglich, wurde auch angegeben, um welche Nummer der jeweiligen Kopie es sich handelte. Wenn aus dem Kopfregest der Name des Autors und das Datum eines Schriftstückes klar erkennbar sind, werden diese in der Regel nicht mitabgedruckt.

Die Dokumente werden ungekürzt abgedruckt, mit Ausnahme von Nr. 3, 6, 10 und 59, wo eine Kürzung wegen Textumfanges geboten war. Die Kürzungen sind durch [...] gekennzeichnet. Dieser Hinweis wird auch bei Kabinettsprotokollen etc. gemacht, wo das Protokoll des für unser Thema jeweils relevanten Tagesordnungspunktes allerdings *vollständig* abgedruckt wird. Unterstreichungen im Text werden *kursiv* wiedergegeben, mit Ausnahme der Haupt- und Zwischenüberschriften; die Satzauszeichnungen in den gedruckten Vorlagen wurden übernommen; Überschriften von Memoranden etc., soweit sie nicht in das Kopfregest übernommen wurden, werden durch Kapitälchen gekennzeichnet. Eindeutig orthographische Fehler wurden stillschweigend korrigiert, einige allerdings mit [sic!] versehen, z. B. wenn Bevin durchgehend „Rhur“ für „Ruhr“ schreibt, oder hochrangige Mitglieder der Kontrollkommission Kurt Schumacher mit einem zusätzlichen „h“ versehen.

Angaben zu Personen finden sich im Register. Bei einigen wichtigen Personen auf britischer Seite, die noch keinen Eingang in die bekannten Nachschlagewerke gefunden haben, wurden ausführliche Angaben gemacht; ansonsten werden nur die für den Zeitraum der Edition relevanten Funktionen der betreffenden Personen genannt.

## B. VERZEICHNIS DER ARCHIVALIEN

*1. Public Record Office, London (Kew)*

| | |
|---|---|
| FO 371 | Foreign Office, General Political Correspondence |
| FO 942 | COGA, Economic and Industrial Planning Staff |
| FO 800 | Bevin Papers |
| | |
| | Control Commission for Germany (British Element) |
| FO 1005 | Records Library 1943–1959 |
| FO 1013 | Regional Commissioner, North Rhine Westphalia |
| FO 1030 | Headquarters SHAEF, Special Echelon and Military Government HQ |
| FO 1032 | Planning Staff, Military Sections and HQ Secretariat |
| FO 1036 | Office of the Economic Advisor |
| FO 1037 | Zonal Advisory Council – British Liaison Staff |
| FO 1039 | Economic Division |
| FO 1049 | Political Division |
| FO 1050 | Internal Affairs and Communications Division |
| FO 1060 | Legal Division (Zonal Office of the Legal Advisor) |
| FO 1070 | Zonal Statistical Bureau, Minden |
| | |
| PREM 3 | Prime Minister's Office |
| PREM 8 | Correspondence and Papers 1945–1951 |
| DO 35 | Dominions Office: Original Correspondence |
| WO 106 | Directorate of Military Operations and Intelligence |
| CAB 65 | War Cabinet: Minutes |
| CAB 66 | War Cabinet: Memoranda: (WP) and (CP) Series |
| CAB 79 | War Cabinet: Chiefs of Staff Committee: Minutes of Meetings |
| CAB 80 | War Cabinet: Chiefs of Staff Committee: Memoranda |
| CAB 84 | War Cabinet: Joint Planning Committees |
| CAB 87 | War Cabinet: Committees on Reconstruction |
| CAB 128 | Cabinet Minutes from 1945 |
| CAB 129 | Cabinet Memoranda from 1945 |
| CAB 130 | Ad-Hoc Committees: General and Miscellaneous Series |
| CAB 134 | Cabinet Committees: General Series from 1945 |

*2. Archives du Ministère des Affaires Etrangères, Paris*

Série Guerre 1939–1945, Algier C. F. L. N., Relations avec les pays ennemis, Allemagne: Questions relatives à la paix (1943–1944)

| | |
|---|---|
| Série Y – 219: | 1945–1949, Paix, Vol. 219, dossier 3 |
| Série Y – 62: | Paix: Négociations relatives au Statut de la Ruhr et de la Rhénanie |

*3. National Archives, Washington*

Record Group 59, 740.00119 Control (Germany)

*4. Archiv für Christlich-Demokratische Politik, St. Augustin*

Bestand III-002/-154, Westfalen-Lippe

# C. VERZEICHNIS DER LITERATUR

In den Übersichtswerken zur alliierten Deutschlandpolitik und in Einzelstudien, die sich noch nicht auf die britischen Akten stützen konnten, finden sich allgemeine Hinweise und z. T. wichtige Einzelangaben zu unserem Thema. Daneben liegen inzwischen auch Studien zu anderen Aspekten der britischen (und amerikanischen) Politik vor, die unser Thema berühren und in denen bisher unveröffentlichtes Material verwendet wurde. Auch diese Arbeiten werden im folgenden aufgeführt.


Adenauer, Konrad: Erinnerungen 1945–1953, Stuttgart 1965.

Adenauer, Briefe 1945–1947. Bearbeitet von Hans Peter Mensing, hrsg. v. Rudolf Morsey/ Hans-Peter Schwarz, Berlin 1983.

Backer, John H.: Die deutschen Jahre des Generals Clay. Der Weg zur Bundesrepublik 1945–1949, München 1983.

Balfour, Michael: Viermächtekontrolle in Deutschland 1945–1946, Düsseldorf 1959.

Blum, John Morton: Roosevelt and Morgenthau: A Revision and Condensation of From the Morgenthau Diaries, Boston 1970.

Brunn, Gerhard (Hrsg.): Nordrhein-Westfalen und seine Anfänge nach 1945/46, Essen 1986.

Bullock, Alan: Ernest Bevin. Foreign Secretary 1945–1951, London 1983.

Denzer, Karl Josef (Hrsg.): 40 Jahre Parlamentarismus in Nordrhein-Westfalen, Düsseldorf 1986.

Deuerlein, Ernst (Hrsg.): Potsdam 1945. Quellen zur Konferenz der „Großen Drei", München 1963.

Deuerlein, Ernst: Die Rhein-Ruhr-Frage nach der Kapitulation, in: Ruhrgebiet und neues Land. Beiträge zur neueren Landesgeschichte des Rheinlandes und Westfalens, hrsg. v. Walter Först, Bd. 2, Köln/Berlin 1968, S. 155–205.

Dilks, David (Hrsg.): The Diaries of Sir Alexander Cadogan 1938–1945, London 1971.

Documents Français relatifs à l'Allemagne (Août 1945–Février 1947), Paris 1947.

Documents on British Policy Overseas, Series I, volume I, The Conference at Potsdam July–August 1945, ed. by R. Butler/M. E. Pelly, London 1984.

–, Series I, volume II, Conferences and Conversations 1945: London, Washington and Moscow, ed. by R. Bullen/M. E. Pelly, London 1985.

Fischer, Alexander (Hrsg.): Teheran, Jalta, Potsdam. Die sowjetischen Protokolle von den Kriegskonferenzen der „Großen Drei", Köln $1972^2$.

Fischer, Alexander: Sowjetische Deutschlandpolitik im Zweiten Weltkrieg 1941 bis 1945, Stuttgart 1975.

Först, Walter: Geschichte Nordrhein-Westfalens, Band I, 1945–1949, Köln/Berlin 1970.

Först, Walter: Kleine Geschichte Nordrhein-Westfalens, Düsseldorf 1986.

Foreign Relations of the United States, hrsg. v. US-Department of State:

The Conferences at Cairo and Tehran 1943, Washington 1961.

The Conference at Quebec 1944, Washington 1972.

The Conference at Malta and Yalta 1945, Washington 1956.

The Conference of Berlin (Potsdam) 1945, Washington 1960.

1945, vol. II, European Advisory Commission, Austria, Germany, Washington 1968.

1946, vol. II, Council of Foreign Ministers, Washington 1970.

1946, vol. III, Paris Peace Conference: Proceedings, Washington 1970.

1946, vol. V, The British Commonwealth, Western and Central Europe, Washington 1969.

1946, vol. VI, Eastern Europe, The Soviet Union, Washington 1969.

Foschepoth, Josef: Britische Deutschlandpolitik zwischen Jalta und Potsdam, in: Vierteljahrshefte für Zeitgeschichte 30, 1982, S. 675–714.

Foschepoth, Josef: Großbritannien und die Deutschlandfrage auf den Außenministerkonferenzen 1946/47, in: Foschepoth/Steininger, S. 65–86; auch in: Die Deutschlandfrage und die Anfänge des Ost-West-Konfliktes 1945–1949, Studien zur Deutschlandfrage, Bd. 7, hrsg. v. Göttinger Arbeitskreis, Berlin 1984, S. 59–84.

Foschepoth, Josef (Hrsg.): Kalter Krieg und deutsche Frage. Deutschland im Widerstreit der Mächte 1945–1952, Göttingen 1985.

Foschepoth, Josef/Steininger, Rolf (Hrsg.): Die britische Deutschland- und Besatzungspolitik 1945–1949, Paderborn 1985 (mit ausführlichen Literaturangaben).

Foschepoth, Josef: British Interest in the Division of Germany after the Second World War, in: Journal of Contemporary History 21, 1986, S. 391–411.

Fritsch-Bournazel, Renata: Frankreich und die „deutsche Frage“ 1945–1949, in: Die Deutschlandfrage und die Anfänge des Ost-West-Konfliktes 1945–1949, Studien zur Deutschlandfrage, Bd. 7, hrsg. v. Göttinger Arbeitskreis, Berlin 1984, S. 85–95.

Frohn, Axel: Neutralisierung als Alternative zur Westintegration. Die Deutschlandpolitik der Vereinigten Staaten von Amerika 1945–1949, Frankfurt 1985.

Gimbel, John: Amerikanische Besatzungspolitik in Deutschland 1945–1949, Frankfurt 1971.

Gimbel, John: Die Vereinigten Staaten, Frankreich und der amerikanische Vertragsentwurf zur Entmilitarisierung Deutschlands, in: Vierteljahrshefte für Zeitgeschichte 22, 1974, S. 258–286.

Graml, Hermann: Zwischen Jalta und Potsdam. Zur amerikanischen Deutschlandplanung im Frühjahr 1945, in: Vierteljahrshefte für Zeitgeschichte 24, 1976, S. 308–323.

Graml, Hermann: Die Alliierten und die Teilung Deutschlands. Konflikte und Entscheidungen 1941–1948, Frankfurt 1985.

Greenwood, Sean: Bevin, the Ruhr and the Division of Germany: August 1945–December 1946, in: The Historical Journal 29, 1986, S. 203–212.

Hüttenberger, Peter: Nordrhein-Westfalen und die Entstehung seiner parlamentarischen Demokratie, Siegburg 1973.

Hüwel, Detlev: Karl Arnold. Eine politische Biographie, Wuppertal 1980.

Im Westen was Neues – Die Anfänge Nordrhein-Westfalens, hrsg. v. d. Landeszentrale für politische Bildung, Düsseldorf 1986.

Jacobsen, Hans-Adolf (Hrsg.): Der Weg zur Teilung der Welt, Koblenz/Bonn 1977.

Kessel, Martina: Westeuropa und die deutsche Teilung. Englische und französische Deutschlandpolitik auf den Außenministerkonferenzen von 1945 bis 1947, München 1989.

Kettenacker, Lothar: Preußen in der alliierten Kriegsplanung 1939–1947, in: Studien zur Geschichte Englands und der deutsch-britischen Beziehungen, Festschrift für P. Kluke, hrsg. v. L. Kettenacker/M. Schlenke/H. Seier, München 1981, S. 312–340.

Kettenacker, Lothar: The Anglo-Soviet Alliance and the Problem of Germany, 1941–1945, in: Journal of Contemporary History 17, 1982, S. 435–458.

Kettenacker, Lothar: Großbritannien und die zukünftige Kontrolle Deutschlands, in: Foschepoth/Steininger, S. 27–46.

Kettenacker, Lothar: Krieg zur Friedenssicherung. Die Deutschlandplanung der britischen Regierung während des Zweiten Weltkrieges, Göttingen 1989.

Köhler, Wolfram: Das Land aus dem Schmelztiegel. Die Entstehungsgeschichte Nordrhein-Westfalens, Düsseldorf 1961.

Lademacher, Horst/Heß, Jürgen C./Langeveld, Hermann J./Reitsma, Henk: Der Weltgewerkschaftsbund im Spannungsfeld des Ost-West-Konflikts. Zur Gründung, Tätigkeit und Spaltung der Gewerkschaftsinternationale, in: Archiv für Sozialgeschichte XVIII, 1978, S. 119–215.

Lademacher, Horst: Großbritannien und die Rhein-Ruhr-Frage 1944–1946, in: Entscheidungen im Westen. Beiträge zur neueren Landesgeschichte des Rheinlandes und Westfalens, hrsg. v. Walter Först, Bd. 7, Köln/Berlin 1979, S. 83–108.

Lademacher, Horst: Die britische Sozialisierungspolitik im Rhein-Ruhr-Raum 1945–1948, in: Scharf/Schröder, Deutschlandpolitik Großbritanniens, S. 29–50.

Lademacher, Horst: Die britische Sozialisierungspolitik im Rhein-Ruhr-Raum, in: Foschepoth/Steininger, S. 101–117.

Lademacher, Horst/Mühlhausen, Walter (Hrsg.): Sicherheit, Kontrolle, Souveränität. Das Petersberger Abkommen vom 22. November 1949. Eine Dokumentation. Kasseler Forschungen zur Zeitgeschichte, Bd. 3, Melsungen 1985.

Loth, Wilfried: Sozialismus und Internationalismus. Die französischen Sozialisten und die Nachkriegsordnung Europas 1940–1950, Stuttgart 1977.

Marshall, Barbara: German Attitudes to British Military Government, 1945–1947, in: Journal of Contemporary History 15, 1980, S. 655–684.

Massigli, René: Une comédie des erreurs 1943–1956. Souvenirs et réflexions sur une étappe de la construction européenne, Paris 1978.

Mastny, Vojtech: Moskaus Weg zum Kalten Krieg, München/Wien 1980.

Milward, Alan: The Reconstruction of Western Europe 1945–51, London 1984.

Morgenthau Diary (Germany), hrsg. v. A. Kubek, Washington 1967.

Müller, Gloria: Sicherheit und wirtschaftliche Stabilität? Die Rolle der Briten bei der Auseinandersetzung um die Stahlquote des 1. Industrieplanes vom 26. März 1946, in: Petzina/Euchner, S. 65–86.

Müller, Gloria, Mitbestimmung in der Nachkriegszeit. Britische Besatzungsmacht – Unternehmer – Gewerkschaften, Düsseldorf 1987.

Nübel, Otto: Die amerikanische Reparationspolitik gegenüber Deutschland 1941–1945, Frankfurt 1980.

Overesch, Manfred: Deutschland 1945–1949. Vorgeschichte und Gründung der Bundesrepublik, Düsseldorf 1979.

Petzina, Dietmar/Euchner, Walter (Hrsg.): Wirtschaftspolitik im britischen Besatzungsgebiet 1945–1949, Düsseldorf 1984.

Pingel, Falk: „Die Russen am Rhein?“ Zur Wende der britischen Besatzungspolitik im Frühjahr 1946, in: Vierteljahrshefte für Zeitgeschichte 30, 1982, S. 98–116.

Poidevin, Raymond: Frankreich und die Ruhrfrage 1945–1951, in: Historische Zeitschrift 228, 1979, S. 317–334.

Post, Oswald: Das Ruhrstatut. Die Rhein-Ruhr-Frage von der Kapitulation bis zum Petersberger Abkommen. Ein Beitrag zur deutschen und europäischen Nachkriegsgeschichte (1945–1949), Diss. phil. Kassel 1984 (MS). Jetzt als Buch: Zwischen Sicherheit und Wiederaufbau. Die Ruhrfrage in der alliierten Diskussion 1945–1949, Gießen 1986.

Pütz, Helmut: Konrad Adenauer und die CDU der britischen Besatzungszone 1946–1948. Dokumente zur Gründungsgeschichte der CDU Deutschlands, Bonn 1975.

Reusch, Ulrich: Die Londoner Institutionen der britischen Deutschlandpolitik 1943–1948, in: Historisches Jahrbuch 100, 1980, S. 318–443.

Riedel, Matthias: Morgenthaus Vernichtungsplan für das Ruhrgebiet, in: Tradition 16, 1971, S. 209–227.

Rothwell, Victor: Britain and the Cold War 1941–1947, London 1982..

Rudzio, Wolfgang: Die ausgebliebene Sozialisierung an Rhein und Ruhr. Zur Sozialisierungspolitik von Labour-Regierung und SPD 1945–1948, in: Archiv für Sozialgeschichte XVIII, 1978, S. 1–39.

Rudzio, Wolfgang: Das Sozialisierungskonzept der SPD und seine internationalen Realisierungsbedingungen, in: Foschepoth/Steininger, S. 119–134.

Scharf, Claus/Schröder, Hans-Jürgen (Hrsg.): Die Deutschlandpolitik Großbritanniens und die britische Zone 1945–1949, Wiesbaden 1979.

Scharf, Claus/Schröder, Hans-Jürgen (Hrsg.): Die Deutschlandpolitik Frankreichs und die französische Zone 1945–1949, Wiesbaden 1983.

Schneider, Ullrich: Grundzüge britischer Deutschland- und Besatzungspolitik, in: Zeitgeschichte 9, 1981/82, S. 73–89.

Schneider, Ullrich: Zur Deutschland- und Besatzungspolitik Großbritanniens im Rahmen der Vier-Mächte-Kontrolle Deutschlands von Kriegsende bis Herbst 1945, in: Militärgeschichtliche Mitteilungen 31, 1982, S. 77–112.

Schneider, Ullrich: Niedersachsen 1945/46. Kontinuität und Wandel unter britischer Besatzung, Hannover 1984.

Schneider, Ullrich: Nach dem Sieg: Besatzungspolitik und Militärregierung 1945, in: Foschepoth/Steininger, S. 47–64.

Schwarz, Hans-Peter: Vom Reich zur Bundesrepublik, Neuwied 1966; 2. Auflage Stuttgart 1980.

Sharp, Tony: The Wartime Alliance and the Zonal Division of Germany, Oxford 1975.

Smith, J. E. (Hrsg.): The Papers of General Lucius D. Clay, Germany 1945–1949, Vol. I, Bloomington 1974.

Steininger, Rolf: England und die deutsche Gewerkschaftsbewegung 1945/46, in: Archiv für Sozialgeschichte XVIII, 1978, S. 41–118.

Steininger, Rolf: British Labour, Deutschland und die SPD 1945/46, in: Internationale wissenschaftliche Korrespondenz zur Geschichte der deutschen Arbeiterbewegung 15, 1979, S. 188–226.

Steininger, Rolf: Deutschland und die Sozialistische Internationale nach dem Zweiten Weltkrieg. Die deutsche Frage, die Internationale und das Problem der Wiederaufnahme der SPD auf den internationalen sozialistischen Konferenzen bis 1951, unter besonderer Berücksichtigung der Labour Party. Darstellung und Dokumentation. Archiv für Sozialgeschichte, Beiheft 7, Bonn 1979.

Steininger, Rolf: Die Rhein-Ruhr-Frage im Kontext britischer Deutschlandpolitik 1945/46, in: Winkler, Heinrich August (Hrsg.), Politische Weichenstellungen im Nachkriegsdeutschland 1945–1953; Geschichte und Gesellschaft, Sonderheft 5, Göttingen 1979, S. 111–166.

Steininger, Rolf: Reform und Realität. Ruhrfrage und Sozialisierung in der anglo-amerikanischen Deutschlandpolitik 1947/48, in: Vierteljahrshefte für Zeitgeschichte 27, 1979, S. 167–240.

Steininger, Rolf: Großbritannien und die Ruhr, in: Zwischen Ruhrkontrolle und Mitbestimmung. Beiträge zur neueren Landesgeschichte des Rheinlandes und Westfalens, hrsg. v. Walter Först, Bd. 10, Köln/Stuttgart 1982, S. 9–63.

Steininger, Rolf: Die britische Deutschlandpolitik in den Jahren 1945/46, in: Aus Politik und Zeitgeschichte, B 1–2/1982, S. 28–47.

Steininger, Rolf: Deutsche Geschichte 1945–1961. Darstellung und Dokumente, 2 Bände. Fischer TB, Frankfurt 1983, [6]1990.

Steininger, Rolf: Wie die Teilung Deutschlands verhindert werden sollte: Der Robertson-Plan aus dem Jahre 1948, in: Militärgeschichtliche Mitteilungen 33, 1983, S. 49–89.

Steininger, Rolf: Großbritannien und die Gründung Nordrhein-Westfalens, in: Rheinland-Westfalen im Industriezeitalter, Bd. 3: Vom Ende der Weimarer Republik bis zum Land Nordrhein-Westfalen, hrsg. v. Kurt Düwell/Wolfgang Köllmann, Wuppertal 1984, S. 214–231.

Steininger, Rolf: European-American Relations: Developments After 1945, in: Werner J. Feld (Hrsg.): New Direction in Economic and Security Policy. U. S.-West European Relations in a Period of Crisis and Indecision, Boulder (Colorado)/London 1985, S. 53–78.

Steininger, Rolf: Westdeutschland ein „Bollwerk gegen den Kommunismus"? Großbritannien und die deutsche Frage im Frühjahr 1946, in: Militärgeschichtliche Mitteilungen 35, 1985, S. 163–207.

Steininger, Rolf: Die Sozialisierung fand nicht statt, in: Foschepoth/Steininger, S. 135–150.

Tyrell, Albrecht: Großbritannien und die Deutschlandplanung der Alliierten 1941–1949, Frankfurt 1987.

40 Jahre Nordrhein-Westfalen, hrsg. v. Presse- und Informationsamt der Landesregierung, Düsseldorf 1986.

Webb, Robert Geoffrey: Britain and the Future of Germany. British Planning for German Dismemberment and Reparations 1942–1945, Ph. D. State University of New York, Buffalo 1979 (MS).

Willis, F. Roy: The French in Germany 1945–49, Stanford 1962.

Wünschel, Hans-Jürgen: Die Teilungspläne der Alliierten und die Forderung Frankreichs nach Abtrennung des linken Rheinufers 1943–1947, in: Jahrbuch für westdeutsche Landesgeschichte, 5, 1979, S. 357–372.

Young, John W.: France, the Cold War and the Western Alliance, 1944–1949. French Foreign Policy and Post-War Europe, London 1990.

Zuhorn, Karl: Zur Vorgeschichte der Bildung des Landes Nordrhein-Westfalen. Erörterungen und Pläne in Westfalen über den Zusammenschluß von Westfalen und Nordrhein im ersten Halbjahr 1946, in: Westfälische Forschungen 8, 1955, S. 102–134.

## D. VERZEICHNIS DER ABKÜRZUNGEN

| | |
|---|---|
| APW | Armistice and Post-War Committee |
| ARGUS | Bezeichnung für Telegramme des Control Office (London) an die Control Commission (Berlin) |
| BERCOMB | Control Commission for Germany (BE), Berlin |
| BGCC | British Governor, Control Commission, CCG(BE) |
| CAB | Cabinet Papers, PRO |
| CCG(BE) | Control Commission for Germany (British Element) |
| CCLB | Control Commission, London Bureau |
| CMAE | Conférence des Ministres des Affaires Etrangères |
| CM | Cabinet Meeting |
| COGA | Control Office for Germany and Austria |
| CONCOMB | Control Commission for Germany (British Element) |
| CONFOLK | Control Office, Norfolk House, London |
| COS | Chiefs of Staff |
| CP | Cabinet Paper |
| D | Despatched |
| DO | Dominion Office, PRO |
| DTO | Date Time of Originator |
| EAC | European Advisory Commission |
| ECOSC | Economic Sub-Commission, CCG(BE) |
| EIPS | Economic and Industrial Planning Staff |
| ESP | Office of Economic Security Policy, US-State Department |
| EUR | Office of European Affairs, US-State Department |
| FO | Foreign Office |
| FORD | Foreign Office Research Department |
| FRUS | Foreign Relations of the United States |
| Gen. | Committee on German Industry (Cabinet) |
| HQ | Headquarters, CCG(BE) |
| IAC; IA & C | Internal Affairs and Communications Division, CCG(BE) |
| KPD | Kommunistische Partei Deutschlands |
| MAE | Ministère des Affaires Etrangères, Paris |
| Mil. Gov. | Military Government |
| MMC; M & MC | Message and Mail Centre, CCG(BE) |
| NA | National Archives, Washington |
| ORC | Overseas Reconstruction Committee |
| ORI | Office of Research and Intelligence, US-State Department |
| PA | Provisions and Accounts Branch, CCG(BE) |
| PHPS | Post Hostilities Planning Staff of the Chiefs of Staff Committee |
| PMM | Prime Ministers' Meeting |
| PREM | Prime Minister's Office, PRO |
| R | Received |
| Ref. | Reference |
| RG | Record Group, NA |
| RIS | Regional Intelligence Staff, CCG(BE) |
| SAVING | Bezeichnung für Telegramme des Foreign Office |
| S of S | Secretary of State |
| SPD | Sozialdemokratische Partei Deutschlands |

| | |
|---|---|
| SUGRA | Bezeichnung für Telegramme der Control Commission (Berlin) an das Control Office (London) |
| TOR | Time of Reception |
| UK | United Kingdom |
| WM | War Cabinet, Meeting |

## E. VERZEICHNIS DER IN DER EDITION „RUHRFRAGE" VERÖFFENTLICHTEN DOKUMENTE


| Lfd. Nr. | Datum | Überschrift und Quelle | Seite |
|---|---|---|---|
| 1 | 22. 8. 1944 | Unterredung zwischen A. Eden und R. Massigli im Foreign Office<br>*Public Record Office* | 251 |
| 2 | 25. 8. 1944 | Unterredung zwischen A. Eden und R. Massigli im Foreign Office<br>*Public Record Office* | 252 |
| 3 | 9. 9. 1944 | Memorandum der britischen Stabschefs<br>*Public Record Office* | 254 |
| 4 | 14. 9. 1944 | Britisches War Cabinet an A. Eden (Quebec)<br>*Public Record Office* | 255 |
| 5 | 15. 9. 1944 | W. Churchill (Quebec) an C. Attlee, J. Anderson und War Cabinet<br>*Public Record Office* | 256 |
| 6 | 20. 9. 1944 | Memorandum von A. Eden für das War Cabinet<br>*Public Record Office* | 257 |
| 7 | 2. 10. 1944 | Die britischen Stabschefs an das Foreign Office<br>*Public Record Office* | 261 |
| 8 | 4. 10. 1944 | Aufzeichnung von O. G. Sargent<br>*Public Record Office* | 264 |
| 9 | 2. 12. 1944 | Unterredung zwischen G. Jebb und R. Massigli im Foreign Office<br>*Public Record Office* | 264 |
| 10 | 3. 1. 1945 | Memorandum des Post Hostilities Planning Staff<br>*Public Record Office* | 266 |
| 11 | 23. 1. 1945 | Memorandum des Foreign Office<br>*Public Record Office* | 269 |
| 12 | 23. 1. 1945 | Memorandum des Foreign Office<br>*Public Record Office* | 273 |
| 13 | 5. 2. 1945 | Konferenz von Jalta. Erste Plenarsitzung<br>*Public Record Office* | 286 |
| 14 | 12. 2. 1945 | Memorandum des französischen Außenministeriums<br>*Ministère des Affaires Etrangères* | 290 |
| 15 | 30. 7. 1945 | Konferenz von Potsdam. Memorandum der sowjetischen Delegation<br>*Documents on British Policy Overseas* | 310 |
| 16 | 28. 8. 1945 | Unterredung zwischen O. C. Harvey und R. Massigli im Foreign Office<br>*Public Record Office* | 311 |
| 17 | 28. 8. 1945 | Französisches Aide-mémoire<br>*Public Record Office* | 312 |
| 18 | 7. 9. 1945 | Memorandum von J. M. Troutbeck<br>*Public Record Office* | 314 |

| Lfd. Nr. | Datum | Überschrift und Quelle | Seite |
|---|---|---|---|
| 19 | 7. 9. 1945 | Memorandum des Economic and Industrial Planning Staff<br>*Public Record Office* . . . . . . . . . . . . . . . . . . . . . . . . . . . . | 320 |
| 20 | 11. 9. 1945 | Aufzeichnung von E. M. Playfair<br>*Public Record Office* . . . . . . . . . . . . . . . . . . . . . . . . . . . . | 329 |
| 21 | 14. 9. 1945 | Außenministerkonferenz in London. Memorandum der französischen Delegation<br>*Documents Français* . . . . . . . . . . . . . . . . . . . . . . . . . . . . | 330 |
| 22 | 16. 9. 1945 | Unterredung zwischen E. Bevin und G. Bidault in Chequers<br>*Public Record Office* . . . . . . . . . . . . . . . . . . . . . . . . . . . . | 331 |
| 23 | 20. 9. 1945 | D. Waley (Treasury) an J. Coulson<br>*Public Record Office* . . . . . . . . . . . . . . . . . . . . . . . . . . . . | 333 |
| 24 | 22. 9. 1945 | A. Cadogan an D. Waley (Treasury)<br>*Public Record Office* . . . . . . . . . . . . . . . . . . . . . . . . . . . . | 333 |
| 25 | 24. 9. 1945 | O. C. Harvey an P. Dixon<br>*Public Record Office* . . . . . . . . . . . . . . . . . . . . . . . . . . . . | 334 |
| 26 | 26. 9. 1945 | Außenministerkonferenz in London. 23. Sitzung<br>*Public Record Office* . . . . . . . . . . . . . . . . . . . . . . . . . . . . | 335 |
| 27 | 28. 9. 1945 | Außenministerkonferenz in London. 25. Sitzung<br>*Public Record Office* . . . . . . . . . . . . . . . . . . . . . . . . . . . . | 339 |
| 28 | 8. 10. 1945 | Aufzeichnung über ein Gespräch mit General de Gaulle<br>*Ministerère des Affaires Etrangères* . . . . . . . . . . . . . . . . | 340 |
| 29 | 12. 10. 1945 | Britisch-französische Expertengespräche im Foreign Office<br>*Public Record Office* . . . . . . . . . . . . . . . . . . . . . . . . . . . . | 342 |
| 30 | 19. 10. 1945 | B. A. B. Burrows an P. Francfort (französische Botschaft, London)<br>*Public Record Office* . . . . . . . . . . . . . . . . . . . . . . . . . . . . | 345 |
| 31 | 19. 10. 1945 | Britisch-französische Expertengespräche im Foreign Office<br>*Public Record Office* . . . . . . . . . . . . . . . . . . . . . . . . . . . . | 347 |
| 32 | 19. 10. 1945 | Britisch-französische Expertengespräche im Treasury<br>*Public Record Office* . . . . . . . . . . . . . . . . . . . . . . . . . . . . | 350 |
| 33 | 20. 10. 1945 | Britisch-französische Expertengespräche im Foreign Office<br>*Public Record Office* . . . . . . . . . . . . . . . . . . . . . . . . . . . . | 353 |
|  | 22. 10. 1945 | Memorandum der französischen Regierung (Siehe Dok. Nr. 45) | 385 |
| 34 | 23. 10. 1945 | Aufzeichnung für M. Couve de Murville<br>*Ministère des Affaires Etrangères* . . . . . . . . . . . . . . . . . . | 357 |
| 35 | 24. 10. 1945 | Britisch-französische Expertengespräche im War Office<br>*Public Record Office* . . . . . . . . . . . . . . . . . . . . . . . . . . . . | 358 |

| Lfd. Nr. | Datum | Überschrift und Quelle | Seite |
|---|---|---|---|
| 36 | 24. 10. 1945 | Unterredung zwischen E. Bevin und B. Montgomery im Foreign Office<br>*Public Record Office* ............................ | 361 |
| 37 | 24. 10. 1945 | Britisch-französische Expertengespräche im Treasury<br>*Public Record Office* ............................ | 362 |
| 38 | 25. 10. 1945 | Britisch-französische Expertengespräche im Treasury<br>*Public Record Office* ............................ | 366 |
| 39 | 25. 10. 1945 | Britisch-französische Expertengespräche im Foreign Office<br>*Public Record Office* ............................ | 370 |
| | 25. 10. 1945 | Stellungnahme von D. Waley (Siehe Dok. Nr. 45, Annex 2) | 399 |
| | 25. 10. 1945 | Stellungnahme von H. Alphand (Siehe Dok. Nr. 45, Annex 3) | 401 |
| 40 | 26. 10. 1945 | Britisch-französische Expertengespräche im Foreign Office<br>*Public Record Office* ............................ | 373 |
| 41 | 29. 10. 1945 | M. Turner (E. I. P. S.) an J. M. Troutbeck<br>*Public Record Office* ............................ | 374 |
| 42 | 30. 10. 1945 | B. Montgomery (Berlin) an A. Street (Control Office)<br>*Public Record Office* ............................ | 376 |
| 43 | 2. 11. 1945 | Aufzeichung von P. Mills (Berlin)<br>*Public Record Office* ............................ | 379 |
| 44 | 7. 11. 1945 | Aufzeichnung von O. C. Harvey für O. G. Sargent<br>*Public Record Office* ............................ | 381 |
| 45 | 7. 11. 1945 | Abschlußbericht der britisch-französischen Expertengespräche in London<br>*Public Record Office* ............................ | 383 |
| 46 | 7. 11. 1945 | Memorandum des Economic and Industrial Planning Staff<br>*Public Record Office* ............................ | 403 |
| 47 | 7. 11. 1945 | Memorandum von J. Alexander (Berlin)<br>*Public Record Office* ............................ | 408 |
| 48 | 9. 11. 1945 | B. Robertson (Berlin) an B. Montgomery (Berlin)<br>*Public Record Office* ............................ | 410 |
| 49 | 13. 11. 1945 | Memorandum von H. F. Matthews (State Department) für J. Byrnes<br>*National Archives* ............................ | 413 |
| 50 | 15. 11. 1945 | Memorandum von J. B. Hynd (Control Office) für das Overseas Reconstruction Committee<br>*Public Record Office* ............................ | 415 |
| 51 | 21. 11. 1945 | Sitzung des Overseas Reconstruction Committee<br>*Public Record Office* ............................ | 416 |
| 52 | 29. 11. 1945 | O. C. Harvey an A. Street (Control Office)<br>*Public Record Office* ............................ | 418 |

| Lfd. Nr. | Datum | Überschrift und Quelle | Seite |
|---|---|---|---|
| 53 | 12. 12. 1945 | Memorandum von P. Mills (Berlin)<br>*Public Record Office* | 419 |
| 54 | 13. 12. 1945 | Aufzeichnung von W. Strang (Berlin) für B. Robertson (Berlin)<br>*Public Record Office* | 421 |
| 55 | 13. 12. 1945 | Memorandum von General G. I. Thomas (Iserlohn)<br>*Public Record Office* | 422 |
| 56 | 14. 12. 1945 | J. M. Troutbeck an P. Dixon (Moskau)<br>*Documents on British Policy Overseas* | 426 |
| 57 | 15. 12. 1945 | Sitzung der Arbeitsgruppe „Ruhr/Rheinland" der Control Commission (Berlin)<br>*Public Record Office* | 428 |
| 58 | 16. 12. 1945 | Memorandum von E. Bevin<br>*Public Record Office* | 429 |
| 59 | 17. 12. 1945 | Memorandum der US-Foreign Economic Administration<br>*Ministère des Affaires Etrangères* | 430 |
| 60 | 18. 12. 1945 | Memorandum der Control Commission (Berlin)<br>*Public Record Office* | 440 |
| 61 | 30. 12. 1945 | O. C. Harvey an M. Turner (E. I. P. S.)<br>*Public Record Office* | 444 |
| 62 | 1. 1. 1946 | Aufzeichnung von O. C. Harvey für E. Bevin<br>*Public Record Office* | 446 |
| 63 | 3. 1. 1946 | Unterredung im Foreign Office<br>*Public Record Office* | 447 |
| 64 | 4. 1. 1946 | Memorandum von O. G. Sargent für E. Bevin<br>*Public Record Office* | 449 |
| 65 | 5. 1. 1946 | M. Turner (E. I. P. S.) an E. W. Playfair (Treasury)<br>*Public Record Office* | 451 |
| 66 | 7. 1. 1946 | Memorandum von A. K. Cairncross (Berlin)<br>*Public Record Office* | 453 |
| 67 | 7. 1. 1946 | Deputy Director General, Planning and Intelligence Branch (Berlin), an Deputy Commissioner (Berlin)<br>*Public Record Office* | 455 |
| 68 | 11. 1. 1946 | Memorandum von J. B. Hynd (Control Office) für das Overseas Reconstruction Committee<br>*Public Record Office* | 456 |
| 69 | 12. 1. 1946 | Memorandum der französischen Regierung<br>*Public Record Office* | 461 |
| 70 | 15. 1. 1946 | Unterredung zwischen O. C. Harvey und R. Massigli im Foreign Office<br>*Public Record Office* | 464 |
| 71 | 15. 1. 1946 | Foreign Office an W. Strang (Berlin)<br>*Public Record Office* | 465 |

| Lfd. Nr. | Datum | Überschrift und Quelle | Seite |
|---|---|---|---|
| 72 | 18. 1. 1946 | B. Robertson (Berlin) an Control Commission (Büro London)<br>*Public Record Office* | 466 |
| 73 | 18. 1. 1946 | B. Robertson (Berlin) an Control Commission (Büro London)<br>*Public Record Office* | 467 |
| 74 | 22. 1. 1946 | H. Dalton (Treasury) an E. Bevin<br>*Public Record Office* | 469 |
| 75 | 24. 1. 1946 | Aufzeichnung von B. A. B. Burrows<br>*Public Record Office* | 471 |
| 76 | 1. 2. 1946 | Unterredung zwischen E. Bevin, G. Bidault und R. Massigli im Foreign Office<br>*Public Record Office* | 473 |
| 77 | 4. 2. 1946 | Memorandum des Economic and Industrial Planning Staff<br>*Public Record Office* | 474 |
| 78 | 7. 2. 1946 | C. Steel (Lübbecke) an Foreign Office<br>*Public Record Office* | 486 |
| 79 | 12. 2. 1946 | Entwurf einer Kabinettsvorlage von O. C. Harvey<br>*Public Record Office* | 490 |
| 80 | 12. 2. 1946 | Entwurf einer Kabinettsvorlage von O. C. Harvey<br>*Public Record Office* | 497 |
| 81 | 12. 2. 1946 | Aufzeichnung von J. M. Troutbeck<br>*Public Record Office* | 506 |
| 82 | 12. 2. 1946 | Memorandum der französischen Regierung<br>*Public Record Office* | 508 |
| 83 | 12. 2. 1946 | Memorandum von C. O'Neill<br>*Public Record Office* | 511 |
| 84 | 12. 2. 1946 | Memorandum von M. Turner (E. I. P. S.)<br>*Public Record Office* | 516 |
| 85 | 13. 2. 1946 | Aufzeichnung von O. G. Sargent für E. Bevin<br>*Public Record Office* | 520 |
| 86 | 18. 2. 1946 | Unterredung zwischen E. Bevin und G. Bidault im Foreign Office | |
| | | a) Aufzeichnung von O. C. Harvey<br>*Public Record Office* | 522 |
| | | b) Französisches Protokoll<br>*Ministère des Affaires Etrangères* | 523 |
| 87 | 20. 2. 1946 | Aufzeichnung von O. C. Harvey<br>*Public Record Office* | 526 |
| 88 | 21. 2. 1946 | Aufzeichnung von O. G. Sargent für E. Bevin<br>*Public Record Office* | 528 |
| 89 | 22. 2. 1946 | Memorandum von B. A. B. Burrows<br>*Public Record Office* | 529 |

| Lfd. Nr. | Datum | Überschrift und Quelle | Seite |
|---|---|---|---|
| 90 | 26. 2. 1946 | W. Strang (Berlin) an Foreign Office<br>*Public Record Office* | 533 |
| 91 | 1. 3. 1946 | D. Cooper (Paris) an Foreign Office<br>*Public Record Office* | 538 |
| 92 | 4. 3. 1946 | Aufzeichnung von O. C. Harvey für E. L. Hall-Patch und O. G. Sargent<br>*Public Record Office* | 539 |
| 93 | 6. 3. 1946 | W. Strang (Berlin) an Foreign Office<br>*Public Record Office* | 540 |
| 94 | 7. 3. 1946 | J. B. Hynd (Control Office) an E. Bevin<br>*Public Record Office* | 541 |
| 95 | 8. 3. 1946 | Aufzeichnung von E. L. Hall-Patch für O. G. Sargent<br>*Public Record Office* | 543 |
| 96 | 8. 3. 1946 | Aufzeichnung von O. G. Sargent für E. Bevin<br>*Public Record Office* | 544 |
| 97 | 11. 3. 1946 | Memorandum von E. Bevin für das Committee on German Industry<br>*Public Record Office* | 545 |
| 98 | 11. 3. 1946 | Memorandum von E. Bevin für das Committee on German Industry<br>*Public Record Office* | 561 |
| 99 | 12. 3. 1946 | Memorandum von J. B. Hynd (Control Office)<br>*Public Record Office* | 562 |
| 100 | 15. 3. 1946 | Sitzung des Committee on German Industry<br>*Public Record Office* | 570 |
| 101 | 15. 3. 1946 | Memorandum des US-State Department<br>*National Archives* | 575 |
| 102 | 19. 3. 1946 | Memorandum von A. A. E. Franklin<br>*Public Record Office* | 591 |
| 103 | 22. 3. 1946 | F. K. Roberts (Moskau) an J. M. Troutbeck<br>*Public Record Office* | 597 |
| 104 | 22. 3. 1946 | O. G. Sargent an die britischen Stabschefs<br>*Public Record Office* | 598 |
|  | 25. 3. 1946 | Bericht von O. C. Harvey über eine Reise durch die britische Zone (siehe Dok. Nr. 132b) | 675 |
| 105 | 26. 3. 1946 | Memorandum von W. E. Beckett<br>*Public Record Office* | 601 |
| 106 | 27. 3. 1946 | D. Cooper (Paris) an Foreign Office<br>*Public Record Office* | 606 |
| 107 | 29. 3. 1946 | F. K. Roberts (Moskau) an Foreign Office<br>*Public Record Office* | 607 |
| 108 | 30. 3. 1946 | E. Bevin an D. Cooper (Paris)<br>*Public Record Office* | 610 |

| Lfd. Nr. | Datum | Überschrift und Quelle | Seite |
|---|---|---|---|
| 109 | 30. 3. 1946 | M. Turner (E. I. P. S.) an G. Vickers (Moreton Hampstead, Devon)<br>*Public Record Office* | 610 |
| 110 | 1. 4. 1946 | Appell von KPD, SPD, CDU, LDPD der sowjetischen Besatzungszone an den Alliierten Kontrollrat<br>*Public Record Office* | 612 |
| 111 | 2. 4. 1946 | Aufzeichnung von O. C. Harvey<br>*Public Record Office* | 613 |
| 112 | 3. 4. 1946 | Besprechung im Foreign Office<br>*Public Record Office* | 615 |
| 113 | 3. 4. 1946 | G. Vickers (Moreton Hampstead, Devon) an M. Turner (E. I. P. S.)<br>*Public Record Office* | 618 |
| 114 | 4. 4. 1946 | Aufzeichnung von M. Turner (E. I. P. S.)<br>*Public Record Office* | 621 |
| 115 | 4. 4. 1946 | D. Cooper (Paris) an E. Bevin<br>*Public Record Office* | 622 |
| 116 | 5. 4. 1946 | Memorandum der britischen Stabschefs<br>*Public Record Office* | 624 |
| 117 | 5. 4. 1946 | D. Cooper (Paris) an Foreign Office<br>*Public Record Office* | 630 |
| 118 | 6. 4. 1946 | Memorandum von W. Strang (Venedig)<br>*Public Record Office* | 631 |
| 119 | 8. 4. 1946 | Memorandum des französischen Generalstabes<br>*Ministère des Affaires Etrangères* | 640 |
| 120 | 9. 4. 1946 | Aufzeichnung von A. Street (Control Office) für M. Turner (E. I. P. S.)<br>*Public Record Office* | 645 |
| 121 | 10. 4. 1946 | Aufzeichnung von E. L. Hall-Patch für O. G. Sargent<br>*Public Record Office* | 646 |
| 122 | 10. 4. 1946 | C. Steel (Berlin) an W. Strang (London)<br>*Public Record Office* | 648 |
| 123 | 12. 4. 1946 | Mitteilung von B. Robertson (London) für E. W. Playfair (Treasury)<br>*Public Record Office* | 649 |
| 124 | 12. 4. 1946 | Aufzeichnung von E. L. Hall-Patch<br>*Public Record Office* | 650 |
| 125 | 13. 4. 1946 | D. Cooper (Paris) an Foreign Office<br>*Public Record Office* | 651 |
| 126 | 13. 4. 1946 | E. Bevin an D. Cooper (Paris)<br>*Public Record Office* | 652 |
| 127 | 15. 4. 1946 | Besprechung im Foreign Office<br>*Public Record Office* | 653 |

| Lfd. Nr. | Datum | Überschrift und Quelle | Seite |
|---|---|---|---|
| 128 | 15. 4. 1946 | Memorandum von E. Bevin für das britische Kabinett<br>*Public Record Office* | 656 |
| 129 | 17. 4. 1946 | Sitzung des britischen Kabinetts<br>*Public Record Office* | 661 |
| 130 | 19. 4. 1946 | W. Strang (Berlin) an Foreign Office<br>*Public Record Office* | 665 |
| 131 | 22. 4. 1946 | Memorandum des US-State Department<br>*National Archives* | 666 |
| 132a | 23. 4. 1946 | W. Strang (Berlin) an E. Bevin<br>*Public Record Office* | 673 |
| 132b | 25. 3. 1946 | Bericht von O. C. Harvey über eine Reise durch die britische Zone<br>*Public Record Office* | 675 |
| 133 | 24. 4. 1946 | Memorandum von E. Bevin für die Regierungschefs der britischen Dominien<br>*Public Record Office* | 679 |
| 134 | 25. 4. 1946 | Außenministerkonferenz in Paris. Memorandum der französischen Delegation<br>*Public Record Office* | 681 |
| 135 | 26. 4. 1946 | Unterredung zwischen E. Bevin und G. Bidault im Quai d'Orsay | |
| | | a) E. Bevin an Foreign Office<br>*Public Record Office* | 684 |
| | | b) Französisches Protokoll<br>*Ministère des Affaires Etrangères* | 685 |
| 136 | 26. 4. 1946 | Memorandum des französischen Außenministeriums<br>*Ministère des Affaires Etrangères* | 687 |
| 137 | 27. 4. 1946 | F. K. Roberts (Moskau) an Foreign Office<br>*Public Record Office* | 688 |
| 138 | 28. 4. 1946 | Französisch-britische Expertengespräche im Quai d'Orsay<br>*Public Record Office* | 692 |
| 139 | 30. 4. 1946 | Unterredung zwischen O. C. Harvey und H. F. Matthews in Paris<br>*Public Record Office* | 703 |
| 140 | 30. 4. 1946 | Unterredung zwischen O. C. Harvey und R. Massigli in Paris<br>*Public Record Office* | 704 |
| 141 | 1. 5. 1946 | Konferenz mit den Regierungschefs der britischen Dominien in London<br>*Public Record Office* | 705 |
| 142 | 1. 5. 1946 | W. Strang (Berlin) an Foreign Office<br>*Public Record Office* | 709 |
| 143 | 1. 5. 1946 | O. C. Harvey (Paris) an O. G. Sargent<br>*Public Record Office* | 709 |

| Lfd. Nr. | Datum | Überschrift und Quelle | Seite |
|---|---|---|---|
| 144 | 3. 5. 1946 | Memorandum von L. D. Clay (O.M.G.U.S.)<br>*Public Record Office* | 712 |
| 145 | 3. 5. 1946 | Memorandum von E. Bevin für das britische Kabinett<br>*Public Record Office* | 713 |
| 146 | 4. 5. 1946 | Memorandum des französischen Außenministeriums<br>*Ministère des Affaires Etrangères* | 744 |
| 147 | 6. 5. 1946 | R. Lehr (Düsseldorf) an britische Militärregierung, North Rhine Region (Düsseldorf)<br>*Public Record Office* | 745 |
| 148a | 7. 5. 1946 | Sitzung des britischen Kabinetts<br>*Public Record Office* | 747 |
| 148b | 7. 5. 1946 | Konferenz mit den Regierungschefs der britischen Dominien<br>*Public Record Office* | 750 |
| 149 | 7. 5. 1946 | W. Strang (Berlin) an Foreign Office<br>*Public Record Office* | 753 |
| 150 | 8. 5. 1946 | C. Attlee an E. Bevin (Paris)<br>*Public Record Office* | 754 |
| 151 | 7./8. 5. 1946 | Französisch-britische Expertengespräche in Paris<br>a) Französisches Protokoll<br>*Ministère des Affaires Etrangères* ... 755<br>b) Englisches Protokoll<br>*Public Record Office* | 761 |
| 152 | 8. 5. 1946 | M. Turner (Paris) an J. M. Troutbeck<br>*Public Record Office* | 766 |
| 153 | 8. 5. 1946 | E. L. Hall-Patch (Paris) an J. Coulson<br>*Public Record Office* | 767 |
| 154 | 9. 5. 1946 | O. G. Sargent an O. C. Harvey (Paris)<br>*Public Record Office* | 768 |
| 155 | 9. 5. 1946 | Unterredung zwischen E. Bevin und G. Bidault in Paris<br>*Public Record Office* | 770 |
| 156 | 10. 5. 1946 | E. Bevin (Paris) an Foreign Office<br>*Public Record Office* | 776 |
| 157 | 10. 5. 1946 | Französisch-britische Expertengespräche in Paris<br>*Public Record Office* | 777 |
| 158 | 13. 5. 1946 | Britisches Memorandum für die Außenministerkonferenz in Paris (Entwurf)<br>*Public Record Office* | 779 |
| 159 | 14. 5. 1946 | Control Commission (Berlin) an Control Office (London)<br>*Public Record Office* | 782 |
| 160 | 15. 5. 1946 | Foreign Office an britische Delegation (Paris)<br>*Public Record Office* | 782 |
| 161 | 15. 5. 1946 | Außenministerkonferenz in Paris. 7. informelle Sitzung<br>*Public Record Office* | 784 |

| Lfd. Nr. | Datum | Überschrift und Quelle | Seite |
|---|---|---|---|
| 162 | 16. 5. 1946 | E. Bevin (Paris) an Foreign Office<br>*Public Record Office* ............................ | 787 |
| 163 | 16. 5. 1946 | Memorandum von E. Bevin für das britische Kabinett<br>*Public Record Office* ............................ | 792 |
| 164 | 20. 5. 1946 | J. M. Troutbeck an F. K. Roberts (Moskau)<br>*Public Record Office* ............................ | 793 |
| 165 | 21. 5. 1946 | Konferenz mit den Regierungschefs der britischen Dominien<br>*Public Record Office* ............................ | 794 |
| 166 | 23. 5. 1946 | E. Bevin an D. Cooper (Paris)<br>*Public Record Office* ............................ | 804 |
| 167 | 23. 5. 1946 | Memorandum von E. Bevin für das britische Kabinett<br>*Public Record Office* ............................ | 805 |
| 168 | 24. 5. 1946 | Memorandum von O. C. Harvey<br>*Public Record Office* ............................ | 808 |
| 169 | 24. 5. 1946 | A. Street (Control Office) an B. Robertson (Berlin)<br>*Public Record Office* ............................ | 810 |
| 170 | 24. 5. 1946 | Memorandum von B. Robertson (Berlin)<br>*Public Record Office* ............................ | 811 |
| 171a | 27. 5. 1946 | Memorandum der Governmental Sub-Commission (Berlin)<br>*Public Record Office* ............................ | 812 |
| 171b | 27. 5. 1946 | Memorandum der Governmental Sub-Commission (Berlin)<br>*Public Record Office* ............................ | 815 |
| 172 a–h | 28. 5. – 3. 6. 1946 | Stellungnahmen der Abteilungen der Control Commission | |
| | | a) 28. 5. 1946: Besprechung in der Control Commission<br>*Public Record Office* ............................ | 822 |
| | | b) 29. 5. 1946: Transport Division an Planning Staff, Economic Sub-Commission<br>*Public Record Office* ............................ | 823 |
| | | c) 29. 5. 1946: Reparations, Deliveries and Restitutions Division an Planning Staff, Economic Sub-Commission<br>*Public Record Office* ............................ | 823 |
| | | d) 29. 5. 1946: Food, Agriculture and Forestry Division an Planning Staff, Economic Sub-Commission<br>*Public Record Office* ............................ | 824 |
| | | e) 30. 5. 1946: A. Merry an Deputy Chief, Planning Staff, Economic Sub-Commission<br>*Public Record Office* ............................ | 824 |
| | | f) 3. 6. 1946: G. S. Whitham an President, Economic Sub-Commission (P. Mills)<br>*Public Record Office* ............................ | 826 |
| | | g) (3.) 6. 1946: Planning Staff, Economic Sub-Commission, an President, Economic Sub-Commission (P. Mills)<br>*Public Record Office* ............................ | 827 |

| Lfd. Nr. | Datum | Überschrift und Quelle | Seite |
|---|---|---|---|
| | | h) 3. 6. 1946: P. Mills an B. Robertson<br>*Public Record Office* ............................ | 827 |
| 173 | 28. 5. 1946 | Aufzeichnung von J. M. Troutbeck<br>*Public Record Office* ............................ | 828 |
| 174 | 28. 5. 1946 | Memorandum von Luftmarschall Sir S. Douglas (Berlin)<br>*Public Record Office* ............................ | 830 |
| 175 | 29. 5. 1946 | Memorandum von D. Cooper (Paris)<br>*Public Record Office* ............................ | 836 |
| 176 | 29. 5. 1946 | M. Turner (E. I. P. S.) an C. Sharpstone (E. I. P. S.)<br>*Public Record Office* ............................ | 844 |
| 177 | 30. 5. 1946 | Unterredung zwischen O. C. Harvey und R. Massigli im Foreign Office<br>*Public Record Office* ............................ | 845 |
| 178 | 31. 5. 1946 | Aufzeichnung von B. A. B. Burrows<br>*Public Record Office* ............................ | 846 |
| 179 | 31. 5. 1946 | Control Office an die britischen Stabschefs<br>*Public Record Office* ............................ | 849 |
| 180 | 3. 6. 1946 | Aufzeichnung von O. C. Harvey für E. Bevin<br>*Public Record Office* ............................ | 851 |
| 181 | 3. 6. 1946 | Memorandum der britischen Stabschefs, Joint Planning Staff<br>*Public Record Office* ............................ | 852 |
| 182 | 5. 6. 1946 | Sitzung der britischen Stabschefs<br>*Public Record Office* ............................ | 856 |
| 183 | 5. 6. 1946 | Y. Haddon (Cabinet Office) an M. Dean (Control Office)<br>*Public Record Office* ............................ | 857 |
| 184 | 6. 6. 1946 | Besprechung im Foreign Office<br>a) Offizielles Protokoll<br>*Public Record Office* ............................ | 858 |
| | | b) Aufzeichnung von J. Churchill<br>*Public Record Office* ............................ | 865 |
| 185 | 11. 6. 1946 | Memorandum von E. Bevin für das Overseas Reconstruction Committee<br>*Public Record Office* ............................ | 871 |
| 186 | 12. 6. 1946 | C. Sharpstone (E. I. P. S.) an M. Turner (E. I. P. S.)<br>*Public Record Office* ............................ | 876 |
| 187 | 13. 6. 1946 | Memorandum von E. Bevin für das Overseas Reconstruction Committee<br>*Public Record Office* ............................ | 876 |
| 188 | 13. 6. 1946 | Memorandum von E. Bevin für das Overseas Reconstruction Committee<br>*Public Record Office* ............................ | 883 |
| 189 | 14. 6. 1946 | P. Dean an Y. Haddon (Cabinet Office)<br>*Public Record Office* ............................ | 888 |

| Lfd. Nr. | Datum | Überschrift und Quelle | Seite |
|---|---|---|---|
| 190 | 18. 6. 1946 | Memorandum der britischen Stabschefs, Joint Planning Staff<br>*Public Record Office* | 888 |
| 191 | 19. 6. 1946 | Sitzung der britischen Stabschefs<br>*Public Record Office* | 890 |
| 192 | 19. 6. 1946 | Aufzeichnung von P. Dean für O. G. Sargent<br>*Public Record Office* | 891 |
| 193 | 19. 6. 1946 | Memorandum von E. Bevin für das Overseas Reconstruction Committee<br>*Public Record Office* | 893 |
| 194 | 20. 6. 1946 | Die britischen Stabschefs an das Foreign Office<br>*Public Record Office* | 896 |
| 195 | 21. 6. 1946 | Sitzung des Overseas Reconstruction Committee<br>*Public Record Office* | 897 |
| 196 | 21. 6. 1946 | W. Strang (Berlin) an Foreign Office<br>*Public Record Office* | 901 |
| 197 | 27. 6. 1946 | P. Dean an B. A. B. Burrows (Paris)<br>*Public Record Office* | 903 |
| 198 | 28. 6. 1946 | Control Office (London) an Control Commission (Berlin)<br>*Public Record Office* | 904 |
| 199 | 1. 7. 1946 | W. Strang (Paris) an P. Dean<br>*Public Record Office* | 905 |
| 200 | 1. 7. 1946 | Besprechung der britischen Delegation (Paris)<br>*Public Record Office* | 906 |
| 201 | 1. 7. 1946 | Control Commission (Berlin) an die Regional Commissioners der Provinzen Nordrhein und Westfalen<br>*Public Record Office* | 909 |
| 202 | 1. 7. 1946 | Sitzung des Standing Committee on Governmental and Administrative Structure, Control Commission (Berlin)<br>*Public Record Office* | 910 |
| 203 | 1. 7. 1946 | B. Robertson (Paris) an Foreign Office<br>*Public Record Office* | 912 |
| 204 | 1. 7. 1946 | Control Commission (Berlin) an Control Office (London)<br>*Public Record Office* | 913 |
| 205 | 2. 7. 1946 | E. Bevin (Paris) an Foreign Office<br>*Public Record Office* | 915 |
| 206 | 2. 7. 1946 | E. Bevin an D. Cooper (Paris)<br>*Public Record Office* | 916 |
| 207 | 5. 7. 1946 | Memorandum der britischen Botschaft in Paris, Finanzabteilung<br>*Public Record Office* | 920 |
| 208 | 5. 7. 1946 | Control Office (London) an Control Commission (Berlin)<br>*Public Record Office* | 924 |

| Lfd. Nr. | Datum | Überschrift und Quelle | Seite |
|---|---|---|---|
| 209 | 6. 7. 1946 | Foreign Office an O. C. Harvey (Paris)<br>*Public Record Office* . . . . . . . . . . . . . . . . . . . . . . . . . . . . | 924 |
| 210 | 6. 7. 1946 | Memorandum von J. H. Barraclough und C. D. Renny (Düsseldorf)<br>*Public Record Office* . . . . . . . . . . . . . . . . . . . . . . . . . . . . | 925 |
| 211 | 9. 7. 1946 | Konferenz mit Vertretern der Control Commission (Berlin) und der Militärregierungen Nordrhein und Westfalen in Münster<br>*Public Record Office* . . . . . . . . . . . . . . . . . . . . . . . . . . . . | 929 |
| 212 | 11. 7. 1946 | W. Asbury (Düsseldorf) an W. H. Ingrams (Bünde)<br>*Public Record Office* . . . . . . . . . . . . . . . . . . . . . . . . . . . . | 936 |
| 213 | 11. 7. 1946 | E. Bevin (Paris) an Foreign Office<br>*Public Record Office* . . . . . . . . . . . . . . . . . . . . . . . . . . . . | 937 |
| 214 | 13. 7. 1946 | B. Robertson (Berlin) an A. Street (Control Office)<br>*Public Record Office* . . . . . . . . . . . . . . . . . . . . . . . . . . . . | 940 |
| 215 | 14. 7. 1946 | P. M. Balfour (Lübbecke) an G. Erskine (Berlin)<br>*Public Record Office* . . . . . . . . . . . . . . . . . . . . . . . . . . . . | 940 |
| 216 | 14. 7. 1946 | Control Commission (Berlin) an Control Office (London)<br>*Public Record Office* . . . . . . . . . . . . . . . . . . . . . . . . . . . . | 940 |
| 217 | 16. 7. 1946 | B. Robertson (Berlin) an Control Office (London)<br>*Public Record Office* . . . . . . . . . . . . . . . . . . . . . . . . . . . . | 941 |
| 218 | 17. 7. 1946 | W. Strang (Berlin) an Foreign Office<br>*Public Record Office* . . . . . . . . . . . . . . . . . . . . . . . . . . . . | 943 |
| 219 | Juli 1946 | Memorandum der Control Commission (Berlin)<br>*Public Record Office* . . . . . . . . . . . . . . . . . . . . . . . . . . . . | 945 |
| 220 | 18. 7. 1946 | W. Asbury (Düsseldorf) an B. Robertson (Berlin)<br>*Public Record Office* . . . . . . . . . . . . . . . . . . . . . . . . . . . . | 949 |
| 221 | 18. 7. 1946 | B. Robertson (Berlin) an W. Asbury (Düsseldorf) und H. V. Berry (Münster)<br>*Public Record Office* . . . . . . . . . . . . . . . . . . . . . . . . . . . . | 949 |
| 222 | 19. 7. 1946 | B. Robertson (Berlin) an W. Asbury (Düsseldorf) und H. V. Berry (Münster)<br>*Public Record Office* . . . . . . . . . . . . . . . . . . . . . . . . . . . . | 950 |
| 223 | 22. 7. 1946 | Besprechung im Hauptquartier der Militärregierung Nordrhein (Düsseldorf)<br>*Public Record Office* . . . . . . . . . . . . . . . . . . . . . . . . . . . . | 953 |
| 224 | 25. 7. 1946 | Aufzeichnung der Politischen Abteilung, Control Commission (Berlin)<br>*Public Record Office* . . . . . . . . . . . . . . . . . . . . . . . . . . . . | 956 |
| 225 | 1. 8. 1946 | W. Asbury (Düsseldorf) an R. Amelunxen (Düsseldorf)<br>*Public Record Office* . . . . . . . . . . . . . . . . . . . . . . . . . . . . | 958 |
| 226 | 5. 8. 1946 | Unterredung zwischen W. Asbury, H. V. Berry und R. Amelunxen in Düsseldorf<br>*Public Record Office* . . . . . . . . . . . . . . . . . . . . . . . . . . . . | 961 |

| Lfd. Nr. | Datum | Überschrift und Quelle | Seite |
|---|---|---|---|
| 227 | 6. 8. 1946 | Ansprache von W. Asbury in Düsseldorf an die Vertreter der politischen Parteien Nordrhein-Westfalens<br>*Public Record Office* | 962 |
| 228 | 12. 8. 1946 | Unterredung zwischen W. Asbury, H. V. Berry und R. Amelunxen in Düsseldorf<br>*Public Record Office* | 965 |
| 229 | 13. 8. 1946 | Control Office (London) an Control Commission (Berlin)<br>*Public Record Office* | 966 |
| 230 | 14. 8. 1946 | Unterredung zwischen W. Asbury und R. Amelunxen in Düsseldorf<br>*Public Record Office* | 966 |
| 231 | 15. 8. 1946 | W. Asbury (Düsseldorf) an B. Robertson (Berlin)<br>*Public Record Office* | 968 |
| 232 | 15. 8. 1946 | B. Robertson (Berlin) an W. Asbury (Düsseldorf)<br>*Public Record Office* | 969 |
| 233 | 16. 8. 1946 | B. Robertson (Berlin) an A. Jenkins (Control Office)<br>*Public Record Office* | 969 |
| 234 | 16. 8. 1946 | W. Asbury (Düsseldorf) an P. A. Domeisen (Düsseldorf)<br>*Public Record Office* | 970 |
| 235 | 17. 8. 1946 | W. Asbury (Düsseldorf) an B. Robertson (Berlin)<br>*Public Record Office* | 971 |
| 236 | 18. 8. 1946 | B. Robertson (Berlin) an M. Dean (Control Office)<br>*Public Record Office* | 972 |
| 237 | 19. 8. 1946 | Aktennotiz K. Adenauers über die Regierungsbildung<br>*Adenauer, Briefe* | 972 |
| 238 | 24. 8. 1946 | A. Jenkins (Control Office) an B. Robertson (Berlin)<br>*Public Record Office* | 975 |
| 239 | 31. 8. 1946 | J. Gronowski (Driburg/Westfalen) über die Regierungsbildung<br>*Archiv für Christlich-Demokratische Politik* | 976 |
| 240 | Anfang Sept. 1946 | Flugblatt der CDU über die Regierungsbildung<br>*Archiv für Christlich-Demokratische Politik* | 978 |
| 241 | 3. 9. 1946 | R. Amelunxen (Düsseldorf) an J. Gronowski (Driburg/Westfalen)<br>*Archiv für Christlich-Demokratische Politik* | 980 |
| 242 | 7. 9. 1946 | J. Gronowski (Driburg/Westfalen) an R. Amelunxen (Düsseldorf)<br>*Archiv für Christlich-Demokratische Politik* | 981 |
| 243 | 31. 10. 1946 | Britischer Bericht über die Regierungsbildung<br>*Public Record Office* | 983 |
| 244 | 20. 12. 1946 | Memorandum von O. G. Sargent für E. Bevin<br>*Public Record Office* | 996 |

# PERSONEN- UND SACHREGISTER


Ackroyd, E., Foreign Office 96
Addison, Viscount, Secretary of State for Dominion Affairs 111
Adenauer, Konrad, Vorsitzender d. CDU d. brit. Zone 26, 205 f., 247 f., 252, 256 ff., 267, 317
Alanbrooke s. Brooke
Albu, A. H., Control Commission, Deputy President Governmental Sub-Commission 246
Alexander, A. V., First Lord of the Admiralty 42
Alexander, John, Control Commission, Economic Division 73 f., 106–109
Alliierter Kontrollrat 66, 76, 88, 95, 100, 103, 106, 162, 175, 184
– Erklärung Robertson 148 f.
– Verhältnis Briten-Amerikaner-Sowjets 158
– Strang 167 f.
– Harvey 169
Alphand, Hervé Jean-Charles, seit 1944 Leiter der Wirtschaftsabteilung im Quai d'Orsay 82 ff., 86, 90 f., 106
Amelunxen, Rudolf, 1888–1969, 1945 Oberpräsident der Provinz Westfalen, Erster Ministerpräsident Nordrhein-Westfalens 241, 243k 246, 249–259, 264, 314, 316
Amerikanische Deutschlandpolitik 30, 33–38, 51, 69, 86–90, 101 f., 145, 147 ff., 158 f., 176–180, 196 f., 199
Anderson, Sir John, 1943–1945 Chancellor of the Exchequer 38
Annan, Noel, Lt. Col., Control Commission, Political Division 205, 248, 251
Arnold, Karl, CDU, Oberbürgermeister von Düsseldorf 252 f., 256 ff., 268
Asbury, William, Regional Commissioner North Rhine 246 ff., 251 f., 254 f.
Attlee, Clement, Vorsitzender der brit. Labour Party; Vorsitzender des interministeriellen Ausschusses für die Nachkriegsplanung; 1945–51 Premierminister 32, 38, 65, 190, 273
– Committee on German Industry 171, 275, 282 f.
– EIPS-Plan 176, 278
– britische Deutschlandpolitik 193
– Nordrhein-Westfalen (Größe) 235 f., 239, 241, 306, 308
Ausschuß für deutsche Industrie s. Committee on German Industry

Balfour, P. M., Major-General, Control Commission 243, 246, 249 f., 254
Barnes, A., brit. Minister of Transport 236, 306
Barraclough, (Sir) John, Brigadier, Chef d. Militärregierung North Rhine Region, stv. Regional Commissioner North Rhine 244 f., 251 f., 254, 256, 259
Beckett, W. E., Foreign Office, Legal Adviser 180 ff.
Berard, Armand, Quai d'Orsay 89
Berlin 162 ff., 173, 242
Berry, (Sir) Henry Vaughan, bis August 1946 Regional Commissioner Westfalen, dann bis 1949 Hamburg 246, 251 f., 254 f.
Bevan, Aneurin, brit. Minister of Health 193
Bevin, Ernest, 1881–1951, organisierte 1910–20 die Dockarbeitergewerkschaft, gründete die Transport and General Workers' Union, damals die größte Einzelgewerkschaft der Welt, 1921–40 deren Generalsekretär; 1940–45 Minister of Labour and National Service; 1945–51 Außenminister 16 f., 39, 61, 68, 70–74, 76, 78, 94, 96–100, 102 f., 112, 119, 134, 139, 141, 143–146, 150, 154–157, 164 f., 169, 184 f., 189 f., 192, 194, 211, 215, 217, 222, 227 f., 231 f., 241 f., 244, 265, 268, 291, 323
– brit. Deutschlandpolitik 39, 68, 72, 78 f., 96, 123 f., 126 f., 143, 149, 171–174, 192 f., 197 ff., 214 f., 226 f., 274 f.
– Republik Rhenania 78 ff., 273
– Ruhrbergwerke 96–100
– Internationalisierung der Ruhrindustrie 123–128
– Industrieniveauplan 149

– Memorandum (11. 3. 1946) 171–174, 275–282
– brit. Interessen 174
– Committee on German Industry 175 f., 282 f.
– EIPS-Plan 175 f.
– Byrnes' Entmilitarisierungsplan 176
– Vickers-Plan 185, 188, 285
– „russische Gefahr" 190 f., 193, 198 f.
– Außenministerkonferenz in Paris 194, 196–199
– Nordrhein-Westfalen 208–211, 223–227, 243, 289 f., 300–303, 315
– Antwort an Cooper 228, 231
– Schumacher 242, 313
– Bedeutung des Ruhrgebietes 322
Bevölkerungs„transfer" s. Flüchtlinge
Bidault, Georges, frz. Außenminister 15, 46, 55, 58 f., 62, 70, 77 f., 80, 87 f., 103, 123, 134, 143–146, 166, 194 ff., 227, 266, 273, 278
Bramall, (Sir) Ashley, Militärregierung Hanover Region, Labour Relations Officer 325
Brauer, Max, SPD 254
Bridges, E., brit. Kabinettssekretär 282
Britische Stabschefs
– Zerstückelung Deutschlands 31
– EIPS-Plan, „russische Gefahr" 31, 184 f., 220, 234
– Nordrhein-Westfalen 220, 234 f.
Brook, Sir Norman, brit. Kabinettssekretär 236, 282, 306
Burgess, Guy, Foreign Office, sowjetischer Spion 200
Burke, J., Sekretär Attlees 273
Burrows, (Sir) Bernard A. B., geb. 1910, 1938–45 Botschaft Kairo; 1945–50 Acting First Secretary im Foreign Office; 1947 Head of Eastern Department; 1963–66 Deputy Under-Secretary of State; 1966–70 Permanent British Representative to North Atlantic Council 74, 78, 80 ff., 93 f., 96, 100, 138, 143, 157, 159, 161 f., 187, 196, 325
– britische Deutschlandpolitik 164 f.
– Nordrhein-Westfalen 215, 219 ff., 223 f., 292, 297, 310, 312
– Memorandum Cooper 232
Byrnes, James, US-Außenminister 88 f., 102, 124, 145 f., 149, 179, 196 f., 199, 266
Byrnes-Plan 179 f., 196, 277

Cadogan, Sir Alexander, Foreign Office, Permanent Under-Secretary of State 37, 49 f., 79
Caffery, Jefferson, US-Botschafter in Paris 145
Cairncross, A. K., Control Commission, Economic Division 106 f., 134 f., 200
Calthorpe, R. H., Brigadier, War Office 223 f., 292, 296, 300
Campbell, Sir Ronald, Foreign Office 37
Catroux, Georges, General, frz. Botschafter in Moskau 90 f., 145
Chadwick, C. A. H., Brigadier, Chef der Militärregierung Westfalen Region, stv. Regional Commissioner Westfalen 251
Christlich-Demokratische Union Deutschlands (CDU) 173, 225, 233, 235, 246 ff., 254–259
Churchill, John, Control Office 223 f.
Churchill, (Sir) Winston S., brit. Premierminister 28, 37 ff., 49 ff., 54, 65, 68, 172
Clay, Lucius D., stv. US-Militärgouverneur in Deutschland 88, 105, 146–149, 158 f., 177, 196, 198, 322
Clayton, William, stv. US-Außenminister 87
Cohen, Benjamin, Counselor of the US-State-Department 89 f., 178 f.
Committee on German Industry 16, 171–176, 275–282
Cooper, Alfred Duff, brit. Botschafter in Paris 46, 55, 62, 64, 80, 229, 266, 273
– Abtrennung des Ruhrgebietes 169 ff., 227–233
Coulson, J. C., Foreign Office, Economic Relations Department 61, 74, 79, 143, 194
Couve de Murville, Maurice, Direktor d. Politischen Abteilung im Quai d'Orsay 80, 82, 84, 90, 141
Cripps, Stafford, President of the Board of Trade 171, 175, 275, 282
Crossman, Richard, Labour MP für Coventry, Herausgeber v. „New Statesman and Nation" 103

Crowley, Leo T., Leiter d. US-Foreign Economic Administration 101
Cunningham, Sir John Andrew, Admiral, First Sealord, Chief of Staff (später Viscount Cunningham of Hyndhope) 234 f.

Dahrendorf, Gustav, Mitglied d. Zentralausschusses der SPD in Berlin 159 f.
Dalton, Hugh, 1887–1962, 1940–42 Minister of Economic Warfare; 1942/43 President of the Board of Trade; 1943–45 Secretary of State of Economic Affairs; 1945–47 Chancellor of the Exchequer 146, 150, 171, 176, 188, 236, 275, 282, 306
– EIPS-Plan
Dean, Maurice, Control Office 223 f., 255, 292
Dean, (Sir) Patrick, geb. 1909, Rechtsanwalt, 1939–45 Assistant Legal Adviser im Foreign Office, 1945/46 Legal Adviser; September 1945–März 1946 am Nürnberger Prozeß beteiligt, daneben stv. Legal Adviser in der britischen Zone in Deutschland; 1947–50 als Nachfolger Troutbecks Leiter d. Deutschlandabteilung im Foreign Office; 1953–56 Assistant, 1956–60 Deputy Under-Secretary of State; 1960–64 Vertreter bei der UNO; 1965–69 Botschafter in Washington, seitdem in leitender Position in der Anglo-American Bank in London tätig 21, 214, 223 f., 233, 241 f., 264, 292, 325
– Nordrhein-Westfalen 304 f., 310 ff.
Dejean, Maurice, Quai d'Orsay 46
Demontagestopp s. Reparationsstopp
Dixon, Pierson, Foreign Office, Deputy Under-Secretary of State 124, 171, 187, 191, 273
Domeisen, P. A., Militärregierung North Rhine Region, Regional Intelligence Officer 251
Dominien (Regierungschefs) 111 ff., 155, 184, 189, 196
Douglas, Sir Sholto, 1893–1969, brit. Luftmarschall, ab Mai 1946 Militärgouverneur u. Oberbefehlshaber in Deutschland 105, 200, 207, 243, 249, 259, 290, 326
Draper, William, General, OMGUS, Wirtschaftsberater Clays, ab August 1947 stv. US-Kriegsminister 267
Düsseldorf 226, 243, 252, 260
Dugdale, J., Parliamentary and Financial Secretary, Admiralty 236, 306
Dunn, James C., stv. US-Außenminister 87, 89 f.

Eastwood, C. G., brit. Kabinettssekretär 236, 306
Economic and Industrial Planning Staff (EIPS)
– Zerstückelung Deutschlands 32
– Morgenthau-Plan 41 f.
– Rhenania 47, 71 f.
– Internationalisierung der Ruhrindustrie 71 ff., 75 f., 92
– Abtrennung des Ruhrgebietes 72, 153
– Eigentum und Organisation der deutschen Industrie 94 ff.
– Abtrennung des linksrheinischen Gebietes 122, 133
– EIPS-Plan 123–138, 143 ff., 150–157, 166 ff., 171–175, 278, 286 ff.
Eden, Anthony, 1940–45 brit. Außenminister 12, 30 f., 38 f., 42, 44, 46 f., 50–53, 58, 63, 67, 278, 321
EIPS s. Economic and Industrial Planning Staff
Eisenhower, Dwight D., US-Militärgouverneur und Oberbefehlshaber in Deutschland 64
Eiserner Vorhang 160, 163, 172
Erskine, G., Major-General, Control Commission, Präsident d. Governmental Sub-Commission 215, 249 f.

Flüchtlinge, Vertriebene, Bevölkerungs„transfer" 39, 41, 65 f., 73, 93
Foch, Ferdinand, frz. Marschall 94
Fowler, Henry H., Vorsitzender der FEA Enemy 101
Fowler-Plan 101 f.
Franklin, A. A. E., geb. 1914; diplomatische Tätigkeit in Peking, Algier, Marseille; 8. 7. 1945 Foreign Office, German Department, 1947 Service Offiver, Grade 7, First Secretary, 1958 Generalkonsul

in Düsseldorf, 1966 in Los Angeles 74, 158 ff., 192, 213, 317
Freie Demokratische Partei (FDP) 254
Fries, Fritz, SPD Regierungspräsident von Arnsberg 202 f., 251 f.
Fusion KPD-SPD s. Sozialdemokratische Partei Deutschlands

Gaulle, Charles de, Sept. 1944–Nov. 1945 Regierungschef, ab 13. 11. 1945 bis Jan. 1946 Ministerpräsident und provis. Staatsoberhaupt Frankreichs 44, 46, 49, 57 f., 62 ff., 78, 81, 84, 88 f., 170, 231, 274
Gauquie, frz. Botschaft Moskau 90
Géraud, André, „Pertinax", frz. Journalist, 1917–38 Leiter des außenpol. Ressorts d. „L'Echo de Paris" 231
Gouin, Félix, Präsident der frz. Republik 194 f.
Grew, Joseph C., amt. US-Außenminister 59
Grotewohl, Otto, Vorsitzender d. Zentralausschusses d. SPD in Berlin 159 f.
Gusew, Fedor, T., sowjet. Botschafter in London 54, 100

Halbfertigwaren (Beschränkung der Ruhrindustrie) 29, 76, 123, 143, 176, 187
Halifax, Lord E. F., brit. Botschafter in Washington 37, 149
Hall-Patch, (Sir) Edmund L., 1896–1975; nach dem Ersten Weltkrieg Mitarbeit i. d. Reparations Commission; Finanzberater der Regierung von Siam; 1935 im Treasury, in dieser Funktion Arbeit in China und Japan; 1944 Assistant, 1946 Deputy Under-Secretary of State im Foreign Office; 1948 Leiter d. britischen OEEC-Delegation in Paris; 1952 Executive Director d. Internationalen Währungsfonds 69, 93, 125, 134, 152, 171, 174 f., 180 ff., 184, 191, 194 f.
– Vickers-Plan 186 f., 283 ff., 285 f.
– Nordrhein-Westfalen (Größe) 186, 219, 223 f., 236, 292, 298 f., 306
Hankey, R. M. A., Foreign Office, Northern Department 191
Hannover 163
Harcourt, R. A. F., Major, Control Commission, Political Division 251
Harriman, Averell, US-Botschafter in Moskau 49
Harvey (of Tasburgh), (Sir) Oliver Charles, 1893–1968; 1936–39 und 1941–43 Counsellor und Principal Private Secretary von Außenminister Eden; 1940 Botschafter in Paris; 1943–46 Assistant, 25. 2. 1946–1947 Deputy Under-Secretary of State im Foreign Office; 1948–54 Botschafter in Paris 47, 59 f., 70 f., 74, 79, 82, 94, 105, 111 f., 121, 124 f., 128, 134, 141–146, 151, 152, 155 f., 159, 166, 171, 187, 190, 196, 201, 222, 224, 291 f.
– Abtrennung des Ruhrgebietes 17, 79, 150–154, 172, 227
– EIPS-Plan 124 f.
– Industrieniveauplan 150
– brit. Deutschlandpolitik/„russische Gefahr" 159, 163 f., 197 f., 220
– Clay 159
– Einheit Deutschlands 163 f., 168
– Teilung Deutschlands 168 ff., 197 f.
– Nordrhein-Westfalen 220 ff., 227, 288
Healey, Denis, Leiter d. internationalen Abteilung d. brit. Labour Party 325
Henderson, J. N., Foreign Office 144
Henßler, Fritz, SPD, Vorsitzender westliches Westfalen, Oberbürgermeister von Dortmund 26, 256
Hitler, Adolf 72, 97, 111, 168 f., 230
Höpker-Aschoff, Hermann, Generalreferent für Finanzen bei d. westf. Provinzialregierung 202, 256
Holland s. Niederlande
Hollis, L. C., brit. Major-General 47
Hood, Viscount (Lord) Samuel, Foreign Office, Economic and Revonstruction Department 61
Hopkins, Harry, Vertrauter Roosevelts 37 f.
Hopkins, Richard, Treasury 40
Hynd, John Burns, 1902–1971; Chansellor of the Duchy of Lancaster, Leiter des Control Office for Germany and Austria (COGA) 112, 148, 175, 245, 265
– Ruhrbergwerke 96 ff.
– Teilung/Einheit Deutschlands 191

– Nordrhein-Westfalen (Größe) 19 ff., 26, 207, 233 ff., 248, 304 f., 306 f., 310

Industrie(niveau)plan 76, 106, 142, 144, 146–153, 158, 164, 171 f., 175, 184, 192, 198, 281
– Robertson 147 f.
– Steel (10. 4. 1946) 192
Ingrams, W. H., Control Commission, Vorsitzender d. Standing Committee on Governmental and Administrative Structure 247
Internationale Dachgesellschaft für d. Ruhrindustrie 121, 130, 176
Internationalisierung der Ruhrindustrie s. EIPS-Plan
Irish, K., Miss, Militärregierung North Rhine Region, Sekretariat 251

Jebb, Gladwyn, Foreign Office, Leiter d. Economic and Reconstruction Department 46
Jenkins, Sir Gilmour, Control Office 223 f., 255 f., 292
Johnson, Lyndon B. 101
Juin, Alphonse, frz. Generalstabschef 45

Kaiser, Jakob, Vorsitzender d. CDU in Berlin und d. SBZ 173, 247 f., 309, 311, 313, 317
Kalter Krieg s. „russische Gefahr"
Katzenberger, Hermann, Mitbegründer d. CDU in Berlin, dort Verlagsleiter des Parteiorgans „Neue Zeit" 248
Kennan, George F., US-Botschaft in Moskau 179
Kerr, Sir Archibald Clark, brit. Botschafter in Moskau 43, 91
Keynes, J. M., Treasury 40
Kindleberger, Charles P., US-State Department 90
Knatchbull-Hugessen, Sir Hughe, brit Botschafter in Brüssel 190
Köln 56, 59, 63 ff., 85
Koenig, Pierre, frz. Militärgouverneur und Oberbefehlshaber in Deutschland 88, 103
Kommunismus, Kommunisten
– Frankreich 109
– britische Zone 162, 207, 219
– Ruhrgebiet 225, 233
– s. auch sowj. Deutschlandpolitik
Kommunistische Partei Deutschlands (KPD) 159 f., 164, 191, 233
– Nordrhein-Westfalen 233, 254 f.
– s. auch Sozialdemokratische Partei Deutschlands, Fusion KPD-SPD
Konferenzen s. Alliierte Konferenzen
Konkin, M., Chargé d'Affaires d. sowj. Botschaft in London 100
Kontrollrat s. Alliierter Kontrollrat
Krupp, Friedrich 78

Laski, Harold, Vorsitzender d. britischen Labour Party 72
Lawson, J. J., brit. Secretary of State for War 150
Lehr, Robert, CDU, Oberpräsident d. Nordrheinprovinz 203 f., 207, 219, 246 f., 249 f., 256
Leusse, Pierre de, stv. frz. Botschafter in London 64
Lincoln, Foreign Office 72
Little, Jack 199
Luxemburg 56, 130, 134

MacDonald, D. M., Group Captain, War Office 223 f., 292
MacDougall, G. D. A., Controll Commission, Economic Division 107
Maisky, Iwan, stv. sowj. Außenminister 49, 66 f., 199
Marquand, H. A., brit. Secretary for Overseas Trade 236, 306
Massigli, René, frz. Botschafter in London 46 f., 55, 58, 62 ff., 70 f., 75, 103, 141–144, 195, 273–278
Matthews, Henry Freeman, US-State Department, Leiter der Europaabteilung 88, 90, 196
Maurras, Charles, frz. Schriftsteller 231
McCloy, John, stv. US-Kriegsminister 37
McLean, David, brit. Botschaft Washington, sowj. Spion 90, 200
Menzel, Walter, SPD, Generalreferent für Inneres d. westf. Provinzialregierung 255
Mills, Sir Percy, Control Commission, Leiter d. Economic Division 73,l 105 ff., 109–115, 120, 134, 185, 205, 219, 234, 291, 292, 297, 299

„Moley“ s. Sargent
Molotow, Wjatscheslaw Michailowitsch, sowj. Außenminister 67 ff., 80, 90 ff., 124, 145, 194–199, 261, 321
Monckton, Sir Walter, Foreign Office 66 ff.
Montgomery, Viscount of Alamein, brit. Militärgouverneur und Oberbefehlshaber in Deutschland 75, 100, 106 f., 109 ff., 116, 121 f., 159, 326
– Sowjets 61
– Teilung Deutschlands 62
– Rhein als deutsche Westgrenze 102 ff.
Morgenthau, Henry, US-Finanzminister 11, 33–38, 41, 43, 55, 84, 261
Morgenthau-Plan 10 f., 33–44
Morrison, Herbert, Lord President of the Council 171, 193, 275, 282 f.
Mosley, Philip, US-State Department 87
Münster 252
Murphy, Robert, politischer Berater d. US-Oberbefehlshabers in Deutschland 64, 149

Nathan, Lord, Parliamentary Under-Secretary of State for War 236, 306
Niederlande 48, 56, 58, 60, 83, 130, 134, 189
Noel-Baker, P. J., Minister of State 236, 306

Oder/Neiße-Linie, deutsche Ostgebiete 41, 65 f., 70, 93, 162
O'Neill, Con, Foreign Office, German Department 59, 61, 67 f., 81, 93, 168, 191
– Fusion KPD-SPD 160 f.

Palewski, Gaston, Kabinettschef de Gaulles 64
Paris, Pierre, frz. Botschaft London 144
Pauley, Edwin W., US-Vertreter im alliierten Reparationsausschuß 67
Pertinax s. Géraud, André
Philipps, J. A. M., Major, brit. Kabinettssekretär 236, 306
Playfair, Edward, Treasury, stv. Vorsitzender des Economic and Industrial Planning Staff (EIPS) 128, 153, 187
Portal, Charles F. A., 1st Viscount; Stabschef d. brit. Luftwaffe 31
Potsdamer Abkommen 65–69, 75, 94, 100, 157
– als „Heilige Schrift“ 150, 154
– „über Bord werfen“ 192
– Bruch 196
Price, Rea, Control Commission, Economic Division 106 f.
Pünder, Hermann, CDU, Oberbürgermeister von Köln 202, 256

Reimann, Max, Vorsitzender d. KPD d. brit. Zone 255
Reinstein, Jacques J., US-State Department 90
Renny, C. O., Col., Militärregierung North Rhine Region 244, 251
Reparationen 33, 36 f., 46, 51 ff., 66 f., 76 f., 146, 172, 198 f.
Reparationsstopp 198 f.
Reuter, Ernst, SPD 251 f.
Rhein 55
– als deutsche Westgrenze 103, 106–111, 121 f.
Rheinland
– 1944/45 45–49, 56, 58 f., 62 ff., 73 f., 78, 82
– s. auch Rhenania
– 1946 125 f., 140, 280
– Memorandum EIPS (4. 2.) 133
Rheinprovinz
– Teilung 62–65
Rheintalbehörde 73 f.
Rhenania 11, 15, 47 ff., 53, 75, 78, 175, 271 ff.
Rhodes, A. W., Militärregierung North Rhine Region, Regional Intelligence Officer 251
Riddleberger, James, US-State Department, Leiter d. Mitteleuropaabteilung 90, 196
Roberts, (Sir) Frank K., geb. 1909, Foreign Office, Central Department, 1943–45 Acting Head; Januar 1945–47 Minister an d. brit. Botschaft in Moskau; 1948–51 Privatsekretär Bevins, 1951–54 als Deputy Under-Secretary of State Leiter der Deutschlandabteilung im Foreign Office; 1963 Botschafter in Bonn 150, 179, 324 f.
– Zerstückelung Deutschlands 30
– Morgenthau-Plan 39 f.

– „russische Gefahr“ 53
Robertson, Sir Brian Hubert, Baron of Oakridge, 1896–1974, Sohn des Generalfeldmarschalls Sir William Robertson, 1914 Offizier, 1933 Vertreter der Dunlop-Werke in Südafrika; verschiedene Kommandos im Zweiten Weltkrieg, 1944/45 in Italien; 1945–47 stv. Militärgouverneur der britischen Zone, 1947–49 Militärgouverneur; 1949/50 Hoher Kommissar in der Bundesrepublik; 1950–53 Oberbefehlshaber der britischen Luftstreitkräfte im Nahen Osten; 1953–61 Präsident der staatlichen britischen Transportkommission 104, 105 ff., 109–114, 116, 119 ff., 128, 134, 158 f., 187, 201 f., 233 f., 266, 291
– Rhein als deutsche Westgrenze 109 ff.
– frz. Pläne/Alternativplan 112 f., 116, 119 ff.
– EIPS-Plan 134, 138
– im Kontrollrat 146, 148
– Vickers-Plan 183 f.
– sowj. Politik 190 f.
– Nordrhein-Westfalen 205 f., 215, 219, 221
– Größe 216, 223, 242 f., 289, 292–300, 310 f., 313
– Ankündigung 247 f., 315 ff.
– Ministerpräsident 252–256
– Operation „Marriage“ 242, 246, 249
Ronald, Nigel, Foreign Office, Assistant Under-Secretary of State 125, 187
Roosevelt, Franklin D., US-Präsident 11, 28, 30, 33–40, 42, 44, 49 f., 73, 101
Rostow, Eugene, US-State Department 90
Rueff, Jacques, Quai d'Orsay, Direktor der IARA 84
Rumbold, Sir Anthony, Foreign Office, Western Department 128
„Russische Gefahr“ 53, 65, 69, 102, 106, 110 f., 114 ff., 120, 158 f., 184 f., 190–193, 196, 200, 290
– brit. Stabschefs 31, 184 f., 220
– Bevin 173, 190, 193

Saar 81, 171, 276, 280
Sargent, Sir Orme G., 1884–1962, Foreign Office, 1939–45 Deputy, 1. 2. 1946–1949 Permanent Under Secretary of State 31, 54, 60, 68, 71, 93 f., 105, 112, 123, 128, 141, 144, 151, 171, 175, 184, 186 f., 191, 234, 236, 265, 283, 285, 306
– Abtrennung des Ruhrgebietes 152, 155 ff.
– brit. Deutschlandpolitik 164 f., 191, 265, 274 f.
Scammon, R. A., US-Verbindungsoffizier in London 72
Scholtissek, Herbert, CDU, Oberbürgermeister von Dortmund 25 f.
Schukow, Georgij K., sowj. Marschall, Oberbefehlshaber d. sowj. Truppen in Deutschland 103
Schumacher, Kurt, Vorsitzender d. SPD d. Westzonen 19, 21, 205 f., 241, 247 f., 251, 255, 258, 264, 309 ff., 313, 317
Shinwell, Emanuel, brit. Minister of Fuel and Power 236, 306
– Ruhrbergwerke 98
Sicherheit vor Deutschland 29, 31 f., 38, 47, 52, 55–60, 71, 76, 103, 147, 149 f., 170, 189
Siedlungsverband-Ruhrkohlenbezirk 19, 219
Smith, Walter Bedell, US-Botschafter in Moskau 179
Smuts, Jan C., Feldmarschall, Ministerpräsident Südafrikas 65, 11 f., 155
– „russische Gefahr“ 196
Sokolowski, Wassilij, sowj. Marschall, Mitglied d. Koordinierungsausschusses d. Alliierten Kontrollrates, dann als Nachfolger Schukows Oberbefehlshaber der sowj. Truppen in Deutschland 147 f.
Sowjetische Deutschlandpolitik 30, 43 f., 50, 54, 66–69, 90 ff., 158–170, 172 ff., 179 f., 192 ff., 199, 207, 262
– Memorandum O'Neill 162
– Harvey 163 f.
– Sargent 164 f.
– Memorandum Burrows 164 f.
– Strang 166 ff.
– Memorandum Bevin 172 ff.
– brit. Stabschefs 184 f.
– Roberts 190 f.
– Memorandum Douglas 290

– s. auch „russische Gefahr"
Sozialdemokratische Partei Deutschlands (SPD) 160 f., 173, 233, 251
– Nordrhein-Westfalen 218, 225, 233, 246 f., 254–258
– Fusion KPD-SPD 159 ff., 173
– Bericht Steel 159 f.
Sozialisierung der Ruhrindustrie s. Vickers-Plan
Sozialistische Einheitspartei Deutschlands (SED) 162, 173
Spaak, Paul-Henri, belg. Außenminister 190
Stalin, Josef W. 12, 28, 30, 43 f., 50 f., 54, 68 f., 110, 144
Steel, Sir Christopher Eden 1903–1973; seit 1927 im Foreign Office, diplomat. Tätigkeit in Rio de Janeiro (1931), Den Haag (1934), Berlin (1936), Stockholm (1937), Kairo (1942); 1935 Assistant Private Secretary des Prince of Wales, des späteren King Edward VIII; 26. 11. 1943 Acting Counsellor im Foreign Office; 5. 12. 1944 Political Liaison Officer beim Supreme Allied Commander; 26. 11. 1945 Leiter d. Politischen Abteilung d. Control Commission; 1947 politischer Berater des britischen Oberbefehlshabers in Deutschland; 1. 12. 1949 stv. Hoher Kommissar in der Bundesrepublik Deutschland; 1. 11. 1950 Minister in Washington; 18. 8. 1953 Vertreter im North Atlantic Council in Paris; 1957–63 Botschafter in Bonn; bis 1966 Vorsitzender der Anglo-German Association 105 f., 134, 138, 205, 234
– Fusion KPD-SPD 159 ff.
– Industrieniveauplan/„russische Gefahr" 192
– Nordrhein-Westfalen 219, 223 f., 292, 296, 298
Stettinius, Edward, US-Außenminister 34
Stimson, Henry, US-Kriegsminister 35, 37, 42
Strang, Sir William, 1893–1978; Berater Chamberlains; Vertreter in der EAC; seit 5. 5. 1945 polit. Berater des britischen Oberbefehlshabers in Deutschland; seit 20. 10. 1947 Joint Permanent Under-Secretary of State for Foreign Affairs; seit 1. 2. 1949 Permanent Under-Secretary of State, 1953 pensioniert 60, 62 ff., 106, 109, 111–116, 120, 134, 147, 159, 187, 192, 202, 205, 209, 234, 265, 291, 326
– frz. Pläne 106
– Foreign Office Fragebogen 135, 138
– brit. Deutschlandpolitik 166–170
– „russische Gefahr" 115 f.
– sowj. Deutschlandpolitik 166 ff.
– Nordrhein-Westfalen (Größe) 208 f., 219, 223 f., 241, 288 f., 292, 296 f., 310
– Adenauer, Schumacher, Kaiser 248, 309
Street, Sir Arthur, Control Office, Permanent Under-Secretary of State 103, 106, 121 f., 153, 158, 201
– Vickers-Plan 183
– Teilung Deutschlands 191
– Nordrhein-Westfalen 215 f., 247, 317
Summerskill, Edith, Parliamentary Secretary, Ministry of Food 236, 306

Tennessee-Valley-Authority 73 f.
Tewson, (Sir) Vincent, stv. TUC-Vorsitzender 325
Thomas, G. I., brit. General, Befehlshaber d. 1. Corps d. Rheinarmee 116–121
Thomas, Michael, (dt.-)brit. Besatzungsoffizier 325
Troutbeck, (Sir) John Morton, 1894–1970, Leiter der Deutschlandabteilung im Foreign Office 39, 42, 54, 59 f., 66, 68, 71 f., 74 f., 79, 81, 93, 96, 98, 105, 112, 143, 150, 157, 159, 187 f., 191, 194, 213
– Rheinland-Westfalen 71 f.
– Industrieniveauplan 148 f., 152 f.
– gegen Abtrennung des Ruhrgebietes/Kritik an Harvey 154 f.
– über die Deutschen 168 f.
– Teilung Deutschlands 168 f.
– Nordrhein-Westfalen (Größe) 207 ff., 219 ff.l, 223 f., 291 f., 296, 299
– Memorandum Cooper 231 f.
Truman, Harry S., US-Präsident 69, 88, 102, 110, 172
Turner, Mark, Control Officer, Under-Secretary of State, Vorsitzender d. Economic and Industrial Planning Staff

(EIPS) 60, 72, 92 f., 124 f., 127 f., 134, 152 f., 181 f., 191, 194, 213
- frz. Pläne 92 f.
- EIPS-Plan 125 ff.
- Abtrennung des Ruhrgebietes 153
- Vickers-Plan 180 f.
- Ruhrindustrie, Beschränkung auf Halbfertigwaren 187
- Nordrhein-Westfalen 223 f., 292, 296 ff.

Ulbricht, Walter 49

Vertriebene s. Flüchtlinge
Vickers, G., Colonel, Rechtsexperte 181 f., 187, 283
Vickers-Plan 180–184, 186, 188 f., 194 f., 197 f., 283 ff., 286 ff.

Waley, Sir David, Treasury, Under-Secretary of State, Principal Assistant Secretary 40 f., 66, 78 f., 82 ff., 86, 106 f., 153
- Nordrhein-Westfalen 223, 292, 298
Walmsley, Walter N., 213
Ward, J. G., Foreign Office, Leiter d. Economic and Reconstruction Department 40, 61
Warner, C. F. A., Foreign Office, Leiter d. Northern Department 191
„western bloc“ 61, 73, 168, 172, 191
Wilberforce, Richard, Control Office 191, 213
Williams, I. G. K., Capt., Militärregierung North Rhine Region 251
Wilson, Duncan, Control Office, Foreign Office 318
Wyschinski, Andrej J., stv. sowj. Außenminister 143

Zentrum 254
Zonenbeirat 242, 255
Zuhorn, Karl, Oberstadtdirektor von Münster 202 f., 252